Manfred v. Bebenburg

Wege aus einem Labyrinth
oder:
Wie Beratung gelingen kann

Ein Werkbuch für den psychosozialen Bereich

Gemälde auf den
Kapiteleingangsseiten:
Thomas Thiemeyer

Cartoons:
Beate Baumgärtner
Sabine Hartmann
Mordillo
Joscha Sauer
H.S.Schulz

Fotos:
Elli und Manfred
von Bebenburg

		Seite
Einladung:	Erste Orientierung	3
Anreise:	Einladung zum Besuch des Vorgartens	7
	Überblick über die Wanderungen: Das Inhaltsverzeichnis	20
Am Haupteingang:	Erster Blick ins Innere und ein Rätsel	23
Erste Reise:	Durch ebenerdige Gänge – Die Prozessebene	39
Zweite Reise:	Du, ich und wir auf labyrinthischen Pfaden – Die Beziehungsebene	151
Dritte Reise:	Im Irrgarten des Lebensalltags – Die Inhaltsebene	187
Vierte Reise	Auf Wendeltreppen und über Brücken in luftiger Höhe – Wandlungen und Konstrukte	329
Fünfte Reise:	Zauberlandschaften und Nebelgebiete: Im Labyrinth der Sprache	431
Abreise:	Ein Blick auf benachbarte Landschaften	473
	Epilog … und vielleicht „auf Wiederlesen"?	480

Labyrinthisches über Probleme und Lösungen:

Es gibt keine Lösungen, weil es keine Probleme gibt.
(Marcel Duchamp)

Die Lösungen von heute sind die Probleme von morgen.
(Arnold Retzer)

Wenn wir schon die wirklichen Probleme nicht lösen können, so wenigstens doch die, die fast nicht existieren, weil sie so nah an der Lösung liegen.
(Kommentator von SWR1 im April 2005)

Probleme als Lösungen und Lösungen als Probleme zu betrachten, das eine *als* das andere, weitet den Horizont. (Autor)

Probleme existieren nicht an sich, sie sind unsere Konstrukte, ohne dass wir es (gleich) merken. (Autor)

Es gibt keine Probleme, sondern nur Herausforderungen. Sie anzunehmen, ist schon die halbe Lösung. (N.N.)

Ein Problem zu lösen kann darin bestehen, sich vom Problem zu lösen. (Autor)

Einer Lösung folgt ein „Danach", das ist im Problem oft schon berücksichtigt.
(Matthias Varga v.Kibed)

Probleme haben oft einen tieferen Sinn, den es zu würdigen gilt, bevor man sich an eine Lösung macht. (Autor)

Labyrinthisches über Wirklichkeit, Systeme und die Folgen:

Die Umwelt, so wie wir sie *wahr*nehmen, ist unsere Erfindung.
(Heinz v. Foerster)

Man kann nicht zweimal in den gleichen Fluss steigen. (Heraklit)

Alles, was erwünschte Wirkungen hat, hat auch unerwünschte (Neben-)Wirkungen. (Klaus Mücke)

Man kann nicht nicht-kommunizieren, nicht nicht-handeln, nicht nicht-intervenieren, nicht nicht-entscheiden, und manch anderes ist nicht vermeidbar. Denn das Leben bedeutet zu leben und dabei bemerkt zu werden. (Autor)

Anpassung ist unvermeidlich. Alles was lebt, ist auch angepasst. (Arnold Retzer)
Anpassung geschieht allerdings *eigen*-sinnig. (Autor)

Die Bedeutung einer Botschaft bestimmt der Empfänger und nicht der Sender!
(Klaus Mücke)

Alles, was gesagt wird, wird von einem Beobachter gesagt; er wird dadurch Teil des Systems. (Humberto Maturana)

Impressum

Manfred v. Bebenburg

Wege aus einem Labyrinth
oder:
Wie Beratung gelingen kann

Ein Werkbuch für den psychosozialen Bereich

Gemälde auf den
Kapiteleingangsseiten:
Thomas Thiemeyer

Cartoons:
Beate Baumgärtner
Sabine Hartmann
Mordillo
Joscha Sauer
H.S.Schulz

Fotos:
Elli und Manfred
von Bebenburg

		Seite
Einladung:	Erste Orientierung	3
Anreise:	Einladung zum Besuch des Vorgartens	7
	Überblick über die Wanderungen: Das Inhaltsverzeichnis	20
Am Haupteingang:	Erster Blick ins Innere und ein Rätsel	23
Erste Reise:	Durch ebenerdige Gänge – Die Prozessebene	39
Zweite Reise:	Du, ich und wir auf labyrinthischen Pfaden – Die Beziehungsebene	151
Dritte Reise:	Im Irrgarten des Lebensalltags – Die Inhaltsebene	187
Vierte Reise	Auf Wendeltreppen und über Brücken in luftiger Höhe – Wandlungen und Konstrukte	329
Fünfte Reise:	Zauberlandschaften und Nebelgebiete: Im Labyrinth der Sprache	431
Abreise:	Ein Blick auf benachbarte Landschaften	473
	Epilog … und vielleicht „auf Wiederlesen"?	480

Manfred v. Bebenburg

Jahrgang 1946, ist verheiratet, hat eine Tochter und lebt inzwischen auf der schwäbischen Alb in der Nähe von Ulm.
Er begann gegen Ende seines Soziologiestudiums (1975) in einer Rehabilitationseinrichtung für psychisch erkrankte Erwachsene zu arbeiten, übernahm dort schließlich die organisatorische Leitung und arbeitete mit den KollegInnen des Teams an einer Verbesserung des Rehabilitationskonzeptes und der Entwicklung effizienter Teamarbeit. Schließlich gründete er mit den Teamkollegen einen eigenen Trägerverein, den Reha-Verein zum Aufbau sozialer Psychiatrie, der sich dem Aufbau und der Weiterentwicklung sozialpsychiatrischer Einrichtungen und Dienste in drei Landkreisen in Württemberg widmet.
In dieser Zeit absolvierte er eine Weiterbildung in systemischer Familientherapie und arbeitete schließlich an der Entwicklung von Fortbildungsangeboten für Mitarbeiter in psychiatrischen Einrichtungen. Dies mündete in der Gründung des Instituts für sozialpsychiatrische Fort- und Ausbildung (ISFA e.V., siehe auch www.isfa-online.de), in dem er bis heute auch als Fortbildungsdozent tätig ist. Parallel dazu war er als freier Mitarbeiter der Familienberatungsstelle Stuttgart-Sonnenberg tätig (1983–1999).
Supervisionsanfragen führten im Laufe der Jahre zu einer kontinuierlichen Ausweitung seiner Supervisionstätigkeit (Fall- und Teamsupervision auf systemischer Grundlage), die er inzwischen in Einrichtungen und Teams aller psychosozialen Arbeitsfelder durchführt (Jugendhilfe, berufliche Rehabilitation, Suchtkrankenhilfe, Psychiatrie usw.).
Ferner ist er als Dozent bei verschiedenen Fortbildungsträgern tätig und bietet selbst eine Weiterbildung zum systemischen Berater an (siehe auch www.bebenburg.info).
Er ist Mitbetreiber des Albgarten (siehe auch www.albgarten.de), einem Tagungshaus auf der Schwäbischen Alb (in der Nähe von Blaubeuren) und dort auch als Berater für Einzelpersonen, Paare und Familien in eigener Praxis tätig.

Impressum

© beim Autor
3. Auflage: März 2008
ISBN 3-930 830-68-X
Erscheinungsort: Neu-Ulm

Labyrinth-Gemälde: Thomas Thiemeyer
Cartoons: Beate Baumgärtner, Sabine Hartmann, Mordillo, Joscha Sauer, H.S. Schulz
  mit freundlicher Genehmigung der CartoonistInnen bzw. der Verlage:
  Baumhaus-Verlag, Frankfurt a.M. (S.Schulz, Peanuts),
  Dotin B.V., Niederlande (Mordillo), Carlsen-Verlag, Hamburg (J. Sauer)
Fotos: Elli und Manfred von Bebenburg
Satz, Layout und Titelgestaltung: Hannelore Zimmermann
Druck: Digitaldruck leibi.de, Neu-Ulm
Bindung: Buchbinderei Norbert Klotz, Jettingen-Scheppach

Die Veröffentlichung erscheint als M 184 in der Reihe Materialien der AG SPAK bei
AG SPAK Bücher   Tel. (07308) 91 92 61
Holzheimer Str. 7   Fax (07308) 91 90 95
89233 Neu-Ulm   www.leibi.de/spak-buecher

Auslieferung für den Buchhandel: SOVA, Frankfurt, Fax (069) 41 02 80

Bibliografische Information Der Deutschen Bibliothek
Die Deutsche Bibliothek verzeichnet diese Publikation in der Deutschen Nationalbibliografie; detaillierte bibliografische Daten sind im Internet über http://dnb.ddb.de abrufbar.

... fürs Querlesen: Im Buch wird oft auf andere Wanderungen verwiesen, hier finden Sie diese schnell!

	Seite	
Anreise	9	Einladung zum Besuch des Vorgartens
Haupteingang	23	Am Haupteingang: Erster Blick ins Innere und ein Rätsel
Wanderung N° 1	29	Eintrittskarten und Missverständnisse
Wanderung N° 2	32	Surfen im Kommunikationsraum: Kommunikation und Beraterkompetenz
Wanderung N° 3	36	Ein Wunder, dass Kommunikation überhaupt gelingt
Wanderung N° 4	43	Blümchen malen – Muster zwischen Klient und Berater erkennen
Wanderung N° 5	49	Auf zwei verschiedenen Veranstaltungen zugleich? Überlegungen zum Kontext
Wanderung N° 6	51	Am Anfang war ... – Die Analyse der Ausgangslage
Wanderung N° 7	53	Ariadnes Faden oder: Wie Beratungsprozesse leichter steuerbar werden
Wanderung N° 8	59	Den Wald vor lauter Bäumen nicht sehen: Der Lageplan als Blick aus der Vogelperspektive
Wanderung N° 9	68	„Unmögliches wir gleich erledigt, Wunder dauern etwas länger" – Die Auftragsklärung
Wanderung N° 10	79	Schatz- und Rumpelkammer zugleich: Eigenaufträge, und wie sie verändert werden können
Wanderung N° 11	94	Noch andere Wälder ... – Der Lageplan der Beziehungsgeflechte
Wanderung N° 12	100	Der einfachere Fall: Kunden und ihre Kundigkeit
Wanderung N° 13	110	Brücke mit Geländer: Das Phasenmodell
Wanderung N° 14	117	Der Kontrakt – eine vertrackte Sache
Wanderung N° 15	122	„Kann ich geschwind was fragen?" – Gespräche zwischen Tür und Angel
Wanderung N° 16	125	„Erste Hilfe" bei Verirrungen
Wanderung N° 17	127	Der schwierigere Fall: Berater als Missionare und Kontrolleure
Wanderung N° 18	133	„Und bist du nicht willig ...(?)" Kontexte mangelnder Freiwilligkeit
Wanderung N° 19	143	Im Prinzip nichts anderes: Prozesssteuerung in der Arbeit mit Paaren, Angehörigen, Gruppen ...
Wanderung N° 20	147	Rikschafahrten
Wanderung N° 21	157	Gibt es eine Ethik der Beratung oder: Vom Eigen-Sinn der Menschen
Wanderung N° 22	162	Klienten und Berater als zweierlei Experten
Wanderung N° 23	167	Schweizer Käse ohne Löcher? Ressourcen, Defizite und das eine als das andere
Wanderung N° 24	171	Eine Art hippokratischer Eid – Wiedergewinnen von Wahlmöglichkeiten
Wanderung N° 25	174	Führen und sich führen lassen
Wanderung N° 26	178	Wie viele Hähne passen auf einen Misthaufen? Sprachstile und Beziehungsgestaltung
Wanderung N° 27	184	„Wo kämen wir denn da hin, wenn ...?!" Manipulation mit Worten
Wanderung N° 28	192	Vom Problem zur Lösung: Vorannahmen als Stolpersteine
Wanderung N° 29	198	Das Ringen um ein gutes Leben oder: Ziele er-finden
Wanderung N° 30	208	Probleme und Lösungen: Vier Lösungsansätze
Wanderung N° 31	222	In der Kürze liegt die Würze: Aus der Werkstatt der lösungsorientierten Kurztherapie
Wanderung N° 32	236	„Kombizange" oder: Eine allgemeine Problemlösungsstrategie
Wanderung N° 33	243	Innenwelten erkunden: Das Meta-Modell
Wanderung N° 34	254	Warum einfach, wenn es auch kompliziert geht? Stabile und labile Gleichgewichte
Wanderung N° 35	266	Wenn die Katze sich in den Schwanz beißt ... – Arbeit mit „Teufelskreisen"
Wanderung N° 36	273	Die Qual der Wahl: Lösung von Entscheidungsproblemen
Wanderung N° 37	287	Der Marsch um den heißen Brei – Lösung von Angstproblemen
Wanderung N° 38	295	Schuldgefühle und andere explosive Mischungen
Wanderung N° 39	302	Die Suche nach der Stecknadel im Heuhaufen – Umgang mit Grübeleien
Wanderung N° 40	307	Am Rande: Umgang mit Suizidalität
Wanderung N° 41	318	Salto vorwärts zum Stand: Lösungen zweiter Ordnung
Wanderung N° 42	322	Von der Klugheit, zwischen Problem und Lösung zu balancieren
Wanderung N° 43	340	Systemisch denken, hören und reden
Wanderung N° 44	342	Ein paar mal ums Eck gefragt: Das systemische Interview
Wanderung N° 45	350	„Immer das Gleiche mit Dir!" Von Mustern und Musterunterbrechungen
Wanderung N° 46	355	„Wegen dir muss ich immer streiten!" Von der Einigkeit im Streit
Wanderung N° 47	369	Ungewollt verstrickt: Triadische Prozesse und wie sie verändert werden können
Wanderung N° 48	377	„Wenn ich Du wäre, wäre ich lieber ich" (Alf) – Selbstbezüglichkeit als Boomerang
Wanderung N° 49	380	Wenn die anderen gar nicht dabei sind: Systemische Einzelberatung
Wanderung N° 50	388	In die Realität vernarrt: Von der „Wirklichkeit" und den Folgen
Wanderung N° 51	394	Der Blick über den Tellerrand als Lösungsweg
Wanderung N° 52	402	Kausalität, Zirkularität und die Suche nach den Schuldigen
Wanderung N° 53	405	„Ich hab' doch nur reagiert!" – Aktion und Reaktion als Gleiches
Wanderung N° 54	408	„Das hast du absichtlich gemacht!" Zur Verwechslung von Absicht und Wirkung
Wanderung N° 55	412	Aquarell: Wenn Wahrnehmung und Deutung ineinander verschwimmen
Wanderung N° 56	418	„So haben wir uns das nicht vorgestellt!" Systemische Arbeit mit Angehörigen
Wanderung N° 57	424	Krieg oder Frieden? Systemisches Arbeiten mit sich selbst
Wanderung N° 58	435	Von weißen Elefanten und anderen sanften Verführungen: Das Milton-Modell
Wanderung N° 59	442	„Auch wenn der Vergleich hinkt ..." – Arbeit mit Metaphern
Wanderung N° 60	448	„Die Geister, die wir riefen ..." – Krankheit, Wahn und andere Zaubereien
Wanderung N° 61	458	Die Tintenfischstrategie: Alltagssprache, Jargon und Zauberwörter
Wanderung N° 62	468	Ist Manipulation möglich? Von der Macht und Ohnmacht der Worte
Abreise	475	Ein Blick auf andere Landschaften: Institutionen, Teams und andere Biotope
	476	Quellen und Wanderausrüstung

Labyrinthisches über Probleme und Lösungen:

Es gibt keine Lösungen, weil es keine Probleme gibt.
(Marcel Duchamp)

Die Lösungen von heute sind die Probleme von morgen.
(Arnold Retzer)

Wenn wir schon die wirklichen Probleme nicht lösen können, so wenigstens doch die, die fast nicht existieren, weil sie so nah an der Lösung liegen.
(Kommentator von SWR1 im April 2005)

Probleme als Lösungen und Lösungen als Probleme zu betrachten, das eine **als** das andere, weitet den Horizont. (Autor)

Probleme existieren nicht an sich, sie sind unsere Konstrukte, ohne dass wir es (gleich) merken. (Autor)

Es gibt keine Probleme, sondern nur Herausforderungen. Sie anzunehmen, ist schon die halbe Lösung. (N.N.)

Ein Problem zu lösen kann darin bestehen, sich vom Problem zu lösen. (Autor)

Einer Lösung folgt ein „Danach", das ist im Problem oft schon berücksichtigt. (Matthias Varga v.Kibed)

Probleme haben oft einen tieferen Sinn, den es zu würdigen gilt, bevor man sich an eine Lösung macht. (Autor)

Labyrinthisches über Wirklichkeit, Systeme und die Folgen:

Die Umwelt, so wie wir sie *wahr*nehmen, ist unsere Erfindung.
(Heinz v. Foerster)

Man kann nicht zweimal in den gleichen Fluss steigen. (Heraklit)

Alles, was erwünschte Wirkungen hat, hat auch unerwünschte (Neben-)Wirkungen. (Klaus Mücke)

Man kann nicht nicht-kommunizieren, nicht nicht-handeln, nicht nicht-intervenieren, nicht nicht-entscheiden, und manch anderes ist nicht vermeidbar. Denn das Leben bedeutet zu leben und dabei bemerkt zu werden. (Autor)

Anpassung ist unvermeidlich. Alles was lebt, ist auch angepasst. (Arnold Retzer)
Anpassung geschieht allerdings *eigen*-sinnig. (Autor)

Die Bedeutung einer Botschaft bestimmt der Empfänger
und nicht der Sender!
(Klaus Mücke)

Alles, was gesagt wird, wird von einem Beobachter gesagt; er wird dadurch Teil des Systems. (Humberto Maturana)

Erste Orientierung

Für dieses Buch habe ich das Bild des Labyrinths als Metapher gewählt. Als ich schon vor einiger Zeit über einen möglichen Titel des geplanten Bandes nachdachte, kam spontan die Idee mit den Wegen durch ein Labyrinth, noch bevor ich genaueres über Labyrinthe gelesen hatte und eigentlich nicht abschätzen konnte, ob die Metapher zur Charakterisierung der Arbeit in psychosozialen Bereichen überhaupt passend ist. Ich war überrascht zu lesen, wie alt das Muster des Labyrinths ist, und dass es sich fast in allen Erdteilen findet, ohne übrigens von Anfang an so zu heißen. Das griechische Wort „labyrinthos" bedeutet soviel wie „großes Haus" und bezieht sich wohl auf den Palast von Knossos im antiken Kreta und seinem verwirrenden Grundriss.

Das klassische Labyrinth

Die Unterscheidung zwischen Labyrinth und Irrgarten war mir zunächst nicht klar. Ich schmökerte in einigen Büchern, die es über Labyrinthe in aller Welt gibt, und fand dabei immer mehr Gefallen am Labyrinth als Metapher für den Weg, den Klienten und Berater gemeinsam gehen, aber auch für den Weg, den der Mensch überhaupt beschreitet, wenn er sich mit seinen Problemen auseinandersetzt. Die Versorgungsstrukturen in der Jugendhilfe oder der Psychiatrie, die Institutionen, in denen sich schließlich Klienten oder Patienten (oder wie sie sonst genannt sein mögen) und Berater begegnen – sie gleichen oft Irrgärten, das heißt, es gibt nicht einen sicheren Weg in das Labyrinth und aus ihm wieder heraus, wie im Ein-Weg-Labyrinth. Es gibt viele Wege, von denen ein großer Teil in Sackgassen mündet.

Die schön gestalteten Bildbände über Labyrinthe und Irrgärten zeigen diese praktisch immer aus einer Vogelperspektive, aus der der Aufbau und der richtige Weg mehr oder minder rasch zu erkennen ist. Jedoch *in* einem Labyrinth zu stehen, bringt eine völlig andere Perspektive. Man kann leicht die Orientierung verlieren und beginnt vielleicht zu resignieren, denn möglicherweise gibt es ja gar keinen Weg? Nicht selten findet ein Mensch den Weg aus einer Institution oder einem ganzen Versorgungssystem nicht mehr, und will ihn schließlich gar nicht mehr finden. Man nennt das Hospitalisierung.

Labyrinthe sind immer schon als Symbole des Lebens selbst, des Lebensweges zu einer Mitte betrachtet worden. Manches deutet darauf hin, dass sie auch als Muster für rituelle Tänze gedient haben. Es führt ein (und auch nur der eine) Weg zur Mitte, aber ihn zu gehen erfordert Geduld und Ausdauer.

Dass die Richtung sich ständig ändert, dass man das greifbar nahe Zentrum siebenmal oder öfters umwandern muss, bis man es erreicht hat, weiß man nur bei der Betrachtung des Labyrinths von oben – nicht als der Labyrinthgänger selbst. Das eigene Leben kann erst am Ende aus einer Perspektive betrachtet werden, in der sich der Weg (als Ausdruck von Sinn oder Aufgabe) in seiner Form zeigt.

Irrgärten sind eine Erfindung des Mittelalters. Sie dienten eher dem Vergnügen, hatten den Reiz des Abenteuerlichen und sind bis heute als raffinierte Rätsel oder aufregende Maisfeld-Labyrinthe zu finden.

Der klassische Irrgarten

Das Titelbild zu diesem Buch zeigt den Irrgarten von Glandurgan-Garden in Cornwall (England). Für große erwachsene Leute ist es ziemlich leicht in das Innerste, zum runden Pavillon vorzustoßen und schließlich wieder den Ausgang zu finden, weil der Blick über die Lorbeerhecken möglich ist und man folglich Irrwege gleich entdeckt. Als ich selbst durch dieses Labyrinth wanderte und ein Kribbeln spürte, ob ich wohl gleich in die Mitte fände, überlegte ich mir, wie es mir wohl ginge, wenn das Buschwerk zwei Meter hoch wäre und ich vielleicht nur zufällig zum Pavillon fände, aber nicht mehr hinaus oder umgekehrt. Bei dieser Vorstellung wurde das Kribbeln viel stärker. Ich konnte die Aufregung der Kinder, die noch nicht über die Hecke schauen konnten, gut nachfühlen.

Nach der Erfahrung in Glandurgan-Garden gefiel mir die Metapher des Labyrinths als Motto für das Buch noch mehr. Der von mir erhoffte Effekt der Lektüre und der Übung der vorgeschlagenen Methoden besteht – wieder in der Metapher ausgedrückt – darin, dass sozusagen die Hecke des Labyrinths dadurch niedriger wird und man rascher erkennen kann, wann welche Richtung einzuschlagen ist, um weiter zu kommen und nicht in eine Sackgasse zu geraten. Um im Bild zu bleiben: Natürlich ist die Hecke nicht niedriger geworden, sondern man ist durch Übung und Erfahrung gewachsen und hat mehr Überblick über das Ganze.

Beim Irrgarten ist das Ganze so abenteuerlich, weil es Weggabelungen gibt, an denen man sich entscheiden muss, welchen Weg man weiter geht, ohne zu wissen, ob er sich am Ende als Sackgasse entpuppen wird. Dann muss man wieder umkehren und findet vielleicht die ursprüngliche Gabelung nicht mehr, bis man schließlich ganz die Orientierung verloren hat. Bei Mauer- oder Heckenirrgärten gibt es allerdings eine einfache Regel: Man fahre mit der linken Hand immer der Wand entlang und gelangt so automatisch in die Mitte und auch wieder heraus. Bei manchen Irrgärten hilft aber auch das nicht.

Am fatalsten ist es jedoch, wenn man sich in einem Irrgarten befindet, ohne zu wissen, ob es einer ist, und ohne die Vogelperspektive zur Verfügung zu haben. Wäre über dem Labyrinth ein großer Spiegel montiert, sodass man nach oben blickend den richtigen Weg suchen könnte, wäre es leichter. Doch solch ein Labyrinth gibt es nicht, und im Leben selbst bleibt es letztlich bei Versuch und Irrtum. Es ist die Situation mancher Klienten, die immer mehr verzweifeln, weil sie keine Lösung für ihre Probleme finden.

Ein Prinzip vieler Labyrinthe ist, dass der scheinbar kürzeste oder direkte Weg nicht zum Ziel, zum innersten Punkt führt. Für Kinder ist Glandurgan-Garden so aufregend, weil sie dieses Prinzip nicht kennen und ganz aufgeregt umher springen, um endlich zum Pavillon zu gelangen, der gut sichtbar leicht erhöht liegt. Dort sind auch Menschen zu sehen, also muss es einen Weg geben.

Überträgt man diesen Teil der Metapher auf psychosoziale Arbeit, so lassen sich einige Hinweise ableiten:
– Der scheinbar kürzeste Weg führt oft nicht zum Ziel.
– Eine Orientierungshilfe wie Ariadnes „roter Faden" ist wichtig, damit sich Klient und Berater nicht verirren.
– Geduld vor allem mit sich selbst und systematische Suche führen weiter, als aufgeregt hin und her zu springen.
– Jede Begegnung mit Klienten ist eine Wanderung durch ein neues Labyrinth mit neuer Gestalt.

Alle bekannten Labyrinthe sind zweidimensional, sozusagen flach in einer Ebene bzw. ebenerdig angeordnet. Noch aufregender wird es jedoch, wenn das Labyrinth dreidimensional bzw. in mehreren Ebenen angelegt ist. Auf die psychosoziale Arbeitswelt übertragen haben wir es dort immer mit mehreren Ebenen, also mit viel-dimensionalen Labyrinthen zu tun, in denen wir uns bewegen. Diesem Umstand versuche ich im Buch durch die Gliederung des Labyrinths in verschiedene Reisen Rechnung zu tragen. Die Idee der Mehrdimensionalität kehrt auch mit dem Modell des Kommunikationsraumes wieder (vgl. Wanderung N° 3), in dem wir – um es zeitgemäß auszudrücken – umher surfen.

Die Metapher vom Labyrinth zur Charakterisierung psychosozialer Arbeit hat natürlich Grenzen, ich will sie nicht überstrapazieren. Labyrinthe haben feste Strukturen und Konstruktionsprinzipien, und „Ariadnes roter Faden" führte damals Theseus zuverlässig aus dem Labyrinth des Minotauros heraus. Lebendige Systeme und der Umgang mit ihnen folgen anderen Gesetzen. Es ist, als ob ein Labyrinth ständig in Bewegung ist und sich mit jedem Schritt, den man macht in seiner Form, seiner Struktur und den verfügbaren Wegen ändert. So ähnlich funktioniert beispielsweise auch das bekannte Spiel „Das verrückte Labyrinth" – ein Brettspiel, in dem die Gänge des Labyrinths mit jedem Spielzug verändert werden.

Mein besonderer Dank, den ich bereits hier aussprechen möchte, gilt Thomas Thiemeyer, der mir einige seiner Bilder mit „magischen Labyrinthen" zur Verfügung gestellt hat. Diese „Reisen durch Raum und Zeit" sind zugleich Rätsel, bei denen Sie, liebe Leserinnen und Leser, danach suchen können, den richtigen Weg zu finden.

„Wenn einer in die Irre geht, dann heißt das noch lange nicht, dass er nicht auf dem richtigen Weg ist."
(Hans Bemmann)

Ich hoffe nun, dass die Lektüre des Buches (es liegt Ihnen die 3. Auflage vor) wie das Durchwandern eines Labyrinths wird: abenteuerlich, anregend, vergnüglich, zum Nachdenken einladend, in heilsamer Weise verwirrend und letztlich doch zu durchschauen …

Schelklingen-Hausen, im Juni 2007

Bei der Suche nach dem Weg durch das rechts abgebildete Labyrinth beginnen Sie beim Pfeil, der in das Labyrinth hineinführt. Halten Sie das Bild quer! Sie sollten dort aus dem Labyrinth herauskommen, wo der zweite Pfeil abgebildet ist. Das Gleiche gilt für die anderen Labyrinthe, die Sie jeweils am Beginn einer neuen Reise finden.

ANREISE

Seite

Einladung zum Besuch des Vorgartens	9
Auf einen Blick	10
Wege aus einem Labyrinth – eine Kurzfassung	13
Über Frauen, Männer, Menschen und die Unzulänglichkeiten der Alltagssprache	15
Es gab uns immer schon, nur hießen wir anders	16
Widmung und Dank	18
Ein Rat	19
Überblick über die Wanderungen – das Inhaltsverzeichnis	20

Es fällt kein Meister vom Himmel

Ein Zauberkünstler führte am Hof des Sultans seine Kunst vor und begeisterte seine Zuschauer. Der Sultan selber war außer sich vor Bewunderung: »Gott, stehe mir bei, welch ein Wunder, welch ein Genie!« Sein Wesir gab zu bedenken: »Hoheit, kein Meister fällt von Himmel. Die Kunst des Zauberers ist die Folge seines Fleißes und seiner Übungen.« Der Sultan runzelte die Stirn. Der Widerspruch seines Wesirs hatte ihm die Freude an den Zauberkunststücken verdorben. »Du undankbarer Mensch! Wie kannst du behaupten, dass solche Fertigkeiten durch Übung kommen? Es ist wie ich sage: Entweder man hat das Talent oder man hat es nicht.« Abschätzend blickte er seinen Wesir an und rief: »Du hast es jedenfalls nicht, ab mit dir in den Kerker. Dort kannst du über meine Worte nachdenken. Damit du nicht so einsam bist und du deinesgleichen um dich hast, bekommst du ein Kalb als Kerkergenossen.« Vom ersten Tag seiner Kerkerzeit an übte der Wesir, das Kalb hochzuheben, und trug es jeden Tag über die Treppen seines Kerkerturmes. Die Monate vergingen. Aus dem Kalb wurde ein mächtiger Stier und mit jedem Tag der Übung wuchsen die Kräfte des Wesirs. Eines Tages erinnerte sich der Sultan an seinen Gefangenen. Er ließ ihn zu sich holen. Bei seinem Anblick aber überwältigte ihn das Staunen: »Gott, stehe mir bei, welch ein Wunder, welch ein Genie!« Der Wesir, der mit ausgestreckten Armen den Stier trug, antwortete mit den gleichen Worten wie damals: »Hoheit, kein Meister fällt vom Himmel. Dieses Tier hattest du mir in deiner Gnade mitgegeben. Meine Kraft ist die Folge meines Fleißes und meiner Übung.«

Anreise

Einladung zum Besuch des Vorgartens

Wenn ich zum ersten Mal ein Buch in der Hand halte, überspringe ich neugierig, aber eben doch einer schlechten Gewohnheit folgend, das Vorwort, suche nach dem Inhaltsverzeichnis und „stürze" mich auf ausgewählte Kapitel. Vermutlich bin ich mit dieser Gewohnheit nicht alleine, obgleich sie den Autoren von Büchern nicht gerecht wird.

Daher hoffe ich, dass ich mit dem umseitigen Labyrinth von Thomas Thiemeyer genügend Neugier bei Ihnen erzeugt habe, zuerst den Weg durch das vorne abgebildete Labyrinth zu suchen und dann als nächstes die hier folgenden Seiten zu lesen, bevor Sie nach dem Inhaltsverzeichnis des gesamten Buches suchen. Denn ich möchte gerne vorab einige, mir wichtige Dinge vermitteln. Manche dieser Erläuterungen werden später im Buch vorausgesetzt. Wer sie hier nicht gelesen hat, wird vielleicht später immer wieder bei der Lektüre „stolpern" – das muss nicht sein!

„Hereinspaziert!" – Eine Art Einführung

Dieses Buch ist für die Praxis geschrieben. Seine Form und Gestaltung, der Aufbau der einzelnen Kapitel und anderes mehr sollen die Lektüre erleichtern. Bilder, Cartoons, kleine Geschichten und Sprüche sollen das Ganze noch etwas auflockern.

In den einzelnen Kapiteln, den „Wanderungen", werden bestimmte Methoden für die Praxis der Beratung (und Betreuung) vorgestellt. Am Schluss findet sich eine „Wegskizze". Man kann sie als eine Art „Spickzettel" direkt in Beratungen benutzen.

„Was ist das?" fragt ein Klient, da Sie solch einen Spickzettel auf Ihrem Schoß liegen haben. „Oh, das ist eine Gedächtnisstütze, wollen Sie lesen?" Etwas zögernd bejaht Ihr Klient und liest. Da steht: „Die Schlüsselfrage lautet: Was wünschen Sie sich heute von mir? Diese Frage sollte man nie vergessen!"

Ihr Klient stutzt: Das war doch die Frage von vorhin, die zu beantworten ein leicht mulmiges Gefühl ausgelöst hatte, weil irgendwie die gesamte Verantwortung für die eigenen Probleme und Ziele wieder bei ihm selbst gelandet war. „Da steht doch nur ein Satz!" wundert sich Ihr Klient. „Gewiss, es ist genau der Satz, den wir Berater oft als erstes wieder vergessen! Und damit Ihnen das nicht passiert – denn Sie haben nichts davon, wenn ich diesen Satz vergesse – habe ich ihn als Gedächtnisstütze vor mir liegen."

Alle Wegskizzen zusammen kann man gleichsam als „Konzentrat des Buches, als „Kartensammlung" verwenden. Man hat sie schneller zur Hand, als ein ganzes Buch, und kann sich in der Beratung an dem jeweiligen Leitfaden orientieren. Die Sammlung aller Wegskizzen gibt es auch als eigenes kleines Ringbuch oder als CD-Rom; beides kann man beim Verlag anfordern. Näheres finden Sie dazu im Kapitel über „Quellen und Wanderausrüstung" am Schluss des Buches.

Man kann dieses Buch von vorne nach hinten oder ab jetzt – also am Ende der Anreise – auch von hinten nach vorne oder „quer Beet" lesen. Oder kapitelweise, zum Beispiel während der Arbeit, wenn Klienten den vereinbarten Termin versäumen. Diese Zeit war doch ohnehin verplant, also warum nicht ein bisschen fachliche Auffrischung?

Man kann das Buch als eine Sammlung von „Rezepten" für die Beratungsarbeit betrachten, obwohl in der Arbeit mit Menschen kaum „nach Rezept" vorgegangen werden kann, und man es auch nicht tun sollte. Dennoch gibt es bei Beratern nach meiner Beobachtung (auch an mir selbst) einen sehr ausgeprägten Wunsch, ein methodisches Inventar des „Gewusst, wie ..." zur Verfügung zu haben. Dem versuche ich, mit dem Buch Rechnung zu tragen.

Sich verstrickt, hilflos, ratlos oder genervt zu fühlen, gehört zum Berufsalltag. Die nächste Supervision ist in drei Wochen, aber man weiß jetzt nicht weiter – keine seltene Situation. Wenn dann beispielsweise eine Methode zur Analyse von Eigenaufträgen verfügbar ist (vgl. Wanderung N° 10), das wäre doch schon mal was? Oder man macht einen „Lageplan" (vgl. Wanderung N° 8).

Auf einen Blick ...

Jede der fünf „Reisen", in die das Buch unterteilt sind, besteht aus mehreren „Wanderungen", in denen bestimmte Methoden beschrieben werden. Die Reisen stellen in sich abgeschlossene Einheiten dar. Das soll die Möglichkeit erleichtern, im Buch „zu schmökern", es kreuz und quer zu lesen.

Wer von Ihnen, verehrte Leserinnen und Leser nicht so gern „wandert", sondern sich lieber auf „Streifzüge" oder auf gedankliche Ausflüge begibt, wähle eine solche Metapher.

Es besteht bei all den verschiedenen Wanderungen einen inneren Zusammenhang, es gibt einen „roten Faden" (ich komme auf diese Metapher noch zurück). Man könnte auch von einer Architektur des Ganzen sprechen, die ich nun kurz beschreiben möchte:

Das Bild vom Labyrinth soll das Gefühl, das innere Erleben ausdrücken, in dem sich Klienten und auch Berater immer mal wieder befinden: Die Orientierung ist verloren gegangen, wo geht es weiter? Labyrinthe und Irrgärten haben eine Architektur, wenn man sie kennt, kann man sich daran orientieren. Im Vorwort war davon schon die Rede. Dem versucht das Buch in seinem Aufbau und in den einzelnen Wanderungen Rechnung zu tragen. Das Labyrinth, das metaphorisch für Arbeit im psychosozialen Bereich steht, hat eigentümliche Formen, es verfügt über Wendeltreppen, seltsame Brücken und Nebelgebiete.

Eine Stadt ist etwas Ganzes, eine Einheit und nicht gleichzusetzen mit dem Stadtplan oder gar nur mit dem Straßenverzeichnis. Ähnlich ungünstig wäre es, die Speisekarte mit dem Menü zu verwechseln, das man genießen möchte. Der Stadtplan versucht die Stadt zum Zwecke der Orientierung zu gliedern und bedient sich dabei einer bestimmten Systematik.

Ähnliches gilt für die folgende Kartografie des Labyrinths. Die Systematik besteht darin, dass wir uns von den einfachen, noch sehr übersichtlichen Gebieten in mehr und mehr verwirrende Terrains begeben. Wir beginnen mit dem „Grundbaustoff", der Kommunikation, und stellen sie in der einfachsten Version vor, nämlich der Kommunikation zwischen *zwei* Menschen.

Bei den drei ersten Reisen ist noch nicht sehr viel von Systemzusammenhängen die Rede, obwohl Kommunikation eine zentrale Form der Wechselwirkung in menschlichen Systemen darstellt und selbst ein hochkomplexes System ist. Bei diesen Reisen geht es um die Prozess-, die Beziehungs- und die Inhaltsebene. Einige Argumente sprechen dafür, sich zuerst mit der Prozesssteuerung und Beziehungsgestaltung in Beratungen zu beschäftigen, bevor man sich auf der dritten Reise dem „eigentlichen Thema" der Beratung zuwendet: dem Umgang mit Problemen, der Frage, wie man Probleme lösen kann oder – wenn alles nicht hilft – sich mit ihnen arrangiert, indem man beispielsweise die problemfreien Zeiten bewusst genießt.

Die systemische Perspektive werden wir leichter einnehmen können, wenn wir die drei ersten Reisen hinter uns haben und uns dann auf der vierten Reise in das „Labyrinth der Wandlungen" begeben.

Die fünfte Reise führt in die Zauberwelt der Sprache. Wie sehr Kommunikation unser Menschsein bestimmt, haben wir dann schon erfahren. Da wundert es einen nicht, welche besondere Rolle die Sprache spielt. Dass wir mit ihr zaubern, uns selbst und andere aber auch in die Irre führen können, beschäftigt uns auf diesen Wanderungen.

Zum Schluss werfen wir noch einen kurzen Blick auf angrenzende Landschaften, mit denen sich übrigens ein weiteres Buch beschäftigen wird.

Reiseroute ...

Erste Reise: Durch ebenerdige Gänge

Hier wird ein Gebiet des Labyrinths beschrieben, das ich, nicht zuletzt wegen leichter Zugänglichkeit, „ebenerdige Gänge" nenne. Ausgehend von der Unterteilung der Kommunikation in der Prozess-, die Beziehungs- und die Inhaltsebene, beginnen wir in der ersten Reise mit der Prozessebene. Die Steuerung des Beratungsprozesses ist aus meiner Sicht die wichtigste Grundlage, um erfolgreich beraten zu können.

Zweite Reise: Du, ich und wir auf labyrinthischen Pfaden

Die Beziehungsebene ist Thema der zweiten Reise. Die Gestaltung der Beziehung zwischen Klient und Berater, aber auch in Gesprächen mit Angehörigen, die Kooperation mit anderen Helfern, Kollegen im Team usw. spielt eine große Rolle für das Gelingen von Beratungsprozessen. Dazu gehört, Klienten als Experten zu sehen, ihnen (und anderen) wertschätzend zu begegnen, auf die Ressourcen zu schauen u.a.m.

Dritte Reise: Irrgärten des Lebensalltags

Auf dieser Reise begegnen wir unterschiedlichen Problemlagen und untersuchen, wie sie gemeistert werden können. Es geht sowohl grundsätzlich um Probleme und Lösungen, wie sie betrachtet werden können, was Lösungen sein können, als auch um spezielle Problemlagen, die durchaus alltäglich sind, und trotzdem den Betroffenen zur Verzweiflung bringen können.

Vierte Reise: Auf Wendeltreppen und über luftige Brücken – in luftiger Höhe

Die vierte Reise führt uns in das Labyrinth der menschlichen bzw. sozialen Systeme. Auf den ersten drei Reisen ging es eigentlich auch um nichts anderes. Wenn wir jedoch eine systemische Perspektive einnehmen, kommen neue und spannende Zusammenhänge in Sicht, neue Probleme und neue Lösungen ...

Die *Wendeltreppe* steht als Metapher für die Wechselwirkungen in sozialen Systemen, für die Interaktionen, die sich zu Mustern ausbilden können, in denen sich die Beteiligten auf der Achse der Zeit drehen, fast unausweichlich, so scheint es. Viele Klienten fühlen sich in der Partnerschaft, in der Familie oder am Arbeitsplatz regelrecht verstrickt. Spannungen, Streitereien, Beziehungsabbrüche, das Tauziehen um die Kinder nach der Trennung usw. sind typische Probleme.

Dann geht es über *Brücken in luftiger Höhe*, die, anders als die ebenerdigen Irrgärten, hauptsächlich durch unsere Konstruktion von Wirklichkeiten entstehen. Wir tappen allzu leicht unsicher in luftigen Höhen, solange wir nicht durch sorgfältiges Nachdenken Brücken zwischen den Wirklichkeitskonstrukten der Beteiligten und uns selbst bauen. Zusammen mit den Wendeltreppen entsteht ein Labyrinth besonderer Art.

Fünfte Reise: Zauber- und Nebellandschaften – im Labyrinth der Sprache

Was mit Sprache alles bewirkt werden kann, ist fast unglaublich. Ob es die Reise in Innenwelten, die Kreativität und Heilkraft von Metaphern, sprachliche Nebelkerzen und Selbsttäuschungen oder Manipulationsversuche sind – alles stellt unsere Alltagssprache zur Verfügung. Man muss oft nur genau hinhören! Das ist eine sehr lohnende Übung. Und dann mit Sprache zu zaubern ist auch eine Frage des „Trainings" (vgl. dazu die Geschichte auf S.8!).

Vor der Rückkehr:
Ein Blick auf angrenzende Landschaften – Biotope und Sumpfgebiete

Wer in einer Institution arbeitet und dort seine Hilfen anbietet, wird bald entdecken, dass er sich in einem besonderen Irrgarten mit Eigengesetzlichkeiten und Eigentümlichkeiten bewegt. Zu den Problemen der Klienten gesellen sich noch strukturelle, manchmal rein „hausgemachte" Schwierigkeiten der Institution mit oft bizarren Ergebnissen. In diesem Buch werfen wir allerdings nur einen kurzen Blick auf diese Landschaften.

Jede Wanderung im Buch beschreibt Möglichkeiten, wie man sich im jeweiligen Gebiet des Labyrinths zielstrebig bewegen kann, erklärt etwas über die Besonderheiten und über Möglichkeiten, sich (nicht) zu verirren. Manche Gegenden des Labyrinths sind in ständiger Bewegung. Vorwärts zu kommen kann hier heißen: inne zu halten, sich hinzusetzen, abzuwarten, nach zu denken, bis sich wieder ein Stück Weg auftut.

Am Ende einer Wanderung findet sich die schon erwähnte Wegskizze. Diese Merkzettel kann man als „Kartensammlung" für den Berufsalltag auf seinem Schreibtisch bereitlegen oder in einer der Schubladen verlegen, wo sie dann beim Ordnung-Schaffen nach Neujahr zur eigenen Freude wieder zum Vorschein kommen.

Wie Sie sich über alles auch mit anderen Leserinnen und Lesern sowie dem Autor austauschen können, erfahren Sie am Schluss des Buchs im schon erwähnten Kapitel über Quellen und Wanderausrüstung.

Wege aus einem Labyrinth – eine Kurzfassung

Es erscheint mir reizvoll, der Frage nachzugehen, ob es etwas wie eine „Quintessenz" oder zentrale Aussage dieses Buches gibt, die als fett gedrucktes Motto über allem stehen könnte. Wann immer in meinen Supervisionen oder Fortbildungen von Teilnehmern ein Fall eingebracht wurde, stellte sich relativ rasch heraus, dass das Problem bzw. die Frage, woran gearbeitet werden sollte, aus einer wie auch immer gearteten *ungeklärten* Auftragslage resultierte:
– Berater hatten das Anliegen des Klienten nicht erfragt, sondern meinten, die Benennung des Problems reiche aus.
– Berater ließen sich von Eigenaufträgen leiten, beschäftigten sich gleich mit der Lösungssuche, ohne sich zuvor vergewissert zu haben, ob der Klient überhaupt an „Lösungen", Tipps oder Ratschlägen interessiert ist.

In meinen eigenen Beratungen habe ich diese Erfahrung ebenfalls gemacht: Hatte ich die Auftragslage nicht hinreichend geklärt, stellten sich früher oder später Schwierigkeiten ein.

Warum ist das so? Folgende Überlegungen könnten eine Erklärung sein:
Zwischen Klienten und ihren Beratern entwickelt sich leicht eine Dynamik, die sich aus der Wechselwirkung der Konstruktwelten und Bedürfnisse ergibt.

In der Konstruktwelt vieler Klienten ist die Beratungssituation als solche oft neu, und deshalb versuchen sie, eine Vorstellung davon zu entwickeln, indem sie andere, bekanntere Situationen als Vergleich heranziehen, etwa das Modell „Arzt". Dieses Modell enthält eine relativ bekannte Beziehungsperspektive: Hier man selbst als „Patient" mit Beschwerden, dort der Experte, der schon wissen wird, was zu tun ist. Wie beim Hausarzt auch, müsste es also doch genügen, die „Probleme" (Beschwerden) zu benennen, und wenn man einem guten Berater gegenüber sitzt, dann wird der sicherlich wissen, was hilft. Beim Arzt verlässt man oft die Praxis mit einem Rezept in der Hand – so wird es dann in einer Beratung wohl auch sein: Irgendeinen Ratschlag, ein Rezept wird man schon bekommen! Das Bedürfnis der Klienten ist es, die Probleme (beim Arzt sind es die Schmerzen) los zu werden. Weil man das selbst bisher nicht geschafft hat, ohne genau zu wissen, woran es liegt, hofft man auf den Berater als Experten.

In der Konstruktwelt von Beratern hängt die eigene Kompetenz und damit auch die (Selbst-)Anerkennung davon ab, Klienten gute Lösungsideen für ihre Probleme zu liefern. Dieses Konstrukt steht häufig hinter den Eigenaufträgen, die sich die Berater – oft spontan und damit unbemerkt – geben; sie werden aktiviert werden, kaum dass der Klient ein Problem schildert.

Beide Konstrukte ergänzen sich „ideal": Klienten sind entlastet, sie brauchen sich keine genaueren Gedanken machen, was sie eigentlich von ihren Beratern wollen, Berater haben etwas zu tun und können Erfolge „ernten", wenn alles gut läuft.

Komplikationen tauchen auf, wenn Klienten an den Lösungsvorschlägen der Berater herummäkeln, sie praktisch nicht umsetzen und stattdessen in der nächsten Sitzung er-

neut über dieselben Probleme klagen. Berater verbuchen das Ganze eventuell unter der Überschrift „schwieriger Klient" und bringen es beispielsweise in die Supervision ein. Klienten erzählen vielleicht zu Hause, dass der Berater ihnen ja auch nicht helfen könne und erweitern ihre Klage um diesen Aspekt: So viele Probleme und obendrein noch ein „ratloser Berater"!
Es gibt viele Variationen dieser Dynamik, die hier nur in der einfachsten Form skizziert ist. Manchmal beschweren sich Berater, Klienten würden ja gar nichts verändern wollen, seien „im Widerstand"! Das klingt fast ein bisschen wie Verrat oder zumindest pathologisch. Man sieht: Auch in der negativen Form ergänzen sich die beiden Konstrukte ideal.

Sowohl das Alltagsbewusstsein als auch viele Beratungskonzepte verstehen unter der Lösung eines Problems seine „Beseitigung". Wenn aber Probleme in einer tieferen, eher nicht bewussten Schicht Lösungen darstellen (worauf weiter oben schon hingewiesen wurde), dann ist damit zu rechnen, dass die Lösungen eines Problems (z.B. in Form umzusetzender Ratschläge) zum Problem werden. Es ist anzunehmen, dass Klienten dafür ein Gespür haben, und deshalb nicht umsetzen, was ihnen vorgeschlagen wird. Dies wäre dann nicht „Widerstand", sondern Klugheit. Daraus lässt sich folgendes ableiten: Viele Beraterprobleme erledigen sich sofort, ...
- wenn Berater eine sorgfältige Auftragsklärung vornehmen und dabei insbesondere konkret danach fragen, was das Anliegen der Klienten an sie ist.
- wenn Berater mit Klienten den Kontext der Beratung selbst klären: Was stellen sich Klienten unter einer Beratung vor und was – im Vergleich dazu – ist das Konzept des Beraters. Wie kann das zusammenpassen und zur Deckung gebracht werden?

Diese Klärung kann sich über mehrere Gespräche hinziehen. Ist sie gelungen, so ist viel erreicht. Der nun beginnende Beratungsprozess kann erfolgreich verlaufen, weil klar ist, welche der unterschiedlichen Methoden und Strategien sich anbieten. Die hauptsächlichste Aktivität des Beraters ist es übrigens, methodisch kluge Fragen zu stellen. Wird dies den Klienten frühzeitig erläutert, können sie leichter kooperieren, anstatt sich durch die „Fragerei" irritiert zu fühlen.

Um es nochmals zu betonen: Die „Schlüsselfrage", wie ich sie gerne nenne, an Klienten lautet: „Was wünschen Sie sich in diesem Gespräch von mir?" An der (Nicht-)Beantwortung dieser Frage lässt sich enorm viel ablesen: Geht es um verständnisvolles Zuhören oder um Veränderung? Und wie übernehmen Klienten die Verantwortung für die Antwort auf diese Frage? Die Schlüsselfrage zu stellen, erspart auch manche Supervision!

Ich habe oft den Einwand gehört, viele Klienten könnten diese Frage nicht beantworten. Dass sie es nicht „können", ist eine folgenreiche Hypothese, die durch die Beobachtung, dass sie die Frage nicht beantworten, nicht gerechtfertigt ist. Besser wäre es, wenn Berater nach angemessenen Formen suchen, diese Frage dem Klienten zu stellen, als ihm die Fähigkeit zur Beantwortung (vorschnell) abzusprechen.

Mit der Erwähnung der Schlüsselfrage wäre dieses Buch schon fast fertig; aber eben doch nicht ganz. Denn wenn der Klient die Schlüsselfrage mit einem Anliegen an den Berater beantwortet und beispielsweise Hilfestellung bei einem Entscheidungsproblem bekommen möchte, dann geht es ja erst richtig los. Dann sollte der Berater über ein Konzept verfügen, wie Entscheidungsprobleme gelöst werden können, wie es in Wanderung N° 36 bei den „speziellen Problemlösungsstrategien" beschrieben wird.

Hinweis für Leserinnen und Leser: Über Frauen, Männer, Menschen und die Unzulänglichkeit der Alltagssprache

In diesem Buch ist hauptsächlich von Menschen die Rede, die Rat oder Hilfe benötigen und solchen, die Hilfen professionell (bezahlt oder ehrenamtlich) anbieten. Es sind Frauen und Männer, in den helfenden Berufen sind sogar deutlich mehr Frauen als Männer engagiert. In unserer vielfach maskulin gefärbten Sprache wird heute das Ungleichgewicht der Geschlechter oft durch den Zusatz „/in" oder „Innen" auszugleichen versucht. In diesem Buch gäbe es dann also BeraterInnen oder der/die Berater/in, KlientInnen usw.
Diese Art, die Genderthematik zu bewältigen und Gleichberechtigung herzustellen, kann allerdings zu einer regelrechten Schrägstrichmanie ausarten (sie/er, frau/man usw.), wodurch dem Thema letztlich auch keine Gerechtigkeit zu Teil wird, weil es sozusagen nur als optischer Lesestolperschein immer wieder und manchmal geballt in Erscheinung tritt. In der deutschen Sprache ist die Geschlechterthematik teilweise unglücklich gelöst. „Der Mensch" – maskulin. Würden wir angemessen grammatikalisch umbauen, müsste es einfach heißen: „Mensch", ohne Geschlechtsartikel. Nur passt diese Schreibweise oft grammatikalisch nicht.

Wenn wir uns kollektiv entschließen könnten, angesichts mindestens tausend Jahre zurückliegender maskulin gefärbter Entwicklung der deutschen Sprache die nächsten tausend Jahre grundsätzlich feminine Ausdrucksweisen in den Vordergrund zu stellen, also „die Berater" (als Singular!), statt „der Berater", „die Klient", statt „der Klient" usw., kämen wir vielleicht ohne Schrägstrich und „Innen" aus. Nur, wer setzt das durch? Männer? Frauen? Ich als Autor dieses Buches?
Allerdings: Nicht alles wird in unserer Alltagssprache männlich ausgedrückt. Zum Beispiel sagt man „die Person" (und erst recht) „die Persönlichkeit". Konsequenterweise müsste man(?) dann schreiben: „Die/der Person". So gäbe es noch einige Eigentümlichkeiten …
Ich habe mich deshalb entschlossen, die Problematik gleichsam zu umrunden:
Leserinnen und Leser spreche ich gelegentlich, wenn es passt, mit Sie und einem kollegialen „liebe Leserin und lieber Leser" an und hoffe, dass dies Anklang findet. Oder ich bleibe bei dem unpersönlichen „man", wenn der Text so flüssiger zu lesen ist.

BeraterInnen, BetreuerInnen, BegleiterInnen, TherapeutInnen fasse ich der Einfachheit halber im Begriff „Berater" (Plural) zusammen, um nicht jedes Mal alle aufzählen zu müssen. Viele verstehen ihre Arbeit als „Begleitung" oder „Betreuung", da und dort ist auch von „Pflege" oder „Hilfe" die Rede. Das methodische Repertoire dieses Buches ist für alle nützlich, nicht nur für Berater im engeren Sinne.
Ähnlich ist es mit KlientInnen, PatientInnen, Kunden/Kundinnen, BewohnerInnen (oder wie sie je sonst bezeichnet sein mögen), die ich im Begriff „Klienten" zusammenfasse. Ich meine dabei immer Frauen *und* Männer. Denn es handelt sich hier um soziale Rollen, denen nichts spezifisch weibliches oder männliches anhaftet. Interessanterweise beginnt der Plural eines Begriffes meistens mit „die". Davon mache ich öfters Gebrauch,

um wenigstens „optisch" vom Maskulinum etwas weg zu kommen. Manchmal passt es aber aus Gründen korrekter Ausdrucksweise nicht, den Plural zu verwenden; dann bleibe ich bei „der Berater" oder „der Klient". In Fallbeispielen aus der Praxis kommen mal Frauen, mal Männer vor, dann heißt es zum Beispiel „die Klientin", wenn nicht ohnehin ein Name (Pseudonym) oder eine Abkürzung verwendet wird.

Wo im Deutschen das Wörtchen „man" gebräuchlich ist, lasse ich es dabei und mache nicht „frau/man" daraus. Auch sonst lasse ich es bei den entsprechenden Begriffen unserer Alltagssprache.
Von „wir" spreche ich, wenn ich annehme, dass es im Text gerade um eine allgemeine, generelle Erfahrung geht, die viele Menschen machen können. Das „wir" verwende ich auch, wenn Sie und ich uns gemeinsam auf eine der Wanderungen befinden.

Nun hoffe ich, dass Sie, liebe Leserin oder lieber Leser, diese „Sprachregelungen" akzeptieren werden.

Es gab uns immer schon, nur hießen wir anders ...

Beratung, Betreuung, Begleitung, Therapie ..., ich habe mich immer wieder gefragt, welche Unterschiede diese Begriffe kennzeichnen. Gelegentlich werden sie defensiv benutzt: „Therapie mache ich keine, ich mach nur Beratung ..." Was heißt „nur"? Menschen kommen zu uns, weil sie Hilfe benötigen, oder sie werden zu uns geschickt, weil andere denken, dass sie Hilfe benötigen, oder wir werden zu ihnen geschickt, weil andere glauben, das sei nötig.
In früheren Zeiten, gab es dafür das Orakel, den Hodscha, den Rabbi, die Seelsorger, die Schamanen. In unserer aufgeklärten Zeit gibt es diese Formen der Hilfe teilweise auch noch, aber sie sind großenteils ihrer Magie beraubt. Gleichwohl sind noch immer die Beziehung zwischen Klient und Berater und der Glaube des Klienten an die Wirksamkeit der vom Berater angebotenen Mittel bzw. Methoden die wichtigsten Faktoren, die Therapie oder Beratung, ganz gleich welcher Schule, erfolgreich werden lassen.

„Was wirkt wie?", ist also die wichtige Frage. Wie die Methode *heißt*, hat wenig Bedeutung. Menschen suchen andere Menschen (uns Berater) auf, um Rat zu erhalten, Lösungen gesagt zu bekommen, um die bisherigen Grenzen zu überschreiten. Oft geht es darum, „nur" zuzuhören, oft genügen einige Fragen, deren Beantwortung der Schlüssel zum Türschloss ist, das vorher nicht zu öffnen war. Berater haben dabei nur die Fragen gestellt, die es ihren Klienten erlaubt haben, in sich selbst den Schlüssel, die Lösung zu finden. Das entspricht der Idee von Milton Erickson, dass alle Lösungen im Klienten stecken.

Die Vielfalt, der Reichtum an Methoden der Therapie und Beratung ist in den letzten hundert Jahren enorm gewachsen. Immer neue Verfahren und Ansätze kommen auf den Markt, werden wegen ihres jeweils spektakulären oder raschen Erfolges berühmt oder modern. Sie sind deswegen eine Zeit lang besonders gefragt, um schließlich ganz unspektakulär in die übrigen Verfahren eingereiht zu werden. Oft sind diese Entwicklungen mit der Gründung von „Schulen" verbunden, die sich manchmal auch untereinander anfeinden. Das ist mir angesichts der propagierten Haltungen und Grundsätze der jeweiligen Schule gänzlich unverständlich geblieben.

In den letzten Jahrzehnten hat die „Systemische Therapie" eine rasante Entwicklung gemacht und dabei eine Vielfalt von Methoden hervorgebracht. „Systemisches Arbeiten" hat Konjunktur. Was kommt als nächstes?

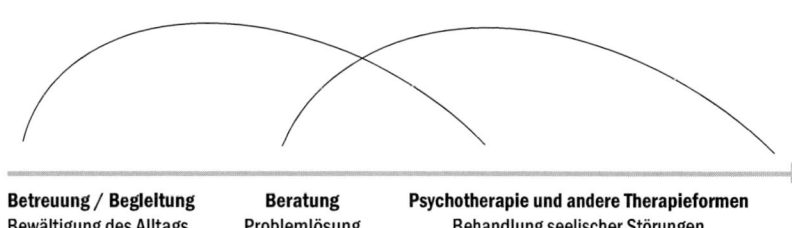

Eindrucksvoll finde ich die Versuche, verschiedene Ansätze ineinander zu integrieren, etwa unter der Überschrift „Hypno-Systemische Therapie" (G. Schmidt). Dieses sowohl als auch, das Kombinieren und Verknüpfen der Konzepte scheint mir der ungeheuren Komplexität seelischer und kommunikativer Prozesse am meisten gerecht zu werden. Ich habe von solchen Verknüpfungen stets profitiert und auch versucht, sie im Rahmen der einen oder anderen, im Buch vorgestellten Methode umzusetzen (z.B. die Wanderungen N° 30 und N° 34, die durch die Welt der Probleme führen).

Die inzwischen unzähligen Therapie- und Beratungsformen, die helfen können, den oben erwähnten Schlüssel zu finden, haben eines gemeinsam: Sie sollen Wachstum erleichtern, Menschen in ihrer Fähigkeit, ihr Leben zu meistern, unterstützen. Jedem hilft dabei etwas anderes: Das kann z.B. die Erfahrung über den Körper, über das gefühlsmäßige Erleben („Emotionieren"), über das Malen und Gestalten sein. Masken, Tanz, das Atmen oder die Arbeit mit Klanginstrumenten sind weitere Formen.
Die obige Skizze[1] soll das Ganze etwas veranschaulichen. Man sieht daran: Die Übergänge von Betreuung über Beratung im engeren Sinne bis hin zur Therapie sind fließend.
Die Methoden, die in diesem Buch vorgestellt werden, nehmen den Weg hauptsächlich über das Denken und die Sprache. Über kognitive Einsichten, über die Neukonstruktion von inneren Wirklichkeiten und Landkarten, über die Horizonterweiterung werden Wege zur Veränderung gesucht.
Aber dies ist nur *ein* Weg von vielen möglichen, er wird nicht für alle Klienten passen. Ich würde die in diesem Buch geschilderte Methodologie im Bereich einer kognitiv orientierten Beratung ansiedeln. Sie ist potenziell therapeutisch wirksam, aber sie ist nicht als Psychotherapie einzustufen!

Dass letztlich die emotionale Echtheit und Ehrlichkeit des Beraters und die Beziehung zwischen ihm und dem Klienten die entscheidenden Parameter des Beratungserfolges bleiben, dessen bin ich mir sicher. Allerdings lassen sich ohne Methodenkompetenz etliche Probleme kaum lösen. Beratungsprozesse werden dann möglicherweise enttäuschend verlaufen. Das Buch soll helfen, diese Methodenkompetenz zu erweitern.

Eine Schlüsselidee für mich selbst war, dass Probleme, die Menschen „haben", die Lösung für andere Probleme darstellen können, die jedoch aus dem Horizont bewusster Wahrnehmung entschwunden sind.[2] So gesehen leiden wir oft nicht unter Problemen, sondern unter Lösungen. Daraus resultiert auch das bekannte Paradox in Therapie und

---

[1] abgewandelt nach Schauerte/Mrochen in M.E.G.a.Phon N° 30, 1999
[2] in dem sehr bemerkenswerten Lehrbuch von Klaus Mücke (2004) ist diese Idee gründlich ausgeführt und als Titel des Buches gewählt: „Probleme sind Lösungen"

Beratung: „Waschen Sie mich bitte, aber machen Sie mich nicht nass dabei!" Das ist sehr verständlich: man stelle sich nur die Katastrophe vor, dass die Lösung eines Problems noch größere (alte) Probleme (wieder) hervorruft. Man käme „vom Regen in die Traufe"!

Ich lade dazu ein, alles auszuprobieren, was an Methoden beschrieben wird, es mit der eigenen Weise, Menschen zu begegnen, zu verknüpfen und dadurch zu verfeinern und zu verbessern – zum Wohl der Menschen, mit denen Sie, liebe Leserin und lieber Leser zu tun haben, und zu Ihrem eigenen Wohl.

Widmung und Dank

Dieses Buch ist meinen Lehrerinnen und Lehrern gewidmet. Zu ihnen gehören all jene, die meine Seminare besucht haben und die in den Supervisionsgruppen waren, die ich begleiten durfte. Schließlich die Menschen, die mich zur Beratung aufgesucht haben. Es waren die vielen Fragen, die mir gestellt wurden, und auf die ich möglichst rasch Antworten finden sollte; es waren die Fragen, die ich selbst gestellt habe, und die Antworten, die ich erhielt.

Das alles hat die Konzepte entstehen lassen, die sich nun, nach über zwanzig Jahren voller Fragen und Antworten hier wieder finden. Vieles davon ist nicht neu, ist von anderen Fachmenschen an anderer Stelle beschrieben worden. Ich habe versucht, die Inhalte möglichst praxisnah darzustellen. Manche der Konzepte sind auch „Eigenkreationen", die sich als sehr nützlich erwiesen haben. So danke ich allen, die – meist ohne ihr Wissen – an diesen Entwicklungen mitgewirkt haben.

Mein Dank gilt auch all jenen, bei denen ich eine Ausbildung genossen habe, die für mich Modell und Vorbild waren, die mir geholfen haben, dass ich ihr Wissen und Können in meine Person, in meine Weise zu denken und zu fühlen integrieren konnte.

Und schließlich gilt mein Dank all jenen, die das Buch durchgesehen und wertvolle Anregungen gegeben haben: insbesondere Wiebke Scharff, Hannelore Zimmermann, meiner Frau Elli von Bebenburg, Uwe Gabert-Varga, Cornelius Hahn und einigen Teilnehmern meiner Kurse.

Eine wichtige Quelle bzw. Ressource ist unsere Kreativität. Sie kommt zum Vorschein, wenn wir uns unsere meist spontan auftauchenden Ideen erlauben, wenn wir die ersten Einfälle auf eine Frage nicht verwerfen, auch wenn sie irgendwie unpassend oder „schräg" erscheinen. Denn diese Ideen enthalten immer einen nützlichen Kern, der uns weiterbringen kann.
Deswegen ein Tipp: Stellen Sie sich die folgende Frage: „Wie will ich dieses Buch nutzen? Was sind meine ersten Ideen dazu?"
Wenn Sie mögen, können Sie diese Ideen im nachfolgenden Kasten als Ihre persönliche Widmung für dieses Buch festhalten.

Wie ich dieses Buch nutzen könnte:

Ein Rat ...

Wer sich die Vielfalt der vorgestellten Methoden systematisch und mit besseren Erfolgen für die Praxis aneignen will, dem empfehle ich, wie folgt vorzugehen:
- Man studiere zuerst alle Methoden der Prozesssteuerung der ersten Reise „Durch ebenerdige Gänge" und übe diese Dinge ein. Das Üben dauert, und es gilt der Spruch: „Übung macht den Meister!" Prozesssteuerung ist – wir werden es noch sehen – von zentraler Bedeutung. Entgleitet einem der Prozess, dann misslingt auch die Beratung.
- Parallel dazu empfehle ich die Beschäftigung mit verschiedenen Haltungen und den Ethikfragen am Beginn des Abschnittes über Beziehungsgestaltung („Damit die Chemie stimmt" und die folgenden Wanderungen der zweiten Reise).
- Danach kann man die Schwerpunkte unterschiedlich setzen, je nach Arbeitsfeld, Neigungen, Neugier oder aktuellen Erfordernissen. In jedem Falle ist zu empfehlen, die im Buch vorgestellten Methoden nach und nach einzuüben, sich nicht zuviel auf einmal vorzunehmen. Prüfen Sie, welche Methode Ihnen liegen könnte oder was Sie reizt zu erproben.

So beginnen nun die Wanderungen. Darf ich bitten? Wir starten mit einem ...

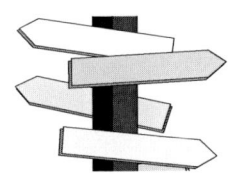

Überblick über die Wanderungen – das Inhaltsverzeichnis

„Der Wegweiser geht nicht selbst den Weg, den er weist - gehen muss man schon selbst"

Am Haupteingang:	Erster Blick ins Innere und ein Rätsel	23
Wanderung N° 1	Eintrittskarten und Missverständnisse	29
Wanderung N° 2	Surfen im Kommunikationsraum: Kommunikation und Beraterkompetenz	32
Wanderung N° 3	Ein Wunder, dass Kommunikation überhaupt gelingt	36

Erste Reise:	**Durch ebenerdige Gänge**	**39**
	Die Prozessebene oder: Wer nimmt auf dem Kutschbock Platz?	41
Wanderung N° 4	Blümchen malen – Muster zwischen Klient und Berater erkennen	43
Wanderung N° 5	Auf zwei verschiedenen Veranstaltungen zugleich? Überlegungen zum Kontext	49
Wanderung N° 6	Am Anfang war ... – Die Analyse der Ausgangslage	51
Wanderung N° 7	Ariadnes Faden – oder: Wie Beratungsprozesse leichter steuerbar werden	53
Wanderung N° 8	Den Wald vor lauter Bäumen ~~nicht~~ sehen ... Der Lageplan als Blick aus der Vogelperspektive	59
Wanderung N° 9	„Unmögliches wird sofort erledigt, Wunder dauern etwas länger" Die Auftragsklärung	68
Wanderung N° 10	Schatz- und Rumpelkammer zugleich: Eigenaufträge und wie sie verändert werden können	79
Wanderung N° 11	Noch andere Wälder ... – Der Lageplan der Beziehungsgeflechte	94
Wanderung N° 12	Der einfachere Fall – Kunden und ihre Kundigkeit	100
Wanderung N° 13	Brücke mit Geländer – Das Phasenmodell	110
Wanderung N° 14	Der Kontrakt – eine vertrackte Sache	117
Wanderung N° 15	„Kann ich geschwind was fragen?" – Gespräche zwischen Tür und Angel	122
Wanderung N° 16	„Erste Hilfe" bei Verirrungen	125
Wanderung N° 17	Der schwierigere Fall: Berater als Missionare und Kontrolleure	127
Wanderung N° 18	„Und bist du nicht willig ...(?)" Kontexte mangelnder Freiwilligkeit	133
Wanderung N° 19	Im Prinzip nichts anderes: Prozesssteuerung in der Arbeit mit Paaren, Angehörigen, Gruppen und anderen Systemen	143
Wanderung N° 20	Rikschafahrten	147

Zweite Reise:	**Du, ich und wir auf labyrinthischen Pfaden**	**151**
	Die Beziehungsebene oder: Damit die Chemie stimmt!	153
Wanderung N° 21	Gibt es eine Ethik der Beratung oder: Vom Eigen-Sinn der Menschen	157
Wanderung N° 22	Klienten und Berater als zweierlei Experten	162
Wanderung N° 23	Schweizer Käse ohne Löcher? Ressourcen, Defizite und das eine als das andere	167
Wanderung N° 24	Eine Art hippokratischer Eid – Wiedergewinnen von Wahlmöglichkeiten	171
Wanderung N° 25	Führen und sich führen lassen	174
Wanderung N° 26	Wie viele Hähne passen auf einen Misthaufen? Symmetrische und komplementäre Beziehungen, positionaler und relationaler Sprachstil	178
Wanderung N° 27	„Wo kämen wir denn da hin, wenn ... ?!" Manipulation mit Worten	184

Dritte Reise:	**Im Irrgarten des Lebensalltags**	187
	Die Inhaltsebene oder: Worum es eigentlich geht!	189
Wanderung N° 28	Vom Problem zur Lösung: Vorannahmen als Stolpersteine	192
Wanderung N° 29	Das Ringen um ein gutes Leben oder: Ziele er-finden	198
Wanderung N° 30	Probleme und Lösungen: Vier Lösungsansätze	208
Wanderung N° 31	In der Kürze liegt die Würze: Aus der Werkstatt der lösungsorientierten Kurzzeittherapie	222
Wanderung N° 32	„Kombizange" oder: Eine allgemeine Problemlösungsstrategie	236
Wanderung N° 33	Innenwelten erkunden: Das Meta-Modell	243
Wanderung N° 34	Warum einfach, wenn es auch kompliziert geht? Stabile und labile Gleichgewichte	254
Wanderung N° 35	Wenn die Katze sich in den Schwanz beißt ... – Arbeit mit „Teufelskreisen"	266
Wanderung N° 36	Die Qual der Wahl: Lösung von Entscheidungsproblemen	273
Wanderung N° 37	Der Marsch um den heißen Brei – Lösung von Angstproblemen	287
Wanderung N° 38	Schuldgefühle und andere explosive Mischungen	295
Wanderung N° 39	Die Suche nach der Stecknadel im Heuhaufen – Umgang mit Grübeleien	302
Wanderung N° 40	Am Rande: Umgang mit Suizidalität	307
Wanderung N° 41	Salto vorwärts zum Stand: Lösungen zweiter Ordnung	318
Wanderung N° 42	Von der Klugheit, zwischen Problem und Lösung zu balancieren	322
	Wieder am Haupteingang und vor den nächsten Reise	327

Vierte Reise:	**Auf Wendeltreppen und über Brücken in luftiger Höhe**	329
	Das Labyrinth der Wandlungen: Eine Einführung	331
	Auf Wendeltreppen – Über lebendige Systeme	335
Wanderung N° 43	Systemisch denken, hören und reden	340
Wanderung N° 44	Ein paarmal ums Eck gefragt: Das systemische Interview	342
Wanderung N° 45	„Immer das Gleiche mit Dir!" Von Mustern und Musterunterbrechungen	350
Wanderung N° 46	„Wegen dir muss ich immer streiten!" oder: Von der Einigkeit im Streit	355
Wanderung N° 47	Ungewollt verstrickt: Triadische Prozesse und wie sie verändert werden können	369
Wanderung N° 48	„Wenn ich du wäre, wäre ich lieber ich" (Alf) – Selbstbezüglichkeit als Boomerang	377
Wanderung N° 49	Wenn die anderen gar nicht dabei sind: Systemische Einzelberatung	380
	Über Brücken in luftiger Höhe – Die Welt der Konstrukte	385
Wanderung N° 50	In die Realität vernarrt: Von der "Wirklichkeit" und den Folgen	388
Wanderung N° 51	Der Blick über den Tellerrand als Lösungsweg	394
Wanderung N° 52	Kausalität, Zirkularität und die Suche nach den Schuldigen	402
Wanderung N° 53	„Ich hab' doch nur reagiert!" – Aktion und Reaktion als Gleiches	405
Wanderung N° 54	„Das hast du absichtlich gemacht!" Zur Verwechslung von Absicht und Wirkung	408
Wanderung N° 55	Aquarell: Wenn Wahrnehmung und Deutung ineinander verschwimmen	412
Wanderung N° 56	„So haben wir uns das nicht vorgestellt!" Systemische Arbeit mit Angehörigen	418
Wanderung N° 57	Krieg oder Frieden? Systemisches Arbeiten mit sich selbst	424

Fünfte Reise:	**Zauberlandschaften und Nebelgebiete**	 431
	Im Labyrinth der Sprache – Eine Einführung	 433
Wanderung N° 58	Von weißen Elefanten und anderen sanften Verführungen: Das Milton-Modell	 435
Wanderung N° 59	„Auch wenn der Vergleich hinkt ..." – Arbeit mit Metaphern	 442
Wanderung N° 60	„Die Geister, die wir riefen ..." – Krankheit, Wahn und andere Zaubereien	 448
Wanderung N° 61	Die Tintenfischstrategie: Alltagssprache, Jargon und Zauberwörter	 458
Wanderung N° 62	Ist Manipulation möglich? Von der Macht und Ohnmacht der Worte	 468
Abreise:	**Ein Blick auf benachbarte Landschaften**	 473
	Institutionen, Teams und andere Biotope	 475
	Quellen und Wanderausrüstung	 476
	Epilog ... oder vielleicht „auf Wiederlesen"?	 480

Es gibt also die Möglichkeit, alle Wanderungen der Reihe nach zu machen. Das wäre sicherlich zu empfehlen, weil alles aufeinander aufbaut. Ihre Neugier richtet sich aber vielleicht auf verschiedene Kapitel, es wird eine Wanderung kreuz und quer. Das macht vielleicht mehr Laune? Ich überlasse es Ihnen, liebe Leserin und lieber Leser!

Der Vorgarten des Labyrinths ist durchwandert, wir kommen zum Haupteingang ...

> *„Wer ungeduldig ist, verkürzt die Zeit, die er zum Leben hat"*
>
> *(Hans Bemmann)*

Am Haupteingang

Ein erster Blick ins Innere und ein Rätsel

"Wenn es einen Haupteingang gibt, gibt es dann auch Nebeneingänge?" "Ja!", möchte ich dazu sagen. Sie führen direkt in andere Gebiete; davon handelt vor allem die vierte und fünfte Reise. Ich empfehle allerdings den Zugang über den folgenden Weg: Den ebenerdigen Teil des Labyrinths zu durchwandern, ist eine wesentliche Vorbereitung für die nachfolgenden Reisen. Deshalb habe ich den "Haupteingang" hierhin gelegt.
Ich beschäftige mich in den folgenden Seiten mit den Standardsituationen, wie sie in Beratungen immer wieder auftreten. Wer darin geübt ist, hat auch mit den anderen, mehr verwirrenden Gebieten des Labyrinths weniger Mühe.

Als erstes möchte ich Sie zu einem kleinen Ratespiel einladen. Die meisten kennen es in ähnlicher Form aus Zeitschriften. Dennoch unterscheidet sich dieses Rätsel ein wenig, vor allem gehört noch eine Auswertung dazu. Es geht jetzt gleich darum, den Weg aus der Mitte des unten abgebildeten Labyrinths zu zeichnen. Ein Bleistift wäre also gut ...

Damit das Ganze gelingt, sind noch folgende Hinweise wichtig:

- Das Labyrinth hat zwei Eingänge.
- Es kann nötig werden, auch über die eigene Lösungs*strategie* und nicht nur über die Lösung nachzudenken.

Es kann losgehen. Wenn Sie die Lösung gefunden haben, geht es auf der nächsten Seite weiter (vorher zu schauen, lässt den Reiz verloren gehen!).

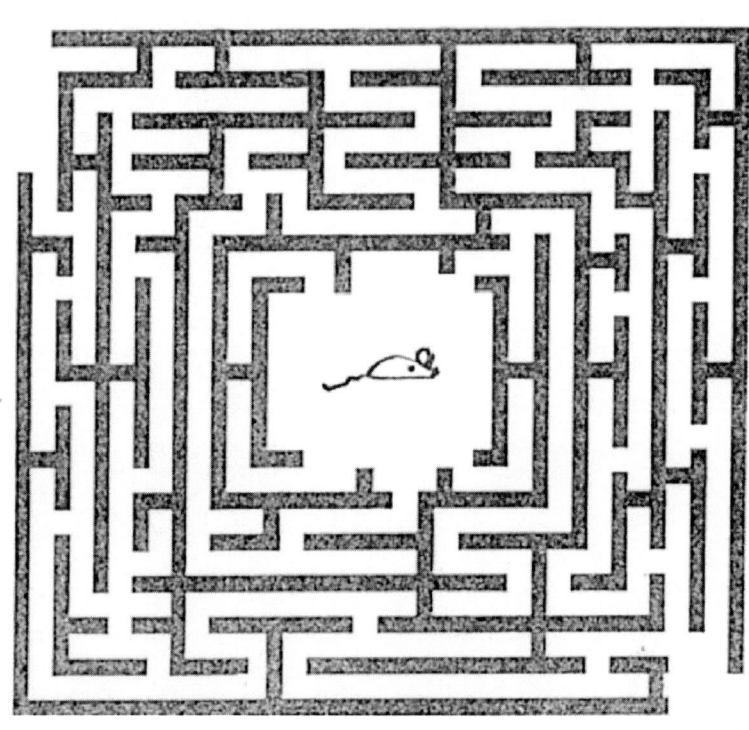

Ich hoffe, dass Sie, liebe Leserin und lieber Leser jetzt nicht verärgert sind. Sie haben wahrscheinlich zunächst nicht daran gedacht, dass es sich um einen manipulierten Irrgarten handeln könnte.

Die spannende Frage, um die es bei der Aufgabe geht, ist: Welche Lösungsstrategie haben Sie gewählt? Unter anderem sind folgende Varianten denkbar:
– Nach einigen Versuchen haben Sie die Suche eingestellt und gedacht ‚So ein Quatsch!' und gleich hierher geblättert.
– Sie haben immer wieder versucht, einen Weg zu finden, weil Sie sich nicht vorstellen konnten, dass es sich hier um eine manipulierte Abbildung eines Labyrinths handelt. Sie haben schon begonnen, an Ihrem Verstand zu zweifeln. Den Hinweis, dass es zwei Eingänge gebe, haben Sie zwar gelesen, aber gleich wieder vergessen, weil die Aufgabe lautet, einen Weg *aus* dem Labyrinth zu finden.
– Sie haben anhand des Hinweises, dass es zwei Eingänge gäbe, gleich festgestellt, dass kein Weg in die Mitte führt, folglich auch kein Weg aus der Mitte herausführen *kann* und dementsprechend entschieden, dass das Rätsel nicht lösbar sei. Zu diesem Resultat sind Sie gekommen, weil Sie, ohne es zu merken, die verdeckten Regeln des Rätsels (s.u.) akzeptiert haben.
– Sie haben nach der vergeblichen Suche nach einem Weg entschieden, an einer Stelle ein Loch unter die (symbolisch dargestellte) Wand zu graben und so zum Ausgang zu gelangen, das heißt, Sie haben also entschieden, die verdeckte Regel, sich nur entlang der weißen Gänge zu bewegen, nicht mehr zu akzeptieren. Allerdings haben Sie dabei so getan, als wüsste die Maus, an welcher Stelle zu graben, überhaupt weiter führt, nur weil Sie das aus der Vogelperspektive sehen, wo es sich lohnt. Allerdings kann man auch sagen: Die Maus müsste halt so oft graben, bis sich der Erfolg einstellt.
– Sie haben entschieden, dass die schwarzen Linien die maßgeblichen Gänge sind und so sehr rasch den Weg gefunden. Sie haben also die verdeckte Regel umgewandelt.

Betrachtet man nun diese Strategien genauer, wird erkennbar, dass sie mit zwei weiteren wesentlichen Faktoren in Beziehung stehen:
a) den eigenen *Vorannahmen* über verschiedene Merkmale des Rätsels
b) den impliziten und expliziten *Spielregeln* für die Lösung des Rätsels

Die häufigsten Vorannahmen sind:
– Es handelt sich um ein „normales" Labyrinthrätsel, wie es sich häufig in Rätselecken von Zeitschriften findet und für die es immer eine „konventionelle" Lösung, das heißt eine Lösung im Rahmen der Regeln (s.u.), gibt.
– Die Wege des Labyrinths werden durch die weißen Flächen bzw. Linien gekennzeichnet, nicht durch die schwarzen.
– Die schwarzen Linien symbolisieren eine mehr oder minder hohe Mauer, über die die Maus nicht hinübersteigen kann.
– Unter „Lösung" ist zu verstehen, aus dem Labyrinth herauszufinden, anstatt nach Überlebensmöglichkeiten im Labyrinth zu suchen.
– Die Perspektive des Rätselraters ist die gleiche wie die der Maus (die irrigste aller Vorannahmen).

Vorannahmen zeichnen sich häufig dadurch aus, dass sie einem zunächst gar nicht gewahr sind und man sie deshalb auch nicht hinterfragt. Akzeptiert man die genannten Vorannahmen, gibt es in der Tat keine Lösung, insbesondere

dann, wenn man auch noch die implizit vorgegebenen Regeln befolgt. Diese sind:
- Man soll sich auf den vorgegebenen weißen Bahnen bewegen.
- Man soll die Anweisungen der Übung befolgen.
- Regeln sind einzuhalten, das gehört zum Spiel. (Meta-Regel)

Folgende Strategien kommen in Betracht:
- wiederholte *systematische* Suche nach einem Weg von innen nach außen, insbesondere, wenn die ersten Versuche gescheitert sind
- Wegsuche von außen nach innen und Folgerung, dass es keinen Weg aus dem Labyrinth gibt, wenn kein Weg hineinführt
- resignieren
- Vorannahmen und/oder Regeln in Frage zu stellen, wenn die konventionelle Wegsuche zu keinem Ergebnis führt

Die Vorannahmen, impliziten Regeln und Strategien treten in eine interessante Wechselwirkung. Insbesondere die Vorannahme, dass es eine Lösung in dem Sinne geben müsse, einen Weg aus dem Labyrinth zu finden, führt häufig dazu, dass nach den ersten vergeblichen Versuchen andere Vorannahmen oder Regeln zur Disposition gestellt werden. Lässt man die Idee fallen, dass die weißen Flächen den Weg markieren, oder befolgt nicht mehr die Regeln, dass man sich nur entlang der vermeintlichen Gänge bewegen darf, dann findet man sehr schnell die „Lösung" im Sinne obiger Vorannahme, wonach es doch eine Lösung geben müsse.
Stellt man aber genau diese Vorannahme zur Disposition und versteht den „Weg aus dem Labyrinth" metaphorisch, nämlich einen Weg zu finden, um im Labyrinth (gut) zu überleben, spielen die anderen Vorannahmen und Regeln kaum noch eine Rolle.

Da das Ganze aber ohnehin nur eine Rätselaufgabe ohne Bedeutung für den Alltag ist, kann man ja auch zur Tagesordnung übergehen und das Ganze lassen, wenn man nicht gleich die Lösung findet, das heißt, aus dem Spiel überhaupt ganz „aussteigen".

Was aber, wenn man (wie die Maus) im Inneren eines solchen Labyrinths steht, also den Überblick wie in diesem Spiel, nicht hat. Was, wenn es sich dabei um reale Lebenslagen (wie z.B. Krankheit) handelt. Was, wenn man von der Manipulation nichts weiß und denkt, es gebe nur einen Weg entlang der sichtbaren Gänge in die Freiheit? Was, wenn man gar nichts über Labyrinthe weiß (was im Falle einer Manipulation wie oben wahrscheinlich noch besser wäre)? Welche Reaktionen wären dann wahrscheinlich, was wäre dann Ihre Strategie? Ein solches Gedankenexperiment hat etwas Beklemmendes!
Stress, immer hektischer werdende Suche, Resignation, klagendes Rufen, Verzweiflung bis hin zum Suizidversuch oder kluge (?) Resignation und der Versuch, im Labyrinth zu überleben, wären denkbare Reaktionen.

Denkt man sich das Ganze als Metapher für Probleme, in denen manche stecken, sind so manche Muster, die man bei Klienten (und bei sich selbst) beobachtet, wieder zu entdecken. Es ist nicht nötig, dass sich ein Problem wie ein solches Labyrinth gestaltet, es genügt, dass man es für ein solches hält und überdies (unbewusst und unreflektiert) die Spielregeln akzeptiert, den Rahmen vorgegebener Denkweisen, Glaubenssätze, Wertesysteme und Konstrukte nicht zu verlassen. Es genügt, dass man sich der eigenen Vorannahmen nicht gewahr ist und sie deshalb auch nicht in Frage stellt, und schon sitzt man fest, dreht sich im Kreise.

Dann kann es nötig werden, jemanden „von außen" zu Rate zu ziehen. Potenziell kommt jeder „Außenstehende" in Betracht: Freunde, Kollegen und andere. Sie können einem allerdings nur aus der Situation heraushelfen, wenn sie sich einen Überblick verschaffen, ihn auch behalten und sich nicht an alle Spielregeln und Vorannahmen halten, deren Gültigkeit man selbst behauptet hat.

Das erfordert dann eventuell doch professionelles Know-how, und so kommen Berater bzw. Therapeuten ins Spiel. Es ist wichtig, dass sie über das oben skizzierte Wechselspiel von Vorannahmen, Regeln und Strategien der Lösungssuche Bescheid wissen. Wir werden beispielsweise sehen, dass viele Menschen, wenn nicht die meisten von der Vorannahme ausgehen, dass Probleme „an sich" existieren, und nicht nur unsere Konstrukte sind. Diese Vorannahme verbaut jedoch von vorneherein wichtige Lösungswege für Probleme.

Machen wir uns also auf den Weg! In den Wanderungen durch die ebenerdigen Gänge des Labyrinths werde ich überwiegend die Darstellung im Zwei-Personen-Modell, also Klienten – Berater wählen.

Die verschiedenen Methoden, die in der Beratung verwendet werden können, unterscheide ich dabei entlang der drei zentralen Ebenen von Kommunikation: Prozess, Beziehung und Inhalt (mehr zu dieser Unterscheidung weiter unten). Eine Beratung, auch eine „Betreuung" oder eine „Begleitung", die, um es nochmals zu betonen, hier immer mit gedacht werden, ist in erster Linie ein *kommunikativer Prozess*. Diese Unterscheidung dient der Sortierung und Strukturierung von Beratungsprozessen und der eingesetzten Methoden. Es handelt sich nicht um eine real mögliche Trennung, weil sich Prozess, Beziehung und Inhalt gegenseitig beeinflussen und bedingen. Dennoch lassen sich die verschiedenen Beratungsmethoden danach unterscheiden, auf welcher dieser Ebenen sie primär ansetzen. Die Prozesssteuerung setze ich an den Beginn, weil sich auf dieser Ebene häufig die Frage des Erfolges oder Misserfolgs einer Beratung entscheidet. Prozesssteuerung ist eine Kompetenz, die von Beratern zu allererst zu erwarten ist. Klienten sind für die Bearbeitung des Problems, also primär für den Inhalt verantwortlich, Berater für den Prozess der Beratung, der zu einer gelingenden Problembearbeitung beitragen kann. Diese Aufgabe kann nicht Klienten quasi als Laien in Sachen Beratung aufgebürdet werden.

Gleichwohl kommt auf Berater die Aufgabe zu, Prozessbeobachtung und Prozesssteuerung, Wahrnehmung der Beziehung und Beziehungsgestaltung und schließlich noch die inhaltliche Arbeit simultan zu bewältigen. Je mehr diese „Gleichzeitigkeit" gelingt, desto erfolgreicher wird die Beratung verlaufen.

Manche fühlen sich überfordert das alles simultan zu bewältigen und sich jeweils bewusst zu machen, worauf sie gerade den Fokus der Aufmerksamkeit richten sollten. Zumindest habe ich das in Fortbildungen oft gehört. Aber es ist wirklich nur eine Frage der Übung, so ähnlich wie zum Beispiel beim Auto fahren: Lenkrad, Kupplung, Bremse und Gangschaltung zu bedienen, nach vorne zu schauen und in den Rückspiegel, den Verkehrsfunk zu hören und zu verwerten, und schließlich auch noch die Unterhaltung mit dem Beifahrer zu führen, das alles mehr oder minder simultan zu tun haben wir durch Fahrpraxis gelernt – es geht! Warum sollte es in der Beratung also nicht gelingen, sich auf mehrere Dinge zugleich zu konzentrieren? Nennen wir diese Fähigkeit – um ein Fremdwort zu erfinden – „multifokale Konzentration", das klingt doch ganz gut?

Probleme entstehen eigentlich immer dann, wenn man einen Fokus außer Acht lässt. Um das Autofahren nochmals zu bemühen: Wenn man zum Beispiel vergisst, dass es eine Bremse gibt, führt das zu Problemen.
In der Beratung ist es – im Vergleich dazu – teilweise noch einfacher: Wenn man den Prozess der Beratung klar im Blick behält, ist das Risiko des Misslingens deutlich gemindert. Wir kommen darauf bei der Wanderung N° 13, die vom Phasenmodell handelt, nochmals zu sprechen.

Um diese „multifokale Konzentration" umzusetzen, ist es allerdings erforderlich, dass Berater eine klare Vorstellung davon haben, was mit den Ebenen des Prozesses, der Beziehung und des Inhaltes gemeint ist. Sonst misslingt die Unterscheidung und Berater verlieren leicht die Orientierung.

Um es an dieser Stelle schon in einmal in kurzer Form darzustellen:
- Der Prozess bezieht sich auf den *Ablauf* einer Beratung von ihrem Beginn bis zu ihrem Ende. Bei der Beschreibung eines Prozesses erfährt man nichts über den Inhalt, z.B. *worüber* sich Leute gestritten haben.
- Die Beziehungsebene beschreibt Merkmale der *Beziehung* zwischen Klient und Berater, welche in der jeweiligen Beratungssequenz gestalten werden: Dabei werden Beziehungsmerkmale wie Nähe und Distanz, Symmetrie, sich auf gleicher Augenhöhe zu begegnen und Asymmetrie oder auch Abhängigkeit sowie Vertrauen und Misstrauen eine Rolle spielen.
- Die *Inhaltsebene* ist das „eigentliche" Thema der Beratung, sie kann natürlich nicht vernachlässigt werden, obwohl das Entscheidende auf der Prozess- und Beziehungsebene „passiert". Das klingt fast wie ein Widerspruch. Denn ohne Inhalt, ohne Thema oder „Problem" gibt es keine Beratung. Diese Art von Beziehung wird wegen bestimmter Probleme aufgenommen, Klient und Berater wären sich sonst wahrscheinlich nicht begegnet.

Das Charakteristikum der Beziehung zwischen Klienten und Berater (im Sinne einer sozialen Definition) ist, dass Berater eine soziale Dienstleistung erbringen, und zwar – in der Regel – gegen Bezahlung. In einer Freundschaftsbeziehung ist das anders. Die sozial definierte Beziehung bestimmt somit weitgehend den Rahmen des Beratungsprozesses selbst.
Wir sehen: Je nach Blickrichtung haben Prozess-, Beziehungs- oder Inhaltsebene die Priorität. Wir könnten diesen Sachverhalt als eine Art „Meta-Prozess" betrachten, dem folglich unsere Aufmerksamkeit als Berater zu gelten hat.

Im Bild des Labyrinths ausgedrückt bedeutet dies: Nur wenn Berater den Blick, die Konzentration *auf alle* diese drei Aspekte zugleich richten, verirren sie sich nicht so leicht in den Gängen.

Allerdings gehen meine Erfahrungen aus der Praxis in die Richtung, dass die bewusste Wahrnehmung und Steuerung des Beratungs*prozesses* besonders nachhaltig dazu beitragen, dass Klienten und Berater zufrieden auseinandergehen.
Dementsprechend werden methodische Beschreibungsformen und Techniken erforderlich sein, um Prozesssteuerung vollziehen zu können. Dazu dient das Modell „Ariadnes Faden", das in Wanderung N° 7 vorgestellt wird.
Zuvor möchte ich Kommunikation als einen mehrdimensionalem Raum beschreiben, zu-

mal es, wie wir dann sehen werden, auf noch weitere Merkmale (Variable) der Kommunikation ankommt, als die bisher zitierten Ebenen der Kommunikation (Prozess, Beziehung, Inhalt). Es gehört zur Beraterkompetenz, alle Dimensionen der Kommunikation bewusst wahrzunehmen und zu gestalten. Auf zur ersten Wanderung! Fünf Reisen mit kürzeren oder längeren Wanderungen erwarten Sie, liebe Leserin und lieber Leser, dann kommen Sie wieder hier am Haupteingang an! Die erste Reise hat schon begonnen ...

Merkzettel

Rätsel und Lösungsstrategien

Bei der Lösung von Rätseln kann man die gewählten Strategien danach unterscheiden, inwieweit zwei weitere wesentliche Faktoren wirksam sind:
- die eigenen **Vorannahmen** über verschiedene Merkmale des Rätsels
- die impliziten und expliziten **Spielregeln** für die Lösung des Rätsels und ihre Anerkennung

Während die Spielregeln eines Rätsels meistens bewusst sind, wird man sich der eigenen Vorannahmen oft nicht gewahr. Ähnliches gilt für Probleme, mit denen sich Klienten herumschlagen. Man kann den Vorannahmen jedoch auf die Spur kommen. Als Berater kann man Klienten dabei helfen, sofern man sich nicht selbst von unreflektierten Vorannahmen leiten lässt.

Beratung und mehrfach gerichtete Aufmerksamkeit

Berater müssen sich darin üben, den Prozess, die Beziehung und den Inhalt gleichzeitig (simultan) wahrzunehmen. Diese Fähigkeit ähnelt dem Autofahren, wo man ebenfalls viele Dinge gleichzeitig tut. Je mehr Fahrpraxis man hat, desto mehr gelingt dies auch. Für die Beratungsarbeit gilt das gleiche.

Für Beratungen ist es am wichtigsten, den Beratungs*prozess* steuern zu können.

Beate Baumgärtner

Wanderung N° 1

Eintrittskarten und Missverständnisse

Wohin diese Wanderung führt ...

Das Labyrinth zwischenmenschlicher Beziehungen betreten wir, sobald wir Kontakt miteinander aufnehmen. Wir müssen dazu keine Eintrittskarten an einem Schalter lösen, wir haben eine „Dauerkarte". Sie besteht in unserer Fähigkeit zu kommunizieren, also Sprache zu benutzen, ergänzt durch Blicke und Gesten, die es uns ermöglichen, in Beziehung zu anderen Menschen zu treten. Selbst in einem fremden Land, dessen Sprache wir nicht beherrschen, können wir auf Gesten, auf Symbole oder Zeichen zurückgreifen, auf eine Art universelle Sprache. Kopfnicken bedeutet meistens, dass wir uns verstanden haben, es zumindest annehmen. Dass allerdings unsere Dauerkarte mal gilt, dann plötzlich wieder nicht und dies auch nicht vorhersehbar ist, mutet seltsam an.

Es gibt Regeln darüber, welche Art zu kommunizieren zum Ort und Anlass passt. Ein großer Teil dieser Regeln ist uns bekannt. Dementsprechend treten Menschen mit Vorstellungen und Erwartungen in Kontakt, wissen mit welchen Kommunikationsformen zu rechnen ist, was angemessen ist und was nicht. Es wäre sehr unpassend, während einer Trauerfeier Witze zu erzählen.
Allgemein ausgedrückt: Kommunikation ist kontextabhängig. Kontexte haben eine räumliche, zeitliche und eine soziokulturelle Dimension. Das gilt auch für alle „Orte", an denen eine wie immer geartete soziale Dienstleistung angeboten wird. Die sozialen Rollen sind schon vorab verteilt: Klienten hier, Berater dort (und nicht umgekehrt).

Auch die Themen, um die es gehen könnte, sind abgesteckt. Etwas „Small Talk" am Anfang ist üblich, dann geht es jedoch „zur Sache". Wie es scheinen könnte, handelt es sich um ein übersichtliches Terrain, auf den ersten Blick ist wenig Labyrinthisches zu entdecken. Dass dieser Schein trügt, werden wir noch sehen.

(B. steht im Folgenden immer für Berater, Kl. für Klient)

B: „Ich weiß, Sie kommen wegen bestimmter Probleme hierher. Aber ich muss Ihnen sagen: Mir geht es heute ziemlich schlecht, und deshalb brauche ich Ihren Rat. Sehen Sie, von außen sehen Dinge immer anders aus ..."

Kl: „Wie bitte? Ich verstehe nicht ..."

B: „Na ja, ich weiß, es ist vielleicht zuviel verlangt. Aber in meinem jetzigen Zustand kann ich Ihnen sowieso nicht viel helfen. Über das Geld können wir ja noch reden."

Kl: „Ja, aber ..."

B: „... ‚Sie sind doch der Fachmann', wollten Sie sagen. Ich verstehe, dass Sie das denken. Aber wenn es um einen selbst geht, ist man oft ‚von Blindheit geschlagen', wie es im Spruch heißt. Davon haben Sie sicher schon gehört?"

Kl: „Ja schon, aber ich kann Ihnen doch nicht helfen, hab doch keine Ahnung, wie das geht. Und außerdem ..."

B: „Glauben Sie mir, ‚der gesunde Menschenverstand', den Sie ja auch haben, hilft oft mehr als alle Psychologie!"

Kl: „Ja, aber ..., ich weiß wirklich nicht ..."

Dieser frei erfundene Dialog[1] zu Beginn eines Gesprächs in einer Beratungsstelle macht deutlich, welche Konfusion entstehen würde,

---

(1) Die Idee, die Rollen von Patient und Therapeut zu tauschen, ist in Literatur und Film mehrfach aufgegriffen worden. Auch Paul Watzlawick hat damit experimentiert und die Kontextabhängigkeit von Kommunikation verdeutlicht (vgl. „Wie wirklich ist die Wirklichkeit?").

wenn Berater sich genau gegenläufig zur vom Klienten erwarteten Rolle verhalten würden. Obwohl der Berater im Dialog nichts Falsches gesagt hat, kann das die Person, die sich übrigens erst mit dem Betreten der Beratungsstelle zum „Klienten" gewandelt hat, völlig irritieren, weil es nicht der Definition einer Beratungsstelle und den darauf bezogenen Erwartungen entspricht.

Was folgt aus diesen Überlegungen? Wir verständigen uns über den Kontext, den sozialen Rahmen, in dem wir den wechselseitigen Erwartungen entsprechend kommunizieren. Der vorherige Dialog wäre der Fall eines „Miss*verständnisses*", das im Verlaufe des Gesprächs offenkundig, wenn auch noch nicht aufgelöst wird. Würden Klient und Berater angesichts ihrer unterschiedlichen Erwartungen verhandeln, bis sie sich geeinigt haben, wäre das Missverständnis sogar ausgeräumt.

Schwerwiegender ist der Fall der *Missverständigung*. Darunter ist zu verstehen, dass sich Personen vermeintlich verstehen, tatsächlich aber missverstehen, ohne es (zunächst) zu bemerken.

Eine häufige Missverständigung in der Beratung wird durch die Vorstellung von Beratern eingeleitet, ein von Klienten vorgetragenes Problem sollte auch „bearbeitet" und gelöst werden, während Klienten evtl. „nur" einen Ort suchen, wo sie sich „mal richtig aussprechen" können. Von dieser Situation war schon in der Einleitung die Rede, und wir werden sie noch öfter aus wechselnden Blickrichtungen betrachten, weil sie sehr typisch ist.

B: „Was führt Sie heute her?"
Kl: „Wissen Sie, ich habe große Probleme mit meinem Mann. Er versteht mich nicht, er hört mir gar nicht zu und interessiert sich nur für seinen Schachclub."
B: „Ist das immer so?" (Berater hat die Idee nach Ausnahmen zu forschen.)
Kl: „Was heißt immer? Mir reicht es, ich will nicht mehr!"
B: „Denken Sie an Trennung?" (Berater versucht erneut, das Thema zu fokussieren)
Kl: „Ich weiß nicht, was ich tun soll. Meine Freundinnen sagen, ich soll gehen. Aber ich bin ja auch nicht mehr die Jüngste ..."
B: „Sie haben also das Problem, eine Entscheidung zu treffen?"
Kl: „Sie verstehen das nicht; wenn es um so etwas schwerwiegendes geht, trifft man nicht mal schnell eine Entscheidung!"
B: „Aber, Sie kommen um eine Entscheidung nicht herum ..." ... und so weiter.

Dieser fiktive Dialog, der von der Praxis nicht mehr soweit entfernt sein dürfte, mündet in einer Miss*verständigung*, wenn Berater nicht klären, ob Klienten sich ihre Probleme einfach mal nur von der Seele reden wollen und jemand brauchen, der teilnahmsvoll zuhört und nicht sofort das Problem fokusiert. Dass dadurch (im obigen Beispiel) das Entscheidungsproblem der Frau nicht gelöst, sondern allenfalls „verwaltet" wird, ist aus Beratersicht richtig, führt aber zur Missverständigung, denn die Klientin hat wahrscheinlich etwas ganz anderes im Sinn, als das Problem (schon) zu lösen.

Beispiele für Missverständigungen gibt es unzählige. Sie sind in der komplexen Vielschichtigkeit menschlicher Kommunikation jederzeit möglich, sogar wahrscheinlich. Aber wir gehen oft darüber hinweg, und zwar aus ganz praktischen Gründen: Es ist im Alltag einfacher, direkt miteinander zu kommunizieren, als Missverständigung wortreich auszuschließen. Diese Art der Metakommunikation könnte sogar störend wirken. „Darf ich dir einen Witz erzählen?" „Was verstehst du unter einem Witz?" Nach dieser Gegenfrage ist bereits alles verdorben.

Für eine Beratung hat es allerdings weit reichende Folgen, wenn die Möglichkeiten des

Missverständnisses und der Missverständigung nicht ausgeschlossen werden. Diese Möglichkeiten beschränken sich nicht nur auf die Fragen des Kontextes und die damit verbundenen Erwartungen. Sie beziehen sich auf alle Dimensionen, in denen sich menschliche Kommunikation bewegt; überall kann es zur Missverständigung kommen.

Auf die Vielschichtigkeit menschlicher Kommunikation und auf das Wunder, dass wir uns überhaupt verständigen können, wird im folgenden Kapitel eingegangen. Es wird sich zeigen: Kommunikation ist Kunst, erlernbare Kunst! Wir lernen sie von Kindesbeinen an. Als Berater müssen wir sie vielleicht noch einmal auf neue Weise lernen. Dazu gehört vor allem auch zu wissen, *wie* Kommunikation gelingen kann, denn das lernen wir meistens nicht automatisch von Kindesbeinen an. Wir kommunizieren, wissen damit aber noch lange nicht, wie das „funktioniert".

Wegskizze

Missverständnisse und Missverständigung

- Für ein Gelingen der Beratung ist es wesentlich, Missverständnisse und Missverständigung auszuschließen.
- Missverständnisse zeigen sich früher oder später in Irritationen auf der Seite der Klienten oder der Berater. Macht man sie zum Thema, können sie meistens ausgeräumt werden, auch wenn vielleicht Meinungsverschiedenheiten bestehen bleiben.
- Missverständigung ist tückischer, weil sie weniger leicht zu bemerken ist. Irritationen im Gespräch werden (unbemerkt und deshalb unreflektiert) mit eigenen Konstrukten erklärt, zum Beispiel: „Der Klient ist im Widerstand ..." versus „Der versteht mich nicht, der ist kein guter Berater!" Die Falle schnappt zu.
- Missverständigung kann durch Metakommunikation, also durch die Klärung des Beratungskontextes und durch Auftragsklärung vermieden werden (vgl. Wanderung N° 5 und N° 9).

Wanderung N° 2

Surfen im Kommunikationsraum
Kommunikation und Beraterkompetenz

> „Der Beziehungsaspekt hat immer Vorrang vor dem Inhaltsaspekt einer Kommunikation."
> Paul Watzlawick

Wohin diese Wanderung führt ...

Das Wort „Kommunikation" stammt aus dem Lateinischen und hat dort die Bedeutung: sich mitteilen, sich besprechen, aber auch, etwas gemeinsam miteinander zu machen, etwas zu vereinigen. Es steckt also vieles in diesem Wort, was uns nicht immer bewusst ist, wenn wir von Kommunikation sprechen. Kommunikation ist ein sehr komplexer Vorgang. Wir können kommunizieren, ohne zu wissen, wie das eigentlich funktioniert. Berater allerdings benötigen dieses Wissen für ihre Arbeit.

Surfen ist modern. Ursprünglich war es nur als Wassersport bekannt, inzwischen ist das Surfen im Internet wahrscheinlich bekannter.
Im Zusammenhang mit der menschlichen Kommunikation von „Surfen" zu sprechen, ist als Metapher gedacht. Wer schon einmal Menschen beim Wellenreiten beobachten konnte, hat sicher die Eleganz bewundert, mit der die Bewegungen des Wassers genutzt werden, um sich möglichst lange auf dem Surfbrett zu halten.
Dieser Eleganz begegnen wir wieder, wenn wir beobachten, mit welcher Sicherheit wir uns intuitiv, man könnte auch sagen traumwandlerisch sicher durch den komplexen Raum der Kommunikation, durch ihre Dimensionen, bewegen. Surfen ist geschickte Ausnutzung von Wellen und Wind; Kommunikation lässt sich als geschickte Ausnutzung der Variablen, aus denen sich Kommunikation zusammensetzt, verstehen.

Neun Dimensionen menschlicher Kommunikation und das Wunder des Gelingens

Mit dem Begriff „Raum" will ich ausdrücken, dass Kommunikation durch unterschiedliche Variablen und Formen gekennzeichnet ist, die einen Gesamtzusammenhang wie die Dimensionen eines räumlichen Gebildes darstellen.

Kommunikation lässt sich wegen ihrer verschiedenen Dimensionen, in denen sie sich abspielt, als vieldimensionaler Raum beschreiben. Allerdings beschränkt sich unsere räumliche Vorstellungskraft auf den dreidimensionalen Raum, wie er sich beispielsweise in einem perspektivisch gezeichneten Würfel darstellen lässt.
Ein solcher Raum hat drei senkrecht aufeinander stehende Koordinaten. Wer diese Darstellungsformen wegen unangenehmer Erinnerung an Geometrie in der Schule nicht so mag, kann sich ja irgendeine andere Raumvorstellung wählen. Ich möchte allerdings der Einfachheit halber mit dieser Form fortfahren.

Kommunikations-Raum

Um die verschiedenen Dimensionen der Kommunikation zu veranschaulichen, wird jede Dimension einer Koordinate zugeordnet, wie die folgenden Schaubilder zeigen:

Der gesamte Raum

Der Raum der Kommunikation lässt sich in drei hauptsächliche Dimensionen einteilen:

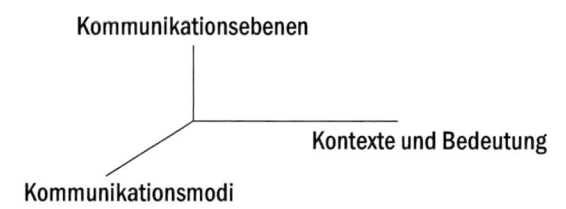

Kommunikationsebenen
Kontexte und Bedeutung
Kommunikationsmodi

Diese hauptsächlichen Dimensionen stellen Variablen dar, die ihrerseits wieder verschiedene Dimensionen haben:

1. Kommunikationsmodi

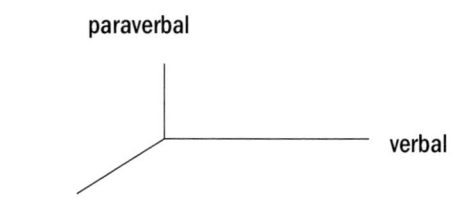

paraverbal
verbal
nonverbal

„Verbal" steht für das gesprochene Wort, „paraverbal" bezieht sich auf den Tonfall, in dem jemand spricht, und andere akustische Merkmale. Mit „nonverbal" sind alle Formen des Körperausdrucks, der Mimik, Gestik usw. gemeint. Mit der nonverbalen und paraverbalen Kommunikation wird meistens das gesprochene Wort irgendwie kommentiert oder andere, evtl. der verbalen Aussage widersprechende Teile kommen auf diesem Wege zum Ausdruck.

2. Kommunikationsebenen

Man könnte auch von Schichten sprechen, in denen sich jede Kommunikation im Sinne eines parallelen Verlaufs abspielt:

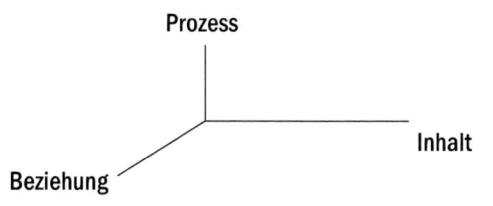

Prozess
Inhalt
Beziehung

Zwar gibt es ohne die Inhaltsebene, ohne ein konkretes Thema weder einen Prozess noch die Gestaltung einer Beziehung, aber letztlich haben die Beziehung und der Prozess mehr Auswirkungen auf die Kommunikation (z.B. auf Störungen) als der Inhalt, er ist austauschbar. Vielen ist das nicht klar, sie konzentrieren sich deshalb ganz auf den Inhalt einer Kommunikation, sodass ihnen entgeht, was auf den anderen Ebenen abläuft. Das liegt auch daran, dass verständlicherweise die Neugier und das Interesse meistens den Inhalten gelten, über die man sich austauscht.

3. Kontext und Bedeutung

Auch diese Dimensionen werden meistens nicht sehr bewusst wahrgenommen. Sie gelten meistens als so selbstverständlich, dass sie keiner besonderen Beachtung zu bedürfen scheinen. Dass jedoch Kommunikation zunächst nichts anderes, als der Austausch von Zeichen ist, die für sich genommen keinerlei Bedeutung haben, sondern diese erst mit „Codierung" und „Decodierung" durch die Kommunikationspartner erlangen, wird meistens nicht wahrgenommen. Hier ist die Hauptquelle für Missverständnisse und Missverständigung zu sehen!

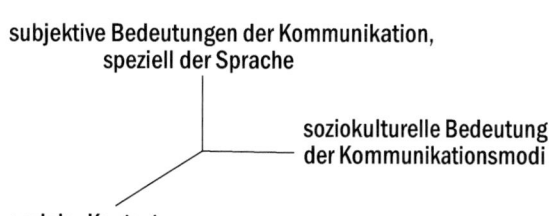

subjektive Bedeutungen der Kommunikation, speziell der Sprache
soziokulturelle Bedeutung der Kommunikationsmodi
sozialer Kontext, in dem eine Kommunikation stattfindet

Die Flächen, die zwischen je zwei der Koordinaten in den Grafiken liegen, umfassen das Wechselwirkungsverhältnis zweier Dimensionen, zum Beispiel dass der Inhalt eines Gespräches die Beziehung beeinflusst und umgekehrt. Der gesamte Raum beschreibt das Wechselwirkungsverhältnis aller Dimensionen der Kommunikation. Bildlich gesprochen, lässt sich ein Gespräch in seiner zeitlichen Abfolge wie ein sich unregelmäßig aufblasender Ballon im Kommunikationsraum darstellen, denn nach und nach entwickelt sich das Gespräch vielfältig in allen Dimensionen.

Alle Dimensionen der Kommunikation stehen also in einem Wechselwirkungsverhältnis zueinander: Zum Beispiel hat die momentane Beziehung zweier Menschen starken Einfluss auf den Prozess ihres Gesprächs, die nonverbale Kommunikation kommentiert das gesprochene Wort oder widerspricht ihm. Ein Witz kann bei den einzelnen Zuhörern sehr verschieden ankommen (subjektive und gesellschaftliche Bedeutung von Sprache). Ein ziemlich komplexes Ganzes also, und dennoch sprechen bzw. kommunizieren wir ganz selbstverständlich und zielgerichtet miteinander, wir lernen es wie schon erwähnt, von Kindes Beinen an, ohne etwas über diesen theoretischen Hintergrund wissen zu müssen. Zugleich wird anhand dieser Darstellung vielleicht verständlich, wieso wir uns so leicht missverstehen und missverständigen können. Das sollte natürlich in Gesprächen, die anderen weiterhelfen sollen, möglichst nicht passieren. Wir bewegen uns in einem „vieldimensionalen" Raum, und um dies zielgerichtet tun zu können, benötigen Berater das theoretische und methodische Wissen, wie diese Bewegung bewusst gestaltet werden kann.

Zusammengefasst besteht also die erlernbare **Kompetenz in der Kommunikation** darin,
- alle Dimensionen bewusst wahrnehmen bzw. unterscheiden zu können
- in allen Dimensionen Kommunikation bewusst gestalten zu können

- Metakommunikation beginnen zu können, wenn auf den Ebenen eine Störung eintritt
- und insbesondere die Bedeutung dessen, was Klienten mitteilen, nicht vorschnell zu interpretieren, sondern sie zu erfragen, um Missverständnissen vorzubeugen

Weil Kommunikation immer in allen Dimensionen zugleich stattfindet, haben zum Beispiel inhaltsanalytische Methoden immer auch eine, die Beziehung gestaltende und eine Prozess steuernde Wirkung und umgekehrt. Ob eine Beratung gelingt, wird allerdings häufig auf der Prozess- oder auf der Beziehungsebene entschieden, und nicht auf der inhaltsanalytischen Ebene, auf die wir uns oft besonders konzentrieren. Es gilt, Störungen in der Beziehung oder im Prozess zu erkennen und dann die Methode entsprechend zu wechseln. Diese Flexibilität ist lernbar und sie ist hilfreich – für alle Beteiligten.

Um die verschiedenen Methoden der Gesprächsführung systematisch darzustellen und zu zeigen, wie Berater sich mit ihrer Hilfe flexibel im Gespräch verhalten können, genügt es, die Dimensionen Prozess, Beziehung und Inhalt zu verwenden.

Die Methoden lassen sich danach unterscheiden, auf welche dieser Dimensionen sie sich hauptsächlich beziehen: *Prozesssteuernde, Beziehung gestaltende und inhaltsanalytische Methoden und Techniken* werden in den folgenden Kapiteln dargestellt. Auf die anderen, oben skizzierten Dimensionen werden wir dabei auch stoßen, beispielsweise wie man nonverbal (ohne Worte) die Beziehung gestalten kann.

Wegskizze

Kommunikation als neundimensionaler Raum

Die neuen Dimensionen der Kommunikation lassen sich als „Raum" betrachten. Es gibt drei „Teilräume":
- Kommunikationsmodi
- Kommunikationsebenen und
- Kontexte bzw. Bedeutung

Jeder der Teilräume enthält wieder drei Variablen oder Dimensionen:
- Verbale, paraverbale, nonverbale Kommunikation
- Inhalt, Beziehung, Prozess
- Subjektive Bedeutung der Kommunikation, speziell der Sprache; dann die soziokulturelle Bedeutung und der soziale Kontext der Kommunikation

Die Kompetenz der Berater in der Kommunikation besteht darin,
- alle Dimensionen bewusst wahrnehmen bzw. unterscheiden zu können
- in allen Dimensionen Kommunikation bewusst gestalten zu können
- Metakommunikation beginnen zu können, wenn auf den Ebenen eine Störung eintritt
- und insbesondere die Bedeutung dessen, was Klienten mitteilen, nicht vorschnell zu interpretieren, sondern sie zu erfragen, um Missverständnissen vorzubeugen

Wanderung N° 3

Ein Wunder, dass Kommunikation überhaupt gelingt

Wohin diese Wanderung führt ...

Senden und empfangen, wahrnehmen und sich mitteilen, lässt sich als rückgekoppelter Kreislauf betrachten. Wenn Berater diesen Kreislauf bewusst und gezielt gestalten wollen, besteht die erste Übung darin, die Dimensionen der Kommunikation getrennt wahrnehmen und beschreiben zu können. Insbesondere die Ebenen des Prozesses, der Beziehung und des Inhaltes auseinander zu halten und sich vor zu raschen Interpretationen der Bedeutung von Worten, Tonlage und Körperausdruck der Klienten zu hüten, gehört zu den wichtigsten Aufgaben.

Aus den bisherigen Ausführungen folgt also, dass wir, wenn wir miteinander kommunizieren, uns in neun Dimensionen gleichzeitig bewegen. Die Unvorstellbarkeit eines neundimensionalen Raumes korrespondiert mit dem Wunder, dass uns das Kunststück gelingt, gleichzeitig mit allen diesen Variablen zu hantieren, sie zu benutzen, um uns mitzuteilen.
Im Wesentlichen können wir das, weil wir es, wie schon erwähnt, ein Leben lang lernen und mit diesem komplexen Lernprozess schon als Säugling (z.B. beim Dialog des Stillens) beginnen, in einer Zeit, in der unser neurologisches System enorm lernfähig ist. Wir lernen simultane Wahrnehmung auf allen Sinneskanälen usw., wir beherrschen dies alles schließlich in automatisierter Form und lernen auch mit der Bedeutungsvielfalt und mit den feinen Nuancen, die es in der Kommunikation gibt, umzugehen.

Wo die Tücken der Missverständigung lauern, lernen wir meist auch nur intuitiv (learning by doing).
Was wir in der Regel nicht oder kaum lernen ist, *wie* menschliche Kommunikation funktioniert und wie sie auch misslingen kann. Wir lernen auch wenig über die genannten Dimensionen. Wo die Tücken der Missverständigung lauern, lernen wir meist nur intuitiv. Das ist einer der Gründe, warum viele Paare als Grund, warum sie in die Beratung kommen, Kommunikationsprobleme angeben, von denen sie nicht wissen, ob und wie sie zu beheben sind. Wenn wir in Austausch miteinander treten, geschieht das immer über einen Inhalt, wir gestalten dabei unsere Beziehung (ob wir wollen oder nicht) und gestalten einen Prozess (ob bewusst oder nicht). Natürlich bedarf es der *Personen*, die miteinander in Austausch treten. Sie bilden zusammen ein komplexes Kommunikationssystem. Das Wunder der Verständigung angesichts dieser Komplexität beruht wohl auch auf einem Willensakt, bei dem wir die reichlich vorhandenen Möglichkeiten der Missverständigung ausblenden: Wir verstehen uns (vermeintlich), weil wir uns verstehen wollen, obwohl wir bei kritischer Überprüfung entdecken würden, wie sehr wir „aneinander vorbei geredet haben". Zwei Menschen erklären einander: „Ich liebe Dich!", „Ich Dich auch!" und sind glücklich dabei, obwohl völlig im Dunkeln bleibt, *wer* jetzt *was* damit genau gemeint hat. Zwei andere versichern sich ihre gegenseitige Abneigung, ebenfalls

ohne zu wissen, wovon eigentlich die Rede war. Kurioserweise würde der Versuch, die potenziellen Missverständnisse aufzuklären, zu einer Kommunikationsstörung führen, die wir lieber vermeiden, und somit im Verborgenen bleibt, was gemeint war. Unwissend, aber in voller Absicht nehmen wir Missverständigung in Kauf.

Berater benötigen mehr, als die pragmatisch erworbene Fähigkeit zu kommunizieren. Sie müssen lernen, Prozess, Beziehung und Inhalt *bewusst* simultan wahrzunehmen und zu steuern. Vielen erscheint das als schwere Übung. Es ist ungewohnt, manchmal fehlen Kenntnisse über Kriterien und Merkmale: Was ist der Prozess, wie erkennt man ihn, wie kann man ihn beschreiben, um schließlich auch einzugreifen? Noch schwieriger wird es, wenn weitere Dimensionen in die bewusste Wahrnehmung bzw. Beobachtung einbezogen werden, etwa feine Bewegungen in Mimik und Gestik, die Ebene der subjektiven Bedeutung der von Klienten verwendeten Worte usw.

Diese Art der Wahrnehmung könnte man, wie schon vorgeschlagen wurde (vgl. Haupteingang), „multifokal" nennen, eine mehrfach gerichtete Aufmerksamkeit. Sie zielt darauf ab, zu erkennen, welche Teile der Kommunikation im Moment besonders wichtig sind, gerade dem Fortschritt der Beratung dienlich sind und welche nicht.

Die Wahrnehmung auf den Inhalt der Kommunikation zu konzentrieren, fällt uns meist nicht schwer. Wir reden über den letzten Kinobesuch, über ein Ereignis am Arbeitsplatz usw.; wir haben dazu unsere Muttersprache zur Verfügung, die wir beide beherrschen. Auch in der Beratung scheint die Inhaltsebene leichter wahrnehmbar und beschreibbar: „Was ist das Thema?" „Um was geht es?" Das sind die Fragen, mit deren Beantwortung der Inhalt zusammengefasst, verdichtet werden kann. Am Schluss hat man eine Überschrift, die das Thema beschreibt.

Die Wahrnehmung der Beziehungsebene ist schwieriger. Über sie wird meist nicht ausdrücklich gesprochen. Die Beziehung ist oft auch das sensiblere Thema, vor allem, wenn sie uns wichtiger ist, als das Thema über das gerade gesprochen wird. Beziehung nehmen wir meist mehr gefühlsmäßig bzw. intuitiv wahr: „Die Chemie stimmt!" (oder stimmt nicht). Das ist eine metaphorische Beschreibung; eine andere lautet: „Wir sind auf der gleichen Wellenlänge."

Die Merkmale, in denen sich Beziehung beschreiben lässt, geben meist nur ein bruchstückhaftes Bild. Nähe, Distanz, Vertrautheit, Oben-Unten-Verhältnis sind solche Merkmale um Beziehung zu beschreiben, die zwei Menschen gestalten, während sie sich miteinander austauschen. Bemerkenswert ist, dass wir dabei über den Inhalt nichts wissen müssen, obwohl es ohne Inhalt, ohne Thema in der Regel keinen Austausch gibt. Die Beziehung bewusst und explizit zu beschreiben, heißt also, sich vom Inhalt zu lösen, und das ist keine einfache Übung.

Die Prozessebene wird beschrieben, wenn man die Frage beantwortet: „Was läuft hier ab?", „Worauf läuft das Ganze hinaus?" Oft lohnt sich auch die Frage nach wiederkehrenden Mustern, beispielsweise bei Auseinandersetzungen. Hier zeigt sich noch mehr, dass es nicht nötig ist, über den Inhalt etwas auszusagen, wenn man den Prozess beschreiben will. Prozessbeschreibung ist sozusagen „nackt". Natürlich gibt es auch keinen Prozess ohne Inhalt.

Aber für das was passiert, ist der Inhalt oft ohne Belang, sozusagen nur das „Material". Ein kleines Beispiel aus dem Alltag eines Paares:

- *Inhaltsebene:* Thema sind der gemeinsame Urlaub und die nicht miteinander zu vereinbarenden Urlaubsziele der Partner.
- *Beziehungsebene:* Die Partner geraten in Streit, es kommt zur Disharmonie, Distanz und Clinch zugleich.
- *Prozessebene:* Das Ganze gleicht einem Ping-Pong-Spiel, das immer verbissener gespielt und schließlich mit Geschrei und Türenknallen beendet wird.

Es fällt auf, dass die Beschreibung der Beziehung auch prozessualen Charakter hat, wahrscheinlich einer der Gründe, warum Paul Watzlawick nur zwischen Inhalts- und Beziehungsaspekt menschlicher Kommunikation unterscheidet.

Gelingende Beratung setzt gelingende Verständigung zwischen Klient und Berater voraus. In der Praxis zeigt sich immer wieder, dass der Steuerung des Prozesses eine zentrale Bedeutung zukommt, und dass unsere „natürliche" Neigung, uns als Berater auf den Inhalt, auf die Themen, die Klienten „anbieten", zu konzentrieren, das Risiko erhöht, dass die Beratung misslingt. Denn der Beratungsprozess ist nicht von vornherein so angelegt oder gestaltet, dass er sicher gelingt, im Gegenteil: Es gibt, wie wir noch sehen werden, genügend Hintergründe, die ein Misslingen wahrscheinlich werden lassen.

Deshalb beginnen wir nun in den folgenden „Wanderungen" mit der Beschreibung von Methoden, die zur Steuerung von Beratungsprozessen geeignet sind. Dazu gehört auch, aus einer systemischen Perspektive der Frage nachzugehen, was die Ausgangslage einer Beratung ist, kurz: den Kontext zu beleuchten, in dem sich eine Beratung abspielt. Es geht dabei vor allem um das Aufeinandertreffen der Vorstellungen, der Konstrukte der Klienten und Berater über die Beratung selbst.

> „Die Bedeutung einer Botschaft entsteht immer beim Empfänger."
>
> Klaus Mücke

Wegskizze

Separate Beobachtung und Beschreibung der verschiedenen Dimensionen der Kommunikationsebenen einer Beratung ist für die Steuerung des Ganzen wichtig:
- Auf der Inhaltsebene geht es um das konkrete Thema, den eigentlichen Gegenstand der Kommunikation.
- Die Beziehungsebene wird während der inhaltlichen Kommunikation gestaltet, manchmal beiläufig, ohne bewusste Absicht.
- Auf der Prozessebene spielt sich das gesamte Geschehen einer Kommunikation ab.
- Die Bedeutung der Worte, die Klienten wählen, ist subjektiv, auch wenn die Sprache „offiziell" ist, alle Worte auch eine allgemeingültige Bedeutung haben.
- Was die Tonlage und der Körperausdruck als Kommentar der verbalen Kommunikation bedeutet, ist ebenfalls subjektiv und in der Bedeutung für den Wahrnehmenden noch weniger festlegbar.
- Berater müssen sich deshalb vor zu raschen Interpretationen in Acht nehmen und können auch nicht gesichert davon ausgehen, dass Klienten das, was sie vermitteln, auch so interpretieren, wie es gemeint war. Deshalb ist es erforderlich, sich bei wichtigen Themen zu vergewissern (insbesondere bei der Kontextklärung).

Erste Reise: Durch ebenerdige Gänge

| Wanderung N° | REISEROUTE | Seite |

Die Prozessebene oder: Wer nimmt auf dem Kutschbock Platz? — 41

4	Blümchen malen – Muster zwischen Klient und Berater erkennen	43
5	Auf zwei verschiedenen Veranstaltungen zugleich? Überlegungen zum Kontext	49
6	Am Anfang war ... – Die Analyse der Ausgangslage	51
7	Ariadnes Faden oder: Wie Beratungsprozesse leichter steuerbar werden	53
8	Den Wald vor lauter Bäumen ~~nicht~~ sehen ... Der Lageplan als Blick aus der Vogelperspektive	59
9	„Unmögliches wir gleich erledigt, Wunder dauern etwas länger" Die Auftragsklärung:	68
10	Schatz- und Rumpelkammer zugleich: Eigenaufträge, und wie sie verändert werden können	79
11	Noch andere Wälder ... – Der Lageplan der Beziehungsgeflechte	94
12	Der einfachere Fall – Kunden und ihre Kundigkeit	100
13	Brücke mit Geländer – Das Phasenmodell	110
14	Der Kontrakt – eine vertrackte Sache	117
15	„Kann ich geschwind was fragen?" – Gespräche zwischen Tür und Angel	122
16	„Erste Hilfe" bei Verirrungen	125
17	Der schwierigere Fall: Berater als Missionare und Kontrolleure	127
18	„Und bist du nicht willig ...(?)" Kontexte mangelnder Freiwilligkeit	133
19	Im Prinzip nichts anderes: Prozesssteuerung in der Arbeit mit Paaren, Angehörigen, Gruppen und anderen Systemen	143
20	Rikschafahrten	147

Die Kunst, es allen recht zu machen

Ein armer Bauer war hoch verschuldet. So beschloss er, seinen Esel auf dem Basar im nächsten Dorf zu verkaufen. Er nahm ihn am Zügel und machte sich zusammen mit seinem Sohn auf den Weg. »Seht euch nur diese Narren an! Beide gehen in dieser brennenden Sonne zu Fuß, und keiner von ihnen reitet den Esel! Die Dummen werden nicht weniger!« rief der erste Mann, der ihnen auf ihrem Weg entgegenkam. »Warum schleppt ihr eure müden Glieder über die staubige Straße bei dieser Hitze? Der Esel trägt ja gar keine Last. So reitet doch und lauft nicht neben dem Esel her!« Dieser Rat schien vernünftig und so stiegen beide auf den Esel.

Kaum zehn Minuten später begegneten sie dem nächsten Passanten, der ganz entrüstet schrie: »Das arme Tier! Habt ihr kein Mitleid mit dieser Kreatur? Wollt ihr den Esel zu Tode reiten? Ihr beiden seid doch eine viel zu schwere Last für dieses arme Tier. Einer von euch könnte doch wohl auch zu Fuß nebenhergehen, ihr Tierquäler.« So stieg der Bauer vom Esel und ließ seinen Sohn reiten. Sie waren noch nicht weit gegangen, als sie auf einen kopfschüttelnden Wanderer trafen: »Die Jugend von heute taugt nichts! Sie hat keinen Respekt vor dem Alter. Dieser Grünschnabel sitzt ganz unverschämt obenauf, macht sich's bequem und lässt seinen ehrwürdigen alten Vater nebenher laufen. Dein Sohn ist soviel jünger und kräftiger als du. Warum läuft nicht er, und du reitest den Esel?« Der Junge war sehr beschämt und bestand darauf, dass er zu Fuß ging, und sein Vater auf dem Esel ritt. Der Bauer bestieg also den Esel, und der Junge ging an seiner Seite. Fünfhundert Meter weiter sprach sie wieder ein Vorübergehender voller Empörung an: »Was bist du für ein Rabenvater, lässt deinen armen kleinen Jungen in der Sonnenglut neben dem Tier herlaufen und sitzt selbst wie ein Sultan obenauf! Sieh doch nur wie zart das Bürschchen ist, mit seinen kurzen Beinen versucht er, mit dem Esel Schritt zu halten. Um deine alten Knochen wäre es nicht schade«. Der Bauer stieg vom Esel und besprach sich mit seinem Sohn. Dann suchten sie eine lange Bambusstange, hängten den Esel mit gebundenen Vorder- und Hinterbeinen an ihr auf, und schulterten sie. Sie hatten beschlossen, den Esel das letzte Stück bis zum Basar zu tragen, denn jetzt wollten sie nicht mehr dumm angesprochen werden und endlich ihre Ruhe haben.

Die Prozessebene

oder: Wer nimmt auf dem Kutschbock Platz?

Das lateinische Wort „procedere" bedeutet „voran schreiten". Vom Prozess eines Gespräches zu reden, bedeutet eine Beschreibung davon zu geben, „was gerade abläuft" oder abgelaufen ist. Das setzt voraus, den Prozess als solchen wahrzunehmen. Hier setzt oft die Schwierigkeit ein, denn wir konzentrieren uns meist auf den Inhalt des Gesprächs, auf die Themen, die der Klient zur Sprache bringt, mit dem Effekt, dass uns der Prozess, das was geschieht, entgeht und daher auch nicht mehr unserer Kontrolle unterliegt. Das führt oft dazu, dass Klient und Berater die Orientierung verlieren, und evtl. am Ende der Beratung unzufrieden auseinander gehen. „Wir drehen uns im Kreis, kommen nicht zum Ziel" und ähnliches sind dann Beschreibungen eines misslungenen Prozesses. Prozesse rasch zu erfassen ist reine Übungssache, den Gesprächsprozess zielgerichtet zu steuern ebenfalls. Eine Orientierung, wo wir gerade im Gespräch stehen, um den nächsten Schritt zu gehen usw., geschieht parallel, begleitend zur Beschäftigung mit dem Inhalt. Es geht für den Berater um die schon erwähnte mehrfach gerichtete Aufmerksamkeit.

Prozesssteuerung passiert in jedem Gespräch, ob bewusst oder unbewusst, ob gezielt oder eher reaktiv. Prozesssteuerung in der Beratung empfehle ich, auf eine ganz spezifische Weise durchzuführen. Dazu werden drei Methoden beschrieben, die so miteinander kombiniert sind, dass im Prinzip jeder Beratungsprozess erfolgreich strukturiert werden kann. Ein definierter Beginn, ein definiertes Ende und einige klare Schritte dazwischen, kennzeichnen das Ganze. Der Erfolg ist dabei in dem Sinne garantiert, dass entweder realistische Beratungsziele erreicht werden oder aber zumindest klar wird, woran es liegt, wenn sie nicht erreicht werden, wo dementsprechend auch anzusetzen ist, um voranzukommen. Gelegentlich stellt sich heraus, dass nicht der Mangel an Kompetenz auf Seiten des Beraters das Problem ist, sondern konzeptionelle Mängel in der Institution, in der - allgemein ausgedrückt - soziale Dienstleistungen angeboten werden. Es gilt zuerst diese Mängel zu beheben, bevor erfolgreich gearbeitet werden kann.

Es handelt sich um ...
– die *Analyse der Ausgangslage*
– ein *Phasenmodell* für Beratungsprozesse (freiwillige Kontexte)
– ein *Drei-Schritte-Programm* für Kontexte mangelnder Freiwilligkeit

Ergänzend kommen Methoden der Systemanalyse hinzu ...
– der *Lageplan*
– mit *Analyse und Klärung der Auftragslage*

Alles zusammen verbinde ich zu einem prozessorientierten Leitfaden für Beratung, Betreuung und Begleitung, den ich „Ariadne" nenne (vgl. Wanderung N° 7).

Prozesssteuerung bedeutet hier, dieses methodische Inventar gezielt und bewusst anzuwenden. „Ariadne" ist der rote Faden, anhand dessen jederzeit eine Orientierung möglich ist. „Was läuft gerade?", „Wo stehen wir gerade?" Ist das geklärt, können die nächsten Schritte in Angriff genommen werden.

Nach entsprechend langjähriger Übung gelingt Prozesssteuerung schon leichter

Ariadne ist im Laufe der Jahre aus der Praxis entstanden: aus meiner eigenen und aus der Praxis der Teilnehmer meiner Seminare und Supervisionsgruppen. So gesehen ist dieses methodische Inventar erprobt, hat die „Härtetests" in ganz unterschiedlichen psychosozialen Bereichen hinter sich.

Ariadne löst nicht alle Probleme, sondern liefert die Orientierung, spezifische Methoden anzuwenden, wenn es um Problemlösung geht, oder aber anders vorzugehen, wenn die Bearbeitung irgendwelcher Probleme seitens des Klienten gar nicht gewünscht wird.

Ich werde mit der „Analyse der Ausgangslage" beginnen. Dann wird „Ariadne" in einer Gesamtschau vorgestellt. Anschließend erläutere ich die Arbeit mit Lageplänen zur Auftragsklärung. Danach geht es um die beiden hauptsächlichen Situationen, mit denen man in der Praxis zu tun hat: Beratungskontexte und Kontexte „mangelnder Freiwilligkeit", wie ich sie nenne.

Zuerst möchte ich aber noch etwas bei anderen Aspekten der Prozesssteuerung verweilen. Denn die Steuerung eines Gespräches erschöpft sich nicht darin, Ariadne anzuwenden. Sie bezieht sich generell darauf, wahrzunehmen, was in der Beratung zwischen Klient und Berater gerade passiert, sich wiederholende Muster zu erkennen (und evtl. auch aufzudecken), mit den Klienten immer wieder zu klären, um was es geht, was der Auftrag ist usw. Es geht um den Verlauf einzelner Beratungskontakte, aber auch um den Ablauf der Beratung insgesamt, vom ersten Kontakt bis zum Abschluss. Wo stehen Klient und Berater im gesamten Prozess? Gilt noch der zu Beginn geschlossene Kontrakt darüber, was die Ziele der Beratung sind? Kann die Beratung im Grunde abgeschlossen werden, aber Abschied tut halt auch weh, und deswegen werden vom Klienten immer wieder neue Themen eingebracht?

Im Prinzip geht es immer wieder um die Frage: „Was läuft gerade?"

Methoden der Prozesssteuerung:
- die **Analyse der Ausgangslage**
- ein **Phasenmodell** für Beratungsprozesse
- ein **Drei-Schritte-Programm** für Kontexte mangelnder Freiwilligkeit
- der **Lageplan:**
  - **Analyse der Systemmitglieder, der Grenzen, der Subsysteme und wesentlicher Teile des Genogrammes (Familiensystem) und Blick auf das Gesamtsystem**
  - **Analyse der Auftragslage**
  - **Analyse der Beziehungsformen**
  - **Triadische Analyse: Konfliktdynamik im System**
  - **Analyse der Wirklichkeitskonstruktionen**
  - **Interventionsplanung**

Wanderung Nº 4:

Blümchen malen

– Muster zwischen Klient und Berater erkennen

Wohin diese Wanderung führt ...

Wenn Menschen öfters miteinander in Kontakt kommen, beginnen sie sich mehr und mehr aufeinander einzustellen. In ihrer Kommunikation bilden sich Muster, die sich wiederholen und sich dadurch verfestigen. Ob sich das positiv oder negativ auswirkt, steht nicht von vorneherein fest. Für Berater ist es wichtig, dass sie Muster, die sich zwischen ihnen und Klienten herausbilden, erkennen und gegensteuern, wenn der Beratungsprozess deswegen zu stagnieren beginnt. Es lohnt sich oft, solche Muster mit Klienten zu besprechen.

Manche Klienten kommen in die Beratung, legen „ohne Punkt und Komma" gleich los, und haben in kürzester Zeit mehrere Themen angesprochen. Als Berater sollte man sich nicht den Kopf mit all diesen Themen „voll machen". Das würde bedeuten, wahrscheinlich erfolglos auf der Inhaltsebene zu arbeiten. Im „Wald" der Themen können sich Klient und Berater leicht verirren.
Stattdessen lohnt sich die (innerlich gestellte) Frage: „Wie lässt sich verstehen, was hier gerade abläuft?" Dafür gibt es in diesem Beispiel natürlich verschiedene mögliche Beschreibungen, manche davon sind nur Hypothesen:
– Der Klient redet sich gerade in eine regelrechte Problemtrance.
– Der Klient ist deshalb auch gar nicht im „Hier-und-Jetzt" und ist insofern auch nicht in Kontakt mit dem Berater.
– Der Klient ist hauptsächlich da, um seinen „Kragen zu leeren", es drückt ihn überall der Schuh.
– Der Klient versucht den Rahmen des Gesprächs durch Themenflut unter Kontrolle zu behalten; Motive dafür sind Angst oder Unsicherheit, was der Berater ansprechen könnte.

Diese Beschreibungen schließen sich übrigens nicht aus, es können mehrere zugleich zutreffen. Worin also könnte die Intervention des Beraters auf der Prozessebene bestehen? Es gibt viele Möglichkeiten, und welche empfehlenswert wäre, erweist sich wahrscheinlich erst hinterher.

Außerdem gibt es noch unterschiedliche Möglichkeiten, auch auf der Inhaltsebene und der Beziehungsebene zu intervenieren, und nicht nur auf der Prozessebene. In allen Fällen wird das Gespräch dadurch in eine neue Richtung gelenkt.

Einige Möglichkeiten, nachdem der erste Redestrom nachgelassen hat:

1) „Ich merke, Sie sind ganz schön beladen! Ich schlage Ihnen vor, hier erst mal richtig anzukommen. Möchten Sie etwas zu trinken? ..."
2) (Bei der ersten Pause, die der Klient macht) „Bedrücken Sie noch weitere Probleme?"
3) „Ich fürchte, ich kann mir all die Probleme, die sie beschäftigen, kaum merken. Möchten Sie eines auswählen, das wir dann näher betrachten?"
4) „Da kommt ja einiges zusammen! Wie sähe denn ihr Leben aus, wenn alle diese Probleme gelöst wären?"

Ich möchte an dieser Stelle es Ihnen als spielerische Übung überlassen, jeweils zu beschreiben, auf welche der Kommunikations*ebenen* die obigen Interventionen abzielen.

zu 1) ....

....

zu 2) ....

....

zu 3) ....

....

zu 4) ....

....

Die Intervention, die ich am meisten empfehle, weil sie beide Seiten vor weiteren Verwicklungen bewahrt und den Klienten auf den Beratungskontext aufmerksam werden lässt, kann in folgender Frage bestehen:

„Sie haben einiges auf dem Herzen. Was ist Ihr Anliegen *dabei an mich*?"

Ich nenne diese Frage gerne die „Schlüsselfrage" und werde beim Thema Kontrakt (Wanderung N° 14) noch ausführlich darauf zu sprechen kommen, warum sie so zentral ist. Ich war und bin immer wieder erstaunt, dass in der überwiegenden Zahl aller „Fälle", die in Supervisionen und Fortbildungen zur Sprache kommen, sich schnell herausstellt, dass der Berater die Schlüsselfrage, also die Frage nach dem Auftrag gar nicht gestellt hat. Viele Teilnehmer meiner Kurse betonen, dass für sie die wichtigste Lehre war, die Frage nach dem Auftrag nicht zu vergessen. Dabei ist diese Frage so nahe liegend und einfach. Im Kapitel über Eigenaufträge (Wanderung N° 10) wird mehr darüber die Rede sein, warum sie so leicht vergessen wird.

Auf die erste Intervention des Beraters folgt natürlich die Reaktion des Klienten. Nehmen wir einmal an, der Klient reagiert auf die „Schlüsselfrage" mit dem Bericht über weitere Probleme. Der Berater modifiziert die Schlüsselfrage, worauf der Klient noch andere Probleme ausführlich und im Klageton schildert.

Als Berater hat man nun wieder verschiedene Möglichkeiten, auf diese sich heraus kristallisierenden Muster zu reagieren:

a) Man kann die Reaktionen des Klienten auf die Schlüsselfrage als „impliziten" Auftrag verstehen: „Hören Sie mich an!" Hat der Berater einen „Kläger" vor sich, würde er genau dem Anliegen des Klienten entsprechen, nämlich jemand zu haben, bei dem man „auspacken" kann, und der einfach teilnahmsvoll und geduldig zuhört.

b) Man kann versuchen, mit dem Klienten das Muster zu thematisieren, mit dem Ziel, den Prozess in die Richtung einer expliziten Auftragsklärung zu lenken.

Ich beschreibe nun noch eine Möglichkeit, die mit dem Mittel einer Visualisierung und einer damit verbundenen kleinen Provokation versucht, den Klient in seinem Muster zu „stören".

Blümchen malen

Herr P. kommt zum vereinbarten Gesprächstermin. Es handelt sich um eine Betreuung im ambulant betreuten Wohnen, das von einer Kollegin, Frau L., begleitet wird. Und wie schon oft zuvor auch, beginnt Herr P. nach der Frage: „Was ist denn heute Ihr Anliegen an mich?" mit diversen Klagen. Der zweite Anlauf, die Frage etwas modifiziert zu wiederholen, mündet in die Fortsetzung des Lamentos

über weitere Misslichkeiten. Es wiederholt sich ein Muster, das in vorhergehenden Gesprächen auch schon zu beobachten war, und dessen Abfolge so beschreiben könnte:
→ Frage der Beraterin nach dem Auftrag → Klient beantwortet die Frage nicht (zumindest nicht direkt) → Beraterin wiederholt die Frage → Klient beantwortet die Frage nicht (zumindest nicht direkt) …
Und so könnte es noch weiter gehen, ohne dass die Beraterin erfährt, um was es jetzt letztlich gehen soll.

Eine Möglichkeit wäre nun, diesen Prozess dem Klienten gegenüber ohne Worte zu verdeutlichen, in dem die Beraterin beginnt, auf einem Blatt Papier folgendes zu malen …

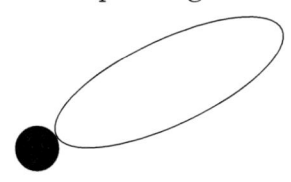

… um schließlich nach mehreren Wiederholungen des obigen Frage- und Antwortspieles folgendes Bild entstehen zu lassen.

Der Klient wird vielleicht neugierig und fragt schließlich etwas irritiert: „Was machen Sie da?" „Ich male unser Gespräch! Das ist, wie Sie sehen, eine Blume. Ich habe mit einer Frage begonnen, das ist der dunkle Kreis in der Mitte, da ist meistens der Blütenstaub, ziemlich wichtig. Dann haben Sie eine Geschichte erzählt, die hatte mit meiner Frage nichts zu tun. Das ist das erste Blütenblatt. Dann habe ich meine Frage wiederholt, und Sie haben eine weitere Geschichte erzählt, ich habe das zweite Blütenblatt gemalt usw., und jetzt ist die Blume fertig, denn gerade, als ich den Stängel gezeichnet habe, haben Sie gefragt, was ich da male. Sollen wir jetzt was anderes machen oder soll ich noch mehr Blütenblätter einzeichnen?"

Natürlich ist das eine Provokation. Es wäre nicht zu empfehlen, so etwas schon im allerersten Gesprächskontakt zu tun, denn es muss ja erst einmal eine Beziehung aufgebaut werden (wir kommen darauf weiter unten zu sprechen). Aber nach mehreren Kontakten, in denen sich dieses Muster wiederholt, kann auf der Prozessebene evtl. eine Wende eingeleitet werden, weil der Klient bisher selbst möglicherweise gar nicht gemerkt hat, was vorher abgelaufen ist.
Es ist dies nicht die einzige Möglichkeit, in den Prozess einzugreifen, das wurde oben schon beschrieben. Durch die Visualisierung kann man Klienten leichter verdeutlichen, was abläuft. Wir kommen noch darauf zu sprechen, dass es für Klienten gute Gründe geben kann, die Frage nach dem Auftrag zu umrunden. Dann ist eben das Ergebnis dieses Gespräches ein Blümchen. Wichtig ist, den Prozess als solchen erkannt zu haben und ihn auch zum Thema zu machen.

Die bisherigen Ausführungen möchte ich nochmals theoretisch zusammenfassen:
Eine prozessorientierte Beobachtung erlaubt es, den Verlauf eines Gespräches, sowohl einzelner Sequenzen, als auch des ganzen Gespräches zu beschreiben, ohne sich auf den Inhalt konzentrieren zu müssen. Von besonderem Interesse sind die Entstehung und die

Aufrechterhaltung von Mustern. Es handelt sich um einen zyklischen Prozess, einen in sich geschlossenen Kreislauf, der, wenn man den linearen Zeitablauf außer Acht lässt, symbolisch so darstellbar ist:

Fügt man die lineare Zeit (t) hinzu, entsteht in der Seitenansicht eine Spirale (siehe unten).

Es folgt auf der nächsten Seite ein allgemeines Schema, mit dem sich die Entstehung eines Kommunikationssystems zwischen zwei Personen A und B darstellen lässt. Bei mehreren Personen würde das Bild sehr komplex. Im Schema wird auch die lineare Zeit aus Gründen der Darstellbarkeit weg gelassen.
Es spielt angesichts des Kreislaufes keine Rolle, ob wir den Kommunikationsprozess mit Person A oder Person B beginnen lassen. Interessanter Weise behaupten die Beteiligten (vor allem bei Streitigkeiten) oft, jeweils der andere habe begonnen, man selbst habe nur reagiert. Das genau diese Sichtweise ein Streitmuster überhaupt erst erzeugt und aufrecht erhält, entgeht den meisten. Über mangelnden systemischen Horizont und seine Folgen werden wir noch ausgiebiger nachdenken (vgl. Wanderungen N° 43 und N° 52).

Besonders bedeutsam sind Alltagsvorstellungen über Kommunikation. Dazu gehört, dass man sich in der Regel sicher ist, sich so geäußert zu haben, wie man das auch wollte, und vor allem korrekt wahrgenommen zu haben, was der Andere geäußert hat. Diese Sicherheit besteht nicht real, sie ist „gewollte" Sicherheit. Würden wir uns jeweils bewusst machen, auf welch schwankendem Boden wir uns bewegen, wenn wir kommunizieren, würden wir vielleicht überhaupt die Finger davon lassen; aber im Leben ist das keine wirkliche Option, denn wir müssen und wollen mit einander kommunizieren.
Als Lösung steht uns immerhin zur Verfügung, was nach Paul Watzlawick auch „Metakommunikation" genannt wird, mit der Missverständnisse ausgeräumt werden können. Menschen können miteinander darüber sprechen, was in ihrem Kontakt, ihrer Kommunikation gerade passiert.

Im Schema entsteht gleichsam im „Innenraum" des Kommunikationsprozess ein „sozialer Raum" mit Beziehungs- und Machtstrukturen sowie Rollenverteilungen, die wieder auf den Kommunikationsprozess zurückwirken. Stellt man das Ganze nun noch im linearen Zeitablauf dar, entsteht, wie schon oben erwähnt, das Bild einer Spirale, einer zylindrischen Feder, deren Innenraum sozusagen die Kommunikationsinhalte und die Beziehungsgestaltung enthält, begrenzt durch das zirkuläre Muster, also die äußere Spirale, die den kreisläufigen Prozess kennzeichnet.

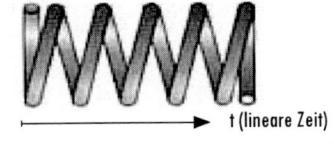

t (lineare Zeit)

Daran zeigt sich auch, wie eigentlich nichts Neues entstehen kann, solange sich die Kommunikation zwischen Menschen prozessual betrachtet in einer negativen Schlaufe dreht.

Gesprächsprozesse wahrzunehmen, die wegen ihrer Muster negativ, das heißt nicht konstruktiv im Sinne der eigentlichen Zielsetzung, verlaufen, ist von zentraler Bedeutung. Der Versuch, die Prozesse im Sinne der in dem nun folgenden Kapitel beschriebenen Methoden zu lenken, ist maßgeblich für den Erfolg oder Misserfolg einer Beratung. Deshalb werden diese Methoden auch zuerst behandelt.

Autopoiese menschlicher (Kommunikations-)Systeme
Zwei-Personen-Modell:

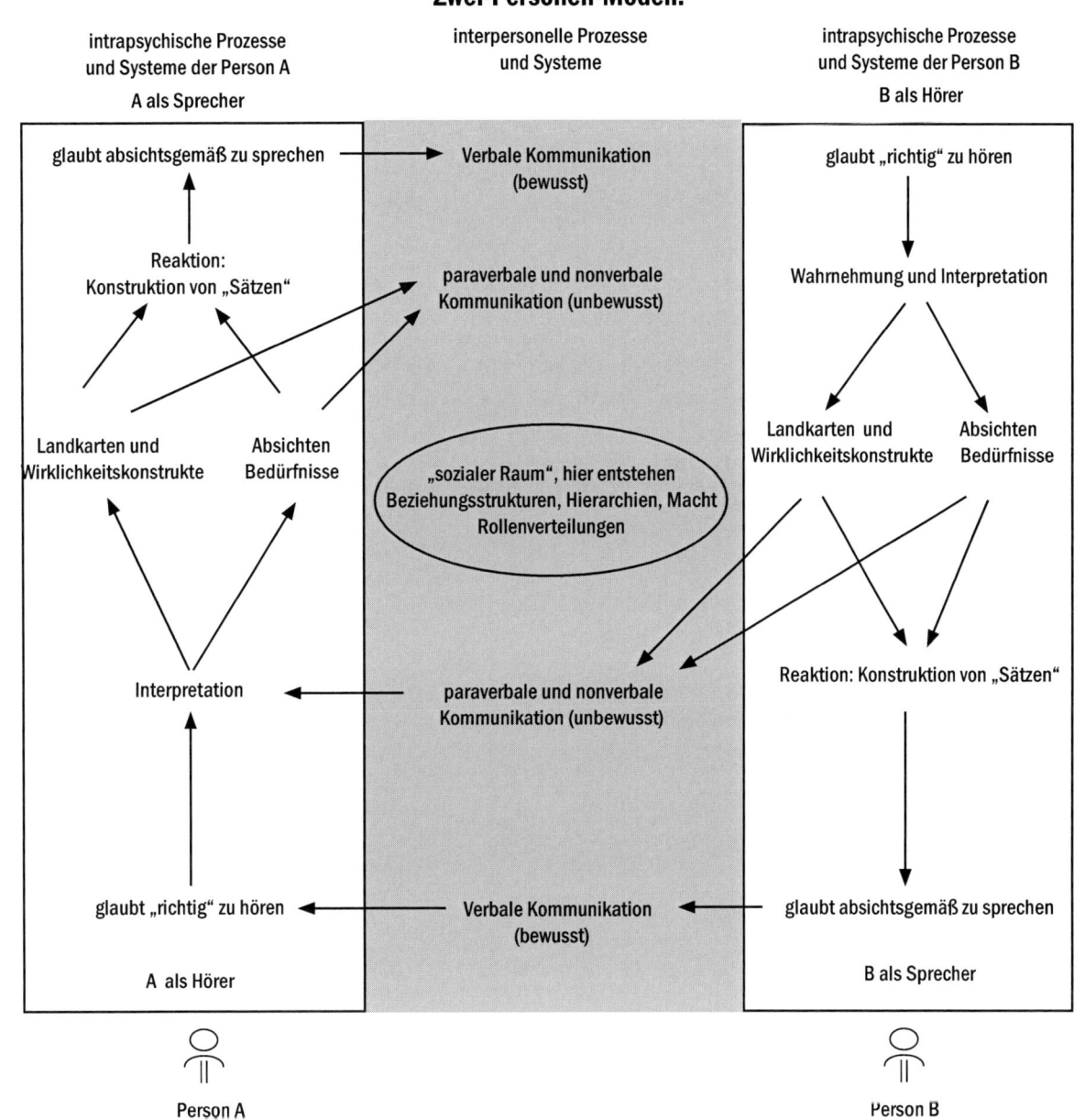

intrapsychische Prozesse und Systeme der Person A	interpersonelle Prozesse und Systeme	intrapsychische Prozesse und Systeme der Person B
A als Sprecher		B als Hörer

- glaubt absichtsgemäß zu sprechen → Verbale Kommunikation (bewusst)
- Reaktion: Konstruktion von „Sätzen"
- paraverbale und nonverbale Kommunikation (unbewusst)
- Landkarten und Wirklichkeitskonstrukte
- Absichten Bedürfnisse
- „sozialer Raum", hier entstehen Beziehungsstrukturen, Hierarchien, Macht Rollenverteilungen
- Interpretation
- paraverbale und nonverbale Kommunikation (unbewusst)
- glaubt „richtig" zu hören ← Verbale Kommunikation (bewusst)

Person A — A als Hörer

Person B — B als Sprecher: glaubt absichtsgemäß zu sprechen; Reaktion: Konstruktion von „Sätzen"; Landkarten und Wirklichkeitskonstrukte; Absichten Bedürfnisse; Wahrnehmung und Interpretation; glaubt „richtig" zu hören

Erläuterung des Schemas:

Es handelt sich um ein einfaches Zwei-Personen-Modell. Die Personen A und B sind innerhalb des Krweislaufes, den die Pfeile markieren, mal Sprecher, mal Hörer. Ihre inneren Landkarten und Wirklichkeitskonstrukte, aber auch ihre Absichten und dahinter stehende Bedürfnisse beeinflussen, was sie hören und was sie sprechen, aber auch ihre nonverbale und paraverbale Kommunikation. Gleichsam im „Inneren" dieses Kreislaufes entsteht ein „sozialer" Raum, der seinerseits wiederum Einfluss auf die Kommunikation hat, weil er von den Personen wahrgenommen bzw. erlebt wird.

Wegskizze

- Für Beratungsprozesse ist es wichtig, Muster und sich wiederholende Abläufe in der Kommunikation zu erkennen und mit Klienten zu erörtern.

- Muster zu erkennen und zu unterbrechen, die eine erfolgreiche Beratung behindern würden, kann auf unterschiedlichste Weise erfolgen:

- Diskret, ohne dass man Klienten damit konfrontieren müsste, z.B. indem man die Auswahl eines Thema vorschlägt u.a.m.

- Offen, indem mit Klienten über die Beobachtungen gesprochen wird (Metakommunikation)

- Ebenfalls offen mit Worten aber auch ohne Worte, z.B. mittels einer Zeichnung oder indem man mit dem Klienten aufsteht und die Situation von außen betract: „Was läuft hier gerade ab?"

- Ein Kriterium um einzugreifen ist, ob der Prozess sich entlang des durch „Ariadne" (siehe Wanderung N° 7) markierten roten Fadens bewegt, oder nicht mehr.

Wanderung N° 5

Auf zwei verschiedenen Veranstaltungen zugleich?
Überlegungen zum Kontext

Wohin diese Wanderung führt ...

Beratung gewinnt ihre Bedeutung durch einen sozial definierten Kontakt zwischen Personen, der „Beratung" (oder eben auch Betreuung oder Begleitung) genannt wird. Das Gespräch einem anderen Kontext entsprechend führen zu wollen, würde erhebliche Irritation auslösen. Man stelle sich vor, Berater würden ihre Fragen wie bei einem Verhör stellen.

Beratung kennt zwei definierte soziale Rollen, Klienten und Berater. Das Ganze ist als soziale Dienstleistung gedacht; Klienten sind die Kunden, die die Dienstleistung in Anspruch nehmen, Berater sind die Anbieter. Das sind simple, einleuchtende Beschreibungen. Was sich jedoch oft tatsächlich abspielt, ist wesentlich komplizierter, als die Metapher von der sozialen Dienstleistung es vermuten lässt, und manchmal ziemlich kurios.

Jemand betritt einen Frisiersalon. Es gibt mehrere Stühle, in denen verschiedene Leute bedient werden. Allen Beteiligten scheint klar zu sein, um was es hier geht. Man bekommt eine neue Frisur verpasst oder vielleicht auch nur eine Haarwäsche. Am Schluss bezahlt der Kunde an der Kasse. Unser „Jemand" wird gefragt: „Was darf es sein?" „Ich hätte gerne ein Vollkornbrot!" „Oh, da müssen Sie zum Bäcker gegenüber gehen, das hier ist ein Frisiersalon!" Also: Dieses Missverständnis ist offensichtlich und leicht aufklärbar. Kritischer wird es wahrscheinlich, wenn der Kunde auf seinem Vollkornbrot besteht oder umgekehrt mit sanfter Gewalt in einen freien Stuhl gesetzt wird, und mit der Begründung „Wissen Sie, Ihre Haare sind total fettig, so können sie nicht zum Bäcker gehen!" eine Zwangshaarwäsche bekommt.

Genau von dieser Art sind die Komplikationen, mit denen wir es bei sozialen Dienstleistungen, speziell bei Beratungen zu tun bekommen.

Nehmen wir ein Beispiel: Menschen sind häufig gegenüber der Lösung ihrer Probleme und den dafür nötigen Veränderungsschritten ambivalent - ein Teil will, der andere hat Angst. Dieses Hin-und-Her, diese Spannung wird zu einem zusätzlichen Problem, man sucht schließlich eine Beratung auf, letztlich in der Hoffnung, dass sich das Ganze irgendwie in Luft auflöst und man die Sorgen los ist. Es ist, als würde sich der Kunde beim Friseur über seine zu langen Haare beschweren, den Vorschlag jedoch, sie schneiden zu lassen, entschieden ablehnen, um schließlich mit der Klage über die zu langen Haare und das ganze Theater, das man damit habe, fortzufahren.

Berater neigen dazu, an der Lösung der von Klienten vorgetragenen Probleme zu arbeiten; in der Metapher ausgedrückt: Sie beginnen gleich die Haare zu schneiden, über deren Länge sich der Kunde beklagt. Schon gerät eine solche Beratung aus den Fugen, denn die Klienten stehen an der Klagemauer, die Berater in der Lösungswerkstatt, und beide Seiten glauben, sie seien am gleichen Ort.

Auch dieses Beispiel ist noch relativ einfach. Es soll veranschaulichen, wie wichtig es ist, dass Berater klären, auf welcher „Veranstaltung" sich Klienten wähnen, und wie dies von den eigenen „Beraterkonstrukten", was eine Beratung auszeichne, abweicht.

Der sozial definierte Kontext einer Beratung gibt nur grob den Rahmen vor, in dem sich das Ganze bewegt. Klienten haben vielleicht, vor allem am Anfang, noch wenig Vorstellung, was Beratung sein könnte. Sie nehmen möglicherweise bei anderen Erfahrungen Anleihe, also beispielsweise bei den Modellen „Hausarzt", „Rechtsanwalt" oder „Pfarrer" (Seelsorger!), die ihnen vertraut sind. Sie wundern sich vielleicht, was dann tatsächlich abläuft, aber trauen sich nicht, zu fragen. „Der Berater wird schon wissen, was er tut." Die Auftragsklärung wird angesichts dieser möglichen Komplikationen zu einem zentralen Bestandteil der Steuerung des Prozesses. Auftragsklärung ist noch nicht die ganze Kontextklärung, aber ein Teil davon.

Kontextklärung bezieht sich darüber hinaus auch darauf, Klienten aufzuklären, *warum* es eines Auftrages bedarf und *worin* überhaupt eine Beratung bestehen kann, was in einer Beratung (und auch danach) die Aufgaben von Beratern, und was die Aufgaben von Klienten sind. Es kann nämlich sein, dass Klienten nicht verstehen, warum sie einen Auftrag geben und ein spezifisches Anliegen formulieren sollen; es kann zur Missverständigung zwischen Beratern und Klienten kommen, wenn letztere nicht über die Bedeutung der Frage nach dem Auftrag aufgeklärt werden. Berater müssten doch schließlich wissen, was zu tun sei, so denken vielleicht die Klienten.

Oft lohnt sich auch zu erläutern, warum Berater meistens mehr Fragen stellen, als dass sie Ratschläge geben. Denn die vielen Fragen könnten Klienten eigentümlich vorkommen.

Wegskizze

- Kontextklärung gehört zu den wichtigsten methodischen Schritten und sollte nicht vergessen werden!
- Beratung stellt zwar einen sozial definierten Kontext dar; was Klienten jedoch darunter verstehen, ist nicht von vorneherein klar!
- Damit sich Klienten und Berater nicht versehentlich auf zwei verschiedenen „Veranstaltungen" befinden, sollten Berater die Vorstellungen der Klienten, was Beratung sei, erfragen und sie gegebenenfalls aufklären. Auch der institutionelle Rahmen der Beratung (oder Betreuung) und die Vorstellungen (Konstrukte) des Klienten darüber sind zu klären, um unnötige Schwierigkeiten und Konflikte zu vermeiden, das sind die wichtigsten Teile der Kontextklärung
- Auftragsklärung wirkt bereits wie ein Teil einer Kontextklärung und ist auch aus diesem Grund von zentraler Bedeutung. Man sollte deshalb Klienten erklären, warum der Auftrag so wichtig ist.
- Auch die anderen Merkmale einer Beratung, wer dabei welche Aufgabe hat, wer wofür verantwortlich ist, warum so viele Fragen gestellt werden u.a.m., sollten möglichst früh mit den Vorstellungen des Klienten, was eine Beratung sei, abgeglichen werden.

Wanderung N° 6

Am Anfang war ...
Die Analyse der Ausgangslage

Wohin diese Wanderung führt ...

Jede Beratung, gleichgültig, ob man sie über die ganze Zeit betrachtet, für die sie angelegt ist, oder nur ein einzelnes Gespräch im Auge hat, beginnt, noch bevor sie begonnen hat, mit etwas, was hier als „Ausgangslage" beschrieben wird. Die Ausgangslage als erstes genau unter die Lupe zu nehmen lohnt sich, um sich nicht gleich zu Beginn in den Sackgassen des Labyrinths zu verlaufen.

Es ist vielleicht bei der vorigen Wanderung schon deutlich geworden: Es sollte zwar in der Regel so sein, dass Klienten ein Anliegen haben, Berater dagegen keines, außer, dass sie ihre Dienstleistung anbieten und durchführen wollen. Das ist ihre Profession, vielleicht auch ihre Berufung und nicht zuletzt natürlich ihre Möglichkeit, ihren Lebensunterhalt zu verdienen. In der Praxis (z.B. in der Jugendhilfe oder der Psychiatrie) haben jedoch oft die Berater „Anliegen" an Klienten, die nichts weiter wollen, als in Ruhe gelassen zu werden. Oder sie haben ein Anliegen, mit dem die Berater aber nicht einverstanden sind, weil sie es z.B. nicht erfüllen *können*.

Man sollte als Berater wenn möglich schon vor einem Kontakt erkunden, wie die Ausgangslage ist. Wir können das Raster (s.u.) sowohl für eine genauere Analyse, als auch - und das ist in diesem Buch besonders wesentlich - für die Wahl der Methoden, die dann in Frage kommen, einsetzen.

Wenn wir noch etwas weiter über Konsequenzen nachdenken, die sich aus den unterschiedlichen Ausgangslagen ergeben, ergeben sich im Schema die mit den Pfeilen markierten Folgerungen.

Man sieht: die Schritte, die in den anschließenden Kontakten mit Klienten je nach Ausgangslage zweckmäßigerweise durchgeführt werden, sind verschieden. Häufig ist Klären und Verhandeln angesagt, anstatt gleich mit irgendwelchen Beratungsmethoden zu starten und dann sehr wahrscheinlich Schiffbruch zu erleiden.

Auf der Prozessebene bringt die Ausgangslage in der Frage, wie zu verfahren ist, eine bedeutsame Weichenstellung mit sich. Wird das in der Beratung nicht beachtet, kommt es schnell zu Irritationen und Abwehrhaltungen bei Klienten, zu Machtkämpfen usw., die nur Zeit und Kraft kosten.

Mit den Metaphern im Schema soll illustriert werden, um was es je nach Ausgangslage bei der Erarbeitung eines gemeinsamen Kontraktes geht. Vor einer Beratung inne zu halten und über die Ausgangslage entsprechend

Ausgangslage klären:

	Klienten „wollen etwas" von Beratern ↓	Klienten und Berater „wollen Verschiedenes voneinander" ↓	Berater „wollen etwas von Klienten" ↓
Anliegen oder Auftrag			
... was zu tun ist:	Kontrakt über die Art der Beratung	aushandeln, was gemacht wird	Klären, ob Klient sich auf das Anliegen einlässt
Metapher dafür:	„Kostenvoranschlag und dann Reparatur"	„Tarifverhandlung oder Basar"	„Die Laus im Pelz beseitigen oder vielleicht domestizieren?"

dieses Rasters sowie darüber nachzudenken, welche methodische Konsequenzen zu ziehen sind, was als Nächstes zu tun ist, lohnt sich ungemein.

Im Laufe einer Beratung kann sich die Ausgangslage selbstverständlich auch verändern; oft passiert das „unter der Hand". Das Ganze ist dynamisch, nur das Schema als solches erscheint statisch. Wenn zum Beispiel Berater eine „Beratung" in ihrem Sinne durchführen wollen, Klienten dagegen sich vielleicht „nur" über bestimmte Dinge beschweren wollen (wir hatten es schon davon), dann gilt es zu verhandeln, was passieren soll.

In den ersten Minuten des Kontaktes kann man noch (sozusagen auf Verdacht) von der linken Seite im Schema ausgehen, nämlich dass Klienten ein Anliegen haben. Aber schnell rutscht das Ganze in die mittlere Spalte und eskaliert, wenn Berater nicht genügend achtsam sind und vielleicht zuerst eine Kontextklärung angehen oder zumindest klären, ob es nur ums Zuhören geht, aber nicht um irgendwelche Problemlösungen.

Das Risiko, im Schema von links nach rechts zu rutschen, das heißt, als Berater plötzlich Anliegen an Klienten zu entwickeln, besteht immer, wenn Berater ihre Methoden oder Lösungsideen „gegen" ihre Klienten durchsetzen wollen. Im Grunde wäre das leicht zu vermeiden, aber in der Praxis passiert es ganz schnell und oft unbemerkt.

Die Analyse der Ausgangslage empfiehlt sich Beratern vor allem auch dann, wenn sie merken, dass es in der Zusammenarbeit mit Klienten irgendwie „klemmt". Es ist dann nämlich sehr wahrscheinlich, das eine Ausgangslage entstanden ist, bei der man, oft vor dem Hintergrund von Fremd- oder Eigenaufträgen, mit den Anliegen des Klienten „über kreuz" liegt. „Die Abwehr des Klienten ist die Dummheit des Therapeuten!" lautet ein bekannter Lehrsatz. Es ist vielleicht etwas schroff, gleich von Dummheit zu sprechen. Oft ist es gut gemeintes Engagement oder Fürsorge, die Berater zu missionarischem Eifer treibt, wir kommen darauf bei anderen Wanderungen noch zurück. Und manche Klienten sind eben total „uneinsichtig" (aus Sicht der Berater natürlich) …

Wichtig ist, dass Berater bemerken, ob sie es sind, die gerade ein Anliegen verfolgen, während sich ihre Klienten vielleicht schon „abgekoppelt" haben.

Wir werden dieses Schema zur Ausgangslage, wie schon angedeutet, auch benutzen, um zu beschreiben, welche prozesssteuernden Methoden angewendet werden können; das führt in der nächsten Wanderung zu dem schon angekündigten Leitfaden „Ariadne".

Wegskizze

Vor einer Beratung, aber auch währenddessen, ist immer wieder die Ausgangslage zu klären bzw. zu prüfen, ob sie sich verändert hat. Die Ausgangslage legt nahe, mit welcher Methodik weiter zu arbeiten ist, wenn man sich nicht von vornherein „verirren" will.

Ausgangslage ⇨	⇨ Methodische Konsequenz	Metapher dafür:
Klient hat ein Anliegen	⇨ Art der Beratung aushandeln	„Kostenvoranschlag und dann Reparatur"
Klient und Berater haben verschiedene Anliegen	⇨ aushandeln, was gemacht wird	„Tarifverhandlung" oder „Basar" (feilschen)
Berater hat ein Anliegen	⇨ klären, ob Klient sich auf das Anliegen einlässt	„Laus im Pelz beseitigen oder vielleicht domestizieren"

Wanderung N° 7

Ariadnes Faden

oder: Wie Beratungsprozesse leichter steuerbar werden

Wohin diese Wanderung führt ...

Wir sind noch immer in dem Teil des Labyrinths, in dem es um Prozesssteuerung geht. Wir haben erste Methoden kennen gelernt, die der Prozesssteuerung dienen, weitere folgen noch. Sie alle werden in diesem Kapitel zu einer Art Flussdiagramm zusammengeführt, das in der Tat wie ein roter Faden verwendet werden kann; entweder in der Form, dass man seine Beratungen entsprechend dem Flussdiagramm plant und durchführt, oder in der Weise, dass man „Ariadne" als Orientierungshilfe verwendet, weil man sich verirrt hat oder gerade nicht mehr weiß, wie es jetzt weiter gehen könnte.

„Ariadne" nenne ich dieses Modell nach der griechischen Sage, in der der berühmte „rote Faden" Theseus half, aus dem Labyrinth des Minotaurus wieder heraus zu finden. Der „rote Faden" ist hier als Metapher gedacht: Beratungs- und Betreuungsprozesse entwickeln sich oft zu Irrgärten. Das liegt zum einen an den komplexen Systemen, in die Beratung, Betreuung oder Therapie meist eingebettet ist, zum anderen an der Vielfalt möglicher sprachlicher und nicht-sprachlicher Interaktion in der Arbeit mit Menschen.

Die wesentliche Verantwortung und Aufgabe von Beratern besteht darin, die Orientierung nicht zu verlieren, in das Labyrinth hinein, aber auch wieder heraus zu finden. Professionelle Helfer sollten es in erster Linie beherrschen, den Beratungsprozess zu steuern, wir hatten es schon davon. Sie müssen nicht für alle Probleme Lösungen wissen, wohl aber den *Prozess der Lösungssuche* steuern können.

Beratungsprozesse haben einen Anfang und ein Ende, jede einzelne Beratungsstunde ebenso. Für eine Betreuung die sich über Jahre erstrecken kann, gilt das gleiche.
Im Kapitel über das Phasenmodell werden wir noch sehen, dass Anfang und Ende sich ähneln, sodass das Ganze auch als ein in sich geschlossener Kreis betrachtet werden kann. Um den Kontakt geht es am Beginn des Prozesses, und es geht um eine gute Verabschiedung am Ende einer längeren Beratungszeit. Bildlich entsteht ein in sich geschlossener großer Kreis aus lauter sich aneinanderschließenden kleinen Kreisen, das Bild soll dies verdeutlichen:

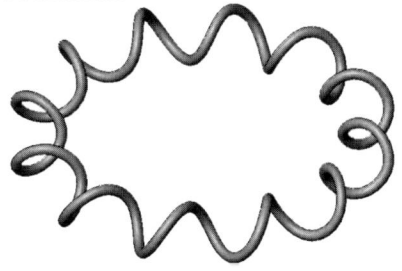

Mit dem Begriff „Modell" soll angedeutet werden, dass Ariadne eine *Möglichkeit* aufzeigt, Betreuungs-, Beratungs- und natürlich auch Therapieprozesse zu strukturieren. Dieses Modell ist Resultat einer längeren Entwicklung anhand vieler Fälle aus meiner Praxis.
Prozess bedeutet Bewegung, und deshalb ist das Ganze in erster Linie als ein Fluss-Diagramm mit mehreren Rückkoppelungs-

schleifen aufgebaut: Im Laufe einer Beratung oder einer einzelnen Sequenz während eines Einzelgesprächs gelangen wir immer wieder zu wichtigen Gabelungen. Je sicherer wir diese erkennen, desto gezielter können wir unsere nächsten Schritte planen.
Nicht zuletzt dient Ariadne dem ökonomischen Umgang mit der (Arbeits-)Zeit, die ohnehin meistens knapp ist, und dient damit auch dem Haushalt mit den eigenen Energien. Nach meinen Erfahrungen ist Ariadne auch ein gutes Mittel für die eigene „Psychohygiene": Die Anwendung des Modells trägt dazu bei, nach der Arbeit diese auch hinter sich lassen zu können, um sich zu erholen. Kurz: Das Ganze ist ein Beitrag zur eigenen Arbeitszufriedenheit ...

... könnte es sein, dass dies auch im Sinne der Klienten ist?

Kl. (Jugendlicher, 14 Jahre alt, stationäre Heimeinrichtung): „Ich will weg hier!"
B: „Wohin?"
Kl: „Frag nicht so, heim natürlich!"
B: „Deine Eltern wollen das nicht, oder hat sich etwas geändert?"
Kl: „Nee, aber mir stinkt's hier!"
B: „Wenn du wählen könntest: Hier bleiben und warten, bis du 18 bist und hingehen kannst, wohin du willst, oder jetzt überlegen, wie du deine Eltern überzeugen kannst, dass sie dich wieder heim nehmen ..."
Kl: (unterbricht) „... die wollen ja nicht!"
B: (kleine Pause) „Also die wollen nicht, ganz gleich was du machst? Sozusagen aus Trotz?"
Kl: „Weiß ich doch nicht!"
B: „Also doch warten bis 18?"
Kl: „Nee, das ist mir zu lange!"
B: „Wenn du nichts tust, um deine Eltern zu überzeugen, wie lange dauert's dann?"
Kl: „Du hältst ja auch zu denen!"
B: „Was hätte ich davon? Nein, ich sag dir nur, wie es ist, die Fakten. Und wenn du da nicht hinschauen willst, dann heißt es halt warten bis du 18 bist."
Kl: „Du nervst! Immer drückst du mir solche Gespräche rein!"
B: „Absichtlich, meinst du, dass ich dich absichtlich nerve?"
Kl: „Weiß ich doch nicht!" (Pause) „Also, was muss ich tun?"
B: „Als erstes Denken. Wenn du willst mit mir zusammen nachdenken, warum deine Eltern dich jetzt nicht daheim haben wollen und was du machen müsstest, dass sie dich doch wieder nehmen." ...

Bezieht man diese kleine Gesprächssequenz auf das Schema „Ariadne" auf der nächsten Seite, kann man sehen: Der Berater macht nichts anderes, als zu klären, ob der Klient ein Anliegen an ihn, hat oder nicht. Weg zu wollen, ist noch kein Anliegen an den Berater! Der Vorwurf „Du nervst!" könnte bedeuten, dass der Berater aus Sicht des Jugendlichen ein Anliegen hat, nämlich zu nerven. Kurz: Es passiert in dieser Gesprächssequenz nichts anderes als die Klärung und Verhandlung der Ausgangslage. Willigt der Jugendliche in die Offerte ein, gemeinsam nachzudenken, dann kann mit dem Phasenmodell weitergearbeitet werden; wenn nicht, kommt das Drei-Schritte-Programm zum tragen: Der Berater muss sich fragen, ob das Gespräch noch fortgesetzt werden soll oder nicht, in wessen Auftrag solche Gespräche überhaupt stattfinden, ob die Beschreibung „Immer drückst du mir solche Gespräche rein!" zutrifft usw. Stimmt die Sicht des Jugendlichen, dass er das Gespräch nur mit macht, weil das zum Pflichtprogramm gehört, denn wenn man nicht mit den Erziehern redet, gibt es „Stress"? Dann wäre der Berater am Punkt der Auftragsüberprüfung, könnte dazu vielleicht einen Lageplan (Wanderung N° 8) oder eine Eigenauftragsanalyse (Wanderung N° 10) durchführen, um Ideen zu bekommen, wie es jetzt weitergehen kann. Vielleicht zeigt sich auch, dass der Jugendliche, obwohl er schon ein Jahr in der Einrichtung ist, weder diese Tatsache akzeptiert, noch verstanden hat, dass die Erzieher nicht dazu da sind, ihm etwas „reinzudrücken". Somit steht eine Kontextklärung (vgl. Wanderung

```
                         ┌─────────────────────┐
                         │   Hier beginnt es   │
                         └─────────┬───────────┘
                                   ⇩
┌──────────────────────────────┬──────────────────────────────┐
│ Klärung der Auftragslage     │ (Neu-)Verhandlung der Aufträge,│
│ mit Hilfe des Lageplans      │ auch der Eigenaufträge        │
└──────────────────────────────┴──────────────────────────────┘
```

Analyse der **Ausgangslage** zu Beginn einer Betreuung/Beratung oder einzelnen Sequenz

| Klienten haben ein Anliegen an Berater | Klienten und Berater haben unterschiedliche oder sich sogar widersprechende Anliegen aneinander | Berater haben ein Anliegen an Klienten |

Phasenmodell — **Drei-Schritte-Programm**

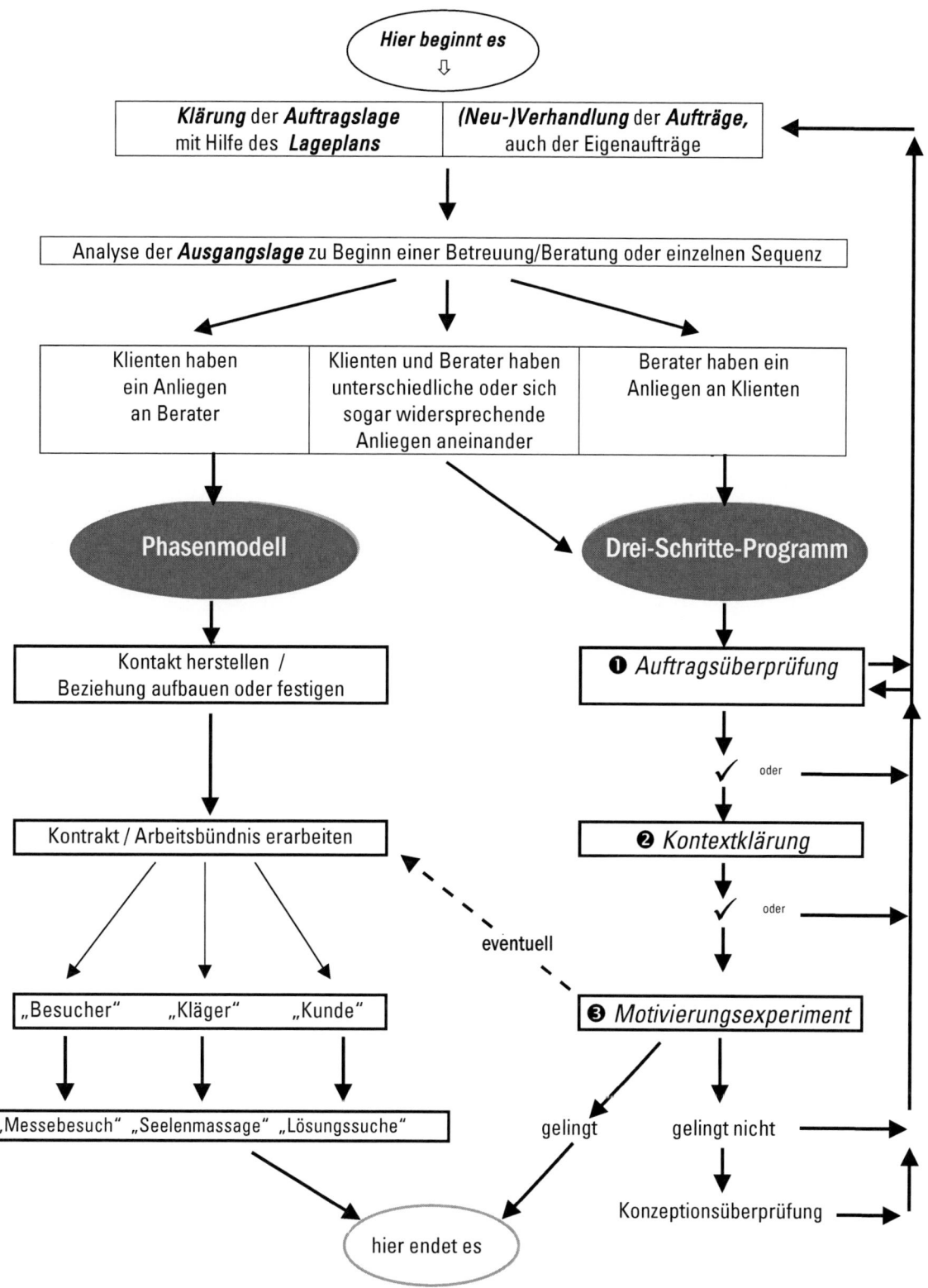

- Kontakt herstellen / Beziehung aufbauen oder festigen
- Kontrakt / Arbeitsbündnis erarbeiten
  - „Besucher" „Kläger" „Kunde"
  - „Messebesuch" „Seelenmassage" „Lösungssuche"

- ❶ *Auftragsüberprüfung* ✓ oder
- ❷ *Kontextklärung* ✓ oder
- ❸ *Motivierungsexperiment*
  - gelingt / gelingt nicht
  - Konzeptionsüberprüfung

eventuell

hier endet es

N° 5) an, vielleicht zum wiederholten Male. Es sind auch noch andere Möglichkeiten denkbar; es geht hier darum, einen ersten kleinen Einblick zu geben, wie Ariadne als Orientierungshilfe zum Einsatz kommen kann, und wie der Berater verhindern kann, sich mit dem Jugendlichen allzu lange im Kreise zu drehen oder vorschnell sich auf

Lösungssuche für das Problem zu begeben, ohne zu klären, ob der Jugendliche sich auch auf diese Suche begeben will.

Im Groben kennzeichnet Ariadne hauptsächlich zwei Wege, den gesamten Prozess zu steuern. Sie hängen von der Ausgangslage ab. In einem Beratungskontext würde man „eigentlich" nur mit Klienten rechnen müssen, die ein Anliegen haben und deswegen eine Beratung aufsuchen, auch wenn sie sich „nur" über ihre Probleme beschweren möchten, also Kläger sind. Damit werden wir uns bei der Wanderung N° 12 gründlicher beschäftigen.

Es geht aber hier nicht nur um Beratungskontexte im „klassischen" Sinn. Es geht auch um Betreuung und Begleitung, es geht um „aufsuchende Beratung" wie beispielsweise die sozialpädagogische Familienhilfe, um die Arbeit in sozialpsychiatrischen Diensten, die oft aufsuchend arbeiten, um die Arbeit in stationären Einrichtungen. Dort finden wir häufig die Situation, dass Berater ein Anliegen an Klienten haben (bzw. haben müssen). Für diese „Kontexte mangelnder Freiwilligkeit", wie in Wanderung N° 17 und N° 18 beschrieben [1], ist Ariadne auch gedacht.

Bei den beiden Hauptsträngen im Schema handelt es sich nicht um starre Abläufe. Abgesehen von Rückkoppelungen, die schon eingezeichnet sind, wird man in der Praxis sehen, dass Berater (mehr oder minder plötzlich) vom Drei-Schritte-Programm zum Phasenmodell wechseln können; oder umgekehrt, dass sie während des Gesprächs merken, wie es zunehmend „zäh" wird, und bei einer Kontextklärung erfahren, dass der Klient gedacht hatte, sein Berater würde mehr oder minder für ihn die Entscheidung treffen, was er tun soll, und deshalb nicht mehr versteht, worauf der Berater hinaus will.

So kann also Ariadne sowohl als Instrument zur Planung einer Beratung verwendet werden, als auch als Orientierungshilfe dienen, um die verschiedenen inhaltlichen Beratungsmethoden anzuwenden, die Sie in diesem Buch kennen lernen werden. Selbst wenn man sich bei der Anwendung einer Methode einmal „verheddert", hilft Ariadne, oder wenn man im Prozess einer Beratung merkt, dass etwas nicht mehr stimmt oder man sich verirrt hat, weil beispielsweise zu viele Themen auf dem Tisch sind.

Ariadne ist die grobe Orientierungshilfe, die einzelnen, den Prozess steuernden Schritte der anderen Methoden anzuwenden, die vor allem aber bei der praktischen Umsetzung hilft, um den Weg wieder zu finden, auf dem man weiter gehen kann. Was zum Beispiel alles damit gemeint ist, wenn ein Kontrakt, ein Arbeitsbündnis erarbeitet werden soll, wird hier im Schema noch nicht erklärt, ist aber auf der Wanderung N° 14 zu erfahren. Kurz: Mit Ariadne behalten Se den Überblick!

Als relativ zentrale Schritte in Ariadne sind alle Formen der Auftragsklärung anzusehen, sei es im Rahmen der Erarbeitung eines Kontraktes (Phasenmodell), sei es in der Form der Analyse und Klärung der Auftragslage im Drei-Schritte-Programm. Gelingt die Auftragsklärung, dann wird man meistens auch in der anschließenden Beratung keine allzu großen Schwierigkeiten haben; lässt man aber bei der Auftragsklärung nicht genügend Sorgfalt walten, dann bekommt man das früher oder später deutlich zu spüren. Die beste Methode, um sich (provokativ gesagt) an den *burn out* heranzuarbeiten, besteht da-

---

[1] Es wird bei allen Wanderung Querverweise auf andere Wanderungen geben, die noch bevorstehen oder schon hinter uns liegen. Das bedeutet nicht, dass man jeweils bei der Lektüre dorthin springen müsste, es sei denn, man hat gerade Lust dazu. Hauptsächlich dienen diese Verweise der Verortung des Ganzen.

rin, bei der Auftragsklärung konsequent zu schludern und insbesondere die wirksamen Eigenaufträge nicht zu reflektieren. Ich würde nicht wagen, das so scharf auszudrücken, wenn ich nicht in den Supervisionen und Fortbildungen so oft mit mangelnder Sorgfalt bzw. Genauigkeit gerade an dieser Stelle konfrontiert worden wäre. Nicht aus Unfähigkeit kommt es dazu, sondern die verdeckte Wirkung von Eigenaufträgen führt dazu, dass Berater schnell bereit sind (wie schon geschildert), die Benennung eines Problems bereits als Auftrag des Klienten zu verstehen und sich im Sinne einer Lösungssuche damit zu beschäftigen. Auch in meiner eigenen Beratungsarbeit konnte ich feststellen, dass Nachlässigkeiten in der Auftragsklärung zu Schwierigkeiten führten, die nicht sein mussten. Mehr dazu lernen wir in den Wanderungen N° 9 und N° 10 kennen.

Ariadne ermöglicht auch eine Einteilung aller in diesem Buch zusammengetragenen Methoden der Beratung, eine Art Verortung, aus der deutlich wird, wann eine bestimmte Methode überhaupt in Frage kommt und wann nicht. Es ist so ähnlich, wie bei einem Werkzeugsortiment. Es macht wenig Sinn, mit einem Kreuzschlitzschraubenzieher einen Nagel aus der Wand ziehen zu wollen. Ebenso wenig aussichtsreich ist es, bei einem Kläger mit der Methode der Lösung von Entscheidungsproblemen zu arbeiten, es sei denn, man versteht es als Experiment.

Diese Zuordnung der verschiedenen Methoden wird in der „Wegskizze" am Schluss dieser Wanderung wiedergegeben. Sie sind nach bestimmten Kategorien zusammengefasst: „Problemlösungen", „Horizonterweiterung" und „Arbeit mit Systemen":
– Mit „Problemlösung" sind solche Beratungsmethoden gemeint, bei denen es, wie das Wort sagt, um die Lösung von Problemen mit Hilfe bestimmter Strategien geht.
– „Horizonterweiterung" dient ebenfalls der Lösung von Problemen, der Weg könnte als „indirekt" bezeichnet werden, weil Klienten hier vor allem eingeladen werden, ihren Horizont, ihre Sicht der Dinge, ihre Konstruktwelt zu erweitern. Dadurch können völlig neue Lösungswege in den Blick kommen.
– In der Arbeit mit Systemen, also Familien bzw. Angehörigen, Paaren u.a.m. kommen viele der gerade genannten Methoden ebenso in Betracht. Das gilt vor allem für alle Formen systemischer Fragetechniken. Es werden hier noch einige zusätzliche Methoden beschrieben, die in der Arbeit mit sozialen Systemen hilfreich sind.

In der Übersicht wird übrigens deutlich, dass ein ganz großer Teil der Beratungsmethoden, die in diesem Buch beschrieben werden, erst zum Einsatz kommen, wenn mit Klienten ein Kontrakt erarbeitet werden kann, in dem es um Lösungssuche geht. Wer in seiner Praxis diesen Fall höchstens als erwünschte Ausnahme kennt, könnte jetzt vielleicht verdrießlich werden, und die Lektüre beenden. Das wäre nicht im Sinne des Autors! Denn gerade für diese Ausnahmen sollte man über ein ausreichendes Repertoire verfügen. Es wäre außerdem ziemlich ungut, nichts „auf der Pfanne" zu haben, wenn aus einem Kläger doch ein Kunde wird, oder ein Motivierungsexperiment erfolgreich war, und ein Klient, der bisher nur in Ruhe gelassen werden wollte, nun doch neugierig wird, was bei einer Lösungssuche herauskommt.

In der Wegskizze sind mit dem Zeichen ☞ Punkte auf dem Weg markiert, die im Prozess einer Beratung zu beachten besonders wichtig sind. Hier kann man oft viel Zeit und Kräfte sparen, wenn man genau und sorgfältig arbeitet! Es wäre ganz im Sinne der Ziele dieses Buches, diese Wegskizze immer parat zu haben, sei es auf dem Schreibtisch oder im Kopf.

Den Einwand: „Das kostet doch alles Zeit und ist so aufwendig!" lasse ich nur gelten, wenn mir jemand experimentell nachweist, dass er auch nach - sagen wir einmal - fünfzig Fällen konsequenter Anwendung von Ariadne, Lageplan und Auftragsklärung ohne all das rascher zum Ziel kommt, als mit. Denn dass alle diese Methoden erst nach einiger Übung schnell von der Hand gehen, dürfte jedem klar sein. Erst dann stellt sich nach und nach der „ökonomische Effekt" ein.

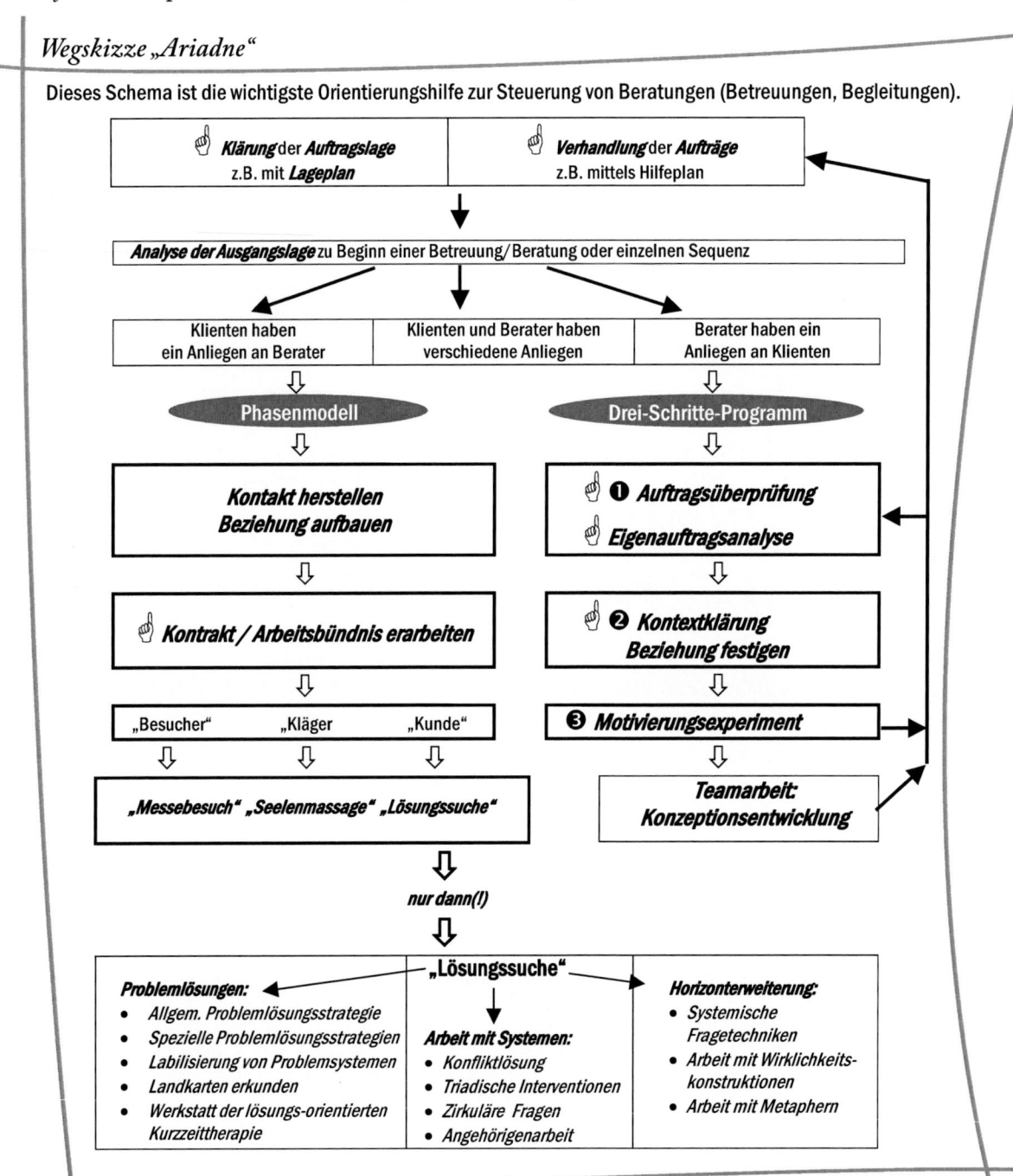

Wegskizze „Ariadne"

Dieses Schema ist die wichtigste Orientierungshilfe zur Steuerung von Beratungen (Betreuungen, Begleitungen).

- **Klärung** der **Auftragslage** z.B. mit **Lageplan**
- **Verhandlung** der **Aufträge** z.B. mittels Hilfeplan

Analyse der Ausgangslage zu Beginn einer Betreuung/Beratung oder einzelnen Sequenz

- Klienten haben ein Anliegen an Berater
- Klienten und Berater haben verschiedene Anliegen
- Berater haben ein Anliegen an Klienten

Phasenmodell

- Kontakt herstellen / Beziehung aufbauen
- **Kontrakt / Arbeitsbündnis erarbeiten**
- „Besucher" / „Kläger" / „Kunde"
- „Messebesuch" / „Seelenmassage" / „Lösungssuche"

Drei-Schritte-Programm

- ❶ **Auftragsüberprüfung / Eigenauftragsanalyse**
- ❷ **Kontextklärung / Beziehung festigen**
- ❸ **Motivierungsexperiment**
- Teamarbeit: Konzeptionsentwicklung

nur dann(!)

„Lösungssuche"

Problemlösungen:
- Allgem. Problemlösungsstrategie
- Spezielle Problemlösungsstrategien
- Labilisierung von Problemsystemen
- Landkarten erkunden
- Werkstatt der lösungs-orientierten Kurzzeittherapie

Arbeit mit Systemen:
- Konfliktlösung
- Triadische Interventionen
- Zirkuläre Fragen
- Angehörigenarbeit

Horizonterweiterung:
- Systemische Fragetechniken
- Arbeit mit Wirklichkeitskonstruktionen
- Arbeit mit Metaphern

☝ = besonders wichtige Schritte!

Wanderung N° 8

Den Wald vor lauter Bäumen ~~nicht~~ sehen ...
Der Lageplan als Blick aus der Vogelperspektive

Wohin diese Wanderung führt ...

„Ich steh' im Wald!", das ist der Ausdruck für eine Situation, in der man die Orientierung verloren hat und nicht weiß, in welche Richtung man gehen soll. Die Bäume sehen zwar verschieden aus, liefern damit aber noch keinen Anhaltspunkt für den richtigen Weg. Beim Blick auf einen Wald von oben, sind zwar die Bäume noch schlechter zu unterscheiden, aber man sieht Lichtungen, Wegschneisen und erkennt, wo der Wald aufhört und welcher Weg hinausführt. Den Blick auf eine Beratung „von oben" kann man also wählen, um wieder eine Orientierung zu bekommen und eine Richtung einzuschlagen, um aus dem Wald, in dem man sich verirrt hat, herauszufinden. Es wird sich zeigen, dass die wichtigsten Hilfsmittel für die Orientierung die Auftragsanalyse und -klärung sind. Insofern stehen wir am Beginn sehr wichtiger Wanderungen.

Wenn der Mais hoch steht, wird manchenorts ein Labyrinth im Feld angelegt. Könnte man während des Versuchs, hindurch zu finden, den eigenen Weg von oben, also aus der Vogelperspektive verfolgen und planen, wäre es nicht mehr schwierig, natürlich wäre dann auch der Reiz weg. Der Blick von oben kann eine Gegend übersichtlich werden lassen, zumindest entsteht eine neue Perspektive und mit ihr die Möglichkeit, etwas, wonach man sucht, leichter zu finden. Landkarten, Stadtpläne, Schaltpläne usw. dienen diesem praktischen Zweck.

Wäre es möglich, Beratungen auch von oben zu betrachten? Formen einer Außenperspektive sind bekannt; der Einwegspiegel, die Videoaufzeichnung eines Gespräches, die nachher betrachtet und analysiert wird. Beides sind Techniken, die heutzutage kein Problem darstellen, aber auch einen gewissen Aufwand bedeuten (- manche, mit Enthusiasmus angeschaffte Kamera verbringt in Beratungsstellen eine Art Dauerruhezeit). Die Außenperspektive ist bei diesen Beispielen gleichsam der Blick von der Seite, vom „Spielfeldrand".

Aber der Blick von oben, geht das auch? Es geht, eben in der Form, wie es ein Stadtplan auch tut. Zu beachten allerdings ist, dass die Videoaufzeichnung mehr und auch ganz andere Einblicke in eine Beratung (oder Sequenz) liefert. Beispielsweise wird der Gesprächsprozess deutlich. Die Methode, die hier vorgestellt wird, liefert dagegen nur eine Momentaufnahme oder vielmehr die komprimierte Darstellung vieler Ereignisse einer über längere Zeit laufenden Beratung in einem Bild, und somit eine völlig andere Perspektive mit anderen Informationen.

In Anlehnung an den Stadtplan nenne ich dieses Instrument „Lageplan". Im Prinzip handelt es sich um nichts Neues; in der Familientherapie sind Lagepläne schon über 30 Jahre bekannt - häufig in einer Version, die Ähnlichkeiten zum Genogramm hat, ebenfalls einem Instrument aus der Familientherapie. Deswegen werden auch Genogramm und Lageplan leicht verwechselt.

Der Lageplan, so wie ich ihn hier verstehe, weist einige wichtige Unterschiede zu den geläufigen Formen auf. Der wichtigste besteht darin, dass Berater samt der Institution, in der sie tätig sind, in der die soziale Dienstleistung angeboten wird, mit in die Zeichnung aufgenommen werden. Zeichnen Berater Lagepläne in dieser Form, begeben sie sich in eine Vogelperspektive auch zu sich selbst, also in eine supervisorische Position. Deswegen eignet sich der Lageplan auch sehr gut für Supervisionen, insbesondere auch für eine „Eigensupervision". Entwerfen Berater darüber hinaus einen Lageplan mit ihren Klienten gemeinsam, laden sie also ein, ebenfalls die Vogelperspektive einzunehmen, ist das für Klienten oft eine wertvolle Erfahrung und zudem noch eine Wertschätzung besonderer Art, daher sehr zu empfehlen.

Andere Unterschiede bestehen darin, dass unser Lageplan aus verschiedenen Darstellungen besteht, die für unterschiedliche Fragestellungen verwendet werden können. Der häufigste und wichtigste Zweck - so jeden Fall ist meine Erfahrung - besteht in der Möglichkeit einer Auftragsanalyse und der Vorbereitung von eventuell nötig werdenden Auftragsklärungen. Deshalb steht dieser Teil der Lageplanarbeit am Beginn der Wanderung. Wir werden sie unterbrechen, um uns ausgiebig im Irrgarten der Auftragsthematik umzusehen, denn hier liegen die entscheidenden Weggabelungen ganzer Beratungsprozesse.

Auf einen Blick ... (oder auch drei)

Mit Lageplänen Konstellationen in Systemen sichtbar machen

Der Begriff „Konstellation" steht für den Sachverhalt, dass in einer Beratung immer mehrere Personen und soziale Systeme in Beziehung *zueinander* stehen oder treten. Die dadurch entstehende Gesamtsituation mit ihrer sozialen Dynamik, den Kommunikationsverläufen und möglichen Konflikten, den Handlungen Einzelner sowie den sich entwickelnden Beziehungsstrukturen kann als Konstellation betrachtet werden. In dieser Konstellation nehmen auch Berater bzw. die sozialen Hilfssysteme (Dienste und Institutionen), in denen sie tätig sind, bald einen spezifischen Platz ein. Wenn dieser Platz einer sein soll, von dem aus Berater wirksam oder sinnvoll eingreifen können, dann ist es hilfreich, das gesamte System zu analysieren, in dem man sich bewegt. Das verwendete analytische Instrument sollte es erlauben, möglichst leicht und übersichtlich die wesentlichen Strukturen und Dynamiken deutlich werden zu lassen sowie über mögliche Interventionen nachzudenken und sie zu planen. Der bei dieser Art der Beschreibung des Systems entstehende „Lageplan" macht diese Verhältnisse „sichtbar". Es entsteht die genannte Vogelperspektive.

Die im Lageplan verwendeten Symbole sind teilweise der strukturellen Familientherapie nach S. Minuchin entlehnt. Das ursprüngliche Konzept ist um eine Reihe von Symbolen erweitert, die für die Analyse von Betreuungskonstellationen wichtig sind. So ist zum Beispiel die Beschreibung der „Auftragslage" wichtig, weil sie den unmittelbaren Anlass, als Berater tätig zu werden, herausarbeitet und sichtbar macht.

Die Anordnung der verschiedenen Symbole zu einem Gesamtschaubild, soll so erfolgen, dass ein übersichtliches Bild entsteht, welches eine Orientierung erlaubt. Es ist nicht entscheidend, *alle* zur Verfügung stehenden Informationen einzuzeichnen, sondern nur die relevanten. Das erfordert zum einen natürlich eine gewisse Übung, zum anderen kann es sinnvoll sein, zwei oder mehrere Entwürfe zu machen, bis der Lageplan so aussieht, dass er von Nutzen ist. Hat man eine gewisse Routine entwickelt, geht das Ganze sehr schnell, und es wird auch unwesentlich, ob „sauber" gezeichnet wurde oder nicht.

Es empfiehlt sich, zuerst alle an dem „Fall" beteiligten Personen und Systeme auf ein Blatt anzuordnen, und dabei mit dem Klient und dem Berater (also sich selbst) zu beginnen. Also zum Beispiel so:

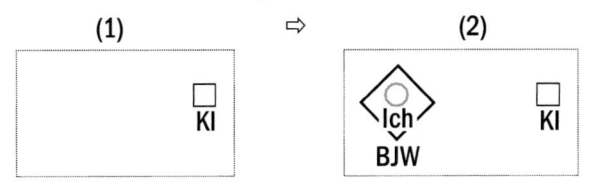

(1) ⇒ (2)

[Kl]   ⟨Ich/BJW⟩ [Kl]

„Kl" steht für Klient, und mit „Ich" zeichnen sich Berater selbst ein. Die Raute, mit „BJW" gekennzeichnet, bedeutet in diesem Beispiel das Betreute Jugendwohnen und damit das soziale Hilfssystem, in dem man selbst tätig ist.

Es ist für die ganzen folgenden Teile, die noch gezeichnet werden, zweckmäßig ...
– ein Blatt ausreichender Größe zu verwenden, wobei Din A4 reicht, wenn man die Symbole klein zeichnet (dann passt der Lageplan auch gut in die Akte!)
– mit verschiedenen Farben zu arbeiten, um Personen und Systeme von Beziehungen und Aufträgen deutlich abzusetzen
– Klienten und Betreuer bzw. „Problemsystem" und „Helfersystem" einander *gegenüber* anzuordnen.

Der Anfang ist gemacht. Wir werden alle weiteren Schritte an dem Beispiel aus dem betreuten Jugendwohnen verdeutlichen.

Nun werden alle weiteren Personen und sozialen Systeme eingezeichnet, die auch noch eine Rolle spielen, denn jede Beratung findet in einem sozialen Umfeld statt, das an den ganzen Prozessen irgendwie beteiligt ist, irgendwie „mitmischt". Es entsteht nun schon ein komplexeres Bild.

Die Geschichte, die hinter diesem Lageplan steht, ist folgende: Der Anlass, einen Lageplan zu machen, war, dass die Betreuerin vom BJW, nennen wir sie Jutta, die für die 16 jährige Klientin, nennen wir sie Sandra, zuständig ist, einen Anruf von der Kollegin vom allgemeinen sozialen Dienst des Jugendamts (ASD) bekommen hat. Die Polizei habe bei ihr angerufen und berichtet, dass es ziemlich Theater mit Sandra gegeben habe, die Nachbarn hätten die Polizei wegen nächtlicher Ruhestörung schon zum dritten Mal gerufen, der Vermieter der Wohnung sei wohl auch schon informiert; Sandras Mutter habe ebenfalls schon angerufen und händeringend darum gebeten, dafür zu sorgen, dass Sandra nicht aus der Wohnung fliegt, denn zu Hause ginge es auf keinen Fall mehr. „Jutta, bitte kümmere dich drum, du musst da was machen, sonst geht es, glaube ich schief, so wie sich das alles angehört hat!" (Die Kolleginnen sind per du). Was machen, ja, nur was? Es gab schon einmal Zirkus, und Sandras Kommentar über die Nachbarn war nur: „Ach die, das sind doch alles Spießer!" Dass die Spießer wahrscheinlich am längeren Hebel sitzen, blendet Sandra aus. Jutta könnte sich sagen, dass sie letztlich auch nichts machen kann. Wenn Sandra auf ihrer Sicht der Dinge beharrt, dann verliert sie die Wohnung und das BJW ist in Frage gestellt, weil das nun schon

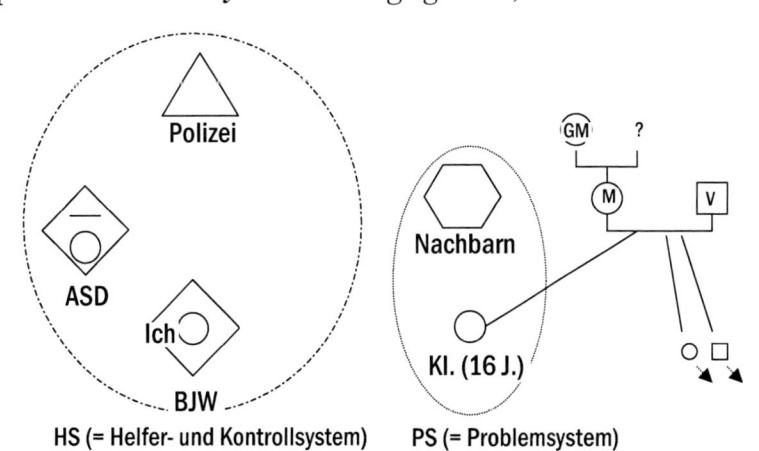

HS (= Helfer- und Kontrollsystem)   PS (= Problemsystem)

zum dritten Mal wäre. Jutta hat aber sowieso schon zu wenige Plätze belegt, eine Warteliste gibt es zurzeit nicht. Die Sache also einfach „anbrennen" zu lassen, was für Sandra vielleicht sogar das Beste wäre, scheidet als Möglichkeit eher aus. Von Sandras Herkunftsfamilie ist noch bekannt, dass es zwei Geschwister gibt, die aber älter sind und auch weiter weg leben, jedenfalls bis jetzt noch nicht in Erscheinung getreten sind. Über Sandras Großvater mütterlicherseits und die Großeltern väterlicherseits ist bisher nichts bekannt. Ob diese Informationen eine Rolle spielen, wird sich erst noch zeigen müssen. Mit dem Problemsystem kennzeichnet Jutta zuerst den akuten Anlass. Man könnte natürlich auch Sandras Herkunftsfamilie als Teil des Problemsystems kennzeichnen.

Den Wald vor lauter Bäumen sehen, oder: Sinnvolle Vereinfachungen ...

Wie schon erwähnt, würde eine letztlich unübersichtliche Skizze entstehen, wenn alle Informationen im Lageplan untergebracht werden, die verfügbar sind. In unserem Beispiel käme nämlich noch der derzeitige Arbeitgeber von Sandra u.a.m. dazu. Vielmehr ist es empfehlenswert, den Lageplan auf der Grundlage einer bestimmten Fragestellung bzw. eines Anlasses zu zeichnen und sich dann auf die dafür relevanten Systemmitglieder zu beschränken. Eine andere Fragestellung führt eventuell auch zu einem anderen Lageplan. Im Beispiel ist der sich zuspitzende Konflikt Sandras mit den Hausnachbarn und Juttas Frage „Was tun?" der Anlass.
Ein anderer Anlass könnte das bevorstehendes Hilfeplangespräch sein, ein weiterer die „vertrauliche" Mitteilung von Sandras Mutter an Jutta, Sandra könne nicht mehr nach Hause zurück: „Wissen Sie, das macht mein Mann nicht mehr mit!" Heißt das, die Mutter würde es schon noch mitmachen? Sandras Oma hat sich vor kurzem gemeldet und Jutta gesagt, dass alles nur am Vater (ihrem Schwiegersohn) liege. „Des Mädle gehört heim, des ist doch kei Sach net!" Natürlich könnte man jetzt gleich Hypothesen entwickeln, was das alles bedeutet und weit reichende familiendynamische Überlegungen anstellen. Die Suche nach einer Antwort auf Juttas Frage würde dadurch aber eher verkompliziert, deswegen warne ich davor, sich mit solchen Fragen schon zu beschäftigen, bevor die Auftragslage geklärt ist, so verführerisch es vielleicht auch sein mag.

Auch die Art der Fragestellung selbst, was man näher analysieren möchte, führt zu unterschiedlichen Darstellungen: Will man beispielsweise die „Auftragslage" untersuchen oder die Beziehungsdynamik im System besser verstehen?
Für die unterschiedlichen Fragestellungen stehen verschiedene Darstellungsarten zur Verfügung:
– Analyse der Systemmitglieder, der Grenzen, der Subsysteme und wesentlicher Teile des Genogramms (Familiensystem) und Blick auf das Gesamtsystem
– Analyse der Auftragslage
– Analyse der Beziehungsformen
– Triadische Analyse: Konfliktdynamik im System
– Analyse der Wirklichkeitskonstruktionen
– Interventionsplanung

Wir werden alle diese Spielarten des Lageplanes anhand des Beispiels von Sandra demonstrieren. Dabei wird auch deutlich werden, wie reich an Facetten dieser „Fall" ist und wie sie mit Hilfe des Lageplanes verdeutlicht werden können.
Nach dem Anruf der Kollegin vom ASD steht also für Jutta die Frage „Was tun?" im

Raum. In solch einem Fall bietet sich in der Regel immer auch eine Auftragsanalyse an. Denn Ratlosigkeit des Beraters verweist fast immer auf Probleme bei den Aufträgen.

Die erste Version des Lageplans, die Systemmitglieder darzustellen, Subsysteme zu kennzeichnen und auch einen Teil des Genogramms (nämlich soweit die Mitglieder der Familie aktuell eine Rolle spielen) zu zeichnen, ist praktisch immer sinnvoll. Deswegen werden hier die im Lageplan verwendbaren Symbole in der Übersicht gezeigt:

Die Symbole für die Darstellung der Personen und Systeme

○ weibliche Person

□ männliche Person

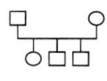

die verwandtschaftlichen Beziehungen werden durch Linien gekennzeichnet, die Geschwister sollten in der Altersreihenfolge eingezeichnet werden (Rückschlüsse auf die Familiendynamik)

Mit „M", „V", „GM" kann man die Mutter, Vater, Großmutter usw. kennzeichnen; man kann auch noch Altersangaben einzeichnen.

Kl = „Klient", d.h. diejenige(n) Person(en), die nach Auffassung anderer „Symptome" zeigt, Probleme macht, „krank" ist, Hilfe benötigt usw. oder dies selbst so sieht.

◇ Helfer-Systeme (Arzt, soziale Dienste, stationäre Betreuungseinrichtungen, Wohngruppe, Beratungsstelle usw.); die mit der „Hilfe" beauftrage(n) Person(en) werden in die Raute eingezeichnet, beispielsweise kann deren Geschlechtszugehörigkeit eine wichtige Rolle spielen.

⬡ bedeutsame soziale Systeme im Umfeld (Nachbarschaft, Firma, Schule usw.).

△ Systeme mit gesellschaftlichem Kontrollauftrag, entsprechenden Kompetenzen oder Ressourcen (Polizei, Gesundheitsamt, gesetzliche Betreuer, evtl. auch Vermieter).

⬙ Soziale Helfer-Systeme, die gleichzeitig Betreuungs- und gesellschaftliche Kontrollfunktion haben, wie Jugendamt, gesetzliche Betreuer u.a.m.

⌒ wichtige Subsysteme, das heißt Personen, die „enger" zusammenhängen, zusammenarbeiten oder nach außen hin eindeutig abgegrenzt sind, zum Beispiel zusammen wohnen.

Es sei ausdrücklich betont, dass es sich bei diesen Symbolen nicht um eine DIN-Norm oder eine sonstige offizielle Festlegung handelt, sondern lediglich um eine Möglichkeit unter vielen. Man kann auch ein eigenes System entwickeln, sofern es nur den Zweck einer einfachen Darstellung erfüllt, mit der auch komplexe Systeme in wenigen Minuten zu Papier gebracht werden können.

Kehren wir zu unserem Beispiel zurück. Jutta hat sich entschlossen, erst einmal inne zu halten, den Lageplan zu zeichnen und nun eine genauere Auftragsanalyse durchzuführen, bevor sie nächste Schritte unternimmt. Hat man sich eine gewisse Routine angeeignet, dauert so etwas vielleicht 15 bis 20 Minuten; diese Zeit hat man immer, vielleicht von ganz akuten Notfällen abgesehen. Die Frage ist nur, ob man sich die Zeit nimmt! Innehalten, einen Blick von oben auf das Ganze zu werfen und nachzudenken, ist gerade dann empfehlenswert, wenn sich irgendwo etwas krisenhaft zuspitzt und „Brandanrufe" kommen.

Die Analyse der Auftragslage

Auftrag, Anliegen, Erwartung, Wunsch, Forderung werden wir im Folgenden unter *einem* Begriff, nämlich den „Auftrag" zusammenfassen. Damit ist noch nicht genauer untersucht, was es mit Aufträgen im Kontext sozialer Dienstleistung auf sich hat. Das wird uns auf der Wanderung N° 9 beschäftigen. Für die nächste Darstellung im Lageplan genügt zunächst der Begriff, sowie der Hinweis, dass die grammatikalische Form eines Auftrags der Imperativ ist. Man könnte auch sagen, dass es sich um Sätze mit Rufzeichen handelt. „Du musst etwas unternehmen!" hatte die Kollegin vom ASD gesagt. Drei Schritte sind durchzuführen:

1. Schritt: Darstellung

Alle Aufträge oder Anliegen, die bisher bekannt sind, werden in den Lageplan eingezeichnet und unter der Skizze in kurzer, prägnanter Formulierung aufgelistet:

Zur Kennzeichnung der Aufträge eignen sich folgende Symbole:

A→	ausdrücklich geäußerter Auftrag oder Anliegen, die Richtung des Pfeils gibt an, an wen sich er sich richtet
(A)→	verdeckter Auftrag oder Anliegen, sozusagen „nur durch die Blume" geäußert
A⊃	Eigenauftrag (vgl. dazu Wanderung N°10)
A1, A2, ...	Kennzeichnung der verschiedenen Aufträge

Es entsteht also eine Liste von Aufträgen. A5 besteht aus mehreren Eigenaufträgen. Unter Eigenauftrag sind Anliegen, Wünsche, Aufforderungen usw. zu verstehen, die man an sich selbst richtet. Kurz: Die Liste zeigt also vier Fremdaufträge und drei Eigenaufträge. Die Aussage von Sandras Oma könnte man als indirekten bzw. verdeckten Auftrag in die Liste mit aufnehmen. Allerdings muss man sich klar machen, dass „verdeckte" Aufträge primär eine Hypothese des Beraters sind, es kann auch ganz anders sein. Verdeckte Aufträge zu überprüfen, ist ein heikles Unterfangen, Berater sollten es nur tun, wenn es ihnen unumgänglich erscheint. Im Falle der Oma entscheidet sich Jutta, deren Apell in der Auftragsanalyse zu vernachlässigen.

Den *2. Schritt, die vergleichende Analyse der Aufträge,* und den *3. Schritt, die Folgerungen,* ziehe ich gleich zusammen (siehe Fallbeispiel unten).

Die Analyse in diesem Beispiel zeigt nun: A1 ≠ A4, das heißt, diese Aufträge widersprechen sich und sind nicht zugleich erfüllbar. Damit ist zunächst schon angelegt, dass es zu Schwierigkeiten kommen kann, wenn man den Auftrag A3 unbesehen übernimmt. Es kann stattdessen sinnvoll werden, mit den bisher schon tätig gewordenen Helfer- und Kontrollsystemen zu verhandeln, ob die Annahme, das BJW könne etwas ausrichten, realistisch ist. Auch die Eigenaufträge werden Probleme machen, denn sie lassen sich teilweise nur schwer mit den Aufträgen A1, A2 und A3 vereinbaren. Der Auftrag A4 ist unspezi-

---

Jutta kennzeichnet die verschiedenen Aufträge in Sandras Fall, es entsteht folgendes Bild:

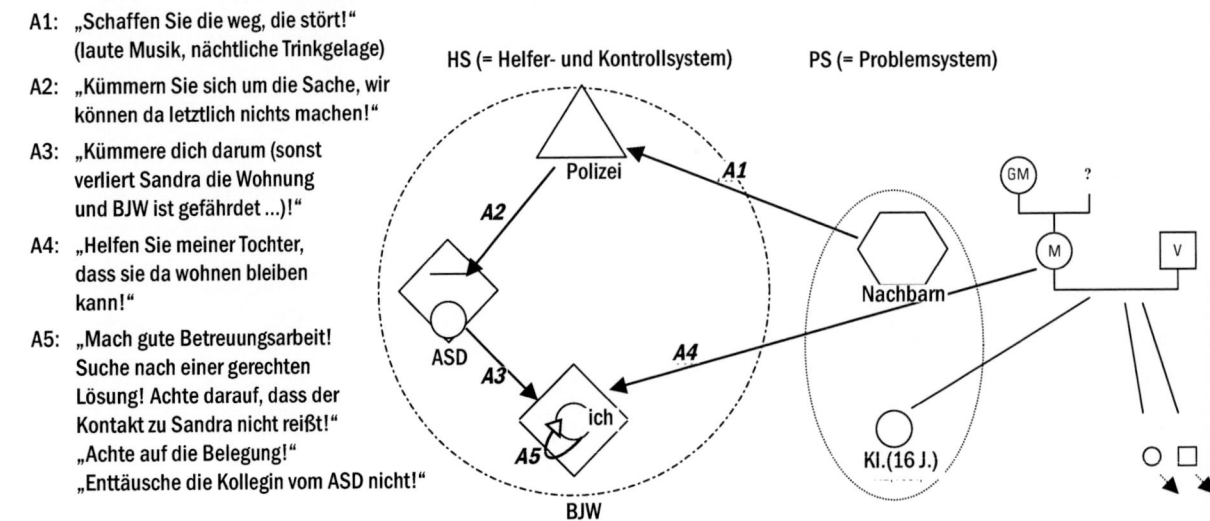

A1: „Schaffen Sie die weg, die stört!"
(laute Musik, nächtliche Trinkgelage)

A2: „Kümmern Sie sich um die Sache, wir können da letztlich nichts machen!"

A3: „Kümmere dich darum (sonst verliert Sandra die Wohnung und BJW ist gefährdet ...)!"

A4: „Helfen Sie meiner Tochter, dass sie da wohnen bleiben kann!"

A5: „Mach gute Betreuungsarbeit! Suche nach einer gerechten Lösung! Achte darauf, dass der Kontakt zu Sandra nicht reißt!" „Achte auf die Belegung!" „Enttäusche die Kollegin vom ASD nicht!"

fisch, aber dass die Kollegin vom ASD eine erfolgreiche Intervention von Jutta erwartet, ist anzunehmen. Insofern empfiehlt sich vor allem auch eine „Verhandlung mit sich selbst", um die Eigenaufträge den Möglichkeiten im System anzupassen. Auffällig und für die Planung des weiteren Vorgehens wesentlich ist auch, dass vom „Klient (Kl)", also von Sandra (bisher jedenfalls) kein Auftrag in dieser Problematik gegeben wurde. Auch hier ist also eine Klärung – mit welchem Ergebnis auch immer – zu empfehlen.

Allgemein gesprochen, bedeutet eine Auftragsanalyse, das Verhältnis der Aufträge zu einander und die Aufträge selbst auf ihre Umsetzbarkeit hin zu überprüfen. Widersprechen sich Aufträge, die an einen gerichtet sind, wird es immer irgendein Problem geben, wenn man es dabei belässt. Dass Aufträge sich widersprechen, erkennen vielleicht die Berater, aber nicht unbedingt die anderen im System, die voneinander darüber nichts wissen. Aufträge, die letztlich nicht umsetzbar sind, kann man nicht annehmen. Die Auftraggeber können nicht unbedingt wissen, ob ihr Auftrag umsetzbar ist, das müssen die Auftragnehmer, also Berater entscheiden und gegebenenfalls zurückmelden. Im konkreten Fall nicht umsetzbarer Eigenaufträge muss man mit sich selbst neu verhandeln.

Eine noch prägnantere Darstellungsmöglichkeit für die Auftragsanalyse beschränkt sich auf die Aufträge, die direkt an Berater gerichtet werden, einschließlich der Eigenaufträge, denn die gehören logischerweise immer dazu. Auch die Aufträge der Institution, in der man arbeitet einschließlich der Konzeption, die umzusetzen ist, und die der Teamkollegen spielen eine unter Umständen eine große Rolle. All diese Aufträge, die sozusagen „von innen kommen", können auf die eine Seite, die „Fremdaufträge" von außen auf die andere Seite gezeichnet werden. Es entsteht folgendes Teilbild eines Lageplanes:

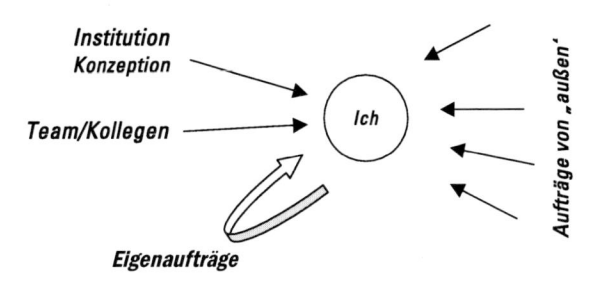

Auch hier erfolgt die Auftragsanalyse in folgenden Schritten, womit die bisherigen Ausführungen nochmals zusammengefasst werden sollen:

1. Alle Aufträge stichwortartig in möglichst prägnanter Form notieren (Liste); sie sollten als Imperativ formuliert werden (Rufzeichen-Sätze!)
2. Sie dann in ihrem Verhältnis untereinander und insgesamt überprüfen (Widersprüche, Machbarkeit etc.).
3. Eigenaufträge modifizieren, evtl. fallen lassen (Verhandlung mit sich selbst).

Der Lageplan sollte eine gewisse Aktualität aufweisen!

4. Planen, wie alle sonstigen Aufträge eventuell neu verhandelt werden können, wenn dies nötig wird

Kehren wir zu Juttas Fall zurück: Jutta entschließt sich, als erstes folgendes zu unternehmen:
- Sie stimmt mit der Kollegin vom ASD nochmals deren Erwartungen ab: Was kann erreicht werden, was nicht?
- Sie legt Sandra gegenüber die Karten auf den Tisch, berichtet ihr, was läuft, und versucht herauszufinden, ob Sandra in der Angelegenheit ein Anliegen an Jutta formuliert.
- Ihre Eigenaufträge bleiben bestehen, aber sie relativiert sie alle mit dem Zusatz „… soweit es eben möglich ist! Mach dich nicht verrückt!"

Die nächsten Schritte plant Jutta erst, wenn diese Klärungen erfolgt sind. Wir werden dazu im Laufe der Wanderung N° 11 die anderen Formen des Lageplanes verwenden.

Was aber eine Auftragsklärung ist, gilt es nun genauer zu betrachten. Wir markieren also den Punkt unserer Wanderung, an dem wir jetzt angelangt sind, mit einer Wegskizze und begeben uns anschließend auf einen längere und sehr wichtige Wanderung.

Ich empfehle Ihnen, liebe Leserin und lieber Leser, die Lektüre hier zu unterbrechen, um einen oder zwei Lagepläne aus der Serie Ihrer „Fälle" zu erstellen, mit denen Sie vielleicht gerade Probleme haben, und die Auftragsanalyse durchzuführen. Vielleicht eröffnen sich neue Möglichkeiten! Die Wegskizze mit den Anlagen können Sie gleich zur Hilfe nehmen:

Wegskizze

Lageplan und Auftragsanalyse: (zu den Symbolen, siehe Anlage zur Wegskizze)
1. als erstes die für die **momentane Fragestellung relevanten (!)** Systemmitglieder, Helfersysteme, Institutionen, die sonstigen sozialen Systeme und wichtige Teile des Genogramms auf ein Blatt zeichnen
2. als nächstes mit Pfeilen die wesentlichen Aufträge einschließlich der Eigenaufträge, aber auch der institutionellen, konzeptionellen Aufträge (sofern sie im Fall eine Rolle spielen)
3. diese Aufträge stichwortartig in möglichst prägnanter Form notieren (Liste)
4. sie in ihrem Verhältnis untereinander und insgesamt überprüfen (Widersprüche, Machbarkeit etc.)
5. Eigenaufträge modifizieren, evtl. fallen lassen (Verhandlung mit sich selbst)
6. planen, wie alle sonstigen Aufträge eventuell neu verhandelt werden können, wenn dies nötig wird (z.B. bei sich widersprechenden Aufträgen)

Hinweise:
- Aufträge sollen inform von Imperativen (mit Rufzeichen am Schluss) als ganze Sätze formuliert werden.
- Wenn Aufträge nicht ausreichend konkret sind, muss evtl. nachverhandelt werden.
- Achten Sie darauf, dass Auftraggeber ihre *Anliegen* an Sie formulieren, und nicht nur Probleme oder Ziele nennen!

Wegskizze: Anlage zum Lageplan

Die Symbole für die Darstellung der Personen und Systeme

○ weibliche Person

□ männliche Person

die verwandtschaftlichen Beziehungen werden durch Linien gekennzeichnet, die Geschwister sollten in der Altersreihenfolge eingezeichnet werden (Rückschlüsse auf die Familiendynamik)

M, V, GM sind Abkürzungen für Mutter, Vater, Großmutter usw.; man kann auch noch Altersangaben einzeichnen.

Kl = „Klient", d.h. diejenige(n) Person(en), die nach Auffassung anderer "Symptome" zeigt, Probleme macht, „krank" ist, Hilfe benötigt usw. oder dies selbst so sieht.

◇ Helfer-Systeme (Arzt, soziale Dienste, stationäre Betreuungseinrichtungen, Wohngruppe, Beratungsstelle usw.); die mit der „Hilfe" beauftrage(n) Person(en) werden in die Raute eingezeichnet, z.B. kann deren Geschlechtszugehörigkeit eine wichtige Rolle spielen.

⬡ bedeutsame soziale Systeme im Umfeld (Nachbarschaft, Firma, Schule usw.).

△ Systeme mit gesellschaftlichem Kontrollauftrag, entsprechenden Kompetenzen oder Ressourcen (Polizei, Gesundheitsamt, gesetzliche Betreuer, evtl. auch Vermieter).

◇ Soziale Helfer-Systeme; wenn sie zugleich Betreuungs- und gesellschaftliche Kontrollfunktion haben, wie Jugendamt, gesetzliche Betreuer ..., kann zusätzlich ein Querstrich eingezeichnet werden

◌ wichtige Subsysteme, d.h. Personen, die „enger" zusammenhängen, zusammenarbeiten oder nach außen hin eindeutig abgegrenzt sind, z.B. zusammen wohnen.

Zur Kennzeichnung der Aufträge eignen sich folgende Symbole:

A → ausdrücklich geäußerter Auftrag oder Anliegen, die Richtung des Pfeils zeigt, an wen sich der Auftrag richtet

(A) → verdeckter Auftrag oder Anliegen, sozusagen „nur durch die Blume" geäußert.

⊃ EA Eigenauftrag (vgl. dazu Wanderung Nr.10)

A1, A2, ... Kennzeichnung der verschiedenen Anliegen oder Aufträge

Schritte der Auftragsanalyse:

- Alle Aufträge stichwortartig in möglichst prägnanter Form notieren (Liste).
- Sie in ihrem Verhältnis untereinander und insgesamt überprüfen (Widersprüche, Durchführbarkeit). Klären, mit wem neu verhandelt werden muss.
- Eigenaufträge modifizieren, evtl. fallen lassen (Verhandlung mit sich selbst).

Wanderung N° 9

„Unmögliches wird sofort erledigt, Wunder dauern etwas länger"

Die Auftragsklärung

Wohin diese Wanderung führt ...

Von allen Wanderungen durch das Labyrinth ist diese vielleicht die wichtigste! Die Sorgfalt, die man in die Auftragsklärung investiert, zahlt sich später reichlich aus. Die Ressourcen im sozialen Bereich sind knapp, viele Fälle, wenig Zeit. Da sollte es einem nicht unterlaufen, wegen mangelhafter Klärung des Auftrages in die „falsche Richtung zu rennen", einer Fehleinschätzung aufzusitzen usw. Genauigkeit ist gefragt; das erscheint manchen als „trocken", mühselig oder auch „gefühllos" angesichts der Nöte von Klienten. Nur: Was haben Klienten von einer Unachtsamkeit der Berater an dieser Stelle?

„Ich schreibe geschwind noch den Auftrag raus ...", sagt der Mann an der „Reparaturannahme", der Kunde unterschreibt und am Abend ist alles gerichtet, hoffentlich zur Zufriedenheit. Sein Auto nimmt man wieder in Empfang, nachdem man bezahlt hat. Wenn die Kellnerin den Hawaibecher aufschreibt, muss man den Zettel nicht unterschreiben, der Zettel ist eine Gedächtnisstütze, der mündliche Auftrag reicht. Manchmal muss man für die Leistung vorher zahlen, wie im Kino. Das ist alles einfach und klar geregelt. Warum läuft es im psychosozialen Bereich nicht genauso einfach? Klienten würden sagen, was sie von Beratern brauchen; die führen es durch, und bezahlt wird hinterher (oder vorher, das ist vielleicht nicht so wichtig).

Stattdessen passiert nicht selten Folgendes: Klienten geben *keinen* Auftrag, Berater führen dann einen Auftrag durch, von dem sie annehmen, dass er erteilt worden sei, und jemand ganz anderes bezahlt. Dass so etwas zu Verwicklungen labyrinthischen Ausmaßes führen kann, wird nicht weiter verwundern. Glücklicher Weise gibt es dafür dann Supervision, nur müssen Supervisoren aufpassen, dass sie nicht das gleiche machen, nämlich nach der Fallschilderung gleich zu supervidieren ohne zu wissen, was der Supervisand für ein Anliegen hat. Supervisoren sind nämlich auch Berater.

Nicht zuletzt die Zahlenden, die Kostenträger haben zwischenzeitlich entdeckt, dass sie doch genauer hinschauen sollten, was sie eigentlich bezahlen. Das Instrument dafür heißt z. B. „Hilfeplan". Es gibt Betreuungspläne und andere Formen einer schriftlichen Festlegung, wozu eine Beratung erfolgen soll. Nur, was helfen diese Schriftstücke, wenn Klienten oder Berater nach einiger Zeit vergessen haben, was dort geschrieben steht? Ich würde mir diese kritische Bemerkung hier nicht erlauben, wenn ich in meiner Supervisions- und Fortbildungspraxis nicht unzählige Male genau mit dieser Situation konfrontiert worden wäre. Ist das einfach nur Nachlässigkeit oder Inkompetenz auf Seiten der Berater? Oder ein Teil des Problems, mit dem Klienten kommen?

Man könnte sagen „weder-noch" und „sowohl-als-auch", beides stimmt. Zuallererst ist es menschlich. Wer in Schwierigkeiten ist, erzählt darüber, klagt vielleicht auch und käme nicht auf die Idee, dazu einen schriftlichen

Auftrag abzufassen, es sei denn, es würde von ihm verlangt. Und wer Menschen gerne hilft, packt an, wenn das Problem auf dem Tisch ist. Beiden Seiten scheint klar zu sein, um was es geht, was zu tun ist. Erst bei genauerer Betrachtung zeigt sich, dass dies für den psychosozialen Bereich so nicht reicht!

Wenn wir nochmals den Blick auf Dienstleistungen wie eine Reparatur oder den Eisbecher blicken, entdecken wir sofort, dass der Auftrag vor allem auch die Funktion hat, beide Seiten abzusichern. Moniert der Kunde angesichts der Rechnung, wieso die Bremsen repariert worden seien, kann der Meister darauf verweisen, was im Auftrag steht und vom Kunden durch Unterschrift bestätigt wurde. Kurz: Der Auftrag soll vor möglichen Irrtümern und zum Teil auch Mängeln schützen. Die eine Seite weiß, was sie zu tun hat, die andere Seite weiß, was sie bekommt. Warum sollte das in Beratungen nicht nötig sein? Ich habe noch niemanden gehört, der diese Notwendigkeit bestritten hat. Warum hapert es dann daran aber in der Praxis so oft?

Auf unserer Wanderung versuchen wir, den Ursachen dafür auf den Grund zu gehen und methodische Konsequenzen abzuleiten.

Eine erste mögliche Ursache besteht sicherlich in mangelnder Genauigkeit. Berater hören die Schilderung eines Problems und verleiten sich selbst dazu anzunehmen, damit sei schon ein Auftrag an sie verbunden, nämlich bei der Lösung des Problems behilflich zu sein. Das kann natürlich sein, aber es ist nicht klar. Es ist weder klar, zu welchem Ziel Klienten gelangen wollen, wenn sie ein Problem beschildern, noch ist klar, welche Art Hilfestellung sie erwarten. Es ist fast so, als ob jemand eine Bäckerei betritt und ruft „Ich habe Hunger!", und ohne weitere Nachfrage werden ihm drei Brezeln eingepackt. Zahlt er darauf hin dankend, ist es gut. Beschwert er sich: „Ich mag doch keine Brezeln!", muss nachgeholt werden, was man gleich tun könnte: „Sie haben Hunger, und was darf es sein?" Also:

Kl.: „Ach, mir geht es heute wieder so schlecht!"

B.: „Das tut mir leid. Was wünschen Sie sich dann da von mir?"

Die Antwort, die nun kommt, wäre der Auftrag ..., zumindest die Reaktion auf die Frage (s. unten).

Das wäre eigentlich einfach – ist es vielleicht zu einfach? Nein, denn es ist weder sicher, dass diese Frage so klar beantwortet wird, wie sie gestellt wurde, noch ist sicher damit zu rechnen, dass ein Auftrag kommt, der auch (sicher) durchführbar ist.

Kl.: „Machen Sie irgendwas, damit es mir besser geht!"

Hier ist für den Berater gleich der „Offenbarungseid" fällig, es ist jedenfalls eine etwas unerquickliche Situation, ein Anliegen abzulehnen. Denn nur Wunderheiler könnten diesen Auftrag annehmen.

B.: „Ich kann nur versuchen, Ihnen etwas anzubieten, aber ob es hilft, weiß ich auch nicht!"

Außerdem ist völlig im Dunkeln, was der Klient unter „besser gehen" versteht, woran er die Hilfe des Beraters bemerken würde. Kein Kellner gibt sich mit der Bestellung: „Bringen Sie irgendetwas!" zufrieden.

Berater begnügen sich oft damit, nicht selten mit der Begründung: „Der Klient konnte das nicht sagen ...", eine Hypothese, die stimmen kann oder auch nicht. Denn wenn Klienten auf die Frage nach einem Auftrag nicht antworten, heißt das noch lange nicht, dass sie es nicht *können*. Für die Antwort „Ich weiß nicht!" oder gar Schweigen auf die Frage

nach dem Auftrag gibt es noch ganz andere Erklärungsmöglichkeiten:
- Manche Klienten fühlen sich zurückgewiesen, weil sie jetzt auch noch sagen sollen, was sie brauchen, wo es ihnen doch schon so schlecht geht. Oder sie fürchten eine Zurückweisung ihres Wunsches und hoffen, dass Berater ihr Anliegen erraten.
- Manche fühlen sich irritiert, weil sie die Frage so verstehen, dass diese Beratern erklären sollen, was sie tun sollen, aber: „Das müssen die doch selbst wissen!"
- Manche Klienten sind noch beratungsunerfahren und haben deshalb, wie schon bei der Wanderung N° 5 erwähnt, das Modell „Arzt" im Kopf: Da sagt man auch nur, wo es einem fehlt, und den Rest macht der Doktor. Was soll also die Frage? Aber um nicht gleich unangenehm aufzufallen, schweigt man eben oder sagt „Ich weiß nicht". Vielleicht bedarf es also zuerst einer Kontextklärung? (Wanderung N° 5)
- Ganz ähnlich liegt der Fall, wenn Klienten die Frage dahingehend missverstehen, sie sollen nochmals sagen, was das Problem sei, weil sie selbst nicht zwischen Problem und Auftrag unterscheiden. In diesem Fall - man ist ja höflich - sagt man eben noch einmal, wo einen der Schuh drückt.
- Andere Klienten sind schon beratungs-erfahren, sind aber bisher nicht gewohnt, eine solche Frage gestellt zu bekommen, und sind deshalb lieber still, bevor sie etwas „Falsches" sagen.
- Manche Klienten spüren wohl auch sofort, dass die Frage bedeutet, sich zu entscheiden oder festzulegen, was man denn nun haben will. In manchen Restaurants enthält die Speisekarte so viele Gerichte, dass man bei der Bestellung nur die Nummer angeben muss. Aber das macht die Wahl noch lange nicht leichter. Und: „Wenn ich jetzt hier in der Beratung sage, was ich will, und es hilft dann nicht, wer ist denn dann schuld? Am Ende ich selbst? Da habe ich schon diese Schwierigkeiten und wäre am Schluss auch noch der Gelackmeierte! Nee! ..." Verantwortung für sich und seine Probleme zu übernehmen, lässt nicht gleich Freude aufkommen. Also liegt eine Antwort wie „Ich weiß auch nicht so recht!" doch nahe, dann hat man wenigstens geantwortet und zu erkennen gegeben, dass man nachgedacht hat (...*weiß auch nicht so recht* ...).
- Die Frage nach dem Anliegen bedeutet praktisch immer, dass Klienten sich angesichts der Ambivalenz zwischen Veränderung und Beibehaltung des Status quo festlegen müssten. Das setzt leicht Ängste frei. Also, ab durchs Mausloch: „Ich weiß nicht, was ich sagen soll."

Es ist daher nicht von vornherein klar, was es bedeutet, wenn Klienten auf die Frage nach dem Auftrag nicht oder ausweichend antworten oder ihre Beschwerde wiederholen. Das sollte aber Berater nicht dazu veranlassen, von der Frage nach dem Auftrag abzurücken, sie zu vergessen oder gar nicht erst zu stellen.

Die Frage nach dem Auftrag erzeugt nämlich in jedem Fall eine Antwort (auch Schweigen ist eine Antwort), die Anhaltspunkte liefert, wie man weiter machen kann:

- Schweigt der Klient oder antwortet ausweichend oder wiederholt die Problemschilderung, kann man beginnen, die obigen Möglichkeiten zu prüfen.
- Antwortet der Klient mit einem Ziel, das er gerne erreichen will, dann ist das zwar auch noch kein Auftrag, aber man ist schon einen Schritt weiter. Denn, auf die Frage nach dem Auftrag mit einer Zielsetzung zu antworten, liegt durchaus nahe.

- Nennt der Klient einen Auftrag, der jedoch nicht oder nicht mit garantiertem positiven Ergebnis durchführbar ist, sollten Berater das klar zum Ausdruck bringen, denn Klienten können nicht wissen, was Berater leisten können und was nicht. Um noch einmal den Vergleich mit der Autowerkstatt zu strapazieren: Der Auftrag hat auch den Sinn, dass die Kundschaft nicht Leistungen erwarten kann, die es in der Werkstatt nicht gibt. Die Unterschrift unter dem Auftragszettel bedeutet nämlich, dass die Werkstatt den Auftrag annimmt und sich verpflichtet, ihn durchzuführen. Insofern handelt es sich also um einen Vertrag, der abgeschlossen wird.

Therapieverträge, Betreuungsverträge – alles nichts Ungewöhnliches. Aber mit Klienten ganz konkret auszuhandeln, was sie jetzt gerne hätten und was nicht, was Berater leisten können und was nicht, das ist oft langwierig und mühselig, endet im Nebel oder gar im Frust. Die Genauigkeit, auf die es hier ankommt, kann leicht als „formalistisch", „kühl", „distanziert" oder ähnlich negativ erscheinen, jedenfalls deplaziert angesichts einer menschlichen Begegnung oder der Not der Klienten. Bei der Diskussion der Dynamik von Eigenaufträgen (vgl. Wanderung N° 10) werden wir außerdem noch sehen, wie Probleme zur „Nahrung" von Beratern (evtl. auch zum Köder) werden können; da könnte eine Auftragsklärung vielleicht störend sein.

Kurz und bündig kann man also sagen: Ein Problem ist noch kein Ziel, ein Ziel ist noch kein Auftrag und ein Auftrag noch kein Vertrag (oder Kontrakt). Da diese Dinge mit Sprache ausgedrückt werden, gilt außerdem: Ein vage benanntes Problem, wie „Es geht mir schlecht!", lässt offen, um was es geht, eine vage Zielformulierung, lässt offen, wohin die Reise gehen soll, ein vage ausgedrückter Auftrag lässt offen, was Klienten (oder auch andere Auftraggeber) vom Berater erwarten. In einer solchen Situation sollten Berater auch keinen Kontrakt schließen, sondern zuerst klären, um was es genau geht.

Die folgende Übersicht zeigt, worauf Berater achten sollten, was sie genau unterscheiden sollten, wenn sie mit Klienten verabreden, was in der Beratung passieren soll, was also Auftragsklärung bedeutet:

Auftragsklärung

Wir beginnen mit einer Übersicht:

Ein Problem	... ist als Ausdruck davon zu verstehen, dass jemand mit einer (aktuellen) Situation unzufrieden ist, vielleicht unter ihr leidet; Soll und Ist klaffen auseinander (vgl. Wanderung N° 30); ob zugleich auch der Wunsch nach einer Veränderung besteht, ist allerdings noch nicht klar!
Das deklarierte Problem	Was Leute als Problem benennen, bezieht sich meist darauf, was sie als Problem erleben, was also als leidvoll, schmerzlich, oder sonst irgendwie negativ empfunden wird. Das muss aber nicht deckungsgleich mit dem Problemhintergrund, das heißt, mit den Umständen sein, die an der „Erzeugung" des Problems beteiligt sind. Probleme sind oft *Lösungen* für andere, verdeckte, nicht (mehr) bewusstseins-präsente Probleme (vgl. Wanderungen N° 30 und N° 34). Deshalb beklagen sich zwar Leute oft über irgendwelche Missstände, aber ändern letztlich nichts daran.

Das Ziel	... ist, was die Leute erreichen wollen, also meist den Soll- oder Wunschzustand (vgl. Wanderung Nr. 30)
Der Auftrag	... ist das, was die/der Berater zum *Erreichen des Zieles* beitragen *soll(en)*
Der Kontrakt	... ist das, worauf sich schließlich Klienten und Berater einigen, wenn geklärt wurde, was Berater leisten *können und wollen*

Auftragsklärung bedeutet, alle genannten Stichpunkte zu bearbeiten. Dazu können wir uns wieder an den Antworten von Klienten bei den entsprechenden Fragen orientieren. Es gilt, folgendes zu beachten:

☞ *Probleme, Ziele und Aufträge erkunden und klären:*

✎ Bei den Fragen nach Problemen, den Zielen und schließlich dem Auftrag sollte man sich so auszudrücken, dass Klienten verstehen, um was es geht. Was ist mit „Auftrag" usw. gemeint? Warum ist der Auftrag so wichtig? Klienten können das nicht von vorneherein wissen!

✎ Es gilt darauf zu achten, dass die Fragen nach dem Auftrag von den Klienten auch beantwortet werden; es ist wichtig, nach zu haken, wenn Antworten ausbleiben, haarscharf daneben liegen oder ungenau sind. „Am Ball bleiben!", lautet die Devise.

✎ Die Grobstruktur der Auftragsklärung ist in Anlehnung an die obige Übersicht in der Tabelle durch folgende Fragen gegeben:
- „Was ist das Problem, worum geht es?"
- „Was soll anders werden, was wollen Sie erreichen?"
- „Was ist meine Aufgabe dabei? Was wünschen, was erhoffen Sie sich von mir?"

✎ Es muss geprüft werden, was mit dem in bestimmte Worte gekleideten Auftrag inhaltlich gemeint ist? Was bedeutet „Hilfe", „Unterstützung" und anderes mehr aus der Sicht der Klienten konkret? Woran werden Klienten merken, dass ihnen geholfen wird? Ist geklärt, was Berater leisten können und wollen? Wie lautet schließlich der gemeinsame *Kontrakt*?

✎ Für die Formulierung von Zielen sind folgende Kriterien wichtig: Ziele sollen ...
- ... konkret (formuliert) sein
- ... keine Negationen enthalten, also „positiv" formuliert werden
- ... sinnlich erfahrbar sein, das Erreichen des Ziels muss bemerkbar sein
- ... überschaubar sein; praktisch nachvollziehbare Schritte zum Ziel sollen herausgearbeitet werden

✎ Für die Formulierung von Aufträgen ist wesentlich: Aufträge ...
- ... sollten, wie Ziele auch, konkret (formuliert) sein
- ... sollten, an mich (als Berater) gerichtet sein
- ... müssen für mich (als Berater) durchführbar sein
- ... und dürfen nicht im Widerspruch zu anderen Aufträgen stehen, die ich durchzuführen habe

☞ *Der wichtigste Leitsatz lautet:*
Aufträge sind geklärt, wenn ein Kontrakt geschlossen werden konnte, vorher nicht!
Der Kontrakt ist geschlossen, wenn Berater konkret erfahren haben, was von ihnen gewünscht wird, und sie eingewilligt haben, diese Anliegen umzusetzen.

Verdeckte Aufträge

Das Symbol für verdeckte Aufträge haben wir bei dem Erstellen von Lageplänen schon kennen gelernt. Von verdeckten oder geheimen Aufträgen zu sprechen, ist allerdings methodisch nicht ganz unproblematisch. Denn als Kennzeichen eines verdeckten Auftrages wird ja gerade angenommen, dass er nicht direkt ausgesprochen wird, sondern sozusagen „zwischen den Zeilen" steht. Hier ist Vorsicht geboten, denn allemal handelt es sich dann um die Interpretation des Beraters. Er kann damit richtig liegen oder sich täuschen.

Im Begriff des verdeckten Auftrags steckt die Hypothese, dass der Auftraggeber sein Anlegen nicht offen äußern will, sondern nur unterschwellig mitteilt. Das führt zu einem Dilemma: Setzt man den verdeckten Auftrag um, wird hinterher vielleicht dementiert, dass das überhaupt gewollt war. Setzt man ihn nicht um, ist der Auftraggeber vielleicht enttäuscht.

Es empfiehlt sich daher meistens, Licht in dieses Dunkel zu bringen und zugleich offen zu lassen, ob es einen verdeckten Auftrag gibt oder nicht: „Ich habe den Eindruck, als würden Sie sich von mir noch etwas anderes wünschen, etwas, was Sie noch nicht geäußert haben. Ist das so?" Dementiert der Auftraggeber, dann liegt die Verantwortung bei ihm, wenn er doch noch ein Anliegen gehabt hätte. Äußert er das zusätzliche Anliegen, kann damit offen umgegangen werden.

Manchmal liegen der ganzen Situation innere, sich widersprechende Anliegen zugrunde. Angehörige befinden sich manchmal im inneren Widerstreit: Einerseits wollen Sie, dass die Betreuer ihres Kindes erfolgreich sind, andererseits aber nicht, denn sonst würden sie selbst in ihren Augen versagt haben.

Skuril wird es, wenn der Auftraggeber seinen (verdeckten) Auftrag wortreich dementiert. So geschehen beispielsweise bei einer Verfahrenspflegschaft für zwei kleine Kinder in einem Scheidungsverfahren und dem Streit der Eltern um das Sorgerecht. Der Fall wurde in einer Supervision besprochen. Die Rechtsanwältin der einen Partei, ihres Zeichens im Erstberuf Psychologin, erklärt der Verfahrenspflegerin, die vom Gericht auf Anregung eben dieser Anwältin bestellt wurde, am Telefon, dass sie keinesfalls Einfluss auf die Meinung der Verfahrenspflegerin nehmen wolle, aber sie wolle verhindern, dass die Verfahrenspflegerin einen Fehler mache, und „informiert" sodann ausgiebig über angebliche Verfehlungen der anderen Partei.

Kunden, Auftraggeber und Zahlende

Im Restaurant sind Kunde, Auftraggeber und Zahlender in einer Person vereint, nicht zuletzt deshalb ist diese Situation leicht zu meistern – für den Auftraggeber ebenso wie für den Auftragnehmer. Dass es eventuell noch Unstimmigkeiten zwischen Kellner und Küche gibt, sei hier vernachlässigt.

Als Kind musste ich alle drei Wochen freitags am Nachmittag (zur schönsten Spielzeit) zum Friseur. Meine Mutter wollte das so. Sie glaubte sicherlich, dass das nötig sei. Ich hatte eher das Gefühl, dass ich das für sie tun muss, wenn ich kein Donnerwetter riskieren will. So gesehen war es irgendwie dann doch wieder für mich. Sie gab mir das Geld mit. Ich hasste die Prozedur. Der Mann hieß auch noch Zupfer (manchmal ist der Name ja Programm). Er war ziemlich streng. Hielt ich den Kopf nicht exakt so, wie er es wollte, kam gleich ein entsprechender Befehl. Danach hat es hinten am Hals immer furchtbar gejuckt, trotz der Halskrause. Ich wäre nicht zum Friseur gegangen, wozu auch? Aber er machte, was meine Mutter wollte, schließlich zahlte sie ja auch, ich war der (unfreiwillige) Geldbote. „Wer zahlt, schafft an!" heißt es. Meine Mutter war Auftraggeberin und Kostenträger, ich der „zwangsbeglückte" Kunde. Das heißt, die Rollen waren aufgeteilt, und nicht, wie im Restaurant in einer Person vereint.

Nehmen wir folgende Situation: Gruppentherapie in einer Suchtberatungsstelle als begleitende Maßnahme zu einer Substitutionsbehandlung mit Metadon, die jemand beim Arzt bekommt, der bisher „ziemlich auf der Nadel" war. Kunde ist der „Drogenabhängige", Auftraggeber oft aber primär der Arzt, der seinen Patienten zur Suchtberatung schickt und Kostenträger ist die Krankenkasse. Nicht wenige solcher Kunden sitzen in der Gruppe ihre Zeit ab und müssen herausfinden, wie man diese Tatsache verschleiern könnte, denn Berater sind ja nicht dumm. Im Laufe der Zeit bekommt man das auch heraus, denn man ist ja schließlich nicht blöd und riskiert, nur wegen der komischen Gruppe, kein Metadon mehr zu bekommen. Dass diese Schilderung natürlich nicht für alle Teilnehmer der zitierten Gruppe zutrifft, ist klar und macht zugleich die Situation für die Berater noch unübersichtlicher. Bekäme man das Metadon auch ohne Gruppe und müsste die Teilnahme an der Gruppe jedoch selbst bezahlen, dann säßen dort wohl nur noch die Klienten, die an ihrem Drogenproblem (bei aller Ambivalenz) etwas verändern wollen.

Angesichts dieses Splittings in Kunde, Auftraggeber und Kostenträger wird für Berater Sorgfalt und Genauigkeit bei der Auftragsklärung noch dringender. Sorgfalt bedeutet hier, nicht nur herauszufinden, was Kunden wollen (oder nicht wollen), sondern auch die Erwartung der Auftraggeber und der Kostenträger abzuklären. Oft ist das durch Verfahrensregelungen, Anträge und anderes mehr schon geklärt; liegt die Kostenzusage vor, kann man loslegen; worin die Dienstleistung in der Regel besteht, ist beispielsweise in einem Leistungsvertrag festgelegt.

Manchmal ist der Auftraggeber an einer detaillierten Auftragsklärung nicht interessiert, beispielsweise weil es nur Arbeit verursacht und Zeit kostet. Manche Klienten machen vielleicht eine genaue Auftragsklärung geduldig mit, andere Auftraggeber werden schnell ungehalten. Für Berater gilt es also abzuwägen, was an Klärung nötig ist, und was auch unterbleiben kann, wenn man genau nachfragt.

Keinesfalls sollten Berater aber über das Ganze hinweg gehen. Es empfiehlt sich zumindest die Darstellung im Lageplan mit der Auflistung aller Aufträge, also eben auch der Fremdaufträge, die nicht von Klienten kommen. Wenn andere als die Klienten selbst für eine Dienstleistung zahlen, führt das potenziell dazu, dass die Klienten sich weder um eine Auftragsklärung kümmern, noch von sich aus aktiv mitarbeiten. Wer zahlt, will etwas für sein Geld. In unserer Warengesellschaft ist das so, mag man es beklagen oder nicht. In unserem Fallbeispiel zur Arbeit mit Lageplänen in der vorigen Wanderung haben wir genau diese Situation: Sandra muss für Juttas Arbeit, für die Beratung und Betreuung nicht zahlen. Das Jugendamt zahlt die Maßnahme, die Eltern müssen einen Kostenbeitrag berappen. Aber sie zahlen lieber das Geld, als dass Sandra wieder nach Hause käme, und der ganze Zirkus ginge von vorne los. So hat Sandra ihre eigene Wohnung, dort (vermeintlich) alle Freiheiten und kann sich vormachen, Jutta wäre bei dem Ganzen nur Beiwerk. Wozu also soll Sandra Jutta einen Auftrag geben. „Überhaupt, wozu kommt die denn? Sie ist ja ganz nett, aber doch wieder Kontrolle? Naja, zweimal die Woche …" denkt sie sich manchmal.

Müsste Sandra für Juttas Stunden selbst einen gewissen Betrag von ihrem Lehrlingsgehalt zahlen, würde sie möglicherweise Juttas Dienste nicht in Anspruch nehmen, nur dann gäbe es auch das BJW nicht. Im Rahmen des BJW kann Sandra also versuchen, Jutta „billigend in Kauf zu nehmen", sich pro forma beraten zu lassen und ansonsten die gewonnene Freiheit ausleben. Wären da nicht die Nachbarn, die „Spießer", und wäre nicht Juttas berufliches Engagement, mehr zu tun, als sich nur billigend in Kauf nehmen zu lassen, Sandras (S.) Rechnung ginge glatt auf.
So läutet eines Tages ihr Telefon, Jutta (J.) ist dran:

J.: „Hallo, Sandra, ich rufe an, weil wir uns treffen sollten!"
S.: „Ich hab' keine Zeit!"
J.: „Das ist nicht wahr, wenn dir was wichtig war, hattest du bisher immer Zeit!"
S.: „Du nervst!"
J.: „Natürlich, und warum, glaubst du, mache ich das? Um dich zu quälen?"
S.: „Weiß ich doch nicht!"
J.: „Solange du dich dafür nicht interessierst, wird's mit meiner Nerverei nicht aufhören!"
S.: (stöhnt) „Also gut, wann?"

Immer noch spielt sich alles auf der Ebene ab, dass Sandra Jutta eben in Kauf nimmt. Jutta hat ihre Aufträge von anderen, aber (zumindest noch) nicht von Sandra selbst.

Bevor wir nun unsere Wanderung N° 11 mit dem Ergebnis des Gespräches, das Jutta mit Sandra hatte, fortsetzen, möchte ich noch einen kleinen Umweg vorschlagen, der sich, glaube ich, lohnt:

Neuverhandeln von Aufträgen

Nicht selten stellt sich bei der Auftragsanalyse heraus, dass man Aufträge akzeptiert hat, die bei genauerer Betrachtung völlig unklar oder nicht umsetzbar sind. Widersprechen sich die Aufträge verschiedener Auftraggeber, bedeutet das noch nicht, dass diese darum wüssten. Man kommt in all diesen Fällen um eine neuerliche Verhandlung der Aufträge nicht herum, auch wenn das manchmal ausgesprochen unangenehm sein kann. Wenn man aus der Perspektive das Auftraggebers den Auftrag akzeptiert hat, so erwartet er zu recht, dass der Auftrag erledigt wird. Ist das nicht möglich, hat er ein Anrecht darauf, das zu erfahren. Natürlich hält sich seine Begeisterung meist in Grenzen, wenn der Berater erneut auf ihn zukommt.

Methodisch empfiehlt sich, wie folgt dabei vorzugehen:

— Als erstes sollte man erklären, warum der bisherige Auftrag (so) nicht umsetzbar ist.
— Dann gilt es, die Bereitschaft zu erkunden, über einen neuen Auftrag zu verhandeln, den bisherigen Auftrag zu modifizieren oder durch einen neuen zu ersetzen. Erklärt sich der Auftraggeber dazu nicht bereit, geht es im Prinzip nicht weiter, die Verantwortung dafür liegt aber beim Auftraggeber, denn man hat ja ein Angebot gemacht.
— Kommt eine Neuverhandlung in Betracht, empfiehlt es sich, mit der Methode zu arbeiten, die wir später noch genauer kennen lernen werden (vgl. Wanderung N°29). Dazu kann man folgendes Schema zur Hilfe nehmen:

> **Erledigung des bisherigen Auftrags**
> **wäre der Weg**
> ⇩
> **zu einem dahinter liegenden Ziel**

— Wie lautet dieses Ziel?
— Könnte dieses Ziel noch auf anderen Wegen erreichbar sein? Auf welchen?
— Welcher neue oder veränderte Auftrag würde sich daraus ableiten lassen?

- Jetzt gilt es noch zu überprüfen, ob der neue Auftrag klarer bzw. umsetzbar ist.

Aufträge
– einige systemische Glaubenssätze

Nach allen diesen Überlegungen, Empfehlungen zur Genauigkeit und Plädoyers dafür, sich einen Auftrag geben zu lassen, und nachdem Sie, liebe Leserin und lieber Leser sich einer gewissen Routine in der Auftragsklärung sicher sind, können wir – damit es nicht langweilig wird – beginnen, das Ganze wieder in Frage zu stellen, das Credo dieses Buches, möglichst immer nach dem Auftrag zu fragen, als *Glaubenssatz* zu entlarven, der vielleicht sogar gleichberechtigt neben anderen Glaubenssätzen stehen kann. Wir können mit dem Thema noch etwas spielen. Der Zweck des Spiels bestünde darin, die eigene Vielseitigkeit und Kreativität im Umgang mit dem Thema zu erweitern.

Der bisherigen Glaubenssatz würde lauten: *„Ohne Auftrag soll ich nicht arbeiten!"* Er wird nun noch radikalisiert oder auf den Kopf gestellt:

- Ohne Auftrag <u>kann</u> ich nicht arbeiten!
- Auch ohne Auftrag kann ich was tun!
- Keinen Auftrag zu haben, ist schlimm!
- Einen Auftrag zu haben ist schlimm, keinen zu haben wunderbar!
- Wenn ich keinen Auftrag habe, kann ich alles machen!
- Wenn ich keinen Auftrag habe, kann ich nichts machen!
- Wenn ich keinen Auftrag habe, bin ich der Narr – das macht nichts, denn es ist sowieso alles närrisch!
- Aufträge, Wunder zu vollbringen, sollte man ablehnen!
- Aufträge, Wunder zu vollbringen, sollte man nicht ablehnen, sondern warten, bis solche Wünsche wie Seifenblasen platzen!
- Wenn ich meinen Auftrag erfülle, kann ich zufrieden sein: „Gut gemacht!"
- Wenn ich meinen Auftrag erfülle, sollte ich unzufrieden sein, denn es ist langweilig!
- Widersprüchliche Aufträge soll man neu verhandeln!
- Widersprüchliche Aufträge soll man bestehen lassen, sie sind das nötige Salz in der Suppe. Sonst wird es langweilig!

Welche dieser Sätze gefallen Ihnen? Welche passen zu Ihnen? Wie könnten sie begründet werden? Welche wollen Sie ausprobieren? Fallen Ihnen vielleicht noch weitere Glaubenssätze ein?

Alle diese Sätze haben etwas für sich, und es fallen einem aber auch Gegenargumente ein. Die wichtigste Frage nach der bisherigen Wanderung besteht wohl darin, zu überlegen, ob man auch *ohne* Auftrag arbeiten kann, in manchen Situationen vielleicht sogar soll? Diese Frage würde ich bejahen, wenngleich es zu den Argumenten dafür auch gleich wieder Gegenargumente gibt.

Wir haben oben gesehen, dass Klienten gute Gründe haben können, keinen Auftrag zu formulieren, sondern abzuwarten, was ihre Berater tun. In diesem Fall hätten Berater die implizite Erlaubnis, zu tun, was sie für richtig halten. Klienten könnten ja immer noch protestieren, wenn ihnen nicht passt, was ihre Berater machen. Berater hätten sogar die Freiheit, Verrücktes zu tun und könnten auf die Einwände der Klienten etwas provokativ erwidern: „Wieso, sie haben es mir doch nicht verboten?" oder sanfter, aber doch eindringlich: „Sehen Sie, ich wollte Ihnen auf diese Weise zeigen, wie wichtig es ist, dass sie mir ihre Wünsche sagen!"

Reagieren Klienten auf das, was ihre Berater ungefragt tun, nicht negativ, könnte sogar die Vermutung stimmen, dass sie eingewilligt haben, dass es ihnen so recht ist. Berater könnten mit dem Konzept „impliziter" oder auch „verdeckter" Aufträge arbeiten. In unserem Beispiel hat Sandras Oma in einem Telefonat Jutta wissen lassen, dass sie nicht richtig findet, dass Sandra nicht daheim lebt, sondern in einer Wohnung. Jutta könnte daraus den verdeckten Auftrag heraushören, sie solle dafür Sorge tragen, dass Sandra wieder heim kommt. Nur, das liegt nicht in ihrer Macht.

Damit sind wir beim Gegenargument: Verdeckte Aufträge können auf Vorstellungen oder Erwartungen von Klienten beruhen, die Berater nicht einlösen können. Bis das allerdings ans Tageslicht kommt, kann einige Zeit verstreichen und gerade deshalb die Enttäuschung groß sein: „Warum haben Sie mir nicht gleich gesagt, dass Sie das nicht machen!" Die weitere Kooperation wird dadurch unnötig erschwert.

Trotz dieses Gegenargumentes schlage ich vor, mit den teilweise seltsam klingenden alternativen Glaubenssätzen etwas Farbe in die auf die Dauer langweilige Frage „Was ist der Auftrag?" hineinzubringen. Bei etwas Routine in der Prozessbeobachtung und -steuerung kann man jederzeit wieder auf den soliden Weg der Auftragsklärung zurückkehren, wenn es nötig wird.

Dabei hilft auch die Wegskizze.

Wegskizze

	Auftragsklärung ...
	bedeutet alle Felder der Tabelle mit Auftraggebern (Klienten und andere) zu erarbeiten.
Ein Problem ...	... ist als Ausdruck davon zu verstehen, dass jemand mit einer (aktuellen) Situation unzufrieden ist, vielleicht unter ihr leidet; Soll und Ist klaffen auseinander (vgl. Wanderung N°30); ob zugleich auch der Wunsch nach einer Veränderung besteht, ist allerdings noch nicht klar!
Das deklarierte Problem ...	... ist, was Leute als Problem benennen. Es bezieht sich meist darauf, was sie als Problem erleben, was also leidvoll, schmerzlich, oder sonst irgendwie negativ empfunden wird. Das muss aber nicht deckungsgleich mit dem Problemhintergrund, also mit den Umständen sein, die an der „Erzeugung" des Problems beteiligt sind. Probleme sind oft *Lösungen* für andere, verdeckte, nicht (mehr) bewusstseinspräsente Probleme (vgl. Wanderungen N°30 und N°34). Deshalb beklagen sich zwar Leute oft über irgendwelche Missstände, aber ändern letztlich nichts daran.
Das Ziel ...	... ist, was die Leute erreichen wollen, also meist den Soll- oder Wunschzustand (vgl. oben)
Der Auftrag ...	... ist das, was die/der Berater zum *Erreichen des Zieles* beitragen *soll(en)*
Der Kontrakt ... (oder: das „Arbeitsbündnis", der Vertrag, die Vereinbarung)	... ist das, worauf sich schließlich Klienten und Berater einigen, wenn geklärt wurde was Berater leisten *können und wollen*

Aufträge sind geklärt, wenn der Kontrakt geschlossen werden konnte, vorher nicht!

Probleme, Ziele und Aufträge erkunden und klären:
- ✎ Bei den Fragen nach Problemen und Zielen sollte man sich so auszudrücken, dass Klienten verstehen, um was es geht. Sie müssen erfahren, was mit „Auftrag" usw. gemeint ist, warum er wichtig ist.
- ✎ Es gilt darauf zu achten, dass die Fragen nach dem Auftrag von den Klienten auch beantwortet werden; es ist wichtig, nachzuhaken wenn Antworten ausbleiben, haarscharf daneben liegen oder ungenau sind; „Am Ball bleiben!", lautet die Devise.
- ✎ Die Grobstruktur der Auftragsklärung ist in Anlehnung an die obige Übersicht in der Tabelle durch folgende Fragen gegeben:
    - „Was ist das Problem, worum geht es?" (Ist-Zustand)
    - „Was soll anders werden, was wollen Sie erreichen?" (Ziel bzw. Soll-Zustand)
    - „Was ist meine Aufgabe dabei, was wünschen, was erhoffen Sie sich von mir?" (Auftrag)
- ✎ Ist es beiden Seiten klar, was mit dem in bestimmte Worte gekleideten Auftrag inhaltlich gemeint ist? Was bedeutet „Hilfe", „Unterstützung" und anderes mehr aus der Sicht der Klienten konkret? Woran werden Klienten merken, dass ihnen geholfen wird? Ist geklärt, was Berater leisten können und wollen? Wie lautet schließlich der gemeinsame **Kontrakt**?

Für die Formulierung von Zielen sind folgende Kriterien wichtig: Ziele sollen …
- … konkret (formuliert) sein
- … keine Negationen enthalten, also „positiv" formuliert werden
- … sinnlich erfahrbar sein, das Erreichen des Ziels muss bemerkbar sein
- … überschaubar sein; praktisch nachvollziehbare Schritte zum Ziel sollen herausgearbeitet werden

Neuverhandlung von Aufträgen:
- Als erstes sollte man dem Auftraggeber erklären, warum der bisherige Auftrag (so) nicht umsetzbar ist.
- Dann gilt es, die Bereitschaft zu erkunden, über einen neuen Auftrag zu verhandeln, den bisherigen Auftrag zu modifizieren oder durch einen neuen zu ersetzen. Erklärt sich der Auftraggeber dazu nicht bereit, geht es im Prinzip nicht weiter, die Verantwortung dafür liegt aber beim Auftraggeber, denn man hat ja ein Angebot gemacht.
- Kommt eine Neuverhandlung in Betracht, empfiehlt es sich, mit der Methode der Zielfindung (vgl. Wanderung N° 29) zu arbeiten. Dazu kann man folgendes Schema zur Hilfe nehmen:

Erledigung des bisherigen Auftrags wäre der **Weg**

⇩

zu einem dahinter liegenden **Ziel**

- Wie lautet dieses Ziel?
- Könnte dieses Ziel noch auf anderen Wegen erreichbar sein? Auf welchen?
- Welcher neue oder veränderte Auftrag würde sich daraus ableiten lassen?
- Jetzt gilt es noch zu überprüfen, ob der neue Auftrag klarer bzw. umsetzbar ist.

Wanderung N° 10

Schatz und Rumpelkammer zugleich
Eigenaufträge und wie sie verändert werden können

Wohin diese Wanderung führt ...

„Und irgendwann, wenn dann endlich alle zufrieden sind, dann ... !!!"
„Ja, was ist denn dann?"

Ich kenne meine Neigung, es allen recht machen zu wollen. Und ich glaube, dass viele Menschen, die in helfenden Berufen arbeiten, auch diese Neigung haben. Irgendwo in der Ferne scheint ein Ziel zu locken. Wahrscheinlich geht es um Anerkennung, um Beachtung und darum, gemocht zu werden. Zwar weiß man, dass man es nicht allen recht machen kann, aber das Ziel wirkt dennoch und steht mehr oder minder verdeckt hinter entsprechenden Eigenaufträgen. Vielleicht genügt es jedoch auch schon, es einigen und insbesondere sich selbst recht zu machen. Aber auch das kann zu Problemen führen. Vielleicht erwartet man zuviel von sich selbst, verlangt Dinge, die nicht umsetzbar sind. Zu solchen Ergebnissen führt die Überprüfung von Eigenaufträgen.

Den Begriff „Eigenaufträge" möchte ich in erster Linie als Arbeitsbegriff verstehen, der sich aus der Systematik der Auftragsanalyse herleitet. Mir schwebt nicht vor, eine neue psychologische Kategorie einzuführen, denn sie bedürfte einer wohl umfassenderen theoretischen Herleitung.
Ich beginne mit einer ersten Übersicht wesentlicher Merkmale, also einer Art Definition: Eigenaufträge ...
– sind alle Erwartungen, Anliegen oder Forderungen, die man in der Arbeit generell und im speziellen „Fall" oder bestimmten Situationen *an sich selbst* richtet.
– erscheinen in den Gedanken bzw. sprachlich nicht unbedingt als „Aufträge", sondern zeigen sich hauptsächlich in spontanen Handlungsimpulsen. Ein Klient klagt über Einsamkeit, und schon beginnt man über Lösungsmöglichkeiten für solch ein Problem nachzudenken. Oder sie zeigen sich in negativen Befindlichkeiten, etwa sich hilflos oder genervt zu fühlen.
– wirken oft im Hintergrund, liegen nicht im Bereich bewusster Aufmerksamkeit. Sie haben deshalb umso mehr Einfluss im Sinne (spontaner) Handlungsimpulse. Sie sind in unseren Werten und Bedürfnissen verankert (mehr dazu weiter unten), sind häufig nicht oder nur sehr schwer erfüllbar, und werden dann zur Quelle von Stress, Unzufriedenheit oder sogar Krankheit.

Über Eigenaufträge stellen wir Forderungen an uns, von deren Erfüllung wir Eigenakzeptanz, Zufriedenheit, den Wert der eigenen Person oder sogar den Erhalt unserer Identität oder die Verwirklichung unseres Lebensentwurfes abhängig machen. Dahinter stehen oft frühe Prägungen und unbewusste Entscheidungen, die Eigenaufträge so wirksam werden lassen.

Eigenauftragssysteme ...

Eigenaufträge stehen untereinander in einer (psycho-)logischen Wechselwirkung. Sie können sich sozusagen zu einem Berg häufen, sich gegenseitig verstärken, nur mit großer Anstrengung gleichzeitig umsetzbar sein, sich widersprechen oder sogar paradox sein. Sie treten in Wechselwirkung und bilden ein System.

Deshalb lohnt es sich, Eigenaufträge und ihre Verflechtung zu identifizieren. Dazu eignen sich einige Fragen, die geeignet sind, die momentan wirksamen Eigenaufträge in den Bereich der bewussten Wahrnehmung zu bringen.

Zum Hintergrund von Eigenaufträgen

Das folgende Schema stellt dar, wie Eigenaufträge (EA) entstehen und je nach Situation schließlich in Umsetzungsprobleme und in der Folge in negativen Gefühlen bzw. Empfindungen münden. Mit dem Schema nehme ich Bezug auf das Konzept der „logischen Ebenen" (Robert Dilts). In diesem Konzept wird ein Wechselwirkungsverhältnis zwischen Identität und Lebensentwürfen einer Person mit ihren Werten, Normen, Glaubenssätzen und Bedürfnissen und in der Folge mit dem konkreten, praktischen Handeln beschrieben (s. Abb. unten).

Eigenaufträge dienen der Umsetzung, der Transformation von Werten, Normen und Glaubenssätzen in praktisches (professionelles) Handeln. Sie wirken in Form eines mehr oder minder bewussten *Impulses*, was durch die Darstellung mittels des dicken Pfeils im Schema dargestellt wird.

Einen Eigenauftrag zu erfüllen, führt zu innerer Zufriedenheit, ihn nicht zu erfüllen zu Spannungen und Unzufriedenheit und damit häufig einhergehenden seelischen Belastungen.

Werte und Normen, die bei Eigenaufträgen in helfenden Berufen wirksam sind, beziehen sich sehr häufig auf das Helfen als positivem Wert. Die Glaubenssätze ergeben sich meistens aus den Theorien über „Krankheit", „Behinderung", „Sozialisation" und beschreiben die eigenen Überzeugungen, wozu Klienten fähig sind, was Beratung bewirken sollte und anderes mehr.

Im Einklang mit seinen Werten und Glaubenssätzen zu arbeiten, bestätigt auf der einen Seite die eigene Identität und den Teil eigener Lebensentwürfe, der mit dem Berufsleben zu tun hat, und erzeugt auf der anderen Seite Zufriedenheit („innerer Frieden"). Gelingt es einem jedoch nicht, die aus all dem resultierenden Eigenaufträge erfolgreich umzusetzen, sind Unzufriedenheit, Ärger, Niedergeschlagenheit die häufige Folge. Meistens werden dann die Versuche verstärkt, die Eigenaufträge doch noch umzusetzen, letztlich verbunden mir dem Risiko des „burn out".

Mit dem Imperativ können Eigenaufträge in Sprachform gebracht werden, also in die Form eines Satzes wie: „Mach XY!", formal also so dargestellt: EA → XY. „XY" bezieht

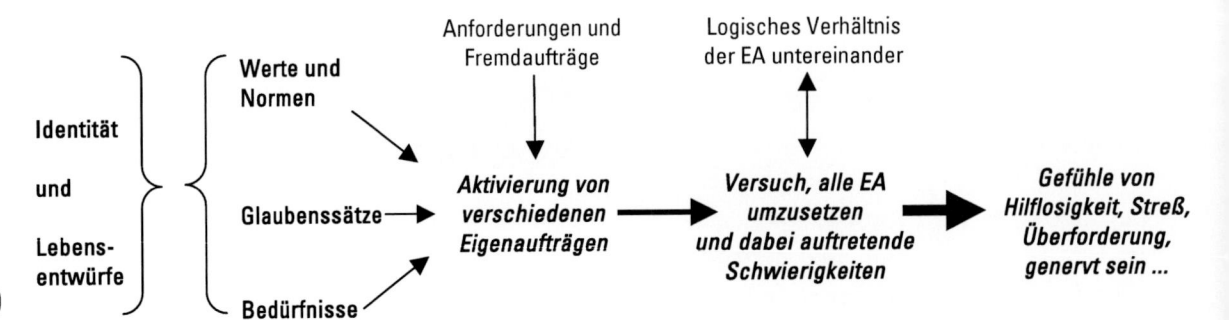

Identität und Lebensentwürfe	{	Werte und Normen			
		Glaubenssätze →	Aktivierung von verschiedenen Eigenaufträgen	Versuch, alle EA umzusetzen und dabei auftretende Schwierigkeiten	Gefühle von Hilflosigkeit, Streß, Überforderung, genervt sein ...
		Bedürfnisse			

Über dem Schema: Anforderungen und Fremdaufträge; Logisches Verhältnis der EA untereinander

sich auf das, was man konkret zu tun von sich verlangt bzw. welches Ergebnis man dadurch erreichen soll.

Eigenaufträge können einem als Gedanken „durch den Kopf schießen", oft sind sie jedoch spontane Handlungsimpulse und werden erst in dieser Form bewusst. Man tritt in Aktion und denkt gar nicht lange über das „Warum?" nach. Man ist schon halb „am springen" und denkt plötzlich: „Was mache ich da eigentlich?"

Meistens werden in einer spezifischen Situation *mehrere* Eigenaufträge *zugleich* aktiviert, und die Umsetzungsprobleme ergeben sich gar nicht aus einem einzelnen Eigenauftrag, sondern aus dem logischen Verhältnis, in welchem die verschiedenen Eigenaufträge (einschließlich der Fremdaufträge) zueinander stehen. Solche Eigenauftragssysteme können einem den Berufsalltag wirklich schwer machen, wenn sie nicht ins Bewusstsein gebracht und überprüft werden.

Gefühle von Überforderung, Stress oder Unlust sind, wie sich in der Praxis immer wieder zeigt, Resultat dieser logischen Verhältnisse. Die Übersicht (s. Tabelle unten) ist Ergebnis vieler Eigenauftragsanalysen, die ich im Rahmen von Supervisionen und Fallbearbeitungen in Fortbildungen durchgeführt habe.

Wie man sich also in einer bestimmten (Betreuungs-)Situation fühlt, verweist näherungsweise schon auf die Art des Eigenauftragssystems, das gerade wirksam ist, wobei diese Zuordnungen nicht immer gelten. Unzufriedenheit ist aber fast immer im Spiel, weil es einem nicht gelingt, die an sich selbst gerichteten Erwartungen umzusetzen.

Relativ oft berichten Berater, sie würden sich vom „ewigen Gejammere" mancher ihrer Klienten genervt fühlen. Dahinter steht oft der Balanceakt zwischen einem Eigenauftrag, mit dem man von sich verlangt, geduldig zu sein, nicht zu unterbrechen, dem Klienten Raum zu geben, und einem anderen Eigenauftrag, dafür zu sorgen, dass man in der Beratung voran komme, dass gerade wegen der Beschwerden an Lösungen gearbeitet werden solle. Oft kommt noch der Impuls dazu, den Klienten am liebsten „rauschmeißen" zu wollen. Da man sich das nicht erlaubt, aber auch jeder Versuch, lösungsorientiert zu arbeiten, seitens des Klienten mit der Wiederholung seiner Klagen beantwortet wird, steckt man fest und fühlt sich schließlich genervt, eventuell auch hilflos.

Wenn man in einer Arbeitssituation mit Empfindungen, Gefühlen und Reaktionen zu kämpfen hat, wie sie in der Übersicht skizziert sind, ist eine Eigenauftragsanalyse sehr

Art des Eigenauftragssystems	Typische Befindlichkeiten und Reaktionen:
die Eigenaufträge sind mit einander vereinbar, widersprechen sich nicht, bilden insgesamt eine Summe, die allerdings ein zu großes „Paket" darstellen kann (kumulatives Eigenauftragssystem)	sich überlastet, erschöpft, überfordert fühlen
die Eigenaufträge sind divergent, aber noch nicht widersprüchlich; ihre Umsetzung wird zu einem Balanceakt (bifurkatives Eigenauftragssystem)	negativer Stress (Distress), starke Anspannungen, sich erschöpft, genervt fühlen
die Eigenaufträge widersprechen sich (kontradiktorisches Eigenauftragssystem)	Hilflosigkeit, Grübeleien, ebenso Stress, Ratlosigkeit
einzelne Eigenaufträge sind paradox, das heißt, der Versuch sie umzusetzen führt zu ihrer Nicht-Umsetzung (paradoxe Eigenaufträge)	„Nebel im Kopf", Ratlosigkeit, Grübeleien

zu empfehlen. Die Arbeitsblätter am Schluss dieser Wanderung erleichtern diese Analyse, weil spezifische Fragen gestellt werden, deren Beantwortung die in der Situation wirksamen Eigenaufträge „sichtbar" macht.

Man kann die Eigenauftragsanalyse als „Eigensupervision" betrachten. Allerdings gilt hier nahezu die Geschichte des Baron von Münchhausen, der sich am eigenen Schopf aus dem Sumpf zog, in den er geraten war. Prinzipiell fällt es leichter, die Arbeitsblätter im Rahmen eines Interviews zu verwenden, für das man vielleicht einen Arbeitskollegen gewinnen kann, der einem dann die Fragen stellt und die Antworten notiert.
Für diesen Interviewer sind allerdings folgende Hinweise wichtig:
– Die interviewende Person sollte diesen Text gelesen haben.
– Sie muss sich jeder kritischen Bewertung von Eigenaufträgen oder sonstiger „Überzeugungsversuche" strikt enthalten. Sie dient nur als Begleitung durch die nicht ganz einfache Beantwortung der Fragen. Allenfalls da, wo es um die Übersetzung, die Transformation von Antworten auf die Fragen in Eigenaufträge geht, kann sie Hilfestellung leisten.

Die Struktur der Fragen im ersten Arbeitsblatt ist so aufgebaut, dass die hinter den Eigenaufträgen stehenden Werte, Normen, Glaubenssätze und Bedürfnisse (teilweise indirekt) angesprochen werden, und auf diese Weise die Gesamtheit der sich darauf beziehenden Eigenaufträge sichtbar gemacht werden.
Bei der Eigenauftragsanalyse geht es nicht darum, Eigenaufträge als „unsinnig" usw. zu verwerfen, sondern zuerst einmal überhaupt ins Bewusstsein zu heben und sodann zu prüfen, wie sie der Situation angepasst werden können, sie also zu modifizieren. Natürlich kann es auch erforderlich werden, den einen oder anderen Eigenauftrag (in diesem Fall) aufzugeben, damit das Ganze insgesamt zu meistern ist. Eigenaufträge sind (wie die hinter ihnen stehenden Werte und Glaubenssätze auch) oft sehr allgemein oder absolut. Es gilt, sie der Situation anzupassen, sie vielleicht etwas zu relativieren. Sie einfach nur zu verwerfen, wird oft (emotional) nicht gelingen, „alles sträubt sich".
Manchmal reicht es schon, nach dem Motto „Weniger ist oft mehr!" zu verfahren und anhand eines Skala zu überprüfen, ob man sich mit einer 60-prozentigen Erledigung des Auftrages auch schon zufrieden geben könnte.
Es empfiehlt sich, die Übung einige Male bzw. immer wieder durchzuführen. Die dadurch entstehende Routine hilft, sich rascher der Wirkung von Eigenaufträgen bewusst zu werden und sich bei so manchen Aktionen zu bremsen, die unnötig oder gar kontraproduktiv sind. Die Analyse und Reflektion von Eigenaufträgen ist somit auch ein wesentlicher Beitrag zur eigenen Psychohygiene, eine gute Vorbeugung gegen „burn out".

„Der Anspruch, Verantwortung für etwas zu übernehmen, das man nicht kontrollieren kann, ist ein sicheres Mittel, um sich an den Burnout heran zu arbeiten!" Klaus Mücke

Methode zur Überprüfung von Eigenaufträgen

Die nachfolgenden Fragen beziehen sich auf einen konkreten Fall, eine Problemstellung oder bestimmte (vielleicht immer wiederkehrende) Situation, die mit „XY" abgekürzt wird. Es geht um diejenigen Situationen in einer Beratung, mit denen man zu kämpfen hat, die einen nerven oder noch in den Feierabend hinein beschäftigen. Darauf bezogen werden die Eigenaufträge untersucht. Dies geschieht in mehreren Schritten.

Zu allererst braucht man etwas Zeit und Muße, um sich mit der Thematik zu beschäftigen. Ein bisschen Abstand zur Situation, sodass man nicht noch völlig im „Gefühl hängt", ist sinnvoll. Dann braucht man etwas zum Schreiben und vielleicht etwas zu trinken oder zu naschen(?), kurz, man sollte es sich gemütlich machen.

Eine weitere hilfreiche Vorbereitung für die Analyse besteht darin, sich selbst für die bisherigen Bemühungen im Fall wertzuschätzen. Die bisherigen Versuche, Eigenaufträge umzusetzen, sind nicht an sich schon problematisch. Es hilft nicht, sich für sein „Helfersyndrom" zu verurteilen. Es ist besser, das Bedürfnis, anderen helfen zu wollen, auf das Helfen selbst anzuwenden (vgl. Wanderung N° 41), also diesem Bedürfnis zu einer dem konkreten Fall angemessenen Ausdrucksform zu *verhelfen*, *„dem Helfen wollen zu helfen"*.

Es ist meistens die *spezifische Situation „XY"*, die zu Schwierigkeiten führt, weil wahrscheinlich mehrere Eigenaufträge aktiviert wurden, die jedoch so nicht umsetzbar sind. Dies gilt es herauszufinden. Wichtig ist auch, bei den Fragen allen Einfällen nachzugehen, nichts zu „zensieren".

Die Fragen lauten:
1. Wozu neige ich bei XY spontan? Was würde ich am liebsten tun, wenn ich freie Wahl hätte?
2. Was halte ich in der Situation XY für fachlich richtig oder für falsch? Oder prägnanter: Was sollte ich in Bezug auf XY unterlassen und was auf jeden Fall tun?
3. Wie urteile ich über mich, wenn ich im Fall XY die an mich gerichteten Erwartungen bzw. Aufträge, also sowohl die von außen kommenden als auch meine Eigenaufträge erfülle oder nicht erfülle?

Einige Erläuterung zu den Fragen:
1. Bei der Frage „Wozu neige ich spontan?" wird danach gefragt, was man am liebsten tun würde, wenn man freie Wahl hätte, es sich erlauben würde oder es einem möglich erschiene. Antworten wie „am liebsten wegrennen!", „den Beteiligten mal die Meinung sagen!", „den Klienten kräftig durchschütteln!" sind mögliche Antworten, die hier auftauchen können. Es sind oft Gefühle oder Affekte, die man sich letztlich nicht gestattet, meistens aus durchaus berechtigter Sorge, was dann passieren würde. Die Folgen, die es beispielsweise hätte, „einfach wegzurennen", erscheinen einem nicht akzeptabel. Dennoch ist es wichtig, diesen Empfindungen Aufmerksamkeit zu schenken, denn sie wirken. Manchmal tauchen da auch Dinge auf, die man normalerweise, im eigenen privaten Leben täte, aber als professioneller Helfer erlaubt man sich das nicht. Es kann sich durchaus um mehrere, sich widersprechende Empfindungen handeln. Man formuliere sie in Eigenaufträge um und notiere das.
2. „Was wäre richtig oder falsch?" Hier geht es um die Frage, welche Vorgehensweisen, Haltungen, Methoden etc. man fachlich und eventuell auch ethisch betrachtet für „richtig" hält. Die eigenen Wertvorstellungen, denen man entsprechen möchte, spielen dabei eine große Rolle. Auch hier können verschiedene Antworten auftauchen, die man notiert. Manchmal lohnt es sich auch der Frage nachzugehen, was man für falsch halten würde, um noch mehr heraus zu präparieren, in welchen Grenzen man sich bisher bewegt, wenn man den wichtig erachteten fachlichen Kriterien folgt.
3. Die letzte Frage bezieht sich auf Erwartungen, die andere, am Fall Beteiligte an

einen richten, und die Ansprüche, die man selbst an sich hat. Wie würde man sich und seine Arbeit beurteilen, wenn man diesen Erwartungen gerecht werden könnte? Hier meldet sich unter Umständen sofort der kritische Verstand und sagt „Das geht ja gar nicht!" Dennoch ist es wichtig, sich dieser Frage zu stellen, denn alles was mit Bedürfnissen wie Zufriedenheit, Selbstwert u.a.m. zu tun hat, die man aus seiner Arbeit zieht, werden hier deutlich. „Mach' gute Arbeit!", „Mach's besser als andere bisher!" „Hilf dem Klienten aus seiner Lage heraus!" u.a.m. sind typische Eigenaufträge, die in den Bereich des eigenen beruflichen Wertesystems und der damit verbundenen Glaubenssätze gehört. Zufriedenheit stellt sich in einem also ein, wenn man Klienten helfen kann, und dazu müssen sie Probleme „haben" bzw. anbieten. Berater brauchen gewissermaßen Probleme als „Nahrung", um zufrieden mit sich sein zu können. Das ist einer der wesentlichsten Gründe, warum Berater oft bereits aktiv werden, wenn ihre Klienten ein Problem benannt, aber noch keinen Auftrag gegeben haben. Manchmal wird man bei sich auch narzisstische Motive entdecken, zum Beispiel ein besserer Berater als andere zu sein, und im konkreten „Fall" wird dieser Impuls vielleicht besonders aktiviert. Es hat keinen Sinn, dies abzuwerten oder zu verdrängen – auch hier gilt es, die spontan einfallenden Antworten ernst zu nehmen und in Eigenaufträge zu übersetzen.

> „Wohin soll es gehen?" „Fahren Sie mich irgendwo hin, ich werde überall gebraucht!"

Ein methodischer Hinweis: Bei der Beantwortung der Fragen tauchen Gedanken bzw. Sätze auf, die nicht schon von vorneherein die grammatikalische Struktur eine Eigenauftrages haben. Deswegen schlage ich folgende *Transformationsregel* vor:
Man notiere die Antworten auf die obigen Fragen, wie sie einem spontan, als erstes einfallen! Um den Eigenauftrag (es können auch mehrere sein) in der jeweiligen Antwort zu identifizieren, übersetze man diese Antworten zuerst in ein Ziel, das in der Antwort enthalten ist oder dazu passt. Dann übersetze man dieses Ziel in eine Aufforderung, die man an sich selbst richtet, etwas zu tun, um das Ziel zu erreichen.
Es kann übrigens auch um mehrere Ziele zugleich gehen. Außerdem sind aus den Eigenaufträgen meistens noch nicht die (inneren) Begründungen ersichtlich, mit denen ausgedrückt wird, warum man bestimmte Dinge tun soll: „Mach' XY, weil ...". Deshalb empfiehlt sich manchmal, auch noch die Begründung hinter dem Eigenauftrag zu notieren.

Dazu ein Beispiel: Die Antwort auf die Frage, was im konkreten Fall zu tun richtig wäre lautet: „Es wäre richtig, etwas gegen die Essstörung der Klientin zu unternehmen, man kann es nicht einfach so lassen." ⇨ (Übersetzung) Ziel: Die Klientin soll in eine Therapie gehen. ⇨ (Übersetzung) „Motiviere die Klientin, in Therapie zu gehen!" Begründung: Nur so kommt sie vielleicht aus dem verhängisvollen Kreislauf heraus, mit dem sie ihre Partnerschaft und ihren Arbeitsplatz gefährdet.

Bei der Frage, wonach einem spontan zumute ist, was man am liebsten täte, wird oft ein Gefühl, eine Empfindung oder ein Impuls geäußert. Hier lautet die Transformationsregel: „Handle dem Gefühl oder Impuls entsprechend!" Dadurch bekommt die Antwort die Struktur eines Eigenauftrages."Ich würde am liebsten einen Schrei rauslassen!" Der Eigenauftrag lautet: *„Lass einen Schrei raus!"*

So entsteht schließlich eine ganze Liste von Eigenaufträgen. Im weiteren Vorgehen, gilt es herauszufinden, wie sie sich zueinander verhalten, welche umsetzbar sind, welche nicht passen. Das heißt, jetzt werden die Eigenaufträge als System untersucht. Einzelne Eigenaufträge wird man daraufhin modifizieren, manche fallen lassen; die Liste wird solange überarbeitet, bis man ein verändertes System von Eigenaufträgen erarbeitet hat, mit dem man besser zurecht kommt als bisher. Zur Bearbeitung der Eigenaufträge kann man methodisch wie folgt vorgehen:

- Es ist oft hilfreich, die Eigenaufträge hinsichtlich ihrer Bedeutsamkeit in eine Rangfolge zu bringen und so Prioritäten zu setzen. Nicht so wichtige Eigenaufträge können im konkreten Fall hintan gestellt werden.
- Einen Eigenauftrag einfach fallen zu lassen, kann einem unter Umständen sehr schwer fallen, denn es stehen ja Werte und Überzeugungen dahinter. Vielleicht hilft es schon, Abstriche zu machen, sich mit einem bescheidenen Erfolg zufrieden zu geben oder sich klar zu machen, dass man in der Arbeit oft nur etwas versuchen, das Ergebnis aber nicht sicher vorherbestimmen kann.
- Sehr hilfreich kann es sein, einen Eigenauftrag auf sich selbst anzuwenden, vor allem dann, wenn er sehr fordernd oder absolut klingt. „Mach' gute professionelle Arbeit!" Wendet man diesen Satz auf sich selbst an, lautet der neue Eigenauftrag: „Geh in professionell guter Weise mit deinem Anspruch an dich selbst um, gute professionelle Arbeit zu machen!" Vielleicht stellt sich bei dieser Betrachtung heraus, dass es im konkreten Fall XY gut wäre, mal nicht so professionell an das Ganze heran zu gehen.
- In Supervisionen bietet sich an, Eigenaufträge aufzustellen. Das ist eine sehr wirkungsvolle Methode. Die Eigenaufträge werden mit den obigen Fragen identifiziert, der Supervisand wählt aus der Gruppe Protagonisten für seine Eigenaufträge und noch einen Protagonisten für sich selbst und stellt das Ganze auf. Die Protagonisten sind gleichsam personifizierte Anteile des Supervisanden. Sehr oft zeigt sich, dass das „Ich" die Situation nicht mehr in der Hand hat, die Eigenaufträge führen Regie, stehen sich gegenseitig im Weg usw. Werden sie vom Protagonisten des „Ich" nach und nach umgestellt, ergibt sich meistens ein befriedigenderes Bild. Dem Supervisanden wird oft spontan klar, wie die Eigenaufträge dann konkret abzuwandeln sind.
- Hinter Eigenaufträgen stehen eigene Normen, Wertesysteme und Überzeugungen bzw. Glaubenssätze. Drückt man sie in Begriffen und Sätzen aus, treten sie in oft sehr generalisierter Form zu Tage, völlig abgehoben von der konkreten Situation, um die es geht. „Behandle Klienten wertschätzend!" Im konkreten Fall würde man angesichts der Vorwürfe und Abwertungen, die man sich vom Klienten bei fast jedem Kontakt anhören darf, auf dem Absatz kehrt machen und verbietet es sich zugleich. Man gerät innerlich in Spannung, ist genervt. Mit der Wertschätzung, die man an den Tag legen soll, ist es dann bald auch nicht mehr weit her. Die generalisierte Norm führt in eine Paradoxie. Ein modifizierter Eigenauftrag könnte hier lauten: „Begegne deinem Klienten wertschätzend, aber erlaube es dir auch, dich abzuwenden, wenn er dich entwertet!"
- Natürlich stellt sich das erst in der weiteren konkreten Arbeit heraus, aber

schon am Ende der Analyse müsste sich etwas an der eigenen negativen Befindlichkeit geändert haben. Sich erleichtert zu fühlen, besser durchatmen zu können, das Ganze in freundlicherem Licht zu sehen, ein Lächeln vielleicht, mehr Gelassenheit, wenn man an die nächsten Kontakte denkt – das sind typische Ergebnisse dieser Arbeit!

> *„Früh kaputt spart das Altersheim!"*
> Bernhard Trenkle

Ich wiederhole die einzelnen Schritte der Eigenauftragsanalyse nochmals in einer kurzen Übersicht:
1. *Schritt*: Man beantworte die unten aufgelisteten Fragen; notiere seine (spontanen) Einfälle.
2. *Schritt:* Man formuliere die notierten Einfälle nacheinander in eine an sich selbst gerichtete Erwartung, Forderung oder einen Auftrag um. So entsteht eine Liste mit allen in diesem Fall wirksamen Eigenaufträgen.
3. *Schritt:* Nun vergleiche man die Eigenaufträge untereinander. Widersprechen sich welche? Bewirken sie eine Gradwanderung? Sind es insgesamt zu viele?
4. *Schritt:* Nun gilt es, mit sich selbst zu verhandeln: Welche Eigenaufträge können abgewandelt, neu formuliert oder auch fallen gelassen werden, um sie realisierbar zu machen oder sie von Widersprüchen und Paradoxien zu befreien *(evtl. sind für diesen Schritt mehrere „Durchläufe" nötig!)*.

Die Fragen lauten:
– Wozu neige ich bei XY spontan? Was würde ich am liebsten tun, wenn ich freie Wahl hätte?
– Was halte ich in der Situation XY für fachlich richtig oder falsch? Oder prägnanter: Was sollte ich in Bezug auf XY unterlassen und was auf jeden Fall tun?
– Wie urteile ich über mich, wenn ich im Fall XY die an mich gerichteten Erwartungen bzw. Aufträge, also sowohl die von außen kommenden als auch meine Eigenaufträge erfülle oder nicht erfülle?

Im Anhang der Wegskizze am Schluss dieser Wanderung findet sich ein Arbeitsblatt, mit dem man in eigener Regie (oder mit Hilfe eines Interviews durch einen Kollegen) die Eigenaufträge in einem bestimmten Fall analysieren kann.
Es ist noch ein weiteres Arbeitsblatt angefügt, das etwas einfacher zu bearbeiten ist, vor allem, wenn man eine solche Analyse nur für sich alleine durchführen kann. Es hat dafür aber auch den Nachteil, dass die Eigenaufträge in ihrer Gesamtheit und in ihrem logischen Verhältnis zueinander eventuell nicht so deutlich zu Tage gefördert werden und damit einer Veränderung nicht so leicht zugänglich sind. Ich empfehle, mit beiden Versionen zu experimentieren!

Zur Veränderung und Neuverhandlung der Eigenaufträge empfiehlt es sich:
– die Eigenaufträge hinsichtlich ihrer Wichtigkeit in eine Rangfolge zu bringen
– sich die Begründungen nochmals zu vergegenwärtigen, warum man etwas Bestimmtes tun soll
– die Eigenaufträge daraufhin unter die Lupe zu nehmen, ob sie überhaupt umsetzbar sind, zu einem Balanceakt führen, der jederzeit daneben gehen kann, ob sie sich widersprechen oder paradox auswirken
– die Eigenaufträge von einer generalisierten Form in eine der konkreten Situation angepasste Form zu bringen
– eine Forderung nach hundertprozentiger Umsetzung mit Hilfe einer Skala zu relativieren: 0% ------------ 50% ----------- 100%
Wieviel reicht auch schon?

– Eigenaufträge, die sehr fordernd und absolut klingen, auf sich selbst anzuwenden und Ideen kommen zu lassen, was das konkret, in der Praxis heißt.

Zur Veranschaulichung folgt nun ein Beispiel, wobei die erste Version der beiden Arbeitsblätter verwendet wurde.

Eine Beratung wider Willen:
Es geht um eine Klientin, die von der Kollegin, um deren Eigenaufträge es hier geht, im Rahmen des ambulant betreuten Wohnens schon seit längerem betreut wird. Bei den Kontakten mit der Klientin zeigt sich die Klienten immer wieder suizidal, wenn sie „vom Teufel heimgesucht wird", will dann ganz viel Zuwendung von der Mitarbeiterin, mehr, als diese geben will, und erbittet von ihr, sie möge sie doch vor dem Teufel retten. Das geht schon lang so, und doch ist es immer wieder schwierig einzuschätzen, wie selbstgefährdet die Klientin jetzt ist. In die Klinik will die Klientin unter gar keinen Umständen. Ist der Teufel vielleicht die „Eintrittskarte" für Zuwendung, die sich die Klientin auf normalem Wege nicht holen „kann". Die Mitarbeiterin fühlt sich genervt und merkt regelrechten Widerwillen, die Klientin aufzusuchen. Aber sie muss es tun, es gehört zu ihren Dienstauftrag, und sie nimmt es sich sogar übel, dass sie genervt ist.

Das also ist die Situation, die wir im Folgenden mit „XY" abkürzen werden. Bei der Bearbeitung der obigen Fragen ergibt sich schließlich folgende Liste von Eigenaufträgen:

Auf die Frage nach den spontanen Impulsen):
1. Tu' der Frau was Gutes!
2. Halte sie (körperlich) auf Distanz!
3. Geh sofort weg, wenn sie vom Teufel anfängt.
4. Beruhige sie, rede ihr das mit dem Teufel aus!

Auf die Frage, was aus fachlicher Sicht zu tun oder zu lassen ist:
5. Sorge dafür, dass sie sich nichts antut!
6. Stärke sie in ihrer Eigenverantwortung, nimm ihr nicht alles ab!
7. Mach' der Klientin ein Beziehungsangebot in Form ganz regelmäßiger Kontakte!
8. Gib ihr Aufmerksamkeit und Zuwendung, damit sie nicht immer wieder den Teufel bemühen muss!
9. Rede ihr den Teufelswahn nicht aus (weil sie ihn braucht)!
10. Beschränke dich auf deinen Betreuungsauftrag! Motiviere sie zu einer Therapie wegen ihres Wahns!
11. Sorge dafür, dass der Arzt eingeschaltet wird, wenn sie suizidal erscheint! Sorge dafür, dass kein Suizid passiert!
12. Zwinge sie nicht zu psychiatrischer Behandlung, wenn sie es nicht will!

Auf die Frage nach der Selbstbeurteilung:
13. Mach' gute professionelle Arbeit!

Beeindruckend ist hier schon einmal die Menge der Eigenaufträge. Etliche widersprechen sich.
Natürlich, Sie liebe Leserin und liebe Leser würden vielleicht nicht solche Erwartungen an sich selbst richten. Aber darum geht es jetzt nicht, sondern darum, wie dieses Eigenauftragssystem *der Kollegin* so modifiziert werden kann, dass sie wieder leichter arbeiten kann, sich der Widerwillen legt.

Nach kritischer Überprüfung aller Eigenaufträge einzeln und im Ganzen kommt die Kollegin zu einigen Abwandlungen und Entscheidungen. Die neue Liste der Eigenaufträge ist kürzer und spezifischer:
1. Akzeptiere, wenn die Klienten wieder vom Teufel anfängt, sage ihr, wie lange du jetzt bleiben wirst und frage sie, ob es noch ein

anderes Thema für sie gebe, sie noch einen anderen Wunsch an dich habe, was sie mit dir *jetzt* unternehmen wolle!
2. Gib der Klientin nur so viel Zuwendung und in der Form, wie es für dich stimmt!
3. Mache der Klientin ein Angebot ganz regelmäßiger Kontakte mit klar abgesteckter Zeit!
4. Vermittle der Klientin, dass du einen Arzt einschalten müsstest, wenn sie dir zu suizidal erscheine, dass das deine Pflicht sei!
5. Schlage ihr vor, wegen der Problematik mit dem Teufel in Therapie zu gehen, überlasse es ihr, ob sie es tut!
6. Lasse offen, ob das die best mögliche professionelle Arbeit ist (denn du wirst ohnehin nie erfahren, was besser gewesen wäre)!

Nun noch ein kurzes Beispiel zur Aufstellung von Eigenaufträgen. Es handelt sich um einen Fall aus der sozialpädagogischen Familienhilfe. Der Kollege, der mit der Familie arbeitet, ist sich nicht sicher, ob es zu sexuellen Übergriffen gegenüber einer der kleinen Töchter durch den Vater kommt. Drei Eigenaufträge stehen schließlich zu oberst:
1. Trage dazu bei, dass hier nichts unrechtes passiert!
2. Unternimm' was, und zwar bald!
3. Mach' möglichst keinen Fehler, der zu Lasten des Kindes ginge!

Stress, Anspannung und Angst belasten den Kollegen. Die Aufstellung zeigt folgendes Bild:

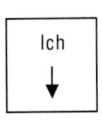

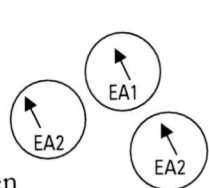

Die Eigenaufträge stehen dem „Ich" gegenüber und schauen zugleich knapp an ihm vorbei, auf etwas anderes hingerichtet. Es stellt sich heraus, dass es sich um eine Mischung aus Normen und vermuteten Erwartungen anderer, unter anderem des Jugendamtes, handelt. Das „Ich" fühlt sich bedrängt und zugleich nicht beachtet. Was im Rücken ist, ist irgendwie unklar. Die Umstellung ergibt ein neues Bild:

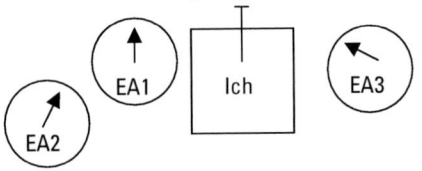

„Ich gebe den Weg vor, Ihr (EA1-3) seid meine Begleiter!"

Mit dieser Anordnung fühlte sich der Kollege wieder handlungsfähig.

Ich möchte noch einige Überlegungen zu der Thematik der Eigenaufträge anfügen und dabei auch Zusammenhänge zu anderen Kapiteln des Buches herstellen:
■ Eigenaufträge wirken zunächst, vor der Analyse und Reflexion, sehr unmittelbar. Sie prägen gewissermaßen die Konstruktwelt des Beraters und können ihn verleiten zu glauben, Klienten würden das Gleiche erwarten, wie er selbst. Ich habe es schon an anderer Stelle erwähnt: Klienten berichten von einem Problem und Berater denken gleich über Lösungsmöglichkeiten nach. So wirken Eigenaufträge! Und so können sie beispielsweise bewirken, dass die Konstrukte der Klienten und der Beraters darüber, was Beratung überhaupt sei, unmerklich auseinanderdriften, und zur schon in Wanderung N° 5 angedeuteten Missverständigung führen, weil Klienten vielleicht gar nicht an Lösungen interessiert sind. Es empfiehlt sich also die Reflektion der Eigenaufträge als Leitsatz in den Bestand seiner generellen professionellen Eigenaufträge selbst aufzunehmen: „Untersuche immer wieder deine Eigenaufträge, überprüfe sie, modifiziere sie!"

- Eigenaufträge sind ein Teil der Auftragslage insgesamt. Sie können in Widerspruch oder Konkurrenz zu den Anliegen anderer im System stehen. Im Helfersystem, der in einem Fall involvierten Helfer kommt es leicht zur Konkurrenz, weil jeder über den Weg der Erfüllung seiner Eigenaufträge die meisten Erfolge für sich verbuchen möchte. Das nährt unproduktive Konkurrenz. Das Gleiche kann zum Beispiel in der Zusammenarbeit mit Angehörigen entstehen, wenn Berater glauben, besser zu wissen, was für ihre Klienten gut sei, als deren Eltern. Es mag für den Berater triftige Gründe geben. Wenn jedoch im Hintergrund die Ziele „Wir wollen gute Eltern sein" und „Ich will ein guter Berater sein" und die damit verbundenen Eigenaufträge aufeinander prallen, führt das zu Komplikationen, also etwa dazu, dass der Klient in diesem Konflikt trianguliert wird.

Fassen wir zusammen: Eigenaufträge sind nicht an sich schon problematisch. Ohne sie werden wir gar nicht aktiv. Bleiben sie jedoch unüberprüft, folgen ihnen Berater sozusagen „blind", wird die Situation für Berater wie auch für ihre Klienten, die meistens von diesen Eigenaufträgen nichts wissen, rasch unübersichtlich, „labyrinthisch".

Eine Eigenauftragsanalyse, wie sie in den Anlagen zur Wegskizze beschrieben wird, kann in entsprechend abgewandelter Form auch auf die Anforderungen angewendet werden, die man an sich selbst auf die gesamte berufliche Arbeit bezogen stellt. Das dient ebenfalls zur Vorbeugung gegen ein Burn out.

Wegskizze zur Eigenauftragsanalyse

> *Es gibt eine Pflicht, es sich gut gehen zu lassen!*
> Bernhard Trenkle

- Als erstes kannst du dir die Frage stellen: Was halten wohl deine Klienten von deinen Eigenaufträgen, wenn sie sie kennen würden? Wer will Veränderungen, du oder auch der Klient? Wer sonst?
- Transformiere deine Eigenaufträge in ein Angebot an deine Klienten, prüfe ihre Reaktion ...
- ... und überlasse ihnen anschließend die Wahl, ob sie die Offerte annehmen möchten oder nicht! Wenn ja, alles in Butter ... ,
- ... wenn nicht: Überprufe deine Eigenaufträge erneut, wandle sie ab („Welches Angebot wird vielleicht eher angenommen?"), ...und wenn das wieder nicht klappt, lasse bestimmte Eigenaufträge u.U. ganz fallen!
- Dein neuer, <u>genereller Eigenauftrag</u> könnte lauten: „Passe deine Eigenaufträge der jeweiligen Situation an und versuche nicht umgekehrt die Situation deinen Eigenaufträgen anzupassen!"

Ein bewusster und reflektierter Umgang mit Eigenaufträgen ist die wirksamste Vorbeugung gegen „burn out"!

Anhang 1 zur Wegskizze:

Eigenauftragsanalyse - Arbeitsblätter
Eine Anleitung für die Analyse und Neuformulierung von Eigenaufträgen.

Vorab einige Hinweise und Tipps zur Durchführung:

- Eine Eigenauftrags-Analyse ist immer dann empfehlenswert, wenn Sie sich in einem „Fall" Ihrer Praxis (oder bestimmten Situationen, die in diesem Fall auftreten) irgendwie unbehaglich fühlen, wenn Sie merken, dass Sie gestresst, genervt oder überfordert sind, über das Ganze grübeln usw. Sie können damit rechnen, dass Sie in diesen Situationen mit einer Summe von Eigenaufträgen (im folgenden mit „EA" abgekürzt) zu tun haben, die irgendwie schwer umzusetzen sind oder sich sogar widersprechen. Dieser Sachverhalt ist Ihnen aber zunächst nicht bewusst, sie merken nur an Ihrer Befindlichkeit, dass etwas „nicht stimmt". Eine EA-Analyse in solchen Fällen zu machen und etwas Zeit dafür zu investieren, ist ein Beitrag zu Ihrer eigenen Psychohygiene.
- EA sind alle Erwartungen oder Anforderungen, die man an sich selbst richtet. Diese Vorgänge sind nicht immer bewusstseinspräsent. EA „spürt" man auch eher als Handlungsimpulse, es sind nicht immer Gedanken, die man im Kopf hat. Aber man kann sie mit Hilfe der Fragen in eine Sprachform bringen und sie dadurch der gedanklichen Überprüfung zugänglich machen.
- Es kann um einen „Fall" in Ihrer Arbeit als Ganzes oder auch um eine bestimmte Situation gehen. In der Frage 1 (s.unten) sollten Sie in kurzen Worten skizzieren, wie die Situation sich darstellt, auf die bezogen Sie eine EA-Analyse machen wollen. Sie können aber auch eine Situation aus Ihrem Privatleben nehmen, denn auch da gibt es gelegentlich Stress, Ärger und Nerviges!
- Beantworten Sie die u.a. aufgeführten Fragen möglichst spontan und ohne lange Reflektionen (denn darum geht es erst später)! Verwerfen Sie keinen Ihrer Einfälle, die Sie bei den Fragen haben, denn das schmälert den Erfolg des Ganzen! Oft haben diese Antworten noch nicht die (grammatikalische) Form eines EA. Ein EA hat nämlich die Form eines Imperatives, eines Satzes, bei dem zum Schluss ein Rufzeichen steht (in der Form von: „Mach`...(Y)...!" (Y) steht dann für etwas bestimmtes, was Sie tun sollen.). Formulieren Sie diesen Satz in „Du-Form", so als würden Sie zu sich selbst sprechen, denn so wird die anschließende Analyse wirkungsvoller.
- Es gilt also, die Antworten in einen EA umzuformulieren. Dabei können Sie folgender „Transformationsregel" folgen: Um den Eigenauftrag (es können auch mehrere sein), der in der Antwort steckt, zu identifizieren, übersetzen Sie die Antwort erst in ein oder mehrere Ziele, die aus der Antwort hergeleitet werden können. Dann übersetzen Sie diese(s) Ziel(e) in eine an sich selbst gerichtete Aufforderung.
Beispiel einer Antwort auf Fragen: „Es wäre gut, in dem Fall eine umfassende Lösung zu finden und keine Schnellschüsse mehr zu machen!" ⇨ (Übersetzung) „Ich sollte eine umfassende Lösung finden und Schnellschüsse vermeiden!" ⇨ (Übersetzung) „Suche eine umfassende Lösung und vermeide Schnellschüsse!"
- Sie brauchen für die Bearbeitung der Fragen drei Blätter: das erste für Ihre Antworten auf die Fragen, ein zweites für die Umformulierung der Antworten in einen EA, wodurch eine listenartige Übersicht über alle wirksamen EA entsteht und schließlich ein drittes Blatt, um die modifizierten EA einschließlich der erhalten bleibenden Fremdaufträge, also der Aufträge von „außen", von anderen Personen oder Institutionen im System aufzulisten.

Anleitung

- Auf der Rückseite folgen nun die Fragen, die Sie - wie gesagt – möglichst spontan und ohne kritisches Nachdenken beantworten sollten! Gehen Sie dabei so vor:
- Zuerst notieren Sie auf leeres Blatt 1 Ihre Antworten auf die Fragen. Dann formulieren Sie aus der jeweiligen Antwort den EA (evtl. mit obiger Transformationsregel) und notieren ihn auf ein Blatt 2; fügen Sie dann hinzu, mit welchem Ziel Sie diesen EA verfolgen und mit welcher Begründung Sie (bisher) an diesem EA festhalten (auf der Rückseite finden Sie dazu ein Beispiel).
- Wiederholen Sie diese Schritte bei jeder Frage und jeder einzelnen Antwort, es kann sein, dass Ihnen auf eine der Frage mehrere Antworten einfallen.

Die Fragen:

Frage 1:
Um welchen Fall handelt es sich und um welche spezielle Situation geht es dabei? (kurze Beschreibung, auf Blatt 1 notieren; in den folgenden Fragen wird das mit „XY" abgekürzt)

Frage 2:
Was würden Sie in diesem Fall oder in der entsprechenden Situation (XY) spontan,
Ihren gefühlsmäßigen Impulsen folgend am liebsten tun?

Frage 2a:
Welchen dieser Impulse (von Frage 2) erlauben Sie sich nicht?

Frage 3:
Welche Vorgehensweise wäre aus Ihrer professionellen Sicht in der Situation (XY) richtig oder zweckmäßig, welche wäre falsch bzw. nicht ratsam?

Frage 4:
Welche Aufträge von „außen" haben Sie sich in der Situation (XY) bisher zueigen gemacht, zu eigen gemacht? Warum und mit welchem Ziel?

Frage 5:
Wie urteilen Sie über sich selbst, über Ihre Professionalität, wenn Sie die von außen an Sie gerichteten Erwartungen, die Sie übernommen haben, und Ihre Eigenaufträge aus den Fragen 1-3 erfüllen könnten? (Hier geht es Ihr berufliches Leitbild oder das generelle Ziel Ihrer Arbeit)

Nun noch ein *Beispiel* zur Beantwortung einer der Fragen und ihrer Umwandlung in Eigenaufträge:

(Frage 2): Was würdest die in der Situation (XY) spontan am liebsten tun?
„Ich würde den Klienten am liebsten schütteln..."
EA: „Schüttle den Klienten...
    weil mich ärgert, dass er bisher nicht auf meine Worte reagiert..." (das ist die Begründung
    für den EA) ...und...
    damit er endlich aufwacht und Verantwortung übernimmt..." (das ist das Ziel, das mit der
    Umsetzung des EA erreicht werden soll)
Die Begründung und das Ziel des EA verweisen auf Ihre Werte, Normen und Überzeugungen (Glaubenssätze), die hinter Ihren Eigenaufträgen stehen. Bei der EA-Analyse gilt es das alles zu überprüfen und kritisch zu durchdenken. Sie müssen dabei nicht Ihre Werte und Überzeugungen generell „über Bord werfen", sondern lediglich prüfen, ob sie in der spezifischen Situation (XY) realisierbar sind. Es kann dabei auch um eine Neuverhandlung mit Auftraggebern von außen gehen, deren Aufträge Sie sich bisher (unkritisch) zu eigen gemacht haben.

So geht es weiter:

Wenn Sie mit der Liste der EA auf Blatt 2 fertig sind, untersuchen Sie die EA daraufhin, ob sie umsetzbar sind, ob sie evtl. in Widerspruch miteinander stehen, ob sie von der Menge her zu bewältigen sind, und überlegen sich sodann, wie Sie bestimmte EA abwandeln könnten oder sogar fallen lassen. Legen Sie dazu eine neue Liste mit den abgewandelten und immer noch bestehenden EA an und prüfen Sie das Ganze evtl. noch einmal (führt vielleicht nochmals zu Abwandlungen).
Normalerweise stellt sich dann eine gewisse Erleichterung ein, das Ganze wird besser handhabbar, die negativen Empfindungen sind weg oder deutlich weniger. Das ist der Zweck der EA-Analyse: sich danach erleichtert zu fühlen! Es ist ein Beitrag zur eigenen Psychohygiene...

Anhang 2:

Arbeitsblatt zur Analyse von Eigenaufträgen – Version 2

Es ist empfehlenswert, folgende Fragen nacheinander bearbeiten, evtl. mit einem Interviewpartner (in diesem Falle sind die Fragen in „Du"-Form zu stellen):

1. **Um was geht es?** (Stichworte zum Fall / zur Situation, die ich untersuchen möchte, weil sie mich nervt, hilflos macht, überfordert etc., also mit negativen Empfindungen verbunden sind. Im Folgenden wird das Ganze mit „XY" abgekürzt.)

   ....

   ....

2. **Ideensammlung:** Was alles erwarte ich bei XY von mir selbst? (Es empfiehlt sich, keinen Einfall zu verwerfen, auch wenn eine bestimmte Erwartung unrealistisch erscheint!!!)   alle Einfälle auf der nächsten Seite auflisten

2a. **Was würde ich bei XY gerne spontan bzw. gefühlsmäßig tun?** (alle Einfälle auf der nächsten Seite unter die dort schon stehenden Eigenaufträge auflisten; es ist wichtig, nicht zu „zensieren" sondern alles zu notieren, was kommt! - keine Zensur!)

   Die Analyse geht jetzt auf der nächsten Seite weiter ⇨⇨⇨

4. **Folgerungen:** Welche Eigenaufträge aus der Liste unter 3 könnte ich abwandeln, fallen lassen oder vielleicht Prioritäten neu setzen? Was ergibt sich aus den Notizen unter 3a für meine Eigenaufträge? Welche neue Liste von Eigenaufträgen entsteht nun?

   ....

   ....

   ....

   ....

   ....

   ....

   ....

   ....

   ....

5. **Wie geht es mir jetzt, wenn ich an XY denke? Was werde ich in Zukunft tun?**

   ....

   ....

   ....

   ....

   ....

⇨⇨⇨ **Auflistung aller Eigenaufträge:**

Was alles erwarte ich bei XY von mir selbst? (Die Einfälle in Form von Aufträgen an mich selbst formulieren.)

....
....
....
....
....
....

Was würde ich bei XY gerne spontan bzw. gefühlsmäßig tun? Und was noch? (Die Einfälle in Form von Aufträgen an mich selbst formulieren.)

....
....
....
....
....
....

3. Vergleich aller Eigenaufträge und Impulse: Wie passen sie zueinander, gibt es Widersprüche, ist das alles zu leisten, was ich von mir erwarte?

....
....
....
....
....
....

3a. Was würden die anderen Personen im System, insbesondere der Klient von meinen Eigenaufträgen halten, wenn sie davon wüssten?

....
....
....
....
....
....

nun zurück zur Vorderseite, weiter mit Punkt 4!

Wanderung N° 11

Noch andere Wälder ...
Der Lageplan der Beziehungsgeflechte

Wohin diese Wanderung führt ...

Die Analyse der Aufträge ist eine der Möglichkeiten, zu der ein Lageplan genutzt werden kann. Die Aufträge sind oft nur die „Oberfläche" der Dynamik der Beziehungen im System. Insbesondere „führen" ungelöste Konflikte im System zu Aufträgen („... andere sollen es richten"). Die Analyse und Klärung der Aufträge wird meistens darin münden, dass Berater nun irgendwie tätig werden, sei es in Form von Gesprächen mit Klienten, sei es durch Kontakte mit anderen Beteiligten, sei es durch Gespräche mit der ganzen Familie usw. Berater treten eben nicht nur mit ihren Klienten in Beziehung, sondern mit dem ganzen Umfeld. Somit begeben sie sich unweigerlich in ein Beziehungsgeflecht auch dann, wenn sie keine direkten Kontakte aufnehmen. Berater können nicht nicht intervenieren. Mit dem Blick von oben aus der Vogelperspektive besteht die Möglichkeit, sich darüber schlüssig zu werden, was man auf der Grundlage der geklärten Aufträge als nächstes unternimmt.

Nachdem wir nun alles nötige über Auftragsklärung wissen, wird auch die Auftragsanalyse als Teil des Lageplans zu praktikablen Ergebnissen führen. Fast immer müssen vor allem in „heiklen" Fällen einzelne Aufträge nachverhandelt werden, das stellt sich bei der Auftragsanalyse und einer eventuellen Eigenauftragsanalyse heraus. Die Nachverhandlungen sollen zu einer Auftragslage führen, die umsetzbar ist und in der die Methoden der Beratung auch greifen können. Die eigentliche Arbeit beginnt erst jetzt, aber die Auftrags*klärung* ist eine wesentliche Voraussetzung und verursacht evtl. sogar mehr Arbeit als das, was danach folgt.

Anhand von Ariadne müsste sich inzwischen auch zeigen, ob in der Arbeit mit Klienten nun das Phasenmodell angewendet werden kann oder beispielsweise nun der zweite Schritt im Drei-Schritte-Programm infrage kommt. Jutta hat mit der Kollegin vom ASD geklärt, dass deren Erwartung hauptsächlich darin besteht, heraus zu finden, ob Sandra motivierbar ist, in der Betreuung des BJW ausreichend zu kooperieren, damit die Maßnahme weiterhin noch einen Sinn hat. Der nächste Hilfeplan ist in drei Monaten; dort müsste sich dies zeigen. Jutta solle Sandra damit konfrontieren, dass das BJW eingestellt wird, wenn Sandra wegen Uneinsichtigkeit schon wieder die Wohnung verliert. Jutta schlägt vor, dass die Kollegin vom ASD dies Sandra unmittelbar sagen solle. Die Kollegin willigt ein, es wird ein Gespräch zu dritt vereinbart. Zwar motzt Sandra bei diesem Gespräch erst herum (wie so oft), begreift aber schließlich doch den Ernst der Lage, denn ohne Juttas Unterstützung traut sie sich das Leben allein doch noch nicht so recht zu. Sie sieht ein, dass ein wichtiger Schritt darin besteht, mit den Nachbarn auch dann auszukommen, wenn es „Spießer" sind, und dass sie auf die Nachbarn zugehen muss. Sie bittet Jutta um Unterstützung dabei. In einem weiteren Gespräch erfährt Jutta von Sandra, dass diese überhaupt nicht mit den widersprüchlichen Botschaften von zu Hause klar kommt. Zur Oma hat sie eine enge

Beziehung. Was sie aber mit deren Botschaft: „Mädle, du gehörst heim!" anfangen soll, ist ihr unklar. Die Mutter scheint sich hinter dem Vater zu verschanzen und spricht immer nur davon, dass der Vater strikt dagegen sei. Mit ihrem Vater hatte Sandra vor dem BJW massive Auseinandersetzungen, aber seit dem herrscht Funkstille, sie traut sich auch nicht, auf den Vater zuzugehen. Sandra bittet Jutta, ein gemeinsames Gespräch mit dem Vater zu vermitteln. So ist eine völlig neue Lage für Jutta entstanden, denn bisher hatte sie den Eindruck, dass Sandra die Gespräche zwar in Kauf nimmt, aber eigentlich nichts von Jutta will.

Jutta merkt aber auch, dass sie, wenn sie auf Sandras Anliegen eingeht, nun in Konflikte hineingezogen wird, über deren Bedeutung und Tragweite sie nichts weiß. Die Auseinandersetzung mit den Nachbarn ist noch überschaubar. Aber was in der Familie von Sandra los ist, basiert bisher eher auf Spekulationen. Um wenigstens auch hier die Vogelperspektive des Lageplans zu nutzen, zeichnet Jutta in das Grundschema, das wir ja schon kennen, die Beziehungen ein, soweit die Informationen dies wenigstens hypothetisch schon erlauben und verwendet folgende Symbole:

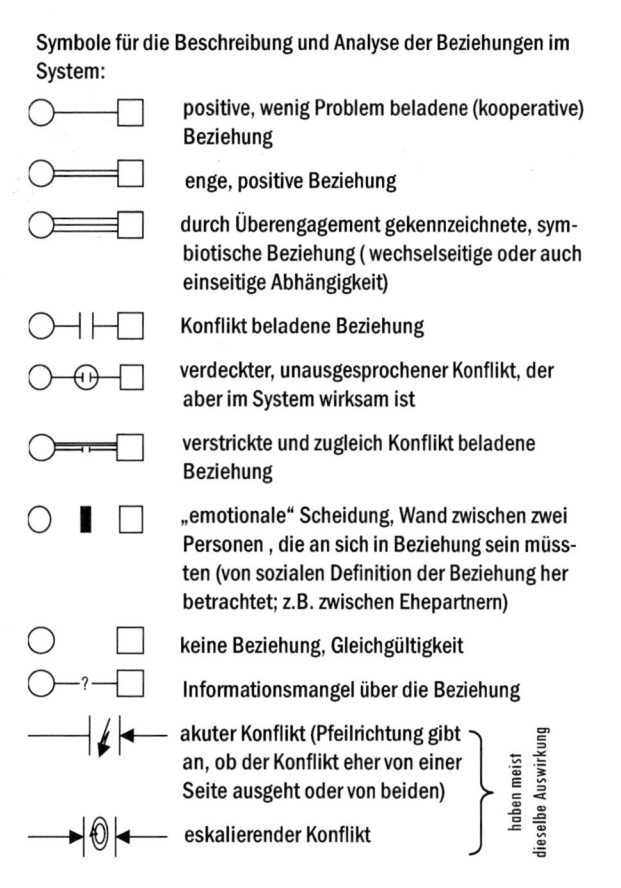

Symbole für die Beschreibung und Analyse der Beziehungen im System:

- ○——□ positive, wenig Problem beladene (kooperative) Beziehung
- ○══□ enge, positive Beziehung
- ○≡≡□ durch Überengagement gekennzeichnete, symbiotische Beziehung (wechselseitige oder auch einseitige Abhängigkeit)
- ○—|⊢—□ Konflikt beladene Beziehung
- ○—⊕—□ verdeckter, unausgesprochener Konflikt, der aber im System wirksam ist
- ○—‖—□ verstrickte und zugleich Konflikt beladene Beziehung
- ○ ▮ □ „emotionale" Scheidung, Wand zwischen zwei Personen, die an sich in Beziehung sein müssten (von sozialer Definition der Beziehung her betrachtet; z.B. zwischen Ehepartnern)
- ○   □ keine Beziehung, Gleichgültigkeit
- ○—?—□ Informationsmangel über die Beziehung
- —|⚡|← akuter Konflikt (Pfeilrichtung gibt an, ob der Konflikt eher von einer Seite ausgeht oder von beiden)
- →|◎|← eskalierender Konflikt

} haben meist dieselbe Auswirkung

Es entsteht ein neuer Lageplan:

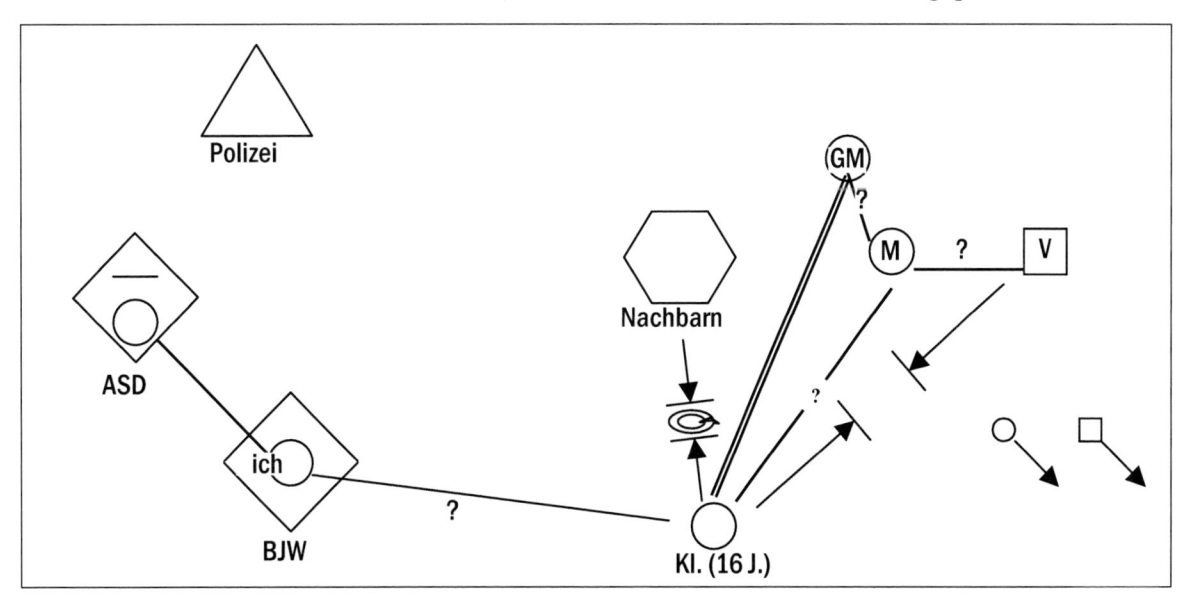

Der eskalierende Konflikt zwischen Sandra und den Nachbarn war die „heiße Kartoffel", die bis an Jutta weitergereicht worden war, weil dieser Konflikt weder von Sandra noch von den Nachbarn durch direkte Gespräche gelöst worden war. Sandras eher enge Beziehung zur Oma und die unklare Beziehung zur Mutter könnte einen Hinweis darauf geben, dass etwas zwischen der Mutter und ihrer Mutter (also Sandras Oma) ungeklärt, im Dunkeln ist, ob Sandra für irgendetwas herhalten muss. Die Beziehung zum Vater ist in einem ungeklärten Konflikt gleichsam „erstarrt", aber letztlich ist nicht klar, wo der Vater wirklich steht. Dass er sich mehr für seinen Verein als für die Familie engagiert, kann alles Mögliche bedeuten.

Wenn Leute ihre Konflikte nicht lösen, ziehen sie häufig Dritte mit hinein, suchen nach Koalitionspartnern. Es entsteht eine Dreiecksdynamik, eine Triade. In Familien geschieht das häufig über Generationsgrenzen hinweg; beispielsweise, wenn ein Elternteil mit dem Kind gegen den anderen Elternteil koaliert. Für die Kinder ist das immer ein Problem, sie geraten in Loyalitätskonflikte. Für Außenstehende kann es auch problematisch werden, in einen Konflikt hineingezogen zu werden oder sich einzumischen (wir werden darauf ausführlich auf den Wanderungen N° 46 und N° 47 zu sprechen kommen). Nicht selten eskalieren die Konflikte in der Triade, und weitere Personen oder ganze Systeme werden hineingezogen. Genau darum scheint es hier auch zu gehen, Jutta muss sich gut überlegen, wie sie vorgeht.

Bei der *triadischen Analyse* werden in der Regel verschiedene Systemebenen und deren wechselseitige Beeinflussung untersucht, etwa die Dynamik zwischen verschiedenen Personen, zwischen einzelnen Personen und ganzen Subsystemen oder die zwischen mehreren Subsystemen.

Jutta kennzeichnet diese Prozesse, es entsteht, was den Konflikt mit den Nachbarn angeht, folgendes Bild:

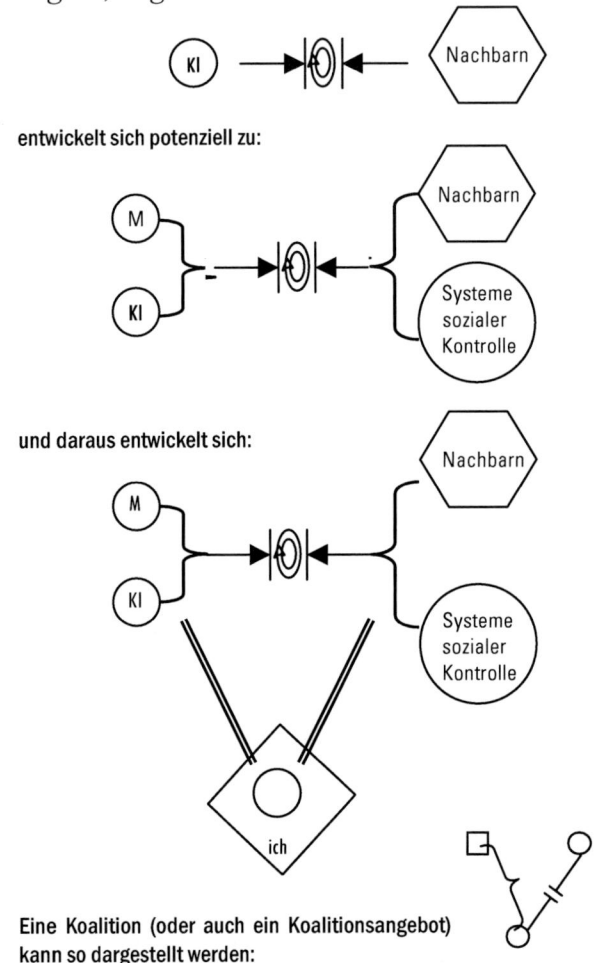

entwickelt sich potenziell zu:

und daraus entwickelt sich:

Eine Koalition (oder auch ein Koalitionsangebot) kann so dargestellt werden:

Gerät die dritte, in den Konflikt hineinverwickelte Person in einen Loyalitätskonflikt, weil sie an einer guten oder konstruktiven Beziehung zu beiden Konfliktparteien interessiert ist, kann man das als „Triangulation" bezeichnen und ebenfalls darstellen.

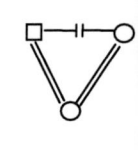

Die Situation, wie im obigen Bild dargestellt, bereitet Jutta weniger Kopfzerbrechen, denn letztlich beruhigt sich der Konflikt Sandras mit den Nachbarn auch dann, wenn Sandra sich in Zukunft einfach an die Hausordnung, speziell an die Nachtruhe hält.

Schwieriger ist die familiäre Situation einzuschätzen. Hier könnte die Kontaktaufnahme Juttas allerlei Verwicklungen auslösen. Jutta könnte in eine Triangulation geraten, wenn der Vater versucht, sie in eine Koalition gegen Sandra oder gegen seine Frau oder gegen seine Schwiegermutter zu ziehen. Denn Jutta muss versuchen, zu allen Familienmitgliedern eine gute Kooperationsebene herzustellen, es sei denn, sie hält sich überhaupt aus Sandras Herkunftsfamilie heraus. Aber Sandra hat um Vermittlung gebeten, und Jutta will diesen verständlichen Wunsch nicht einfach nur ausschlagen.

„Wer bin ich in den Augen von Sandras Eltern und der Oma?", fragt sich Jutta. Denn das wird bei der Planung der nächsten Schritte eine Rolle spielen. Schon in der bisherigen Arbeit mit Sandra hatte sich heraus gestellt, dass Sandra bis noch vor Kurzem in Jutta eher die lästige Laus im Pelz, als eine unterstützende Betreuerin gesehen hat; in den Augen der Mutter könnte Jutta nur die Gewährsfrau dafür sein, dass Sandra nicht mehr heim kommt. Zwar war die Mutter beim ersten Hilfeplangespräch dabei, aber schon damals hatte Jutta den Eindruck, dass sich die Mutter nicht so sehr für das interessiert, was im BJW gemacht wird, sondern primär nur daran dachte, dass Sandra aus dem Haus kommt, und Sandra dachte ja genauso. Was denkt der Vater? Unklar! Und die Oma? Sie ist irgendwie nicht einverstanden, aber wie sie Juttas Arbeit sieht, ist ebenfalls unklar!

Die *Analyse der Wirklichkeitskonstrukte* auf der bisherigen Grundlage des Lageplans ist eine Möglichkeit, noch mehr Licht in das Ganze zu bringen und etwas über die Hintergründe der Dynamiken im System zu erfahren; denn die Systemmitglieder verhalten sich in der Regel entsprechend der Vorstellungen, Modelle, Konstrukte, die sie zur Frage, was im System abläuft, entwickelt haben. Besonders interessant ist es, die Konstrukte der Beteiligten darüber, was Beratung (bzw. überhaupt die soziale Dienstleistung, die angeboten wird) sei, aufzulisten und zu vergleichen. So können Berater ihre bisherigen Hypothesen erweitern und auf dieser Basis nun die Intervention planen.

Die (teilweise nur vermutbaren) Konstrukte der Familienmitglieder über Juttas Rolle bzw. über das BJW ergeben ein unklares und zugleich eigentümliches Bild:
– Sandra: (bisher) „Lästige Kontrolle" (?), inzwischen „Jemand, der einem hilft, wenn's klemmt."
– Mutter: „Jemand, der dafür sorgt, dass Sandra nicht mehr heim kommt."
– Vater: (?) „… Hauptsache, Sandra ist aus dem Haus!"
– Großmutter: „So etwas, dass Kinder allein wohnen, dürfte es gar nicht geben!" (?)

Es wird deutlich, dass das alles mehr Spekulationen, als gesicherte Fakten sind. Wenn Jutta es bei dieser „Gleichung mit mehreren Unbekannten" lässt, kann es sein, dass die Kontakte sich in eine völlig undurchsichtige Richtung entwickeln, womit niemandem gedient ist.

Jedenfalls ist jetzt die Analyse mit Hilfe des Lageplans soweit gediehen, dass Jutta ihre nächsten Schritte, ihre Intervention planen kann.

Interventionsplanung

Um nicht Größenideen über die Möglichkeiten, in einer Beratung zu intervenieren, zu erliegen, empfiehlt es sich, bei der Interventionsplanung einige Grundsätze zu beachten:
1. Es ist unmöglich, nicht zu intervenieren, und das Ergebnis einer Intervention ist

nicht vorhersagbar. Folglich gibt es nur eine spekulative Annäherung an das Ganze aus einer bestimmten Perspektive.
2. Interventionsplanung stellt somit den Versuch dar, die Folgen möglicher Schritte abzuschätzen. Ausgangspunkt ist in der Regel die Auftragslage.

Die Reaktionen der Beteiligten, das „Feedback des Systems" auf diese ersten Schritte bilden dann die Grundlage für die nächsten Planungen.

Jutta entschließt sich zu folgenden Schritten:
- Kontaktaufnahme mit den Nachbarn, um deren Sicht der Dinge zu erfahren und ihre Bereitschaft zu einer Begegnung mit Sandra zu erkunden. Wer von ihnen zeigt sich am flexibelsten und ist für gemeinsame Gespräche mit der Jugendlichen offen? Insofern baut Jutta absichtlich eine Brücke, denn Sandra würde, auf sich selbst gestellt, sich davor drücken, und dadurch die Chance verpassen, zu erfahren, wie man einen solchen Konflikt lösen kann.
- Kontaktaufnahme mit der Mutter, dem Vater und der Oma, mit dem Ziel eines gemeinsamen Gespräches, bei dem Jutta sich und ihre Arbeit vorstellen und prüfen will, ob und welche Anliegen die Familienmitglieder an das BJW haben, was sie über die Maßnahme denken usw. und welche Sichtweisen über Sandras Situation bestehen. Erst nach diesem Gespräch will sie klären, ob der Vater zu einer Begegnung mit seiner Tochter bereit ist und ob solche Begegnungen Aussicht auf Erfolg haben.

Wegskizze A

Je nach Fragestellung können mit Hilfe der Grunddarstellung des Systems im Lageplan, unterschiedliche Sachverhalte sichtbar gemacht und untersucht werden:

Bei der **Analyse der Beziehungsformen** und der Analyse **der Konfliktdynamik mit Hilfe der triadischen Analyse** können folgende Symbole verwendet werden:

- ○———□ positive, wenig Problem beladene (kooperative) Beziehung
- ○═══□ enge, positive Beziehung
- ○≡≡≡□ durch Überengagement gekennzeichnete, symbiotische Beziehung (wechselseitige oder auch einseitige Abhängigkeit)
- ○—∣—□ Konflikt beladene Beziehung
- ○—⊕—□ verdeckter, unausgesprochener Konflikt, der aber im System wirksam ist
- ○═∣═□ verstrickte und zugleich mit Konflikt beladene Beziehung
- ○ ▮ □ „emotionale" Scheidung, Wand zwischen zwei Personen, die an sich in Beziehung sein müssten (von sozialen Definition der Beziehung her betrachtet; z.B. zwischen Ehepartnern)
- ○   □ keine Beziehung, Gleichgültigkeit

○—?—□ Informationsmangel über die Beziehung

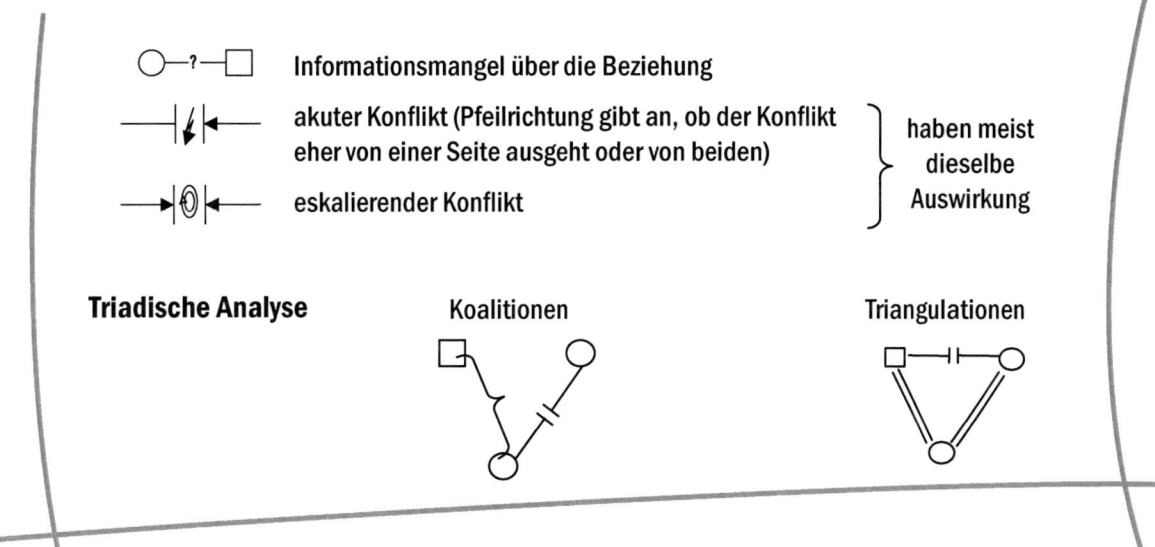

—|↯|← akuter Konflikt (Pfeilrichtung gibt an, ob der Konflikt eher von einer Seite ausgeht oder von beiden) ⎫ haben meist

→|◉|← eskalierender Konflikt ⎬ dieselbe Auswirkung ⎭

Triadische Analyse   Koalitionen   Triangulationen

Wegskizze B

Bei der **Analyse der Wirklichkeitskonstruktionen** versucht man, die vorliegenden Informationen darüber, was Systemmitglieder für Vorstellungen, Konstrukte zu bestimmten Themen „im Kopf haben" (z.B. zur Rolle des Beraters, seinen Aufgaben) zu formulieren und mit einander zu vergleichen. Der Vergleich liefert Hinweise auf die Prozesse im System, weil sich die Beteiligten meistens ihren Konstrukten entsprechend verhalten. Evtl. können aus Beratersicht zunächst nur Hypothesen zu den Konstrukten formuliert werden. Oft zeigt sich dann, dass noch mehr Informationen gesammelt werden müssen, bevor man irgendwelche Interventionen plant.

Der Lageplan in seinen unterschiedlichen Formen dient schließlich der ...

Interventionsplanung

Vor jeder Planung sollte bedacht werden:
- Es ist unmöglich, nicht zu intervenieren, und das Ergebnis einer Intervention ist nicht vorhersagbar. Folglich gibt es nur eine spekulative Annäherung an das Ganze aus einer bestimmten Perspektive.
- Interventionsplanung stellt somit den **Versuch** dar, die Folgen möglicher Schritte abzuschätzen. Ausgangspunkt ist in der Regel die Auftragslage

Die Reaktionen der Beteiligten, das „Feedback des Systems" auf diese ersten Schritte bilden dann die Grundlage für die nächsten Planungen.

Wanderung N° 12

Der einfachere Fall
Kunden und ihre Kundigkeit

Wohin diese Wanderung führt ...

Wir werden auf dieser Wanderung näheres über die Klienten erfahren, was sie bewegt, wozu sie neigen und was sie schließlich dazu bringt, Beratung aufzusuchen. Um nicht gleich jegliche Orientierung zu verlieren, werden wir uns mit „Besuchern", „Klägern" und „Kunden" beschäftigen, ein Konzept, das auf Steve de Shazer, dem Begründer der lösungsorientierten Kurztherapie, zurück geht.

Dann wagen wir uns noch etwas weiter in diesen Irrgarten und werden erfahren, dass es Besucher usw. in dieser Form vielleicht doch gar nicht gibt. In einem Wechsel der Perspektiven werden wir versuchsweise die „Beraterszene" aus Klientensicht betrachten und schließlich – vielleicht etwas verwirrt – über die methodischen Folgerungen nachdenken.

Berater wünschen sich „wirkliche" Kunden, also Klienten, die sich beraten lassen und eine Dienstleistung in Anspruch nehmen *wollen*, die Berater in langjähriger Ausbildung erlernt haben. Viele haben „klientenzentrierte Gesprächsführung" oder vergleichbare Methoden der Beratung gelernt, manche haben gleich noch eine Therapieausbildung „draufgesattelt". Dieses Know How hat man sich nicht angeeignet, um es dann *nicht* anwenden zu können, sondern um es zu praktizieren. Und dazu braucht man Kunden – im Beratungskontext spricht man eben in der Regel von Klienten. In einer *Beratungsstelle* müsste man wohl damit rechnen können, dass Leute kommen, um sich beraten zu lassen, je nach Angebot der Beratungsstelle evtl. auch in ganz speziellen Problemstellungen.

Die Praxis zeigt jedoch, dass Menschen zwar eine Beratungsstelle aufsuchen, damit aber noch nicht gesagt ist, dass sie auch eine Beratung (im engeren Sinne) in Anspruch nehmen wollen. Zwei Beispiele dazu sollen dies illustrieren:

B: „Was führt Sie her, Herr G.?"
G „Ich weiß auch nicht so recht, Frau Dr. Z. hat gesagt, ich soll mal bei Ihnen vorbei schauen."
B: „Und weswegen sollen Sie vorbeischauen?"
G: „Das weiß ich nicht, ich hab' halt gedacht, wenn der Doktor das sagt, wird's schon einen Sinn haben ..."
B: „Ja, und was haben Sie denn für Probleme?"
G: „Probleme? Wieso? Ich weiß nicht ..."   usw.

Oder:
B: „Was führt Sie her, Herr G.?"
G: „Wissen Sie, ich habe nur Probleme, überall klemmt es. Zu Hause klappt es schon lang nicht mehr. Die Kinder sind nur aufsässig, und meine Frau ist viel zu nachgiebig ... (es folgt eine ganze Reihe weiterer Beschwerden).
B: „Und was ist Ihr Anliegen an mich?"
G: „Sie können mir ja auch nicht helfen. Niemand kann mir helfen. Wenn mal jemand den Kindern richtig Bescheid geben würde, aber auf Sie hören die auch nicht. Neulich hat mich der Lehrer zu sich zitiert. Und, wissen Sie, richtig rund hat mich der gemacht, da wären die Eltern schuld. Dabei ist er doch der Lehrer, er muss doch wissen, wie man die Klasse führt. Aber heut zu Tage sind ja immer gleich die Eltern schuld ..."   usw.

Das sind zwar auch nicht die Beratungen, auf die sich Berater am meisten freuen, aber solche Klienten kommen immerhin, man muss ihnen nicht hinterher springen. Irgendwie wollen sie ja etwas, jetzt gilt es eben heraus zu finden, was.

Steve de Shazer hat vorgeschlagen, Klienten danach zu unterscheiden, mit welcher „inneren Ausgangslage" sie in die Beratung kommen, und er hat vorgeschlagen, von „Besuchern", „Klägern" und „Kunden" zu sprechen.

Jürgen Hargens hat angeregt, auf den Wortkern des Begriffes „Kunde" Bezug zu nehmen und bei Klienten von „Kundigen" bzw. von verschiedenen Arten von *„Kundigkeit"* zu sprechen. Er hat dies wohl auch vorgeschlagen, um etwaigen Neigungen von Beratern vorzubeugen, „Besucher" oder „Kläger" in negativerem Licht zu betrachten als „Kunden". Besucher oder Kläger sind keine „schlechtere" oder „schwierigere" Klienten, sie sind nur in andere Weise *kundig*.

> **Wer Freude hat am Klagen, der wird immer was zum Klagen finden**
> Jeremias Gotthelf

Arten der Kundigkeit[1]

Kundig-Sein in diesem Sinne meint: Klienten sind Experten für sich selbst. Das bedeutet: Klienten wissen am besten, was für sie gut ist, was ihnen möglich ist oder was zu bedrohlich wäre.

Die Unterscheidung, wie sie Steve de Shazer vorgeschlagen hat, ist ein Modell aus der Beraterperspektive. In der Praxis wird man oft Übergänge von einer Form in eine andere beobachten. Es handelt sich um eine Typisierung, denn kein Klient ist in Reinkultur nur Kunde oder nur Besucher. Es geht eher um eine Art Mischung aus allen drei Formen, und das „Mischungsverhältnis" wechselt auch immer wieder.

Hintergrund dafür scheint zu sein, dass wir Menschen in Bezug auf Problemlagen oft ambivalent sind: Wir hätten es schon gern „anders", aber die Veränderung kann mit massiven Ängsten oder Schmerzen einhergehen, kostet viel Mühe oder Disziplin; vielleicht zweifeln wir auch an unseren Fähigkeiten, Lösungsideen umzusetzen. Hier spielen negative Glaubenssätze eine große Rolle (z.B. „Ich bring' sowieso nichts zustande, das hat man mir immer schon gesagt!"). Trotzdem hätten wir es gern anders, aber ... Und so schwanken eben Klienten zwischen Veränderungsbereitschaft und der Tendenz, doch alles zu lassen wie es ist, hin und her.

Dennoch kann die Typisierung in der praktischen Arbeit sehr hilfreich sein, und deswegen will ich sie in einer stichwortartigen Übersicht skizzieren. Von Skizze spreche ich, da für die Beratung einige rasch erkennbare Orientierungslinien gegeben werden sollen. Für deren Ausgestaltung gibt es ganz viele Möglichkeiten. Berater können mit der Situation ernst, mit etwas Humor oder auch provokant umgehen, je nachdem, wie es für Klienten und zu ihrer Lage passt. Sie können sich geduldig alle Klagen anhören und erst nach einiger Zeit fragen, ob vielleicht doch irgendeine Veränderung versucht werden sollte oder nach brach liegenden Fähigkeiten gesucht werden könnte (Metapher: „Schlüssel suchen"). Die Skizze soll also in erster Linie der Orientierung dienen und Hinweise geben, was Berater tun und was sie lieber lassen sollten.

Wir werden allerdings im Laufe dieser und vieler anderer Wanderungen auch noch genauer erfahren, was hinter den einzelnen Stichworten steht.

---

1 vgl. Eberlein/Hargens: Einfach, kurz und gut; Dortmund, 1996

„BESUCHER"

- **Innere Ausgangslage**, *Motto:* „Ich hab' kein Problem; andere haben vielleicht ein Problem und sollen mal in Therapie gehen!" oder: „Der Doktor hat gemeint, ich soll mal zu Ihnen gehen."
- **Veränderungswünsche:** Eine Veränderung scheint keinen Vorteil zu bringen und ist außerdem nicht nötig, weil es ja (aus Sicht der Klienten) kein Problem gibt.
- **Kontraindikation:** Klienten dahingehend zu missionieren, dass sie ihre Probleme sehen sollen.
- **Worauf Berater Klienten vorsorglich hinweisen sollten:** „Und was passiert dann, wenn die anderen ihr Problem, das sie irgendwie mit Ihnen haben, auf Sie abwälzen und Druck machen?"
- **Metaphern für die Beratung:** Plauderei oder Messebesuch: „Haben Sie Lust sich mal zu informieren, was wir hier so machen?"
- **Hausaufgaben:** eher keine

„KLÄGER"

- **Innere Ausgangslage**, *Motto:* „Ich habe das Problem, aber die anderen haben den Schlüssel zu Lösung und rücken den Schlüssel nicht raus!" Oder: „Die anderen oder die Umstände sind schuld, und ich bin der Leidtragende!"
- **Veränderungswünsche:** Die anderen oder die Umstände sollen sich endlich ändern!
- **Kontraindikation:** Klienten dahingehend zu missionieren, dass sie selbst Anteil an der Misere haben und dementsprechend auch für eine Veränderung verantwortlich sind.
- **Worauf Berater Klienten vorsorglich hinweisen sollten:** „Da war einmal ein Mensch, der hatte vergessen, dass er ja einen Ersatzschlüssel zu seiner Vorratskammer besaß. Als man ihn daran erinnerte, wollte er es nicht glauben. Was war die Folge? ..." Oder: „Manchmal gibt es für aussichtslose Lagen einen Trick. Sollten Sie sich vielleicht doch auf die Suche machen?" Oder: „Wollen Sie vielleicht einfach mal etwas Urlaub vom Problem machen und erfahren, wie das geht?"
- **Metaphern für die Beratung:** Seelenmüllabfuhr, Seelenmassage, Kurlaub oder „Ersatzschlüssel suchen" bzw. „Tricks herausfinden"
- **Hausaufgaben:** Beobachtung: Gibt es Ausnahmen vom Problem oder problemfreie Zeiten?

Liebe Leserin und lieber Leser, Sie werden hier vielleicht stutzen, weil Sie bemerken, dass Sie sehr oft mit Besuchern und Klägern zu tun haben, ja vielleicht deutlich mehr als mit Kunden, auf die wir im nächsten Kasten kommen.

Das ist kein Zufall! Bei der Wanderung durch das Labyrinth der Problemdimensionen und der Problemsysteme (vgl. Wanderungen N° 30 und N° 34) werden wir entdecken, warum das so ist.

Dennoch gibt es sie, die Kunden.

„KUNDEN"

- **Innere Ausgangslage**, *Motto:* „Ich hab ein Problem, was muss ich tun, damit es weg geht?"
- **Veränderungswünsche:** Der Leidensdruck ist groß, dementsprechend sind die Veränderungswünsche und die Erwartungen an andere oder die eigene Person ebenfalls groß.
- **Kontraindikation:** Klienten hinsichtlich bestimmter, dem Berater plausibel erscheinender Lösungsmöglichkeiten zu missionieren, denn sie treffen selbst die Entscheidung, was sie versuchen wollen und was nicht.

- **Worauf Berater Klienten vorsorglich hinweisen sollten:** „Veränderungen sollte man nicht zu schnell machen. Schrittchen für Schrittchen führt auch zum Ziel!" „Die Lösung zu entdecken ist leichter, als sie umzusetzen!"
- **Metaphern für die Beratung:** „Eile mit Weile, denn Probleme haben ihren Sinn!". Behutsames Veränderungstraining ist empfehlenswert, deshalb zuerst eine Frage: „Ist das Problem, das Sie haben, vielleicht für irgendetwas ‚gut'?" (vgl. auch dazu Wanderung N° 30)
- **Hausaufgaben:** Experimente, Training, Erfolgstagebuch

Wir sehen also drei Arten von Kundigkeit, von denen Klienten in wechselndem und unterschiedlichem Ausmaß Gebrauch machen. Die Übung der Berater besteht darin, zu erfassen, wo ihre Klienten diesbezüglich gerade stehen, auf denkbare Alternativen hinzuweisen, die Entscheidung der Klienten, welchen Weg sie schließlich gehen wollen, jedoch zu respektieren. Kurz: Allen vielleicht auftauchenden Versuchungen zum Trotz nicht zu „missionieren".

Die **Kundigkeit der Berater** besteht darin, …
- den Prozess der Beratung zu steuern
- Klienten, wenn sie es wünschen, über eventuelle Vor- und Nachteile des „Messebesuchs", des „Kurlaubs" oder des „Trainings" aufzuklären
- Hilfestellung und Begleitung bei obigen Varianten zu geben; Wahlmöglichkeiten werden aufgezeigt, die Entscheidungen treffen die Klienten!

Die Idee von der Kundigkeit hat zur Folge, dass Besucher, Kläger und Kunden, das heißt, diese Typisierungen gleichrangig nebeneinander stehen. Es geht nur um eine Unterscheidung und Unterschiede in den methodischen Folgerungen für den Beratungsprozess. In der Praxis kann es Beratern schwer fallen, diese Gleichwertigkeit durch eine gleich wertschätzende Haltung zu realisieren. Sie fühlen sich oft von Klägern, die ohne Punkt und Komma immer wieder das gleiche Lamento vortragen, „genervt". Bei Besuchern stehen ihnen evtl. die Haare zu Berge, wenn diese angesichts der „offensichtlichen" Probleme (z.B. übermäßiger Alkoholkonsum) eine schier unglaubliche Ignoranz an den Tag legen. Die „Kundigkeit" von Klägern und Besuchern, muss man erst einmal verstehen.

Kläger haben Probleme, sogar reichlich. Aber sie haben auch erhebliche Angst vor Veränderung. Dementsprechend nehmen sie auch nichts in Angriff, es bleibt alles, wie es ist. Nur, dann bleiben eben auch die Probleme und alle Unannehmlichkeiten (im wörtlichen Sinne) bestehen. So braucht man jemand, bei dem man sich den Kummer von der Seele reden kann, der einem zuhört. Freunde, Partner haben sich vielleicht schon abgewendet, sie können es nicht mehr hören oder wissen auch keinen Rat mehr. Wer bleibt dann noch? Wohin mit dem Seelenmüll? Zumal: Wird der Müll nicht regelmäßig entsorgt, türmen sich die Berge (wie beim echten Müll auch); die Lage kann sich krisenhaft zuspitzen. Das wissen Kläger oder ahnen es. Warum also nicht zu einer professionellen „Seelenmüllabfuhr" gehen?

Berater könnten einwenden: „So ändert sich ja nie was! Da werde ich ja sogar noch in das System eingebaut!" Stimmt, nur: Wer will denn etwas ändern? Kläger? Oder doch nur ihre Berater, die das Ganze anscheinend noch schlechter aushalten als die Kläger selbst? Spielen ihnen vielleicht eigene Normen und Werte einen Streich? Zum Beispiel „Man jammert nicht nur herum, sondern tut was!"

Noch etwas: Es gibt nicht nur Kläger, sondern auch Ankläger: Die anderen sind an der ganzen Misere schuld. „Die müssten mal zu Ihnen in Beratung! Aber, die tun es ja nicht ..."..

Oder, was Berater noch mehr „freut", sind Sätze wie: „Sie können mir ja auch nicht helfen!" Und schließlich noch die Variante der Selbstankläger: „Ach, immer mache ich denselben Mist ...".

Berater kommen da leicht in Versuchung, die Gegenposition der Verteidigung oder zumindest des „neutralen" Richters einzunehmen, zum Beispiel Klienten vor ihrer Selbstanklage zu schützen und auf das hinzuweisen, was sie doch gut machen usw. Solche Versuche enden meistens in „mehr desselben". Es geht um die *Beseitigung* des Seelenmülls, nicht um seine *Untersuchung*! Auch beim normalen Müll, der im alltäglichen Leben entsteht, würde man sich schön bedanken, wenn man an der Mülltonne einen Zettel hängen sähe, auf dem steht: „In Ihrer Tonne kann man noch einiges brauchen, Sie sollten sie daraufhin nochmals durchsuchen!". „Beseitigung" heißt in erster Linie zuzuhören, Anteilnahme zu zeigen und gelegentlich, als Versuchsballon, die Frage zu stellen, ob der Klient das Ganze einmal aus einer anderen Richtung anschauen wolle, und zu prüfen, ob er vielleicht doch etwas ausrichten könne.

Besucher versuchen das Dilemma zwischen der Notwendigkeit einer Veränderung und der Angst davor wählen zu sollen, noch geschickter zu lösen: Sie haben kein Problem, das ist die spinnige Idee von anderen. Was nicht existiert, muss auch nicht verändert werden; was zwar existiert, aber kein Problem ist, muss ebenfalls nicht verändert werden. „Die paar Bier abends, was soll's? Jeder trinkt doch heutzutage, oder?"

Wer im psychiatrischen oder im Suchtbereich arbeitet, dem sind Kläger, Besucher und wie wenig Veränderung zu bewirken ist, sehr vertraut. Dass die sich oft zeigende Chronizität bestimmter Probleme, „Krankheiten" und „Störungen" auch ein Artefakt, das Ergebnis chronischer Therapie, Rehabilitationsversuche oder Betreuung sein kann, ist sehr bedauerlich.[2]

Eine wichtige Folgerung aus der Idee der Kundigkeit der Klienten ist, dass Berater neutral bleiben, anstatt sich von den eigenen Sichtweisen, Wertvorstellungen oder den Ideen, wie man Probleme angehen kann, antreiben zu lassen. Die Neutralität bezieht sich auf die Sichtweisen der Klienten, ihre Konstrukte von sich, von der Welt usw., die Berater ihnen nicht besserwisserisch, mit missionarischem Eifer ausreden sollten. Berater sollten auch neutral in Bezug auf die Lebensführung ihrer Klienten sein, es sei denn, andere werden dadurch nachhaltig beeinträchtigt, darauf kommen wir bei den „Kontexten mangelnder Freiwilligkeit" noch gründlicher zu sprechen.

Neutralität bedeutet nicht Gleichgültigkeit oder Desinteresse. Das Engagement bezieht sich aber eher auf den *Prozess* der Lösungssuche oder der Suche nach Wahlmöglichkeiten, als darauf, bestimmte Lösungen inhaltlich zu vertreten.

Kl: „Ich habe mit Chefs immer Pech, früher oder später fangen sie an, mich zu mobben."
B: „Immer? Also, es war noch nie anders?"
Kl: „Nee, in meiner Lehre, da war es anders. Mein Meister, der war gut. Der verstand was vom Fach. Und wenn ich mal einen Fehler gemacht hab', dann hat er mir's halt gesagt und so."
B: „Ein guter Lehrherr also?"

---

2 vgl. J. Schweitzer: Die endliche und die unendliche Psychiatrie

Kl: „Ja! Aber danach, früher oder später wurde ich ins Büro zitiert und durfte meine Papiere abholen. Da wurde einem nie was gesagt, oder man hat nur etwas hinten herum erfahren."

B: „Wenn Sie wollen, können wir das Ganze mal aus einer anderen Blickrichtung anschauen."

Kl: „Sie glauben mir nicht?"

B: „Ich glaube Ihnen schon, was sie erlebt haben. Wie käme ich auch dazu, was anderes zu glauben, ich war ja nicht dabei. Die Idee wäre, zum Beispiel das, was bei ihrer letzten Stelle abgelaufen ist, durch die Brille Ihres Chefs anzuschauen."

Kl: „Ich weiß doch nicht, was der sich gedacht hat!"

B: „Oh, ich glaube schon, zumindest haben Sie ja die Idee geäußert, dass er sie gemobbt hat; das wird er ja wohl absichtlich getan und so etwas gedacht haben wie: ,Also, den K. setz ich bald vor die Tür.'"

Kl: (lacht) „Ja, aber warum. Wenn ich was falsch gemacht habe, hätte er mir's ja sagen können."

B: „Eben! Hat er aber nicht, warum ist unklar. Also sollen wir? Den Film sozusagen noch einmal drehen, nur eben durch die Brille Ihres Chefs?"

Kl: „Ja wenn Sie meinen ..."

B: „Nein, nur wenn *Sie* das ausprobieren wollen, jetzt, hier ..."

So können wir schließlich Klienten und Berater als *„Kundschafter"* oder *„Pfadfinder"* betrachten, die sich gemeinsam auf die Suche begeben, jeder auf seine Art Spurensucher, ein „starkes" Team!

Das setzt allerdings voraus, dass „Kläger" und „Besucher" genauso respektiert werden, wie Kunden und nicht in der Werteskala von Beratern am Schluss auftauchen. Wie oft beschweren sich Kollegen in Supervisionen über Klager und werden dabei kurioser Weise selbst zu Klägern. Vollstes Verständnis für diese Kollegen! Es macht wirklich nicht viel Spaß, dieselben Klagen zum soundsovielten Male anzuhören. Es sei denn, man betrachtet es als Möglichkeit, die eigene Kreativität im Umgang mit dieser Situation zu üben.

Wir wenden uns jetzt der Frage zu, ob es „Kläger" usw. überhaupt gibt, ob diese Typisierung eine ist, die nur aus Beraterperspektive existiert und nicht an sich. Das soll hier in der Form geschehen, dass das Gleiche aus Klientenperspektive versucht wird: Eine Typisierung. Viele Klienten machen im Laufe der Zeit Erfahrung mit mehreren Beratern, absolvieren (völlig unabsichtlich) ein Studium im Umgang mit ihnen und werden in diesem Sinne Experten. Eigentlich fehlt es nur an entsprechenden Untersuchungen und Publikationen beispielsweise von einer entsprechenden Organisation, in der sich Klienten zusammenschließen.

Ich zitiere also aus einem fiktiven, populärwissenschaftlich gehaltenen Artikel über „Beratertypen":

„(...) Es gibt, wie die Praxis zeigt, hauptsächlich drei Typen von Beratern, und eine Fülle von Untertypen. Um jedoch überhaupt noch den Überblick zu behalten, beschränken wir uns hier auf eine erste grobe Einteilung: Es gibt Zuhörer, Ratgeber *und* Zauberer.

Zuhörer: *Das sind Berater, die einem geduldig zuhören; sie zeigen Anteilnahme und verstehen einen. Sie können sich irgendwie in die Lage von uns Klienten (wie sie uns nennen) hinein versetzen. Nur, sie raten einem nichts. Fragt man danach, sagen Sie: „Das müssen Sie schon selbst entscheiden!" Nun sitzt man da, fühlt sich gut verstanden, aber es geht trotzdem nicht weiter. Die Probleme verschwinden ja nicht von selbst! Manche Zuhörer sagen die ganze Stunde gar nichts, oder nur ganz wenig, und hören aufmerksam zu. Andere wiederholen immer wieder, was man gesagt hat. Das ist schon wohltuend, weil man richtig merkt, wie man verstanden wird. Nur, ein Ratschlag bleibt halt aus. Warum das so läuft, bleibt unklar.*

Ratgeber: *Es gibt aber auch Berater, die einem Ratschläge geben. Manche sind ganz schnell,* man hat kaum ausgeredet, schon kommt der erste Ratschlag; andere fragen dann erst noch ganz viel, auch Sachen, die gar nicht dazu gehören, beispielsweise wie es denn in der Ehe laufe. Dann aber kommen die Ratschläge. Da geht man aus der Stunde und nimmt etwas mit. Das Dumme ist nur: Meistens stellt sich schon bald heraus, dass alle diese Ratschläge nicht funktionieren, man kriegt es nicht hin oder die anderen spielen nicht mit und ändern sich einfach nicht. Erzählt man das dann in der nächsten Stunde, reagieren manche Berater irgendwie genervt, so als hätten sie jetzt selbst das Problem am Hals. Andere schlagen einem etwas Neues vor, nur im Alltag zeigt sich dann, dass es eben wieder nicht klappt. Möglicherweise liegt das daran, dass Berater sich doch nicht wirklich in unsere schwierige Lage hinein versetzen können, vielleicht wissen das die Zuhörer und hören deshalb nur zu.*

Zauberer: *Gemeint sind natürlich nicht die echten Zauberer, wir verwenden den Begriff hier, weil es auch bei diesen Beratern so ist, dass sie letztlich mit irgendeinem Trick arbeiten; nur: Wir bemerken ihn eben nicht. Aber das ist ja auch egal, Hauptsache es hilft. Es gibt solche Berater, viele von uns kennen im Bekanntenkreis Leute, die schon bei so einem Zauberer waren; das spricht sich dann herum, und dementsprechend sind dann die Wartezeiten, wenn man anruft. Unter den Zauberern gibt's solche, die versetzen einen in eine Art Tagtraum, man bekommt gar nicht mit, was da passiert, aber danach ist das Problem weg oder es geht einem zumindest viel besser. Und andere hören eine Zeit lang zu, fragen noch das eine oder andere, sagen dann einen Satz, und der fährt wie ein Geistesblitz in einen, man sieht die Welt plötzlich mit neuen Augen.*

Für uns Laien ist die Situation schwierig. Wenn man vorher wenigstens wüsste, an wen man gerät. Auf den Schildern der Beratungsstellen oder Praxen steht ja nicht drauf, ob hier Zuhörer, Ratgeber oder Zauberer arbeiten. Es sei denn, man hat einen Tipp von Bekannten. Und gesagt wird es einem auch nicht. In unserer Befragung haben etliche berichtet, dass die Berater solche Nachfragen nicht sehr mögen. Zauberer scheinen sich durchweg zu verleugnen. Der Markt ist inzwischen ziemlich unübersichtlich. Die meisten Berater bezeichnen ihre Arbeit auch ganz anders, als das, was sie ist. Es gibt zum Beispiel Praxen für „systemische Beratung"; immerhin kommt da wenigstens der Begriff der Beratung vor. Aber „systemisch", was ist das? Sind dort Ratgeber oder Zauberer tätig? Das steckt wohl kaum in dem Wort „systemisch"!

Ein weiteres Beispiel: Erziehungsberatungsstellen; da weiß der Laie gleich, um was es geht. Und trotzdem haben in unserer Befragung viele glaubhaft berichtet, sie hätten dort sehr häufig Zuhörer angetroffen. Es kann allerdings auch sein, dass es sich hier nur um Beratertypen handelt, die es in ‚Reinkultur' nicht gibt, sondern eher nur in Mischformen. Das alles auf die besagten Schilder zu schreiben, ist wahrscheinlich zu aufwendig (…)"

Das ist alles fiktiv und wenig ernsthaft, könnte nun ein Einwand lauten. Nur: Wäre eine solche Typisierung wirklich so weit weg von der, um die es bei „Besuchern", „Klägern" und „Kunden" geht? Es sind Konstrukte, und gegen diese Konstrukte wäre im Grunde nichts einzuwenden, denn sie haben eine empirische Basis, vor allem wenn berücksichtigt wird, um welche Blickrichtung es sich bei der Empirie handelt, nämlich die der Klienten und der Berater.

Gehen wir darum noch einen Schritt weiter und fügen ebenfalls fiktiv die beiden Modelle zusammen, so wie sie gleichsam im „Hintergrund" aufeinander treffen, wenn Klienten und Berater zusammensitzen. Es entsteht dann eine Art Matrix:

„Typ":	Zuhörer	Ratgeber	Zauberer
Besucher	?	?	?
Kläger	?	?	Zauberer beseitigen ein Problem; es wird von Klägern in der nächsten Sitzung in leicht veränderter Form wieder hervorgezaubert
Kunden	?	?	?

Die Felder der Matrix bieten Raum für die Beschreibung der Prozesse, die jeweils ablaufen, wenn die „Typen" aufeinander treffen. Die schmalen Felder sollen kennzeichnen, dass es zwischen den Typen fließende Übergänge gibt. Das Ganze wäre auch nicht als statisches Gebilde zu betrachten, sondern in Bewegung, also wird aus einem Zuhörer (vorübergehend) ein Ratgeber, im selben Moment wird aus dem Kunden ein Besucher, der sich dann zum Kläger entwickelt während (oder weil?) der Berater wieder zum Zuhörer wird.

Wenn Sie, liebe Leserin und lieber Leser Lust dazu haben, könnten Sie sich ausdenken, was in den mit „?" markierten Feldern stehen könnte, und wie das vielleicht auffällig mit Beobachtungen in Ihrem Beratungsalltag übereinstimmt. Ein Feld ist exemplarisch ausgefüllt.

Zum Schluss ein erfundenes Beispiel, das realistisch sein könnte: Jemand wird von seiner Krankenkasse zur Suchtberatung geschickt. Die Kasse macht Druck, er selbst denkt keineswegs, ein Alkoholproblem zu haben. „Also, in der Beratung muss ja dann schon irgendein Zauberer sein, der ein Problem wegmacht, das gar nicht da ist", so denkt sich unser Kassenpatient und geht zur Beratungsstelle zum Termin. Er trifft auf eine freundliche Beraterin, die dann alsbald zur Sache kommt, und fragt, was denn das Problem sei. Wahrheitsgemäß sagt unser Kassenpatient, dass es kein Problem gebe, er komme, weil ihn die Kasse geschickt habe. Nach einigem Hin und Her verabschiedet die Beraterin unseren Patienten mit den Worten: „Überlegen Sie sich das Ganze nochmals in Ruhe, und wenn Sie wollen, melden Sie sich in vier Wochen wieder."

„Wenn das kein Zauber ist: Zwanzig Minuten Gespräch, es gab sogar einen Kaffee, und danach hat man vier Wochen seine Ruhe!", denkt sich der Kassenpatient und geht zufrieden heim.

Die Beraterin erzählt in der Pause den anderen: „Was die von der Krankenkasse sich denken! Das war schon der dritte in dieser Woche, der nicht einmal wusste, weswegen er zu uns geschickt wird. So, als hätten wir nichts anderes zu tun angesichts der ganzen Krisen." „Besucher halt, wie so oft!" sagt einer vom Team, die Pause ist vorbei.

Natürlich wissen wir nicht, ob Klienten überhaupt mit einem Modell wie Zuhörer, Ratgeber und Zauberer arbeiten. Insofern ist das Beispiel wirklich konstruiert. Aber es zeigt: Wie immer die Modelle auch sein mögen, sobald die Beteiligten beginnen, sich ihrem Modell entsprechend zu verhalten, können sich diese Modelle zur sich selbst erfüllenden Prophezeiung entwickeln und dadurch auch verfestigen: Man wird in dem bestätigt, was man sowieso schon „wusste" – ein sehr alltägliches Phänomen.

Damit gelangen wir wieder auf den Hauptweg unserer Wanderung zurück. Was ist das Fazit? Das Modell von Besuchern, Klägern und Kunden ist für die Praxis sehr nützlich, sofern klar bleibt, ...
– dass es sich um ein Konstrukt, ein Modell, eine Typisierung handelt und nicht um Realitäten
– dass Typisierungen dieser Art und die entsprechenden Einteilungen nie „trennscharf" sein können, sondern Menschen von allem etwas in sich tragen
– dass es sich nicht um statische Gebilde, sondern um dynamische Prozesse handelt.
– und dass Berater gut daran tun, ihre Konstrukte darauf hin zu überdenken, welche Systemprozesse gerade dadurch angeregt werden, dass sie diese Konstrukte verwenden. Es spricht eigentlich nichts dagegen, diese Überlegungen mit Klienten gemeinsam anzustellen, sofern diese sich darauf einlassen möchten. Manche Klienten werden vielleicht überrascht und irritiert sein, weil gerade das nicht ihrem Bild von Beratung entspricht. Welcher Zauberer verrät schon seine Tricks?

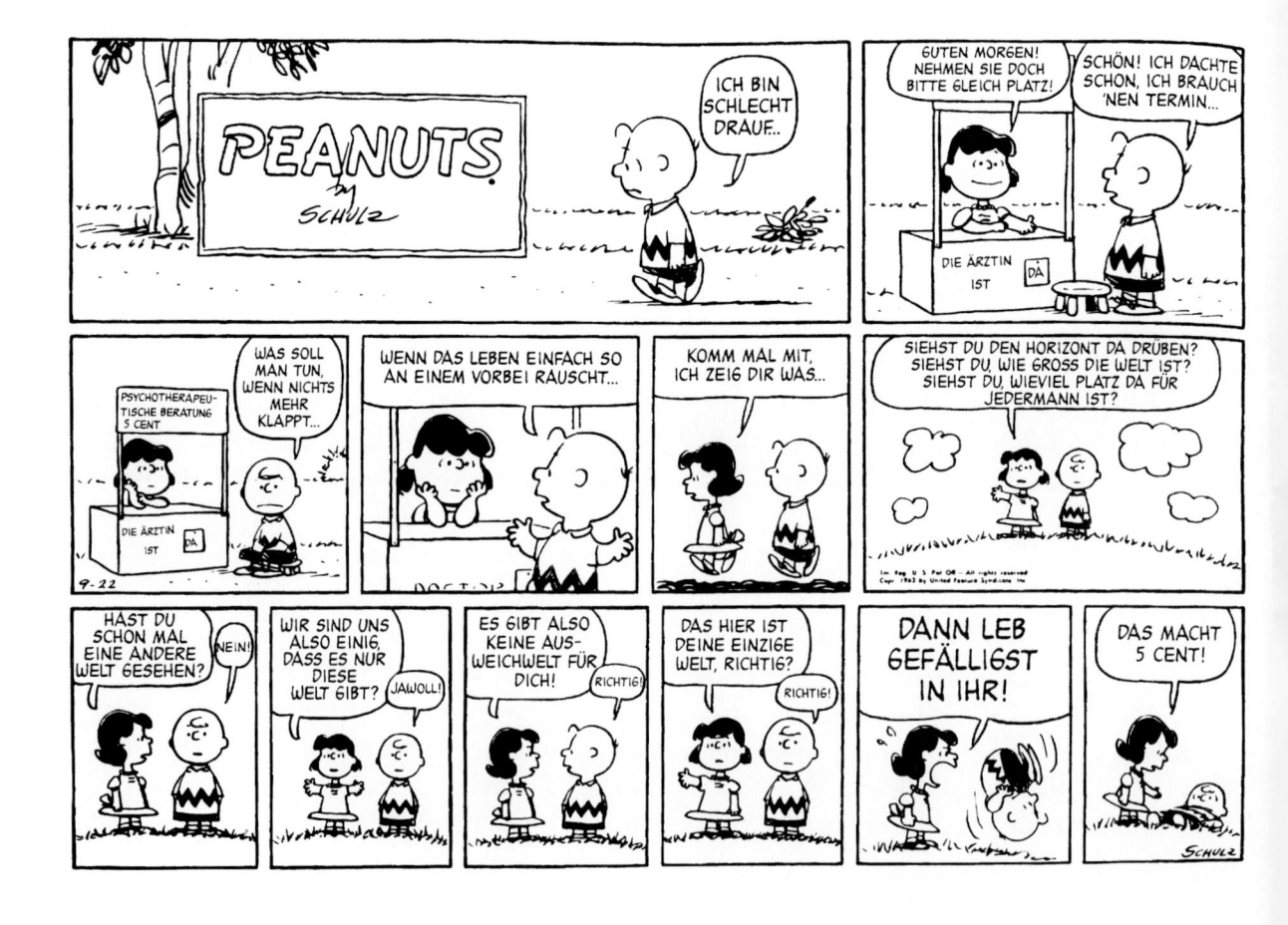

Wegskizze

Typisierung

„BESUCHER"

- **Innere Ausgangslage**, Motto: „Ich hab' kein Problem; andere haben vielleicht ein Problem und sollen mal in Therapie gehen!" oder: „Der Doktor hat gemeint, ich soll mal zu Ihnen gehen."
- **Veränderungswünsche:** Veränderung scheint keinen Vorteil zu bringen und ist außerdem nicht nötig, weil es (aus Sicht der Klienten) ja kein Problem gibt.
- **Kontraindikation:** Klienten dahingehend zu missionieren, dass sie ihre Probleme sehen sollen.
- **Worauf Berater Klienten vorsorglich hinweisen sollten:** „Und was passiert dann, wenn die anderen ihr Problem, das sie irgendwie mit Ihnen haben, auf Sie abwälzen und Druck machen?"
- **Metaphern für die Beratung:** Plauderei oder Messebesuch: „Haben Sie Lust sich mal zu informieren, was wir hier so machen?"
- **Hausaufgaben:** eher keine

„KUNDEN"

- **Innere Ausgangslage**, Motto: „Ich hab ein Problem, was muss ich tun, damit es weg geht?"
- **Veränderungswünsche:** Der Leidensdruck ist groß, dementsprechend sind die Veränderungswünsche und die Erwartungen an andere oder die eigene Person ebenfalls groß.
- **Kontraindikation:** Klienten hinsichtlich bestimmter Lösungsmöglichkeiten missionieren, Klienten treffen selbst die Entscheidung, was sie versuchen wollen.
- **Worauf Berater Klienten vorsorglich hinweisen sollten:** „Veränderungen sollte man nicht zu schnell machen. Schrittchen für Schrittchen führt auch zum Ziel!"
- **Metaphern für die Beratung:** „Eile mit Weile, denn Probleme haben ihren Sinn!"; behutsames Veränderungstraining. Eine Frage „Ist das Problem, vielleicht für irgendetwas ‚gut'?"
- **Hausaufgaben:** Experimente, Training, Erfolgstagebuch

„KLÄGER"

- **Innere Ausgangslage**, Motto: „Ich habe das Problem, aber die anderen haben den Schlüssel zur Lösung und rücken den Schlüssel nicht raus!" Oder: „Die anderen oder die Umstände sind schuld und ich bin der Leidtragende!"
- **Veränderungswünsche:** Die anderen oder die Umstände sollen sich endlich ändern!
- **Kontraindikation:** Klienten dahingehend zu missionieren, dass sie selbst Anteil an der Misere haben und dementsprechend auch für eine Veränderung verantwortlich sind.
- **Worauf Berater Klienten vorsorglich hinweisen sollten:** „Da war einmal ein Mensch, der hatte vergessen, dass es einen Ersatzschlüssel zu seiner Vorratskammer gab. Als man ihn daran erinnerte, wollte er es nicht glauben. Was war die Folge? ..."
- **Metaphern für die Beratung:** Seelenmüllabfuhr, Seelenmassage, Kurlaub, KFZ-Werkstatt oder (versuchsweise entsprechend der Geschichte bei den vorsorglichen Hinweisen) „Schlüssel suchen"
- **Hausaufgaben:** Beobachtungsaufgaben: Gibt es Ausnahmen vom Problem?

Klienten repräsentieren in der Regel alle diese Formen in verschiedenen Anteilen, und zwar nicht statisch, sondern dynamisch. Vor allem Kläger erkennt man rasch am „Sound" ihrer Stimme (mehr oder minder ausgeprägter Klageton), dementsprechend umgekehrt Besucher und Kunden an einem gelassenen bzw. ernsten bis energischen Tonfall.

Eine Kontextklärung (vgl. Wanderung N° 6) wird dringend empfohlen, weil Berater nicht von vorneherein wissen können, mit welchen Modellen von Beratung ihre Klienten arbeiten

> *Wer anderen die Schuld gibt, gibt ihnen die Macht*
> Wayne Dyer

Wanderung N° 13

Brücke mit Geländer
Das Phasenmodell

Wohin diese Wanderung führt ...

Wenn die Ausgangslage und die Auftragslage geklärt sind, wenn sich abzeichnet, dass Klienten ein Anliegen an Berater haben (statt umgekehrt) oder zumindest als „Besucher" in die Beratung kommen, können Berater endlich mit dem beginnen, wozu sie eigentlich da sind. Wir haben auf den zurückliegenden Wanderungen gesehen, warum Berater oft im Vorfeld vieles klären müssen, damit die Beratung (im engeren Sinne) erfolgreich verlaufen kann.

Auf Prozesssteuerung kommt es allerdings weiterhin an. Sie kann nun anhand eines methodischen Konzeptes erfolgen, das ich Phasenmodell nenne.

Der Name deutet es schon an, worauf es hauptsächlich ankommt: Ob eine Beratung als Prozess über eine längere Zeit betrachtet wird, oder ob es nur um ein einzelnes Gespräch geht, mit dem Phasenmodell wird vorgeschlagen, den Ablauf in Abschnitte, Sequenzen oder eben Phasen einzuteilen, die sich klar voneinander unterscheiden, die aufeinander aufbauen und die dem gesamten Prozess dadurch eine Struktur geben. An dieser Struktur können sich Berater im Sinne eines roten Fadens (wie schon bei dem Prozessdiagramm „Ariadne") orientieren. Mit der Antwort auf die Frage: „Wo stehen wir gerade im Phasenmodell?" sind Berater immer „auf der Höhe der Entwicklung" und können abschätzen, was als nächstes an der Reihe ist.

Einwände, das sei doch alles sehr formalistisch, man müsse sich doch eher an dem orientieren, was gerade aktuell in der Beratung passiert, was Klienten mitbringen und brauchen, anstatt eine formale Prozedur durchzuziehen, lasse ich gerne gelten, sofern diese Vorgehensweise nicht dazu führt, dass nach einiger Zeit weder Klient noch Berater so recht wissen, um was es eigentlich geht, und wo man schon angelangt ist.

Ich werde weiter unten noch auf eine Art „Freistil", wie ich ihn gerne nenne, zurückkommen, bei dem man mit den Möglichkeiten des Phasenmodells flexibler und spielerischer auf die Situation eingehen kann. Anhand der Bearbeitung der Fallbeispiele (z.B. im Rollenspiel) in Supervisionen und Fortbildungen bin ich jedoch immer wieder darauf gestoßen, dass solcher Freistil „tiefer in den Urwald" hinein führen kann, als aus ihm heraus, wenn man als Berater nicht jederzeit klar hat, wo man gerade im Prozess steht.

Klienten sind so sehr mit sich beschäftigt, dass man ihnen keinen Vorwurf machen kann, wenn sie sich verzetteln. Berater neigen mehr oder minder dazu, sich sehr auf die Inhalte zu konzentrieren und dabei den Prozess aus den Augen zu verlieren. Einen „Freistil", der nicht mit der schon erwähnten „mehrfach gerichteten Aufmerksamkeit" verbunden ist, kann ich nicht empfehlen. Wer sich noch unsicher fühlt, diese multifokale Aufmerksamkeit ohne Mühe zu praktizieren, dem empfehle ich „solides Handwerk", auch wenn dies vielleicht formalistisch erscheint und manchem auf die Dauer auch langweilig wird. Manche Beratungssituationen sind schwierig, dann halte ich mich auch selbst strickt an die Struktur, die das Phasenmodell bereit stellt.

Um einen weiteren Vergleich zu bemühen: Wenn eine Brücke leicht zu begehen ist, wird wahrscheinlich kein Geländer benötigt, an dem man sich festhalten kann. Ist die Brücke schmal und wackelig (wie so manche Hängebrücke), wird man vom Geländer Gebrauch machen, um sich daran vorwärts zu hangeln. Dann muss es aber auch ein solches Geländer geben, man muss es sehen und wissen, wie man es benutzt. Das ist der eigentliche Zweck des Phasenmodells: „Geländer" oder „Handlauf" bei Bedarf! Es gibt noch einen weiteren Gesichtspunkt, warum ich für dieses Phasenmodell werbe: Im Begriff vom „soliden" Handwerk wurde das schon angedeutet. Wir werden sehen, dass es in jeder Phase auf die sorgfältige Durchführung aller Schritte ankommt, um die es jeweils geht. Wir werden außerdem sehen, dass der Begriff der Phase noch erweitert werden muss: Einzelne „Phasen" des Gespräches oder Teile davon laufen nämlich während des gesamten Prozesses weiter, und werden nicht einfach durch die nächste Phase abgelöst. Einen guten Kontakt zu Klienten zu haben, ist nicht nur zu Beginn wichtig, sondern während des ganzen Prozesses. Und der Kontrakt bleibt Wegweiser für die gesamte Beratung, es sei denn, er wird geändert.

Ich beginne mit einer schematischen Darstellung der Methode:

Phasenmodell

Erster Kontakt und ganze Beratung (über längere Zeit) ⇩		Die einzelne Betreuungssequenz ⇩
Aufbau einer Beziehung (Vertrauen, Einfluss, Wertschätzung, Partnerschaftlichkeit) Kontextklärung	**Kontakt herstellen**	Anknüpfen an die bisherige Beziehung

⇩

| Arbeit an Zielen und Motivation von Klienten | **Kontrakt schließen** | Bezug zu den generellen Zielen der Betreuung herstellen |

⇩

Der Kontrakt mündet in die Klärung, ob es sich um Besucher, Kläger oder Kunde handelt:
Man kann nun den dementsprechenden "Auftrag" ausführen

d.h.: Messebesuch oder Plauderei | Seelenmassage, vielleicht Schlüsselsuche | Lösungssuche

Nur, wenn es um Lösungssuche geht, kommen nun
Fragetechniken, Problemlösungsstrategien, systemische Methoden,
Hausaufgaben, Experimente usw. zum Einsatz

⇩

Auswertung und Kontrakt überprüfen:
„Haben wir gemacht, was Sie sich gewünscht haben?"
Wenn ja, ist „die Sache rund", wenn nein: evtl. ausmachen,
wann am Thema weitergearbeitet wird

Verabschiedung, Kontakt lösen

Das Schema zeigt: Ausgehend vom Kontakt, der am Anfang sorgfältig aufgebaut und am Schluss ebenfalls mit Sorgfalt gelöst wird, schließt sich das Ganze zu einem Kreis (im positiven Sinne). Jede einzelne Beratungssequenz ist ein solcher Kreis:

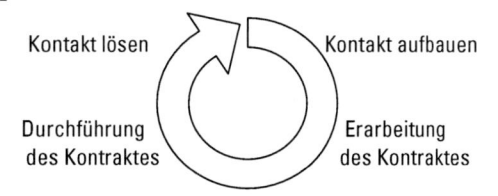

Kontakt lösen — Kontakt aufbauen
Durchführung des Kontraktes — Erarbeitung des Kontraktes

Die gesamte Beratung über längere Zeit hinweg kann als Kreis aus lauter solchen Kreisen betrachtet werden (vgl. Wanderung N° 7). Die ersten Gespräche dienen dem Aufbau der Beziehung, die letzten Gespräche der Auswertung der gesamten Beratung und der endgültigen Verabschiedung.

Ich werde nun die einzelnen Phasen genauer besprechen.

1. Phase: Kontakt aufbauen

Für den Aufbau des Kontaktes sind auch Begriffe wie „Rapport herstellen" oder „joining" gebräuchlich. In allen Therapieverfahren wird viel Sorgfalt darauf verwendet, Rapport herzustellen und insbesondere auch *aufrecht zu erhalten*. Dies ist Teil der Beziehungsgestaltung, auf die wir später noch ausführlich eingehen werden (Wanderung N° 21 und folgende)

Dafür zu sorgen, dass zu Klienten ein „wirklicher" Kontakt besteht, kann für die anschließenden Phasen und deren Wirksamkeit von entscheidender Bedeutung sein. Wesentlich für einen Kontakt ist, ...
– eine klar definierte „Du-Ich-Situation" herzustellen, das heißt sinngemäß: „Wir zwei sind jetzt miteinander im Gespräch, alles andere bleibt beiseite ...!" Telefone und sonstige Störquellen sollten ausgeschaltet werden. Es geht auch darum, darauf zu achten, dass Klienten „ganz hier" und nicht noch oder schon wieder gedanklich woanders sind.
– Dazu hilft es, den Kontakt gerade am Anfang auf möglichst vielen Sinneskanälen herzustellen; man soll sich nicht nur hören, sondern auch (immer wieder einmal) Blickkontakt herstellen. Je nach schon bestehender Beziehung und aktueller Situation kann auch wichtig werden, durch eine leichte Berührung den Kontakt zu intensivieren.
– Es wird aber oft auch darum gehen, den „richtigen" Abstand zu wahren; sofern man sitzt (und nicht miteinander spazieren geht), ermöglicht eine Sitzanordnung etwa im rechten Winkel „übers Eck" am meisten Flexibilität: (die Pfeile zeigen den Blick geradeaus)

↘ ↙

Sich frontal gegenüber zu sitzen, ist meist nicht empfehlenswert.

– Der Zeitrahmen für das Gespräch (oder auch für die ganze Beratung) sollte schon vorher definiert werden, auch wenn es gerade nur um eine kurze Begegnung von fünf Minuten geht; wenn diese Zeit definiert ist, kommt Ruhe in die Sequenz. Gerade in stationären Einrichtungen kommt es öfters zu solchen „Zwischen-Tür-und-Angel-Gesprächen" (vgl. Wanderung N° 15).

Alles, was den Kontakt stört oder beeinträchtigt, wirkt sich hinderlich auf das ganze Gespräch aus. Sorgfalt an dieser Stelle zahlt sich also im weiteren Verlauf aus!

2. Phase: Kontrakt erarbeiten

Mit Kontrakt ist eine Art „Vertrag" zwischen den Beteiligten für die jetzt folgenden Gesprächsteile gemeint.
Einen Kontrakt zu machen, ist der sicherste Weg, um zu verhüten, dass das Gespräch „schief geht", die Beteiligten sich in psychologische Spiele verstricken und schließlich bei dem Ganzen „nichts herauskommt".
Den Kontrakt zu erarbeiten, wird meistens einen erheblichen Anteil an der Zeit benö-

tigen, die man überhaupt auf das Gespräch verwendet. Diese Zeit ist allerdings gut investiert, denn ein sorgfältig erarbeiteter Kontrakt erbringt oft schon einen großen Teil der Problemlösung. Deshalb wird uns dieses Thema auf der nächsten Wanderung beschäftigen. Wer will, kann die jetzige Wanderung an dieser Stelle unterbrechen, und später wieder an diesen Punkt zurückkehren. Hier sei aber schon soviel gesagt, dass die Erarbeitung des Kontraktes bedeutet, dass Klienten die Fragen im Kasten beantworten. Berater sollen auf der Prozessebene darauf achten, *dass* die Fragen beantworten werden. Denn *wie* sie beantwortet werden, ist eher von nachrangiger Bedeutung. Vielleicht ergeben sich Antworten aus den Äußerungen der Klienten, ohne dass manche dieser Fragen ausdrücklich gestellt wurden. Es sind verschiedene Formulierungen der Fragen denkbar, wenn die Richtung der Frage erhalten bleibt.

- Worum soll es gehen? Was ist das Thema? Was ist das Problem?
- Was möchte der Klient verändern, was ist sein Ziel?
- Was ist für *heute und hier* (im Gespräch) das Ziel, was soll herauskommen?
- Welche Erwartungen hat der Klient an *mich als Berater*?
- Kann und will ich als Berater diese Erwartungen erfüllen? (Wenn nicht muss geklärt werden, welche anderen Erwartungen ich stattdessen erfüllen kann!)

Die vierte Frage ist die schon erwähnte „Schlüsselfrage", die nach dem Auftrag.
Bei Besuchern führt schon die erste Frage zur Klärung: Es gibt keine Probleme, jedenfalls nicht solche, die Gegenstand der Beratung werden müssten, also genügt (als Metapher) die schon erwähnte Plauderei, oder der Messebesuch, bei dem Klienten erfahren, was es im „Angebot" des Beraters gibt.

Kläger werden bei der Frage nach den Zielen bereits deutlich machen, dass es keine Ziele gibt (Motto: „Es ist ja alles zwecklos!") oder nur solche, bei denen man auf andere Leute und deren Veränderungsbereitschaft angewiesen ist. Letztlich wird es auf den Auftrag hinauslaufen, (heute im Gespräch) zuzuhören und Anteilnahme zu zeigen.

Bei Kunden mündet die Klärung der Fragen in den Kontrakt darüber, welche Probleme mit welcher Zielsetzung angegangen werden, was dabei „Job" der Klienten und was Aufgabe der Berater ist.

Achtung! Bevor der Kontrakt nicht vollständig erarbeitet ist, sollte man nicht zur Phase 3 übergehen!

3. Phase: Messebesuch, Seelenmassage oder Problemerkundung und -bearbeitung mit Lösungssuche

Alles Bisherige war im Prinzip Vorbereitung; notwendige Vorbereitung, um die Arbeit, die jetzt beginnt, erfolgreich durchführen zu können. Es ist so, wie in anderen Lebensbereichen auch: Ist der Auftrag klar, kann man seine Arbeit machen.
Der „Messebesuch" oder die „Seelenmassage" sind manchmal eine methodische Herausforderung an Berater, weil sie sich darauf einlassen müssten, nur „so wenig zu tun", es auszuhalten, dass Probleme allenfalls verwaltet, aber nicht gelöst werden. Es ist eine Herausforderung für ihre Eigenauftragssysteme (siehe Wanderung N°10). Dennoch sollten sie sich, von gelegentlichen „Versuchsballons"

abgesehen, nicht dazu verleiten lassen, den durch den Kontrakt festgelegten Kurs zu verlassen. Die Phase 3 dient der Umsetzung des Kontraktes, der Durchführung des Auftrages.

Nur bei Kunden können Berater die Problembearbeitung im „eigentlichen" Sinne in Angriff nehmen. Im Wesentlichen handelt es sich dabei um folgende Etappen:

- Problemerkundung (mit Hilfe entsprechender Fragetechniken)
- Problembearbeitung und Lösungssuche
- schließlich werden noch konkrete „Hausaufgaben" oder Experimente verabredet. Denn die Zeit bis zum nächsten Termin ist mindestens so wichtig, wie das Gespräch selbst, und sollte von Klienten dazu genutzt werden, neue Erfahrungen zu sammeln, die in den weiteren Beratungen verwertet werden können.

Diese Phase 3 dauert solange, bis der Auftrag erledigt ist, ob dafür nun ein oder viele Gesprächskontakte erforderlich sind. Bei den Etappen kommen nun alle Methoden zum Tragen, die in der vierten und fünften Reise beschrieben werden

4. Phase: Abschluss

In dieser Phase geht es hauptsächlich um die Überprüfung, ob der Kontrakt erfüllt wurde; für *alle* Beteiligten soll deutlich werden, *ob* erreicht wurde, was im Kontrakt verabredet wurde. Manchmal scheuen sich Berater, diese Frage ausdrücklich zu stellen. Denn „es kommt die Stunde der Wahrheit": Vielleicht sind Klienten unzufrieden, vielleicht hat man keine Lösung gefunden, vielleicht ist die für das Gespräch reservierte Zeit vorbei, aber man ist noch lange nicht fertig, und der Klient muss unverrichteter Dinge wieder nach Hause gehen. Es ist jedoch für die Beziehung zum Klienten und für die weitere Beratung besser, wenn diese Dinge offen zur Sprache kommen, anstatt ihnen auszuweichen. Klienten dürfen enttäuscht sein, Berater müssen deshalb nicht gleich ihre Arbeit „an den Nagel hängen". Es ist ein Teil der Wertschätzung, auf die wir noch zu sprechen kommen (vgl. Wanderung N° 21 und N° 22), wenn Klienten der Raum für Feedback an Berater gegeben wird.

Es gilt auch Verabredungen darüber zu treffen, ob und wann eine nächste Beratungseinheit stattfindet, oder auch, ob die Beratung insgesamt ihrem Ende zugeht. Ist man am Ende der gemeinsamen Arbeit angelangt, empfiehlt sich ein Abschlussgespräch, um der Auswertung Raum zu geben. Eventuell wollen Klienten die Sicherheit, sich wieder an ihren Berater wenden zu dürfen, wenn es nötig wird. Allerdings sollte das nicht dazu dienen, den Abschied und die damit verbundenen Gefühle zu vermeiden oder zuzulassen, dass es zu einer nicht endenden Beratung kommt, weil Klienten Angst davor haben, wieder auf eigenen Beinen zu stehen und ohne Berater (als „Rückversicherung") zurecht zu kommen. Eine schöne Möglichkeit besteht darin, Klienten zum Abschluss ein „Scheckheft" mit beispielsweise fünf Beratungsgutscheinen zu überreichen, die sie einlösen können, wenn sie glauben, davon Gebrauch machen zu müssen. Auf so einem Scheck könnten als Gebrauchsanleitung folgendes stehen:

> *„Halt! Bevor Sie vorschnell diesen Gutschein einlösen, stellen Sie sich bitte erst die folgenden Fragen:*
>
> *Sind Sie sich sicher, dass Sie jetzt eine Beratung brauchen? Und haben Sie wirklich keine Idee, was Ihnen ihr Berater in diesem Gespräch raten wird?*
>
> *Wenn Ihnen keine Antwort einfällt, die Sie weiterbringt, sollten Sie diesen Gutschein einlösen."*

Abschied

In dieser Phase wird der Kontakt gelöst. Das soll *ebenso sorgfältig* gemacht werden, wie in Phase 1 der Kontakt hergestellt wurde: abschließende Worte, nochmaliger Blickkontakt, evtl. abschließender Körperkontakt oder sonstige Abschiedsrituale. Sorgfältig bedeutet nicht automatisch, dass dies lange dauert. Und die Form muss zur Beziehung, zum eigenen Stil und zu dem, was in der Beratung abgelaufen ist, passen. In einem Fall gibt man sich die Hand, im anderen nimmt man sich vielleicht kurz in den Arm.

Die Phasen einer Beratung können also verschieden lang sein; eine Beratungssequenz und auch den gesamten Beratungsprozess in diese Phasen einzuteilen hat den Sinn, die wichtigen Etappen hervorzuheben und den gesamten Ablauf zu strukturieren. Die Phasen klar voneinander zu unterscheiden, dient der Prozesssteuerung. Es ist das „Geländer", von dem oben metaphorisch die Rede war. Je heikler oder schwieriger eine Beratung zu werden verspricht, desto mehr empfehle ich, sich genau an diese Struktur und auch die Reihenfolge der Phasen zu halten. Es ist erstaunlich zu erleben, wie schnell einem dieser rote Faden entgleiten kann. Gut im Kontakt zu sein, den Kontrakt jederzeit im Blick zu haben (wovon wir es in der nächsten Wanderung ja noch genauer haben werden), sich, wenn es tatsächlich darum geht, bei einer Problembearbeitung durch die einzelnen Schritte entsprechend der gewählten Methode zu arbeiten, dabei jedoch auch darauf zu achten, dass Klienten in ausreichender Weise selbst mitarbeiten bzw. mitdenken, die Methode zu wechseln, wenn es sich anbietet und noch anderes mehr, dabei hilft uns das Modell – es macht verständlich, warum es nicht einfach ist, „auf Kurs" zu bleiben.

„Freistiel"

Mit der Kontaktaufnahme beginnt es immer, aber danach kann man auch in der Reihenfolge variieren, wenn man sich sicher genug fühlt, bei Bedarf jederzeit auf die Grundstruktur zurückgreifen zu können. Mit der Reihenfolge der Phasen zu spielen, in kreativer Weise hin und her zu springen, macht Beratungen abwechselungsreicher, bunter. Dieser „Freistil" will geübt sein. Man kann zu Beginn des Gesprächs gleich einen (virtuellen) Sprung zu seinem Ende machen: „Was vermuten Sie: Wie zufrieden werden Sie heute von hier weggehen?" und anhand der Antworten der Klienten nun das ganze weitere Gespräch gleichsam „von hinten aufziehen". Man kann gleich nach der ersten Andeutung von Problemen Lösungsvorschläge machen und einschränkend hinzufügen, dass diese aber vielleicht nichts taugen.

Oder man stellt nach der Kontaktaufnahme und etwas „Small Talk" die Frage: *„Sagen Sie, über was sollten wir heute lieber nicht sprechen?"* Klienten rechnen eher mit der Frage, was das Thema sein solle; jetzt werden sie eingeladen, in eine ganz andere Richtung zu denken, und machen dann vielleicht paradoxerweise etwas Wichtiges zum Thema, über das sie sonst tatsächlich nicht gesprochen hätten.

Oder man lässt sich auf eine längere Problemerkundung ein, bis der Klient und man selbst vielleicht wirklich nicht mehr durchblickt, und stellt dann die Frage: *„Oh, jetzt habe ich ganz vergessen, Sie zu fragen, was Sie heute für ein Anliegen haben. Sollen wir das jetzt noch nachholen oder ist es zu spät dafür?"*

Bei einiger Übung in solchem Freistil bleibt Beratern trotzdem immer klar, wo sie im Gesamtprozess gerade stehen, was zu erarbeiten vielleicht noch aussteht. Man kann in der Tat so auch flexibler auf die momentanen Bedürfnisse der Klienten eingehen. Manchen Klienten geht es nicht darum, „nur" zu klagen, wohl aber darum, erst einmal so richtig „den Kropf zu leeren" oder Dampf abzulassen, bevor eine konstruktive Arbeit an einem Problem möglich ist. Nach einer halben Stunde Schimpfen wird der Kontrakt geschlossen, es macht auch keine Mühe, wäre aber unmittelbar nach der Kontaktphase nicht möglich gewesen. Nach dem ersten Schwall an Beschwerden hat manchmal auch die Frage: *„Das war aber noch nicht alles, oder?"* eine paradoxe, zugleich jedoch konstruktive Wirkung. Oft stutzen Klienten kurz, lächeln. Vielleicht muss der Rest auch noch raus, und dann gelingt erst der Einstieg in die Frage, um was es denn heute in der Stunde gehen solle.

Kurz: Sich in Freistil zu üben, hat auch den Effekt, sich in der Anwendung des Phasenmodells sicherer zu werden.

Wegskizze

Phasenmodell

Erster Kontakt und ganze Beratung (über längere Zeit) ⇩	⇩	Die einzelne Beratungssequenz ⇩
Aufbau einer Beziehung (Vertrauen, Einfluss, Wertschätzung, Partnerschaftlichkeit) Kontextklärung	**Kontakt herstellen**	Anknüpfen an die bisherige Beziehung
Arbeit an Zielen und Motivation von Klienten	**Kontrakt schließen** (siehe dazu gesondertes Papier)	Bezug zu den übergeordneten Zielen der Betreuung herstellen

⇩

mündet in der Klärung, ob es sich um Besucher, Kläger oder Kunde handelt:
Man kann den dementsprechenden "Auftrag" durchführen
⇩
d.h.: Messebesuch oder Plauderei | Seelenmassage, vielleicht Schlüsselsuche | oder Lösungssuche

Nur, wenn es um Lösungssuche geht, folgt nun der Einsatz von
*Fragetechniken, Problemlösungsstrategien, systemische Methoden;
Hausaufgaben, Experimente usw.*

⇩

Auswertung und Kontrakt überprüfen:
„Haben wir gemacht, was Sie sich gewünscht haben?"
Wenn ja, ist „die Sache rund", wenn nein: evtl. ausmachen,
wann am Thema weitergearbeitet wird

Verabschiedung, Kontakt lösen

Wanderung N° 14

Der Kontrakt – eine vertrackte Sache

Wohin diese Wanderung führt ...

Nachdem wir die Wanderungen N° 9 und N° 11 hinter uns gebracht haben, wissen, in welcher Lage Klienten sein können und wie man Aufträge klärt, dürfte es eigentlich keine Schwierigkeit mehr machen, einen Kontrakt mit Klienten zu schließen und durchzuführen. Berater klären mit ihren Klienten, um was es geht usw. Dieser Klärungsprozess kann sich über mehrere Gespräche hinziehen, dagegen ist nichts einzuwenden. Es kann dauern, bis deutlich ist, um was es Klienten primär geht. Wünschen sie sich einfach Zeit und Raum, um Beschwerden zu schildern und einen teilnahmsvollen Zuhörer zu finden? Oder sollen Lösungsmöglichkeiten für bestimmte Probleme gesucht und umgesetzt werden? Auch das stellt sich oft erst nach und nach heraus.

Der Kontrakt fungiert als eine Art Wegweiser für die weitere Beratung, mag sie nun längere Zeit dauern, weil die anvisierte Veränderung nur in kleinen Schritten zu vollziehen ist, oder schneller abgeschlossen werden können, weil beispielsweise eine Plauderei nicht sehr viel Zeit beansprucht. Insoweit wäre eigentlich alles Wesentliche bereits diskutiert. Wäre, wenn es nicht doch noch einige Komplikationen gäbe, ...

... die sich einstellen, wenn der Kontrakt erarbeitet wird, oft sogar erst hinterher. Die Fragen aus der Wanderung N° 13, deren Beantwortung zum Kontrakt führen soll, seien hier nochmals zitiert:

1. Worum soll es gehen? Was ist das Thema? Was ist das Problem?
2. Was möchte der Klient verändern, was ist sein Ziel?
3. Was ist für *heute und hier* (im Gespräch) das Ziel, was soll herauskommen?
4. Welche Erwartungen hat der Klient *an mich als Berater*?
5. Kann und will ich als Berater diese Erwartungen erfüllen? Wenn ja, kann der Kontrakt dementsprechend geschlossen werden. Wenn nicht: muss geklärt werden, welche anderen Erwartungen ich stattdessen erfüllen kann!

Es ist nicht wesentlich, ob Berater diese Fragen genau so stellen, sondern nur, ob sie das Ganze als ein „Raster" im Kopf haben, als eine Art Checkliste, um zu überprüfen, ob es schon einen Kontrakt gibt, oder noch nicht. Auf der Wanderung N° 9 haben wir gesehen, wie leicht man übersehen kann, dass die Schilderung eines Problems noch kein Auftrag ist. Der Kontrakt besteht erst, dies sei hier nochmals betont, wenn Berater mit ihren Klienten ausgehandelt haben, um was es geht und worin der Beitrag der Berater bestehen kann. Diese Gewissheit schützt beide Seiten vor unnötigen Irrwegen, die Klienten vor den Eigenaufträgen der Berater, die mit ihnen nichts zu tun haben, die Berater vor (unausgesprochenen) Erwartungen, die sie nicht erfüllen können. Um es kurz zu wiederholen:

Bei *Besuchern* wird der Kontrakt wahrscheinlich auf eine unverbindliche Plauderei hinaus laufen, in deren Verlauf auch noch Informationen über das Beratungsangebot gegeben werden („Messebesuch"). Bei einer freundlichen und wertschätzenden Haltung des Beraters, die Vertrauen schaffen kann, interessieren sich Besucher vielleicht doch, wie sie dem Druck des Umfeldes, sich zu verändern, begegnen können. Sie werden dann eventuell zu *Kunden* mit dem Anliegen, über ihre Lage mit dem Berater zu sprechen.

Mit *Klägern* wird der Kontrakt hauptsächlich beinhalten, dass Raum für Beschwerden gegeben wird und dass Berater zuhören. Weil Kläger nicht so recht glauben, dass die Lösung ihrer Probleme in ihrer Macht steht, können Berater zwar Versuchsballons starten und fragen, ob nicht doch eigene Schritte zur Problemlösung in Betracht kommen. Wird das bejaht, werden aus Klägern *Kunden*. Sonst aber geht es um „Seelenmassage" oder darum, wie man „Urlaub von den Problemen nehmen kann" (Kurlaub). Eventuell werden Beobachtungsaufgaben verabredet (z.B.: Wann ist es schlimmer, wann weniger? Wovon hängt das ab? usw.).

Weil in der Praxis Klienten aber meistens ein „Mischungsverhältnis" aus Besuchern, Klägern und Kunden repräsentieren, ist die Phase des Kontraktes davon geprägt, dieses Mischungsverhältnis heraus zu finden, darauf gefasst zu sein, dass es sich leicht ändern kann und deshalb auch immer wieder zu prüfen, ob der ursprüngliche Kontrakt noch gilt. Denn die Wahl zwischen der Qual des Status Quo oder der Angst vor Veränderung und der Anstrengung, die damit verbunden ist, lässt Klienten zwischen beiden Möglichkeiten hin und her schwanken; die Suche nach einem „dritten Weg", einer Art goldener Mitte ist langwierig und oft erfolglos.

Allen diesen Widrigkeiten zum Trotz oder gerade deshalb ist immer wieder sorgfältige Arbeit am Kontrakt nötig. Berater brauchen hier Geduld und Klarheit, z.B. die Klarheit, ihre Klienten darauf hinzuweisen, dass jedes Verhalten Folgen hat, also auch das endlose Schwanken zwischen Veränderungswunsch und Angst unerwünschte Folgen hat.

Die Frage 4 ist wieder die schon bekannte „Schlüsselfrage". Mit dieser Frage und der Antwort klärt sich in letzter Hinsicht alles: Das Mischungsverhältnis, die Bereitschaft von Klienten, Verantwortung für sich zu übernehmen, die Antwort auf die Frage, welche Eigenaufträge Berater lieber gleich fallen lassen sollten. Die Schlüsselfrage dient sogar implizit der Kontextklärung, weil sie Klienten darüber aufklärt, dass in der Beratung mit Aufträgen gearbeitet wird und beispielsweise das Modell „Arztpraxis" hier nicht gilt. Berater sollten diese Frage also keinesfalls vergessen. Es gibt viele Varianten, sie zu stellen, pfiffige, ernste, witzige, provokative, einfühlsame Formen. Sie kann frühzeitig gestellt werden oder erst nach längerem Exkurs der Klienten in ihre Problemwelt. Manche Klienten reden sich regelrecht in eine „Problemtrance", die Schlüsselfrage holt sie ins Hier und Jetzt zurück, trägt also auch zur Aufrechterhaltung des Kontaktes bei.

Stellt man die Schlüsselfrage explizit (und meistens ist dieser Weg zu empfehlen), haben manche Formulierungen Vorteile gegenüber anderen. Ich empfehle folgende Formulierungen:
– Was ist Ihr Wunsch an mich?
– Was ist Ihr Anliegen an mich?
– Was erhoffen Sie sich, was ich beitragen kann?
– Was brauchen Sie (von mir)?

Bei Formulierungen wie: „Was erwarten Sie von mir?" oder „Und was wollen Sie jetzt von mir?" schrecken Klienten eher zurück, erst recht, wenn der Sound, in dem Berater diese Frage stellen, einen Unterton enthält, der von Klienten so interpretiert werden kann, dass der Berater gar nicht offen für ihre Anliegen sei. Gänzlich abzuraten ist von der (durchaus modernen) Formulierung: „Was kann ich für

Sie tun?", denn sie suggeriert Klienten, Berater würden *etwas für sie tun*, sie könnten sich abwartend verhalten und müssten nicht selbst tätig werden. Das wäre ein fundamentales Missverständnis von Beratung, denn die Hauptarbeit liegt bei Klienten, die Arbeit der Berater kann Mithilfe, Unterstützung oder auch Mitdenken beinhalten, ansonsten besteht die Arbeit von Beratern primär in der Prozesssteuerung und darin, darauf zu achten, dass Klienten arbeiten.

Die Antwort auf die Schlüsselfrage zeigt, wo Klienten stehen. Haben sie schon den Mut, Verantwortung für sich zu übernehmen oder geben sie doch noch lieber die Verantwortung für sich und ihre Leben in die Hände anderer, oder delegieren sie vielleicht auch an das Schicksal oder an Gottes Ratschlüsse.

Wir haben auf der Wanderung N° 9 schon gesehen, was es bedeuten kann, wenn sich Klienten bei der Schlüsselfrage ratlos zeigen oder sie nicht beantworten. Berater sollen also keine voreiligen Schlussfolgerungen ziehen, sondern geduldig die aufklärende Wirkung der Schlüsselfrage abwarten, die sie aber nur dann hat, wenn man bei ihr bleibt und sie nicht selbst vergisst. Das bedeutet nicht, sie penetrant zu wiederholen, bis sie endlich zufrieden stellend beantwortet wird; das kann zu einem Rapportverlust führen. Die Frage erst zu einem späteren Zeitpunkt zu wiederholen, nach zweimaliger Wiederholung Klienten zu fragen, ob diese Frage vielleicht zu schwierig sei, ob sie erst in der nächsten Stunde gestellt werden solle usw., sind Möglichkeiten, bei der Schlüsselfrage zu bleiben, ohne penetrant zu wirken. Primär geht es darum, ob Berater in irgendeiner Form erfahren haben, was das Anliegen, was der Auftrag der Klienten ist.

Um noch weitere Variationsmöglichkeiten anzudeuten: Nehmen wir den Standardfall, dass Klienten Kläger und Kunden zugleich

Kunde: „Einmal Klauen feilen und Schuppen schruppen!"
Friseur: „Darum geht es doch garnicht!"
Fazit: Berater sollten sich von eigenen Ideen fern halten, was der Klient zu wollen hat!

sind. Nachdem ein Klient gerade mehrere Probleme geschildert hat, mit denen er sich herumschlägt, kann die Schlüsselfrage auch so lauten:

- „Was vermuten Sie, welche dieser Probleme könnte ich ohne Ihr eigenes Zutun beseitigen?"
- „Was sollte ich jetzt keinesfalls tun?"
- „Was ist Ihre Hoffnung: Welchen dieser Probleme werde ich gewachsen sein, was wird mich eher überfordern?"
- „Wie viele Jahre Praxiserfahrung sollte ich Ihrer Ansicht nach haben, um Ihnen etwas Vernünftiges raten zu können?"

Das sind pfiffige Formen, die eventuellen Wünsche der Klienten mit dem, was Berater tatsächlich nur anbieten können, abzugleichen. Allerdings müssen sie zur Beziehung passen, die zwischen Klient und Berater schon besteht, sonst erntet man nur Rapportverlust. Vor allem wollte ich zeigen, dass man sich bei der Schlüsselfrage nicht langweilen muss, der eigenen Kreativität eröffnet sich ein großer Spielraum.

Nehmen wir nun also an, der Kontrakt sei erarbeitet, das heißt, Klient und Berater sind übereingekommen, um was es gehen kann und soll; dann bedeutet das noch nicht, dass es jetzt keine Komplikationen mehr geben wird. Im Gegenteil: Man könnte sagen, dass die Schwierigkeiten oft jetzt erst richtig beginnen. Ich will folgende Möglichkeiten erörtern:
- Klienten verändern „unter der Hand" ihre Ziele
- Klienten bringen immer wieder neue Probleme auf den Tisch, nach einiger Zeit sind mehrere „Baustellen eröffnet" und kein Thema wird richtig abgeschlossen
- Klienten erledigen ihre „Hausaufgaben" nicht, sind „nicht dazu gekommen", vergessen, was man verabredet hat, erinnern sich nicht mehr an die Lösungen, die man gefunden hatte oder vergessen sogar die Themen der letzten Sunde.

Vom Prozess her betrachtet, bedeuten diese Situationen, dass der ursprüngliche Kontrakt irgendwie nicht mehr gilt, seine Orientierungsfunktion eingebüßt hat. So, als hätte jemand heimlich, bei Nacht die Wegweiser überpinselt oder sogar entfernt, die angesichts vieler Weggabelungen im Wald aufgestellt worden waren.

Nun könnte man generell sagen, dass für diese seltsamen Situationen letztlich die Klienten verantwortlich sind. Wir hatten es schon von der „Kundigkeit". Wenn es eben für jemand „gut" ist, immer wieder neue Probleme in die Beratung einzubringen, sollen sich Berater nicht dagegen stellen und die Festlegung auf ein Thema verlangen; denn sonst ändern sie „unter der Hand" auch etwas anderes, nämlich die Ausgangslage: Plötzlich wollen sie etwas vom Klienten, nämlich dass er bei einem Thema bleiben solle.

Andererseits: Wenn Berater für den Prozess verantwortlich sind, ist es zunächst wesentlich, die oben skizzierten Situationen zu bemerken und zu beobachten, ob die Beratung nach und nach in ein wiederkehrendes Muster einmündet, über dessen Sinn sie besser mit ihrem Klienten gemeinsam nachdenken sollten, als es einfach nur „laufen zu lassen".

B: „Mir ist aufgefallen, dass Sie in unsere bisherigen Gesprächen immer neue Probleme eingebracht haben; inzwischen sind viele Themen auf dem Tisch, aber keines abgeschlossen. Ist das eigentlich in Ihrem Sinne?"

Kl: (in leichtem Jammerton) „Ich habe halt so viel am Hals. Ich dachte, ich darf das hier sagen."

B: „Natürlich dürfen Sie das. Ich wollte Sie nur fragen, ob es in Ihrem Sinne ist, dass wir angesichts der Fülle Ihrer Probleme hier nicht dazu kommen, auch nur ein einziges Problem zu lösen. Sie treten sozusagen auf der Stelle."

Kl: „Hm ... Aber das ist es ja gerade, ich weiß auch oft nicht mehr, wo mir der Kopf steht!"

B: „Sehen Sie, das wäre jetzt sogar noch ein weiteres Problem, dass Sie nicht mehr wissen, wo Ihnen der Kopf steht. Hätten Sie denn gerne einen besseren Überblick, um dann zu entscheiden, was Sie als erstes in Angriff nehmen?"

Kl: „Ja, schon. Nur geht es halt schon morgens los. Erst nerven die Kinder mit ihrer Schule, dann liegt mir meine Frau mit hundert Sachen in den Ohren, und kaum bin ich dann in der Firma, geht der tägliche Stress mit dem Kollegen los. Manchmal hoffe ich richtig drauf, dass der krank ist oder dass ich mal krank bin. Obwohl, zuhause habe ich dann ja auch keine Ruhe. Abends komme ich heim, fix und fertig, dann sollen eigentlich die Kinder längst ins Bett, aber die wollen halt auch noch was von ihrem Vater haben, versteht man ja."

B: „Hm ... (kleine Pause). Also, was meinen Sie. Sollen wir einmal gemeinsam überlegen, in welcher Reihenfolge Sie all diese Probleme angehen könnten? Eines nach dem anderen. Das nächste kommt erst dran, wenn das vorige behoben ist."

Kl: „Das wäre schon gut, aber was ist dann mit den anderen Sachen?"

B: „Die bleiben erst mal so, wie sie sind."

Kl: „Aber das geht doch nicht, das kann ich doch nicht einfach alles so lassen!"

B: „Das *geht* schon, denn genau das machen Sie ja bisher. Alle Fässer werden geöffnet, keines wieder geschlossen. Und so drehen Sie sich ausgerechnet auch hier in unseren Gesprächen im Kreise, mit dem Resultat, dass alles bleibt, wie es ist."

Kl: „Das stimmt schon. Also, womit soll ich anfangen?"

B: „Wie wäre es, mit dem, was wir ursprünglich verabredet hatten, fortzufahren?" (usw.)

Wir werden bei der Diskussion über Teufelskreise (Wanderung N°35) noch sehen, dass Klienten zwar „kundig" darin sind, sich immer wieder auf die nämliche Weise oder in verschiedensten Variationen im Kreise zu drehen, aber weitaus weniger darin kundig sind, wie sie aus Teufelskreisen auszubrechen könnten, wenn sie es möchten. Bemerken Berater, dass Klienten nicht nur zuhause, sondern inzwischen auch in der Beratung Pirouetten drehen, ist es nicht zu empfehlen, das einfach laufen zu lassen. Man könnte sogar Argumente nennen, warum es vom Berater unverantwortlich wäre. Aber vielleicht reicht schon der Hinweis, dass auf diese Weise Zeit und Energie (und schließlich auch noch Geld) vergeudet wird.

Aus obigem Beispiel lassen sich einige Folgerungen ableiten, die nun in der Wegskizze dieser Wanderung zusammengefasst werden können:

Wegskizze : Das Phasenmodell

- Der Kontrakt wird anhand der folgenden Fragen erarbeitet:
    - Worum soll es gehen? Was ist das Thema? Was ist das Problem?
    - Was möchte der Klient verändern? Was ist sein Ziel?
    - Was ist für **heute und hier** (im Gespräch) das Ziel, was soll herauskommen?
    - Welche Erwartungen hat der Klient an **mich als Berater**?
    - Kann und will ich als Berater diese Erwartungen erfüllen? Wenn nicht: muss geklärt werden, welche anderen Erwartungen ich stattdessen erfüllen kann!
- Die Frage nach den Erwartungen der Klienten an Berater ist die **„Schlüsselfrage"**, die keinesfalls vergessen werden sollte! In welcher Form sie gestellt wird, ist eher eine Frage der Beziehung zum Klienten und eine Frage, eigene Kreativität zum Zuge kommen zu lassen.
- Ganz allgemein ist zu empfehlen, den ursprünglichen Kontrakt aus den Anfängen der Beratung als Wegweiser zu nutzen, solange er nicht vom Klienten widerrufen wird.
- Widerrufen zwar Klienten den Kontrakt nicht, setzen ihn aber in der Beratung selbst oder auch in der Zeit zwischen den Beratungen praktisch außer Kraft, indem sie einfach nicht durchführen, was verabredet war, sollten Berater dies ansprechen und mit ihren Klienten erörtern, was aus dieser Tatsache folgen soll. Letzten Endes wählen natürlich die Klienten, welchen Weg sie gehen wollen.
- Dennoch gilt es zu klären:
    - Geht es inzwischen um andere Probleme?
    - Gelten die verabredeten Ziele noch?
    - Sind die „Hausaufgaben", in denen es um konkrete Schritte geht, die eben nur die Klienten selbst gehen können, sind also diese Verabredungen nur unverbindliche Anregungen oder verbindliche Vereinbarungen?
    - Ist Vergesslichkeit, was die Termine und die Themen der Beratung angeht, ein ganz praktisch lösbares Problem, in dem Klienten sich eben in Zukunft aufschreiben, woran sie denken sollten, oder hat diese Vergesslichkeit selbst einen tieferen Sinn, der untersucht werden sollte?
- Wenn sich in der Beratung irgendwelche kreisläufigen Muster entwickeln oder der Beratungsprozess allmählich zu versanden beginnt, indem zum Beispiel Klienten zunehmend Termine absagen, sollten Berater diese Beobachtungen offen legen und mit ihren Klienten überlegen, wie damit umzugehen sei.

Wanderung N° 15

„Kann ich geschwind was fragen?"
Gespräche zwischen Tür und Angel

Wohin die Wanderung führt ...

Es ist eine interessante Metapher, von Zwischen-Tür-und-Angel-Gesprächen zu reden. Der Raum zwischen Türblatt und Angel ist eng, in diesen Raum wird gleichsam schnell noch ein Gespräch gezwängt. Ein Teil im Bild fehlt, nämlich der Türrahmen, der das Ganze hält, der zusammen mit den Türangeln bewirkt, dass man nicht „mit der Tür ins Haus fällt".

Dieser fehlende Teil liefert bereits den wichtigsten methodischen Hinweis, wie Zwischen-Tür-und-Angel-Gespräche gestaltet werden können: Sie brauchen einen Rahmen, mögen sie noch so kurz sein, schnell mal zwischendurch oder gerade vor dem Weggehen ...

Dem ersten Anschein nach scheint man nicht viel Zeit zu benötigen: „Kann ich schnell was fragen?" Wenn jemand gleich dazu sagt, dass er sich beeilen wird, warum sollte man diesen Wunsch ausschlagen? Oft wird aber aus der „schnellen Frage" eine längere Geschichte, für die es auch keine schnelle Antwort gibt. Man wollte eigentlich etwas anderes tun, sollte schon zu einem anderen Termin unterwegs sein und sitzt in der Klemme: Man hat Raum gegeben für die „schnelle" Frage, ohne zu wissen, was mit „schnell" gemeint ist. Einfach abzubrechen wäre vielleicht unhöflich. Ganz schnell entsteht eine widersprüchliche Eigenauftragslage: pünktlich zum Termin zu kommen und nicht abweisend sein zu wollen.

Ein Gespräch zwischen Tür und Angel bedeutet vielleicht auch, dass das Thema nicht so bedeutsam sei. Der Rahmen für ein tief gehendes Gespräch ist nicht vorhanden – weder der Raum, also ein ungestörter Platz, noch die Zeit, die eigentlich benötigt wird. Und trotzdem wartet der Klient mit einem „dicken" Problem auf. Ihn einfach abzuweisen, dass hier nicht Zeit und Ort dafür sei, will einem nicht über die Lippen, obwohl es stimmt. Jemanden in seiner Not abweisen?

Handelt es sich um Beratung im engeren Sinne, kommen solche Situationen kaum vor. Manchmal rückt der Klient kurz vor Ende der Stunde noch mit einem schwerwiegenden oder akuten Problem heraus. Das lässt sich ganz gut meistern: Ist es ein sich wiederholendes Muster, ist es gerade wichtig, die Zeitgrenze klar zu setzen, damit der Klient Verantwortung für seine Zeit übernimmt, die er in der Beratung zur Verfügung hat. Oder man verschiebt eben den nächsten Termin etwas, um das Wichtigste noch zu regeln.

Aber wenn es um Betreuung und Begleitung geht oder einfach nur darum, da zu sein, wie zum Beispiel in einer Tagesstätte? Sollen Probleme zwischen Tür und Angel erörtert werden, ist ein Know-how zweckmäßig. Es geht im Prinzip wieder, wie schon in allen bisherigen Wanderungen, um Prozesssteuerung. Das Phasenmodell (vgl. Wanderung N° 14) leistet dazu gute Dienste, wenn man es flexibel anwendet.

Der erste Schritt, um den es geht, gilt der Frage, ob der *Rahmen* für ein Zwischen-Tür-und-Angel-Gespräch zur Verfügung steht oder nicht. Passt die Situation? Reicht die Zeit, auch wenn das Gespräch nur kurz sein

sollte? Hat der Klient dies selbst im Blick oder nicht, weil er daran beispielsweise gar nicht denkt? *„Was schätzen Sie, wie viel Zeit brauchen Sie jetzt von mir?" „Passt das gerade mit all den Leuten um uns herum, was meinen Sie?"*
Dann gilt es zu erfassen, ob es dem Klienten gerade um „Small Talk" geht oder ob er ein Anliegen hat, also zum Beispiel eine Antwort auf eine bestimmte Frage zu bekommen. Wenn ja, können im Prinzip alle Phasen des Phasenmodells durchgegangen werden, eben entsprechend kurz und zum Rahmen, also zur Situation passend. Vielleicht muss man dem Klienten gleich sagen, dass jetzt nicht genügend Zeit für ein Problemgespräch zur Verfügung steht. Oder es passt vielleicht, nachdem das Problem ohnehin schon auf dem Tisch ist zu sagen: *„Ich sage Ihnen jetzt nur meine erste Idee, was Sie tun können. Aber zu mehr reicht es gerade nicht. Einverstanden?"*

Das alles bedeutet letztlich nicht mehr und nicht weniger, als in der Kontraktphase genau darauf zu achten, ob man sich jetzt mit dem Anliegen des Klienten befassen kann und will oder nicht. Und es bedeutet, sich gerade nicht von dem „schnell mal", also von einer gewissen Hast anstecken zu lassen und den Kontrakt zu vernachlässigen. Die *Schlüsselfrage* leistet auch hier gute Dienste. Sie bringt trotz oder gerade wegen der knappen Zeit oder des unpassenden Rahmens für ein Gespräch die nötige Ruhe in die Situation und erlaubt es dem Berater, sich auf den Prozess zu konzentrieren, während eine ausführlichere Beschäftigung mit dem Thema, dem Inhalt gar nicht möglich ist.
Manchmal passt das Anliegen des Klienten, wie schon erwähnt, vom Inhalt her nicht zum Rahmen, in dem das Gespräch stattfinden kann:
– Das Thema ist sehr persönlich und es sitzen andere Leute dabei.
– Die Fragestellung ist etwas für eine Therapie oder zumindest für eine gründliche Beratung, nichts, was zwischen Tür und Angel passt.

Für alle diese Situationen bringen die Fragen aus der Kontraktphase in etwas modifizierter Form die nötige Klärung und Strukturierung der Situation:
1. „Was rechnen Sie, wie viel Zeit brauchen Sie?"
2. „Stimmt der Rahmen hier und jetzt überhaupt für so ein Gespräch?"
3. „Was wünschen Sie sich jetzt von mir?" (die Schlüsselfrage)
4. Nun muss man prüfen: Kann und will man sich auf den Wunsch des Klienten einlassen? *Wenn nein*, dann sollte man das dem Klienten klar und mit Begründung sagen. *Wenn ja*, kann das Gespräch in dem zeitlichen und räumlichen Rahmen stattfinden, auf den man sich geeinigt hat.

Bisher haben wir die Gespräche zwischen Tür und Angel eher kritisch beleuchtet, vor allem, wenn die Zeit knapp ist. Darüber sollten die positiven Seiten und Effekte solcher Gespräche nicht vergessen werden, vor allem, wenn eben doch etwas Zeit zur Verfügung steht:
– Die Gespräche, die sich eher unwillkürlich oder spontan aus einer Situation entwickeln, führen oft weiter, als die ausdrücklich für die Bearbeitung von Problemen vorgesehenen Beratungstermine.
– Das Gespräch beim Spaziergang, in der Kneipe oder beim Abspülen ist oft ungezwungener. Gerade weil es nicht von vornherein problemzentriert und zielgerichtet verläuft, kann es freier „fließen". Beratungstermine sind zeitlich festgelegt. Aber vielleicht hat der Klient „hier und jetzt" kein Problem, es ist mal gerade pro-

blemfreie Zeit. Oder er ist regelrecht blockiert, weil er *jetzt* mit etwas Wichtigem herausrücken sollte – in einer Stunde ist es zu spät dafür.
- Das unverbindliche Gespräch, das mit einer Plauderei beginnt, hat Vorteile. Es kann sich aus sich selbst heraus entwickeln und mündet vielleicht in der Erörterung eines Problems oder vielleicht auch nicht. Es eröffnet sich ein Raum ohne inhaltliche Vorgaben. Hat man das Phasenmodell als „roten Faden" im „Hinterkopf", so wird sich irgendwann die Gelegenheit ergeben, die Schlüsselfrage einzubauen. „Und ... *(etwas Pause)* was wünschen Sie sich jetzt von mir?" Oder, als Variante: „Haben Sie da jetzt ein Anliegen an mich?". So klärt sich auch gleich: Geht es um eine Plauderei, eine Beschwerde oder um Lösungssuche?

Genau genommen handelt es sich dann auch oft nicht mehr um Gespräche zwischen Tür und Angel. Die Zeit ist zwar nicht unbegrenzt, aber vielleicht variabel verfügbar. Bei einem Spaziergang zu zweit ist der Rahmen ausreichend geschützt, um in die Tiefe zu gehen, wenn der Klient es wünscht.

Auch Phasen des Schweigens sind während eines Spazierganges nicht weiter problematisch, im Beratungsgespräch können sie beklemmend werden. Im Wald jedoch kann man den Vögeln lauschen, während eines Brettspieles auch mal zu schweigen ist normal.

Selbst wenn im Gespräch alles offen bleibt, kein Ergebnis herauskommt – es ist nicht weiter schlimm, denn das Gespräch war ja vielleicht gar nicht darauf angelegt.

Dennoch sind diese Gespräche manchmal die besten, Klient und Berater erinnern sich noch lange daran. Zwischen *Tür, Angel und Rahmen* ist oft doch überraschend viel Raum. Vielleicht ist man nicht als Berater gefragt, sondern als Zuhörer oder Begleiter.

Wegskizze: **Gespräche zwischen Tür und Angel**

Man sorge für den **Rahmen**: Passt der Ort? Reicht die Zeit?

Für alle diese Situationen bringen die Fragen aus der Kontraktphase des Phasenmodells, um noch einige Fragen erweitert, die nötige Klärung und Strukturierung der Situation - die *Schlüsselfrage* ist auch hier sehr wertvoll:

Zuerst:
- Was rechnen Sie, wie viel Zeit brauchen Sie? (innere Prüfung: Habe ich die Zeit, will ich sie einräumen? Stimmt für mich der Rahmen?)
- Stimmt der Rahmen (hier und jetzt) überhaupt für so ein Gespräch?

Dann:
- Worum geht es? Was soll heraus kommen?
- Was wünschen Sie sich jetzt von mir? (die Schlüsselfrage)
- Nun muss man prüfen: Kann und will ich mich auf den Wunsch des Klienten einlassen?
  Wenn nein, dann sollte man das dem Klienten klar sagen.
  Wenn ja, kann das Gespräch in dem zeitlichen und räumlichen Rahmen stattfinden, auf den man sich geeinigt hat.

Wanderung N° 16

„Erste Hilfe" bei Verirrungen

Wohin diese Wanderung führt ...

Sich zu verirren, kann schnell gehen. Überall, wo in einer Landschaft keine markanten Punkte zu sehen sind, wo vielleicht alles gleich aussieht, wo wegen dicker Wolken oder Nebel die Himmelsrichtung nicht mehr zu erkennen ist, ist es leicht möglich, vom Weg abzukommen, sich zu verlaufen. Eine mögliche Strategie besteht darin, während des Laufens Spuren zu hinterlassen, damit man wenigstens wieder zum Anfangspunkt zurück findet. Ein anderes Hilfsmittel ist der Kompass. Was ist im übertragenen Sinne der „Kompass" in einer Beratung, bei der man sich gerade im Wald mehrerer problematischer Themen verlaufen hat? Was sind die Zeichen, die man gelegt hat? Was tun, wenn einen das Gefühl beschleicht, dass man sich im Kreise dreht und keinen Schritt weiter kommt?

Manchmal ist es Beratern peinlich, nicht mehr zu wissen, um was es geht und wo man inzwischen steht. Dies Klienten gegenüber zuzugeben, ist eine Hürde. Allerdings kann man fragen: Was ist eigentlich schlimm daran, dass sich beide, Klient und Berater, auf die Suche nach dem Ausgangspunkt machen, bevor man sich verirrte, anstatt dass nur der Berater alleine und möglichst ohne dass es der Klient bemerkt, den Weg sucht? Die wenigsten Klienten nehmen es einem übel, wenn man zugibt, dass man gerade die Orientierung verloren habe.

Der Ausgangspunkt der Arbeit war der Kontrakt, er dient als permanenter Wegweiser oder eben auch als Kompass, den man bei sich trägt. Mit Hilfe der Frage: „Worum ging es eigentlich, was hatten wir uns vorgenommen?" können Berater und Klienten jederzeit zu diesem Punkt zurückkehren, sozusagen mit einem großen Sprung. Meistens bemerkt man dann sogar im Nachhinein die Punkte, an denen man vom Weg abgekommen ist. Jedenfalls fungiert diese Frage wie die Nadel im Kompass: Sie weist auf den Kontrakt. In welche sprachliche Form die Frage gekleidet wird, ist nicht so erheblich:

– *„Ich habe gerade ziemlich den Überblick verloren! Über welches Thema wollten Sie mit mir sprechen?"*
– *„Ich habe das Gefühl, wir sind vom Kurs abgekommen, Sie auch?"*
– *„Ich habe gerade einen Aussetzer; welches Ziel wollten Sie erreichen?" oder:*
– *„Ich schlage ihnen vor, wir kehren nochmals kurz zum Ausgangspunkt zurück und prüfen, was wir schon erarbeitet haben, okay?"*

Mit einer einzigen Frage wieder auf den Weg zurückzufinden, nämlich den Kontrakt umzusetzen, ist eine feine Sache. Bei einem großen Wald geht das meistens nicht so leicht. Allerdings zeigt sich auch daran: Man braucht einen Kontrakt, um auf ihn zurückgreifen zu können. Es sei denn, man nimmt die Verirrung zum Anlass, den Kontrakt nun nachträglich zu erarbeiten und seine Bedeutung auf diesem Wege auch den Klienten vor Augen zu führen.

Etwas kritischer ist der Fall von Verirrung, die sich darin zeigt, dass man als Berater im Thema selbst nicht mehr weiter weiß; alle Ideen sind verbraucht, man hat das Problem vielleicht noch nicht einmal richtig verstanden, dies auch erst jetzt bemerkt und nicht schon in der Kontraktphase. Je mehr man sich als Berater diese Art von Ratlosigkeit übel nimmt, desto mehr steigt der Stress, der größte Feind aller kreativen Lösungssuche. Hier wird es nun erst recht wichtig, Klienten bei der Suche nach einem Weg mit einzubeziehen.

- *„Ich glaube schon, dass ich verstanden habe, was Ihr Problem ist, aber ich muss gestehen, dass ich da auch nicht weiter weiß?"*
- *„Wissen Sie, bei manchen Themen habe ich keine Erfahrung, und das hier ist von der Art. Ich kann Ihnen jetzt nur anbieten, dass wir Ihren und meinen Verstand addieren und uns gemeinsam auf die Suche nach einer Lösung machen."*

Klienten sind zunächst vielleicht enttäuscht. Aber diese Ehrlichkeit hat den Vorteil, dass Klienten in ihrem Gefühl von Eigenkompetenz wachsen können: „Wenn sogar der Berater nicht mehr weiter weiß, dann bin ich ja gar nicht so blöd, wie ich immer dachte!" Natürlich könnte auch die Verzweiflung zunehmen: „Sogar mein Berater weiß nicht mehr weiter, jetzt ist alle Hoffnung dahin!" Aber Klient und Berater sind darüber wenigstens im Gespräch.

Manchmal ist es auch die Komplexität der Problemlage, in der sich Klienten befinden, die dazu führen kann, die Orientierung zu verlieren. Manchmal verlieren sich Klienten im Detail und die Berater mit ihnen, weil sie sich gerade zu sehr auf die Inhalte konzentriert haben. Hier fällt mir als Vergleich die Pilzsuche im Wald ein, eine hervorragende Gelegenheit, um sich zu verlaufen.
Erweist sich das Thema als sehr unübersichtlich, bietet diese Situation sogar die Chance, eine Struktur in die Thematik zu bringen und zum Beispiel einen Fokus zu wählen, auf den man sich als erstes konzentriert.

Das Einzige, was also Berater brauchen, ist der *„Mut zur Lücke"* und zur Ehrlichkeit. Jedes „Herumeiern" führt zu noch mehr Verirrung. Klienten spüren, dass etwas nicht stimmt, wissen aber nicht was.
Manche Wälder sind eben sehr groß …

Wegskizze: **Erste Hilfe bei Verirrungen**

Wenn man als Berater nicht mehr weiter weiß oder sich verirrt hat:
- Die wichtigste Ressource für Berater ist der Mut, diesen Sachverhalt Klienten gegenüber offen zu legen. Ehrlichkeit wirkt auf beide Seiten wie eine Befreiung, die Suche nach dem Weg kann gemeinsam in Angriff genommen werden.
- Der Kontrakt ist wie ein Kompass. Die Rückfrage an Klienten nach Problem, Ziel oder Auftrag führt schnell wieder auf den Weg zurück, der durch das Phasenmodell markiert ist.
- Bleibt man auf dem Weg der Lösungssuche stecken, sollte man auch dies ehrlich zugeben. Klienten werden dadurch aufgewertet, dass man sie in die Suche (noch stärker) einbezieht.

Wanderung N° 17

Der schwierigere Fall
Berater als „Missionare" und Kontrolleure

Wohin diese Wanderung führt ...

Von gesetzlichen Betreuern weiß man, dass sie beides tun müssen: gut beraten und Kontrolle ausüben, wenn es zum Wohle der betreuten Person nötig ist. Bei mündigen, erwachsenen Menschen sollte Beratung aber nicht mit solchen Aufträgen verknüpft sein – sollte nicht, ist es aber oft: Berater sollen Leute besuchen, die nicht besucht werden wollen, sollen sie von den Folgen bestimmter Probleme überzeugen, die es aus Sicht dieser Leute gar nicht gibt, sollen sie zu Anpassungsleistungen überreden, von deren Notwendigkeit sie nicht überzeugt sind. Übliche Beratungsmethoden versagen hier verständlicherweise. Was aber dann? Wie könnte das methodische Vorgehen in diesen Fällen aussehen? Das erfahren wir auf dieser und der nächsten Wanderung.

Manche Produkte gibt es nicht im normalen Handel. Sie werden von Heerscharen extra dafür geschulter Vertreter unters Volk gebracht. Ihre Kunst besteht darin, beispielsweise im Rahmen eines einstündigen Hausbesuches die Herrin des Hauses zur stolzen Besitzerin eines hervorragenden Staubsaugers werden zu lassen, obwohl sie vorher schon einen hatte; nur: das war eben ein Billigprodukt - hatte jedoch bisher gute Dienste geleistet.

Manchmal wird einem in dieser Form Religion nahe gebracht. Viele kennen die hartnäckigen Missionare, die uns beim sonntäglichen Frühstücksei beglücken, um uns zu überzeugen, uns Wichtigerem zuzuwenden, als einem Ei. Aber der Erfolg dieser Damen und Herren (meistens treten sie ja zu zweit auf) scheint geringer zu sein; ist die Beseitigung von Staub vielleicht doch handfester als die Rettung der Seele?

Wenn es um soziale Dienstleistungen geht, sollte solch eine Situation – ob es nun um materiellen oder seelischen Staub geht – nicht entstehen. Beratung oder Betreuung sollte derjenige bekommen, der sie braucht und auch darum nachsucht.

Die Realität ist anders: Sozialarbeiter, Sozialpädagogen, Erzieher und auch Angehörige anderer Berufsgruppen versuchen Klienten zu überzeugen, Probleme zu lösen, die sie gar nicht haben, genauer gesagt: Andere Leute glauben, dass sie diese Probleme hätten, und dass man das nicht so lassen könne. Wenn zum Beispiel jemand die täglich wiederholt anstehende Frage, sich von Gegenständen, die meistens als Müll bezeichnet werden, zu trennen oder sie zu behalten, zugunsten letzterer Variante entscheidet, wird das, sobald es andere in der Umgebung dieses Menschen bemerken, als Problem angesehen,. Man wird von „Vermüllung", „Messi-Syndrom" oder „Verwahrlosung" sprechen, obwohl das Verhalten für diesen Menschen eine *Lösung* für ein anderes Problem darstellt, das von außen vielleicht niemand sieht.

Oder: Nehmen wir den *verordneten* Hausbesuch bei der sechsköpfigen Familie N., um festzustellen, wie es mit dem Alkoholkonsum der Eltern steht, weil abzuschätzen ist, inwieweit eine Kindeswohlgefährdung vorliegt. Normalerweise wird man zu einem Besuch eingeladen und kommt auch nur dann.

Oder subtile Situationen, wo der Erhalt von Geldern für den Klienten daran gebunden ist, sich beraten und betreuen zu lassen – für beide Seiten, Betreuer wie Klient, eine eigentümliche Situation, jedenfalls eine methodische Herausforderung. Betreutes Jugendwohnen oder manche berufliche Reha-Maßnahme sind potenziell von dieser Art. Wir haben es am Beispiel von Sandra und Jutta auf der Wanderung N° 8 gesehen.

Im Kapitel über die Analyse der Ausgangslage wurde schon die Metapher vom Berater „als Laus im Pelz" vorgeschlagen. Interessanterweise wird in all solchen Situationen selten vom „Berater", sondern eher vom „Betreuer" (Wem ist der Betreuer treu?) oder dem Mitarbeiter des beauftragten Dienstes gesprochen. Ich bleibe beim Begriff des Beraters, zum einen, weil die Beratungstätigkeit sich oft auch auf die Leute erstrecken wird, die die Problemanzeige gemacht haben, etwa die Eltern eines psychisch erkrankten Sohnes. Zum anderen, weil es prinzipiell auch ein Beratungsangebot an den (vermeintlichen) Klienten geben kann. Es lautet: „Wenn Sie möchten, helfe ich Ihnen dabei, herauszufinden, was Sie tun können, um mich wieder loszuwerden!"
Dieses Motto, meines Wissens vom Projekt „Aufsuchende Familientherapie" in Berlin erfunden, ist eine sehr gute Orientierung, um das Dilemma, in dem sich alle Beteiligte befinden, zu lösen. Denn prinzipiell gilt: Solange man in der sozialen Umgebung, in der man sich bewegt, nicht auffällt, wird niemand auf die Idee kommen, man habe ein Problem, das gelöst oder beseitigt werden müsse; man kann unbehelligt weiterleben wie bisher. Andernfalls aber hat man ein Problem, ob man will oder nicht. Denn bald bekommt man (durchaus wohlwollende) Agenten psychosozialer Hilfssysteme mit Missionars- oder gar Kontrollauftrag an den Hals.

Wenn man das nicht will, muss man sich der Frage stellen, wie es dazu kam und wie man die fürsorgliche Belagerung wieder los wird. Der oft nicht endende Streit, ob *das Problem* überhaupt existiert oder eine Bedeutung hat, kann dabei in den Hintergrund treten, er führt sowieso selten zu einer Lösung.
Insgesamt möchte ich alle diese Situationen in der Bezeichnung „Kontexte mangelnder Freiwilligkeit" zusammenfassen und sie damit auch vom sonstigen Beratungskontext, bei dem Freiwilligkeit vorausgesetzt wird, unterscheiden. Man könnte auch von Zwangskontexten sprechen, aber die wären in dem etwas weiter gefassten Begriff mangelnder Freiwilligkeit enthalten und den Situationen vorbehalten, in denen tatsächlich mit Zwang gearbeitet werden kann und auch wird, etwa auf der geschlossenen psychiatrischen Station.

Bei genauerer Betrachtung zeigt sich, dass die Übergänge von freiwilligen Beratungskontexten zu unfreiwilligen Betreuungskontexten bis hin zum Zwangskontext fließend sind. „Wenn du nicht ... , dann ..." steht als Ankündigung im Raum und was daraus im Ernstfall wird, steht in den Sternen. Gelegentlich könnte man denken, Klienten gehe es darum, die Ernsthaftigkeit dieses „Wenn – dann" zu überprüfen, also ob beispielsweise tatsächlich eine bestimmte Regelverletzung zum „Rausschmiss" aus dem Wohnheim führt. Berater stehen jedenfalls vor der Aufgabe, die mangelnde Umsetzbarkeit solcher Regeln methodisch zu meistern. Fügt man diese beiden Aspekte zum Interaktionssystem zusammen, bekommt das Ganze tragikomische Züge. Für Supervisionsthemen ist gesorgt.

Die Ursache für alle diese Situationen ist einfach: Berater treten eben auch als Agenten sozialer Kontrolle auf den Plan. Da sich Menschen grundsätzlich nicht gerne kontrollieren lassen, versuchen sie sich also eben jener Kontrolle zu entziehen. Im stationären Rahmen ist dieses „Katz-und-Maus-Spiel" oft besonders ausgeprägt. Nicht nur die in der Regel günstigeren Arbeitszeiten sind es, die Berater auf das rettende Ufer der Arbeit in einem ambulanten Dienst hoffen lassen. Es sind die Situationen, über die in den Lehrbüchern wenig methodisches Know-how vermittelt wird und zu denen auch die Konzeptionen der entsprechenden Einrichtungen kaum Handlungsanleitung bieten. „Wir haben hier die Regeln, und Sie müssen halt schauen, dass sich die Leute daran halten!", lautet der Auftrag der Heimleitung, Regeln, an deren Sinn man vielleicht sogar selber zweifelt.

Bis hierher wäre es vielleicht sogar noch einfach. Als „ultima ratio" für die Durchsetzung der Regeln steht oft nur der Rausschmiss zur Verfügung; gleichzeitig aber ist die „Belegung" der Parameter, an dem sich letztlich die Mitarbeiter orientieren müssen, wenn sie sich nicht den ökonomischen Ast absägen wollen, auf dem sie sitzen. Hier stehen Berater rasch vor der Aufgabe der Quadratur des Kreises!

Im Straßenverkehr funktionieren die Konstrukte relativ einfach und gut: Ein Regelverstoß zieht im schlimmsten Fall den Führerscheinentzug nach sich. Die Freiheit, die dieses Dokument ermöglicht, ist für viele ein hohes Gut. Darum halten sich viele an die Regeln oder lassen es wenigstens nicht zum Äußersten kommen. Was aber ist ein „Führerscheinentzug" in den Kontexten, die wir hier diskutieren? Es ist die *gesetzliche Betreuung*. Nur wird dadurch die Lage meistens auch

„Plutolein..... jetzt stell Dich doch nicht so an!"
Wenn Klient und Berater verschiedene Ansichten von gesunder Lebensführung haben ...

Sabine Hartmann

nicht einfacher. Im Gegenteil, Klienten können sich noch mehr auf den Standpunkt stellen, dass sie das alles ja gar nicht wollen, der gesetzliche Betreuer sei schuld. Kommt neben dem Belegungsdruck noch eine ethische Forderung hinzu, wonach man „Leute nicht einfach auf die Straße setzen darf", dann stehen Berater vor echten Herausforderungen.

Letztlich geht es um nichts anderes als um den Konflikt oder den Widerspruch zwischen gesellschaftlichen Normen und der sozialen Kontrolle auf der einen Seite und den individuellen Autonomiebestrebungen, also dem Wunsch des Einzelnen, *eigen*-gesetzlich und *eigen*-sinnig leben zu können, auf der anderen Seite. Im Gegensatz zu früheren Jahrhunderten gilt heute abweichendes Verhalten (von Kriminalität abgesehen) eher als psychosoziales Problem, für das ein professionelles Hilfsangebot zur Verfügung gestellt wird (Jugendhilfe, Psychiatrie, berufliche Reha u.v.a.m.). Wenn Klienten aber von dem Hilfsangebot nichts wissen wollen? Was dann? Das Wissen um den oben genannten

Widerspruch allein hilft Beratern praktisch nicht weiter …

Die Methode, diese Situationen zu meistern, nenne ich „Drei-Schritte-Programm", weil sie aus drei hauptsächlichen Schritten besteht, die nacheinander vollzogen werden, und die ich jetzt vorstellen werde. Als erstes wird eine übersichtsartige Beschreibung gegeben, bei der nächsten Wanderung folgen die methodischen Details.

Das Schema für die Steuerung des Prozesses (siehe folgende Seite) zeigt ein Flussdiagramm, das entweder darin münden müsste, dass Klienten ein Anliegen an Berater entwickeln oder darin, dass Aufträge neu verhandelt werden müssen (Schritt ①). Oder es muss eine Kontextklärung sowie Kontraktüberprüfung durchgeführt werden. Ist die Beziehung tragfähig? Denn dann gehen Klienten auch wegen der Beziehung auf Forderungen der Berater ein (Schritt ②).

Oder es stellt sich schließlich heraus, dass hinter den Schwierigkeiten, die Situation zu einem konstruktiven Ende zu führen, konzeptionelle Mängel stecken, die erst behoben werden müssen, bevor man mit einer erfolgreicheren Arbeit rechnen kann!

Die folgende Übersicht zeigt, um was es bei den drei Schritten im Einzelnen geht:

Das Drei-Schritte-Programm

1. Schritt: *Auftragslage überprüfen*
Die Auftragslage kann mit Hilfe eines Lageplanes sichtbar gemacht werden. Welche …
– Aufträge von außen
– Eigenaufträge
– institutionellen Aufträge oder konzeptionellen Vorgaben

führen zur Ausgangslage, vom Klienten etwas wollen zu müssen? Ist das bei (nochmaliger)

Schema für die Steuerung des Prozesses

Ausgangslage

Klient und Berater „wollen Verschiedenes"	Berater „will was"

Schritt ①
Überprüfung aller Aufträge
Ergebnis: Die Aufträge sind …

akzeptabel   nicht akzeptabel ⇨ Aufträge neu verhandeln

Schritt ②
a) *Überprüfung des Kontextes*
b) *Überprüfung des allgemeinen Kontraktes*
c) *Klärung: Ist die Beziehung tragfähig?*

alles stimmig   nicht stimmig ⇨ mit Klienten neu verhandeln bzw. bearbeiten

das Phasenmodell kann versucht werden   **Schritt ③**
gelingt ⇦ *Motivierungsexperiment* ⇨ scheitert zurück zu ①/②

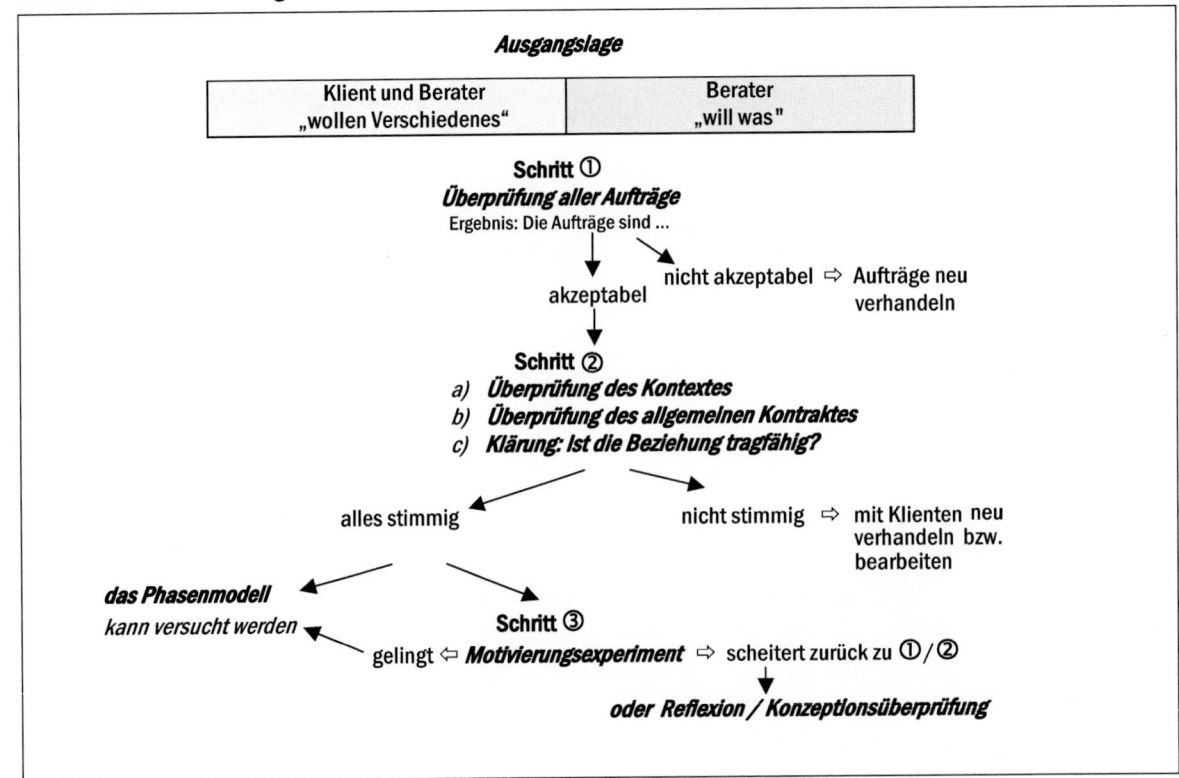

oder Reflexion / Konzeptionsüberprüfung

genauerer Prüfung sinnvoll und akzeptabel? Kann und will ich als Berater diese Aufträge so übernehmen oder muss ich mit einzelnen Auftraggebern (einschließlich mit mir selbst wegen bestimmter Eigenaufträge) mit dem Ziel neu verhandeln, dass eine neue Auftragslage entsteht, die nun eher umsetzbar ist? Es geht also um eine ...

✋ **(Neu-)Entscheidung:**
↳ einzelne Aufträge neu zu verhandeln. Das ergäbe neue Ausgangslage!
oder weiterhin die bisherigen Aufträge anzunehmen und umzusetzen.

Erst wenn man die (evtl. neu verhandelte) Auftragslage akzeptiert und sich dann immer noch in der Ausgangslage befindet, etwas vom Klienten erwarten zu müssen, folgt der nächste Schritt.

2. Schritt: *Überprüfung der Beziehung, Klärung des Kontextes und Prüfung der Kontrakte mit dem Klienten*

Wenn Klienten überhaupt dahin kommen sollen, dass sie Anliegen der Berater akzeptieren, müssen folgende Bedingungen erfüllt sein:

- Es muss eine Beziehung zum Berater entstanden sein, die tragfähig genug ist, um einen Konflikt zu überstehen oder die dem Klienten wichtig genug ist, um auf Anliegen des Beraters einzugehen.
- Klient und Berater müssen zu einer Übereinkunft gelangen, in welchem Kontext sie sich überhaupt bewegen (vgl. dazu Wanderung N° 5).
- Das Anliegen des Beraters muss vernünftig und nachvollziehbar sein oder zu einem allgemeinen Kontrakt passen, der mit dem Klienten schon abgeschlossen wurde.
- Auf dieser Grundlage können Klienten besser abwägen, ob sie ihrer momentanen Unlust oder Angst nachgeben wollen und sich den an sie gerichteten Erwartungen verweigern, oder ob sie, an die Folgen der Verweigerung denkend, sich „klug" anpassen und das tun, was der Berater erwartet.

Ist eines dieser Kriterien (noch) nicht erfüllt, sollte zuerst versucht werden, daran zu arbeiten, als etwas gegen den Willen des Klienten durchsetzen zu wollen. Meistens stößt man schon hier auf konzeptionelle Mängel der bisherigen Arbeit, wenn beispielsweise Klienten noch nicht realisiert haben, dass sie in einem Wohnheim mit umfangreichem Reglement leben und nicht in einem Hotel. In vielen Konzepten ist nämlich sorgfältige Kontextklärung methodisch gar nicht vorgesehen. Sind alle Kriterien erfüllt, müsste nun entweder das Phasenmodell anwendbar sein, weil jetzt Klienten zumindest eine Hilfestellung wollen, wie sie den Berater wieder los werden können, oder aber es bedarf doch noch des nächsten Schrittes.

3. Schritt: *Motivierungsexperimente*

Der Begriff „Experiment" soll andeuten, dass man Menschen nicht sicher zu etwas motivieren kann, was sie nicht wollen. Menschen lassen sich vielleicht locken, werden neugierig, brauchen eventuell Ideen, was sie überhaupt anders machen können, als bisher. Aber sie selbst entscheiden letztendlich, ob sie einer Erwartung nachkommen oder nicht. Es kann sein, dass es nur mit Druck geht. In der Jugendhilfe steht oft die Drohung, die Kinder könnten wegkommen, im Raum.
Es ist letztlich auch eine ethische Frage, ob man Menschen zu „ihrem Glück zwingen soll". Wir werden daher auf der nächsten Wanderung die methodischen Fragen, die bei Motivierungsexperimenten auftauchen, genauer diskutieren.

Gelingt es, Klienten zu motivieren auf die Anliegen der Berater, bestimmte Dinge zu verändern, einzugehen oder aber sie für die Frage zu interessieren, wie man die „Laus im Pelz wieder los wird", ist im Grunde die Ausgangslage entstanden, die es erlaubt, nun mit dem Phasenmodell weiter zu arbeiten.

Scheitern aber auch alle diese Versuche, muss man möglicherweise wieder zum ersten oder zweiten Schritt zurückkehren, oder aber erneut die Konzeption auf den Prüfstand stellen.

Es wird vielleicht deutlich: Die Durchführung des Drei-Schritte-Programms kann längere Zeit in Anspruch nehmen. Ähnlich wie im Phasenmodell erlaubt das Schema, das den *Prozess* darstellt, jederzeit eine Orientierung, wo man gerade steht, und was als nächstes zu tun ist. Bevor nun auf der nächsten Wanderung die methodischen Details erörtert werden, folgt noch die …

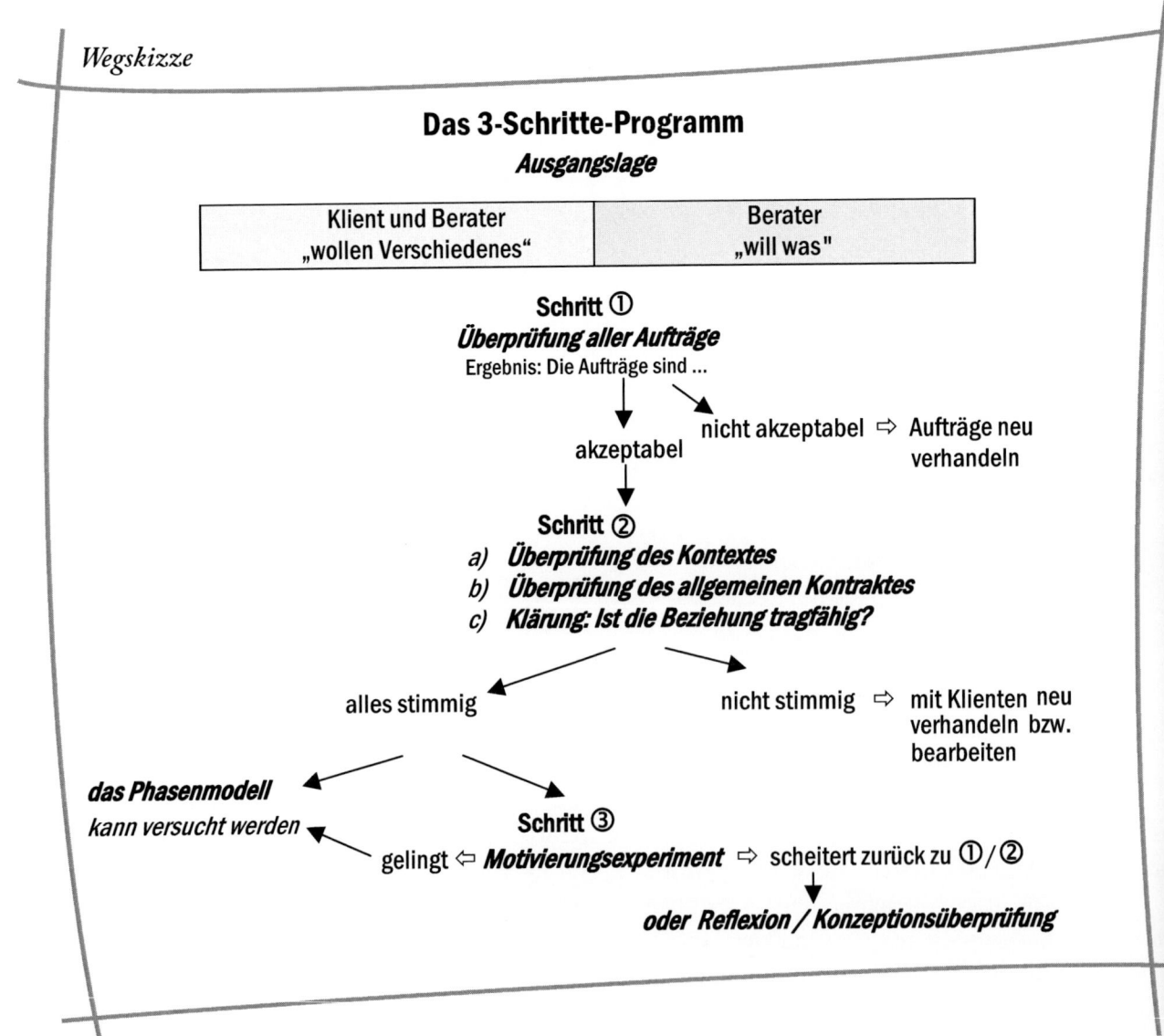

Wegskizze

Das 3-Schritte-Programm
Ausgangslage

Klient und Berater „wollen Verschiedenes"	Berater „will was"

Schritt ①
Überprüfung aller Aufträge
Ergebnis: Die Aufträge sind …

akzeptabel ↓   nicht akzeptabel ⇨ Aufträge neu verhandeln

Schritt ②
a) *Überprüfung des Kontextes*
b) *Überprüfung des allgemeinen Kontraktes*
c) *Klärung: Ist die Beziehung tragfähig?*

alles stimmig ↙   nicht stimmig ⇨ mit Klienten neu verhandeln bzw. bearbeiten

das Phasenmodell kann versucht werden ⬅

Schritt ③
gelingt ⇐ *Motivierungsexperiment* ⇨ scheitert zurück zu ①/②
↓
oder Reflexion / Konzeptionsüberprüfung

Wanderung N° 18

„Und bist du nicht willig … (?)"
Kontexte mangelnder Freiwilligkeit

Wohin diese Wanderung führt …

Sie führt nun noch tiefer in das Gebiet, das man als Berater vielleicht gerne meiden würde, es aber nicht so ohne weiteres kann, weil zum Beispiel der Arbeitsplatz damit verknüpft ist.
Eine Reihe methodischer Probleme erwarten uns auf dieser Wanderung. Eine Möglichkeit ist, all diese Situationen ganz „schrecklich" oder jedenfalls anstrengend zu finden, eine andere besteht darin, sie als Würze des Berufsalltags zu interpretieren oder zumindest als Herausforderung, an der man selbst wachsen kann. Zumal es interessante Lösungen gibt …

Wenn Klienten nicht „mitmachen", die Regeln, die es bei verschiedenen Betreuungsformen gibt, nicht einhalten, sich passiv hängen lassen, obwohl sie an einer Rehabilitationsmaßnahme teilnehmen usw., sind Berater manchmal geneigt, dies als „Teil der Krankheit oder Störung" anzusehen. Diese Sicht hilft jedoch methodisch kaum weiter. Im Gegenteil könnte man es sehr wohl als „gesund" bezeichnen, wenn Klienten sich gegen etwas wehren, was sie nicht wollen.
„Warum sind Sie dann überhaupt hier? Es zwingt Sie doch keiner dazu!" Natürlich: Von Zwang kann meistens nicht die Rede sein, es sei denn, man ordnet bestimmte Lebensumstände, wie gerade kein Dach über dem Kopf zu haben, auch dem Zwang zu. In allen Variationen kamen und kommen diese Fälle in meinen Fortbildungen und Supervisionen zur Sprache. Nach und nach hat sich eine Systematik herausarbeiten lassen, wie diese Situationen zu meistern sind, für die der Sammelbegriff der „Kontexte mangelnder Freiwilligkeit" schon eingeführt wurde. So ist das „Drei-Schritte-Programm" entstanden.

Auferlegte Beratung in den eigenen vier Wänden; Wohnen nur im Doppelpack mit Beratungsgesprächen; Übernachtung und Verpflegung, also Vollpension nur bei Einhaltung eines Alkoholverbotes. „Warum muss ich das eigentlich hinnehmen", könnten sich Klienten fragen. „Wie bin ich in diese absurde Situation geraten?" Stellen sich Klienten diese Frage und überlegen, was sie selbst dazu beigetragen haben, zwangsweise mit den Errungenschaften moderner psychosozialer Methodik beglückt zu werden, sind sie schon halbwegs aus dieser Situation herausgetreten. Aber solche Fragen sind unbequem. Die Schuld an der Misere bei anderen zu suchen und zu finden, ist einfacher. Das Ganze erinnert an die Geschichte von Mullah Nasrudin, der unter einer Laterne nach seinem Haustürschlüssel sucht (und nicht findet). Auf die Frage eines Freundes, warum er denn nicht auch vor der Haustür suche, wo der Schlüssel wahrscheinlich liege, erwidert er: „Dort ist es dunkel, hier unter der Laterne ist es hell".
Soweit die missliche Lage der Klienten. Aber warum tun Berater sich das an? Die Antwort ist einfach, aber deshalb noch lange nicht erfreulich: Man kann sich seinen Arbeitsplatz nur begrenzt frei aussuchen. Nicht jeder Sozialpädagoge findet eine Arbeit in einer

Beratungsstelle. Außerdem hat man am Anfang der beruflichen Praxis vielleicht mit viel Enthusiasmus gehofft, Klienten selbst dann zu ihrem Glück zu verhelfen, wenn sie nicht so recht wollen. Erst im Laufe der Zeit hat man entdeckt, wie sich der Auftrag der Institution, die Erwartungen der Kollegen, ökonomischer Druck und der Widerwillen der Klienten als Korsett um die Brust legen; erst am Feierabend kann man wieder freier atmen. Obwohl: Manchmal verfolgen einen diese Situationen bis in den Schlaf.

Im Unterschied zum Phasenmodell ist das Drei-Schritte-Programm manchmal sehr aufwändig, aber immer noch weniger aufwändig, als mit Klienten endlos um irgendetwas, was sie nicht wollen, herumzukämpfen. Ebenfalls, wie im Phasenmodell, bauen die Schritte aufeinander auf, jeder Schritt ist eine wichtige Vorbereitung für den nächsten. Nicht zuletzt aus ethischen Gründen des Umganges mit Menschen sollte hier die Reihenfolge sogar strickt eingehalten werden. „Freistil" ist nicht ratsam! Denn es bedarf schon einer gründlichen Prüfung, bevor man fortfährt auf Klienten Druck auszuüben, damit sie tun, was man selbst oder andere von ihnen wollen.

Wie bei der letzten Wanderung schon angekündigt, werden wir die methodischen Probleme diskutieren, auf die man bei der Durchführung der drei Schritte stößt.

1. Die Überprüfung der Auftragslage

Man sollte, wie in der Wanderung N° 8 beschrieben, zunächst den Lageplan zeichnen und eine Auftragsanalyse durchführen; das ist die leichtere Übung, die sich aber sehr lohnen kann.

Viele Überlegungen können nötig werden, um nochmals genau zu prüfen, welche Aufträge man (weiterhin) akzeptiert, und welche man neu verhandeln sollte. Externe Auftraggeber sind meist nicht erfreut, wenn man ihnen eröffnet, dass man nun doch nicht tun wolle, was sie von einem erwarten. Man wollte das Thema vom Tisch haben, und nun kommt der Berater mit der frohen Botschaft, dass das alles nicht gehe.

Die Verhandlung erfordert ein gewisses Geschick. Da die Auftraggeber in der Regel daran interessiert sind, dass ein Auftrag, den sie geben, auch erfolgreich umgesetzt wird, kann man in der Verhandlung immer auch an diesem Wunsch anknüpfen. „Ich kann verstehen, was Ihr Anliegen an mich ist. Wenn sich aber Herr Meier komplett all dem verweigert, was an ihn herangetragen wird, dann habe auch ich keine Möglichkeit mehr etwas auszurichten. Und an diesem Punkt bin ich mit ihm nahezu schon. Vielleicht könnten wir die Ziele neu diskutieren, die erreicht werden sollen?"

Im Umgang mit Kollegen und erst recht mit Vorgesetzten oder anderen Auftraggebern, die irgendwie von ihrer Position her gesehen über einem stehen (oder dies zumindest denken), kann man sich trotz oder gerade wegen ihres Motivs, das hinter dem Auftrag steht, rasch in einen ähnlichen Machtkampf verstricken, den man mit dem Klienten schon hat. Also gilt es vorher zu überlegen:

- In welcher Position bin ich gegenüber externen Auftraggebern? Was können sie von mir verlangen, was nicht?
- In welchem Kontext sehen sie meine Arbeit? Gibt es hier Unterschiede, bedarf es einer *Kontextklärung mit Auftraggebern*?
- Soweit mein Arbeitgeber der Auftraggeber ist: Was wäre Arbeitsverweigerung, was nicht?
- Für wie berechtigt halte ich die externen Aufträge, was halte ich selbst für ethisch vertretbar, was nicht? Inwieweit steht die Befriedigung berechtigter Bedürfnisse anderer Menschen auf dem Spiel. Befin-

de ich mich zum Beispiel in einer „Garantenpflicht" für das Kindeswohl?
- Sofern sich der Auftrag aus der Konzeption der Arbeit herleitet: Ist die Konzeption an dieser Stelle sinnvoll? Sind Begründungen zu finden, vielleicht sogar methodische Hinweise? Oder müsste vielleicht die Konzeption solchen Situationen bzw. den Menschen angepasst werden, anstatt umgekehrt die Menschen der Konzeption?
- Welche Eigenaufträge sind im Spiel? Sind vielleicht nur Eigenaufträge am wirken, das Ganze ist „nur mein Ding"? Bleibe ich dabei oder wandle ich die Eigenaufträge ab?
- Selbst wenn alle diese Fragen zu einer Bejahung der Auftragslage führen, bleibt als nächstes die Frage: Sehe ich mich methodisch in der Lage, die Aufträge durchzuführen, oder müsste ich nicht ehrlicherweise die Aufgabe an jemand anderen zu delegieren versuchen, sofern das geht, oder zumindest die Auftraggeber über die Möglichkeit meines Scheiterns informieren?

Erst nach dieser Reflexion beginnen die eventuell notwendigen Neuverhandlungen der Aufträge, bis eine neue Auftragslage entstanden ist, die ...
- entweder besser durchführbar ist
- oder sogar die Ausgangslage verändert hat: Man ist nicht mehr in der Position, vom Klienten etwas wollen zu müssen, sondern allenfalls noch an dem Punkt, ihm ein Angebot zu machen, das er annehmen oder ablehnen kann, ohne dass man dann Druck machen muss.

Gibt es die Zeit für diese Klärungen nicht, weil beispielsweise Gefahr im Verzug ist oder sonst irgendetwas „anbrennen" würde, muss man sich natürlich gleich mit den Überlegungen zum dritten Schritt, also den Motivierungsexperimenten befassen. Eventuell wird man danach auf den ersten Schritt zurückkommen, um eine Wiederholung der Situation zu vermeiden. Das Gleiche gilt für den zweiten Schritt, denn auch er beansprucht Zeit.

Das Ergebnis der Prüfung kann aber auch sein, dass es bei der bisherigen Auftragslage bleibt, man kann sie akzeptieren und ist bereit, sie umzusetzen und es bedarf keiner Verhandlungen.
Ist jedenfalls nach dem ersten Schritt die Ausgangslage immer noch so, dass man von Klienten etwas will, eine Forderung an sie zu stellen hat usw., kann man mit den Überlegungen beginnen, um die es im zweiten Schritt geht.
Im Fall von Sandra und Jutta (vgl. Wanderungen N° 8) hat die Auftragsüberprüfung und Klärung ergeben, dass Jutta „am Ball bleibt", aber mit weniger „Druck im Nacken".

2. Kontext, Kontrakte und die Beziehungsklärung

Kontextklärung

Warum soll sich ein Klient an Regeln halten, wenn er sich gar nicht an einem Ort wähnt, wo es Regeln gibt, oder wenn ihm Regeln ohnehin egal sind, er zwar einen Heimvertrag unterschrieben hat, aber nur, weil „die das so wollten"?
Wenn Berater etwas von Klienten wollen, Klienten sich dem aber verweigern, kann das an Unlust liegen. Es kann aber genauso gut daran liegen, dass die Vorstellungen von Klienten und Beratern „auf welcher Veranstaltung" man sich befinde, auseinanderklaffen, ohne dass dies offensichtlich wäre. Wenn Eltern sozialpädagogische Familienhilfe akzep-

tieren, weil sie hoffen, dass so der Druck vom Jugendamt etwas nachlässt, nehmen sie kurioserweise gar keine sozialpädagogische Familienhilfe in Anspruch, sondern ein Druckverminderungssystem: Die freundliche Beraterin kommt, um einen in seiner „Erziehungsfähigkeit" zu fördern, „dabei folgen die Kinder halt nicht, und das haben sie vom Vater!", so denkt die Mutter. Diese Mutter und die Beraterin treffen sich zwar in derselben Wohnung zur selben Zeit, und sie sind doch auf zwei Veranstaltungen. Hier ist erst einiges zu klären, bevor es weitergehen kann.

Eine besondere Komplikation bei solchen Klärungsversuchen besteht darin, dass es für Klienten nicht unbedingt von Vorteil ist, die Sicht der Berater (und damit auch anderer Auftraggeber) über Sinn und Zweck der Beratung zu teilen. Sie müssten dann nämlich die Problemsicht anderer akzeptieren, und das macht es für sie nicht einfacher. Die Beratung umzudefinieren und auf der eigenen Position zu beharren, ist oft der leichtere Weg. So kann die Kontextklärung selbst zu einem Teil des „Katz-und-Maus-Spiels" werden, das ohnehin schon läuft. Es nützt aber nichts, diese Bemühungen vorzeitig einzustellen. Hilft auch alle Geduld nicht weiter und ist inzwischen trotzdem schon eine tragfähige Beziehung entstanden, kann es sinnvoll werden, gleich mit Motivierungsexperimenten zu beginnen.

Überprüfung des allgemeinen Kontraktes

Oft liegt das Problem jedoch darin, dass Klienten Sinn und Zeck der Anliegen der Berater nicht verstehen, vielleicht deshalb, weil Berater sie nicht genügend über Zusammenhänge aufgeklärt haben, die zwischen diesen Anliegen und dem eigentlichen Zweck der Beratung, den man schon verabredet hat, bestehen. Man muss Klienten weder Dummheit noch Unvernunft unterstellen. Sie sehen die Dinge aus einer anderen Blickrichtung als Berater. Also bedarf es vielleicht nur einer Aufklärung. Wenn Klienten lernen wollen, wie man (ohne in problematischer Weise aufzufallen) alleine und unbehelligt wohnen kann, dann muss man eben (zumindest im Schwabenland) sich der Kehrwoche stellen. Es ist keine Marotte des Beraters, wenn er einen immer wieder darauf hinweist und in diesem Sinne „nervt". Das waren die Dinge, die Jutta mit Sandra zu verhandeln hatte. Umgekehrt ist es aber auch konzeptionell sinnvoll, eine plausible Verbindung zwischen dem momentanen Anliegen des Beraters und einem übergeordneten Kontrakt mit dem Klienten herstellen zu können. Wenn Klienten grundsätzlich in eine bestimmte Beratung eingewilligt haben oder Ziele mit ihnen verabredet wurden, bedeutet dies noch nicht, dass sie dann auch bereit sind, Unannehmlichkeiten und Mühe auf sich zu nehmen, wenn es an die konkrete praktische Umsetzung der Dinge geht, die für das Erreichen der Ziele erforderlich sind. Manchmal verlieren Klienten vor lauter Angst oder Ärger diese Ziele sogar aus den Augen und erleben Berater nur noch als fordernd oder sogar „gemein".

Die Mutter, die sich vielleicht inzwischen von der Hypothese verabschiedet hat, die mangelnde Folgsamkeit der Kinder komme vom Vater her, steht nun vor der anstrengenden Aufgabe, sich ihren Söhnen gegenüber tatsächlich in wichtigen Dingen durchzusetzen und dies auch nicht mehr von ihrer Tagesform abhängig zu machen. Die Beraterin ist nur stundenweise da, um ihr dabei konkrete Tipps zu geben. Die Söhne wiederum kannten ihre Mutter bisher anders, und werden sicher die „Nagelprobe" machen, das heißt, es wird aufgrund der bisherigen gemeinsamen

Wenn die Umsetzung des Drei-Schritte-Programms nicht so recht glücken will ...

Geschichte (zunächst) noch schwerer, als es bisher war, und die Mutter gibt vielleicht auf.

Klärung der Beziehung

Wenn das, was Berater und was Klienten wollen, auseinanderklafft, gibt es einen Konflikt. Konflikte können dazu führen, dass eine Beziehung auseinander geht. Klienten können sich von ihren Beratern abwenden, sie unter Umständen einfach ignorieren, wenn die Spannungen zu groß werden. Berater können das eventuell angesichts ihrer Auftragslage nicht so ohne weiteres riskieren. Je intensiver eine Beziehung ist, desto tragfähiger ist sie, desto eher erledigen Klienten schließlich doch das Anliegen des Beraters, obwohl sie zunächst wirklich keine Lust dazu haben. Die Erfahrung, dass es zu ihrem eigenen Besten war, können sie oft erst hinterher machen, davor ist alles lästig, angstbesetzt oder unüberschaubar. Vertrauen in redliche Absichten des Beraters und Sympathie dürften zwei wesentliche Parameter sein, die die Tragfähigkeit der Beziehung ausmachen. Dass man schon längere Zeit miteinander zu tun hat, kommt oft als Faktor hinzu, positive gemeinsame Erlebnisse ebenfalls.
Daraus lässt sich umgekehrt ableiten, dass Berater erst einmal eine tragfähige Beziehung zu Klienten aufbauen sollten, bevor sie mit Forderungen an sie herantreten, die zum Konflikt führen. Um Missverständnissen vorzubeugen: Es geht hier nicht um einen „Trick", sondern schlicht und ergreifend um die Kooperationsgrundlage, die für jede Beratung nötig ist. Auf den Wanderungen N° 21 und folgende werden wir uns ausgiebig damit beschäftigen.

Auch hier kann es sein, dass Berater angesichts der Auftragslage nicht die nötige Zeit zur Verfügung haben, um diese Beziehungsarbeit zu leisten. Es kann nötig werden, gleich mit dem nächsten Schritt zu beginnen, aber es sollte Beratern klar sein, dass dies die Erfolgsaussichten verringert.

Der Aufbau einer tragfähigen Beziehung, die Kontextklärung und die Klärung des Kontraktes sind als Einheit zu verstehen, als Bausteine, die *alle drei* nötig sind, um Klienten zu motivieren, etwas zu tun, was sie (zunächst) nicht wollen. Wenn Klienten dabei an den Punkt kommen, dass sie eine Hilfestellung des Beraters wünschen, dann kann man sofort mit dem Phasenmodell fortfahren und hat damit eine erfolgversprechende Ausgangslage erreicht.
Es sind notwendige Voraussetzungen, aber keine hinreichenden! Denn, es wurde schon angedeutet, unbequem und anstrengend wird erst das konkrete Tun. Es kann sein, dass Klienten trotz Einsicht einfach keine Lust haben. Wer kennt das eigentlich nicht von sich selbst? Da aber die Auftragslage (einschließlich einer ethischen Prüfung) so ist, dass Berater auf ihrem Anliegen beharren sollten, wird jetzt noch eine zusätzliche Kraft gebraucht, ein Motiv, das stärker ist, als die Unlust.

3. Motivierungsexperimente

Zunächst hier eine tabellarische Übersicht, die anschließend im Einzelnen diskutiert wird:

Methode	Auswahlkriterien
Neugier wecken, dann einen der folgenden Schritte	– die Methode muss ethisch vertretbar sein
eine Belohnung in Aussicht stellen	
das Anliegen erklären und vernünftig begründen, überzeugen oder verhandeln?	– man muss sie „durchziehen" können
Verhaltensvorschlag machen („Hausaufgabe", „Experiment"), selbst mithelfen	– sie muss zum eigenen Stil, zur eigenen Person passen
die Passivität des Klienten spiegeln	– sie muss zum Beratungskontext insgesamt passen (Konzept, Team, „Stil des Hauses", genereller Kontrakt mit Klienten)
Problemshiften. das heißt, ein neues, massiveres Problem aufbauen, z.B. Ankündigen von Sanktionen oder unausbleiblichen Konsequenzen („Führerscheinentzug")	
konfrontieren und Forderung stellen	
autoritär bestimmen, was der Klient jetzt zu tun hat	
Androhung, die Beziehung aufzukündigen	
und als Sonderform: paradoxe Intervention, z.B. das problematische Verhalten verordnen, es provokativ loben oder herunterspielen („ist doch nicht so schlimm?!")	Achtung: Neben den obigen Kriterien kommt es bei paradoxen Interventionen auf sorgfältige Planung und Übung an!

„Also geht es ja doch darum, Druck auszuüben!", so könnte der Einwand vor allem nach der Lektüre des Schlussteiles der Tabelle lauten. „Ja!", lautet kurz und bündig die Antwort; aber das allgemeine Prinzip, das hinter allen Varianten steht, ist nicht Druck, sondern besteht darin, ein zusätzliches bzw. neues Motiv aufzubauen, welches bei Klienten zum Gegengewicht zu ihrer bisherigen Weigerung wird. Sich einer plausiblen Begründung oder einer Autorität zu beugen, ist im Prinzip ähnlich. Angesichts drohender negativer Konsequenzen eben dann doch zu tun, was Berater wollen, ist eher klug, als feige. Damit der Druck, den man als Berater ausübt, auch ethisch vertretbar ist, müssen ja vorher die ersten beiden Schritte des Programms durchgeführt worden sein!

Von „Experiment" ist deshalb die Rede, weil das Ergebnis der Interventionen offen ist. Wie schon gesagt, verhalten sich Menschen „eigen-*sinnig*", und das kann bedeuten, dass sie trotz aller „vernünftigen" Erwägungen bei ihrer Weigerung bleiben, etwas Bestimmtes zu tun. Das Scheitern des Versuches ist also einzukalkulieren. Es kann bedeuten, dass man alsbald etwas anderes versucht. Manche reagieren auf Druck wie eine verklemmte Schublade – nichts bewegt sich. Die gleiche Forderung mit mehr Humor versehen, und es geht. Die Kreativität der Berater ist gefragt.

Die Reihenfolge der in der Tabelle skizzierten Möglichkeiten ist durch zunehmende „Energie" gekennzeichnet, die Berater in die Situation einbringen. Klienten kennen möglicherweise eine „Wenn-Dann-Konstruktion" schon von anderen Orten, und haben erlebt, dass oft den Androhungen keine Taten folgten. Was liegt näher, als auch jetzt wieder abzuwarten, was tatsächlich passiert. Berater sollten nichts ankündigen, was sie dann nicht einhalten! Deshalb sollen sie, bevor sie irgendeine Intervention aus obiger Liste beginnen, zuerst anhand der Kriterien in der rechten Spalte prüfen, was wirklich in Betracht kommt.

Sollte das Motivierungsexperiment nicht reichen, um Klienten dazu zu veranlassen, auf ihr Ansinnen einzugehen, muss man im Prinzip wieder zum ersten Schritt zurückkehren und erneut die Auftragslage überprüfen. Hat man anderen Auftraggebern vielleicht zu viel versprochen? Hat man die eigenen Möglichkeiten überschätzt und muss deshalb nochmals neu verhandeln, um einen mit größerer Erfolgsaussicht verknüpften Auftrag zu erhalten? Vielleicht zeigt sich, dass man beim zweiten Schritt noch zuwenig unternommen hat.

In letzter Instanz, wenn alle Versuche scheitern, ist wieder die Frage nach der Konzeption zu stellen. Vielleicht werden dort Ziele propagiert, für die die zur Verfügung stehenden Ressourcen nicht reichen oder die zuwenig mit den Menschen zu tun haben, für die sie eigentlich gedacht sind.

Nun folgen noch einige Anmerkungen zu den einzelnen „Motivationsexperimenten", um zu veranschaulichen, was damit gemeint ist:

👓 *Neugier wecken*
Manchmal zeigen sich Klienten wenig an dem interessiert, was Berater von ihnen wollen. Um ihnen die eigenen Anliegen nahe bringen zu können, benötigt man ihre Aufmerksamkeit. Neugier zu erzeugen, ist dafür in ein gutes Mittel. „Ich hätte eine wichtige Information für Sie, aber wahrscheinlich wollen sie das gar nicht hören!" Die Implikation dieses Satzes ist, dass man eine *wichtige* Information nicht bekommt, wenn man sie nicht hören will. Weil offen bleibt, um welche Information es sich denn handelt, wird man neugierig. Oder: „Möchten Sie zuerst die gute oder zuerst die schlechte Nachricht hören?" (vgl. auch Wanderung N°58). Es gibt unzählige Möglichkeiten, jemandes Neugier zu wecken. Ist das gelungen, kann man mit einer der nächsten Methoden fortfahren.

☺ *Eine Belohnung in Aussicht stellen*
Jemand kann prinzipiell dann für etwas gewonnen werden, was er ungern tut, wenn ihm eine Belohnung, eine Anerkennung, irgendetwas Positives in Aussicht gestellt werden kann, für das es sich lohnt, die Mühe auf sich zu nehmen. Man kann das auch eine „positive Sanktion" nennen. Auch hier gibt es unzählige Möglichkeiten. Berater sollten etwas über die Vorlieben ihrer Klienten wissen, um mit einem solchen Prinzip zu arbeiten. Allerdings ist zur Vorsicht zu raten. Denn diese Vorgehensweise hat auch etwas den Charakter einer „Infantilisierung". Besser ist es, mit Klienten zu besprechen, wie sie sich selbst dafür belohnen können, dass sie auf das Anliegen des Beraters eingehen.

🕯 *Das Anliegen erklären, vernünftig begründen, verhandeln und damit überzeugen*
Im Grunde handelt es sich hier um etwas ganz Ähnliches, wie im zweiten Schritt des ganzen Programms. Berater handeln nicht einfach nur aus Willkür und verlangen von Klienten etwas, was keinen Sinn, keinen Bezug zu wichtigen Lebensmotiven der Klienten hat, wie beispielsweise das Motiv, unbehelligt leben zu können. Berater können ihren Klienten erklären, dass es in ihrer Hand liege, „die Laus im Pelz wieder los zu werden". Sie

können erklären, in wessen Auftrag sie handeln und warum. Sie können versuchen, den Sinn bestimmter Forderungen zu erklären. Entsteht so beim Klienten eine Einsicht, so ist das ein starkes Motiv, Angst oder Unlust natürlich meistens ein noch stärkeres. Das gilt erst recht, wenn man noch keinen Weg sieht, wie man der von außen kommenden Forderung gerecht werden könnte. Deshalb kann die Kombination mit der nächsten Möglichkeit in Betracht kommen.

✍ *Einen Verhaltensvorschlag (als „Hausaufgabe" bzw. „Experiment") machen oder selbst mithelfen*
Manchmal wissen Leute einfach nicht, wie sie ein Problem lösen könnten. Also gibt es die Lösung, das Problem für nicht existent zu erklären, aber genau das hat den Berater auf den Plan gerufen. Bekommt man jedoch eine Idee, einen Vorschlag, was man konkret tun kann, um zumindest wieder seine Ruhe zu haben, dann wächst Hoffnung und mit ihr die Motivation, auf das Anliegen des Beraters einzugehen. Bei aller Ressourcenorientierung, über die wir noch sprechen werden (vgl. Wanderung N° 23), ist es manchmal einfach nötig, Klienten Brücken zu bauen, sie ganz konkret und praktisch zu unterstützen, um erfahrbar zu machen, wie eine Aufgabe bewältigt werden kann. Viele Klienten haben deswegen Probleme, weil sie auf der Grundlage negativer Glaubenssätze leben. „Du bringst ja sowieso nichts auf die Reihe!", das haben sie schon als Kind oft genug gehört. Einer Forderung von außen nachzukommen, würde einem das nächste Misserfolgserlebnis bescheren, vor dem man sich fürchtet. Die Verweigerung ist also nicht einfach nur Unlust, sondern *Schutz*.

⇨⇦ *Die Passivität des Klienten spiegeln*
Nützen alle bisherigen Varianten nichts, kann es nötig werden, es Klienten ungemütlich zu machen. Passivität ist hier so definiert, dass jemand nichts tut, was geeignet wäre, ein Problem zu lösen; es ist also nicht nur Tatenlosigkeit gemeint, sondern es geht auch um alle Aktivitäten, die jedoch nichts zur Lösung des Problems beitragen, wie herumschimpfen, Türen schlagen, einen saufen gehen, eine Kippe nach der anderen rauchen usw. Berater können nun die Passivität der Klienten mit eigener Passivität, die natürlich auch nicht zur Problemlösung führt, beantworten, mit der sie ihnen jedoch auf die Nerven gehen. Der Bewohner einer betreuten Wohngemeinschaft hält sich nicht an die Verabredung, den Abwasch zu erledigen und sitzt stattdessen qualmend im Wohnzimmer und schaut fern. Nun setzt sich der Berater vor den Fernseher und liest demonstrativ Zeitung. Bewohner: „Was soll der Quatsch?" Berater: „Ach, Sie meinen den Quatsch mit den Geschirrbergen. Das weiß ich auch nicht!" usw. Das kann natürlich den Konflikt eskalieren. Die genannten Kriterien in der Tabelle kommen nun deutlich zum Tragen. Ohne eine schon aufgebaute, belastbare Beziehung werden solche Experimente eher scheitern.

➔ *Problemshiften, das heißt, ein neues, massiveres Problem aufbauen, beispielsweise das Ankündigen von Sanktionen oder unausbleiblichen Konsequenzen („Führerscheinentzug")*
Bei dieser Variante muss die ethische Prüfung „grünes Licht" gebracht haben. Wenn Klienten mit ihrem Verhalten andere schädigen, die sich dagegen nicht oder schlecht wehren können (z.B. Kinder), kann es gerechtfertigt sein, den Druck massiv zu erhöhen, um Klienten zum Einlenken zu veranlassen. Werden irgendwelche Konsequenzen angedroht, müssen sie unbedingt eingehalten werden! „Leere Ankündigungen" schaden

nicht nur dem Ansehen der Berater, sie schaden auch Klienten, weil sie dadurch zur „Nagelprobe" geradezu herausgefordert werden, und zwar nicht, weil sie rausgeschmissen werden wollen (, obwohl es manchen auch um diesen „Kick" geht, mit dem sie ihr Weltbild bestätigen können), sondern nur testen, ob den Worten auch Taten folgen oder nicht (wie früher auch schon). Plötzlich, wider Erwarten, sind sie ihren „Führerschein" dann doch los, sprich: Sie stehen auf der Straße! Die dritte Verwarnung hatte noch nicht diese Folge (trotz „ernsthafter" Ankündigung), aber die fünfte führte zum „Rausschmiss".

💣 *Konfrontieren und Forderungen stellen und* ☞ *autoritär bestimmen, was der Klient jetzt zu tun hat*

Manche Klienten glauben erst dann, dass es ernst wird und passen sich an oder tun was erwartet wird, wenn Berater sie massiv damit konfrontieren oder (auf der Grundlage der Beziehung) ihre Autorität ausspielen. Auch hier ist es entscheidend, dass Berater hundertprozentig dahinter stehen und nicht von der Stelle weichen. Jede innere Unsicherheit wird nonverbal vermittelt, und Klienten merken dies. Außerdem ist diese Variante keine Dauerlösung, weil sie eine Oben-Unten-Beziehung etabliert, schlimmsten Falls sogar infantilisierend wirkt und damit den ebenbürtigen Umgang zwischen Klienten und ihren Beratern untergräbt. Pure Anpassung an die Autorität ohne eigenverantwortliches Nachdenken ist letztlich nicht wünschenswert.

👎 *Beziehung aufkündigen oder dies androhen*

Diese „Karte" kann man exakt einmal spielen, und sie sticht auch nur, wenn Klienten die Beziehung zum Berater wirklich wichtig ist. Diese Variante ist auch deshalb riskant, weil nun eine Rechnung offen steht: „Um der Beziehung willen habe ich getan, was ich absolut nicht wollte. Was bekomme ich jetzt dafür?" Mit diesem Mittel zu arbeiten ist also nur ratsam, wenn vorher oder hinterher eine gründliche Aufklärung (siehe oben) erfolgt. Mag sein, dass eine Belohnung in Betracht kommt. Wenn aber die Forderung an Klienten einen sinnvollen Hintergrund hat, und sich Klienten mit einer Anpassung selbst einen Dienst erweisen, verdeckt eine Belohnung eher diese Zusammenhänge.

Eine Sonderform ist die ...
✋ *paradoxe Intervention*,
in der das problematische Verhalten verordnet, in provokanter Weise gelobt oder in seinen problematischen Folgen heruntergespielt wird. „Wissen Sie, Korsakoff hätten Sie ja erst in etwa zehn Jahren, vielleicht dauert Ihnen das zu lange?" Die Grenze zum destruktiven Sarkasmus ist hier jedoch schnell überschritten. Die Antwort des Klienten kann auch ein Suizid sein. Paradoxe Interventionen kommen also eher dann in Betracht, wenn nicht allzu viel auf dem Spiel steht und es für Klienten nicht um einen inneren Engpass geht, in den sie durch die Forderung, die von außen kommt, geraten. Wir kommen bei der „Labilisierung von Problemsystemen" darauf zurück (Wanderung N° 34).

Im Falle Sandras musste Jutta nicht allzu viel unternehmen, um sie zu motivieren. Die Aussicht, dass Jutta nicht aufhören würde, zu nerven, und das eindringliche Gespräch auf dem Jugendamt reichte aus, um Bewegung in das Ganze bringen. So leicht ist es natürlich nicht immer.

Wir haben bisher noch nicht den Fall diskutiert, dass Berater ein Anliegen an Klienten haben, und diese umgekehrt auch ein (meistens dazu divergentes) Anliegen an Berater. In diesem Fall gibt es oft die Möglichkeit, mit

Klienten zu verhandeln. „Eine Hand wäscht die andere ...". Das klappt jedoch nur, wenn Berater das Anliegen des Klienten akzeptieren und darauf eingehen können. Andernfalls wird die Lage noch etwas komplizierter, weil man Klienten noch nicht einmal einen Interessensausgleich anbieten kann. Erst das Motivierungsexperiment bietet in gewisser Weise den Interessensausgleich.

Zu den Kriterien, die für die Auswahl des Motivierungsexperiments wesentlich sind, wurde schon einiges gesagt. Fast man diese Kriterien zusammen, dann kommt es bei Motivierungsexperimenten vor allem auf zwei Dinge an: Die ethische Fundierung und die Glaubwürdigkeit der Berater. Je massiver die Intervention ist, desto mehr!

Wegskizze: **Kontexte mnangelnder Freiwilligkeit**

1. Schritt: (Nochmalige) Überprüfung der Auftragslage
2. Schritt: Klärung des Betreuungskontextes, der Beziehung und des bisherigen Kontraktes
3. Schritt: Motivierungsexperimente:

Methode	Auswahlkriterien
Neugier wecken, dann einen der folgenden Schritte	– die Methode muss ethisch vertretbar sein
eine Belohnung in Aussicht stellen	
das Anliegen erklären und vernünftig begründen, überzeugen oder verhandeln?	– man muss sie „durchziehen" können
Verhaltensvorschlag machen („Hausaufgabe", „Experiment"), selbst mithelfen	– sie muss zum eigenen Stil, zur eigenen Person passen
die Passivität des Klienten spiegeln	– sie muss zum Beratungskontext insgesamt passen (Konzept, Team, „Stil des Hauses", genereller Kontrakt mit Klienten)
Problemshiften. das heißt, ein neues, massiveres Problem aufbauen, z.B. Ankündigen von Sanktionen oder unausbleiblichen Konsequenzen („Führerscheinentzug")	
konfrontieren und Forderung stellen	
autoritär bestimmen, was der Klient jetzt zu tun hat	
Androhung, die Beziehung aufzukündigen	
und als Sonderform: paradoxe Intervention, z.B. das problematische Verhalten verordnen, es provokativ loben oder herunterspielen („ist doch nicht so schlimm?!")	Achtung: Neben den obigen Kriterien kommt es hier auf sorgfältige Planung und Übung an!

Wanderung N° 19

Im Prinzip nichts anderes: Prozesssteuerung in der Arbeit
mit Paaren, Angehörigen, Gruppen und anderen Systemen

Wohin diese Wanderung führt ...

Wir nehmen hier schon einen Ausblick auf die vierte Reise. Es gibt nicht nur Einzelberatung. Berater arbeiten mit Paaren oder Familien, sprechen mit Angehörigen (was nicht mit Familientherapie gleichzusetzen ist). Es gibt Gespräche in Betrieben, die Kollegen eines Klienten geben Aufträge usw. Auch hier ist die Steuerung des Gesprächsprozesses mit Hilfe aller bisherigen Methoden sehr bedeutsam. Neu ist, dass Berater auch sorgfältig auf die jeweiligen Gesprächskontexte achten müssen: Welche Rolle ist ihnen zugedacht, ist das geklärt? Eventuell müssen sie sich erst den Auftrag holen ...

Berater müssen auch darauf achten, ob sie (z.B. bei einem Hilfeplangespräch) die Aufgabe der Prozesssteuerung haben, oder andere diese Rolle beanspruchen können und es nur zu unproduktiver Konkurrenz käme, wollte man die Gesprächsführung an sich reißen. Auftragsanalyse und Auftragsklärung ist auch bei Beratung von Systemen der erste Schritt. Angehörige, Kollegen anderer sozialer Dienste, Nachbarn (siehe das Beispiel von Sandra) sind keine Klienten, jedenfalls nicht von vornherein. Berater müssen sie evtl. erst für eine Kooperation gewinnen, müssen auf „die Fettnäpfchen" achten, die herumstehen. Angehörige beispielsweise sind (begreiflicherweise) empfindlich gegenüber jeglicher Kritik, weil sie dahinter sehr schnell das Thema der Schuld sehen und in Verteidigungshaltung gehen (vgl. Wanderung N° 56). Kollegen anderer Dienste können schnell den Eindruck bekommen, man wolle ihnen zeigen, dass man die bessere Arbeit macht, wenn man gleich das Heft in die Hand nimmt, den Prozess „steuert", statt ihn diskret zu beeinflussen. Im Prinzip sind alle Methoden der Prozesssteuerung anwendbar, die wir auf den bisherigen Wanderungen kennen gelernt haben.

Die Bedeutung des Kontraktes, des Arbeitsbündnisses sei nochmals besonders hervorgehoben, und zwar gerade deshalb, weil einem nicht nur Klienten mit einem mehr oder minder klaren Auftrag gegenübersitzen, sondern Personen, die unter Umständen keinerlei Anliegen haben, aber kooperationsbereit sind. Die Erarbeitung eines Kontraktes ist daher auch anders aufgebaut. Sie beinhaltet folgende Fragen:
– Gibt es ein gemeinsames Thema bzw. einen Klärungsbedarf, und wenn ja, welchen?
– Gibt es bestimmte Resultate, die zu erzielen man sich einig ist?
– Wer übernimmt dabei welchen Anteil, welche Aufgabe?

Wenn Berater, die in diesen Gesprächskontexten eigentlich als Mitarbeiter eines sozialen Dienstes, einer Einrichtung etc. auftreten bzw. so gesehen werden, selbst ein Anliegen haben, für das sie die Gesprächspartner erst noch gewinnen müssen, sind sie zwar in der selben Ausgangslage, wie im Drei-Schritte-Programm (vgl. Wanderung N° 18), können jedoch diese Methode nur in modifizierter Form anwenden:

⇨ Die Überprüfung der eigenen Auftragslage, die zu dieser Ausgangslage führt, ist auch hier der erste Schritt.
⇨ Die Kontextklärung als Teil des zweiten Schrittes ist sehr wichtig, muss aber diskret erfolgen, weil sich die Gesprächspartner evtl. schnell „belehrt" vorkommen.
⇨ Kooperative Beziehungen „auf Augenhöhe" als Basis herzustellen, ist sehr zu empfehlen, aber man ist darauf angewiesen, dass Gesprächspartner sich darauf einlassen, ein Interesse an gleichberechtigter Kooperation zu haben.
⇨ Motivierungsexperimente (3. Schritt) sind in der Regel deplaziert. Allenfalls ist Überzeugungsarbeit denkbar, die Gesprächspartnern die Vorteile einer Kooperation verdeutlicht.

Das Ganze ist auch eine Frage kommunikativer, speziell sprachlicher Geschicklichkeit. In den Wanderungen N° 25 bis N° 27 ist davon ausführlicher die Rede.

Auf die Arbeit mit Angehörigen kommen wir in Wanderung N°56 unter systemischen Gesichtspunkten noch gesondert zu sprechen. Einige wichtige Überlegungen möchte ich jedoch schon hier anstellen.

Das brisante Thema der Schuldgefühle wurde schon angedeutet. Angehörige sind an sich keine Klienten, fühlen sich jedoch manchmal so oder werden es im Verlauf mehrerer Kontakte. Der Kontrakt kann aber im Prinzip anhand der drei Fragen oben erarbeitet werden. Berater können natürlich in die Lage kommen, von den Angehörigen Zustimmung zu wollen, also zum Beispiel zu Heimfahrregelungen, zu bestimmten Verabredungen über Kontakte zwischen den Klienten und ihren Angehörigen (die für eine sinnvolle Beratung wichtig wären).

Nehmen wir an, die Auftragsüberprüfung über die Sinnhaftigkeit solcher Anliegen sei erfolgt, so kommt wieder der Kontextklärung besondere Bedeutung zu. Angehörige haben oft völlig andere Vorstellungen über Sinn und Zweck der Beratung bzw. die Btreuung, als die Klienten selbst und als die Berater. Bleibt das so, sind zwar alle bei einem gemeinsamen Gespräch zur selben Zeit im selben Raum beieinander, aber dennoch auf drei verschiedenen Veranstaltungen.

Angehörige sind oft Kunden oder Auftraggeber, aber nicht *Klienten*. Berater sollen die Tochter gesund machen, den Sohn auf den rechten Weg führen, den Alkohol trinkenden Partner zur Vernunft bringen u.a.m. Das alles sind sehr verständliche Motive. Sie sehen (ihren Konstrukten entsprechend) das Heim als Reparaturwerkstatt, die Klinik als Sanatorium oder das betreute Wohnen als Erziehungsstelle. Sie haben vielleicht nachhaltig darauf hingewirkt, dass der verhaltensauffällige Sohn in eine heilpädagogische Tagesstätte kommt; oder sie waren, umgekehrt strikt dagegen, mussten aber dem Jugendamt gegenüber nachgeben. Sie denken vielleicht, die Tochter solle nach Hause und etwas Anständiges arbeiten, anstatt in diese „komische Therapie" zu gehen, wo sie nur gegen die Eltern aufgehetzt wird. All diese kurz angedeuteten Beispiele verweisen darauf, wie wichtig Kontextklärung in diesen Fällen ist.

Das häufigste Motiv von Angehörigen ist, dass ihr Familienmitglied wieder „gesund" oder „normal" wird, dass dadurch das Familienleben oder die Partnerschaft wieder klappt, oder sie zumindest beruhigt sein können, dass das Familienmitglied gut „untergebracht" ist. Diese Interessen sind der Anknüpfungspunkt, um sie für die nötige Kooperation zu gewinnen, das entspricht dem dritten Schritt im Drei-Schritte-Programm, dem Motivierungsexperiment.

Sind jedoch Familien oder Paare die Klienten, hat man wieder eher die Verhältnisse, wie bei einzelnen Klienten. Für Spannung ist dennoch gesorgt: Dass nämlich alle mit demselben Engagement, den gleichen Interessen und Anliegen in die Beratung kommen, ist eher die Ausnahme. Viel häufiger kommt der Mann „im Schlepptau" seiner Frau, weil sie ihm die Trennung angedroht hat, wenn er nicht in die Beratung mitkomme. Die pubertierenden Kinder kommen oft gar nicht oder allenfalls als Besucher, denn im Grunde „müssen meine Alten in Therapie und nicht ich". Überhaupt: Man geht nicht zum Psychiater, das ist nicht „cool".

Das bedeutet, mehrere Kontrakte zu erarbeiten und nicht bloß einen. Oder aber doch *einen* Kontrakt bei dem aber die unterschiedlichen Interessen, Ziele und Themen unter einen Hut gebracht werden müssen (vgl. Wanderung N° 45 und folgende).

Dies erfordert noch mehr Aufmerksamkeit und Sorgfalt. Denn häufig sind Familienmitglieder im Clinch miteinander, was sich in widersprechenden Aufträgen niederschlägt. Sich widersprechende Aufträge lassen sich nicht durchführen. Diesen Sachverhalt können Berater sofort im Gespräch offen legen. Die Kontraktphase wird vielleicht eine längere Verhandlung sein, bis die Aufträge zusammenpassen.

Familienmitglieder hoffen manchmal insgeheim, Berater würden andere in der Familie zur Raison oder Einsicht bringen, das heißt, sie hoffen auf eine Koalition mit dem Berater. Lässt man sich darauf ein, ist die Beratung in der Regel bereits am Ende. Manchmal ist es jedoch schwer, den Kurs der Neutralität zu halten und nicht für eines der Familienmitglieder Partei zu ergreifen. Wenn man mitbekommt, wie sich Familienmitglieder zeigen, können einem innerlich schon „die Haare zu Berge stehen". Wie kann man dann „authentisch neutral" bleiben? Vielleicht dadurch, dass man die eigenen Werturteile in Gedanken nochmals auf den Prüfstand stellt, sich klar macht, dass man jetzt mit einem System arbeitet, und nicht mit einer einzelnen Person. „Neutral" meint übrigens nicht so etwas wie „teilnahmslos" zu sein, ohne Mitgefühl, sondern berücksichtigt das Risiko, dass parteilich zu werden bereits das Ende der Beratung bedeuten kann.

Manchmal kann es allerdings auch sinnvoll oder nötig werden, einzelnen Familienmitgliedern bei konflikthaften Themen den Rücken zu stärken, weil mit dem Status Quo der bisherigen Kräfteverhältnisse niemandem gedient ist. Das sollte man dann allerdings auch deutlich machen. Wenn beispielsweise Eltern im Übermaß in die Autonomie ihrer Kinder eingreifen, oder umgekehrt diese den Eltern „auf der Nase herumtanzen", weil ihnen keine Grenzen gesetzt werden, schadet dies allen, wenn auch in unterschiedlicher Form.

Manchmal interpretieren Familienmitglieder die Neutralität des Beraters als gegen sie gerichtete Parteilichkeit. In diesem Fall ist ein Stück Aufklärung oft hilfreich: „Wer hätte etwas davon, wenn ich gegen sie Partei ergreife?" Es wird sich bei der Erörterung dieser Frage herausstellen, dass niemand davon einen Vorteil hätte.

Um es nochmals zu betonen: Das Phasenmodell ist als „Geländer" in Beratungen mit Familien und Paaren am ehesten Garant dafür, dass der Prozess nicht außer Kontrolle gerät. Die Klärung der Wünsche an den Berater in der Kontraktphase wirkt zugleich als Teil einer Kontextklärung, auf die hier noch mehr Gewicht gelegt werden muss, als sonst. Denn je mehr die Konstrukte der Beteiligten darüber, was Beratung sei und was Berater tun können, auseinanderklaffen, desto weniger können Berater den Prozess noch steuern.

Wegskizze

Prozesssteuerung in Systemen:

- Zuerst ist (vorbereitend) die Ausgangslage zu klären; anhand eines Lageplanes sollte eine Auftragsanalyse und auf diese Weise auch die Vorbereitung zu Kontextklärungen mit den Systemmitgliedern getroffen werden: Mit welchen Vorstellungen über die eigene Rolle und die des Beraters werden die Beteiligten vermutlich zusammenkommen?

- Diese Analyse gibt Hinweise, mit wem möglichst rasch zu Beginn eine Kontext- und Auftragsklärung durchgeführt werden sollte.
    - Ein Ziel ist, dass alle Beteiligten sich darüber verständigen, um welche „Veranstaltung" es sich handelt, zu der man zusammengetroffen ist.
    - Ein weiteres Ziel ist, dass es zu „kompatiblen" Aufträgen an den Berater kommt.

- Zum Umgang mit „Fettnäpfchen":
    - Konkurrenz mit anderen Helfern im System um die Frage, wer besser arbeitet und ähnliches, sollte man vermeiden und sich auch dazu nicht einladen lassen.
    - Prüfen, wer im System die Führung im Prozess für sich beansprucht und vorsichtig klären, ob es dabei bleiben soll.
    - Vorsicht mit Kritik gegenüber Angehörigen, um nicht Schuldgefühle und Abwehr zu aktivieren! Neutralität gegenüber den verschiedenen Familienmitgliedern (oder Partnern eines Paares); Aufklärung über die Gründe dafür und überhaupt über die Rolle des Beraters.

> Berater: „Wann hatten Sie und Ihr Mann denn den ersten großen Krach?"
> Frau: „Das war, als er unbedingt mit aufs Hochzeitsbild wollte."
> (Bernhard Trenkle)

Wanderung N° 20

Rikschafahrten

Wohin diese Wanderung führt ...

Es wäre eine reizvolle Vorstellung, sich in einer Rikscha durch das Labyrinth eigener Problemlagen chauffieren zu lassen. Für etwaige Irrfahrten wäre der Chauffeur verantwortlich. **Klienten** zeigen sich in der Beratung manchmal genauso, als säßen sie in einer Rikscha; das lässt sich gut erklären. Dass **Berater** dies gelegentlich nicht oder spät entdecken, sich selbst sogar wie Chauffeure einer Rikscha verhalten, ist ebenfalls gut nachvollziehbar. Bei dieser Wanderung geht es um die Ursachen und um die Frage, wofür die Metapher von der Rikscha genutzt werden kann.

Am Ende unserer Streifzüge durch ein sehr wichtiges Gebiet des Labyrinths, der Methodik der Steuerung von Beratungsprozessen, betreten wir noch ein Gebiet, das uns Skurriles zeigen und einige Dé-jà-vu-Erlebnisse bringen wird. „Da waren wir doch schon?", und trotzdem handelt es sich nicht nur um simple Wiederholung. Wir werden Beratungsprozesse durch das Raster einer Metapher betrachten.

Noch vor einigen Jahren war es Reisenden nach Fernost vorbehalten, einmal in einer Rikscha zu fahren. Inzwischen tauchen sie in flottem Design in großen Städten Europas auf. Das Foto zeigt die klassische Version.

Wenn in Beratungen die Aktivitäten so verteilt sind, dass Berater sehr aktiv sind, Klienten dagegen sich eher passiv zeigen, bietet sich der Vergleich mit einer Rikscha an:

Berater vorne, wo die Pedale sind, Klienten hinten, mehr oder minder abwartend. Berater haben oft die Neigung, aktiv zu sein, sich der Probleme anzunehmen, die ihnen vorgetragen werden, etwas zu tun. Sie werden auf der Inhaltsebene aktiv, machen sich über mögliche Lösungen Gedanken, entwickeln allerlei Hypothesen, was hinter den Problemen der Klienten stehen könnte usw. Passend dazu zeigen sich manche Klienten eher passiv, klagen über ihre Probleme, beschäftigen sich mit der Frage, wer Schuld an der Misere sei, betonen ihre Unfähigkeit, ihre Krankheit u.a.m. Oft genug laufen diese komplementär zueinander passenden Muster subtil, unbemerkt ab. Das Bild von der Rikscha parodiert dieses Muster. Mit Hilfe dieser Metapher können sich Berater die Dynamik auf witzige und einprägsame Weise im Bewusstsein halten und darauf achten, dass die Klienten auch arbeiten und nicht nur sie selbst.

Rikscha chauffierende Berater erhalten im Laufe der Zeit auf die Frage, wohin es denn gehen solle, beispielsweise folgende Antworten:

- „Wieso fragen Sie mich das, ich dachte Sie fahren?"
- „Irgendwohin, Hauptsache ich komme hier weg!"
- „Bringen Sie mich nach B…, aber bitte kein Kopfsteinpflaster oder scharfe Kurven, mir wird so leicht schlecht."
- Manche Kunden kommen mit einer Mülltonne: „Immer so viel Abfall, ich habe zu Hause keinen Platz mehr, fahren Sie das bitte weg?"
- Manche nennen ein Fahrtziel, aber nach einiger Zeit während der Fahrt ist von hinten zu hören: „Wo fahren Sie denn hin, ich wollte doch nach B…!" „Das ist der Weg nach B…!" „Ach was! So habe ich mir das aber nicht vorgestellt, können wir umkehren?"

Allerdings verhalten sich auch die Rikschachauffeure nicht alle gleich. Manche fahren gleich, nachdem die Kundschaft Platz genommen hat, los, das Fahrtziel wird während der Fahrt besprochen. Andere erwidern auf die Einwände der Kundschaft, dass es sich vielleicht doch nicht lohne, nach „B" zu fahren, mit intensiver Werbung für „B". Manche werden bei der fünften Mülltonne ärgerlich und rufen: „Jetzt reicht's, kommen Sie mal zur Sache!" Prompt folgt eine sehr beleidigte Reaktion der Kundschaft: „Ach je, Sie können mir eben auch nicht helfen!", und das hält man dann auch schier nicht aus.

Die Metapher von der Rikscha erlaubt es Beratern, sich die Absurdität mancher Beratungssituationen vor Augen zu führen, an die man sich vielleicht schon gewöhnt hat, aber dennoch irgendwie mit Unlust oder ähnlichem zu kämpfen hat. Die entscheidende Wirkung der Metapher liegt in der Parodie, die sie enthält. Denn ganz anders als bei Rikschafahrten müssen Klienten in einer Beratung, wenn sie Erfolg versprechend sein soll, genauso viel (wenn nicht mehr) arbeiten, wie Berater. Beobachten Berater, dass Klienten passiv hinten sitzen und allenfalls noch maulen, die Polsterung sei zu hart und das Dach lasse Regen durch, sollten sie anhalten, am besten sogar absteigen, unangekündigt Pause machen und abwarten, wie die Kundschaft reagiert. Bemerken Berater, dass die Verteilung der Aktivitäten bei bestimmten Klienten sich immer wieder in Rikscha-Nähe bewegt, oder dass Klienten kommen und, wie gewohnt, gleich hinten Platz nehmen, sollten sie sich öfters ebenfalls nach hinten, neben die Klienten setzen. Dann blicken beide erwartungsschwanger nach vorne, es tut sich nichts. Der Karren steht. Vielleicht kommt die Frage: „Wieso geht's denn nicht weiter?" „Ich weiß auch nicht!" oder gar Protest: „Was soll der Quatsch?" „Sehen Sie, das finde ich auch: Was soll der Quatsch? Ich mache einen Vorschlag nach dem anderen, aber irgendwie taugen sie alle nichts, denn Sie erwidern jedes Mal mit Ja, aber…".

Berater sollten sich nicht so leicht verführen lassen, vorne auf der Rikscha Platz zu nehmen und in die Pedale zu treten. Um Missverständnissen vorzubeugen: Es handelt sich um eine Metapher; es geht nicht darum, Klienten zu verhöhnen. Wohl aber kann es darum gehen, sie in ihrer passiven Haltung zu provozieren.

Berater dürfen ihre Neigung, aktiv zu sein, etwas zu tun, ruhig beibehalten. Sie sollten sie aber „kultivieren". Das bedeutet, die Aktivität von der Inhaltsebene auf die Ebene der Prozessbeobachtung und -steuerung zu verlagern. Statt selbst am Problem „hart zu arbeiten", sollten sie genau darauf achten, ob und wie die Klienten am Problem arbeiten. Diese Aufmerksamkeit, immer wieder in kreativer Weise gegenzusteuern und Klienten zu Aktivität zu „verführen" (anstatt sich von ihnen verführen zu lassen), ist auch „harte Arbeit", die viel Konzentration erfordert. Auf der Prozessebene „hellwach" zu bleiben und mit dem Ziel aktiv zu werden, dass Klienten „arbeiten", also selbst bereit sind nachzudenken (anstatt das Denken an Berater zu delegieren), Verantwortung für sich zu übernehmen (anstatt alle Verantwortung an andere einschließlich Berater abzugeben), Dinge auszuprobieren, die man in der Beratung verabredet hat (anstatt nur zu jammern, dass alles keinen Zweck habe), das kann als Aufgabe der Berater angesehen werden. Sie steuern die Rikscha, treten in die Pedale, aber auf einer anderen Ebene!

Viele Klienten sind es gewohnt, passiv zu bleiben. Angst vor Veränderung, mangelndes Selbstvertrauen, ein negatives Selbstbild und manchmal auch Bequemlichkeit stehen dahinter. Sie sind eventuell sogar beratungserfahren und wissen (intuitiv), wie man Berater zum arbeiten verleitet.

Ich empfehle Ihnen, liebe Leserin und lieber Leser daher gerne, sich in Ihrem Büro, Beratungsraum oder an einem anderen guten Platz ein Foto von einer Rikscha aufzuhängen, als visuellen Anker dafür, worauf sich Ihre eigene Aktivität beziehen sollte, und als Erinnerung daran, dass Sie „hart daran arbeiten dürfen", auf kreative Weise auf der Rikscha hinten Platz zu nehmen, wenn es an der Zeit ist.

Wegskizze: **Rikschafahrten**

- Um sich zu sensibilisieren, dass Klienten sich nicht nur auf den Rücksitz plumpsen lassen und nichts tun, können Berater sich der Metapher von der Rikscha bedienen, ja vielleicht sogar ein Bild wie unten an einem gut sichtbaren Ort aufhängen und diesen Ort auch wechseln, um es wieder zu bemerken.
- Berater dürfen sich als Rikschachauffeure betätigen, aber nicht so sehr auf der Ebene der Inhalte, der Probleme usw., sondern vor allem auf der Ebene der Steuerung des Beratungsprozesses. Ziel der Steuerung ist, dass Klienten arbeiten und nicht nur Berater!

> Wenn unserer Leben ein Haus ist und unsere Erfahrungen Besucher, dann hängen Glück und Leid weniger davon ab, wer uns besucht, als davon, wie wir ihn bei uns aufnehmen.
>
> (Quelle: unbekannt)

> Um klar zu sehen, genügt oft ein Wechsel der Blickrichtung
>
> (Antoine Saint-Exupery)

Zweite Reise:
Du, ich und wir auf labyrinthischen Pfaden

| Wanderung N° | REISEROUTE | Seite |

Die Beziehungsebene oder: Damit die Chemie stimmt!   153

21	Gibt es eine Ethik der Beratung oder: Vom Eigen-Sinn der Menschen	157
22	Klienten und Berater als zweierlei Experten	162
23	Schweizer Käse ohne Löcher? Ressourcen, Defizite und das eine als das andere	167
24	Eine Art hippokratischer Eid – Wiedergewinnen von Wahlmöglichkeiten	171
25	Führen und sich führen lassen	174
26	Wie viele Hähne passen auf einen Misthaufen? Symmetrische und komplementäre Beziehungen, positionaler und relationaler Sprachstil	178
27	„Wo kämen wir denn da hin, wenn ...?!" Manipulation mit Worten	184

Die kranke Kuh

Ein Nachbarn kommt zu Nasrudin: »Meine Kuh ist krank.« »So.« »Deine war doch kürzlich auch krank« »Ja.« »Was hast du denn gemacht?« »Petroleum ins Wasser.« »Ah ja, danke«, sagt der Nachbar und geht.
Drei Tage später kommt er wieder: »Du mit deinem verdammten Petroleum! Meine Kuh ist gestorben!« Nasrudin: »Meine auch.«

Labyrinth auf der Vorderseite von Thomas Thiemeyer

Die Beziehungsebene

oder: Damit die Chemie stimmt

Wie auf der Wanderung durch das Gebiet der Kommunikation schon beschrieben wurde, gestalten Menschen immer auch ihre Beziehung, wenn sie miteinander in Kontakt treten und kommunizieren, und sei es, dass sie ihre Beziehung beenden. Es ist unvermeidlich, eine Beziehung herzustellen und zu gestalten, sobald man einem Menschen begegnet; und es passiert nicht selten außerhalb der bewussten Aufmerksamkeit. Zur kommunikativen Kompetenz gehört das Know-how, wie man Beziehungen bewusst so gestaltet, wie man sie gerne haben möchte. Konstruktiv wird das Ganze aber nur, wenn man auch die Absichten und Wünsche des anderen bedenkt und aushandelt, wie die Beziehung denn sein soll.

In der Beratung ist es die Aufgabe der Berater, die Gestaltung der Beziehung zu Klienten bewusst im Auge zu haben. Wir haben auf den bisherigen Wanderungen schon gesehen, wie wichtig eine tragfähige Beziehung werden kann.

„Zwischen denen stimmt die Chemie!", so lautet die metaphorische Ausdrucksweise für gelingende Beziehungsgestaltung. Diese Metapher sieht allerdings die Beteiligten in einer eher passiven Rolle. Es sei denn, man versteht unter „der Chemie" die durch gegenseitige Achtsamkeit herbeigeführte „verbindende Reaktion" zwischen zwei Menschen (oder auch zwischen mehreren Mitgliedern in einer Gruppe).

Berater können viel für eine sich positiv auf den Beratungsprozess auswirkende Beziehung zwischen ihnen und den Klienten tun. Beziehung lässt sich entlang verschiedener Qualitäten beschreiben. Menschen stellen Nähe her oder bleiben auf Distanz, sie gestalten eine Beziehung auf „Augenhöhe" oder stellen ein „Oben-Unten-Verhältnis" her. Sie bauen über die Zeit hinweg Bindungen zueinander auf oder beschränken sich auf eine flüchtige Bekanntschaft. Es gibt mehr oder minder ausgeprägte gesellschaftliche Konventionen über den Charakter einer Beziehung. In einer kollegialen Arbeitsbeziehung muss man sich nicht lieben, in einer Ehe ist das sehr wünschenswert.

Beziehung ist nichts statisches, sie ist Bewegung, Dynamik, Prozess und so gesehen auch immer im Wandel. Das Wort „Beziehung" ist eine Nominalisierung. Besser ist es zu sagen, dass sich Menschen aufeinander beziehen. Sie tun das, in dem sie in irgendeiner Weise miteinander kommunizieren.

Die Beziehung zwischen Klienten und Beratern haben verschiedene Merkmale, die auch sozial-normativ geregelt sind: Die Beziehung ...

– ist zeitlich begrenzt
– sie ist mit einer Bezahlung an Berater verbunden
– sie ist professionell und nicht privater Natur, das heißt, Berater halten weitgehend ihr Privatleben aus der Beziehung heraus, während Klienten Einblick in bestimmte Aspekte ihres Privatlebens geben müssen, wenn die Beratung Erfolg haben soll
– die Rollen – Klienten hier, Berater dort – sind dem entsprechend festgelegt

– und deshalb ist diese Beziehung auch von vorneherein komplementär, ein „Topf-Deckel"-Verhältnis und der Tendenz nach auch durch ein Oben-Unten-Gefälle ausgezeichnet. Damit sie dennoch möglichst ebenbürtig bleibt, müssen Berater darauf achten, immer wieder gleiche „Augenhöhe" herzustellen.

Zugleich ist die Beziehung sehr persönlich: Klienten geben Beratern Einblick in ihr Seelenleben, mehr vielleicht als so manchem Freund. Das setzt Vertrauen voraus. Klienten entscheiden meistens intuitiv, ob sie ihren Beratern vertrauen oder nicht. Berater haben teilweise darauf Einfluss, am meisten durch die Haltung, mit der sie Ihren Klienten begegnen. Auf welche Haltungen es dabei ankommt, kann man sich allein schon durch die Frage verdeutlichen, wie man selbst als Klient gerne behandelt würde. Was einem dabei einfällt, wird wahrscheinlich auch für Klienten gelten, auch wenn es natürlich bei jedem Menschen nochmals Besonderheiten gibt. Wenn Berater Klienten Achtung und Wertschätzung ihrer Person, Verständnis und Vertrauen in ihre Fähigkeiten und schließlich Ehrlichkeit entgegenbringen, und ihnen erklären, was sie vorhaben, wie sie arbeiten, welche Erwartungen sie erfüllen können und welche nicht, dann dürften wichtige Voraussetzungen für eine tragfähige Beziehung erfüllt sein. Wir werden über die Haltungen, die für eine gute Beziehung der Berater zu ihren Klienten förderlich sind noch genauer nachdenken (vgl. Wanderung N° 21).

In einer technisierten Welt, in der alles als „machbar" erscheint, kann leicht die Illusion entstehen, Menschen seien beliebig lenkbar. Von der Technik verwöhnt erwarten viele von Pädagogik, Beratung oder Therapie, sie müsse Menschen gesichert in eine gewünschte Richtung formen. Berater müssten doch in der Lage sein, die Leute, die man zu ihnen schickt „zur Vernunft zu bringen", oder?

Lebende Systeme reagieren sehr wohl auf ihre Umgebung, nur tun sie dies auf „eigensinnige" und nicht exakt vorhersagbare Weise. Man kann Kinder „erziehen" und doch nie sicher sein, welche Ergebnisse diese Erziehung hat. Man kann in einer Beratung einen „Alkoholiker" mit seinem Missbrauch konfrontieren; der eine hört daraufhin auf, der andere trinkt weiter.
Jahrzehntelang waren Therapeuten bemüht, „wirksame" Therapiemethoden zu entwickeln. In den heutigen Zeiten des Kostendrucks soll Therapie auch noch rasch wirken. Aus der Therapieforschung weiß man inzwischen aber auch, dass bestimmte Therapieformen zu einer Person passen können, zu einer anderen nicht; und man weiß, dass die Beziehung zwischen Patient und Therapeut ein entscheidender Parameter für einen Erfolg ist (wir kommen darauf noch zu sprechen).

Wenn also in der Beratung auf praktisch-methodischer Ebene umgesetzt wird, was sich aus den Haltungen gegenüber Klienten herleiten lässt, wird sich dies hoffentlich auf die Beziehung zwischen Klient und Berater auswirken, weil auf die Grundprinzipien lebender Systeme geachtet wird. Nur kann man sich nie sicher sein, wie sich das eigene Verhalten auf Klienten auswirkt, wie sie reagieren werden!

Beratung ist nicht immer angenehm und konfliktfrei. Wird Klienten hauptsächlich nur Verständnis entgegen gebracht, kommen sie ihren Zielen nicht näher. Veränderung gelingt oft erst durch die Konfrontation oder auch eine Provokation seitens des Beraters.

Eine vorher aufgebaute positive Beziehung ist die Basis, um die belastenden Phasen der Beratung zu tragen, um als Klient dabei zu bleiben, auch wenn einem manchmal nur noch nach Flucht zumute ist.

Beziehung wird über Kommunikation gestaltet. Haltungen werden überwiegend indirekt kommuniziert. Wenn man sagt, zwei Menschen seien „auf gleicher Wellenlänge", eine aus der Funktechnik entnommene Metapher, dann wird damit ausgedrückt, dass die Beteiligten ihre Kommunikation unter bestimmten Bedingungen als Resonanz, als Verständigung, als „Einklang" und im ungünstigen Fall als gestört erlebt wird. Was man spezifisch dafür tun kann, um die „gleiche Wellenlänge" zu erreichen, werden wir auf Wanderung N° 25 genauer erörtern.

Allgemein können einige Faktoren genannt werden, die die Beziehung zwischen Berater und Klienten stärken:

- Als erstes kann hier nochmals all das hervorgehoben werden, was in der Besprechung des Phasenmodells (Wanderung N° 13) über den Aufbau und die Aufrechterhaltung des Kontaktes gesagt wurde. Mit Klienten auf möglichst vielen Sinneskanälen gut in Kontakt zu sein und ihnen zu vermitteln, dass sie jetzt „dran" sind, und dementsprechend Störungen von außen möglichst auszuschließen, das alles ist auch hilfreich, um die Beziehung zu stärken. Aufmerksamkeit ist auch ein gutes Wort dafür.
- Berater sollten sich sprachlich ihren Klienten annähern; es geht nicht darum, genau so zu reden wie Klienten, wohl aber Worte und Ausdrucksweisen so zu wählen, dass Klienten besser verstehen können, was Berater sagen wollen, und zugleich auch eher den Eindruck bekommen, verstanden zu werden. Gedankliche Winkelzüge, in entsprechend komplizierte Sätze gekleidet, sind für manche genau das richtige, andere fangen damit nichts an und bevorzugen kurze, klare und „logische" Gedankengänge. Manche benutzen Metaphern gerne und verstehen metaphorische Sprache, andere sind „Realisten", nehmen die Metapher wörtlich und finden Unsinn, was ihnen da mitgeteilt wird. Es würde zu weit führen, hier nun alle Möglichkeiten aufzulisten. Das wichtigste ist, dass Berater er-hören, wie ihre Klienten sprechen und wie sie denken.
- Berater sollten mitteilen, was sie vorhaben und erklären, welche Gedanken oder Erwägungen hinter dem stehen, was sie ihren Klienten gerade sagen oder raten.
- Berater sollten prüfen, ob und auf welchen Gebieten sie Interesse am Leben ihrer Klienten entwickeln können. Wo das zutrifft, ist es hilfreich für die Beziehung, dieses Interesse auch zu zeigen. Dazu gehört auch, gemeinsam etwas zu erleben, sofern das zum Kontext der Beratung passt, und nicht immer nur über Probleme zu reden. Ein gemeinsamer Spaziergang kann auch dazu gerechnet werden.
- Neben den positiven Effekten, die damit bei der Inhaltsebene, also der Bearbeitung von Problemen erzielt werden, wirkt sich auch der Wechsel vom Wort zu anderen Ausdrucksmitteln, wie zum Beispiel Zeichnungen, ein Figurenbrett oder Klanginstrumente, positiv auf die Beziehung aus.

Diese Möglichkeiten stehen Beratern zur Verfügung. Wie sie benutzt und ausgestaltet werden, ist eine Frage des persönlichen Stiles. Dazu kann hier nur allgemein vorgeschlagen werden, Mut zum eigenen Stil zu haben und ihn natürlich auf die erwünschte Beziehung zu Klienten zu überprüfen (z.B. die eigenen Sprachgewohnheiten).

Den „Rest" müssen Klienten selbst besorgen; die grundsätzliche Bereitschaft, mit dem Berater überhaupt in eine Beziehung zu treten, müssen sie selbst entwickeln. Das bedeutet, dass Berater nur eine Beziehung anbieten können, die Entscheidung auf dieses Angebot einzugehen, fällen die Klienten!

Noch ein Hinweis zu den folgenden Wanderungen:

Wir betrachten das Thema der Beziehungsgestaltung aus verschiedenen Perspektiven, die teilweise nah beieinander liegen. Deshalb werden wir bei den Wanderungen immer wieder auf nah aneinander angrenzende Gebiete stoßen. „Da waren wir doch schon ein mal!", so wird es Ihnen, liebe Leserin und lieber Leser vielleicht gerade durch den Kopf gehen. Das hat seine Ursache darin, dass alle folgenden Betrachtungen Facetten ein und desselben Themas sind.

Skizze des Wandergebietes

Faktoren, die die Beziehung zwischen Beratern und Klienten stärken:

- Haltungen, die sich aus der Theorie lebendiger Systeme herleiten lassen; Wertschätzung gehört zu den wichtigsten Haltungen
- Aufrechterhaltung eines guten Kontaktes und möglichst gleich bleibende Aufmerksamkeit
- Erklärung und Offenlegung der eigenen Motive und Hintergründe
- sprachliche Annäherung an die Sprache der Klienten
- Interesse am Leben der Klienten, nicht nur an ihren Problemen
- andere „Kanäle" der Kommunikation, nicht nur das Wort; gemeinsame Erfahrungen

Wanderung N° 21

Gibt es eine Ethik der Beratung?
oder: Vom Eigen-Sinn der Menschen

Wohin diese Wanderung führt ...

Eine zentrale Erkenntnis aus der Erforschung lebender Systeme ist, dass sie energetisch offen, aber strukturell geschlossen sind. Die Strukturen, um die es dabei geht, entwickeln sich autopoetisch, also in einer Art Selbstschöpfung. Menschen sind beeinflussbar, wie, das ist allerdings wenig vorhersagbar. Aus diesen und anderen Erkenntnissen lassen sich Folgerungen für eine begründbare Ethik der Beratung herleiten. Darum und um wesentliche Grundhaltungen des Beraters geht es auf dieser Wanderung.

Menschen verhalten sich eigen-„gesetzlich" (autonom) und eigen-„sinnig". Was sie fühlen, denken, wie sie handeln, unterliegt einer „Logik" und einem „Sinn". Von außen ist nicht immer erschließbar, was sich aus der Innenperspektive der Person als sinnvoll und schlüssig darstellt. Obwohl im alltäglichen Gebrauch des Wortes „Wahnsinn" an diesen Sachverhalt nicht gedacht wird, ist er im Wort selbst sehr schön ausgedrückt: Der Sinn des Wahns (vgl. Wanderung N° 60).

Wie sich ein Mensch verhält, erschließt sich also aus einem inneren Sinnzusammenhang, und es ist daher problematisch, ja vielleicht sogar arrogant, aus einer Außenperspektive mit negativen Attributen wie „verrückt", „gestört", „daneben" usw. diesen Sinn zu bewerten bzw. zu verleugnen.

Die Grenzen einer positiven bzw. bewertungsfreien Beschreibung von Verhaltensweisen sind allerdings erreicht, wenn jemand gravierend Normen bzw. die legitimen Interessen anderer mit Füßen tritt, obwohl auch das natürlich für die Person einen „Sinn" hat – oft den des Eigennutzes. Wenn es in der Beratung von „Tätern" um Gewalt, Missbrauch u.a.m. geht, kommt der Berater nicht umhin, gegenüber solcher Art von „Eigensinn" wertend Position zu beziehen.

Aber von diesen besonderen Situationen abgesehen ist Respekt und Wertschätzung gegenüber den Lebensweisen der Klienten, ihrer für sie sinnvollen Sicht der Dinge, eine wichtige Forderung, um die sich Berater kümmern müssen. Andernfalls stellen sie sich nur gegen Klienten und werden ihre Gegner. Klienten fühlen sich dann in grundsätzlicher Weise nicht verstanden und in ihren Motiven missachtet. Eine tragfähige Beziehung ist von vornherein gefährdet.

Das bedeutet nicht, dass Berater ihren Klienten nicht spiegeln sollen, wie sie in ihrem „Eigensinn" nach außen auf andere wirken, zumal sich die Reaktionen des Umfeldes, der Familie, der Kollegen usw. genau zu den Problemen entwickeln können, die Klienten in die Beratung führen. Aber Berater sind in solchen Situationen als „Brückenbauer" zwischen der eigen-sinnigen Welt des Klienten und der ebenfalls eigen-sinnigen Welt der Menschen seiner Umgebung gefragt.

Ich verstehe diese Überlegungen als Teil einer durch Erkenntnisse über lebende Systeme begründeten Beratungsethik. Im vorigen Kapitel wurde bereits gezeigt, wie einige Leitmotive einer solchen Ethik, die im übrigen nichts Neues sind, in Übereinstimmung mit Forschungsergebnissen stehen, also nicht nur als nicht mehr weiter herleitbare Grundsätze festgelegt werden müssen.

In der humanistischen Psychologie haben alle diese ethischen Grundsätze eine lange Tradition. Reizvoll und wichtig finde ich allerdings die Verknüpfung zwischen einer Beratungsethik mit dem aktuellen Forschungsstand und erkenntnistheoretischen Überlegungen, also die Verbindung von Moral, Ethik und Wissen. Dieser Prozess ist nie abgeschlossen. Vielleicht werden die Ergebnisse der Hirnforschung auch zu einer Veränderung ethischer Leitsätze führen.

Die unten stehende Übersicht zeigt, wie die jeweilige Haltung in der Theorie lebendiger Systeme und Erkenntnissen der Evolutionsforschung thematisiert wird. Außerdem wird auch deutlich, wie sich die Haltung als Berater daran orientieren kann, wie man selbst gerne behandelt werden würde.

Ich möchte noch näher auf den Begriff der „Haltung" eingehen:
Haltungen sind bedeutsame innere Einstellungen und Werte, die man seinem Handeln zugrunde legt. Es soll sich hier um Einstellungen und Werte handeln, die weitgehend begründbar und erklärbar sind. Soweit sie Axiome sind, also nicht weiter theoretisch ableitbare oder empirisch belegbare Behauptungen enthalten, sollten sie mit den Menschenrechten in Einklang stehen und einen lebensbejahenden Charakter haben. Haltungen in diesem Sinne lässt man bewusst in sein Handeln einfließen; es geht manchmal darum, „Haltung zu bewahren" oder etwas „durchzuhalten", denn auf vielfältige Weise kann es einem praktisch schwer fallen, sich einer Haltung entsprechend zu verhalten. In der täglichen Praxis kann es immer wieder

Aus zentralen Theoriesätzen hergeleitete Haltungen

Ebene/Bereich	Grundhaltung	Theorie bzw. empirische Erkenntnis
Menschenbild	➢ Eigenverantwortlichkeit des erwachsenen Individuums für die Entwicklung und Nutzung seiner Ressourcen. ➢ Was Menschen tun, ist (für sie) „sinnvoll" und zu respektieren, auch wenn nicht alle Verhaltensweisen zu billigen sind. ➢ Man kann die Reaktion von Menschen nicht sicher vorausberechnen; das Resultat einer Einflussnahme (Intervention) bleibt offen.	Autopoiese (Eigenschöpfung) und Autonomie (Eigengesetzlichkeit) lebender Systeme; Individuen schaffen ihre eigene Weise zu existieren (Eigen-Sinn); *)
Interaktion	➢ Beratung gründet auf einer Ethik der Partnerschaftlichkeit, des Verhandelns bzw. Aushandelns und des Respekts; insofern ist Kooperation immer möglich.	Der Mensch ist soziales Wesen und zugleich als Individuum, also lebender Organismus auf Überleben und Eigennutz orientiert; er bewegt sich daher in der Polarität von Anpassung und Nicht-Anpassung
Handlungs-orientierungen	➢ Lösungs- und Ressourcenorientierung der Beratung/Betreuung usw.; ➢ Oberstes Ziel ist, dass Klienten (wieder) über mehr Wahlmöglichkeiten verfügen, wie sie dann wählen, bleibt in ihrer Verantwortung	Menschen sind kooperationsfähig, verfügen über Ressourcen (trotz und bei allen Defiziten) und streben prinzipiell nach einem zufriedenen, „reichen" Leben (was das jeweils ist, entscheidet das Individuum)

*) vergleiche die wörtliche Bedeutung der griechischen Wortstämme: autos = selbst, eigen; poiesis = Erzeugung, Schöpfung, Herstellung und nomos = Gesetz

eine Herausforderung sein, eine Haltung in Verhalten umzusetzen. Haltungen sind somit „Verhaltensziele" bzw. Orientierungen. „Haltung" ist daher auch als etwas zu verstehen, das sich durch all die vielen speziellen Methoden der Beratung, Betreuung, Begleitung und Kooperation hindurch zieht; Haltungen sind gewissermaßen Fundamente, auf denen die speziellen Methoden, Interventionen bzw. ganz generell die Begegnung mit anderen Menschen aufbauen.

Haltungen spricht man nicht ständig aus, sie kommen für den anderen eher indirekt über das Verhalten zum Ausdruck. Sie sind spürbar und in der Beziehung erfahrbar. Dafür, dass der Andere das bemerkt, gibt es jedoch keine Garantie; denn wie der Andere einen erlebt, hängt von seiner Wahrnehmung, seiner Erwartung, seinem Welt- und Menschenbild ab. Es kann zu einer Prüfung für einen selbst werden zu erleben, wie der Andere die guten Absichten nicht aufnimmt. Was dann? Noch einmal versuchen! Und: Ein wesentlicher Teil der Verantwortung, Haltungen wahrzunehmen und zu würdigen liegt beim Anderen.

Im Sinne eines Leitfadens sollen nun nochmals wesentliche Haltungen und Grundannahmen in der Beratung skizziert werden:[1]

- **Autonomie, Selbstorganisation und Eigenverantwortlichkeit:** Wir gehen davon aus, dass die Menschen, mit denen wir arbeiten, autonom (eigengesetzlich) und „eigensinnig" sind. Wir unterstützen und fördern ihr Bedürfnis nach Wachstum und Eigenständigkeit. Daraus ergibt sich auch die Eigenverantwortlichkeit des (erwachsenen) Menschen.
- **Die begrenzte Möglichkeit instruktiver Interaktion:** „Instruktive Interaktionen" zwischen Menschen sind nicht in fest vorhersagbarer Weise möglich: Menschen sind keine Maschinen!

„Es ist nicht möglich, in ein Lebewesen wie in einen Computer Informationen einzugeben und festzulegen. Vielmehr bestimmt die Strukturdetermination, dass eine instruktive Interaktion mit einem Lebewesen unmöglich ist. Das bedeutet beispielsweise für die Erziehung: Die erzieherische Intervention bestimmt nicht, was das Kind lernt; es ist vielmehr die Struktur des Kindes, die das Schicksal der erzieherischen Intervention determiniert." [2]

Analoges gilt für alle Formen der Betreuung, Beratung und Therapie von Menschen. „Interventionen", „Verschreibungen", „Ratschläge" u.a.m. sind mit diesem Vorbehalt zu betrachten.

- **Kontextbezogene Sinnhaftigkeit allen Handelns:** Wir können unser Gegenüber nicht immer verstehen. Wir gehen aber von der Sinnhaftigkeit der Handlung aus, für die sich unser Gegenüber entschließt. Wir berücksichtigen unterschiedliche Situationen von Menschen und begreifen sie in ihren individuellen Lebensbereichen. Der Sinn einer Handlung erschließt sich aus dem subjektiven Kontext, in dem die Handlung stattfindet.
- **Kooperation ist möglich:** Wir unterstellen unserem Gegenüber Kooperationsbereitschaft. Kooperation erleichtert Veränderungen. *„Jede Familie, Einzelperson oder Paar zeigt eine einzigartige Weise des Kooperierens, und die Aufgabe des Beraters besteht darin, sich selbst diese spezifische Weise, die diese Personen zeigen, zu beschreiben, und dann mit ihr zu kooperieren und auf diese Weise Änderungen zu fördern."* (Steve de Shazer)
- **Ressourcenorientierung:** Das Suchen von Fähigkeiten, Stärken und Kenntnissen

---

1 zitiert nach einem Seminarpapier der Weiterbildung Syst/Erz, in der der Autor als Co-Leiter tätig ist
2 Willhelm Rotthaus : Ist Erziehung möglich?

steht im Vordergrund. Ihr Vorhandensein wird unterstellt. Wenn wir davon ausgehen, dass Klienten über Ressourcen verfügen, können wir sie auch finden und daran anknüpfen. Das Anknüpfen an bereits vorhandene Ressourcen hat Priorität.
- **Erweiterung von Handlungsoptionen:** Der Schwerpunkt unseres Handelns liegt auf der Einführung neuer Perspektiven, dem Vereinbaren von Zielen und dem Konstruieren von Lösungen. Menschen wählen lieber aus: Mehrere Handlungsmöglichkeiten sind von Nutzen. *„Handle stets so, dass sich die Anzahl der Möglichkeiten deines Gegenübers zu handeln vergrößert!"* (Heinz v. Foerster)

Und schließlich:
- **Beratung darf und soll Freude machen:** Klienten verdienen immer unsere Wertschätzung und unseren Respekt. Wenn wir unsere Klienten ernst nehmen und mit Respekt behandeln, werden wir mehr Freude an unserer Arbeit haben, wir werden neugierig bleiben zu erfahren, wie sie ihr Leben meistern, welche Fähigkeiten sie haben und was sie bisher versucht haben, Probleme zu lösen.

Um es angesichts dieser Menge an Ethik nochmals ausdrücklich zu betonen: Es geht nicht darum, Maßstäbe zu setzen, die letztlich niemand einlösen kann. Es geht um eine Art Landkarte mit Orientierungspunkten. Berater können versuchen, sich daran zu halten – als weitere Hilfe beim Weg durchs Labyrinth.

Mit dem nachfolgenden Text möchte ich nochmals in anderen Worten eine mögliche Ethik der Beratung zum Ausdruck bringen. Ob man ihn Klienten zum Lesen gibt, nur für sich behält oder umschreibt, sei Ihnen, liebe Leserin und lieber Leser selbst überlassen!

Wie ich gerne unsere Zusammenarbeit gestalten möchte:

Ich nehme nicht in Deinem Boot Platz... Dennoch bin ich bereit, Deine Situation zu verstehen und mit Dir mitzufühlen!
Ich bleibe in meinem Boot, denn von dort aus kann ich eher sehen und herausfinden, wie du rudern müsstest, um Dich nicht im Kreise zu drehen.

Ich kann Dir etwas zeigen; ob du es nimmst oder zurückweist, bleibt Deine Entscheidung!
Und ich bemühe mich zu verstehen, wieso diese Entscheidung sinnvoll für Dich ist.

Ich möchte nicht dazu da sein, für Dich zu rudern, sondern dazu, Deine Ruderschläge zu begleiten oder vielleicht Tipps zu geben, wie du selbst erfolgreich rudern kannst.

Wenn ich dennoch einmal für Dich in die Riemen greife, dann um Dir zu helfen, damit du es schließlich selbst wieder versuchst, denn ich weiß, dass du es kannst.

Dass die Ethik der Beratung auch als Ethik kollegialer Kooperation, also etwa der Zusammenarbeit im Team oder überhaupt als Ethik der Alltagspraxis taugt, soll der Schlussgedanke des Kapitels sein.
Allerdings muss man hier mit mehr Schwierigkeiten rechnen. Im Feld professioneller Konkurrenz, wirtschaftlicher Interessen und kontroverser Theorieansätze bleiben Wertschätzung und andere Tugenden, die in der Beratung für selbstverständlich gehalten werden, schnell auf der Strecke:
In der Institution geht es auch um Macht, zwischen den sozialen Hilfssystemen geht es um die Verteilung der ohnehin eng bemessenen finanziellen Mittel und darum, sich

einen möglichst großen Teil „des Kuchens" für das eigene Angebot zu sichern.

Und so manchem Kollegen (wie einem selbst vielleicht auch) geht es um das „Recht-Haben".

Solchen Motiven gegenüber kritisch zu bleiben, kollidiert nicht zwangsläufig mit einer Ethik, wie sie für Beratungskontexte wichtig ist. Wenn ich Kooperationspartnern auf der persönlichen Ebene wertschätzend begegne, bedeutet das nicht automatisch, dass ich auch ihre Motive wertschätzen muss. Wenn ich das Verhalten meines Chefs aus seinem „Eigen-Sinn" heraus zu verstehen versuche, bedeutet das nicht, dass ich sein Verhalten akzeptiere. Ich kann widerspruchsfrei sagen: „Er ist ein netter Mensch, aber sein Führungsstil ist katastrophal!", sofern das meinem Erleben entspricht.

Wegskizze

Merkmale einer Ethik der Beratung sind:

- die Einsicht des Beraters in den „Eigen-Sinn" des Erlebens und Handelns seiner Klienten
- zu den wichtigsten Orientierungen und Haltungen gehören:
    - Achtung vor Autonomie, Selbstorganisation und Eigenverantwortlichkeit der Klienten
    - Begrenzte Möglichkeit instruktiver Interaktion, d.h. Klienten zu einer bestimmten Handlung zu veranlassen
    - Sinnhaftigkeit der Handlungen im jeweiligen subjektiven Kontext
    - Kooperation ist möglich
    - Ressourcenorientierung
    - Erweiterung von Handlungsoptionen als übergeordnetes Ziel der Hilfen
- die Wertschätzung der Person und eine kritische Haltung gegenüber ihrem Verhalten, ihren Handlungen
- die Aufgabe als Brückenbauer zwischen den „Welten" der Klienten und ihrer Umgebung
- dementsprechend schließlich die Aufgabe, Klienten aufzuklären, wenn sie aus einer egozentristischen Weltsicht die Auswirkungen ihres Verhaltens auf ihre Umgebung verkennen und nicht bemerken, wie sie auf diese Weise selbst an der Produktion ihrer Probleme mitwirken

Den folgenden Text kann man als metaphorische Beschreibung der eigenen Haltung als Berater verwenden:

> „Wie ich gerne unsere Zusammenarbeit gestalten möchte:
> Ich nehme nicht in Deinem Boot Platz...
> Dennoch bin ich bereit, Deine Situation zu verstehen und mit Dir mitzufühlen!
> Ich bleibe in meinem Boot, denn von dort aus kann ich eher sehen und herausfinden, wie du rudern müsstest, um Dich nicht im Kreise zu drehen.
> Ich kann Dir etwas zeigen; ob du es nimmst oder zurückweist, bleibt Deine Entscheidung!
> Und ich bemühe mich zu verstehen, wieso diese Entscheidung sinnvoll für Dich ist.
> Ich möchte nicht dazu da sein, für Dich zu rudern, sondern dazu, Deine Ruderschläge zu begleiten oder vielleicht Tipps zu geben, wie du selbst erfolgreich rudern kannst.
> Wenn ich dennoch einmal für Dich in die Riemen greife, dann um Dir zu helfen, damit du es schließlich selbst wieder versuchst, denn ich weiß, dass du es kannst."

Wanderung N° 22

Klienten und Berater als zweierlei Experten

Wohin diese Wanderung führt ...

Wenn sich Berater mit ihren Klienten „auf Augenhöhe" begegnen, unterstützt das Klienten in ihren Fähigkeiten und Kompetenzen. Wenn Klienten verständlicher Weise im Berater den Experten für die Lösung von Problemen erblicken, könnten Berater in ihren Klienten Experten für sich selbst sehen und ihnen dies verdeutlichen. Denn sie allein können wissen, was ihnen hilft und was nicht. Berater sind sozusagen nur „Geburtshelfer" bei der Lösungssuche.

In die Beziehung zwischen Klienten und Beratern kann sich leicht ein Oben-Unten-Verhältnis einschleichen. Sei es, weil Klienten in ihrem Berater die kompetente Person, die Autorität oder ähnliches sehen (wollen), sei es, weil Berater Klienten als mit Problem beladen, „gestört", „psychisch krank" u.a.m. betrachten. Eine defizitorientierte Haltung auf Seiten der Berater bestärkt auch Klienten darin, sich mehr an ihren Schwächen, ihrer Unfähigkeit, ihren Problemen zu messen, als umgekehrt an ihren Stärken und Fähigkeiten zu orientieren. Wir kommen darauf noch zu sprechen. Ihr Selbstbewusstsein und Selbstvertrauen wird so (sicherlich nicht absichtlich) eher geschwächt als gestärkt. Zur Lösung ihrer Probleme müssen Klienten jedoch von ihren Fähigkeiten Gebrauch machen.

Die Begegnung von Klient und Berater ist zuallererst die Begegnung zweier Menschen. Sie bringen ihre Lebenserfahrung mit, ihre Sichtweisen, Konstrukte, ihre Innenansichten. Das verbindet und trennt sie zugleich. Bei allem Einfühlungsvermögen können Berater letztlich nicht wissen, wie es „in" ihren Klienten aussieht, können nicht fühlen, was Klienten fühlen, können allenfalls versuchen, sich einzufühlen. Klienten sind letztlich die Experten für sich selbst, nur sie haben letztlich Zugang zu sich selbst.

Berater sind Experten für Beratung, für den methodischen und theoretischen Hintergrund usw. Mit ihrer Hilfe versuchen sie die Geschichten, die Berichte aus der Innenwelt der Klienten zu interpretieren, vergleichen sie mit anderen Geschichten, die sie kennen, ordnen sie „diagnostisch" bestimmten Problemlagen zu. Sie bewegen sich dabei auf dünnem Eis. Ob ihre Diagnose, also ihre Einschätzung, was mit dem Klienten „los ist", wirklich passt, bleibt grundsätzlich unaufklärbar. Denn die Qualitäten unseres seelischen, geistigen Lebens sind nicht objektivierbar, wie beispielsweise ein Magengeschwür. Es steht nur der Bericht der Klienten zur Verfügung, das heißt ihre Worte, mit denen sie Auskunft über ihr Innenleben geben.

Wenn Berater rein prozessorientiert arbeiten, also Methoden verwenden, die weitgehend ohne inhaltliche (psychologische) Theorien auskommen und primär einen inneren Veränderungs- und Lösungsprozess beim Klienten anregen, ist das Risiko, dem Klienten eventuell nur etwas überzustülpen, was gar nicht zu ihm passt, geringer. Die Methoden aus der lösungsorientierten Kurztherapie, der

Hypnotherapie oder aus dem NLP arbeiten vielfach so.

Prinzipiell unterstützt die Idee, dass sich mit Klienten und Beratern zweierlei Experten begegnen, eine wertschätzende Haltung, die Klienten auf diesem Weg entgegengebracht wird. Ich glaube, jeder, der sich in irgendeiner Weise in Behandlung oder Beratung begibt, empfindet sie wohltuender, kann sie leichter annehmen, wenn er sich zugleich menschlich gut behandelt fühlt. Wertschätzung ist ein wichtiger Teil davon. Sie hilft, dass sich Klienten und Berater „auf Augenhöhe" als „Experten" begegnen können; und das wiederum ist ein wichtiges „Heilmittel".

Allerdings gilt es noch etwas anderes zu beachten: Klienten – jedenfalls diejenigen, die eine Beratung oder Therapie wünschen – richten ihre Hoffnungen und Erwartungen verständlicherweise an den Berater. Er möge etwas zu Wege bringen, was ihnen selbst bisher nicht gelungen ist. In dem Maße, wie sie Beratern zutrauen, dieses „Wunder" zu vollbringen, in dem Maße vertrauen sie ihnen auch. Irgendwie soll der Berater doch auf den „Sockel", sollen jemand sein, zu dessen Kompetenz man aufblicken kann; nur „Augenhöhe" reicht nicht. Enttäuscht man diese Erwartungen zu sehr, leidet die vertrauensvolle Beziehung ebenso, wie bei mangelnder Wertschätzung. Dass das Vertrauen der Klienten in den Berater, seine Kompetenz und die Wirksamkeit seiner Methoden ein wichtiger Parameter für den Erfolg ist, wichtiger fast, als die Methoden selbst, ist durch Ergebnisse der Therapieforschung wiederholt nachgewiesen worden. So sehr also die Idee des Expertentums der Klienten auch unter erkenntnistheoretischen Gesichtspunkten stichhaltig ist, sollte sie mit den möglichen Erwartungen der Klienten an die Kompetenz des Beraters kombiniert werden. Bildlich gesprochen: Das Podest, das Klienten hinstellen, kann der Berater betreten und dann den Klienten Schritt für Schritt zu sich nach oben holen.

Ehrlichkeit der Berater gegenüber den Klienten ist ebenfalls ein wichtiger Faktor, damit sie Vertrauen aufbauen können. Die ehrliche Auskunft der Berater darüber, was sie leisten können und was nicht, kann zwar Klienten in ihren eventuell zu hohen Erwartungen an Berater enttäuschen. Schlimmer ist es, wenn Berater um die Frage ihrer Möglichkeiten „herumeiern", erst hinterher oder gar nicht zugeben, dass sie bei der Problematik der Klienten auch nicht weiter wissen, darin keine Experten sind. Das Angebot, sich gemeinsam auf Lösungssuche zu begeben, gemeinsam nachzudenken, wird von Klienten selten ausgeschlagen.

Eine weitere wichtige, kontrovers diskutierte Frage ist die, ob Berater auch ihre persönlichen Erfahrungen einbringen und auf diese Weise kenntlich machen sollen, dass sie auch „nur Menschen" sind, dass sich also in erster Linie zwei Menschen begegnen. Oft vertraut man jemandem mehr, der die gleichen Probleme auch schon hatte oder ähnlich schwierige Lebenslagen meistern musste. Kennen Berater die Schwierigkeiten im Umgang mit pubertierenden Kindern aus eigener Erfahrung, kann es sein, dass die Eltern, die eine „Erziehungsberatung" erwarten, ihnen und ihren Ratschlägen vertrauen.

Es entspricht einer gesellschaftlichen Norm, sich als Klient nicht nach dem Privatleben seines Arztes, Rechtsanwaltes etc. zu erkundigen. Insofern ist es für Klienten eher etwas Besonderes, Persönliches von ihren Beratern zu erfahren. Zuviel davon würde allerdings die Norm verletzen, von der Klienten wahrscheinlich ausgehen. Es ist zu empfehlen, sich dabei auf die Themen zu beschränken, um die es in der Beratung geht, und zu beobachten, wie Klienten darauf reagieren.

Genauso, wenn nicht wirksamer ist es, das Beispiel anderer Klienten bzw. die Erfahrungen aus anderen Beratungen zu den fraglichen Themen zu zitieren. Im Grunde handelt es sich dabei um Geschichten, aber Klienten können sich mit den darin enthaltenen Lösungsideen identifizieren und erfahren außerdem, dass sie mit bestimmten Problemen nicht allein sind (wie sie manchmal denken).

Oft kommen Klienten in einer kritischen, unsicheren Lage in die Beratung, oder die Beratungssituation selbst löst Unsicherheit aus. Dementsprechend steigt das Bedürfnis die Situation einschätzen und in diesem Sinne kontrollieren zu können. Dafür ist es hilfreich, wenn Berater ihren Klienten erklären, was sie zu tun vorhaben. Sie machen ihre Arbeit transparent und ermöglichen es ihren Klienten, verantwortlich mit zu entscheiden, ob sie sich auf das Angebot des Beraters einlassen möchten. Natürlich nimmt diese Transparenz wieder etwas von der „Zauberwirkung" der Beratung, auf die Klienten vielleicht auch hoffen.

Das Vertrauen der Klienten zu ihrem Berater entsteht also in einem Raum von Polaritäten, die sich zusammengefasst so skizzieren lassen:
- zwei Experten versus nur der Berater als Experte
- persönliche, mitmenschliche Begegnung versus professionelle Distanz
- Kontrolle der Klienten über die Situation versus Wunsch der Klienten nach einer (nicht kontrollierbaren) „Zauberwirkung" der Beratung

Innerhalb dieser Polaritäten gibt es eine hilfreiche Balance für Klienten und dementsprechend auch für Berater – man könnte von einer „goldenen Mitte" zwischen den Polaritäten oder „von jedem etwas" sprechen, also zum Beispiel:
- Wenn Klienten zu viele Versuche unternehmen, Kontrolle über die Situation zu bekommen, kann das bedeuten, dass sie sich auf die Beratung und einen Veränderungsprozess gar nicht einlassen wollen.
- Verlassen sich Klienten zu sehr auf ihren Glauben an die Wunderwirkung der Beratung und die Künste ihres Beraters, bedeutet das, dass sie zu sehr die Verantwortung für sich selbst abgeben, und damit den Kontakt zu den eigenen Ressourcen verlieren.

Für Berater gilt es, Klienten darin zu unterstützen, diese Mitte zu halten. Es bedeutet, jeweils gegenzusteuern, wenn ihre Klienten zu sehr zu einer der Polaritäten neigen. „Gegensteuern" meint dabei in der Regel, den Klienten von ihren bisherigen Kurs, beispielsweise alle Eigenverantwortung abzugeben, zur Wahrnehmung seiner Ressourcen hin zu führen.

Ich empfehle also, die eigene Haltung oder Konzeption des Verhältnisses von Klient und Berater flexibel zu gestalten (und nicht so sehr von einem festen Konzept, also zum Beispiel dem „zweier Experten" auszugehen); das bedeutet sich in dem geschilderten Raum der Polaritäten so zu bewegen, dass Klienten leichter zu der für sie hilfreichen Balance finden können.

Ehrlichkeit, Bereitschaft, sich als Person zu zeigen, und Wertschätzung könnten als Grundlage dieser Flexibilität betrachtet werden. Der Kontrakt, der mit Klienten geschlossen wird, erweist sich in dieser Hinsicht als zentrales Instrument in der Gestaltung der Beziehung zwischen Klienten und ihren Beratern. Zwei Beispiele sollen dies noch illustrieren.

Kl.: „Ich weiß überhaupt nicht mehr weiter! Ich habe so vieles probiert, und nichts hat funktioniert. Deshalb bin ich jetzt bei Ihnen."

B.: „Das verstehe ich. Wie enttäuscht wären Sie denn, wenn ich ihnen aufzeige, dass Sie trotzdem der Einzige sind, der letztlich weiß, was hilft?"

Kl.: „Wieso, wenn das so wäre, wäre ich doch gar nicht hier!"

B.: „Ich muss ihnen erklären, was ich meine: Sie verfügen über ein Wissen, zu dem Sie vielleicht bisher keinen Zugang haben, so etwas wie eine verborgene Schatzkammer. Ich kann Ihnen helfen, den Weg dorthin zu finden. Wären Sie enttäuscht, wenn also nicht *ich* die Lösung wüsste, sondern *Sie selbst?* Nur dass sie eben in dieser Schatzkammer verborgen sind!"

Kl.: „Wieso weiß ich denn nichts von der Schatzkammer? (Überlegt) Ich kann das nicht glauben. (Überlegt) Und Sie können mir sagen, wie ich da hin finde?"

B.: „Ich kann mit Ihnen zusammen herausfinden, wo Sie suchen müssten, ja."

Kl.: „Also gut, was muss ich tun?"

B.: „Erzählen Sie mir als erstes, was sie vielleicht schon mal ausprobieren wollten, aber dann dachten, so etwas wäre echt daneben!"

Die weitere Beratung zielt auf die kreativen Fähigkeiten des Klienten als „Schatzkammer" ab)

Anders liegen die Dinge in folgendem Beispiel: Ein Vater führt in der Beratung Beschwerde über seinen Sohn.

Kl.: „Ich habe ziemliche Scherereien mit meinem Sohn. Der ist acht. Haben Sie auch Kinder?"

B.: (wahrheitsgemäß) „Nein, ich habe keine Kinder."

Kl.: „Dann wissen Sie ja nicht, wie das ist mit den Kindern heutzutage, wenn sie einfach nicht folgen."

B.: „Aus eigener Erfahrung weiß ich das sicher nicht. Ich bekomme es nur gelegentlich bei meiner Schwester mit, als Onkel."

Kl.: „Warum, klappt es bei Ihrer Schwester besser?"

B.: „Das kann ich nicht sagen, denn mir fehlt ja der Vergleich, wie es mit Ihrem Sohn läuft. Ich könnte Ihnen nur ein paar Sachen sagen, die meine Schwester macht, aber ob Ihnen das weiter hilft, kann ich nicht sicher sagen!"

Kl.: „Kinder sind ja total verschieden ..."

B.: „Eben. Was könnten Sie denn jetzt von mir brauchen?" (Berater stellt die Schlüsselfrage)

Kl.: „Was täten Sie denn an meiner Stelle?"

B.: „Wenn Sie mir noch ein bisschen mehr über Ihren Sohn erzählen, sage ich Ihnen gerne, was ich versuchen würde."

(Die Schlüsselfrage erlaubt es, einen Kontrakt zu schließen, bei dem der Klient jedoch immer noch genügend Kontrolle über die Situation hat.

Wie ist die Beziehung zwischen Klienten und Beratern gestaltbar, wenn die Klienten „gar nichts" von ihren Beratern wollen? Aus der Sicht der Klienten, gibt es dann keinen Grund, eine Beziehung aufzubauen (vgl. Wanderung N° 17).

Aus der Sicht der Berater ist jedoch ohne ein Minimum an positiver Beziehung zu ihren Klienten nichts erreichbar. Was also können Berater tun?

— Eine wertschätzende, achtsame Haltung gegenüber der Lage der Klienten, ihrer Sicht der Dinge ist eine erste gute Grundlage.

— Klienten darüber aufzuklären, warum man sie behelligt, in wessen Auftrag man handelt und dass eine reine Abwehrhaltung ihnen nicht hilft – in diesem Sinne sind also Ehrlichkeit und Transparenz weitere wichtige Faktoren.

— Und drittens – wir hatten es schon davon – das Angebot eines Arbeitsbündnisses nach dem Motto: „Wenn Sie wollen, helfe ich Ihnen, herauszufinden, was Sie tun können, um mich wieder loszuwerden" schafft für Klienten ein plausibles Motiv, eine kooperative Beziehung einzugehen. Bleiben Berater auf dieser Linie, führt das nicht selten zu einer vertrauensvollen Beziehung; beide können Sympathien füreinander entwickeln, vielleicht sogar miteinander Lachen, denn die ganze Situati-

on hat ja auch komische Züge: „Wissen Sie, das ist ja schon seltsam: Ich muss Sie jetzt fürsorglich belagern, um das Gehalt zu rechtfertigen, das ich bekomme, und Sie können das Verhalten eines Sozialpädagogen studieren, kostenfrei." Die Lage ist hoffnungslos, aber nicht ernst!
Oder vielmehr: Weder hoffnungslos, noch ernst?

Wegskizze

Das Vertrauen der Klienten zu ihrem Berater entsteht in einem Raum von Polaritäten, die sich, zusammen gefasst, so skizzieren lassen:
— zwei Experten versus der Berater als Experte
— persönliche, mitmenschliche Begegnung versus professionelle Distanz
— Kontrolle der Klienten über die Situation versus Wunsch der Klienten nach einer „Zauberwirkung" der Beratung

Innerhalb dieser Polaritäten gibt es eine hilfreiche Balance für Klienten und dementsprechend auch für Berater - man könnte von einer „goldenen Mitte" zwischen den Polaritäten oder „von jedem etwas" sprechen:
— Versuchen Klienten zuviel Kontrolle über die Situation zu bekommen, kann das bedeuten, dass sie sich auf die Beratung und einen Veränderungsprozess gar nicht einlassen wollen.
— Verlassen sich Klienten zu sehr auf ihren Glauben an die Wunderwirkung der Beratung und die Künste ihres Beraters, bedeutet das, dass sie zu sehr die Verantwortung für sich selbst abgeben, und damit den Kontakt zu den eigenen Ressourcen verlieren.

Wenn Klienten keine Anliegen an Berater haben, sondern nur umgekehrt die Berater an ihre Klienten:
— die Situation offen legen und darstellen, in wessen Auftrag man tätig ist
— achtsame Haltung gegenüber der inneren Lage der Klienten einnehmen (auch wenn man ihr Verhalten als solches nicht akzeptieren kann)
— das Angebot, Unterstützung dafür zu geben, wie Klienten einen wieder „loswerden können"

Wanderung N° 23

Schweizer Käse ohne Löcher?
Ressourcen, Defizite und das eine *als* das andere

Wohin diese Wanderung führt ...

Natürlich gibt es Käse ohne Löcher. Der Appenzeller zum Beispiel hat fast keine. Aber gibt es einen Käse, der nur aus Löchern besteht? Hat ein Mensch nur Defizite? Nur Mängel, Fehler, „Störungen", ist nur „psychisch krank" oder „behindert"? Das zu behaupten hieße, einen Menschen auf ein Merkmal, eine Eigenschaft zu reduzieren. Es gibt Fähigkeiten und Potenziale, über die mehr oder minder alle Menschen verfügen.

Jeder Mensch hat besondere Stärken und Talente. Sie mögen mangelhaft entwickelt, verschüttet oder noch unentdeckt sein. Manche Fähigkeiten bleiben nur durch stetige Übung erhalten. Training ist nötig, aber man braucht auch das Wissen um die eigenen Möglichkeiten und den Glauben daran, sie entwickeln zu können. Wer glaubt, dass er nichts zustande bringt, bekommt immer wieder „Beweise" dafür. Wer dagegen auf seine Fähigkeiten vertraut, wird durch Erfolge in diesem Vertrauen bestärkt und verbessert zugleich seine Ressourcen. Kläger glauben eher an die Macht anderer als an ihre eigenen Potenziale, was bleibt ist die Klage und als „Beweis" für ihre Sicht der Dinge die „Tatsache", dass sich nichts ändert.

Wer wegen seiner Probleme eine Beratung aufsucht, bekommt von Beratern letztlich nur mögliche Wege für Lösungen beschrieben, gehen muss er sie selbst. Daraus lässt sich methodisch folgern, dass Berater ihren Klienten bei der (Wieder-)Entdeckung ihrer Fähigkeiten behilflich sein sollten, vor allem auch derjenigen, die für die Umsetzung von Lösungsideen nützlich sind. Zu prüfen, was Klienten über ihre Fähigkeiten bisher glauben, gehört dazu. Die Veränderung, die mit der Lösung von Problemen verbunden ist, erzeugt oft Angst. Sie gilt es zu überwinden. Wir kommen bei den speziellen Problemlösungsstrategien noch darauf zurück: Am wichtigsten ist es, Möglichkeiten zu finden, wie Klienten mit Hilfe ihrer Fähigkeiten die angstbesetzte (neue) Situation, um die es bei der Veränderung geht, meistern können. Oft geht es auch darum, dass Klienten lernen, problemlösungsorientiert zu denken, also ihren Verstand zu benutzen. Oder es wird nötig, den bisherigen Vorstellungshorizont um neue Perspektiven zu erweitern, also beispielsweise zu lernen, in Systemzusammenhängen zu denken. Hier kommt auf Berater ein Stück Aufklärungsarbeit zu.

Fähigkeiten wie Mut, Ausdauer, Zähigkeit, Einfühlungsvermögen und viele anderen mehr werden häufig dem „Charakter" zugeschrieben. Manche verbinden mit diesem Konzept etwas Feststehendes. Fähigkeiten hat man oder man hat sie nicht. Deswegen ist es sehr wesentlich, mit Klienten zu klären, dass man Fähigkeiten bzw. Ressourcen entwickeln, einüben, trainieren kann. Fähigkeiten, die nicht immer wieder geübt werden, bilden sich zurück; das lässt sich an alltäglichen Beispielen leicht zeigen.

In jedem Fall müssen die Berater selbst die Fähigkeiten, die Ressourcen ihrer Klienten

> *Wenn Du eine helfende Hand brauchst, - Du findest sie am rechten und linken Ende Deines Arms.*
> Marco Allinger

im Auge behalten. Nur sehr langsam setzt sich diese Einsicht in den traditionellen Therapieformen und neuerdings auch in der Medizin durch. Der langen Tradition defizitorientierter Konzepte musste die Ressourcenorientierung regelrecht entgegengesetzt werden. Diese Entwicklung ist nicht abgeschlossen. Die Konzepte der Salutogenese, also der Frage, wie Gesundheit entsteht, sind noch relativ neu, obwohl sie eine ganz alte Geschichte haben. Aristoteles beschäftigte sich schon damit.

> **Wer nur Defizite wahrnimmt, hat eine defizitäre Wahrnehmung**
> Klaus Mücke

Die Fixierung auf die Störung, die Krankheit, die Symptomatik verstellt den Blick auf den ganzen Menschen. Der Krankheit oder Störung eine negative Bedeutung zu geben, verdeckt den Blick auf ihren möglichen Sinn, ihre Bedeutung im Leben der Klienten, verbaut so eine ganzheitliche Betrachtungsweise und eine darauf aufbauende Beratung.

– *„Ich verstehe, dass Sie unter Ihren Ängsten leiden. Die Frage ist für Sie vielleicht abwegig: Könnten diese Ängste auch einen Sinn haben? Vielleicht einen positiven Nebeneffekt, an den Sie bisher gar nicht gedacht haben?"*
– *„Wenn das Problem mit Ihrer Partnerschaft auf einen Schlag gelöst wäre, würde dann vielleicht irgendetwas fehlen, was Sie bisher unbemerkt brauchen?"*

Damit gelangen wir zu einer weiteren Überlegung: Eine rein ressourcen- und lösungsorientierte Betrachtung, übersieht unter Umständen gerade den möglichen Sinn der Probleme, der Störungen oder Krankheiten, derentwegen Klienten in Beratung kommen. Probleme zu haben ist „schlecht", Lösungen zu finden ist „gut", so scheint es.

Und noch ein Gesichtspunkt ist zu beachten: Ressourcen und Defizite sind nur in bestimmten Kontexten oder Lebenssituation Ressourcen oder Defizite. In anderen Zusammenhängen kann jedoch aus einer Schwäche eine Stärke werden und umgekehrt. Aus Geduld wird in einem Kontext „Eselsgeduld", in einem anderen „Engelsgeduld". Übergänge vom „Wahnsinn" zur Phantasie und Kreativität sind fließend. Wenn es darum geht, eine Krise zu meistern, kann es auf den klaren, logischen Verstand ankommen, Gefühle können zum Hindernis werden. In einer engen Beziehung kommt es mehr auf die Gefühle an. Angst schützt vor Gefahren und sie kann zugleich Entwicklung und Veränderung eines Menschen blockieren.

Die Lehre für Berater aus diesen Gesichtspunkten ist,
– Klienten dabei behilflich zu sein, zu lernen, sich kontextbezogen zu verhalten, also jeweils die Teile ihrer Person einzusetzen, die in der jeweiligen Lebenssituation gerade gebraucht werden
– ihnen nahe zu bringen, über den möglichen Sinn seiner Probleme, Störungen, Krankheiten etc. nachzudenken, denn oft ist nur über diesen Weg eine Veränderung möglich.

Es sind eher unsere (sprachlichen) Konstrukte, welche die Fähigkeiten im Gegensatz zu den Schwächen, Gesundheit im Gegensatz zu Krankheit, Lösungen im Gegensatz zu Problemen erscheinen lassen. Hier versagt auch die Metapher vom Käse und den Löchern. Unser Horizont erweitert sich, wenn wir versuchsweise das Eine *als* das Andere betrachten; hier geht es also darum, Defizite als Ressourcen ins Auge zu fassen und umgekehrt.

- *"Sie sagen, sie seien oft depressiv und finden das schlecht. In welchen Situation könnte es empfehlenswert sein, depressiv zu sein?"*
- *"Ihnen fehlt bisher der Mut, Leuten auch einmal ihren Ärger zu zeigen; in welchen Situationen ist es gut, seinen Ärger verbergen zu können, also fähig zu sein, sich zurückzuhalten?"*

Solche Fragen helfen, im Blick zu behalten, dass Ressourcen und Defizite von Lebenszusammenhängen bestimmt werden und es darauf ankommt, flexibel von ihnen Gebrauch zu machen.

Über die kreative Nutzung von Ressourcen

Wegskizze

Ressourcen und Defizite

- Zur Lösung ihrer Probleme müssen Klienten auf ihre Fähigkeiten zurückgreifen, sie entdecken.

- Es ist wichtig mit Klienten zu klären, wie sie über Ressourcen grundsätzlich denken. Glaubenssätze von der Art, dass man Fähigkeiten hat oder eben nicht, sind hinderlich. Dass Fähigkeiten durch Übung, durch das tägliche Tun entwickelt werden, lässt sich an Beispielen des Alltags gut zeigen (z.B. tägliches Jogging, Lösen von Kreuzworträtseln). Veränderung bedeutet diszipliniertes Üben.

- Mit ihren Fähigkeiten haben Klienten meistens nur in anderen Situationen, als den Problemsituationen Erfahrungen gesammelt. Deshalb lohnt sich die Suche nach Erlebnissen der Klienten, in denen sie über die Fähigkeiten, die jetzt in der Problemsituation benötigt werden, schon verfügt haben.

- Ferner müssen mit Klienten Möglichkeiten erarbeitet werden, wie sie sich in der Problemsituation an diese Fähigkeiten erinnern, um diese mit ihrer Hilfe zu meistern.

- Die Löcher in so manchem Käse haben ihren Sinn, sind Ergebnis eines Reifungsprozesses und können nicht einfach nur „wegbleiben". Dementsprechend haben auch Defizite, Krankheit etc. potenziell einen Sinn, über den man mit Klienten gemeinsam nachdenken sollte.

- Es lohnt sich auch, mit Klienten darüber nachzudenken, in welchen Kontexten (Situationen) Defizite, unter denen sie leiden, einen Vorteil bringen könnten, und welche Lösungsideen sich daraus ergeben. Als Beispiel: Eselsgeduld und Engelsgeduld sind zwei Seiten derselben Medaille!

- Ressourcen können somit auch als Defizite in Erscheinung treten und umgekehrt, es hängt vom sozialen Kontext, von der konkreten Situation ab.

Merke: Kein Käse besteht nur aus Löchern!

> *Nichts ist per se eine Kompetenz oder eine Inkompetenz. Es kommt darauf an, welches Ziel bestimmte Verhaltensweisen erreichen sollen.*
> Gunther Schmidt

Wanderung N° 24

Eine Art hippokratischer Eid
Wiedergewinnen von Wahlmöglichkeiten

Wohin diese Wanderung führt ...

Der hippokratische Eid gehört in den Bereich der Heilkunst, speziell der Medizin. Es besteht also zunächst kein Anlass, auch Berater derart in die Pflicht zu nehmen. Es lässt sich allerdings zeigen, dass es für Klienten ein Segen ist, wenn sich ihre Berater freiwillig dazu verpflichten, ihnen wieder zu mehr Wahlmöglichkeiten zu verhelfen, als sie bisher hatten. Ein selbstbestimmtes Leben führen zu können, ist ein hohes Gut. Zwischen verschiedenen Möglichkeiten wählen zu können (und sich nicht nur auf von außen oder durch innere Beschränkungen vorgegebenen Bahnen zu bewegen), ist Voraussetzung dafür. Vielleicht will jemand nicht selbstbestimmt leben und hält sich lieber in Abhängigkeiten. Es ist jedoch ein Unterschied, ob dies auf einer willentlichen Entscheidung beruht, oder nur Ausdruck mehr oder minder unreflektierter Angstvermeidung ist. Davon handelt diese Wanderung.

Unser Leben lässt sich als Weg durch die Zeit beschreiben. Er hat unzählige Gabelungen, an denen wir eine Wahl treffen, diese oder jene Richtung einzuschlagen. Allein schon an einem Tag wählen wir unzählige Mal die Richtung in der wir weitergehen – und überwiegend sind das belanglose, vor allem aber ohne großes Nachdenken, sogar unbewusst getroffene Entscheidungen. Manchmal ist nur zwischen zwei Richtungen zu wählen, häufiger stehen viele Richtungen zur Wahl. Wir wählen nicht zwischen allen Möglichkeiten, die es gibt, sondern nur zwischen denen, die wir „sehen", die wir für möglich halten. Das ist unser Horizont. Er ist begrenzt, vor allem durch bisherige Lebenserfahrung, Glaubenssätze und Angst, eben diese Grenzen zu überschreiten.

Bei den vielen kleinen Weggabelungen des Alltags spielt das keine große Rolle, ob man zum Beispiel jetzt gleich aufstehen soll (es ist Sonntag) oder doch erst in einer Stunde? Aber bei schwerwiegenden, bedeutsamen Punkten unseres Lebensweges, an denen es um die grundsätzlichen Ausrichtungen geht, werden diese Begrenzungen zu wirklichen Einschränkungen, zu Hindernissen. Menschen leiden unter den Folgen, sie merken, wie sie sich im Kreise drehen. Es fehlt ihnen nicht nur der Mut, neue Wege zu beschreiten, ihrem Leben eine andere mögliche Richtung zu geben. Oft fehlt auch das Wissen um wählbare Möglichkeiten. Manche erlauben sich nicht, ihre Phantasie und Kreativität einzusetzen, über die sie an sich verfügen, um den bisherigen Horizont des Wählbaren wenigstens schon einmal gedanklich zu überschreiten. Und wenn sie ihren Ideen nachgehen, regen sich sofort Einwände: „Das geht nicht!", „Das kannst du doch nicht tun!" – die Grenzen unseres Horizontes sind das Ergebnis eines angepassten Lebens und umgekehrt.

Deshalb kann es als erste und wichtigste Aufgabe der Beratung angesehen werden, dem Klienten zu einer Erweiterung seines Horizontes, zu mehr Wahlmöglichkeiten zu verhelfen. Bekannte Therapeuten (z.B. Milton Erickson) haben das gefordert und in den Mittelpunkt ihrer Arbeit gestellt.

Wir haben weiter vorne schon untersucht, welche Bedeutung Autonomie, die Möglichkeit selbstbestimmt leben zu können, für uns hat. Man könnte auch von der Freiheit sprechen, jeweils selbst zu wählen, wie man lebt, was man tut. In unserer heutigen aufgeklärten Gesellschaft ist dies sicherlich leichter möglich, als noch vor hundert Jahren. Die größte Einschränkung dieser Freiheit liegt in einem selbst, und am wirksamsten sind die Einschränkungen, deren man sich nicht bewusst ist. Der Glaubenssatz, dass „aus mir ja sowieso nichts wird", muss einem erst einmal als Glaubenssatz bewusst werden. Man muss entdecken, dass Glaubenssätze nicht als unverrückbare Tatsache zu betrachten sind, bevor überhaupt neue Möglichkeiten der eigenen Entwicklung am Horizont erscheinen.

Unter dem Einfluss von Angst erleben sich viele Menschen so, als ob sie keine andere Wahl hätten, als der Angst nachzugeben. Für manche Klienten ist es eine neue Entdeckung, etwas auch *trotz oder mit* Angst tun zu können, das heißt, die Wahl dafür zu haben. Hier hilft oft ein kleines Gedankenexperiment, wenn Klienten glauben, dass sie etwas Bestimmtes nicht tun können, weil die Angst zu groß ist: „Wie hoch müsste die Gewinnprämie sein, damit sie trotz ihrer Angst in der Gruppe den Mund auf machen? Würden 10.000 Euro reichen oder müsste es mehr sein?"

Natürlich rückt dann die Eigenverantwortung ins Blickfeld: Wir sind für jede Wahl, die wir treffen, auch verantwortlich; wir wählen unseren Lebensweg als handelnde Subjekte. Nur in wenigen Extremsituationen, wie zum Beispiel Folter, beginnt es zynisch zu werden, die Eigenverantwortung (also z.B. für Denunziation) in den Vordergrund zu stellen. Es geht hier auch nicht darum, die Wirkung der materiellen und sozialen Lebensumstände oder körperliche oder geistige Behinderungen eines Menschen und die damit einhergehenden Einschränkungen zu verharmlosen und die Verantwortung dafür allein dem Einzelnen anzulasten.

Es geht um die Erweiterung des individuellen „Spielraumes" (man beachte den Begriff als Metapher für Wahlmöglichkeiten). Diese Erweiterung gelingt vielen erst durch die Hilfestellung anderer Menschen, also zum Beispiel durch eine Beratung. Der Berater hilft bei der Erweiterung des vom Klienten bewusst wahrgenommenen Raumes von Wahlmöglichkeiten, die Wahl trifft der Klient schließlich selbst.

In Anlehnung an den hippokratischen Eid des Arztes ließe sich also für den Berater fordern:

> „Berate stets so, dass deine Klienten danach über mehr Wahlmöglichkeiten verfügen."

Mit Blick auf das vorherige Kapitel über Ressourcen und Defizite kommt noch eine zweite Zielsetzung hinzu: Der Klient muss über die Ressourcen verfügen oder sie entwickeln, um seine Wahlmöglichkeiten auch praktisch verwirklichen zu können. Der zweite Teil des „hippokratischen Eids" des Beraters könnte dementsprechend folgendermaßen lauten:

> „Berate stets so, dass deine Klienten ihre Fähigkeiten entwickeln und davon so Gebrauch machen können, dass sie ihre Handlungsspielräume erweitern."

Man kann in diesen Leitsätzen auch das Prinzip der Hilfe zur Selbsthilfe sehen, der als hippokratischer Eid der Sozialarbeit gelten kann.

An all diesen Überlegungen wird auch deutlich: Beratung, die diesen Leitsätzen folgt, bringt dem Klienten mehr Freiheit, aber das heißt nicht, dass dadurch alles für ihn leichter wird, im Gegenteil: Es ist allemal leichter, in die Position des Opfers zu flüchten, das nicht anders „kann", als zu leiden und darüber zu klagen. Nur: Auch das ist eine Wahl, die die Person trifft und treffen darf; Berater sollten sich darüber nicht ärgern oder grämen. Es gibt andere, bessere Möglichkeiten, anstatt genervt zu reagieren, z.B. ...

Fange ich Dir einen Fisch, so wirst Du einen Tag satt sein. Lehre ich Dich das fischen, wirst Du immer satt sein.
Chinesisches Sprichwort

- die Entscheidung des Klienten wohlwollend zu respektieren
- oder sie zu bedauern
- oder zu denken: „Es ist noch nicht an der Zeit"
- oder den Klienten auf andere Weise aus der Opferposition zu locken
- oder sich lauthals beim Klienten zu beklagen, dass man am Ende seines Lateins angekommen sei
- oder, oder ...

Denn alles hier über Wahlmöglichkeiten Gesagte gilt natürlich auch für Berater! Sie sollten über möglichst viele Wahlmöglichkeiten verfügen, wenn ihre Klienten in die Opferrolle flüchten.

Wegskizze

Der „hippokratische Eid" der Berater besteht in einer freiwilligen Selbstverpflichtung, die sich in drei Sätze zusammenfassen lässt:

1. Berate stets so, dass deine Klienten danach über mehr Wahlmöglichkeiten verfügen!

2. Berate stets so, dass deine Klienten ihre Fähigkeiten entwickeln und davon Gebrauch machen können, um ihre Handlungsspielräume zu erweitern!

3. Und respektiere die Wahl, die deine Klienten schließlich treffen!

Wanderung N° 25

Führen und sich führen lassen

Wohin diese Wanderung führt ...

Dieses Kapitel dreht sich nicht um Führung im Sinne von Leitung oder um Hierarchien. Es geht vielmehr um die Bewegung, die in jeder Kommunikation zwischen Menschen stattfindet. Wie auf einem Pfad, auf dem eine Zeit lang der eine vorausgeht, der andere folgt, und danach umgekehrt. Ist der Pfad breit genug, gehen die beiden vielleicht nebeneinander, keiner führt, jedenfalls nicht so deutlich. Die Führung zu übernehmen oder sie dem Gesprächspartner zu überlassen, sich anzuschließen, kann ganz unterschiedlich geschehen, in vielen Formen (entsprechend verschiedener Dimensionen der Kommunikation) erfolgen: Verbal oder paraverbal, inhaltlich durch das Thema, das man anschneidet, oder schließlich auf der Prozessebene, in dem man den Ablauf des Dialoges lenkt.

Berater gehen schon automatisch, zumindest zeitweise, auf der Prozessebene sogar die ganze Zeit, in Führung, indem sie beispielsweise beim Phasenmodell, den Klienten durch alle Phasen führen.

Teilweise sind es auch Konventionen, die definieren, wer führt. Wer eine Frage stellt, darf prinzipiell mit einer Antwort rechnen und geht insoweit in Führung. Berater stellen Klienten viele Fragen, nicht aus bloßer Neugierde, sondern weil die Antworten (neben manchmal wichtigen Informationen) insbesondere die Klienten selbst auf neue Ideen bringen sollen.

Diskreter, teilweise unbewusst (gemeint ist hier „unterhalb der Aufmerksamkeitsschwelle") sind diejenigen Formen von Führung und sich führen lassen, die in manchen Redewendungen „verpackt" sind, oder die paraverbal und nonverbal ablaufen. Unter Verwendung der entsprechenden englischen Worte werden sie als „Pacing" (sich anschließen, man kann auch „folgen" sagen) und „Leading" (führen) beschrieben. Wir bewegen uns hier auch nahe dem angrenzenden Gebiet der Manipulation, worauf wir bei den nächsten beiden Wanderungen zu sprechen kommen.

In der Beratung gilt es, Leading und Pacing bewusst zur Stärkung des Kontakts, des Aufbaues der Beziehung und damit für das Gelingen der Beratung einzusetzen. Auf der nächsten Seite folgt eine kleine tabellarische Übersicht über verschiedene Möglichkeiten des Pacing und Leading, die nach den Kommunikationsmodi (verbal, paraverbal und nonverbal) gegliedert sind. Hier sind natürlich bei weitem nicht alle Möglichkeiten zitiert, die es gibt. Die Übersicht ist als Anregung gedacht. Es ist schon viel erreicht, von einigen der aufgeführten Möglichkeiten bewusst Gebrauch zu machen.

Wichtig ist zu bedenken, dass leading und pacing komplementär zueinander stehen, dass das eine ohne das andere nicht geht, und dass es auf ein ausgewogenes Verhältnis von beidem ankommt.

Berater, die immer nur führen, ziehen letztlich alle Verantwortung an sich, geben unter

Modus:	Methoden
verbal	- Man versuche herauszuhören, welche Sinnesmodalitäten in den Worten der Klienten überwiegend vorkommen und verwende ähnliche Begriffe, also vor allem visuelle, auditive und kinästhetische Ausdrücke oder zumindest solche, die unspezifisch sind, zum Beispiel: A: „Mir ist das nicht *klar*..." B: „Vielleicht *leuchtet* Ihnen folgendes ein ..." A: „Ich *verstehe* das nicht ..." B: „Ich versuche es noch einmal mit *anderen Worten* ..." A: „Ich fühle mich *verwirrt*..." B: „Sollen wir versuchen, den *Knäuel zu lösen*?" (Im letzten Beispiel wird mit dem Wort „Knäuel" noch eine visuelle Metapher angeboten, was ebenfalls sehr hilfreich sein kann.) - Man versuche herauszufinden, welche Metaphern aus welchen Lebensbereichen Klienten bevorzugt verwenden und greife sie auf (z.B. Berufswelt). - Gelegentlich kann man die Äußerungen von Klienten in eigenen Worten nochmals zusammenfassen und fragen, ob man alles richtig verstanden hat. - Man spare nicht mit positiven Kommentaren, Lob und Anerkennung, solange man dabei ehrlich bleiben kann (andernfalls wirkt man inkongruent und der Kontakt leidet darunter).· Man formuliere Kritik persönlich bzw. subjektiv („Ich finde, dass ...") anstatt sich belehrend-normativ auszudrücken; der Schwerpunkt der kritischen Äußerungen soll auf Information, vernünftigen Erklärungen und Lösungsorientierung liegen. - Man benutze bei sog. „einfach strukturierten Leuten" klare Redeweise in eher kurzen Sätzen (statt Gedankengänge `um drei Ecken´), verwende Alltagssprache (statt Fremdworte) und „einleuchtende" Vergleiche; denselben Dialekt zu verwenden ist nur zu empfehlen, wenn man ihn selber spricht, ansonsten soll man bei seiner eigenen Sprache bleiben. (Vorsicht vor eigenen Vorurteilen wie: „einfach strukturiert = dumm" usw.!)
paraverbal	Mit dem „Sound", der Tonlage, in der man spricht, kann man ebenfalls den Kontakt steuern, pacing und leading praktizieren: - „Up-time": Wenn Klienten möglichst im „Hier-und-Jetzt", im direkten Kontakt bleiben sollen, empfiehlt sich eine modulierte Sprache mit Betonungen und kleinen Pausen. - „Down-time": Wenn Klienten den Zugang zu ihren eigenen „inneren" Welten und Prozessen finden sollen, sollte man mit weniger Modulation (nicht unbedingt monoton) sprechen, in ruhigem Ton mit evtl. längeren Pausen.
nonverbal	- Man kann immer wieder (wenigstens kurzzeitig) den Blickkontakt herstellen, damit Klienten neben dem auditiven auch den visuellen Kanal öffnen und nicht nur ihren inneren Bildern nachgehen. - Man kann die eigene Körperhaltung derjenigen der Klienten angleichen (= pacing) oder sie gezielt verändern, z.B. wenn ein neues Thema beginnt (= leading). - Bei schon etwas tragfähiger Beziehung kann man Klienten, wenn sie es erlauben, auch berühren; auf diese Weise wird noch ein weiterer Sinneskanal geöffnet, der kinästhetische, Klienten können so z.B. Schutz und Trost spüren.

Umständen Klienten nicht genügend Raum für eigene Initiativen, Ideen usw. Eine Oben-Unten-Beziehung wird aufgebaut, und damit eine Beziehung, die Klienten nicht fördert. Manchmal wehren sich Klienten auch dagegen. Die Verbindung , der Kontakt (Rapport) reißt, und dadurch wird letztlich die Beziehung beeinträchtigt.

Lassen sich Berater zu sehr vom Klienten führen, dann geraten sie evtl. in dieselbe innere Verfassung, wie ihre Klienten, und sie können ihre Klienten nicht mehr aus ihren Mustern, ihrem bisherigen Kreislauf herausführen.

Dem Klienten, der gesenkten Blickes, mit hängender Schulter und gedrückter Stimmungslage seine missliche Lage schildert, sollte der Berater immer wieder mit klarer, deutlicher Stimme, mit Blick in die Augen und aufrechter Körperhaltung entgegen treten. Es ist sinnvoll, den Klienten ebenfalls dazu einzuladen. Es sei denn, die Depression soll Spaß machen (siehe nächste Seite).

Führen und sich anzuschließen praktiziert jeder von uns. Wir lernen es wie alle anderen Elemente der Kommunikation. So entwickelt jeder Berater, abgesehen von seinen Ausbildungen, seine eigene Art, Pacing und Leading zu praktizieren. Es geht hier also primär darum, sich dieser eigenen Formen noch mehr bewusst zu werden, sich noch weitere Möglichkeiten anzueignen und sich vor allem den Klienten in ihren Kommunikationsformen gezielt anschließen oder sie herausführen zu können. Es ist nicht nötig, die bewusste Aufmerksamkeit ununterbrochen darauf zu richten, zumal es auf der Prozess- und Inhaltsebene genug zu tun gibt.

Aber gelegentlich können sich Berater fragen:
– Wie sitze ich? Vorgebeugt, „auf dem Sprung", intensiv „arbeitend"? Oder leicht zurückgelehnt? Und wie sitzt der Klient? Reagiere ich mit meiner Sitzhaltung auf seine, oder ist es umgekehrt? Dient das gerade unserem Kontakt und der inhaltlichen Arbeit oder nicht, weil ich beispielsweise immer wieder dazu neige, vorgebeugt intensiv zu arbeiten, während der Klient sich zurücklehnt und abwartet.
– Wo schaut der Klient überwiegend hin, wohin ich?
– Welchen „Sound" hat meine Stimme, welchen die des Klienten? Wäre ein Wechsel fällig?
– Wie atmet der Klient, wie atme ich selbst?
– Welche Sprache spricht der Klient? Kommen eher kinästhetische, auditive oder visuelle Ausdrücke vor?
– Wie ist (im Vergleich dazu) meine Sprache, wie kann ich mich dem Sprachstil des Klienten annähern?
– Wäre es vielleicht überhaupt besser, jetzt einen Spaziergang miteinander zu machen, als weiterhin zu sitzen?

Pacing und Leading dient der Aufrechterhaltung des Kontaktes, ist somit auch ein Beitrag zur Stärkung der Beziehung und ist zugleich ein Hilfsmittel, um den Beratungsprozess insgesamt zu steuern.
Zu führen und sich anzuschließen sollen Berater in einer Balance halten, in der letztlich auch alles zum Tragen kommt, was über Haltungen schon dargestellt wurde.

Pacing und Leading mit sich selbst oder: Klienten als Experten ...

Wegskizze: **Führen und sich führen lassen**

- Pacing bedeutet, sich Klienten in der Kommunikation anzupassen bzw. anzuschließen, Leading bedeutet im Unterschied dazu, die Führung zu übernehmen.
- Pacing und Leading findet immer statt, das eine ist komplementär zum anderen!
- Zur Beraterkompetenz gehört es, von Pacing und Leading bewusst Gebrauch zu machen. Denn es dient sowohl der Aufrechterhaltung des Kontaktes zu Klienten, der Unterstützung der Beziehung und der Steuerung des Beratungsprozesses selbst. Folgende Checkliste zu benutzen, führt schon sehr weit:

  - Wie sitze ich? Wie der Klient? Wo schaut er überwiegend hin, wohin ich?
  - Welchen „sound" hat meine Stimme, welchen die des Klienten? Wäre ein Wechsel fällig?
  - Wie atmet der Klient, wie atme ich selbst?
  - Welche Sprache spricht der Klient? Kommen eher kinästhetische, auditive oder visuelle Ausdrücke vor?
  - Wie ist (im Vergleich dazu) meine Sprache, wie kann ich mich dem Sprachstil des Klienten annähern?
  - Wäre es vielleicht überhaupt besser, jetzt einen Spaziergang miteinander zu machen, als weiterhin zu sitzen?

Wanderung N° 26

Wie viele Hähne passen auf einen Misthaufen?
Symmetrische und komplementäre Beziehungen,
positionaler und relationaler Sprachstil

Wohin diese Wanderung führt ...

Auf die Frage in der Überschrift könnte man natürlich antworten: „Es hängt von der Größe des Misthaufens ab!" Noch zutreffender wäre: „Es hängt von der Bereitschaft eines Gockels ab, noch andere neben sich zu dulden (und nicht nur unter sich)." Um von der Tierwelt weg zu kommen: Auch bei manchen Menschen ist die Bereitschaft, jemand neben sich zu dulden, nicht vorhanden oder nur gering ausgeprägt. Man erkennt es daran, welche Art von Beziehungen sie leben und insbesondere daran, welche Sprache sie sprechen.

Eine Qualität menschlicher Beziehungen ist durch die Pole symmetrischer und asymmetrischer bzw. komplementärer Beziehungen beschreibbar. Andere Worte dafür sind: „Oben-Unten-Verhältnis", ebenbürtige Beziehung, Begegnung auf Augenhöhe (wovon wir es schon hatten) oder Konkurrenzbeziehung.
Soweit komplementäre Beziehungen nicht durch Machtmittel (wie z.B. Waffen) erzwungen werden, spielt Kommunikation, speziell die Sprache wieder eine besondere Rolle. Was in der Natur als „Imponiergehabe" in bunter Vielfalt zu beobachten ist, findet sich in Kompositionen aus Wortwahl, Tonlage, Mimik und Gestik beim Menschen wieder. „Machen Sie mal Platz da!" Wer sich davon beeindrucken lässt, räumt das Feld, vielleicht mit innerlichem Groll. Für jemand anderen ist es die Einladung zum Kampf: „Das haben Sie nicht zu bestimmen!" Der Hahnenkampf kann beginnen. Wem das zu dumm ist, wird vielleicht klug ausweichen.

Es ist ein großer Unterschied, ob jemand innerhalb einer bestehenden Beziehung dominieren oder nur in einer bestimmten Situation das Sagen haben will, die Beziehung ist ihm jedoch gleichgültig. Will jemand dominieren, kann man aus dem Kontakt gehen und sich so unerreichbar machen. Sind jedoch Abhängigkeiten im Spiel, wird es schwieriger, sich zu entziehen. Seinen Chef kann man wahrscheinlich nicht einfach stehen lassen. Was aber bleibt, ist die „innere Aufkündigung" der Beziehung. Das bedeutet: Ein Machtverhältnis kann erzwungen werden, eine kooperative oder positive Beziehung nicht![1] Somit kann auch niemand eine komplementäre Beziehung erzwingen, wenn der andere nicht irgendwie mitmacht. Wer also im Rahmen einer Beziehung die Oberhand haben will, braucht letztlich die Einwilligung des anderen. Dementsprechend kann man auch zwischen Gewaltverhältnissen und Gewaltbeziehungen unterscheiden. Da wir hier jedoch nicht solche Extremsituationen diskutieren, können wir in Beratungen immer auch von beiderseitiger Bereitschaft zu einer Beziehung ausgehen, ausgenommen es geht um die Kontexte mangelnder Freiwilligkeit.

Gelingende Beratung bewegt sich in einer Mischung aus symmetrischer und asymmetrischer Beziehungsgestaltung. Wenn Berater den Prozess steuern wollen, muss ihnen dies von Klienten zugestanden werden.

---

[1] Die Unterscheidung zwischen einem Verhältnis und einer Beziehung, wie ich sie hier vorschlage, ist natürlich nicht einfach. Die Begriffe sind nicht trennscharf, es gibt fließende Übergänge.

Wenn daraus jedoch kein einseitiges „Oben-Unten-Verhältnis" werden soll, müssen Berater Klienten Bereiche der Aktivität überlassen (sonst werden sie zu Rikschafahrern, vgl. Wanderung N° 20) oder zumindest mit ihnen gemeinsam aktiv werden, zum Beispiel über Lösungsmöglichkeiten nachzudenken. Bei der Frage, um was es inhaltlich geht, sollten Klienten die Führung haben. Beratung ist eine Dienstleistung, dadurch wird eine komplementäre Beziehung hergestellt. Es ist Aufgabe des Beraters, darauf zu achten, dass daraus kein einseitiges „Oben-Unten" wird. Denn nur dann erfahren Klienten Wertschätzung und können Selbstachtung bewahren.

> *Nicht jeder, der auf dem hohen Ross sitzt, ist auch sattelfest.*
> Bernhard Trenkle

Es kann zur Daueraufgabe werden, die Neigung mancher Klienten zu durchkreuzen, sich in Abhängigkeit von ihren Beratern zu begeben. Leichter ist es damit umzugehen, wenn Klienten mit ihren Beratern in Konkurrenz um die Frage gehen, ob die Ideen des Beraters etwas taugen oder nicht. Sätze wie: „Sie können mir ja auch nicht helfen!", mit denen der Berater vielleicht zu noch stärkeren Bemühungen verleitet werden soll, lassen sich leicht neutralisieren. „Da haben Sie möglicherweise Recht! Und was nun?" Der Berater taucht einfach ab und überlässt dem Klienten das Feld. Ping-Pong alleine zu spielen, macht meistens keinen Spaß, also werden Klienten versuchen, ihre Berater wieder zum Mitmachen zu bewegen. Berater sollten darauf achten, ob dazu ein konstruktiver Vorschlag kommt.

In einem Bild ausgedrückt: Klienten und Berater gehen eine Zeit lang gemeinsam einen Weg, Berater sind in letzter Hinsicht nur Wegbegleiter!

Die Gestaltung einer symmetrischen oder asymmetrischen Beziehung spielt sich interessanter Weise noch auf einer anderen Ebene ab: Dort geht es darum, wer die Art der Beziehung definieren darf; ob das beidseitig geschieht (symmetrisch), ob es einer der Beziehungspartner für sich reklamiert und durchsetzt (asymmetrisch) oder ob darüber eine Konkurrenz, ein Kampf entsteht (symmetrische Eskalation). Kontrolle über die Beziehung zu haben, reduziert bei manchen Menschen die Angst davor, in einer Beziehung verletzt zu werden. In solch einem Fall kann es wichtig werden, die Kontrolle darüber zu behalten, wie nahe jemand an einen herankommen kann. Berater sollten aufmerksam beobachten, welche Beziehungsangebote Klienten machen.

Nehmen wir das oben schon angedeutete Beispiel eines Klienten, der die Schilderung seiner misslichen Lage so vorbringt, dass der Berater sich eingeladen fühlt, in eine komplementäre Position zu gehen und den Klienten vor den Bosheiten anderer Leute zu schützen (- in der Transaktionsanalyse bekannt als Retter-Opfer-Verfolger-Spiel). Der Klient scheint also eine Oben-Unten-Beziehung herstellen zu wollen. Kaum geht der Berater mit allerlei Lösungsvorschlägen und Ideen, wie sich der Klient besser schützen könne, darauf ein, beginnt dieser einen Vorschlag nach dem anderen zu zerpflücken und zu verwerfen, um schließlich mit der Bemerkung: „Sie können mir ja auch nicht helfen!" die Kompetenz des Beraters in Zweifel zu ziehen. Das bedeutet, dass der Klient nun eine symmetrische Beziehung herzustellen versucht. Der Berater wird daraufhin sauer und zeigt dem Klienten seinen Ärger, geht also auf die Einladung zur symmetrischen Beziehung ein. Daraufhin bringt der Klient neue Beschwerden vor. Diesmal reagiert der Berater anders und erklärt seine vollkommene Ratlosigkeit, woraufhin der Klient sein Lamento verstärkt ...

Betrachtet man diesen Ablauf insgesamt, kann man sehen, dass es letztlich um die Frage geht, wer die Kontrolle über die Beziehungsform (symmetrisch-asymmetrisch) bekommt.

Die Schlüsselfrage zu stellen schützt übrigens vor solchen Spielen am meisten! Wenn der Berater merkt, dass sich solch ein Spiel entwickelt, sollte er prüfen, ober die Schlüsselfrage schon gestellt hat, ob er sie vielleicht nocheinmal stellen sollte.

Da sich Berater in einem System bewegen, kommen, wie schon angedeutet, noch andere Beziehungen wie zu Kollegen, Vorgesetzten, Kooperationspartner usw. ins Spiel.

Für jeden Kontext gibt es andere Konventionen, welche Art der Beziehung angemessen ist. Diese Konventionen drücken sich aber nur zum Teil darin aus, welche Art der Beziehung man selbst, welche der andere, also beispielsweise ein Vorgesetzter, erwartet.

Ein Berater merkt bei der Auftragsanalyse einer seiner „Fälle", dass die Aufträge seines Chefs nicht erfüllbar sind. Aus bisherigen Erlebnissen mit diesem Chef weiß er, dass er „abblitzt", wenn er versucht, die Lage zu besprechen. „Machen Sie Ihre Arbeit und behelligen Sie mich nicht mit solchen Themen!" war die Auskunft beim letzten Mal. Dem Chef daraufhin seinen Führungsstil vorzuhalten, führt wahrscheinlich zu mehr desselben, denn wenn dieser seinen Führungsstil kritisch sähe, würde er ihn gar nicht praktizieren. Er beharrt stattdessen auf einer Beziehungsdefinition des Oben-Unten, der Mitarbeiter ist in jeder Hinsicht Untergebener. Hier bleibt wahrscheinlich nur, innerlich aus der Beziehung überhaupt auszusteigen, sich auf das Arbeitsverhältnis zu beschränken. Da die Aufträge nicht umsetzbar sind, werden sie auch nicht umgesetzt. Auf die kritische Nachfrage des Chefs antwortet der Berater wahrheitsgemäß: „Es ist mir nicht gelungen! Ich krieg' das einfach nicht hin.", taucht also gleich ab und macht sich letztlich (wie ein Tintenfisch mit seiner Blase) unerreichbar.

Berater brauchen also das Know-how, wie sie, speziell mit welchem Sprachstil sie dem jeweiligen Kontext angemessene Beziehungen konstruktiv gestalten können.

Was „konstruktiv" ist, lässt sich nicht pauschal sagen. Allenfalls ist der Hinweis möglich, dass diese Beziehungen in irgendeiner Form im Kontext einer Beratung (oder der eigenen Beratungstätigkeit insgesamt) stehen. Es ist also abzuwägen, was „konstruktiv" im Einzelfall bedeutet, um Einfluss auf eine erfolgreiche Arbeit haben

Wir konzentrieren uns nun auf die Rolle der Sprache bei der Beziehungsgestaltung:

Man kann vor allem zwei Redestile von einander unterschieden. Wir werden diskutieren, wie sie konstruktiv (in obigem Sinne) eingesetzt werden können.

Positionaler und relationaler Sprachstil

Sprachstile in diese beiden Formen aufzuteilen, ist nicht ganz einfach. Tendenziell sind darin Wertungen enthalten, an denen ich mich zwar nicht vorbei mogeln möchte, die aber nicht im Vordergrund dieser Erörterung stehen. Wo immer es um die Pflege einer kooperativen bzw. kollegialen Beziehung geht, ist man gut beraten, einen relationalen Sprachstil zu beherrschen. Für noch engere Beziehungen wie Partnerschaft und Freundschaften gilt das erst recht.

Auf den ersten Blick scheint also der relationale Sprachstil beziehungsfreundlicher zu sein. Er repräsentiert Haltungen wie Wertschätzung usw. mehr, als der positionale Sprachstil. Der relationale Sprachstil enthält aber auch Formen der Unverbindlichkeit, der Vagheit; man will sich ja gerade nicht positionieren, um beispielsweise Konkurrenz und Kampf zu vermeiden. Im schlimmsten Fall wird man dadurch jedoch ungreifbar, entzieht sich also einer Beziehung. Man verschwindet gleichsam als Person hinter den Worten, „redet viel, aber sagt nichts". Manche Politikersprache ist von dieser Art – nur da geht es auch meistens nicht um Beziehung, sondern eher darum, sich zu entziehen.

Berater sollen flexibel von beiden Sprachstilen je nach Erfordernis Gebrauch machen können, sie zu wechseln und zu mischen in der Lage sein. Es ist wichtig, dass sie hören, welchen Sprachstil ihr Gesprächspartner (wer es auch sein möge) bevorzugt wählt. *Hört* man die Strategie, kann man sich ihr anschließen oder gegensteuern, je nach dem, um was es geht und mit welcher Beziehungs-

Einige Merkmale positionalen und relationalen Sprachstils – Eine Übersicht [1]

	positionale Sprache	relationale Sprache
typische Worte und Formulierungen	Betonung von „Tatsachen": „... es ist ..."; „...es gibt ...", „... man ...", „bekanntlich ..."; Betonung des „Ich": „... ich bin ..."; „... ich weiß das ..."; „ ... ich habe immer schon gesagt ...","Du hast (XY) gesagt!" (eine Tatsache)	Betonung verschiedener „Möglichkeiten" und des „du": „Was meinst du dazu?", „Ich verstehe das so ... und du?", „Wie geht's es dir damit ...?" „Ich habe (XY) gehört, habe ich das richtig verstanden?" (eine Möglichkeit)
Sprachmuster	– alle manipulativen Sprachmuster, die auf die Einnahme einer „One-up-Position" durch den Sprecher abzielen – Behauptungen werden wie Tatsachen hingestellt	– Sprachmuster (nach dem Milton-Modell, vgl. Wanderung N° 58), die dem anderen Spielraum für seine Ideen oder Assoziationen bzw. Platz für seine Meinungen lassen – Behauptungen werden als persönliche Meinungen, „Wahrheiten" eher als mögliche Sichtweise gekennzeichnet
typische Modellierungen nach dem Metamodell (vgl. Wanderung N° 33)	– Tilgungen, die hauptsächlich den Beziehungsindex betreffen (= unpersönliche Ausdrücke) und viele Nominalisierungen – Generalisierungen aller Art	– vergleichsweise wenig Generalisierungen und Tilgungen, die den Beziehungsindex betreffen (= Ausdrücke), wenige Nominalisierungen – evtl. werden jedoch viele Tilgungen verwendet, um im Unklaren zu lassen, was man meint, um unverbindlich zu bleiben
Grammatik	– überwiegend Behauptungssätze; („... das ist so!") – Scheinfragen (suggestive Fragen) an den anderen („Meinen Sie nicht auch ...?")	– mehr Konjunktivsätze („Könnte es sein, dass ...?") – offene Fragen an den anderen („Was meinen Sie dazu?")
beabsichtigtes Beziehungsmuster	Sprecher will in die „One-up-Position" in einer asymmetrischen Beziehung kommen; er will kontrollieren, was in der Beziehung „läuft" und stellt (manchmal unbeabsichtigt) Distanz her	Sprecher zielt auf eine gleichberechtigte, partnerschaftliche und in diesem Sinne symmetrische Beziehung ab, er vertraut auf Kooperationsbereitschaft seines Gegenüber und stellt (relative) Nähe her
Merkmale der inneren Konstrukte (Glaubenssätze, Logik usw.)	Sprecher betrachtet sich in der Rolle des objektiven Beobachters, „kennt die Tatsachen", weiß, was richtig und falsch ist; Sprecher ist ich-zentriert, sieht sich eher getrennt von anderen; Ich-Umwelt-Perspektive	Sprecher betrachtet sich in der Rolle eines subjektiven Beobachters, hat Vermutungen und denkt in verschiedenen Möglichkeiten, was wirklich sein könnte, betrachtet sich als Teil eines Systems von Beziehungen „Wir", eine Gemeinsame-Welt-Perspektive

[1] An dieser Stelle möchte ich auf die gewaltfreie Kommunikation (GFK) nach Marshall B. Rosenberg hinweisen. Sich in GFK zu üben ist meiner Überzeugung nach die beste Form positiver Beziehungsgestaltung. Positionaler Sprachstil entspricht in der GFK der „Wolfssprache", relationaler Sprachstil der „Giraffensprache".

definition man beim Gesprächspartner rechnen muss: Geht der andere von vorneherein von einer komplementären, vielleicht sogar Oben-Unten-Beziehung aus oder von einer ebenbürtigen? Geht es ihm um Konkurrenz oder um Kooperation? Das alles lässt sich aus dem Redestil entnehmen, den er wählt.
In der Tabelle auf der vorherigen Seite werden die beiden Sprachstile zusammengefasst und einander gegenüber gestellt.

Dazu nun einige Erläuterungen:
Die positionale Sprache ist „Ich"-betont. Der Sprecher macht diese Tatsache oft gleich wieder unkenntlich, in dem er das unpersönliche „man" verwendet. Aussagen werden nicht als subjektive Meinungen gekennzeichnet, sondern als Tatsachen hingestellt. Der Sprecher will sich durchsetzen und innerhalb der Beziehung eine „One-up"-Position einnehmen. Deswegen bedient er sich einer Sprache, die den Konjunktiv eher ausschließt und mit vielen Generalisierungen und Nominalisierungen arbeitet. Mit oft geschickt verpackten Hinweisen auf Normen, auf Logik, auf die „Realität" oder darauf, was „richtig" und was „falsch" sei, wird versucht, die Gesprächspartner in eine „One-down"-Position zu manovrieren. „Ich bin im Recht, im Besitz der Wahrheit, auf dem rechten Weg der Normerfüllung und weiß, was logisch richtig ist, und du nicht!", das sind die mehr oder minder offenen Aussagen, die in der positionalen Sprache stecken können
In einer Debatte oder Auseinandersetzung wird man davon Gebrauch machen, um nicht gleich nachzugeben. Letztlich spielt bei der Beurteilung positionaler Sprache das Motiv des Sprechers eine entscheidende Rolle, ob es um einen Diskurs, vielleicht auch den Wettbewerb verschiedener Ideen oder ums Rechthaben geht, vielleicht sogar um Macht, um die durchsetzung einer asymmetrischen Beziehung.

Wenn in einer Debatte auch ein Ergebnis erzielt werden soll, ist ein rein positionaler Sprachstil hinderlich. Es bedarf auch der relationalen Sprache, die im Wesentlichen als das Gegenstück zur positionalen Sprache beschreibbar ist.

Vor allem da, wo es um Kooperation geht, etwa im Team, ist eine gute Mischung aus positionaler und relationaler Redeweise hilfreich für alle Beteiligten. Eine rein positionale Sprache stört die Zusammenarbeit, weil sie zur dysfunktionalen Konkurrenz oder zum Verstummen einlädt, eine rein relationale bleibt eventuell zu unverbindlich und kann so zu Unterverantwortlichkeit hinsichtlich des konkreten Handelns führen. Jemand sagt im Team: „Wir könnten ja vielleicht die Hausregeln aufschreiben!" Allgemeine Zustimmung in der Gruppe, und das nächste Thema wird aufgegriffen, niemand schreibt die Hausregeln auf.

> An der Spitze zu stehen ist mir immer noch zu weit hinten.
> Bernhard Trenk

Wie schon erwähnt, geht es auch hier wieder um genaues Hören. Dazu bietet sich Ihnen, liebe Leserin und lieber Leser im Alltag reichlich Gelegenheit. Sie könnten in nächster Zeit den verschiedensten Unterhaltungen oder Gesprächen unter dem Gesichtspunkt lauschen, welchen Sprachstil die Beteiligten wählen, mit welchen Worten und Sätzen sie welche Art von Beziehung versuchen herzustellen. Und Sie können sich selbst ein wenig beobachten.
Um es noch einmal zu betonen: Auf die „gesunde Mischung" kommt es an. Eine Zuordnung der positionalen Sprache als typisch „männlich", der relationalen Sprache als „weiblich", dürfte weitgehend zutreffen. Auch das spricht für die Ergänzung des einen Prinzips durch das andere.

Wegskizze

- Will man als Berater die Beziehungen zu Klienten, Kollegen, Kooperationspartnern usw. innerhalb des Spektrums symmetrischer und asymmetrischer Beziehungen gestalten, gilt es auf den jeweiligen Kontext, auf soziale Konventionen und auf die beobachtbaren Erwartungen des anderen zu achten.
- Welche Beziehungsdefinition dem Anderen vorschwebt, kann man auch an seinem Sprachstil erkennen. Man kann zwischen positionaler und relationaler Sprache unterscheiden:

	positionale Sprache	relationale Sprache
typische Worte und Formulierungen	Betonung von „Tatsachen": „... es ist ..."; „..es gibt ...", „... man ...", „bekanntlich ..."; Betonung des „Ich": „... ich bin ..."; „... ich weiß das ..."; „... ich habe immer schon gesagt ..."„Du hast (XY) gesagt!" (eine Tatsache)	Betonung verschiedener „Möglichkeiten" und des „du": „Was meinst du dazu?", „Ich verstehe das so ... und du?", „Wie geht's es dir damit ...?" „Ich habe (XY) gehört, habe ich das richtig verstanden?" (eine Möglichkeit)
Sprachmuster	– alle manipulativen Sprachmuster, die auf die Einnahme einer „One-up-Position" durch den Sprecher abzielen – Behauptungen werden wie Tatsachen hingestellt	– Sprachmuster (nach dem Milton-Modell, vgl. Wanderung N° 58), die dem anderen Spielraum für seine Ideen oder Assoziationen bzw. Platz für seine Meinungen lassen – Behauptungen werden als persönliche Meinungen, „Wahrheiten" eher als mögliche Sichtweise gekennzeichnet
typische Modellierungen nach dem Metamodell (Wanderung N° 33)	– Tilgungen, die hauptsächlich den Beziehungsindex betreffen (= unpersönliche Ausdrücke) und viele Nominalisierungen – Generalisierungen aller Art	– vergleichsweise wenig Generalisierungen und Tilgungen, die den Beziehungsindex betreffen (= Ausdrücke), wenige Nominalisierungen – evtl. werden jedoch viele Tilgungen verwendet, um im Unklaren zu lassen, was man meint, um unverbindlich zu bleiben
Grammatik	– überwiegend Behauptungssätze; („... das ist so!") – Scheinfragen (suggestive Fragen) an den anderen („Meinen Sie nicht auch ...?")	– mehr Konjunktivsätze („Könnte es sein, dass ...?") – offene Fragen an den anderen („Was meinen Sie dazu?")
beabsichtigtes Beziehungsmuster	Sprecher will in die „One-up-Position" in einer asymmetrischen Beziehung kommen; er will kontrollieren, was in der Beziehung „läuft" und stellt (manchmal unbeabsichtigt) Distanz her	Sprecher zielt auf eine gleichberechtigte, partnerschaftliche und in diesem Sinne symmetrische Beziehung ab, er vertraut auf Kooperationsbereitschaft seines Gegenüber und stellt (relative) Nähe her
Merkmale der inneren Konstrukte (Glaubenssätze, Logik usw.)	Sprecher betrachtet sich in der Rolle des objektiven Beobachters, „kennt die Tatsachen", weiß, was richtig und falsch ist; Sprecher ist ich zentriert, sieht sich eher getrennt von anderen; Ich-Umwelt-Perspektive	Sprecher betrachtet sich in der Rolle eines subjektiven Beobachters, hat Vermutungen und denkt in verschiedenen Möglichkeiten, was wirklich sein könnte, betrachtet sich als Teil eines Systems von Beziehungen „Wir", eine Gemeinsame-Welt-Perspektive

- Es ist hilfreich, beide Sprachstile zu beherrschen, um sie in einer gesunden Mischung für die Gestaltung der Beziehung einzusetzen.
- Dazu empfiehlt sich als Übung, anderen bei ihren Gesprächen zu lauschen und zu hören, welche Sprachstile sie verwenden. Auch sich selbst kann man gelegentlich lauschen. Dabei geht es nicht um eine Bewertung dieser Sprachstile, sondern darum, ihre Wirkung zu beobachten. Die Motive des Sprechers sind maßgeblich für die Bewertung.

Wanderung N° 27

„Wo kämen wir denn da hin, wenn …?!"
Manipulation mit Worten

Wohin diese Wanderung führt …

Ich erwähnte es schon, das Gebiet der Beziehungsgestaltung grenzt an ein Gebiet, das wir bei den Wanderungen durch die Welt der Alltagssprache noch ausgiebiger erforschen werden (Wanderungen N° 62). Mit der Sprache, der Wortwahl die Zuhörer zu beeindrucken, um auf diesem Wege gewisse Interessen durchzusetzen, ist keine Geheimwissenschaft. In Rhetorikseminaren, Verkaufsschulungen und anderen Trainings wird den Teilnehmern vermittelt, wie man Menschen manipulieren kann. Wie beim positionalen Redestil auch, wird auf diesem Wege eine asymmetrische Beziehung hergestellt, in der der Sprecher auf den Hörer Einfluss zu nehmen versucht – oft mit Erfolg.

Das Wort Manipulation ist ein Fremdwort, das jedoch inzwischen zur Alltagssprache gehört. Es hat einen negativen Beigeschmack, die Formulierung „Einfluss nehmen" komischer Weise weit weniger, obwohl sie im Prinzip nichts anderes bedeutet. Mit Manipulation ist meistens gemeint, dass man Leute zu etwas verleitet, das sie gar nicht wollen. Ob Menschen gegen ihren Willen manipuliert werden können, ist – soweit ich weiß – eine noch ungeklärte Streitfrage. Ob Manipulation für einen guten Zweck (man vergleiche die diversen Spendenaufrufe, die mit der Post kommen) ethisch zu vertreten ist, ist ebenfalls strittig.

Und Manipulation in der Beratung? Wenn Klienten sich hilflos gebärden, um Berater zu verführen, das Heft in die Hand zu nehmen, ist das verwerflich? Verständlich? Oder einfach schlau? Wenn Berater mit der Wunderfrage (vgl. Wanderung N° 31) ihre Klienten in eine Art Lösungstrance versetzen: Ist das unmoralisch oder wunderbar?

So scheint das Ziel einer Manipulation bei der Beurteilung des Ganzen wichtiger zu sein, als die Methode der Beeinflussung selbst. Damit gerät man allerdings nahe an das Motto: „Der Zweck heiligt die Mittel", eine weitere Streitfrage.

Vielleicht ist es besser, das Thema mehr von der Manipulierbarkeit, der Suggestibilität der Menschen her aufzurollen. Wenn es – sehr allgemein gesprochen – jemandem gelingt, an Bedürfnisse (Motiven), Emotionen (speziell Ängsten) oder Glaubenssätzen gewissermaßen „anzudocken", dann werden Menschen leicht beeinflussbar. Der „Trick" besteht darin, dass sie nicht merken, wie angedockt wurde. Die Werbepsychologie ist die empirische Wissenschaft zu dieser Methodik. Wenn ich also weiß, wie man bei mir andocken könnte, gewinne ich Einfluss auf meine eigene Suggestibilität, ich bin zwar noch nicht frei davon, aber doch etwas mehr „Herr im eigenen Haus".

Für die Gestaltung von Beziehungen im psychosozialen Feld – denn in diesem Gebiet wandern wir nach wie vor – hat das zur Folge, dass Berater lernen sollten, die verbalen, paraverbalen und nonverbalen Signale bewusst wahrzunehmen, mit denen jemand zu manipulieren versucht, ganz gleich, welchem Zweck das dienen soll. Es geht dabei nicht nur um die Beziehung zu Klienten, sondern auch um die Kommunikation mit Kollegen, Kooperationspartnern, Vorgesetzten in der eigenen Institution usw., wie wir bei den vorigen Wanderungen schon sahen.

Jemand im Team sagt mit leicht gerötetem Hals, etwas nach vorne gebeugt und in energischem Tonfall: „Das *können* wir *doch* nicht machen!" Wenn wir nur auf die sprachlichen Suggestionen achten (und das Paraverbale und Nonverbale vernachlässigen), fallen die kursiv gekennzeichneten Worte auf: „Können" wird subtil von seiner ursprünglichen Bedeutung, nämlich eine Möglichkeit oder eine Fähigkeit zu benennen, zu einer normativen Behauptung verdreht: „Wir dürfen nicht ...!", es ist nicht erlaubt. Wer aber, bitte schön, hat es verboten? Wer hat die Norm gesetzt? Das bleibt im Dunklen. Das Wörtchen „doch" soll unmerklich die Suggestion verstärken, dass es keine Alternative zur Sichtweise des Sprechers gebe (die als subjektive Sichtweise auch noch unkenntlich gemacht wird). Das Ganze wird schließlich noch durch Mimik und Tonfall unterstrichen.

All das nimmt man meistens unterhalb der bewussten Aufmerksamkeitsschwelle wahr und es kann dadurch erst richtig wirken. Bemerkt man allein schon die sprachlichen Tricks dadurch, dass man sie er-hört, ist man schon nicht mehr so leicht zu manipulieren.

„Was *soll* ich *bloß* tun?", fragt ein Klient in seufzendem Tonfall und gesenktem Blick. Natürlich fühlt sich dieser Mensch in einer verzweifelten Lage. Dennoch sind es zwei Wörtchen, die reichen können, um Berater zu angestrengtem Nachdenken über diese Frage zu verführen:
„Soll", damit wird auch etwas normatives angedeutet, der Hinweis auf die Werteskala „richtig – falsch" gegeben, so als ob entscheidbar wäre, was richtig oder falsch ist. Im Wörtchen „soll" ist auch gelöscht, wer hier etwas verlangt: „Soll, von wem aus?", könnte man fragen. „Bloß" – nackt steht man da, wenn man nicht weiß, was man tun soll. „Bitte, lieber Berater, hülle mich in den Mantel deiner Klugheit, wie einst schon der heilige St. Martin seinen Mantel mit einem Bettler teilte!" Wer wird da nicht weich, wenn die eigene Herzensgröße angefragt ist?

Natürlich war das gerade ironisch überzeichnet. Es geht auch nicht darum, jenem Klienten bewusste (oder gar bösartige) Manipulation zu unterstellen. Viele Manipulationsversuche erfolgen rein intuitiv, teilweise unbewusst.

Es geht darum, sie bewusst wahrzunehmen, und, soweit sprachlich manipuliert wird, dies zu er-hören. Dann haben Berater mehr Wahlfreiheit, damit umzugehen und z.B. auf die Frage „Was soll ich denn machen?" aus den folgenden Antwortmöglichkeiten eine auszuwählen:

– „Das weiß ich auch nicht!"
– „Auf jeden Fall sollten Sie nichts Falsches tun!"
– „Überlegen Sie lieber, was Sie machen *wollen*, anstatt darüber zu grübeln, was sie *sollen*!"
– „Sitzt Ihnen denn irgendjemand im Nacken, der von Ihnen etwas fordert?"
– „Was kommt denn für Sie auf gar keinen Fall in Frage?" usw.

Alle diese Antworten können die passende Intervention sein, um der Manipulation, die auf den Klienten selbst schädlich zurückwirkt, etwas Konstruktives entgegen zu setzen.

„Er-hören" erfordert nichts anderes, als genau zuzuhören, was Leute sagen, um zu bemerken, welche Worte eine versteckte Botschaft enthalten, welche Floskeln wie ein

„trojanisches Pferd" funktionieren, um auf diesem Weg das Gehirn des Hörers zu erobern. Es ist eine Übung, die von mal zu mal leichter gelingt und auch Vergnügen erzeugt. Es ist erstaunlich, was unsere Sprache alles bereithält. Um gleichsam auszupacken, was in vielen manipulativen Floskeln verpackt ist, kann man das Meta-Modell (vgl. Wanderung N° 33) und das Milton-Modell (vgl. Wanderung N° 58) benutzen.

Ob und wie man den Manipulationsversuch durchkreuzt, ist von zweitrangiger Bedeutung. Schlagfertigkeit ist beispielsweise nicht das Ziel der Übung, sondern die bewusste Wahrnehmung gilt es zu schulen, um sich Manipulationsversuchen entziehen zu können, anstatt sie unterbewusst und gegen den eigenen Willen zu „schlucken".

Wie schon erwähnt, sind wir am Rand eines Nebelgebietes vorbei gewandert, das wir noch ausgiebiger besuchen werden. Wenn Sie, liebe Leserin und lieber Leser jetzt allerdings neugierig geworden sind, doch gleich noch mehr darüber zu erfahren, sei auf Wanderung N° 62 verwiesen, wo es um die „Macht und Ohnmacht der Worte" geht.

Wegskizze

- Manipulationen wirken unterhalb der Schwelle bewusster Aufmerksamkeit. Berater sollten für Suggestionen (vor allem ihrer Klienten) nicht zu sehr empfänglich sein. Manipulationsformen bewusst wahrzunehmen, ist eine wesentliche Voraussetzung dafür.

- Jeder kann sich darin schulen,
    - herauszufinden, bei welchen Themen und durch welche „Botschaften" er besonders verführbar ist.
    - wahrzunehmen, welche Floskeln und Worte verdeckte Botschaften transportieren, die wirken, wenn sie nicht bewusst registriert werden.
    - zu entdecken, für welche nonverbalen und paraverbalen Signale man bisher sehr empfänglich ist (laute Sprache, gesenkter Blick u.a.m.) und darauf selbstkritisch zu achten.

- Sprachliche Suggestionen sind sehr gut mit Hilfe des Meta-Modells (vgl. Wanderung N° 33) und des Milton-Modells (vgl. Wanderung N° 58) identifizierbar; wer sich darin schult, ist zugleich besser gegen Manipulation durch Sprache geschützt. Die Exkurse über Alltagssprache in fünften Reise ergänzen diese Schulung (Wanderung N° 61 und N° 62).

- Manipulationsversuchen durch Kollegen usw., also in anderen Kontexten, als einer Beratung von Klienten, sollte man eher versuchen, sich zu entziehen, als sie durch Erwiderungen zu durchkreuzen, denn das mündet oft nur in Konkurrenz und Machtkämpfen.

Dritte Reise:
Im Irrgarten des Lebensalltags

| Wanderung N° | REISEROUTE | Seite |

Die Inhaltsebene oder: Worum es eigentlich geht! 189

28	Vom Problem zur Lösung: Vorannahmen als Stolpersteine	192
29	Das Ringen um ein gutes Leben oder: Ziele er-finden	198
30	Probleme und Lösungen: Vier Lösungsansätze	208
31	In der Kürze liegt die Würze: Aus der Werkstatt der lösungsorientierten Kurzzeittherapie	222
32	„Kombizange" oder: Eine allgemeine Problemlösungsstrategie	236
33	Innenwelten erkunden: Das Meta-Modell	243
34	Warum einfach, wenn es auch kompliziert geht? Stabile und labile Gleichgewichte	254
35	Wenn die Katze sich in den Schwanz beißt ... – Arbeit mit „Teufelskreisen"	266
36	Die Qual der Wahl: Lösung von Entscheidungsproblemen	273
37	Der Marsch um den heißen Brei – Lösung von Angstproblemen	287
38	Schuldgefühle und andere explosive Mischungen	295
39	Die Suche nach der Stecknadel im Heuhaufen – Umgang mit Grübeleien	302
40	Am Rande: Umgang mit Suizidalität	307
41	Salto vorwärts zum Stand: Lösungen zweiter Ordnung	318
42	Von der Klugheit, zwischen Problem und Lösung zu balancieren	322

Wieder am Haupteingang und vor den nächsten Reise 327

Die Geschichte von dem Bauern und den drei Söhnen

Es war einmal ein alter kranker Bauer, der lebte mit seinen drei Söhnen auf einem großen Hof. Als nun an einem kalten Wintermorgen die Zeit gekommen war, zu der sein Leben zu Ende gehen sollte, rief er seine drei Söhne zusammen, denn er wollte einem von ihnen seinen Hof mit all dem dazugehörigen Land übergeben. Um sicher zu gehen, dass er das Land auch an den Sohn vererben würde, der in der Lage sei, mit einem solchen Vermächtnis umzugehen, wollte er sie auf die Probe stellen. Und er sagte zu seinen drei Söhnen: Ich habe diesen Hof und dieses Land von meinem Vater bekommen und er wiederum hat es von meinem Großvater bekommen. Den Reichtum dieses Besitzes zu erhalten ist, jedoch kein Leichtes und ich will euch auf die Probe stellen, wer von euch in der Lage ist, diesen Besitz über die nächste Generation hinweg zu verwalten zum Wohle aller. Nachdem er dies gesagt hatte, ging er hinaus und seine drei Söhne folgten ihm. Als sie eine Weile gegangen waren, kamen sie an ein großes, schneebedecktes Feld, das sich über den ganzen Besitz erstreckte, und der alte Bauer sprach zu seinen Söhnen: „Wem von euch es gelingt in gerader Linie über dieses weite Feld zu gehen und dabei eine gerade Spur im Schnee zu hinterlassen, dem werde ich all dies hier vererben." Der erste Sohn dachte sich: Das ist ein Leichtes. Ich brauche mich nur umzudrehen und mich geraden Schritts rückwärts von den anderen entfernen, um hinüber zu gelangen." Als er jedoch begann, den Weg zurückzulegen bemerkte er, dass er in einem großen Bogen zu laufen begann. Und je mehr er sich bemühte zu korrigieren, umso unregelmäßigere Spuren hinterließ er. Der zweite Sohn dachte sich: „Nichts ist einfacher. Ich muss nur einen Fuß vor den anderen setzen und darauf achten, die Füße gerade auszurichten, dann werde ich auch gerade hinübergelangen." Und er ging gesenkten Hauptes einen Fuß vor den anderen stellend vor sich her, bis er bemerkte, dass er die Orientierung verloren hatte. Und als er aufblickte, bemerkte er, dass er schon nach wenigen Metern begonnen hatte, von der Gerade abzuweichen. Der dritte Sohn sah über das Feld über dem die Sonne strahlte und er genoss den Anblick der Weite. Dabei entdeckte er am Horizont einen kleinen Strauch, den der Schnee nicht ganz zugedeckt hatte. Er lag genau am anderen Ende des Feldes. Und während er den Punkt in der Ferne fixierte begann er zu laufen, bis er in kurzer Zeit das Feld in gerader Linie überquert hatte.

Labyrinth auf der Vorderseite von Thomas Thiemeyer

Die Inhaltsebene

oder: Worum es eigentlich geht!

Jetzt, nach etlichen Wanderungen sind wir also in dem Teil des Labyrinths angelangt, um den es „eigentlich" geht. Beratung dreht sich ja praktisch immer um irgendwelche Probleme, sie sind das inhaltliche Thema. Vielleicht haben Sie auch gleich den Sprung hierher gemacht. Wem Prozesssteuerung und speziell die Erarbeitung eines Kontraktes keinerlei Mühe macht, oder wer einfach neugierig auf Problemlösungsstrategien ist, der wird vielleicht sogar – quasi per Helikopter – schon mitten in diesem Wandergebiet gelandet sein, sich mit Teufelskreisen beschäftigen und somit diese Zeilen auch nicht lesen.

Wer in seinem Beratungsalltag primär mit Besuchern und Klägern zu tun hat, wird von all dem, was wir nun kennen lernen, nicht so oft Gebrauch machen können. Dennoch sind die folgenden Wanderungen interessant, nicht nur, weil man ja manchmal auch Kunden hat, die sich durch die Beratung Lösungen erhoffen, sondern deshalb, weil sich alle in diesem Teil des Labyrinths aufhalten, auch die Besucher und Kläger; man könnte fast sagen: sie sind inkognito hier. Wir werden ihnen bei den Problemdimensionen begegnen und dann noch besser verstehen, warum Besucher kein Problem haben, Kläger nichts ändern wollen und Kunden einen beschwerlichen Weg wählen.

Ohne Inhalt gibt es keine Kommunikation. Inhalte auszutauschen, Informationen weiter zu geben, ein Thema zu diskutieren, sich einander zu zeigen, Gefühle auszutauschen und anderes mehr ist der eigentliche Zweck der Kommunikation. Wir haben allerdings gesehen, dass Kommunikation auf der Prozess- und Beziehungsebene so beeinflusst werden kann, dass das inhaltliche Ziel eines Gespräches verfehlt wird. Natürlich hat auch der Inhalt Einfluss, bestimmte Themen sind mit Gefühlen besetzt, Ansichten sind kontrovers, das emotionale Engagement ist hoch, und deswegen kann das Gespräch schnell in einen wüsten Streit ausufern.

Bei Problembearbeitungen geht es für Klienten „ans Eingemachte". Zwar ist der Inhalt, also das Thema der Grund, weswegen Klienten gekommen sind. Sich dem Thema aber tatsächlich zu widmen, lässt den Mut, mit dem man gerade kam, sinken. Vielleicht bohrt der Berater nach, es wird vielleicht aufgedeckt, was man selbst lieber verbergen würde? Es ist fast wie beim Zahnarzt. Kaum ist man in der Praxis angekommen, tut plötzlich der Zahn nicht mehr weh.

Klienten werden also nicht nur erwartungsfroh Platz nehmen, sondern auch in Sorge darüber sein, was jetzt wohl passiert. Sie werden vielleicht während des Gespräches Angst bekommen, wenn sie bemerken, um welche Veränderungen es geht, was es sie „kostet". Sie hatten gehofft, mit weniger Aufwand davon zu kommen.

Berater müssen deshalb sehr aufmerksam bleiben und im Sinne der Prozesssteuerung immer wieder überprüfen, ob der Kontrakt noch gilt. Klienten haben ja das Recht, sich neu zu entscheiden und doch alles beim Alten zu lassen. Es könnte sein, dass sie sich schwer tun, das offen zu sagen. Berater merken es daran, dass die Gespräche irgendwie „zäh" werden, dass Klienten ihre Hausaufgaben nicht erledigen, Termine vergessen usw. (vgl. Wanderung N° 14).

Prozesssteuerung und Aufrechterhaltung eines guten Kontaktes bleiben für Berater Thema, während sie sich zugleich voll auf den Inhalt konzentrieren müssen, wenn es um Problembearbeitung geht. Das Problem zu verstehen und Anhaltspunkte zu gewinnen, mit welcher Lösungsstrategie gearbeitet werden könnte, kennzeichnet auf der Inhaltsebene eine gute Beratung.

Weil Klienten ja in erster Linie ihre Probleme mit Sprache schildern und Berater die Probleme selten „live", sondern nur zeitversetzt beobachten können, kommt es unter anderem auf die Fragetechnik an. Denn die Schilderungen der Klienten sagen zunächst nur etwas über ihre Vorstellung vom Problem. Sie geben aber nicht unbedingt Einblick in die Entstehung von Problemen und in die Mechanismen, wie Probleme „funktionieren" und aufrechterhalten werden. Danach zu forschen, wie ein Problem „funktioniert", ist eine für Klienten ungewöhnliche Herangehensweise, denn das Alltagsverständnis beschreibt ja ein Problem eher als etwas, was nicht funktioniert. Hätten Klienten selbst diesen Zugang gefunden, wären sie möglicherweise gar nicht in der Beratung.

Verschiedene spannende Wanderungen in die Welt der Probleme und Lösungen liegen vor uns. Die Übersicht in der Gebietskarte, mit der diese Einführung schließt, zeigt einige Charakteristika der Problemlösungsstrategien. Sie erlaubt eine Einteilung und gibt Hinweise, mit welcher Art von Strategie Berater mit ihren Klienten jeweils arbeiten können. Dazu sollten noch einige Erläuterungen gegeben werden:

- Die Übersicht zeigt, dass es bei allen Methoden um eine Art Horizonterweiterung geht, die es Klienten ermöglich soll, neue Wege zu entdecken und schließlich auch zu gehen.
- Die lösungsorientierten Methoden, die in den nun folgenden Wanderungen vorgestellt werden, zielen auf die Erweiterung des Lösungshorizontes der Klienten; sie entdecken Lösungsmöglichkeiten für ihre Probleme, die ihnen bisher nicht zugänglich waren.
- Die systemischen Methoden setzen demgegenüber überwiegend auf die Wirkung eines systemisch erweiterten Horizontes, der Grenzen überwindet, die durch das Alltagsbewusstsein gesetzt werden. Auf diese Weise soll Klienten ermöglicht werden, Einblick in Zusammenhänge zu gewinnen, die ihnen bisher verborgen waren, und ihnen auf diesem Wege neue Verhaltensoptionen eröffnet werden.
- Die in der Übersicht nochmals aufgeführten Basismethoden bilden gewissermaßen den Rahmen, innerhalb dessen nun die verschiedenen Methoden zum Einsatz kommen.

Zuerst werden wir uns mit der Wanderung N° 28 in den Irrgarten der (begrifflichen) Welt der Probleme und Lösungen begeben und dazu das schon erwähnte Konzept des „Alltagsbewusstseins" aufgreifen.

Gebietskarte

Übersicht über Methoden und Strategien

Generelles Ziel der Beratung ist die Erweiterung der Wahlmöglichkeiten, über die die Klienten verfügen können

⇨ **Basismethoden** (Lageplan, Auftragsanalyse, prozessorientierte Gesprächsführung ...)

⇩

methodische Wege der Lösungssuche

Entwicklung eines „erweiterten „Problembewusstseins", Erweiterung des Lösungshorizontes, um neue Lösungswege zu finden	Entwicklung einer „systemischen Perspektive" bzw. eines „systemischen Bewusstseins" der Klienten oder Systemmitglieder
⇨ **Methoden des lösungsorientierten Ansatzes** (nach de Shazer, Berg u.a.): lösungsorientiertes Interview, Skalierungsfragen, Ausnahmen, Wunderfrage, Reframing etc ⇨ **allgemeine u. spezielle Lösungsstrategien** • Problemdimensionen· • labile und stabile Gleichgewichte; Problemsysteme • spezielle Lösungsstrategien • Lösungen zweiter Ordnung • Arbeit mit Metaphern ⇨ **Meta-Modell-Fragetechnik**	⇨ **Systemische Methoden** (im engeren Sinne): • systemisches Interview • zu zirkulären Prozesse wie Absicht-Wirkung u.a.) • zur Wechselwirkung von Wirklichkeitskonstruktionen ⇨ nonverbale Methoden, z.B. Skulpturarbeit, Verwendung von Puppen, Malen, ... · ⇨ Rituale, Hausaufgaben

Wanderung N° 28

Vom Problem zur Lösung
Vorannahmen als Stolpersteine

Wohin diese Wanderung führt ...

Die Worte „Problem" und „Lösung" sind ein so selbstverständlicher Teil unserer Alltagssprache, dass sie keiner näheren Untersuchung zu bedürfen scheinen. Erstens handelt es sich bei Problem und Lösung offenbar um Unterschiedliches, und zweitens bewerten wir in der Regel Probleme negativ, Lösungen dagegen positiv. Probleme sind nicht wünschenswert, Lösungen dagegen schon. Probleme existieren oder entstehen an sich, so scheint es. Dass Probleme konstruiert, von uns selbst erzeugt werden, und dann erst existieren, ist allenfalls in der eher abschätzigen Beurteilung: „Der macht sich vielleicht Probleme!" angedeutet. Wir beschäftigen uns auf dieser Wanderung damit, welch „problematische" Sichtweise die alltägliche Betrachtung von Problemen und Lösungen mit sich bringt, und wie gerade dadurch Lösungswege verbaut werden können.

Einige Gedanken über das „Alltagsbewusstsein"

Mit dem Begriff des Alltagsbewusstseins sind alle Sichtweisen, Perspektiven und Vorstellungen gemeint, mit deren Hilfe wir unseren normalen Lebensalltag in der Regel bewältigen können, mit denen wir uns erklären, wie das Leben funktioniert und wie es gemeistert werden kann. Es ist das „Wissen", das uns für den Alltag genügt, und das wir solange nicht kritisch hinterfragen, solange wir es für selbstverständlich halten.
Unsere Alltagssprache beeinflusst nachhaltig das Alltagsbewusstsein und umgekehrt. Das zeigt sich beispielsweise daran, dass wir geneigt sind, etwas für existent zu halten, wenn wir ein Wort dafür verwenden. Es ist für weite Teile unseres alltäglichen Lebensvollzugs nicht nötig, zwischen einem Gegenstand oder Sachverhalt und seiner Bezeichnung zu unterscheiden. Das führt zu der meist nicht überprüften Annahme, dass es „Probleme" und „Lösungen" tatsächlich gibt; es handelt sich nicht nur um Bezeichnungen und auch nicht um Konstrukte. Wir kommen auf die Folgen, die diese Sichtweise hat, unten nochmals zu sprechen.

Zwar wird das Alltagsbewusstsein der Menschen von den über die Medien verbreiteten Meinungen, modernen Sichtweisen („mainstream"), ideologischen Trends (z.B. dem Erfolgsstreben als wichtigem Lebensinhalt) beeinflusst und auch populärwissenschaftlich aufbereitete Forschungsergebnisse und wissenschaftliche Erkenntnisse finden darin Eingang. Vor allem aber spielen die eigenen Lebenserfahrungen und deren Interpretation eine Rolle: Erlebnisse werden zu „Erfahrungen" und Denkgewohnheiten generalisiert. In unserem Alltagsbewusstsein finden in der Regel ohne Reflexion Perspektiven und Vorstellungen (Modelle und Landkarten) Eingang, die sich letztlich auch aus den Charakteristika unserer sinnlichen Wahrnehmungssysteme ergeben. Die Hirnforschung gibt mehr und mehr Einblick, wie die Architektur der neuronalen Netzwerke unser Alltagsbewusstsein prägt.

Diese noch sehr abstrakte Beschreibung des Alltagsbewusstseins möchte ich nun mit konkreten Überlegungen darüber fortsetzen, wie es zu Einschränkung von (Lösungs-) Horizonten kommen kann.

*Probleme und Lösungen
im Alltagsbewusstsein und der Alltagssprache*

Im Alltagsbewusstsein ist eine (meist unreflektierte) Perspektive etabliert, in der man sich als Empfänger von Einflüssen aus der Umgebung, in der man sich bewegt, erlebt. Es handelt sich um eine „Ich-Umwelt"-Perspektive, aus der heraus man sich und sein Verhalten als Reaktion interpretiert oder aber ein Ziel, eine Absicht verfolgt. Weit weniger hat man jedoch die Wirkungen im Blick, die man in dieser „Umwelt" erzielt. Als handelndes Subjekt ist man mehr mit seinen Wahrnehmungen und seinen eigenen Absichten beschäftigt, als mit der Reflexion seiner Interpretationen von Wahrnehmungen und der Auswirkungen auf das eigene Handeln. Insofern ist das Alltagsbewusstsein also durch eine eher „nicht-systemische" Sichtweise gekennzeichnet. Eine Folge davon ist die sehr verbreitete Opferperspektive und die oft damit verbundene Frage nach der Schuld: „Wenn ich das Opfer bin, sind die anderen schuld!"

Das ist eine verführerische Perspektive; so wird verständlich, warum Kläger so häufig in der Beratungspraxis vertreten sind. Ein großer Teil der Beziehungsprobleme in Partnerschaften oder in der beruflichen Kooperation entwickeln sich ebenfalls aus diesem Mangel an systemischer Perspektive der Interaktionspartner. Wir werden dies bei den Wanderungen N°53-55 noch eingehender untersuchen.

Der mangelnde Lösungshorizont einer Person ist nicht als Ausdruck von „Dummheit" zu interpretieren, sondern als eine Charakteristik des Alltagsbewusstseins zu betrachten. Erst wenn Herausforderungen des Alltags nicht gemeistert werden, kann das Fehlen einer systemischen Perspektive überhaupt als tatsächlicher Mangel ins Bewusstsein kommen. Nicht selten können gerade die eigenen Erklärungen dafür, warum man mit Problemen nicht fertig wird, einen daran hindern, sie zu meistern – ein verhängnisvoller Kreislauf. Die gerade erwähnte Opferperspektive ist ein gutes Beispiel dafür.

Dass wir jederzeit als Teil sozialer Systeme aktiv und wirksam sind und auf welche Weise, ist dem Alltagsbewusstsein verborgen. So gesehen hat Beratung auch immer aufklärenden Charakter, dient der Erweiterung des Horizonts. Ob allerdings Klienten von dieser Horizonterweiterung Gebrauch machen, bleibt zunächst offen. Denn die bisherigen (Denk-)Gewohnheiten zu verlassen, die einen (wenn auch trügerischen) Halt gegeben haben, kann mit erheblicher Verunsicherung und daher Angst verbunden sein.

Der alltagssprachliche Gebrauch des Wortes „Problem" hat es zu einem Allerweltsbegriff werden lassen. „Jeder hat Probleme!" „Deine Probleme möchte ich auch mal haben!" „Was Sie gerade gesagt haben, finde ich sehr problematisch." Manchmal ist die Bedeutung des Wortes nicht mehr klar.

Im Alltagsbewusstsein erscheinen Probleme als etwas, das an sich existiert. Zwar gehört es auch zu den alltäglichen Vorstellungen, dass wir für etliche unserer Probleme selbst verantwortlich sind. Dass Probleme mentale Konstrukte sein sollen, ist jedoch ein provozierender Gedanke. Probleme wären demnach ja „Hirngespinste" (das weniger freundliche Wort für Konstrukte). Wer diesen Gedanken für sich verständlicherweise ausschließt, verbaut sich jedoch gerade dadurch einen der wichtigsten Wege, um zu Lösungen zu gelangen. Wie diese Lösungen aussehen können, das werden wir bei der Diskussion der Problemdimensionen (Wanderung N° 30) näher erfahren.

Das Alltagsbewusstsein manifestiert sich in der Alltagssprache, und die alltäglichen Sprachgewohnheiten wirken, wie oben schon erwähnt, mit ihren logischen und grammatikalischen Strukturen auf das Alltagsbewusstsein zurück.
Im Alltagsbewusstsein wird selten zwischen dem Wort als Bezeichnung für einen Gegenstand, ein Objekt und dem Gegenstand an sich unterschieden. Dementsprechend „gibt es das Problem", so wie es beispielsweise den Stuhl gibt.
Desgleichen „gibt es Lösungen", und die sind etwas anderes als Probleme. Die beiden Begriffe kennzeichnen eine Unterscheidung, von der die meisten glauben, dass sie objektiv existiere (und nicht nur begrifflich). Mehr noch, Lösungen werden, wie erwähnt, als das positive Gegenstück zu Problemen verstanden. Im Alltagsbewusstsein (zumindest unseres Kulturkreises) ist das fest verankert.
Insofern ist ein Sachverhalt entweder ein Problem oder eine Lösung, keineswegs aber beides zugleich. Es kommt also für die meisten Menschen erst gar nicht in Betracht, ein Problem *als* Lösung zu anzusehen oder umgekehrt eine Lösung *als* Problem. Wir werden sehen, dass viele Probleme als Lösungen für andere (nicht mehr im Bewusstsein präsente) Probleme entschlüsselt werden können.
Im Alltagsbewusstsein ist die Vorstellung verbreitet, dass man eine Lösung daran erkennt, dass ein Problem beseitigt wurde. Folglich werden auch nur solche Lösungen als Lösungen anerkannt, die das Problem verschwinden lassen. Die Aufrechterhaltung eines Problems, verbunden mit der kunstvollen Einbindung in den Alltag, scheidet als Lösungsmöglichkeit für viele von vornherein aus, obwohl sie genau das mehr oder minder unbewusst, aber oft ohne die kunstvolle Einbindung täglich praktizieren. Diese Menschen tauchen dann als Kläger, Ankläger oder Selbstankläger in der Beratung auf. Wenn sich zum Beispiel jemand über seine Einsamkeit und darüber beklagt, keine Freunde zu haben, kann sich bei genauerer Betrachtung herausstellen: Aus Angst vor möglichen Verletzungen oder Kränkungen, die in einer Beziehung nun einmal vorkommen können, schützt er sich dadurch, dass er keine Kontakte zu anderen pflegt. Der „Preis" für diesen Schutz ist die Einsamkeit.

Auf den ersten Blick ist der Unterschied zwischen den Sätzen: „Ich habe ein Entscheidungsproblem!" und der Formulierung: „Ich mache es mir schwer, mich zu entscheiden!" nicht so groß. Und dennoch ist es oft schon der halbe Weg zu einer Lösung, wenn man erkennt, dass man selbst der Autor seines Entscheidungsproblems ist und nicht nur irgendwie davon „befallen" ist, wie beispielsweise von Läusen. Im zweiten oben genannten Satz kommt die Person als handelndes Subjekt in den Blick, das nach Alternativen zu ihrem bisherigen Tun suchen kann. Die Frage: „Wie mache ich es mir schwer?" führt manchmal direkt zur Lösung des Entscheidungsproblems. Auch hier geht es nicht darum, sich als „dumm" abzuwerten, weil man selbst an der Produktion des Problems beteiligt ist, und dass eben nicht nur äußere Umstände „schuld" sind. Sondern es geht um die dadurch mögliche Erweiterung des Lösungshorizontes.

Das Meta-Modell (vgl. Wanderung N° 33) zeigt, welch große Rolle die Sprache bei der Entwicklung unserer inneren Modelle und Landkarten, die wir über alle lebenspraktisch bedeutsamen Sachverhalte entwickeln, spielt.

Die im Meta-Modell beschriebenen „universellen Gestaltungsmechanismen", nämlich Tilgung, Generalisierung und Verzerrung, erlauben uns überhaupt erst eine Orientierung in der Welt. Andererseits führen sie aber auch zu einer Beschränkung unseres Horizontes, und zwar in einer Weise, die uns durch den selbstverständlichen Gebrauch der Alltagssprache verborgen bleibt.

Ein Beispiel: Unsere Fähigkeit, kausale Zusammenhänge zu rekonstruieren, und durch Generalisierung auf andere Situationen zu übertragen, ist für den Alltag ungeheuer wichtig. Sie erlaubt uns, an jedem beliebigen Ort, an dem es Lichtschalter gibt, die Beleuchtung einschalten zu können. Diese Fähigkeit wird uns allerdings zum Verhängnis, wenn wir Kausalzusammenhänge konstruieren, wo sie gar nicht existieren, und sie in unsere Sprache einbauen, als würden sie selbstverständlich existieren.

Jemand sagt: „Werners Verhalten macht mich wütend!" und benennt dies als Problem. Dieser Satz wird von den meisten, die ihn hören, akzeptiert, denn es scheint der eigenen Erfahrung, wie einen Personen oder Ereignisse wütend machen, vollkommen zu entsprechen. Dabei entgeht einem, dass die eigene Bewertung und die Bedeutung, die man Ereignissen gibt, eine große Rolle spielen, sodass sie zum Beispiel Wut auslösen können.

Dies passiert nicht zuletzt deshalb, weil diese Prozesse sehr schnell und nicht reflektiert ablaufen. Bewertungen und Bedeutungen sind hier nicht so sehr als gedankliche Prozesse zu verstehen, sondern als assoziative Muster, die mit Gefühlen verwoben sind. Um auch hier einem Missverständnis vorzubeugen: Es geht nicht darum, ab sofort nicht mehr wütend werden zu dürfen. Sondern es geht darum, mit der Einsicht in die eigene Interpretationstätigkeit Alternativen zur Verfügung zu haben, also noch anders, als nur wütend reagieren zu können (vgl. auch Wanderung N° 55).

Das entspricht der grundsätzlichen Forderung an Beratung, den Klienten mehr Wahlmöglichkeiten zu eröffnen (vgl. Wanderung N° 24). Es zeigt sich an diesem Beispiel auch, dass Probleme nicht nur dadurch entstehen können, dass sich etwas ereignet, sondern vor allem auch dadurch, wie wir darüber denken und sprechen.

> *Nicht alles, was einen Namen hat, muss auch existieren*
> Arnold Retzer

So sehr uns das Alltagsbewusstsein und die Alltagssprache als Orientierungshilfe dienen, so sehr schränken sie zugleich unseren Horizont ein. Weil wir uns der logischen Fehler, der Täuschungen und Beschränkungen unseres Alltagsbewusstseins und der Sprache oft nicht bewusst sind, brauchen wir für die Lösungssuche Hilfe von außen. Man muss diese Tatsache nicht negativ sehen, im Gegenteil: Probleme werden zur Chance, den Horizont unseres Alltagsbewusstseins zu erweitern, in diesem Sinne also auch an ihnen zu wachsen. Voraussetzung ist eigentlich nur die Bereitschaft nachzudenken und sich der Verunsicherung zu stellen, die mit dem Blick über den Tellerrand und erst recht mit dem Überschreiten der eigenen bisherigen Grenzen einhergehen kann. Allerdings ist das keine leichte Übung!

Im Alltagsbewusstsein erscheint der Weg vom Problem zur Lösung, nämlich der Beseitigung des Problems, direkt und folgerichtig. Dass es aber darauf ankommen kann, die eigenen Denkgewohnheiten und lieb gewonnenen Überzeugungen ganz fundamental auf den Prüfstand zu stellen, bevor Wege zu einer Lösung frei werden, ist für viele ungewöhnlich, vielleicht sogar provozierend.

Für Berater bedeutet das, durch Fragen und durch aufklärende Überlegungen, zu denen sie ihre Klienten einladen sollten, solche Wege zu eröffnen. So führt der „Umweg" über die Bewusstseinsveränderung, während die Klienten bisher auf dem vermeintlich direkten Weg stecken geblieben sind.

Ein anderer Gesichtspunkt ergibt sich mit Blick auf die sich namentlich in den Industriegesellschaften ausbreitende Erfolgsideologie, den Machbarkeitswahn und die „Glückslüge". Erfolg und Glück misst sich in dieser Ideologie daran, seine Probleme zu „lösen", also zu beseitigen. Wem das nicht gelingt, der steht schlecht da und ist obendrein selbst schuld. Das Motto: „Problems can be solved!" (Probleme sind lösbar) kann so verstanden werden, dass es prinzipiell möglich ist, Probleme zu lösen; dies wäre eine Gegenposition zu einer resignativen Lebenseinstellung. Aber dieses aus dem Ursprungsland der Machbarkeitsidelogie, nämlich den USA stammende Motto kann auch in dem Sinne aufgefasst werden, alle Probleme seien lösbar, man muss es nur wollen. Dann ist dieses Motto fragwürdig.

Berater müssen angesichts aller dieser möglichen Konstrukte über Probleme und Lösungen im Alltagsbewusstsein evtl. erst einmal Aufklärungsarbeit leisten, um es Klienten zu ermöglichen, sich von der Blindheit bestimmter Ideologien und der Begrenzungen der Konstrukte zu lösen.

In der Wegskizze finden sich einige Strategien, die sich aus den bisherigen Überlegungen ergeben.

Wegskizze

- Im Alltagsbewusstsein sind häufig Vorstellungen (Konstrukte) über Probleme und Lösungen verankert und werden durch die in der Alltagssprache vorgezeichneten Denkgewohnheiten noch untermauert. Dadurch wird der Zugang zu Lösungen potenziell verbaut. Es sind dies ...
    - die Vorstellung, dass Probleme an sich existieren und nicht nur eigene Konstrukte sind
    - die Vorstellung, dass sich Lösungen von Problemen grundsätzlich unterscheiden, anstatt Probleme als Lösungen und umgekehrt zu betrachten
    - die weit verbreitende Wertung von Problemen als etwas Negativem und Lösungen als etwas Positivem
    - die Überzeugung, dass viele Probleme ohne eigenes Zutun zustande kommen; die eigene Beteiligung wird durch die alltagssprachliche Beschreibung des Problems verdeckt
    - die Erfolgs- und Glücksideologie, die Probleme von vorneherein negativ und Lösungen positiv bewertet und die Lösbarkeit aller Probleme postuliert.

- Klienten über diese Einschränkungen im Alltagsbewusstsein aufzuklären bzw. mit ihnen ihre eigenen Vorstellungen zu überprüfen, kann manchmal schon der halbe Weg zur Lösung des Problems sein. Einige Fragebeispiele, mit denen man die Klienten zu eigenen Überlegungen anregen kann:
    - „Sind Sie sich sicher, dass das Problem, von dem Sie sprechen, wirklich existiert, so wie der Stuhl, auf dem Sie sitzen? Oder wäre auch denkbar, dass Sie das, was sie gerade erzählt haben, erst *als Problem* bewerten müssen, damit es eines wird?"
    - „Haben Sie schon einmal in Erwägung gezogen, dass ein Problem auch eine Lösung sein kann?"
    - „Sind Sie sich sicher, dass die Lösung besser sein wird, als das Problem?"
    - „Was wäre, wenn Sie entdecken würden, dass Sie, ohne dass sie das bisher gewusst haben, kräftig bei der Entstehung des Problems mitmischen? Wären Sie dann entsetzt?"
    - „Wenn Sie entdecken würden, dass Ihr Problem einen Sinn hat und es gar nicht wünschenswert wäre, eine Lösung zu finden, mit der das Problem einfach nur beseitigt wird, wie wäre das für Sie?"

Da die Fragen irritierend wirken können, sind neben einem guten Kontakt und einem sorgfältig erarbeiteten Kontrakt unter Umständen viele Erklärungen nötig, wie die obigen Fragen gemeint sind. Die Fragen müssen auch oft anders, der Sprache des Klienten angepasst gestellt werden.

Wanderung N° 29

Das Ringen um ein gutes Leben
oder: Ziele er-finden

Wohin diese Wanderung führt ...

„Der Weg ist das Ziel!", das ist ein häufig zitierter, fernöstlicher Sinnspruch, nach dem sich zu richten mir selbst selten gelingt. Ich hatte beispielsweise viel öfters vor Augen, dieses Buch fertig zu stellen, als das Schreiben selbst als Ziel zu sehen.

Würde man dem Sinnspruch folgen, hätte man gute Chancen, sein Ziel nie zu verfehlen, denn man ist immer auf einem Weg. Zumindest in unserem Kulturkreis ist aber für die meisten das Ziel der leuchtende Endpunkt eines mehr oder minder steinigen Weges. Im Leben etwas zu erreichen, ist die allgemeine, gesellschaftlich verbreitete Formel „sinnvoller" Lebensgestaltung, nach der sich die meisten richten. Ist dieses „Etwas" dann endlich erreicht, stellen sich nach der ersten Freude nicht selten leise Zweifel bis hin zur „Sinnkrise" ein; das gehört zu den vorher nicht erahnten unangenehmen Überraschungen.

Wir verlassen jedoch hier diese allgemeinen Betrachtungen, um der Frage nachzugehen, wie in der Beratung mit Zielen, die Klienten verfolgen, umgegangen werden kann, und worauf dabei zu achten ist. Diese Wanderung führt durch einen ganz besonderen Irrgarten, in dem wir auch dem Phänomen der Fata Morgana begegnen.

Der Weg vom Status quo zu einem Ziel, gilt in der Regel als Fortschritt, der umgekehrte Weg als Rückschritt. Wenn jemand ein Ziel erreichen will, es aber nicht schafft, stellt sich mehr oder minder große Unzufriedenheit ein.

Es kann mehrere Gründe dafür geben, dass jemand sein Ziel nicht erreicht:
- Das Ziel ist gemessen an den Möglichkeiten der Person (z.B. ihren Lebensumständen und Fähigkeiten) zu hoch gegriffen.
- Die einzelnen Schritte, die zum Ziel führen könnten, sind für die Person nicht erkennbar; nicht selten liegt das an der Zielformulierung selbst.

Der erste Punkt lässt sich durch entsprechende Fragen mit Klienten zusammen überprüfen:
- „Wie schätzen Sie Ihre Möglichkeiten ein? Können Sie dieses Ziel erreichen?"
- „Haben Sie genügend Mittel (... Unterstützung, ... Ressourcen), um dieses Ziel zu erreichen?"

Berater sollten keinen missionarischen Eifer entfalten, ihren Klienten „nachzuweisen", dass sie sich zu hohe Ziele gesteckt haben. Sie ernten damit nur Abwehr (wir werden unten noch sehen warum). Es ist viel wirksamer, wenn Klienten selbst ihre Ziele in kritischem Licht zu betrachten beginnen, sie müssen ja deswegen nicht gleich alles „über Bord werfen" und resignieren.

Der zweite Grund lässt sich dadurch ausräumen, dass mit Klienten an einer genauen Zielformulierung gearbeitet wird, wie wir sie von der Auftragsklärung schon kennen, und hier nochmals kurz aufgegriffen wird:

Ziele sollen ...
... konkret (formuliert) sein
... keine Negationen wie „nicht", „ohne" usw. enthalten, also „positiv" formuliert werden
... sinnlich erfahrbar sein, das Erreichen des Ziels muss bemerkbar sein
... überschaubar sein; praktisch nachvollziehbare Schritte zum Ziel sollen herausgearbeitet werden

Es kommt nun aber eine dritte Möglichkeit dazu, die vielen zunächst völlig verborgen ist: Man kann zeigen, wie konkrete Ziele, die sich jemand setzt und zu erreichen versucht, ihrerseits wieder nur Wege zu dahinter liegenden, allgemeinen, grundsätzlichen oder wichtigeren Zielen sind. Es handelt sich dabei um Konstrukte, die man irgendwann einmal (vielleicht ohne sich dessen besonders gewahr zu sein) entwickelt hat. „Wenn ich erst einmal eine Partnerin habe, dann geht es mir gut!", ist ein solches Konstrukt, mit dem ein Klient vielleicht in die Beratung kommt, nachdem seine Annoncen auch nichts genützt haben. Er kommt mit dem Problem, keine Partnerin zu finden und dieses ihm so wichtige Ziel nicht zu erreichen. Aber er kommt nicht wegen seines Konstruktes, dass es ihm erst gut gehe, wenn er die Partnerin („für's Leben") gefunden hat. Die Frage: „Woher wissen Sie das eigentlich, dass es Ihnen gut geht, wenn Sie eine Partnerin haben?", könnte dieses Konstrukt sofort ins Wanken bringen und sollte deshalb auch nicht gleich zu Beginn gestellt werden. Denn es handelt sich hier nicht um irgendwelche unsinnige Zielsetzungen, sondern um häufig grundlegende Lebensentwürfe, die auf dem Spiel zu stehen scheinen. Das ist für niemanden so ohne weiteres hinzunehmen!

> *Schau weit voraus auf den Punkt, von dem aus Du zurückschaust!*
> **Milton Erickson**

Schauen wir uns das Ganze zuerst in einem abstrakten Schema an (man verfolgt es am besten von unten nach oben):

„Das Ziel hinter dem Ziel"

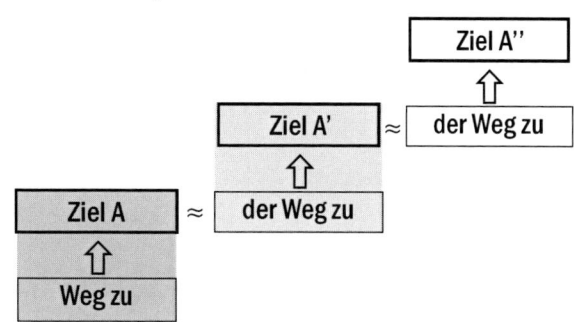

```
                                    ┌────────┐
                                    │ Ziel A''│
                                    └────────┘
                                        ⇧
                        ┌────────┐  ≈  der Weg zu
                        │ Ziel A'│
                        └────────┘
                            ⇧
        ┌────────┐     ≈  der Weg zu
        │ Ziel A │
        └────────┘
            ⇧
        Weg zu
```

Die Skizze zeigt: Ein konkretes Ziel zu erreichen entspricht dem Weg zu einem nächsten dahinter liegenden Ziel. Das Schema zeigt drei Stufen, es kann im konkreten Fall aber auch mehrere Stufen geben. Hier wäre A'' das oberste Ziel, die Ziele A' und A die Stationen auf dem Weg dorthin.

Das Problem ist nun häufig, dass man diesen Weg einbahnstraßenartig konstruiert, ohne es zu merken; das heißt, nur auf dem Weg, der über A und A' führt, meint man das Ziel A'' zu erreichen.
Bei A'' handelt es sich meistens schon um sehr fundamentale Dinge wie Lebensziele, Sinngebung oder Glück, Wahrung der eigenen Identität oder auch die Einlösung religiöser Werte. Da hängt „Herzblut" dran, wie man auch sagt. Solche Ziele zur Disposition zu stellen, ist ungeheuer schwer, und darum muss es in der Beratung auch gar nicht gehen. Es geht vielmehr um das Konstrukt, nur auf dem einen vorgezeichneten Weg zum obersten Ziel zu gelangen. Denn, wenn es auf diesem Wege aus welchen Gründen auch immer einfach nicht geht, wird die seelische Not groß.
Die meisten Klienten kennen den Spruch: „Viele Wege führen nach Rom!" Es ist nicht nötig den historischen Zusammenhang zu

199

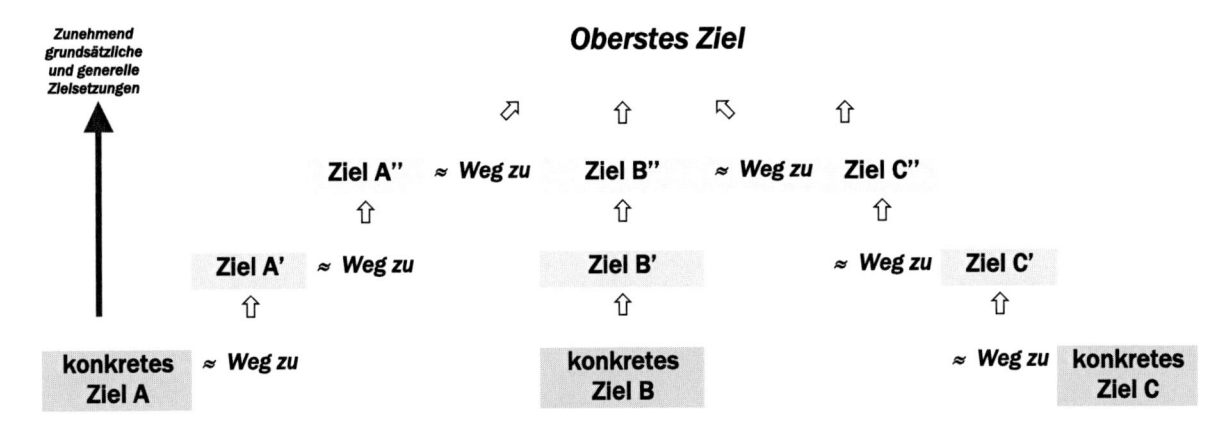

Zunehmend grundsätzliche und generelle Zielsetzungen ↑

Oberstes Ziel

```
                    ↗        ⇧        ↖        ⇧
            Ziel A"  ≈ Weg zu  Ziel B"  ≈ Weg zu  Ziel C"
              ⇧                  ⇧                  ⇧
    Ziel A'  ≈ Weg zu       Ziel B'       ≈ Weg zu  Ziel C'
      ⇧                       ⇧                       ⇧
konkretes  ≈ Weg zu        konkretes       ≈ Weg zu  konkretes
 Ziel A                     Ziel B                    Ziel C
```

kennen, es ist jedem klar, dass man mit der Bahn, mit dem Auto oder auch mit dem Fahrrad nach Rom reisen kann, vom Flugzeug ganz zu schweigen. Wendet man diese Alltagsweisheit auf das Schema an, entsteht obige Bild. Das Schema zeigt jetzt drei „Wege nach Rom", wenn „Rom" für „oberstes Ziel" steht.

Ich empfehle, wie schon in anderen Fällen auch, dieses Schema mit den jeweils konkreten Zielen gemeinsam mit den Klienten auf einem Blatt Papier entstehen zu lassen, dadurch werden ihnen die Zusammenhänge und die Folgen ihrer Konstrukte viel klarer.

Um dieses Konzept noch besser zu verstehen, ist es hilfreich, das Konzept der „logischen Ebenen" von R. Dilts (1993) mit heranzuziehen. Er hat nebenstehendes Schema vorgeschlagen, das ich um den Aspekt der Werte, Normen und Bedürfnisse erweitern möchte. Wir sind diesem Schema zu einem Teil bei der Analyse von Eigenaufträgen begegnet (vgl. Wanderung N° 10).

Mit dem Schema wird ein Rückkoppelungsverhältnis zwischen je zwei

```
        Transzendenz
    ----------------------
        Leben / Identität
    ----------------------
    Glaubenssätze / Werte & Normen
         Bedürfnisse
    ----------------------
         Ressourcen
    ----------------------
          Verhalten
    ----------------------
          Umgebung
```

verschiedenen Ebenen und allen Ebenen insgesamt dargestellt. Die Glaubenssätze einer Person haben Einfluss auf die tatsächliche Verfügbarkeit bestimmter Ressourcen in bestimmten Situationen. Das Verhalten und seine Ergebnisse, die man auch als Feedback der Umgebung beschreiben kann, fördert oder vernachlässigt die Entwicklung von Ressourcen und bestätigt die Glaubenssätze. Oder, um weiter oben im Schema anzusetzen: Bestimmte Werte und Normen in seinem Leben umzusetzen kann jemand als Ausdruck eines sinnvollen Lebens betrachten; für jemand anderen geht es vielleicht primär darum, ein „glückliches" Leben zu führen, und dazu gehört es für ihn, Bedürfnisse wie Liebe, Intimität und Beziehungspflege befriedigen zu können. Es ließen sich noch viele Beispiele zitieren. Man kann sich selbst fragen, woran man bisher Lebenssinn oder die eigene Identität knüpft, und ob das so sein muss.

Für unseren Zusammenhang ist wesentlich, dass der Weg von konkreten Ziel zu allgemeineren, aber auch fundamentaleren Zielsetzung dem Weg über die logischen Ebenen aufwärts entspricht. Die im Schema angedeuteten obersten Zielsetzungen drehen sich um Identität, Lebensführung und Lebenssinn. Bei vielen Menschen kommt schließlich als oberste Zielsetzung noch die Erfüllung religiöser Grundsätze, spiritueller Ideen oder philosophischer Leitsätze ins Spiel, hier im Begriff „Transzendenz" zusammengefasst. Sind die konkreten Ziele einer Person mit dem verknüpft, was ihr sozusagen „heilig" ist, steht für sie viel auf dem Spiel. Ihr erscheinen die Verknüpfungen selbstverständlich, fraglos gültig und insofern auch nicht veränderbar. Dennoch sind es Konstrukte, die im Laufe des Lebens, vielleicht unter dem Eindruck wichtiger Erlebnisse oder bedeutsamer Vorbilder entstanden sind. Sie können hinterfragt werden, vor allem dann, wenn sie bisher sehr starr sind, und dadurch der Blick darauf, dass es immer „mehrere Wege nach Rom" gibt und „Rom" auch nicht das einzige oberste Ziel bleiben muss, erschwert wird.

Es ist allerdings sehr wichtig, dass sich Berater jeder kritischen Wertung strikt enthalten, wenn sie nicht unnötig Abwehr bei ihren Klienten mobilisieren wollen! Es handelt sich um (Lebens-)Entwürfe der Klienten, die Entwürfe des Beraters mögen andere sein, die eben für sein Leben gelten. Berater sind hier Begleiter ihrer Klienten bei der Entdeckungsreise innerer Lebensentwürfe, die hinter Zielen (und „Soll-Zuständen") stecken und die nicht als solche problematisch sein müssen.

Problematisch ist es, wenn Klienten nicht mehr im Blick haben, dass sie auf mehreren Wegen ihre Lebensentwürfe erreichen können und dass es verhängnisvoll ist, wenn man sich von einem einzigen Weg abhängig macht. Für viele ist es ausgesprochen erleichternd, zu entdecken, dass sich noch andere Chancen, wenn auch vielleicht auf ganz anderen Wegen eröffnen, an die sie bisher nicht gedacht haben. Wir werden diesem Konzept übrigens bei der Lösung von Konflikten wieder begegnen (vgl. Wanderung N°46).

Im Beispiel des Klienten, der bisher erfolglos nach einer Partnerin gesucht hat, zeigt sich vielleicht bei der Bearbeitung des Schemas, dass es ihm eigentlich um einen Kontakt und darum geht, jemanden zu haben, der für ihn da ist, mit dem eine gewisse seelische Nähe herstellbar ist, und sei es über große Entfernungen. Viele wählen dafür (also nicht nur für Partnersuche) inzwischen das Internet als Hilfsmittel. Somit könnte der Klient einen anderen Weg mit einem neuen „Zwischenziel" für seinen grundsätzlichen Wunsch wählen.

Da meiner Erfahrung nach die Formulierung der Fragen Schwierigkeiten bereitet, um mit Klienten das Schema zu erarbeiten, finden sich in der Anlage zur Wegskizze noch konkrete Hinweise zur Fragetechnik.

Die Grundstruktur der Fragen lässt sich jeweils abhängig davon beschreiben,
1. ob man sich im Schema von unten nach oben bewegt, was soviel bedeutet wie das Konstrukt zu rekonstruieren, es also sichtbar zu machen,
2. oder ob man sich von oben nach unten bewegt, um neue Wege über neue Zwischenziele zu finden.

Dies ist zugleich auch die zu empfehlende Reihenfolge bei der Beratung von Klienten, wenn es um die Neukonstruktion von Zielen geht.

Um es an dem Beispiel zu verdeutlichen:
B.: „Angenommen, Sie hätten eine Partnerin gefunden, wie wird es Ihnen dann hoffentlich gehen?"
Kl.: „Gut! Dann bin ich nicht mehr so allein!"
B.: „Und angenommen, Sie wären dann nicht mehr

so alleine, wie würden Sie Ihre Lebenssituation einschätzen?"

Kl.: „Ja, wie ich schon sagte, ich bin dann nicht mehr so allein. Jetzt fühle ich mich oft einsam und bin ziemlich traurig; das ist wie Sehnsucht und tut ziemlich weh!"

B.: „Und wie würden Sie sich dann vielleicht stattdessen fühlen?"

Bis hierher ging es um die Rekonstruktion. Jetzt beginnt die Suche nach anderen Wegen.

Kl.: „Hm..., irgendwie mehr geborgen oder so."

B.: „Ja, das geht wahrscheinlich vielen so! Jemand zu haben, der für einen da ist, ist gut! Was meinen Sie, geht das nur mit einer Partnerin oder auch noch anders?"

Kl.: „Na ja, ein guter Freund, das ist auch gut. Aber, ich weiß auch nicht warum, eine Freundin wäre mir lieber. Ich mein, mir geht's da gar nicht um Sex oder so was, aber ich habe das Gefühl, Frauen verstehen einen besser."

B.: „Hm..., und welche Möglichkeiten kommen denn in Betracht, so jemanden zu finden?" usw.

Jetzt ist man wieder auf der Ebene ganz konkreter Umsetzungsmöglichkeiten angelangt. Dass einem als Berater einige kritische Bemerkungen zu den Konstrukten des Klienten auf der Zunge liegen, ist wahrscheinlich. Zum Beispiel klingt das Ganze sehr danach, dass der Klient nur sein Bedürfnis im Auge hat. Wird er aber auch bereit sein, auf die Bedürfnisse einer solchen Freundin einzugehen? Das aber an dieser Stelle schon zu erörtern, was ja auf die Entwicklung einer systemischen Perspektive beim Klienten hinausliefe (vgl. die vierte Reise), wäre wahrscheinlich zu früh.

Zum Schluss möchte ich noch eine weitere Methode vorstellen, wie Ziele er-funden werden können, die so genannte „Timeline". Auch der Begriff „Zieleseil" ist dafür gebräuchlich. Man arbeitet nämlich mit einem Seil, das im Raum ausgelegt wird und den Lebensweg oder Teile davon symbolisiert.

Timeline – die ressourcenorientierte Lebenslinie

Timeline-Arbeit kann für ganz verschiedene Fragestellungen verwendet werden. Je nachdem, ob Ziele erarbeitet werden, es um Lebensentwürfe geht oder auch um die Reflektion von Vergangenem, wird der Schwerpunkt der Fragen unterschiedlich gesetzt werden.

Im Zusammenhang dieser Wanderung geht es um die Ziele, die entworfen werden, sowie um die Betrachtung der Fähigkeiten und Ressourcen, die man im Laufe des Lebens schon erworben hat, um diese Ziele erreichen zu können. Eine Timeline kann man übrigens auch gut für sich selbst machen und vielleicht jemand anderen bitten, die Fragen zu stellen.

Man benötigt folgende Gegenstände: Ein Seil (ca 5-6 Meter lang); Kärtchen für Geburt, Gegenwart, nähere Zukunft und fernere Zukunft in verschiedenen Farben, Kärtchen für die wichtigen Ereignisse und bedeutsame Etappen auf dem Lebensweg und für die Ziele in der näheren Zukunft, Filzstifte (2 Farben), eine kleine Stumpenkerze. Und schließlich wird ein freier Platz in einem Raum benötigt, oder man arbeitet im Freien.

Eine Alternative besteht darin, die Timeline auf einem Block mit verschiedenen Farben zu entwerfen. Intensiver ist allerdings das sinnliche Erlebnis, entlang des Seiles durch sein Leben zu wandern.

Mit dem Klienten werden nach den obigen Vorbereitungen die nachfolgenden Fragen (hier in „Du"-Form gehalten) bearbeitet:

1. „Wenn du an den Lauf deines Lebens denkst, wie stellst du ihn dir vor, wenn du ihn hier im Raum darstellen würdest? Als Linie, als Fluss mit Windungen ... ? Nimm dazu das Seil und lege es in den Raum."

2. „Wo im Raum bzw. auf dem Seil möchtest du die Gegenwart legen, und wo ist dann Vergangenheit und Zukunft? (markieren). Wenn du in die Vergangenheit gehst, so beginnt das Seil mit dem Tag, an dem du das Licht der Welt erblickt hast. Dort kommt eine Kerze hin, die du entzünden kannst."

3. „Nenne ein dir wichtiges Ziel für dein weiteres Leben. Was schätzt du, wie alt du bist, wenn du dieses Ziel erreicht hast. Welche wichtigen Zeitabschnitte auf deinem weiteren Lebensweg gibt es bis zu diesem Alter?" Alle diese Zeitpunkte werden mit Jahres- oder Altersangabe markiert einschließlich des Alters, zu dem man das gewählte Ziel erreicht haben möchte.

4. „Welche wichtigen Stationen von jetzt aus in die Vergangenheit betrachtet gab es in deinem Leben, was war das? Was ist deine früheste Erinnerung, die für dich bedeutsam ist?" Der Klient wandert am Seil entlang, hält jeweils inne und markiert diese Stationen auf Kärtchen (evtl. mit einem Stichwort oder einem Symbol versehen) und legt sie auf das Seil entsprechend dem jeweiligen Lebensalter.

5. Nun lässt man den Klienten von der Geburt bis zur Gegenwart jedes Ereignis bzw. Station abschreiten bis man bei der Gegenwart angelangt ist. Bei jeder Station wird gefragt: „Was war da wichtiges?" „Was hast du dir da an Fähigkeiten oder wichtigen Einsichten erworben?" Wenn es ein negatives Ereignis war, kann der Klient etwas zur Seite treten, um einen Abstand herzustellen, das Ereignis von außen zu betrachten und überlegen; was selbst dieses negative Erlebnis an Fähigkeiten oder Einsichten vermittelt hat.

6. Jetzt kehrt der Klient nochmals zur frühesten Erinnerungen zurück und sammelt die auf den Stationen erworbenen Fähigkeiten bzw. wichtigen Erfahrungen gleichsam in einem Korb (oder in einer anderen symbolischen Weise) und nimmt sie am Gegenwartspunkt angelangt nochmals bewusst in sich auf.

7. Danach werden die Stationen in die Zukunft bis zur Zielmarke abgeschritten. An jedem Punkt wird der Klient gefragt: „Was brauchst du von deinem ‚Schatz', um dort hin zu gelangen?" Am Zielpunkt angekommen, kann der Klient nochmals bis zum Gegenwartspunkt zurückschauen und sich fragen, welche weiteren Fähigkeiten er sich durch diesen Weg bis zum Ziel erworben haben könnte. Auch diese Fähigkeiten kommen in den symbolischen Korb.

8. Schließlich stellt sich der Klient nochmals auf den Gegenwartspunkt. „Wie ist das jetzt für dich? Welche Bilder, welche Gedanken kommen, wie fühlt es sich an, diesen ‚Schatz' an Fähigkeiten in sich zu tragen?"

Skizze:

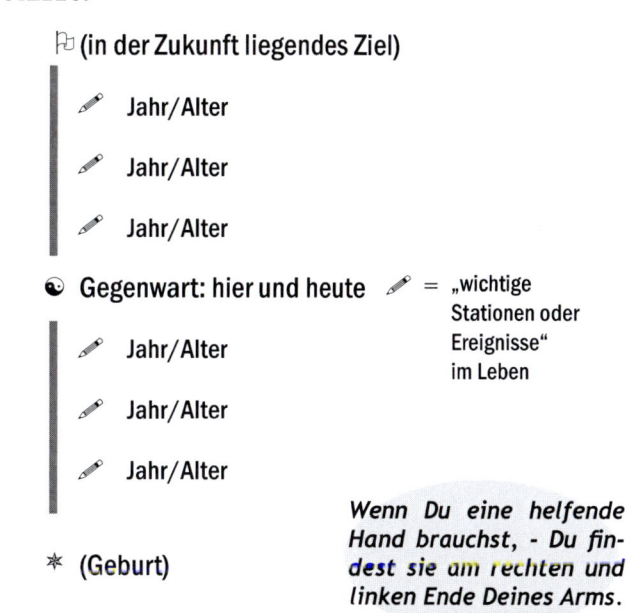

⚑ (in der Zukunft liegendes Ziel)

✎ Jahr/Alter

✎ Jahr/Alter

✎ Jahr/Alter

☻ Gegenwart: hier und heute   ✎ = „wichtige Stationen oder Ereignisse" im Leben

✎ Jahr/Alter

✎ Jahr/Alter

✎ Jahr/Alter

✱ (Geburt)

> *Wenn Du eine helfende Hand brauchst, - Du findest sie am rechten und linken Ende Deines Arms.*
> Marco Aldinger

Einige generelle Hinweise:
– Der Klient wird vom Berater nach und nach durch die Fragen geführt. Es geht dabei nicht um strikte Einhaltung der Reihenfolge, es sollte aber keine der angesprochenen Stationen ausgelassen werden.
– Die Aufgabe des Beraters ist es, den Prozess zu begleiten, sich inhaltlich aber

weitgehend heraus zu halten. Der Klient erarbeitet *seine* Timeline. Wenn der Klient bei einem der wichtigen Lebensabschnitte keine Idee hat, welche Fähigkeit, welche Ressource oder wichtige Erkenntnis er erworben haben könnte, kann der Berater eine Idee in Form einer Hypothese anbieten. Ansonsten soll er sich jedoch zurückhalten.

- Es geht nicht darum, dass der Berater zu den wichtigen Lebenspunkten auf der Timeline viel Information erfragt; ein paar Sätze genügen, um die damaligen Situationen zu charakterisieren. Der Klient hat alle Informationen, um nach den Ressourcen zu suchen.

- Es ist wichtig, dass der Klient sich die Zeit lässt, die Timeline in Ruhe aufzubauen und bei den verschiedenen Lebenspunkten der Vergangenheit und Zukunft etwas zu vertiefen, um die inneren Bilder kommen zu lassen, dem nachzuspüren, was wichtig war. Aufgabe des Beraters ist es, diesen „Raum" sicherzustellen und gegebenenfalls den Klienten zu ermuntern, sich Zeit zu lassen. Eine Timeline in der hier beschriebenen Art zu erarbeiten kann ohne weiteres eine Stunde dauern. Der Berater soll auch den Klienten darin bestärken, den spontanen Einfällen auf die Fragen nachzugehen und nichts zu verwerfen.

- Wichtig ist es, darauf sei nachmals verwiesen, zu sehen, dass auch negative, ja sogar traumatische Erlebnisse Aspekte enthalten, die für die Entwicklung bestimmter Fähigkeiten nützlich waren. Es geht bei der Timeline-Arbeit nicht darum, wieder in die schmerzlichen Empfindungen von damals einzutauchen! Passiert dies dennoch einmal, sollte der Berater den Klienten einladen, das damalige Ereignis aus etwas größerem Abstand zu betrachten, indem er von dem markierten Punkt auf dem Seil ein wenig wegtritt und von dort aus das Ganze betrachtet und sich auf die Frage konzentriert: „Was habe ich da gelernt, was habe ich für meinen weiteren Lebensweg erworben?"

Wegskizze: **Ziele er-finden**

Es kann mehrere Gründe dafür geben, dass jemand sein Ziel nicht erreicht:
- Das Ziel ist gemessen an den Möglichkeiten, Lebensumständen und Ressourcen der Person zu hoch gegriffen. Fragen:
    - „Wie schätzen Sie Ihre Möglichkeiten ein? Können Sie dieses Ziel erreichen?"
    - „Haben Sie genügend Mittel (... Unterstützung, ... Ressourcen), um dieses Ziel zu erreichen?"
- Die einzelnen Schritte, die zum Ziel führen könnten, sind für die Person nicht erkennbar; nicht selten liegt das an der Zielformulierung selbst. Deshalb sind genaue Zielformulierung zu erarbeiten: Ziele sollten ...
    ... konkret (formuliert) sein
    ... keine Negationen enthalten, also „positiv"
       formuliert werden
    ... sinnlich erfahrbar sein, das Erreichen des Ziels
       muss bemerkbar sein
    ... überschaubar sein; praktisch
       nachvollziehbare Schritte zum Ziel sollen
       herausgearbeitet werden
- die dritte Möglichkeit arbeitet mit dem Konzept:

„Das Ziel hinter dem Ziel"

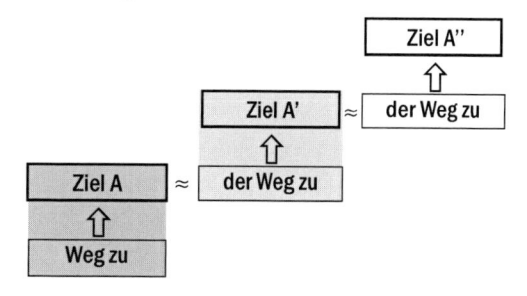

```
                                        Ziel A''
                                          ⇧
                           Ziel A'  ≈  der Weg zu
                             ⇧
              Ziel A  ≈  der Weg zu
                ⇧
             Weg zu
```

und damit, dass Klienten wieder mehrere Wege „nach Rom", also zum obersten Ziel finden:

```
                                Oberstes Ziel
                        ⇧           ⇧          ⇧        ⇧
            Ziel A'' =  Weg zu    Ziel B''   Weg zu  = Ziel C''
                  ⇧                  ⇧                    ⇧
    Ziel A' =   Weg zu             Ziel B'            Weg zu  =  Ziel C'
         ⇧                           ⇧                             ⇧
konkretes                       konkretes                                 konkretes
Ziel A   = Weg zu               Ziel B = Weg zu           = Weg zu        Ziel C
```

Hinweise:
- Berater sollten keinen missionarischen Eifer entfalten und ihren Klienten „nachweisen", dass sie sich zu hohe Ziele gesteckt haben.
- Es ist viel wirksamer, wenn Klienten selbst ihre Ziele in kritischem Licht zu betrachten beginnen, sie müssen ja deswegen nicht gleich alles „über Bord werfen" und resignieren.
- Es ist sehr wichtig, dass sich Berater jeder kritischen Wertung zu den Lebensentwürfen ihrer Klienten enthalten, wenn sie nicht unnötig Abwehr bei ihren Klienten mobilisieren wollen! Berater sind hier Begleiter bei der Entdeckungsreise zu den Lebensentwürfen, die hinter Zielen (und „Soll-Zuständen") stecken, und die nicht als solche problematisch sein müssen.

Anlage Fragetechnik:

Fragemöglichkeiten, um das Schema „Ziel hinter dem Ziel" mit Klienten zu erarbeiten. Es ist empfehlenswert, das Schema anhand der Antworten der Klienten mit ihnen gemeinsam auf einem Blatt festzuhalten.

Die (abstrakte) Grundstruktur der Fragen: Wo A, A' bzw. B, B# usw. steht, sind die konkreten Ziele des Klienten einzusehen.

I. Man erarbeitet den ersten Teil des Schemas von unten nach oben, was soviel bedeutet, wie das Konstrukt zu rekonstruieren und dabei verschiedene Stufen hin zu generelleren Zielen zu beschreiben; A, A', A'' usw. sind hier nur die abstrakt benannten Ziele aus obigem Schema:

1. Generalisierungsstufe:
   „Angenommen Sie würden (A) erreichen, was würde das für Sie bedeuten, was hätten Sie dann für sich erreicht oder verwirklicht?" Die Antwort des Klienten verdeutlicht das Ziel (A').

2. Generalisierungsstufe:
   „Und angenommen, Sie würden es in Ihrem Leben immer wieder schaffen, (A') zu erreichen, was würde das wiederum für Sie bedeuten, was hätten Sie Ihrer Meinung nach dann in Ihrem Leben erreicht?" Die Antwort des Klienten verdeutlicht das Ziel A''.

3. Generalisierungsstufe:
   „Und angenommen, später einmal im Rückblick auf Ihr Leben könnten Sie sich sagen; „Ich habe (immer wieder) (A'') verwirklichen können!", wie würden Sie dann über Ihr Leben oder sich selbst urteilen? (oder:„Wie stünden Sie vor sich selbst da?"). Die Antwort auf diese Frage liefert einen Anhaltspunkt auf die ganz grundlegenden Ziele des Klienten, die mit seiner Lebensführung, mit Sinn seines Lebens oder seiner Identität verbunden sind.

— Hinweis: Meistens ist nach bereits drei solcher Stufen „Schluss", bei weiteren Nachfragen bewegt man sich nur noch im Kreis, d.h. auf derselben Stufe. Es genügt aber auch vollkommen, wenn man schließlich bei wichtigen Werten oder Lebenszielen angelangt ist.

II. Dann bewegt man sich von oben nach unten, um neue Wege über neue Zwischenziele zu finden.

— „Wie wir sahen: Um Ihr Ziel (A'') zu erreichen, haben Sie bisher den Weg (A') zur Verfügung. Was könnte es noch für Möglichkeiten geben, um (A'') auf anderen Wegen zu erreichen?"
Motto: Mehrere Wege führen nach Rom! Die Antwort ergibt dann außer (A') noch weitere Möglichkeiten, nennen wir sie (B') und (C') usw.

— „Wenn Sie nun z.B. über (B') nachdenken, welche verschiedenen Wege fallen Ihnen ein, auf denen Sie dieses Ziel erreichen könnten?" usw. ...

... bis man wieder auf der Ebene der Ziele angelangt ist, auf der Klienten bisher nicht voran kommen, weil sie nur einen einzigen Weg gesehen haben, um letztlich zum obersten Ziel zu gelangen.

— Hinweis: Alle Fragen sind hier in einer Weise formuliert, mit der das Grundprinzip verdeutlicht werden soll. Im konkreten Interview mit Klienten muss man prüfen, mit welchen Formulierungen man nach diesen durchaus komplizierten Sachverhalten fragen kann, sodass sie verstehbar sind. Mit Beispielen aus dem Alltag kann man das Prinzip ebenfalls gut verdeutlichen.

Anlage:

Ressourcenorientierte Timeline, um Ziele zu „er-finden"

Skizze

⚑ (in der Zukunft liegendes Ziel)

✎ Jahr/Alter

✎ Jahr/Alter

✎ Jahr/Alter

☺ Gegenwart: hier und heute   ✎ = „wichtige Stationen oder Ereignisse" im Leben

✎ Jahr/Alter

✎ Jahr/Alter

✎ Jahr/Alter

✻ (Geburt)

Man benötigt folgende Gegenstände: Ein Seil (ca. 5-6 Meter lang); Kärtchen für Geburt, Gegenwart, nähere Zukunft und fernere Zukunft in verschiedenen Farben, Kärtchen für die wichtigen Ereignisse und bedeutsame Etappen auf dem Lebensweg und für die Ziele in der näheren Zukunft, Filzstifte (2 Farben), eine kleine Stumpenkerze.

Die Fragen:
1. „Wenn du an den Lauf deines Lebens denkst, wie stellst du ihn dir vor, wenn du ihn hier im Raum darstellen würdest? Als Linie, als Fluss mit Windungen …? Nimm dazu das Seil und lege es in den Raum."
2. „Wo im Raum bzw. auf dem Seil möchtest du die Gegenwart legen, und wo ist dann Vergangenheit und Zukunft? (markieren). Wenn du in die Vergangenheit gehst, so beginnt das Seil mit dem Tag, an dem du das Licht der Welt erblickt hast. Dort kommt eine Kerze hin, die du entzünden kannst."
3. „Nenne ein dir wichtiges Ziel für dein weiteres Leben. Was schätzt du, wie alt du bist, wenn du dieses Ziel erreicht hast. Welche wichtigen Zeitabschnitte auf deinem weiteren Lebensweg gibt es bis zu diesem Alter?" Alle diese Zeitpunkte werden mit Jahres- oder Altersangabe markiert einschließlich des Alters, zu dem man das gewählte Ziel erreicht haben möchte.
4. „Welche wichtigen Stationen von jetzt aus in die Vergangenheit betrachtet gab es in deinem Leben, was war das? Was ist deine früheste Erinnerung, die für dich bedeutsam ist?" Der Klient wandert am Seil entlang, hält jeweils inne und markiert diese Stationen auf Kärtchen (evtl. mit einem Stichwort oder einem Symbol versehen) und legt sie auf das Seil entsprechend dem jeweiligen Lebensalter.
5. Nun lässt man den Klienten von der Geburt bis zur Gegenwart jedes Ereignis bzw. Station abschreiten bis man bei der Gegenwart angelangt ist: Bei jeder Station wird gefragt: „Was war da wichtiges?" „Was hast du dir da an Fähigkeiten oder wichtigen Einsichten erworben?" Wenn es ein negatives Ereignis war, kann der Klient etwas zur Seite treten, um einen Abstand herzustellen, das Ereignis von außen zu betrachten und überlegen, was selbst dieses negativ Erlebnis an Fähigkeiten oder Einsichten vermittelt hat.
6. Jetzt kehrt der Klient nochmals zur frühesten Erinnerungen zurück und sammelt die auf den Stationen erworbenen Fähigkeiten bzw. wichtigen Erfahrungen gleichsam in einem Korb (oder in einer anderen symbolischen Weise) und nimmt sie am Gegenwartspunkt angelangt nochmals bewusst in sich auf.
7. Danach werden die Stationen in die Zukunft bis zur Zielmarke abgeschritten. An jedem Punkt fragt sich der Klient: „Was brauche ich von meinem ‚Schatz', um dort hin zu gelangen?" Am Zielpunkt angekommen, kann der Klient nochmals bis zum Gegenwartspunkt zurückschauen und sich fragen, welche weiteren Fähigkeiten er sich durch diesen Weg bis zum Ziel erworben haben könnte. Auch diese Fähigkeiten kommen in den symbolischen Korb.
8. Schließlich stellt sich der Klient nochmals auf den Gegenwartspunkt. Frage: „Wie ist das jetzt für dich? Welche Bilder, welche Gedanken kommen, wie fühlt es sich an, diesen ‚Schatz' an Fähigkeiten in sich zu tragen?"

Methodische Hinweise:
- Man sollte bis zu einer Stunde Zeit einplanen.
- Der Berater ist nur Begleiter des Prozesses und hält sich inhaltlich heraus.
- Negative Erlebnisse werden aus einem Abstand betrachtet; es wird dabei der Frage nachgegangen, wie der Klient an diesen Ereignissen gewachsen ist.

Wanderung N° 30

Probleme und Lösungen
Vier Lösungsansätze

Wohin diese Wanderung führt ...

Wir greifen nun den Gedanken aus der Wanderung N° 28 wieder auf, dass Probleme nicht an sich existieren, sondern konstruiert werden und außerdem manchmal wie ein Uhrwerk „funktionieren". Der Gedanke, dass Probleme als Lösungen betrachtet werden können und im Leben eines Menschen einen Sinn haben, kehrt im Modell seelisch-ökologischer Gleichgewichte wieder. Bei jeder der vier „Problemdimensionen", die wir untersuchen werden, eröffnen sich interessante Lösungswege, die sich den Klienten im Rahmen der Beratung durch spezifische Fragen erschließen können. Wir werden auch wieder Steve de Shazers Kundschaft begegnen und den tieferen Sinn dieser Typisierung besser verstehen.

Probleme entwickeln sich in vier verschiedenen Dimensionen. Daraus ergeben sich vier verschiedene Lösungsansätze. Die ersten beiden dieser Dimensionen beschreiben, wie Probleme konstruiert und in diesem Sinne erzeugt werden; die anderen beiden Dimensionen verdeutlichen, wie Probleme, sind sie erst einmal „in der Welt", bestehen bleiben und chronisch werden können.

Man kann zwischen folgenden Dimensionen unterscheiden:
- der psycho-sozialen Dimension,
- der psycho-logischen Dimension,
- der zirkulär-funktionellen Dimension
- und schließlich der Dimension des seelisch-ökologischen Gleichgewichtes

Die Begriffe „psycho-sozial" und „psycho-logisch" sind auf den ersten Blick wegen der Bindestriche ungewöhnlich. Sie sollen darauf hinweisen, dass seelische Prozesse in spezifischer Weise in sozialen Systemen wirksam werden können und einer eigenen Logik folgen, die nicht unbedingt etwas mit der formalen Logik (als Wissenschaft) zu tun hat, eher mit Psychologie. Die „Logik" seelischer Prozesse, die an der Konstruktion von Problemen beteiligt ist, also zum Beispiel die Logik der Angst, wirkt oft nachhaltiger, als die rein verstandesmäßige Logik, die allerdings auch an der Konstruktion von Problemen beteiligt ist, wie wir gleich sehen werden.

A. Die psycho-soziale Dimension

Probleme entstehen durch (Selbst-)Zuschreibung der Mitglieder eines Systems. Nur diejenigen Sachverhalte, die von Menschen als Problem, als „problematisch" bezeichnet und darüber hinaus von ihnen noch kritisch oder negativ bewertet werden, sind für sie ein Problem. Vorher sind sie einfach nur Sachverhalte ohne bestimmte Bedeutung. Oder sie werden zwar als Problem akzeptiert, dem jedoch keine Bedeutung beizumessen ist; man kann zur Tagesordnung übergehen.
Niemand käme auf die Idee, die schwarzen Löcher im Universum als Problem zu bezeichnen, obwohl unser ganzes Sonnensystem in kurzer Zeit ausgelöscht würde, wenn es in zu große Nähe eines solchen schwarzen Loches geriete. Bei der Frage des Ozonlochs scheiden sich die Geister bereits deutlich mehr.

Spannend wird es sofort, wenn wir nun Verhaltensweisen von Menschen betrachten. Wer betrachtet sie als Problem? Die handelnde Person selbst oder nur ihre Umgebung oder beide? Die Konsequenzen sind von erheblicher Tragweite. Wir können uns anhand einer kleinen Matrix schnell einen Überblick verschaffen:

(1) Das Verhalten wird weder von der Person selbst noch von ihrer Umgebung als Problem benannt.	(2) Das Verhalten wird von der Person selbst als Problem benannt, von der Umgebung jedoch nicht.
(3) Das Verhalten wird von der Umgebung als Problem benannt, von der Person selbst aber nicht.	(4) Das Verhalten wird sowohl von der Person selbst als auch von ihrer Umgebung als Problem benannt.

Der Fall (1) kann hier gleich wieder vernachlässigt werden, weil es dann weder für die Person selbst, noch für ihre Umgebung ein Problem gibt. Es gibt beispielsweise ein Verhalten und es gibt auch Auswirkungen, Konsequenzen, die vielleicht erst zu einem viel späteren Zeitpunkt als Problem angesehen werden.

Die Felder (2) und (4) werden zu keinen Schwierigkeiten führen, die *allein deshalb* auftreten, *weil* das Verhalten als problematisch eingestuft wurde. Der im Feld (3) angedeutete Sachverhalt ist jedoch kritisch. Denn es kommt zwischen der Person und ihrer Umgebung zum Konflikt um die Frage, ob das fragliche Verhalten von der Person verändert werden müsse, weil es von der Umgebung als problematisch eingestuft wird, oder nicht. Genau um diese Situation herum siedeln sich Jugendhilfeeinrichtungen, Suchtberatungsstellen, psychiatrische Institutionen und anderes mehr an.

Die Kontexte mangelnder Freiwilligkeit (vgl. Wanderung N°17 und 18) entstehen aus dieser Situation heraus. Leute tauchen als Besucher in der Beratung auf, weil sie mehr oder minder sanft von anderen dorthin geschoben werden und sich dem Druck beugen, aber nicht, weil sie ein Problem hätten. Je weniger sich die Person dem Druck beugt, je mehr sie sich gegen die Problemzuschreibung der Umgebung wehrt und ihr Verhalten aufrechterhält, desto heftiger wird schließlich die Reaktion der anderen Beteiligten. Zwangseinweisungen in die Psychiatrie sind oft der Kulminationspunkt solcher Konflikte.

Wir können diese Überlegungen noch durch eine weitere Unterscheidung vertiefen, die für die Beratungspraxis von erheblicher praktischer Tragweite ist: Es geht dabei darum, wie ein Sachverhalt, er sei hier einfach mit „XY" abgekürzt, nicht nur benannt, sondern dann auch beurteilt wird. Folgende Möglichkeiten sind denkbar, die wir gleich noch mit der Typisierung in Besucher, Kläger und Kunden ins Verhältnis setzten können:

– XY wird nicht als Problem bezeichnet, ist also für die handelnde Person (Besucher) kein Problem, sondern nur für andere.
– XY wird zwar als Problem deklariert, dem aber keine besondere Bedeutung zukommt, es muss daher auch nichts zur Lösung des Problems unternommen werden (Besucher).
– XY wird als schwerwiegendes Problem benannt, für das es aber nach Überzeugung der Person keine Lösung gebe (Kläger).
– XY wird zu einem schwerwiegendes Problem erklärt, für das es auch prinzipiell Lösungen gäbe, nur man selbst sieht sich (bisher) nicht in der Lage, sie umzusetzen (Kläger und Kunden).

Die Rekonstruktion dieser Problemzuschreibungen einschließlich der Frage nach der Bedeutung des Problems können zur Lösung beitragen. Als Lösungsstrategie kommt das *„problemrekonstruierende Interview"* mit den verschiedenen Systemmitgliedern (z.B. einer Familie oder einem Team) bzw. der betroffenen Person selbst in Betracht.

Berater können folgende Fragen stellen (XY steht wieder für den Sachverhalt oder das Verhalten, um das es geht):

Andere im System bezeichnen XY als Problem, die Person selbst nicht:
- Fragen an die Anderen im System:
  > Wer hat Schwierigkeiten mit dem Thema, das sie hierher führt?
  > Wann ist das Problem zum ersten Mal angesprochen worden und von wem?
  > Wem kam zuerst die Idee, XY als Problem anzusehen?
  > Angenommen, niemand von Ihnen würde den Sachverhalt als Problem ansehen, was wäre dann?
  > Welche Chancen enthält das Problem, insofern sich nun Leute um Lösungen bemühen?
- Fragen an die betroffene Person:
  > Was schätzen Sie, wie lange die anderen noch Geduld damit haben werden, dass Sie das Ganze anders sehen, als die anderen? (... dass Sie bestreiten, ein Problem zu haben?)
  > Wie lange wird das Ganze noch gut gehen?
  > Haben Sie Ideen, wie die anderen dazu kommen XY als Problem zu sehen?
  > Kann es sein, dass andere unter XY leiden?
  > Wer in Ihrem Umfeld würde (XY) nicht als Problem betrachten, gibt es da jemanden?

> Wie könnten Sie die Anderen überzeugen, dass XY kein Problem ist, oder wenigstens keines, um das sie sich kümmern müssten, man Sie also in Ruhe lassen soll?
> Hat es auch etwas Gutes für Sie, wenn sich jetzt andere mit der Angelegenheit (XY) beschäftigen?

Die betroffene Person sieht XY als Problem (andere evtl. nicht so sehr):
> Dass andere das Ganze für nicht so schlimm halten, beruhigt Sie das eher oder regt Sie das noch mehr auf?
> Was wäre, wenn Sie sich der Sichtweise der Anderen anschließen könnten?
> Würde jemand Anderes in dem Problem eher eine Herausforderung oder Chance sehen können, als Sie bisher?
> Was an der ganzen Problematik ist evtl. sogar gut und für wen?
> Wer in Ihrem Umfeld würde XY eher nicht als Problem betrachten? (Man beachte, diese Frage hat auch oben schon gepasst, zielt hier aber genau in die umgekehrte Richtung, nämlich einer Relativierung der eigenen Negativbewertung von XY.)
> Angenommen Sie würden es positiv beurteilen, das Problem zu haben, was wäre dann?

Es hat keinen Sinn Probleme ertränken zu wollen, die Biester können schwimmen
Bernhard Trenk

Ein Hinweis: Manche dieser Fragen lassen sich auch den anderen Dimensionen zuordnen. Wer selbst ein Problem „hat", sich also als Problemträger sieht, bewegt sich bereits offensichtlich in den anderen Dimensionen, während Besucher versuchen, sich von den anderen Dimensionen, die nachfolgend beschrieben werden, fern zu halten und sich damit vor den Schwierigkeiten zu schützen, die man nämlich bekommt, wenn man akzeptiert, ein Problem zu haben.

Alle obigen Fragen kommen in Betracht, wenn sich in der Beratung bei den ersten Informationen bereits andeutet, dass die Benennung von XY für die Entstehung des Problems zwar entscheidend, aber nicht selbstverständlich ist, obwohl die Beteiligten keinerlei Zweifel haben, dass man von einem Problem sprechen müsse. Manche Kämpfe um soziale Kontrolle könnten erheblich entschärft werden, wenn die Beteiligten ihre Sicht der Dinge nochmals auf den Prüfstand stellen würden.

Bleibt die betroffene Person (und evtl. auch ihr Umfeld) dabei, von einem Problem zu sprechen, also ein Problem „zu haben", können eine oder alle der folgenden Dimensionen erkundet werden.

B. Die psycho-logische Dimension

Probleme werden konstruiert, in dem ein Ist-Zustand einem Soll-Zustand gegenübergestellt wird. Es entwickelt sich daraus ein Spannungsverhältnis, weil man den Ist-Zustand im Vergleich zum Soll-Zustand negativ bewertet: Die Dinge sind nicht so, wie sie sein sollen. Wäre die Bewertung umgekehrt, wäre man froh, dass es so ist wie es ist.
Man betrachtet meistens den Ist-Zustand als Problem. Aber es ist eigentlich die Differenz zwischen Ist und Soll, unter der jemand leidet; je größer diese Differenz durch eine entsprechende Bewertungen wird, also je negativer der Ist-Zustand beurteilt und der Soll-Zustand idealisiert wird, desto massiver oder schmerzlicher wird diese Diskrepanz empfunden. Würde man gegenüber dem, was ist, keinen davon abweichenden Soll-Zustand entwerfen, den man positiv bewertet, wäre man mit dem Ist-Zustand zufrieden. Es gäbe kein Problem.

Diese sehr allgemein gehaltene Überlegung kann provokant wirken. Wie verhält es sich zum Beispiel, wenn jemand starke Schmerzen hat? Den Soll-Zustand, nämlich weitgehend schmerzfrei zu sein, hätte man sich dummerweise als Ziel gesetzt, und jetzt hat man (erst) das Problem. Zur Klarstellung: Es geht nicht darum, jemand, der unter bestimmten Umständen leidet, dafür zu kritisieren oder kein Verständnis entgegen zu bringen, und ihm seine Ziele vorzuhalten! Es geht darum, zu zeigen, wie Probleme grundsätzlich entstehen, und anhand dessen wichtige Lösungswege aufzeigen zu können.

Es eröffnen sich nämlich durch die Beschreibung dieser Dimension drei (!) Lösungsansätze, wie die Übersicht unten zeigt.
Menschen kommen in Beratung, wenn ihre Bemühungen, den Ist-Zustand in Richtung des Soll-Zustandes zu verändern, bzw. einen Weg zu finden, wie sie den Soll-Zustand (als Ziel) erreichen könnten, gescheitert sind und ihnen keine weiteren Möglichkeiten mehr einfallen. Die beiden anderen Lösungswege

Ist-Zustand	⇐ **Differenz** ⇒	**Soll-Zustand/ Ziele**
negativ bewertet	*Problemerleben (Spannung, Leid,...)*	*positiv bewertet*
⇩	⇩	⇩
Lösungsidee:	*Lösungsidee:*	*Lösungsidee:*
Den Ist-Zustand in Richtung des Soll-Zustandes verändern	*Dem Problem (und damit auch dem Problemerleben) eine andere Bedeutung geben, z.B.: das Problem ist eine „Chance" oder eine „Aufgabe"*	*Die Ziele, Werte, Normen (wie etwas sein soll) verändern und dem Ist-Zustand angleichen*

sind ihnen oft nicht bewusst, oder sie haben sie (voreilig) verworfen. Ziele oder Werte zu verändern, davon Abstriche zu machen, ist oft eine große Herausforderung. Dem Problem und dem Leiden eine neue Bedeutung zu geben, ist für manche äußerst provokant oder erscheint abwegig. Berater müssen also sehr behutsam vorgehen, wenn sie dergleichen vorschlagen wollen.

Ich empfehle daher, die obige Tabelle Klienten direkt zu zeigen, oder – noch besser – mit ihnen gemeinsam Schritt für Schritt auf ein Blatt zu zeichnen. Denn die Aufklärung über die psycho-logische Konstruktion bzw. Erzeugung von Problemen, und die Tatsache, dass das alle Menschen so tun, ist für Klienten ein Erkenntnisgewinn und führt bereits zur erwähnten Horizonterweiterung.

Als Lösungsstrategie kommt das **„lösungsorientierte Interview"** in Frage. Im lösungsorientierten Interview werden mit Klienten alle drei Lösungsansätze erkundet. Klienten werden eingeladen, Ideen für Lösungen zu äußern, unabhängig davon, ob sie gut oder machbar erscheinen. Erst im zweiten Schritt werden Umsetzungsmöglichkeiten erörtert und gemeinsam mit den Klienten geklärt, was sie sich zutrauen auszuprobieren.

Die folgenden Fragemöglichkeiten sind entlang des obigen Schemas und danach unterteilt, ob sie der Problemerkundung oder der Lösungssuche dienen:

1. *Fragen, die am Ist-Zustand ansetzen:*
   a) Erkundung:
   - Was gefällt Ihnen an der jetzigen Situation nicht?
   - In welcher Hinsicht geht es Ihnen momentan schlecht?
   - Worüber sind Sie unzufrieden?
   - Was ist für Sie an der jetzigen Situation am schlimmsten?

   b) Lösungssuche:
   - Wissen Sie etwas darüber, wie andere schon versucht haben, aus einer solchen Situation herauszukommen?
   - Gibt es etwas, was Sie noch nicht oder nicht oft genug versucht haben?
   - Jeder Weg zum Ziel beginnt ja mit einem ersten Schritt – was könnte das in diesem Fall sein?
   - Könnte es Argumente dafür geben, das Ziel lieber nicht oder nicht so schnell zu erreichen?

2. *Fragen, die am Soll-Zustand ansetzen:*
   a) Erkundung
   - Angenommen, das Problem wäre gelöst und es ginge Ihnen gut: Wie würden Sie diese Situation beschreiben?
   - Was müsste passieren, damit Sie zufrieden sein könnten?
   - Wahrscheinlich war es früher mal besser – wie war das damals?

   b) Lösungssuche
   - Welche Abstriche könnten Sie von Ihren Zielen machen?
   - Angenommen, Sie müssten Abstriche machen, wäre Ihr Leben dann wirklich verpfuscht?
   - Angenommen, wir sitzen in einem halben Jahr wieder zusammen und es ist immer noch alles so problematisch, würden Sie dann Ihre Erwartungen reduzieren oder erst später?
   - Wenn alles bleibt wie es ist, was müsste sein, damit Sie sagen könnten: „Egal!" Und was, um zu sagen „Scheiß egal!"
   - Was sind für Sie die wichtigsten Gründe, das Problem zu lösen?
   - Welches Ihrer Ziele oder Wunschvorstellungen könnten Sie am leichtesten fallen lassen?
   - Wie würden Sie ihr Leben weiter gestalten, wenn das Problem tatsächlich unlösbar wäre?

a) und b) gleichzeitig:
- Wenn der Punkt links auf der Linie den jetzigen Zustand markiert, und rechts wäre der Idealzustand, mit was wären Sie schon zu frieden? Markieren Sie den Punkt auf der Linie! Was bedeutet dieser Punkt, wie würden sie die entsprechende Situation beschreiben?

IST ←―――――――――――→ SOLL

3. *Fragen, die an der Differenz, am Problemerleben ansetzen:*
   - Wenn alles so bleibt, wie es ist, was bedeutet das für Sie? Müssen Sie dann immer leiden?
   - Welche andere oder neue Bedeutung könnten Sie der ganzen Situation geben?
   - Angenommen, Sie würden das Ganze als Herausforderung, als Lebensaufgabe oder als eine Art Training betrachten, würde sich das anders anfühlen?
   - Angenommen, Sie könnten lernen, sich mit dem Problem zu arrangieren, wäre das ein Weg? Was bräuchten Sie, um das zu schaffen?

Es gibt noch viele andere Möglichkeiten, zu fragen, hier handelt es sich um eine Auswahl, die vor allem die drei verschiedenen Lösungsansätze verdeutlichen soll! Es empfiehlt sich, mit Klienten anhand des Schemas nacheinander Lösungsansätze auf allen drei Wegen zu erkunden, insbesondere, wenn auf einem der Wege kein Vorankommen ist.

C. Die zirkulär-funktionelle Dimension

Hier wird der Frage nachgegangen, wie ein Problem „funktioniert", also wie eine Kette von Handlungen, Reaktionen usw. in sozusagen folgerichtiger und zugleich fataler Weise wieder im Problem münden – man kann auch vom „Teufelskreis" sprechen; bei Wanderung N°35 werden wir dafür noch eine spezielle Lösungsstrategie kennen lernen.

Für Klienten ist es ungewöhnlich, Probleme als etwas zu betrachten, was „funktioniert". „Es funktioniert doch gerade nicht!", konnte der Protest lauten. Aber gerade die Frage nach dem „Funktionieren" eines Problems kann zu Lösungsmöglichkeiten führen.

Interview zur „Funktionsweise des Problems"

Solange man noch lachen kann, gibt es Spielräume.
Bernhard Trenkle

Die Fragen zielen darauf ab, zu erkunden, wie die eigenen verschiedenen Verhaltensweisen oder Reaktionen und die anderer Beteiligter so ineinander greifen, dass es zu einer Art wiederkehrendem Muster kommt, das bei bestimmten Auslösesituation immer wieder abläuft, fast automatisch. Auch wenn die Beteiligung anderer keine oder keine wesentliche Rolle spielt, man es mit einer Art „innerem" Muster zu tun hat (also z.B. dem Umgang mit Ärger), kann in derselben Weise durch Fragen erforscht werden, wie das Muster funktioniert. Hat man erst einmal den Kreislauf identifiziert, können praktische Möglichkeiten überlegt werden, wie man das Muster „stören" kann. Den Klienten wird vorgeschlagen, damit zu experimentieren.

Fragemöglichkeiten:
Erste Erkundungen:
- Ist das Problem etwas, was sich wiederholt, wenn auch jedes Mal in anderer Form?
- Haben Sie das Gefühl, dass sich irgendetwas ineinander fügt, und dann erleben Sie eine Situation, die Sie schon kennen?
- Was muss alles zusammenkommen, damit das Problem entsteht?
- Gibt es, bevor es zum Problem kommt, irgendwelche „Frühwarnzeichen", etwas wie „die Ruhe vor dem Sturm"? Könnte es sein, dass Sie das bisher übersehen haben?

Erkundung des Musters oder Kreislaufes:
- Wie funktioniert bisher das Ganze? Wie fängt es häufig an?
- Was passiert dann?
- Und dann? ... bis der Kreis sich schließt?
- Was müsste ich tun, um Ihr Problem nach zu machen?

Dann geht es um konkrete Veränderungsmöglichkeiten:
- Wo in diesem Kreislauf möchten Sie mal was Neues ausprobieren?

Es lohnt sich, die einzelnen Stationen im Muster bzw. Kreislauf auf einem Papier zusammen mit den Klienten zu notieren, und dies als visuelle Stütze zu verwenden. Sonst können Klienten (wie auch Berater) rasch den Überblick verlieren, denn solche Kreisläufe sind manchmal sehr komplex; das ist oft der Grund, dass Klienten bisher nicht wussten, wie sie „ausbrechen" könnten.

Zum Schluss des Interviews geht es darum, praktische Experimente zu verabreden, die helfen können, aus dem Kreislauf auszuscheren. Auf Wanderung N° 35 erfahren Sie noch genaueres zu dieser Methode.

D. Die Dimension des psychischen und des „ökologischen" Gleichgewichts im System: Probleme als Lösungen für andere Probleme

Vor allem dann, wenn während der Beratung alle Lösungsversuche in den anderen Dimensionen fehlgeschlagen sind, liegt die Vermutung nahe, dass der Lösung des Problems etwas Bedeutsames entgegensteht, ohne dass man damit schon weiß, um was es sich dabei handeln könnte. Klienten „ahnen" oft, um was es geht.

Davon zu sprechen, dass Probleme einen „Sinn" im Leben der Klienten haben, ist zunächst nur eine vage Hypothese. Die Idee, dass das Probleme irgendwie in das Leben des Klienten „eingebaut" sind, eine stabilisierende Funktion (trotz aller sonstigen negativen Auswirkungen) haben kann, ist nicht neu. In tiefenpsychologischen Ansätzen wird sie als „primärer" und „sekundärer Krankheitsgewinn" diskutiert. Im Neurolinguistischen Programmieren (NLP) gibt es bei Veränderungsschritten den „Ökologiecheck", in der systemischen Therapie geht man von Systemkräften aus, die der Aufrechterhaltung der Homöostase (eines komplexen Gleichgewichtszustandes) dienen und die häufig den durch Entwicklung und Wachstum bedingten unausweichlichen Veränderungen entgegenstehen, was dann zur Symptombildung führt.

Alle diese theoretischen Konzepte sind ähnlich und durch die Beobachtung in der therapeutischen Praxis untermauert. Im Kontext dieses Buches glaube ich deshalb auf eine ausführliche theoretische Fundierung des Modells eines seelischen bzw. ökologischen Gleichgewichtes verzichten zu können.

Der Satz von Arnold Retzer „Die Lösungen von heute sind die Probleme von morgen!" lässt sich umkehren: Die Probleme von heute waren „gestern" (also irgendwann früher) Lösungen, man hat das nur vergessen, vielleicht auch aus dem Bewusstsein verdrängt. Wenn (zumindest aus Sicht der Klienten) die Lösung eines Problems seine „Beseitigung" bedeutet, dann würde das eine Gefährdung genau desjenigen seelischen Gleichgewichtes (oder der Homöostase im System, in dem der Klient lebt) bedeuten, das durch die Lösung, die das heutige Problem früher war, herbeigeführt wurde. Man könnte folglich auch sagen: Ein Problem ist der Preis, den man für die Lösung eines anderen, früheren Problems zahlt.

Das macht die Situation von Klägern schlagartig klar: Sie leiden unter dem Preis, den sie heute zahlen, aber sie scheuen auch die Lösung dieses Problems, wenn dies damit verbunden wäre, dass dadurch das „alte" Problem wieder auftaucht. Trotzdem leiden sie, und der Ausweg aus der Misere ist die Klage. Benötigt wird ein teilnahmsvoller Zuhörer.

Aber selbst wenn ein Problem die Funktion, auch eine Lösung zu sein, nicht hat, die mit einer Lösung verbundenen Veränderungen können trotzdem das Gleichgewicht bedrohen. Allein schon die Angst vor den letztlich ja immer ungewissen Folgen einer Veränderung kann reichen, sie zu vermeiden. Dies zeigt sich daran, dass alle Lösungsversuche in den anderen Dimensionen scheitern.

In dieser Situation bietet sich das *„problemrespektierende Interview"* an.

Bei den Fragen, die Berater hier stellen können, empfiehlt es sich, den Konjunktiv zu verwenden. Dadurch kann immer einwenig offen bleiben, ob die Antwortideen, die Klienten bekommen, tatsächlich zutreffen oder nicht. Denn es geht möglicherweise um Sachverhalte, die gerade nicht aufgedeckt werden und dadurch ins Bewusstsein gelangen sollen. Die Unverbindlichkeit, dass es sich ja nur um eine Idee, um eine Möglichkeit handelt, die einem auf die Frage des Beraters eingefallen ist, und die ja vielleicht gar nicht zutrifft, macht den Zugang zu dieser Dimension leichter.

Fragemöglichkeiten:
- Könnte das Problem vielleicht irgendeinen Sinn haben, für irgendetwas „gut" sein? Wie könnten Sie diesen Aspekt würdigen, bevor Sie etwas verändern?
- Für welche anderen Probleme könnte das bisherige Problem vielleicht eine Lösung sein? Was ist Ihre erste Idee dazu? Wollen Sie meine Ideen dazu hören?
- Würden Sie vielleicht etwas vermissen, wenn das Problem „weg" wäre?
- Wie wäre es, das Problem solange beizubehalten, bis Sie es einfach nicht mehr benötigen?
- Wenn Sie eine Idee haben, worum es bei dem anderen Problem geht, haben Sie vielleicht auch eine Idee für eine andere Lösung?
- Könnte es sein, dass es irgendein Risiko gibt, dass nach der Lösung des Problems alles noch schlimmer wird?

Wir haben nun entsprechend der vier Problemdimensionen mit vier Interviewformen die entsprechenden Lösungsansätze beschrieben. Dazu nochmals eine kleine Übersicht:

Psycho-soziale Dimension	problemrekonstruierendes Interview
Psycho-logische Dimension	lösungsorientiertes Interview
Zirkulär-funktionelle Dimension	Interview zur „Funktionsweise" des Problems
Dimension des ökologischen Gleichgewichts	problemrespektierendes Interview

Wir beenden diese Wanderung, indem wir uns jetzt noch mit einigen methodischen Fragen beschäftigen. Für alle hier skizzierten Interviews ist es wichtig,
- dass sie in das Phasenmodell eingebaut werden, dass folglich mit Klienten ein Kontrakt erarbeitet wurde, sich mit dem Problem überhaupt in der Beratung zu beschäftigen. Bei Besuchern bedeutet dies, dass sie sich (über eine reine Plauderei hinaus) doch zumindest für die psycho-soziale Dimension und die Folgen, die hier entstehen können, interessieren. Bei Klägern könnte über das Bedürfnis, sich einmal (oder auch öfters) richtig aussprechen zu können, hinaus ein Interesse an Mög-

lichkeiten entstehen, Lösungen auf bisher unbekannten Wegen zu versuchen.

– Die oben genannten Interviewformen entsprechen der dritten Phase im Phasenmodell, der Erkundung und Lösungssuche. Die Erkundung dient dazu, dass sich gerade auch die Klienten nochmals vor Augen führen können, um was es geht. Außerdem wird sie Anhaltspunkte liefern, in welche Richtung und durch welche Fragen nun nach Lösungen gesucht werden könnte.

– Es ist wichtig, immer erst nach den Ideen der Klienten zu fragen und sie äußern zu lassen, bevor man als Berater eigene Ideen und Vorschläge beisteuert, sofern Klienten dies überhaupt wünschen.

Angesichts der vielen Möglichkeiten, Fragen in den verschiedenen Dimensionen zu stellen, erhebt sich auch die Frage nach einer Strategie, wie man dabei vorgehen könnte. Natürlich geben die Schilderungen der Klienten Anhaltspunkte. Dennoch ist eine Strategie für eine Auswahl unter den Möglichkeiten der Lösungssuche nützlich. Grundsätzlich alle Dimensionen durchzuarbeiten, kann mühselig werden und ist eventuell auch ineffektiv. Nicht alle der hier vorgestellten Interviewformen sind bei bestimmten Problemen ergiebig.

■ Eine erste wesentliche Unterscheidung ist, ob es sich um ein bisher einmal aufgetretenes, sozusagen „neues" bzw. akutes Problem handelt oder um ein chronisches, mit dem sich jemand schon längere Zeit herumschlägt, und das jetzt wieder einmal Kummer macht. Im ersten Fall bietet sich an, mit dem rekonstruierenden und lösungsorientierten Fragen zu arbeiten. Handelt es sich um chronisch wiederkehrende Problemlagen, bieten sich Fragen nach der Funktionsweise des Problems und schließlich nach der ökologischen Funktion an.

Berater sollten sich dabei zuerst der Frage nach den Mustern und Kreisläufen bei chronischen Problemen widmen. Wenn Klienten erarbeitete Lösungen nicht umsetzen und sich die Beratung selbst im Kreise zu drehen beginnt, dann bietet sich das problemrespektierende Interview an. Wir werden bei der Diskussion der Problemsysteme, das heißt der Erörterung der Frage, wie alle vier Dimensionen in einem Wechselwirkungsverhältnis stehen, noch sehen, dass diese Vorgehensweise um weitere Strategien ergänzt werden kann (vgl. Wanderung N° 34).

■ Eine andere Strategie greift auf die Typisierung Besucher, Kläger und Kunden zurück:

Situation der Besucher: Oben wurde schon angedeutet, dass Besucher, sofern sie überhaupt eine Beratung in Anspruch nehmen, sich eher auf Fragen im Bereich der psychosozialen Dimension einlassen, in die sie sich gleichsam aus den anderen Dimensionen „geflüchtet" haben. Allein schon zuzugeben, dass es ein Problem gibt, brächte sie in erhebliche Bedrängnis, weil dann Forderungen nach Veränderung unabweisbar werden und somit das momentane Gleichgewicht gefährdet wird.

Mit der psycho-sozialen Dimension bewegt man sich schon nahezu in den Kontexten mangelnder Freiwilligkeit, denn im Extremfall zahlen Besucher einen hohen Preis: Sie dürfen sich mit fürsorglichen Beratern herumschlagen, müssen an Wohngruppengesprächen teilnehmen und sich im Extremfall von gesetzlichen Betreuern vorschreiben lassen, wo sie sich aufzuhalten haben. Um sich jedoch weiterhin von inneren Spannungen fernzuhalten, die entstehen, wenn man akzeptiert, dass man eben doch Probleme hat, die sich in inakzeptablen Verhaltensweisen ausdrücken, besteht die Möglichkeit, zu glauben, dass andere irgendwie „schräg drauf" sind, einem übel mitspielen oder ähnliches. Damit ist die Falle dann endgültig zugeschnappt. Weil Besucher aber unter den entstehenden Folgen doch leiden, kann versucht werden, mit dem rekonstruierenden Interview ein Stück weiter zu kommen. Es kann aber durchaus passieren, dass Besucher sich auch darauf nicht einlassen. Berater sollten sich also vor entsprechenden Eigenaufträgen, Klienten aufklären zu wollen, hüten.

Situation der Kläger: Kläger stecken dagegen wahrscheinlich in der funktionellen und/oder ökologischen Dimension fest. Wenn sie außerdem für sich ausgeschlossen haben, eine Veränderung am Soll-Zustand vorzunehmen oder dem Problem eine andere Bedeutung zu geben, gibt es auch in der psycho-logischen Dimension kein Vorwärtskommen. Denn den Ist-Zustand zu verändern, hier also Lösungen zu finden, ist ja gescheitert. Sie stecken in der Klemme, denn sie leiden unter dem Problem, seine Lösung macht jedoch Angst, bedroht das Gleichgewicht. Klagen, Schuldzuweisungen und sich als Opfer zu fühlen, sind mögliche Auswege aus dem Dilemma.

Situation der Kunden: Für Kunden gilt im Prinzip oft ähnliches. Sie sind jedoch entschlossen, Lösungswege für das Problem zu finden, sie wollen sich nicht mit dem Status quo abfinden, der Leidensdruck ist groß. Ob er groß genug ist, um die Hürden der Angst vor Veränderung, der bisherigen Gewohnheiten und des Aufwandes, neue Verhaltensweisen einzuüben, zu überwinden, wird sich im Laufe der Beratung herausstellen. Hier empfiehlt es sich fast immer, mit der psycho-logischen Dimension zu beginnen, auch wenn das Problem bereits chronisch ist, um dann zur zirkulär-funktionellen Dimension überzugehen.

Da es sich bei dieser Typisierung (wie wir in Wanderung N°12 gesehen haben) um Unterscheidungen handelt, die so in der Realität nicht vorkommen, sondern eher in Form sich stets wandelnder „Mischungsverhältnisse" in Erscheinung treten, gibt allerdings auch diese Strategie nur eine grobe Orientierung.

Ein Beispiel:
Ein Klient leidet unter Ängsten vor Straßen und Plätzen, besser gesagt davor, sie zu betreten. Das Ausmaß, in dem er es vermeidet, die Wohnung zu verlassen, hat im Laufe der letzten Monate zugenommen. Immerhin kommt er in die Beratung – vor Taxifahrten hat er glücklicherweise noch keine Angst.
Ich lasse bewusst nahe liegende diagnostische Kategorien und alle tiefenpsychologischen Hypothesen weg! Dass mit einer Beratung, die „nur" mit dem Konzept der Problemdimensionen arbeitet, die Ängste nicht behebbar sind, ist durchaus wahrscheinlich. Aber sie kann immerhin dazu verhelfen, dass es nicht schlimmer wird oder dazu, dass der Klient die Zeit bis zum Beginn einer Therapie überbrücken kann.
Jedenfalls klagt der Klient darüber, dass er inzwischen seine Wohnung schon kaum mehr verlassen könne, außer für das allernötigste, nämlich um zur Arbeit zu gehen und im nahe gelegenen Supermarkt einzukaufen. Er benutze dabei allerlei Umwege, um zu vermeiden, größere Straßen oder gar Plätze überqueren zu müssen. Er habe Angst, demnächst auch den Weg zur Arbeit nicht mehr zu bewältigen und seinen Job zu verlieren. Er wolle die Ängste loswerden oder mit Hilfe der Beratung zumindest erreichen, dass es nicht mehr schlimmer wird.
Diese Zusammenfassung der ersten Teile des Gespräches zeigt mit Blick auf die Problemdimensionen schon folgendes: In der psycho-logischen Dimension hat der Klient die zuerst genannte Zielsetzung, vollständig angstfrei zu werden, bereits relativiert. Insofern kann mit ihm überlegt werden, wie er wenigstens verhindern kann, dass die Ängste weiter zunehmen und dadurch alles noch schlimmer wird.
Es handelt sich um ein bereits chronisches Problem mit der Tendenz zur Verschlechterung der ganzen Lebenslage. Insofern bietet sich an, mit dem Klient herauszuarbeiten, wie das Problem „funktioniert", das heißt, von welchen ganz konkreten Vorstellungen und

Phantasien er sich abhalten lässt, Straßen und Plätze zu überqueren. Dabei stellt sich in weiteren Gesprächen heraus, dass er keine klaren Kriterien verwendet, ab welcher Größe das Überqueren „gefährlich" wird. Die Maßstäbe sind bisher willkürlich und eher von der Tagesform abhängig. Das ist ein entscheidender Faktor, damit das Problem „funktioniert" und sogar eskaliert.

Es wäre übrigens ein Kunstfehler, dem Klient die Ängste mit vernünftigen Argumenten ausreden zu wollen, das hat er wahrscheinlich selbst schon unzählige Male versucht. Vielmehr wird mit ihm als erstes ein klares Kriterium überlegt: zum Beispiel, wenn die Straße zwei Spuren hat, kann sie auf dem Fußgängerüberweg überquert werden, hat sie vier Spuren, nicht mehr. Ziel ist, die Ängste nicht willkürlich weiter eskalieren zu lassen. Nachdem nun ein Kriterium festgelegt ist, wird mit der Klientin verabredet, das Ganze zu testen, nämlich den Weg zur Arbeit so zu wählen, dass alle Straßen, die bis zu zwei Spuren haben, überquert werden und zu beobachten, ob er mit dem Ausmaß an Angst, das dabei auftritt, gerade noch zurecht kommt. Auf dieser Linie wird dann mit dem Ziel weitergearbeitet, einen stabilen Zustand zu erreichen. Erst dann wird dem Wunsch des Klienten entsprechend versucht, in kleinen Schritten die Ängste noch weiter zurückzudrängen, indem zur Überquerung von Plätzen deren Größe oder andere Kriterien festgelegt werden und damit dann experimentiert wird usw.

Es wäre überhaupt fraglich, zumindest aber verfrüht, an dieser Stelle mit der ökologischen Dimension zu arbeiten, also daran, welchen „Sinn" die Ängste haben etc. Dazu ist der Leidensdruck des Klienten zu hoch. Erst wenn auch die beschriebene Stabilisierung nicht so recht gelingen will, kann es nötig werden, in dieser Dimension zu arbeiten.

Vielleicht kommt jetzt der Einwand, das sei doch Verhaltenstherapie und nicht nur Beratung. Nun gut, dass Beratung auch verhaltenstherapeutisch sein kann, sollte ja nicht bestritten werden. Es wird hier eben hauptsächlich mit der Funktionsweise der Angst gearbeitet. Die unspezifische Angst „Gehe nicht über Straßen!" wird auf Straßen mit mehr als zwei Spuren eingedämmt. Die Logik der Angst wird nicht frontal in Frage gestellt, sondern verwendet und konkretisiert.

Wir haben gesehen, dass jede Dimension andere und neue Lösungsmöglichkeiten zu Tage fördert. Ziel der ganzen Arbeit ist es, den „Lösungsraum" zu erweitern, so dass Klienten wieder über mehr Wahlmöglichkeiten verfügen.

Im Übrigen kann man alle Methoden, die wir bei der nächsten Wanderung („Aus der Werkstatt der lösungsorientierten Kurzherapie") noch kennen lernen werden, sehr gut in die Arbeit mit den Problemdimensionen einbauen. Skalierungen beim Soll-Ist-Vergleich, die Verschlimmerungsfrage und das Reframing bei der Veränderung des Problemerlebens, die Wunderfrage in allen Dimensionen und die Ressourcensuche für die Umsetzung von Lösungen sind gute Möglichkeiten.

Man kann also auf ein großes Repertoir an Methoden zurückgreifen; dadurch wird allerdings die Frage nach einer Strategie für die Auswahl und den Aufbau der ganzen Beratung bedeutsam.

Wir werden daher in der übernächsten Wanderung den Versuch unternehmen, auf dieser Grundlage eine „allgemeine Problemlösungsstrategie" zu entwerfen.

Zunächst folgt nun eine ausführliche Wegskizze.

> *Im Grunde ist jedes Unglück gerade nur so schwer, wie man es nimmt.*
> Bernhard Trenkle

Wegskizze

Entstehung von Problemen: Vier Dimensionen

(Psycho-)soziale Dimension

Problemrekonstruierendes Interview
Wer spricht von der Angelegenheit als Problem?

(Psycho-)logische Dimension

Lösungsorientiertes Interview

Ist-Zustand	⇐ **Differenz** ⇒	**Soll-Zustand/ Ziele**
negativ bewertet	*Problemerleben (Spannung, Leid,...)*	*positiv berwertet*
⇩	⇩	⇩
Lösungsidee: *den Ist-Zustand in Richtung des Soll-Zustandes verändern*	Lösungsidee: *dem Problemerleben eine andere Bedeutung geben (reframing), z.B.: das Problem ist eine Chance oder eine Aufgabe*	Lösungsidee: *die Ziele, Werte, Normen (wie etwas sein soll) in Richtung des Ist-Zustandes verändern*

Zirkulär-funktionelle Dimension

Interview zur Funktionsweise des Problems
Teufelskreise und Karussellfahrten

Ökologische Dimension des psychischen Gleichgewichts

Problemrespektierendes Interview
Probleme als Lösungen für andere Probleme:
Vom "Sinn" eines Problems

Anlage zu den Problemdimensionen

Interviewarten und Fragen

Hinweis: Es empfiehlt sich, auch noch eigene Fragen zu erfinden und festzuhalten!

▶ **Problemrekonstruierendes Interview:**

Andere im System bezeichnen XY als Problem, die Person selbst nicht:
Fragen an die anderen im System:
– Wer hat Schwierigkeiten mit dem Thema, das sie hierher führt?
– Wann ist das Problem zum ersten Mal angesprochen worden und von wem?
– Wem kam zuerst die Idee, XY als Problem anzusehen?
– Angenommen, niemand würde den Sachverhalt als Problem ansehen, was wäre dann?
– Welche Chancen enthält das Problem, insofern sich nun Leute um Lösungen bemühen?

Fragen an die betroffene Person:
– Was schätzen Sie, wie lange haben die anderen noch Geduld damit, dass Sie das Problem anders sehen, als die anderen? (... dass Sie bestreiten, ein Problem zu haben?)
– Wie lange wird das Ganze noch gut gehen?
– Haben Sie Ideen, wie die anderen dazu kommen XY als Problem zu sehen?
– Kann es sein, dass andere unter XY leiden?
– Wer in Ihrem Umfeld würde (XY) nicht als Problem betrachten, gibt es da jemanden?
– Wie könnten Sie die anderen überzeugen, dass XY kein Problem ist, um das sie sich kümmern müssten?
– Hat es auch etwas Gutes für Sie, wenn sich jetzt andere mit der Angelegenheit (XY) beschäftigen?

Die betroffene Person sieht XY als Problem (andere evtl. nicht so sehr):
– Dass andere das Ganze für nicht so schlimm halten, beruhigt Sie das eher oder regt Sie das noch mehr auf?
– Was wäre, wenn Sie sich der Sichtweise der anderen anschließen könnten?

– Würde jemand anderes in dem Problem eher eine Herausforderung oder Chance sehen können, als Sie bisher?
– Was an der ganzen Problematik ist evtl. sogar gut und für wen?
– Wer in Ihrem Umfeld würde XY eher nicht als Problem betrachten?

▶ **Lösungsorientiertes Interview**

1. *Fragen, die am Ist-Zustand ansetzen:*
a) Erkundung:
– Was gefällt Ihnen an der jetzigen Situation nicht?
– In welcher Hinsicht geht es Ihnen momentan schlecht?
– Worüber sind Sie unzufrieden?
– Was ist für Sie an der jetzigen Situation am schlimmsten?
b) Lösungssuche:
– Wissen Sie etwas darüber, wie andere schon versucht haben, aus einer solchen Situation herauszukommen?
– Gibt es etwas, was Sie noch nicht oder vielleicht nicht oft genug versucht haben?
– Jeder Weg zum Ziel beginnt ja mit einem ersten Schritt – was könnte das in diesem Fall sein?
– Könnte es Argumente geben, lieber nicht an's Ziel zu kommen? Oder gegebenenfalls nicht so schnell?

2. *Fragen, die am Soll-Zustand ansetzen:*
a) Erkundung
– Angenommen, das Problem wäre gelöst und es ginge Ihnen gut: Wie würden Sie diese Situation beschreiben?
– Was müsste passieren, damit Sie zufrieden sein könnten?
– War es früher mal besser – wie war das damals?
b) Lösungssuche
– Welche Abstriche könnten Sie von Ihren Zielen machen?

- Angenommen, Sie müssten Abstriche machen, wäre Ihr Leben dann wirklich verpfuscht?
- Angenommen, wir sitzen in einem halben Jahr wieder zusammen, und es ist immer noch alles so problematisch, wie würden Sie dann Ihre Erwartungen reduzieren oder erst später?
- Wenn alles bleibt wie es ist, was müsste sein, damit Sie sagen könnten: „Egal!"
- Was sind für Sie die wichtigsten Gründe, das Problem zu lösen?
- Welches Ihrer Ziele oder Wunschvorstellungen könnten Sie am leichtesten fallen lassen?

a) und b) gleichzeitig:
- Wenn der Punkt links auf der Linie den jetzigen Zustand markiert, und rechts wäre der Idealzustand, mit was wären Sie schon zu frieden?

IST ◆――――――――――――――◆ SOLL

3. Fragen, die an der Differenz, am Problemerleben ansetzen:
- Wenn alles so bleibt, wie es ist, was bedeutet das für Sie? Müssen Sie dann immer leiden?
- Welche andere oder neue Bedeutung könnten Sie der ganzen Situation geben?
- Angenommen, Sie würden das Ganze als Herausforderung, als Lebensaufgabe oder als eine Art Training betrachten, würde sich das anders anfühlen?
- Angenommen, Sie könnten lernen, sich mit dem Problem zu arrangieren, wäre das ein Weg? Was bräuchten Sie, um das zu schaffen?

▶ **Interview zur „Funktionsweise" des Problems**
Erste Erkundungen:
- Ist das Problem etwas, was sich wiederholt, wenn auch jedes Mal in anderer Form?
- Haben Sie das Gefühl, dass sich irgendetwas ineinander fügt, und dann erleben Sie wieder eine Situation, die Sie schon kennen?
- Was alles muss zusammenkommen, damit dann das Problem entsteht?
- Gibt es, bevor es zum Problem kommt, irgendwelche „Frühwarnzeichen", etwas wie „die Ruhe vor dem Sturm". Könnte es sein, dass Sie das bisher übersehen haben?

Erkundung des Musters oder Kreislaufes:
- Wie funktioniert bisher das Ganze? Wie fängt es häufig an?
- Was passiert dann?
- Und dann? ... bis der Kreis sich schließt?
- Was müsste ich tun, um Ihr Problem nach zu machen?

Dann geht es um konkrete Veränderungsmöglichkeiten:
- Wo in diesem Kreislauf möchten Sie mal was Neues ausprobieren?

▶ **„Problemrespektierendes" Interview**
- Könnte das Problem vielleicht irgendeinen Sinn haben, für irgendetwas „gut" sein? Wie könnten Sie diesen Aspekt würdigen, bevor sie etwas verändern?
- Für welche anderen Probleme könnte das bisherige Problem vielleicht eine Lösung sein? Was ist Ihre erste Idee dazu? Wollen Sie meine Ideen dazu hören?
- Würden Sie etwas vermissen, wenn das Problem „weg" wäre?
- Wie wäre es, das Problem solange beizubehalten, bis Sie es einfach nicht mehr benötigen?
- Wenn Sie eine Idee haben, worum es bei dem anderen Problem geht, haben Sie vielleicht auch eine Idee für eine andere Lösung?
- Könnte es sein, dass es irgendein Risiko zu geben scheint, dass nach der Lösung des Problems alles noch schlimmer wird?

Wanderung N° 31

In der Kürze liegt die Würze
Aus der Werkstatt der lösungsorientierten Kurzzeittherapie

Wohin diese Wanderung führt ...

Ob es Steve de Shazer, dem Begründer der „lösungsorientierten Kurztherapie" primär darum ging, Therapie „kurz" zu machen, bezweifle ich, sicherlich ging es ihm aber um die Lösungsorientierung. Über das, was er und seine Mitarbeiter und in der Folge noch andere kreative Therapeuten entwickelt haben, gibt es viel zu lesen, kurzweilig und prägnant![1] Diese Wanderung will ich daher nicht nur als Exzerpt dieser Literatur gestalten. Natürlich werden die wichtigsten Methoden vorgestellt. Darüber hinaus geht es mir jedoch vor allem darum, einige Interpretationen zu versuchen und Verbindungen zum Konzept der Problemdimensionen herzustellen. Auch sollen Faktoren, die in den Methoden „verpackt" sind, diese wahrscheinlich so wirksam machen, aufgezeigt werden. Dadurch wird eine methodische „Verortung" in der gesamten Thematik von Problemen und Lösungen möglich. Letztlich verfolge ich damit das Ziel, zu verdeutlichen, wann und wie die Methoden in eine Beratung eingebettet werden können. Das Konzept von Besucher, Kläger und Kunde haben wir schon in der vorigen Wanderung vertieft, es wird hier vorausgesetzt.

Steve de Shazer wird der Satz zugeschrieben, er sei nicht an Problemen interessiert, sondern nur an Lösungen. Diese Aussage regt zu Widerspruch an, denn wenn Berater sich nicht für das Problem interessieren, wie können sie ihren Klienten dann behilflich sein, Lösungen zu finden? So ist der Satz aber auch nicht gemeint, sondern er enthält die methodische Forderung, den Fokus auf Lösungen zu richten, und nicht auf die „Ergründung" der Probleme, auf Ursachenforschung usw. Natürlich wendet er sich damit auch kritisch gegen die Psychoanalyse bzw. überhaupt tiefenpsychologische Verfahren, und er wendet sich zugleich gegen die in Psychotherapie und Medizin verbreitete Defizitorientierung (vgl. Wanderung N°23). Klienten wie auch Berater lassen sich leicht verführen, wie „ein Hase auf die Schlange", nämlich die Probleme, Störungen oder Krankheiten zu starren. Der Hinweis, dass kein Problem 24 Stunden lang bestehe, dass es Ausnahmen gibt und dass die Ausnahmen bzw. „problemfreien" Zeiten interessanter sind, als die Problemzeiten, kann zu einem „Aha-Effekt" werden.

Ich glaube, dass sich die Eleganz und Wirksamkeit der Methoden, wie ich sie verstehe, vor allem auch daraus ergibt, dass Berater das Problem inhaltlich nicht im Detail kennen oder verstehen müssen, sondern Verfahren benützen, die das Wissen der Klienten, ihr Expertentum mobilisieren und den Zugang zu den für sie passenden Lösungen freilegen. Berater sind gleichsam Geburtshelfer für Lösungen. Im Gegensatz zur Tiefenpsychologie, die sehr darauf setzt, dass dem Patienten seine seelischen Verstrickungen „bewusst" werden, kann die Kurztherapie weitgehend darauf verzichten; sie arbeitet indirekt und, wie wir noch sehen werden, metaphorisch.

---

[1] vgl. z.B.: W.Eberling, J.Hargens: Einfach kurz und gut – Zur Praxis der lösungsorientierten Kurztherapie / I.K.Berg: Lösungsorientierte Therapie bei Suchtkrankheiten / Walter,J.Peller: Lösungsorientierte Kurztherapie

Der „Dreh" (einer der Titel der ins Deutsche übersetzten Bücher Steve de Shazers) besteht nach meinem Verständnis unter anderem darin, dass durch einen oft überraschenden Perspektivenwechsel für Klienten der Blick auf Lösungsmöglichkeiten frei wird. Einem Problem mit Hilfe einer Umdeutung (Reframing) eine völlig andere Bedeutung zu geben, als es bisher für den Klienten hatte, ist etwas, was nur wirkt, wenn es im Klienten diesen Aha-Effekt auslöst, eine Art Resonanz, die jedoch nicht entstehen würde, wenn diese Möglichkeit der Umdeutung nicht irgendwie in ihm schon „geschlummert" hätte, irgendwie „Sinn macht".

Gleichzeitig wird aber noch (zumindest auf indirektem Weg) der Bewusstseinshorizont des Klienten geweitet. Hat er bisher vielleicht (wie es das Alltagsbewusstsein nahe legt, vgl. Wanderung N° 28) geglaubt, dass Probleme „an sich" bestehen, erfährt er jetzt, dass sie maßgeblich dadurch entstehen, dass man ihnen eine bestimmte Bedeutung gibt und dass man selbst Autor dieser Bedeutung ist – das war die psycho-soziale und psycho-logische Dimension. Lass´ ein Problem zu einer Herausforderung werden, und es ändert sich sogar das Gefühl. „Angenommen, Sie würden Ihr Problem als eine Chance interpretieren, welche Ideen kommen Ihnen dazu? Wie fühlt sich das an?"

Wir werden jetzt also einen kleinen „Werkzeugkasten" anlegen. Die Systematik, die jeweils hinter der Methode steckt, methodische Hinweise und die Querverbindung zu den Problemdimensionen sollen seine Handhabung erleichtern. Ich werde die Methoden danach gliedern, ob sie sich eher um den Umgang der Klienten mit dem Problem als einer Lösungsmöglichkeit drehen, oder ob sie sich eher mit der Lösungssuche direkt beschäftigen, denn um die Lösungsorientierung geht es – wie erwähnt – in jedem Fall.

1. Methoden zum Umgang mit dem Problem und dadurch entstehende Lösungsideen

Fragen nach Ausnahmen

Ausnahmen sind Zeiten und Lebenssituationen, in denen das Problem nicht existiert oder „stattfindet". Kein Problem, keine Schwierigkeit, keine negative Befindlichkeit existiert ununterbrochen. Ausnahmen gibt es immer bzw. hat es in der Vergangenheit bereits gegeben. Sie unterscheiden sich von der Lösung eines Problems im Wesentlichen dadurch, dass sie mit dem Problem potenziell überhaupt nichts zu tun haben. Aber man kann dafür sorgen, problemfreie Zeiten und Räume auszubauen, zum Beispiel dadurch, dass man sie bewusster erlebt und genießt. Wird das Augenmerk auf die problemfreien Zeiten und Räume gelenkt, ändert sich das Problemerleben selbst. Es ist auch leichter, das Problem aus einem gewissen Abstand zu betrachten und so eher zu entdecken, wie es „funktioniert". Man kann sich dessen leichter bewusst werden.

Die Ausnahmen auszubauen, sie bewusst zu wiederholen, ist oft leichter, als ein vollkommen neues Verhalten zu erlernen, um das es bei den Lösungen eines Problems geht. Oft kommt hinzu, dass man in den problemfreien Zeiten mehr Kontakt zu seinen Ressourcen hat.

Steckt man dagegen so richtig im Sumpf, ist der Zugang zu einer Betrachtung von außen und zu nützlichen Ressourcen weitgehend verbaut.

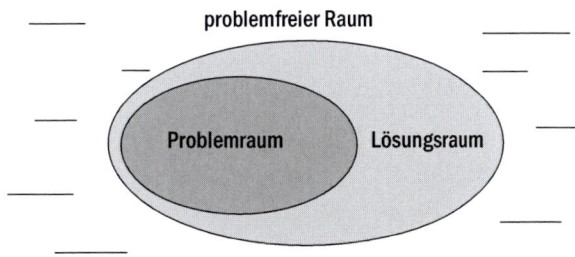

Verständlicherweise beschäftigt man sich allerdings in der problemfreien Zeit gerade nicht mit dem Problem, und es ist ja auch ausdrücklich das Ziel der Fragen nach Ausnahmen, sich nicht auf das Problem zu konzentrieren. Dennoch könnte man sich bewusst etwas Zeit reservieren, über das Problem und mögliche Lösungen aus einem solchen Abstand heraus nachzudenken, wenn es einem gerade besser geht. Nicht zuletzt ist die Beratung oft genau solch eine Zeit. Ja sogar schon die Frage nach Ausnahmesituationen lässt den Klienten in eine kleine „Ausnahmetrance" eintreten. Folgende Fragen sind geeignet:

– „Wann tritt das Problem nicht auf?"
– „Wie unterscheiden sich die Situationen, in denen das Problem auftritt und in denen das Problem nicht auftritt von einander?"
– „Wenn das Problem nicht auftritt, was machen Sie da anderes? Wie verhalten Sie sich dann anderen gegenüber?"
– „Wann war das Problem weniger schlimm? Wie haben Sie das gemacht? Und wie erklären Sie sich, dass das möglich war?"
– „Woran können andere erkennen, dass das Problem heute nicht stattgefunden hat, dass heute ein Ausnahme-Tag war? ... Woran noch?"
– „Wie könnten Sie es anstellen, sich ganz bewusst an die letzte problemfreie Zeit zu erinnern?" usw.

Ich hoffe, dass das Prinzip dieser Fragen an den Beispielen deutlich wird. Ansonsten sind hier der Phantasie keine Grenzen gesetzt!

Schlimmer geht's (n)immer?

Seltsamer Weise richten wir den Blick meistens vom Ist zum Soll, vom Status quo auf das Ziel. Vielleicht lohnt sich auch manchmal der Blick in die andere Richtung; vielleicht stellt sich dabei heraus, dass die Dinge noch um einiges schlimmer sein könnten, als sie sind. Vielleicht zeigt sich, dass der problematische Status quo irgendwo in der Mitte zwischen Desaster und Wunschtraum liegt. Diese Erkenntnis kann lindernd oder sogar läuternd wirken. Auf der letzten Seite dieses Buches finden Sie dazu eine Geschichte.

„Was müssten Sie tun, damit alles noch schlimmer wird?" Diese Frage provoziert den Wechsel der Blickrichtung. Sie provoziert allerdings auch grundsätzlich, weil es dem „gesunden Menschenverstand" widerspricht, Dinge schlimmer zu machen, obwohl viele Menschen tagtäglich genau daran arbeiten, indem sie zum Beispiel die dramatischen Hinweise auf der Zigarettenschachtel ignorieren und den Inhalt rauchen.

Manche wittern vielleicht auch gleich die Frage nach der Schuld, denn wenn man etwas tun kann, um das Problem zu verschärfen, kann man logischer Weise auch etwas tun, um es zu lindern. Man ist also nicht nur das Opfer irgendwelcher Umstände, wie man gedacht hat, sondern auch „Täter".

Die Frage nach Verschlimmerungsmöglichkeiten erfordert also ein gewisses Fingerspitzengefühl und sollte vorab Klienten erläutert werden. Aber sie ist sehr wirkungsvoll, weil sie nicht nur die Einstellung zum Problem ändern, sondern auch Lösungsideen liefern kann; etwa wenigstens die Dinge zu unterlassen, die die Situation verschärfen würden.

B.: „Ich stelle Ihnen jetzt eine Frage, die Sie vielleicht irritieren oder sogar ärgern wird. Trotzdem, ich schlage Ihnen vor, sich einfach einmal darauf einzulassen, und achten Sie bitte genau auf Ihre ersten Einfälle dazu! Darf ich?"

Eine solche Hinführung reicht meistens, zumal sie Neugier weckt. Anschließend kann man noch weitere Fragen anschließen:

- „Was würden Sie denn gerne am Status quo beibehalten, damit es nicht schlimmer wird?"
- „Was würden Sie jemandem raten, der noch schlimmer dran ist als Sie, damit er wenigstens soweit kommt, wie Sie jetzt sind?"
- „Was müssten Sie tun, um Ihre Lage (versehentlich) zu verschlechtern?

Reframing (Umdeutung)
oder: Wenn alles auch anders sein könnte ...

Meistens beschäftigen sich Klienten mit der Frage, wie das von ihnen angestrebte Ziel erreichbar sein könnte. Dabei bleibt aber im Wesentlichen die negative Bedeutung (Konnotation) des Status quo und die positive Bedeutung des Ziels unangetastet. Das Reframing als eine Lösungsstrategie haben wir bei der Diskussion der psycho-logischen Dimension schon kennen gelernt. Es ist eine durchaus provokante Idee, denn es entspricht nicht dem alltäglichen Denken, dass irgendwelche Sachverhalte nicht an sich eine mehr oder minder feststehende Bedeutung haben, sondern dass wir der Souverän darüber sind, welche Bedeutung sie für uns erlangen.

Niemand kann uns verbieten, ein Problem ab sofort als „Problemchen" zu betrachten oder das ätzende Verhalten pubertierender Töchter und Söhne als unvermeidlichen „Umweg" zu sehen, den sie gehen müssen, um selbstständig zu werden, oder als Intensivtraining für Eltern, Gelassenheit zu lernen.

Wenn wir irgendwelchen Sachverhalten keine spezielle Bedeutung geben, sind wir ihnen gegenüber gleichgültig. Wir regen uns über sie auf, freuen oder ärgern uns und leiden schließlich unter ihnen erst dann, wenn wir ihnen eine entsprechende Bedeutung geben. Wir sind nicht unbedingt souverän über bestimmte Ereignisse, haben sie im Griff; wohl aber sind wir souverän darüber, welche Bedeutung wir ihnen geben, hier haben wir freie Wahl. Vielleicht ist das der tiefere Sinn des Satzes: „Wir sind unseres Glückes Schmied."

Ein Reframing kann in negativer Weise provokant wirken. Deswegen empfiehlt es sich,
- ... Klienten zuerst einzuladen, selbst eine Umdeutung, ein Reframing zu erfinden, bevor man als Berater seine Ideen äußert; und schließlich
- ... ein Reframing evtl. im Konjunktiv anzubieten: „Angenommen, Sie würden Ihr bisheriges Problem folgendermaßen bewerten: ...; wie wäre das?"
- wenn Klienten zunächst abwehrend reagieren, sollte man sie in die Thematik etwas einführen, ihnen an Alltagsbeispielen verdeutlichen, um was es beim Reframing geht.

Dem Reframing liegen einige Annahmen zu Grunde, die sich wie folgt beschreiben lassen, und die wir z.T. auf anderen Wanderungen schon kennen gelernt haben:
- Jedes Problem oder Verhalten hat neben der negativen immer auch irgendeine positive Seite.
- Die Bedeutung eines Sachverhaltes, eines Verhaltens hängt vom sozialen Kontext, der Situation ab, in dem es stattfindet. Verhaltensweisen ergeben einen Sinn, wenn man den Kontext kennt, in den sie eingebettet sind. Dass zum Beispiel Ressourcen in bestimmten Zusammenhängen zur Schwäche werden können, haben wir in Wanderung N°23 schon erfahren.
- Verhaltensweisen haben außerdem einen Sinn für die Kohärenz des Gesamtsystems, sei es für die einzelne Person, sei es für das soziale System, in dem sie sich bewegt.
- Der Nachteil, den ein Verhalten in einem Teil des Systems, in dem es stattfindet, haben kann, zeigt sich an anderer Stelle als möglicher Vorteil.

Umdeutung heißt also, Verhaltensweisen, Ereignisse, Gedanken und Empfindungen in einen anderen, neuen Rahmen (engl.: frame) zu stellen. Dadurch wird ihnen ein anderer Sinn zugeschrieben. Es entstehen neue, andere Bewertungen, bisher mehr oder minder starre Probleminterpretationen werden flexibilisiert. Der neue Rahmen ermöglicht übrigens auch Zweifel an der „Richtigkeit" der bisherigen Deutungen und Interpretationen, an denen man vielleicht hartnäckig festgehalten hat. Und so können auch neue Reaktionen und Verhaltensformen entstehen.

Zusammengefasst kann man sagen, dass mit Reframing folgende Ziele verfolgt werden:
- Menschen zu ermöglichen, die Bedeutung von Verhaltensweisen zu überdenken und zu verändern
- in Gesprächen mit Angehörigen, Familien, Kollegen kann ein Reframing die Systemmitglieder neu und anders ins Gespräch miteinander bringen
- Humor (als Ressource) kommt ins Spiel und damit mehr Leichtigkeit und Kreativität
- Und es werden neue Handlungsmöglichkeiten eröffnet.

Die bisherigen Überlegungen haben schon gezeigt, dass sich eine Umdeutung auf die Bedeutung oder auf den Kontext eines Sachverhaltes oder einer Verhaltensweise beziehen kann:
- Im Kontextreframing wird die Aufmerksamkeit darauf gerichtet, welche Bedeutung ein Verhalten in einem bestimmten Kontext haben könnte, und welche Bedeutung in einem anderen. Wird ein Verhalten bisher negativ oder kritisch bewertet, sucht man nach einem Kontext, in dem dieses Verhalten eine positive Bedeutung haben könnte. Wenn beispielsweise ein Verhalten als „überangepasst" kritisiert wird, kann man es auch als Fähigkeit, sich zu integrieren und auf andere zu achten, interpretieren, wenn der Kontet es erfordert.
- Beim Bedeutungsreframing ... geht es um die Frage nach der positiven Absicht, den Sinn oder auch dem Nutzen hinter einem Ereignis oder Verhalten. Geht es um Verhaltensänderung, sollte die Suche danach diesen Sinn und Nutzen mit berücksichtigen (hier sieht man die Querverbindung zur ökologischen Problemdimension!). Als Beispiel: Ein Kind hat geklaut. Klauen kann als Fähigkeit verstanden werden, sich selbst etwas Gutes zu tun, für sich zu sorgen oder sich zu belohnen. Welches andere Verhalten würde diese Fähigkeit auch zur Geltung zu bringen, dafür aber mehr akzeptiert sein? Das wäre dann die Frage.

Reframing ist vergnüglich, wenn man sich alle Ideen, die einem kommen, erlaubt. Dadurch wird die eigene Kreativität als Ressource genutzt. Einige Fragebeispiele:
- „Wem könnte das Ereignis oder Verhalten nützen und wie, welchen Sinn hat es?"
- „In welcher anderen Situation wäre dieses Verhalten von Nutzen?"
- „Welche neuen (Lösungs-)Ideen ergeben sich aus dem „neuen Rahmen", der neuen Bedeutung?"
- (Wenn es um Verhaltensweisen geht): „Welche Fähigkeit zeigt sich in dem Verhalten?"

Einige wichtige Formen des Reframing:
- Einem Verhalten wird eine positive oder wertschätzende Bedeutung gegeben.
- Kompliment, Gratulation oder anerkennende Kommentare..., diese Art von

Haben Sie die Lö oder sind Sie ein des Problems?
Bernhard Tr

positiver Rückmeldung lenkt die Konzentration der Klienten (wie auch ihrer Berater) auf das, was gut funktioniert. Eine bisher eher pessimistische Betrachtungsweise kann in eine optimistischere Haltung verändert werden usw.
- Kurzreframings ersetzen einen Problembegriff durch einen Begriff, der eine Fähigkeit beinhaltet und geben so der als problematisch empfundenen Verhaltensweise einen neuen, anderen Sinn; zum Beispiel wird „schwindeln" umgedeutet zu „für sich sorgen".

Ob ein Reframing gelungen ist, lässt sich an Folgendem erkennen:
- am Überraschungseffekt, der sich auch in einer spontanen Trance zeigen kann
- an der positiven Veränderung der Physiologie, zum Beispiel: ein Lächeln
- daran, dass sich die bisherige „Klage" (und der entsprechende Sound) ändert

Auf die vergnügliche Lektüre „Vom Guten des Schlechten" von Paul Watzlawick sei hier als denkbaren Exkurs verwiesen.

2. Methoden zur Lösung des Problems

Skalierungsfragen
oder: Die Skala als Metapher

Da der Soll-Zustand, also unsere Ziele für uns meistens im selben Gebiet liegen, wie alle problemfreien Situationen, wird die Frage nach einem möglichen „Grenzübertritt", um auf die obige Skizze nochmals zurückzugreifen, besonders interessant. Wie „weit" ist der Weg, wie weit bin ich von den Zielen entfernt? Wie weit sind die Idealziele von denen entfernt, die zu erreichen man auch schon froh wäre?
Wäre das Terrain, in dem man sich da bewegt, übersichtlich, würde man sich vielleicht nicht so schwer tun. Also könnte man ja den Versuch unternehmen, es gleichsam zu vermessen, zu kartografieren. Eine elegante Form, das zu tun, sind die Skalierungsfragen.
Bei der Diskussion der psycho-logischen Dimension haben wir gesehen, dass Probleme als Differenz zwischen einer gegebenen, negativ beurteilten Situation (Ist-Zustand) und einer positiv gewerteten Zielvorstellung (Soll-Zustand) betrachtet werden können. Skalierungsfragen sind eine Möglichkeit, diese Differenz überschaubar zu machen, sie zu zerlegen, ohne dass man im einzelnen wissen muss, was alles eine Rolle spielen kann, um vom „Ist-Zustand" zum „Ziel" zu kommen.

Rein intuitiv können Klienten ihre Situation oder ihre (Zwischen-)Ziele mit Zahlen oder ähnlichen Formen symbolisch ausdrücken. „Wenn die Zahl 10 für Ihr Ziel steht und die Zahl 3 dafür, wo Sie jetzt stehen, womit wären Sie auch schon zufrieden?" „Und um von 3 nach 4 zu kommen, was müssten Sie dazu unternehmen?" usw.
In einer Zahl oder – allgemeiner ausgedrückt – in einem Symbol (z.B. einer Treppenstufe) ist alles verdichtet zusammengefasst, was aus Sicht des Klienten eine Rolle spielt. Mehr noch, Kreativität und ganzheitliches Denken werden aktiviert, sofern Berater vorher geklärt haben, dass es bei den Skalierungen nicht um quasi wissenschaftliche Messungen (mit Dezimalstellen hinter dem Komma) geht, sondern um die möglichst spontane Beantwortung der Skalierungsfrage. „Bleiben Sie bei der Zahl, die ihnen als allererstes eingefallen ist!"
Man kann es auch so erklären: Das rechtshemisphärische, eher intuitive und ganzheitliche Denken und das linkshemisphärische, eher analytische Denken werden zusammengeführt bzw. kombiniert, und das ist für eine Lösungssuche immer gut.

Skalierungen verhelfen auch dazu, den langen Weg zum erwünschten Ziel in Abschnitte zu gliedern und dadurch überschaubarer zu machen. Schließlich lassen sich mit den unterschiedlichsten Formen von Skalierungen noch andere Sinneskanäle „öffnen", als nur der durch das Gespräch primär aktivierte akustische Kanal. Die Kreativität wird angeregt, Skalierungen machen auch Spaß.

Skalierungsfragen können unter anderem im Hinblick auf ...
- die Motivation zur Veränderung,
- die Ziele bzw. Wege dorthin,
- die bereits erzielten Erfolge,
- die Bewertung von Beziehungen

eingesetzt werden. Es bietet sich dabei oft an, mit der Bestimmung des Ist-Zustandes zu beginnen.

Skalierungen sind in folgenden Formen möglich:
- auditiv, beispielsweise durch die Benennung von Zahlen (1 bis 10)
- visuell, beispielsweise durch das Zeichnen von Zahlen oder Linien, Malen von Figuren, Stellen von Bauklötzen
- kinästhetisch, beispielsweise durch Bewegungen der Arme, des ganzen Körpers in einem Raum, durch Treppen steigen.

Um das methodische Vorgehen zu erläutern, beginnen wir mit einem Beispiel:
1. „Stellen Sie sich eine Skala von 1 bis 10 vor, ...
2. ... die „1" beschreibt den Zustand in dem Sie sich zu der Zeit befinden, wenn Ihr Problem am schlimmsten ist, (oder auch: „1" bedeutet, dass Ihnen die Lösung ihres Problems vollkommen egal ist)...
3. und „10" bezeichnet den Zustand, in dem Sie sich befinden, wenn Ihr Problem gelöst ist, („10" bedeutet, dass Sie Ihr Problem unbedingt lösen möchten)."
4. „Wo auf der Skala befinden Sie sich zurzeit (jetzt, wo wir gerade zusammen sitzen)?"
5. „Angenommen, Sie wären auf der Skala vom Punkt, an dem Sie jetzt sind, einen Skalenpunkt weiter gekommen, was hätte sich dann verändert, woran würden Sie das erkennen? Was hätten Sie selbst dazu beigetragen?" oder: „Angenommen, es wäre schon ein bisschen so, wie Sie Ihr Ziel beschrieben haben, wo auf der Skala würden Sie dann stehen? Wie hätten Sie das geschafft?" „Was müssten Sie tun, um dann noch einen Skalenpunkt weiter zu kommen?"

Die Schritte 1 bis 5 bedeuten, dass man zunächst eine wie immer geartete Skala entworfen wird (1), dann die beiden Endpunkte der Skala definiert werden (2 und 3), dann markiert wird, wo man momentan steht (4) und man nun mit der Anschlussfrage (=5) weiterarbeitet, einzelne Skalenschritte in Richtung des Zieles genau zu beschreiben.

Als kleine Übung schlage ich Ihnen, liebe Leserin und lieber Leser, vor, jetzt gleich auf einem Blatt Papier einige, möglichst verschiedene eigene Beispiele für Skalen zu erfinden und sich dann zu überlegen, wie jeweils die Schritte 1 bis 5 konkret aussehen könnten. Denn, auf einer Skala von „A" bis „Z", bei der „A" dafür steht, dass die Liste aller denkbaren Beispiele für Skalierungen so lang ist, wie dieses ganze Kapitel, und „Z" bedeutet, dass die Liste so lang wäre, wie das ganze Buch, würde ich auf „C" tippen. So lange wäre meiner Schätzung nach diese Liste; sie zu schreiben wäre mir zu aufwendig ...

Ich komme lieber zum (vorübergehenden) Überspringen sämtlicher Skalen und Maße, nämlich zur bekannten „Wunderfrage".

Die Wunderfrage

Bei Wundern werden wir hellhörig und neugierig. Wunder sind irgendwie die Verbindung zum Schicksal oder sogar zu Gott. Wenn das ersehnte Wunder geschähe, wäre alles gut. Könnten wir das Wunder auch noch willentlich herbeiführen, dann wäre es perfekt. Wir leben jedoch in einer aufgeklärten Zeit, und da gibt es – bei aller Sehnsucht – keine Wunder. Insofern erscheint die Frage danach oder die Hoffnung darauf den meisten als „kindisch". In der Beratung nach einem Wunder zu fragen, ist daher eine Herausforderung. Interessanterweise war es eine Klientin, die als Geburtshelferin der Wunderfrage wirkte: Auf die Frage von Inso Kim Berg, ihrer Therapeutin, was denn angesichts der Fülle ihrer Probleme helfen könnte, erwiderte sie ohne Umschweife: „Ein Wunder!". Manche Klienten sind so verzweifelt, dass sie vor lauter Problemen schon gar nicht mehr wissen, was sie erreichen wollen. Ihre Situation, ihr Befinden wird und wird nicht besser, die einmal vorhandenen Ziele erscheinen unerreichbar. Depressive Stimmung legt sich wie ein undurchdringlicher Nebel über alles. Ziele, Wünsche, ja sogar die Richtung, in die nächste Schritte getan werden könnten, sind darin nicht mehr zu sehen.

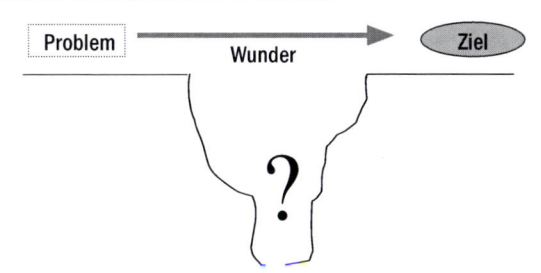

Die Skizze soll zeigen, worin der Dreh der Wunderfrage besteht:
1. Mit einem gedanklichen, virtuellen Sprung über den Abgrund der bisherigen Sorgen landet man auf der anderen Seite, wo die Ziele sind und schaut sich um. Es gilt, sich möglichst genaue Vorstellungen zu machen, wie es dort aussieht.
2. Anschließend widmet man sich dem (vermeintlichen) Abgrund. Vielleicht ist er ja nur ein Loch, das mit Material aufgefüllt werden muss, vielleicht geht es darum, Schritt für Schritt zur Talsohle hinab zu steigen, um dann auf der anderen Seite wieder hoch zu klettern.

Es stellt sich heraus: Das „Wunder" war nur der metaphorische Trick, um den Nebel fort zu blasen und Ziele sowie die ersten Schritte dorthin wieder sichtbar werden zu lassen.

Die Wunderfrage kann in unterschiedlicher Weise formuliert werden, sofern das Grundprinzip erhalten bleibt. Eine kleine Vorankündigung, wonach jetzt eine etwas seltsame Frage komme, bietet sich auch hier an, um mögliche Abwehrreaktionen zu vermeiden. Man könnte auch erwägen, statt von einem Wunder von einem „ganz außergewöhnlichen Ereignis" zu sprechen, aber der Begriff des Wunders regt die Kind-Seite im Klienten an, und damit wird meistens auch der Weg zu mehr Kreativität geebnet.

Die Wunderfrage:
– „Angenommen, während Sie heute Nacht schlafen, ... geschieht ein Wunder, ... und das Problem, weshalb Sie hier sind, ist gelöst (... die Dinge, wie sie jetzt sind haben sich gravierend verändert). Aber, weil Sie geschlafen haben, haben Sie nicht mitbekommen, wie das Wunder geschah. An was werden Sie als erstes erkennen, dass das Wunder passiert ist? Woran werden Sie es noch bemerken? Was werden Sie dann plötzlich anders machen (können), als bisher? Wie genau werden Sie das tun?"
– „Wer sonst wird vielleicht noch bemerken, dass das Wunder geschehen ist? Und woran?"

Wie geht's weiter? Damit der Effekt der Wunderfrage bei der Rückkehr in die trauri-

ge Realität nicht „verpufft", ist es wesentlich, Anschlussfragen zu stellen und die Ideen für ganz konkrete Handlungsschritte, die dabei aufkommen, in konkreten Aufgaben für die Zeit bis zur nächsten Sitzung zu vereinbaren.
– „Wann war es in der Vergangenheit schon ein klein wenig so, wie Sie es beschrieben haben?"
– „Was könnten Sie konkret tun, um diese Situation wieder her zu holen?"
– „Könnten Sie sich vorstellen, vielleicht als Experiment, mal einen Tag oder für 30 Minuten so zu tun, als ob das Wunder eingetreten wäre?"
– „Was könnte ein erster, kleiner und für Sie machbarer Schritt sein, um dem Wunder näher zu kommen, was wäre der zweite?"

Auch hier kann man übrigens gut mit der Skizze auf der vorigen Seite als visueller Metapher und zugleich Form einer Außenperspektive arbeiten, und beispielsweise fragen:
– „Was müssten Sie tun (und worum andere bitten), um den Graben in der Skizze so weit aufzufüllen, dass Sie vom jetzigen Zustand auf die „andere Seite" gehen können?"

Fragen nach Lösungen

Wir haben uns mit den Fragen nach Lösungen bei den Problemdimensionen schon eingehend beschäftigt. Bei einer lösungsorientierten Beratung liegt das Hauptgewicht auf der Lösungssuche und den entsprechenden Fragen danach. Deswegen wird diese Methode hier nochmals aufgegriffen.
Die Grundannahme ist – wir hatten es schon mehrfach davon – dass die Klienten selbst über Lösungsideen oder Lösungsphantasien verfügen. Manche wurden bereits erprobt, andere gleich wieder verworfen. Fragen nach den eigenen (auch „verrückten") Lösungsideen zeigen den Klienten, dass sie an der

Die Wunderfrage

Entwicklung und der Erfindung von Lösungen selbst beteiligt sind, dass sie also selbst etwas tun können und nicht nur vom Wohlwollen anderer oder glücklichen Umständen abhängig sind.
Es sollten möglichst immer mehrere Lösungsideen gesammelt werden, damit eine Wahlmöglichkeit für die Klienten entsteht. Man kann das auch anhand der Skizze auf der nächsten Seite verdeutlichen.
Sie zeigt, dass der Weg zum Ziel als Berg betrachtet werden kann, der über verschiedene Serpentinen oder vielleicht auch „Diretissima" (wie es in der Bergsteigersprache heißt) erklommen werden kann. Der Weg beginnt mit den ersten Schritten, es gibt leichtere und schwierigere Passagen. Man kann also Klienten dazu einladen, das Problem und seine Lösung unter diesen Gesichtspunkten zu durchdenken.

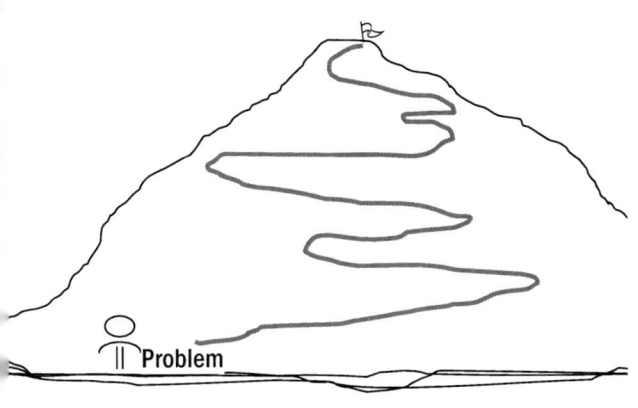

Oder man wählt aus den folgenden Fragen:
- „Was haben Sie bereits ausprobiert, um das Problem zu lösen?"
- „Woran würden Ihre Freunde erkennen, dass Sie auf dem Weg zur Lösung sind?"
- „Was war bisher Ihre verrückteste Idee zur Lösung Ihres Problems?"
- „Was wäre eine kleine Lösung?" (statt eines Berges wird ein Hügel erklommen!)
- „Was müssten Sie jetzt gleich nach unserem Gespräch tun, um das Gefühl zu haben, einen Schritt weitergekommen zu sein?"
- „Haben Ihnen andere schon einmal etwas vorgeschlagen? Fanden Sie die Idee gut, oder haben Sie die Idee verworfen?"
- „Was würden Sie einer Freundin oder einem Freund vorschlagen zu tun, wenn sie oder er dasselbe Problem hätte?" (Diese Frage eröffnet eine Außenperspektive!)
- „Was haben Sie schon alles ausprobiert? Mit welchem Erfolg? Haben Sie vielleicht zu früh aufgegeben?"
- „Was hätten Sie versuchen können, haben es aber dann doch nicht gemacht?"

Ich schlage Ihnen, liebe Leserin oder lieber Leser, vor, an dieser Stelle als kleine Wiederholungsaufgabe zu überlegen, wie alle diese Fragen in der Arbeit mit den Problemdimensionen, speziell der psycho-logischen Dimension zu verorten sind.

Fragen nach Ressourcen

Die Annahme, dass Klienten über die nötigen Fähigkeiten verfügen oder sie sich aneignen können, um ihre Probleme zu lösen, haben wir auf Wanderung N°23 schon diskutiert. Die Suche nach den Ressourcen hat in der lösungsorientierten Beratung eine fundamentale Bedeutung. Wenn Ideen für Lösungen gefunden wurden, Klienten sich aber zu deren Umsetzung nicht in der Lage sehen, wird der Frust vielleicht größer, als er vorher war. Wenn Angst vor Veränderungsschritten zu den mächtigsten Hindernissen bei der Lösung eines Problems gehört, dann bedarf es bestimmter Fähigkeiten, um entweder durch die entstehende Hoffnung, die neue Situation meistern zu können, die Ängste zu vermindern, oder es geht darum, trotz Ängsten etwas zu tun, und dazu braucht man eben auch Kraft.

Fragen nach den Ressourcen dienen der Erweiterung des Horizonts der Möglichkeiten. Indem nach Situationen gesucht wird, in denen Klienten schon einmal über bestimmte Fähigkeiten verfügt haben, kommen sie wieder in Kontakt damit. Im nächsten Schritt geht es darum, nach Möglichkeiten zu suchen, mit Hilfe derer Klienten über diese Fähigkeiten auch im Problemkontext verfügen können, wie sie sich in der Problemsituation ihrer Fähigkeiten erinnern können.

Fragen zur Ressourcensuche:
- „Welche Fähigkeit wäre nützlich, um das Problem zu lösen? Wann haben Sie von dieser Fähigkeit schon einmal Gebrauch gemacht? Müssten Sie vielleicht erst noch etwas „trainieren", um über diese Fähigkeit zu verfügen?"
- „Wann waren Sie das letzte Mal mit sich zufrieden?" – „Wie könnten Sie solch eine Situation wieder herbeiführen?"
- „Wann haben Sie in letzter Zeit einmal zu sich selbst gesagt: ‚Heute war ein guter

Tag'? Was haben Sie selbst dazu getan, dass es ein guter Tag wurde?"
- „Was können Sie gut? Wäre das irgendwie von Nutzen, um das Problem zu lösen?"

Fragen zum Transfer in den Problemkontext:
- „Was müssten Sie tun, um sich an Ihre Fähigkeiten zu erinnern, wenn Sie sie wieder brauchen?"
- „Damit Ihre Ressourcen zum Meistern der Problemsituation reichen, bräuchten Sie dafür vielleicht noch etwas Training?"
- „Welche Farbe passt für Sie denn gut zu ihren Fähigkeiten? ... Wie wäre es, wenn Sie sich ein Kärtchen genau in dieser Farbe einstecken und dann, wenn Sie es brauchen, darauf schauen?"

Aufgaben

Wie an anderer Stelle schon beschrieben, passiert das Entscheidende oft zwischen den Beratungskontakten. In dieser Zeit kommt praktisch auf den Prüfstand, was in der Sitzung erarbeitet wurde. Man kann hauptsächlich zwischen zwei Arten von Aufgaben („Hausaufgaben") unterscheiden:

Beobachtungsaufgaben:
Hier geht es darum, Klienten vorzuschlagen, bestimmte Ereignisse, Abläufe, Verhaltensweisen anderer oder eigener Reaktionen, Erfolge und Veränderungen (z.B. des Problems), oder die problemfreien Zeiten „genau" zu beobachten. Sinn dieser Aufgabe ist zum einen, die bisherigen Problemschilderungen (d.h. die gleichsam zu „Geschichten" zusammengefassten Erlebnisse) zu überprüfen und evtl. relativieren oder präzisieren zu können. Zum anderen werden Lösungen und die damit verbundenen, vielleicht anstrengenden und angstbesetzten Veränderungen noch in die Zukunft verschoben. Beobachtungsaufgaben bieten sich tendenziell eher bei Besuchern und Klägern an, sie sind aber auch allgemein zu empfehlen, wenn Klienten ihren bisherigen Wahrnehmungs- und Aufmerksamkeitsfokus zu sehr auf Negativem, auf Selbstkritik, Misserfolge usw. richten, also – um das Bild von Wanderung N°23 aufzugreifen – auf die Löcher im Käse starren und darüber den Käse nicht mehr sehen.

Experimente:
Mit dem Begriff „Experiment" als Metapher für konkrete Handlungsschritte, werden überzogene Erwartungen, die Klienten an einen Erfolg haben (nämlich der Beseitigung des Problems), etwas heruntergeschraubt. Vor allem, wenn dabei andere Leute „mitspielen" müssen, ist ja keine sichere Prognose über das Gelingen möglich. Experimente kann man eher Kunden vorschlagen.

Spezielle Formen von Experimenten sind:
- Verschreibung des bisherigen Verhaltens: „Vermeiden Sie weiterhin jeglichen Streit!"
- Zufallsaufgabe: „Losen Sie aus, an welchen Tagen Sie mit Ihrem Partner streiten!"
- Eine „So tun, als ob"-Verschreibung: „Tun Sie so, als ob Sie zu einem konstruktiven Streit in der Lage wären!"

Kombination von Beobachtungsaufgaben und Experimenten:
Beide Formen lassen sich auch kombinieren, in dem Klienten vorgeschlagen wird, die Ergebnisse von Experimenten (sorgfältig) zu beobachten. Unser Gedächtnis arbeitet unzuverlässig; schon einen Tag später können Erfahrungen von gestern vergessen oder verzerrt sein. Die Ergebnisse der Beratung und auch der Veränderungsschritte dadurch zu „sichern", dass Klienten eine Art Beratungstagebuch anlegen, in dem sie alles Wichtige dazu festhalten, und das gelegentlich auch gemeinsam betrachtet wird, um zum Beispiel Missverständnisse rascher aufzulösen,

ist sehr empfehlenswert! Außerdem geraten die Ergebnisse der Beratung nicht so leicht in Vergessenheit.

Jeden Abend eine Bilanz des Tages mit der Frage „Was ist mir heute gelungen?" zu ziehen und sich für jeden Erfolg ein Lob auszusprechen, evtl. auch ein Erfolgstagebuch anzulegen, ist eine oft hilfreiche Kombination von Beobachtung und Aktion.

So, der Werkzeugkasten ist gefüllt! Alle Methoden können in die Arbeit mit den Problemdimensionen, die allgemeine Problemlösungsstrategie, dann natürlich auch in alle Formen systemischer Interviews (siehe vierte Reise) eingebaut und auch mit ihnen kombiniert werden.

Zum Schluss möchte ich erwähnen, dass es einige soziokulturelle Unterschiede im Alltagsbewusstsein gibt, die bei der Verwendung der Methoden des lösungsorientierten Ansatzes zu beachten sind. Während es in Amerika (sehr verkürzt ausgedrückt) nicht sehr „schick" ist, Probleme zu haben, Probleme jedenfalls möglichst umgehend gelöst werden sollten („problems should be solved"), ist es hierzulande eher Ausdruck von „Ernsthaftigkeit", Reflektiertheit und anderen Tugenden, sich mit einem Problem ausgiebig, gründlich (also der Sache auf den Grund gehend) zu beschäftigen. Wenn ein Problem leicht zu lösen ist, kann es nicht so „schlimm" gewesen sein.

Man könnte vielleicht als Simulant da stehen, wenn man rasch „geheilt" würde.

Diese Unterschiede in den Alltagskonstrukten zum Thema Probleme, Krankheit, Lösung und Heilung müssen von Beratern mit berücksichtigt werden. Die Methoden, die in einem anderen Kontext entstanden sind (auch wenn es sich in beiden Fällen um Industriegesellschaften handelt) können nicht 1:1 in unseren Kontext übertragen werden. Hat man das, was mit Reframing, also Veränderung von Bedeutungen, gemeint ist, nicht in plausibler Weise mit Klienten erörtert, kann eine angebotene Umdeutung leicht als Ironie oder Schlimmeres verstanden werden. In einer Kultur, in der die Begriffe Wahrheit und Lüge hohe normative Wertigkeiten repräsentieren, und in der Realismus (statt Wundergläubigkeit) als wesentlicher Teil von Aufgeklärtheit betrachtet wird, kann die Wunderfrage sehr schnell als „Kinderkram" abgetan werden, wenn man sie nicht erläutert (z.B. mit dem Bild, dass wir zuvor kennen gelernt haben). Den Menschen in den neuen Bundesländern wurde schon einmal das Wunder „blühender Landschaften" versprochen, sie könnten sich bei der Wunderfrage schnell verhöhnt vorkommen.

Wir sehen, es gilt auch hier die Methodenin eine passende Form zu bringen, wenn sie Klienten helfen sollen.

Wegskizze (1)

1. Umgang mit dem Problem

Fragen nach Ausnahmen:
— „Wann und in welchen Situationen findet das Problem nicht statt?"
— „Was ist dann anders (anderes Verhalten)?"
— „Was kann getan werden, um die problemfreien Zeiten auszudehnen."
— „Was lässt sich daraus für die Lösung des Problems selbst ableiten?"

Verschlimmerungsfragen:
Prinzip: Der Blick wird (statt vom Ist zum Soll bzw. Ziel) in die entgegen gesetzte Richtung denkbarer Verschlechterung gerichtet.
— „Wie erscheint Ihnen in diesem Licht der Status quo?"
— „Wie haben Sie es geschafft, zu verhindern, dass es schlimmer wird?"

Reframing (Umdeutung) von Situationen, Ereignissen und Verhaltensweisen:
— Arten:
    — Bedeutungsreframing: XY eine neue, positive Bedeutung geben, z.B. Ungeduld ist die Fähigkeit, Dinge voranzubringen
    — Kontextreframing: einen Kontext nennen, in dem XY etwas positives ist, bei drohender Gefahr ist Ungeduld mit Leichtsinnigen wichtig
— Methodische Hinweise:
    — zuerst Klienten selbst ein Reframe finden lassen
    — Klienten einladen, auch verrückte Ideen zu äußern, das regt die Kreativität an
    — dann erst eigene Ideen einbringen
    — wenn Klienten abwehrend reagieren: den Zweck des Reframing erläutern
— Formen:
    — positive Kommentare, Lob, Anerkennung
    — Kurzreframing: für etwas einen anderen Begriff wählen

Wegskizze (2)

2. Lösung des Problems

Skalierungsfragen:
Methodisches Vorgehen:
- Zuerst wird eine wie auch immer geartete Skala entworfen,
- dann werden die beiden Endpunkte der Skala definiert,
- dann markiert der Klient, wo er momentan steht;
- und nun wird mit der Anschlussfrage weitergearbeitet, in dem einzelne Skalenschritte in Richtung des Zieles mit dem Klienten genau beschrieben werden, und was er tun müsste, um sie zu vollziehen.

Die Wunderfrage:
Form: „Angenommen, während Sie heute Nacht schlafen, ... geschieht ein Wunder, ... und das Problem, weshalb Sie hier sind, ist gelöst (... die Dinge, wie sie jetzt sind haben sich gravierend verändert). Aber, weil Sie geschlafen haben, haben Sie nicht mitbekommen, wie das Wunder geschah.
- An was werden Sie als erstes erkennen, dass das Wunder passiert ist?
- Woran werden Sie es noch bemerken? Was werden Sie dann plötzlich anders machen (können), als bisher? Wie werden Sie das genau tun?"

Die Anschlussfrage darf nicht vergessen werden!
Ideen für ganz konkrete, kleine Handlungsschritte werden besprochen und als Aufgabe für die Zeit bis zur nächsten Sitzung vereinbart.
- „Wann war es in der Vergangenheit schon ein klein wenig so, wie Sie beschrieben haben?
- Was könnten Sie konkret tun, um diese Situation wieder her zu holen?"
- „Könnten Sie sich vorstellen, vielleicht als Experiment, mal einen Tag (für 30 Minuten) so zu tun, als ob das Wunder eingetreten wäre?"
- „Was könnte ein erster, kleiner und für Sie machbarer Schritt sein, um dem Wunder näher zu kommen, was wäre der zweite Schritt?"

Fragen nach Lösungen:
Methodischer Hinweis: Immer zuerst die Klienten ihre Lösungen suchen bzw. nennen lassen, bevor man als Berater Ideen beisteuert! Beispiele:
- „Was haben Sie bereits ausprobiert, um das Problem zu lösen?"
- „Was war bisher Ihre verrückteste Idee zur Lösung Ihres Problems?"
- „Was wäre eine Minimallösung?"
- „Was müssten Sie jetzt, gleich nach unserem Gespräch tun, um das Gefühl zu haben, einen Schritt weitergekommen zu sein?"
- „Haben Ihnen andere schon einmal etwas vorgeschlagen? Fanden Sie die Idee gut, oder haben Sie die Idee verworfen?"
- „Was würden Sie einer Freundin oder einem Freund vorschlagen zu tun, wenn sie oder er dasselbe Problem hätte?" (Diese Frage eröffnet eine Außenperspektive!)

Fragen nach Ressourcen und nach Fähigkeiten ...
- die für Lösungen nützlich wären.
- die in anderen Situationen schon einmal zur Verfügung standen ...
- und nun in den problem- bzw. Lösungskontext „importiert" werden dazu eine „Merkhilfe" verabreden, um sich daran zu erinnern

Aufgaben:
Wichtige Arten:
- Beobachtungsaufgaben
- Experimente

Spezielle Formen von Experimenten sind:
- Verschreibung des bisherigen Verhaltens: „Vermeiden Sie weiterhin jeglichen Streit!"
- Zufallsaufgabe: „Losen Sie aus, an welchen Tagen Sie mit Ihrem Partner streiten!"
- Eine „So tun, als ob" - Verschreibung: „Tun Sie so, als ob Sie zu einem konstruktiven Streit in der Lage wären!"
- Beratungstagebuch; Erfolgstagebuch

Wanderung N° 32

„Kombizange"

oder: Eine allgemeine Problemlösungsstrategie

Wohin diese Wanderung führt ...

Mit den letzten Wanderungen haben wir die Grundlagen gelegt, um nun den Versuch zu unternehmen, angesichts der Vielzahl möglicher Fragen, Arten des Interviews und des Spektrums denkbarer Lösungswege für Probleme, eine Strategie zu entwerfen, die potenziell bei jeder Art von Problemstellung anwendbar ist. Dieser Versuch wird vielleicht vermessen erscheinen, vor allem wenn man die vielen Bemühungen bedenkt, die hinter den unterschiedlichsten Therapieverfahren stehen, spezielle Problemlagen in den Griff zu bekommen, also zum Beispiel Ängste, Zwänge, Sucht, Psychosen u.v.m.

Deswegen ist nochmals zu betonen: Beratung, wie sie in diesem Buch vorgestellt wird, ist nicht gleichbedeutend mit Therapie. Schon im „Vorgarten zum Labyrinth" habe ich versucht, zu verdeutlichen, dass es sich bei allen Methoden um eine Art kognitiver Arbeit handelt, die über das Denken, über Einsichten und Horizonterweiterung geht. Damit kann genau so viel erreicht werden, wie diese Vorgehensweise für Klienten „passen", und sie dadurch Zugang zu sich und konkreten Veränderungsmöglichkeiten finden. Nicht mehr und nicht weniger!

Berater werden, je nach Arbeitsfeld, mit ganz unterschiedlichen Problemen in unterschiedlicher Bandbreite konfrontiert. Je breiter das Spektrum, desto schwieriger wird es, sich für viele einzelne Problemlagen zu spezialisieren. Insofern kann es hilfreich sein, für die Beratungspraxis eine Verfahren bzw. eine Strategie zur Verfügung zu haben, die – wenn auch nicht mit garantiertem Erfolg (den gibt es sowieso nicht) – zumindest so weit führt, dass Klienten ihren Zielen näher kommen oder vielleicht auch lernen, sich mit einem Problem abzufinden, solange keine andere Lösung zu erreichen ist.

Die Strategie, die nun entworfen wird, enthält implizite Annahmen und explizite Schritte, die (wie ein Flussdiagramm) in eine Reihenfolge gebracht werden können.

Die impliziten Annahmen

1. Das ist erstens die Annahme, dass (bildlich gesprochen) die Lösung eines Problems „im Klienten steckt". Davon gehen jedenfalls die humanistische Psychologie und ihre großen Vertreter aus; dem möchte ich mich anschließen.
2. Eine weitere Annahme geht davon aus, dass entsprechend konstruierte Fragen Klienten helfen können, durch ihre eigenen Antworten wieder einen Zugang zu Lösungen zu finden, der bisher verschüttet war.
3. Und die dritte Annahme: Eine Erweiterung des bewussten kognitiven Horizontes ermöglicht den Zugang zu Lösungen, an die Klienten bisher gar nicht denken konnten; es handelt sich um den Blick über den Tellerrand.

Die Strategie

Im nachfolgenden Schema werden wir, neben der schon diskutierten Möglichkeiten, die Problemdimensionen in einer bestimmten Reihenfolge erkunden sowie andere Methoden einbeziehen, die in den folgenden Wanderungen und teilweise auch erst bei der vierten Reise vorgestellt werden. Dass man im Phasenmodell soweit vorgedrungen ist, dass mit Klienten geklärt werden konnte, ob eine Problembearbeitung überhaupt geht, wird hier vorausgesetzt.

Wenn letztlich keine der Methoden zum Ziel, das heißt zur Erfüllung eines Kontraktes führt, sind offensichtlich die Grenzen dieses Beratungskonzeptes erreicht. Auch mit einer allgemeinen Strategie können nicht alle Probleme gelöst werden. Vielleicht bedarf es einer Therapie in einer Form, mit der Klienten auf einer anderen Ebene erreicht werden (z.B. Körperarbeit)! Es kann aber auch sein, dass die Beratung sich unmerklich in eine ganz andere Ausgangslage verschoben hat, und Klienten gar kein Anliegen mehr an ihre Berater haben, sondern inzwischen der Berater an den Klienten, man also wie beim „Mensch ärgere dich nicht" gleichsam von vorne anfängt und mit dem „Drei-Schritte-Programm" (vgl. Wanderung N°18) fortfahren sollte.

Das Schema ist relativ komplex, enthält viele Gabelungen und soll daher nun noch mit Worten erläutert werden, um es verständlicher zu machen.

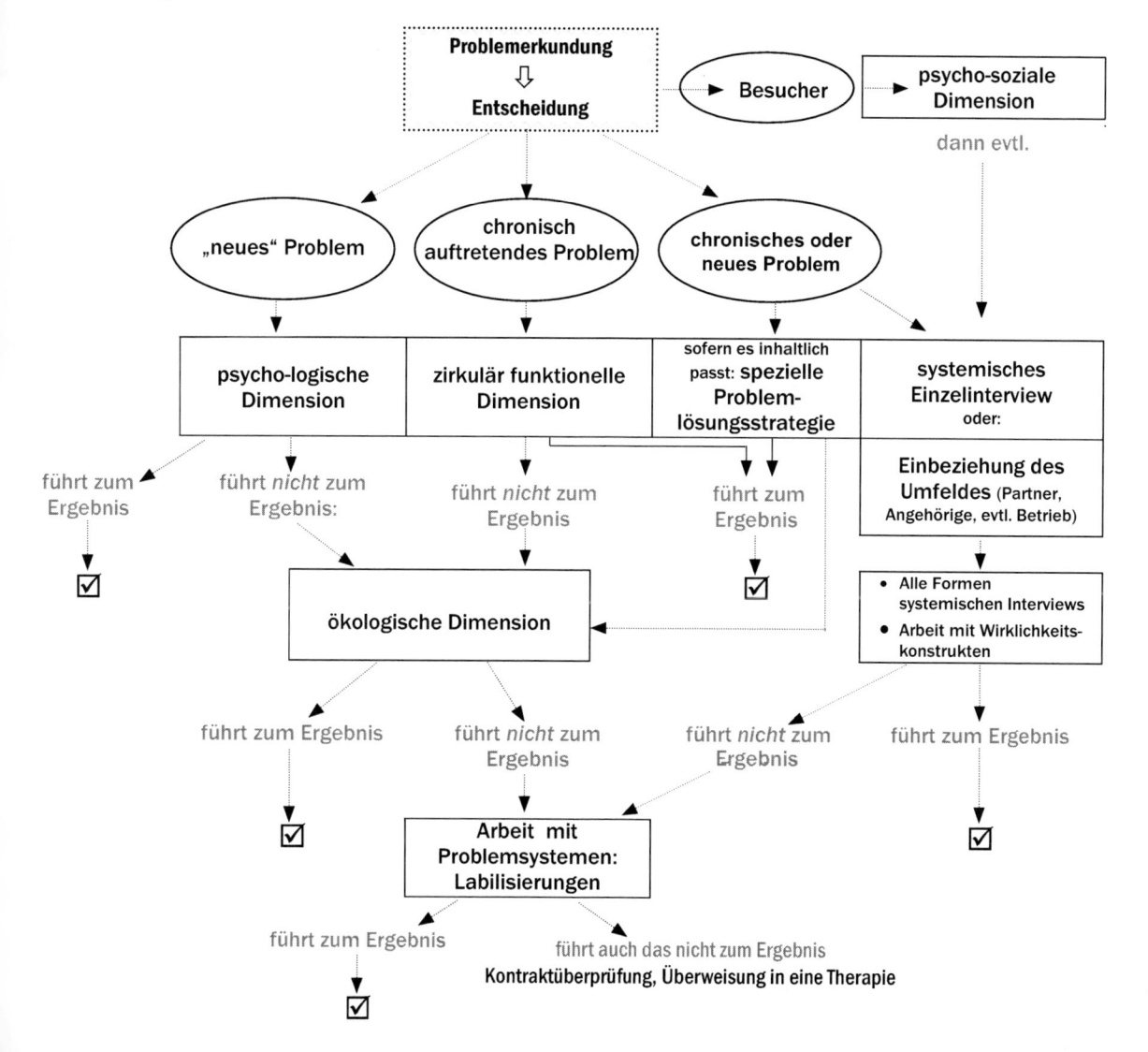

```
                    Problemerkundung
                           ⇩                          ──► Besucher ····► psycho-soziale Dimension
                    Entscheidung                                              dann evtl.

        ↓                    ↓                    ↓                              ↓
   „neues" Problem    chronisch         chronisches oder
                      auftretendes      neues Problem
                      Problem

        ↓                    ↓            sofern es inhaltlich
                                          passt: spezielle
   psycho-logische    zirkulär            Problem-                    systemisches
   Dimension          funktionelle        lösungsstrategie            Einzelinterview
                      Dimension                                       oder:
                                                                      Einbeziehung des
                                                                      Umfeldes (Partner,
                                                                      Angehörige, evtl. Betrieb)

  führt zum  führt nicht zum    führt nicht zum    führt zum
  Ergebnis   Ergebnis:          Ergebnis          Ergebnis           • Alle Formen
                                                                       systemischen Interviews
     ☑                                                ☑              • Arbeit mit Wirklichkeits-
                                                                       konstrukten
                 ökologische Dimension ◄─────────────

  führt zum Ergebnis    führt nicht zum    führt nicht zum    führt zum Ergebnis
                        Ergebnis           Ergebnis
        ☑                                                              ☑
                        Arbeit mit
                        Problemsystemen:
                        Labilisierungen

  führt zum Ergebnis       führt auch das nicht zum Ergebnis
        ☑                  Kontraktüberprüfung, Überweisung in eine Therapie
```

A. Nach der ersten genaueren Problemerkundung gelangt man an eine große Gabelung mit folgenden Möglichkeiten:
(1) Es handelt sich um ein neues, bisher noch nicht oder selten aufgetretenes Problem.
(2) Es handelt sich um ein bereits chronisch gewordenes Problem.
(3) Es bietet sich an, mit systemischen Methoden zu arbeiten.
(4) Es handelt sich um einen Besucher.

(1) In diesem Fall lohnt es sich in der Regel, mit der psycho-logischen Dimension zu beginnen und mit Hilfe von Fragen des lösungsorientierten Interviews Lösungsmöglichkeiten auf allen drei Wegen zu erkunden, also der Veränderung des Ist-Zustand oder des Soll-Zustandes oder Veränderungen im Umgang mit dem Problemerleben. Führt dies zum Erfolg, ist man fertig. Dafür steht das Zeichen: ☑. Wenn nicht, empfiehlt es sich, mit der ökologischen Dimension weiter zu arbeiten (siehe unten).

(2) In diesem Fall kann man meistens gleich mit der zirkulär-funktionellen Dimension beginnen und eventuell speziell mit der Lösungsstrategie für Teufelskreise (vgl. Wanderung Nº 35) arbeiten. Führt dies zum Erfolg, ist man fertig (☑). Wenn nicht, kann man mit der ökologischen Dimension versuchen, weiter zu kommen.

(1) und (2): Unter Umständen verweist die Art des Problems darauf, von vorneherein mit einer der speziellen Problemlösungsstrategien zu arbeiten. Sie werden in den Wanderungen Nº 35 bis 40 beschrieben. Führt das zum Erfolg, ist man fertig (☑).

(3) Es kann sein, dass die Art des Problems nahe legt, von Beginn an den Fokus auf die Systemprozesse zu richten, weil andere Personen maßgeblich an der Problemerzeugung beteiligt sind. Man kann dann entweder andere Personen (Partner, Familie ...) in die Beratung mit einbeziehen oder aber, wenn das nicht geht, zumindest mit dem systemischen Einzelinterview arbeiten (vgl. Wanderung Nº 49).

(4) Handelt es sich um einen Besucher, kann man mit der psycho-sozialen Dimension (also mit dem problemrekonstruierenden Interview) arbeiten und eventuell das betroffene Umfeld in die Beratung einbeziehen, um die offensichtlich ungelösten Konflikte in Angriff zu nehmen, sofern die Beteiligten einwilligen. Wenn Besucher bereits erheblich „unter Druck" stehen und deswegen für eine Beratung mit dem Ziel der „Druckverminderung" offen sind, kann man auch hier mit den Methoden des systemischen Einzelinterviews arbeiten.

B. Haben die bisherigen Versuche in (1) bis (3) zu keinem Ergebnis geführt, kann das bedeuten, dass das Problem eine Funktion im ökologischen Gleichgewicht der Person oder des Systems hat. Also kommt die Arbeit mit der ökologischen Dimension in Frage. Vielleicht mündet die ganze Arbeit in die Frage, wie sich Klienten (oder auch ihr Umfeld) mit der Existenz des Problems arrangieren können, was wieder dem entsprechenden Lösungsansatz in der psycho-logischen Dimension entspräche.
Kommt man auch da zu keinem Ergebnis, kommt die Arbeit mit Problemsystemen, mit Labilisierungen und (als Teil davon) mit Lösungen zweiter Ordnung (siehe Wanderungen Nº 34 und Nº 41) infrage.

Das also ist das „Gerippe" dieser allgemeinen Problemlösungsstrategie. Um nun noch mehr „Fleisch" an dieses Gerippe zu bringen, beschreibe ich einige Schritte ausführlicher und gebe zum Schluss methodische Hinweise zu möglichen Komplikationen.

Die Ausgangslage

Es wird hier vorausgesetzt, dass ein Kontrakt im Sinne des Phasenmodells geschlossen werden konnte, dass selbst Besucher an mehr, als nur einer unverbindlichen Plauderei interessiert sind, und Kläger auch eine gewisse Neugier zeigen, vielleicht doch zu irgendeiner Verbesserung der Lage zu kommen.

Problemerkundung

Es gilt nun, einige Informationen einzuholen, die es erlauben sollen, die anschließende Weichenstellung zu vollziehen und zu entscheiden, mit welchen Methoden man nun weiter arbeitet. Das Meta-Modell, das wir bei der nächsten Wanderung kennen lernen werden, ist als Fragetechnik zu empfehlen, um diese Informationen zu erzeugen, denn mit Hilfe der Antworten, die man mit einigen gezielten Fragen erhält, erfährt man meistens mehr als durch die mehr oder minder unstrukturierten Schilderungen der Klienten. In der Kontraktphase sollte ja nur ein Minimum an Informationen erfragt werden. Auch jetzt „ist weniger mehr", und es geht zunächst nur darum, zur Methodenwahl zu kommen. Was dann noch an Informationen benötigt wird, ergibt sich danach.

Sofern nicht in der Kontraktphase schon explizit die Ziele erarbeitet wurden (wie z.B. in Wanderung N°29 beschrieben) sollte dies jetzt noch nachgeholt werden! Da die Zielbestimmung aber auch der Beschreibung des Soll-Zustandes in der psycho-logischen Dimension entspricht, kann man damit warten, wenn man ohnehin vorhat, mit dieser Dimension weiter zu arbeiten.

Entscheidung und weitere Beratung

Nach der Problemerkundung sollte es möglich sein zu entscheiden, mit welcher Methode man weiter arbeitet. Es genügt hier, auf die Wegskizzen der jeweiligen Wanderungen, in denen die Methoden beschrieben sind, zu verweisen. Es ist vielleicht zweckmäßig, diese Wegskizzen als eine Art „Spickzettel" zur Hand zu haben, denn es ist nicht ganz einfach, von allen Methoden die wesentlichen Bestandteile oder Schritte „im Kopf zu haben" (siehe S.. 479).

> **Ich hatte eine Lösung, aber sie passte nicht zu meinem Problem.**
> Bernhard Trenkle

Ein Beispiel: Eine Frau kommt in Beratung. Die Kontaktaufnahme und auch eine Kontextklärung einschließlich der Erläuterung, worin das Angebot der Beratung besteht, ist schon erfolgt.

B: „Ja, jetzt würde ich Sie gerne genauer erfahren, was Sie herführt?"

Kl: „Ich habe Panik vor jeder Art von Gruppen. Also zum Beispiel zu einem Vortrag zu gehen oder so. Und jetzt fängt's auch noch damit an, dass ich mich auf keine Einladungen mehr trau, also ein Geburtstagsfest oder eine Party, obwohl, auf Parties gehe ich schon länger nicht mehr. Aber neulich hat meine Freundin den Vierzigsten gefeiert, es war klar, da kommen viele Leute, ich musste ihr absagen und hab' dann auch noch geschwindelt, weil ich mich schäme wegen der Angst. Aber zu lügen, war auch schlimm!"

B: „Also, es ist schlechter geworden! Ich glaube, ich kann mir schon vorstellen, wie das ist. Wenn Sie sich mal überlegen, was Sie gerne wieder erreichen würden, also im besten Fall, und mit was sie auch schon zufrieden wären, was wäre das?"

Kl: „Hm ..., also eigentlich möchte ich schon, dass diese Ängste ganz weg gehen. Ich würde gerne auf Fortbildungen gehen oder auch in eine Selbsterfahrungsgruppe. Ich komme mir richtig abgeschnitten vor. Aber wenigstens zu so einem Geburtstag würde ich gerne wieder gehen können!"

B: „Und zwischen Fortbildungsgruppen und Festen gibt es für Sie wahrscheinlich auch noch Zwischenstufen?"

Kl: „Hm ..., da habe ich noch gar nicht drüber nachgedacht."

B: „Das können wir auch später noch überlegen. Aber ich sollte noch wissen, vor was genau Sie eigent-

lich Angst haben, wenn Sie in einer Gruppe sind?"
Kl: „Ich weiß, das ist verrückt, aber ich habe immer Angst, dass mich jemand anspricht und ich weiß dann keine Antwort, und andere merken das auch noch; das wäre die totale Blamage."
B: „Und damit das nicht passiert, gehen Sie erst gar nicht hin?"
Kl: „Ja, ich finde das total doof, aber ich komm' nicht drüber hinweg!"
B: „Aber Selbstkritik hilft auch nicht weiter, oder?"
Kl: „Nein ..."
B: „Ich verstehe schon, dass Ihnen der Verstand sagt, dass das alles unsinnig sei. Aber Ihre Angst hört nicht auf den Verstand, und sie ist bisher mächtiger, stimmt das so?"
Kl: „Ja, schon."

Das Beispiel zeigt, wie der Berater sich auf einige wenige Informationen beschränkt. Natürlich muss er aufpassen, die Klientin nicht „abzuschneiden". Sie muss sich verstanden fühlen, sonst leidet der Kontakt. Der Versuch, das hier mit einigen Bemerkungen zu tun, scheint zu genügen. Manche Klienten brauchen jedoch mehr Raum, um zu erzählen. Den sollte man geben und versuchen, das Wesentliche „heraus zu hören".

Sodann zeigt sich, dass die Klientin ein minimales und ein maximales Ziel hat, dass also zuerst mit dem minimalen Ziel gearbeitet werden kann. Ferner, dass es sich um ein chronisches Problem handelt, dessen Auswirkungen schlimmer geworden sind. Die Klientin kommt zunehmend in innere Nöte und damit auch in einen labilen Zustand, der sie veranlasst, in eine Beratung zu gehen. Angst und Leidensdruck führen inzwischen eine Art inneren Machtkampf. Und schließlich: Die Klientin weiß, wovor sie sich fürchtet. Es bietet sich folglich an, mit den speziellen Problemlösungsstrategien, nämlich der „Lösung von Teufelskreisen" in Kombination mit der „Veränderung von Angstvermeidungsstrategien" zu arbeiten. Ist das Minimalziel erreicht, kann man mit denselben Methoden noch weiter daran arbeiten, dass es der Klientin gelingt, nun auch in andere „Gruppen" zu gehen, also zum Beispiel einen Vortrag, wo ihr wahrscheinlich keine Fragen gestellt werden.

Kommt die Klientin dennoch keinen Schritt weiter, lohnt sich die Weiterarbeit mit der ökologischen Dimension, oder man arbeitet gleich mit dem Konzept der Labilisierungen, wie sie bei Wanderung N°34 vorgestellt wurden, z.B. mit dem Lösungsansatz „Über die Schwelle".

Anwendung der Methoden und mögliche Schwierigkeiten

In der Problemerkundung und der weiteren Arbeit mit bestimmten Methoden können Schwierigkeiten auftreten, die nicht speziell mit den angewendeten Methoden zusammenhängen, und für deren Lösung im Folgenden einige Vorschläge gemacht werden:

■ *Klienten verstehen die Fragen nicht*
Oft liegt es an der Formulierung, den eigenen Denk- und Sprechgewohnheiten der Berater, die für Klienten fremd sind. Auch das Konzept der Problemdimensionen und die darin enthaltenen Betrachtungsweisen sind für Klienten ungewohnt oder zu „kompliziert".

Es empfiehlt sich, einfache Beispiele aus dem Alltagsleben heranzuziehen und so eine Brücke zum Verständnis zu bauen. „Es gibt Leute, die leiden darunter, dass sie sich keinen Porsche leisten können. Wäre das für Sie auch ein Problem?"

Mit Visualisierungen zu arbeiten, kann oft weiter helfen. Zum Beispiel kann das Konzept der psycho-logischen Dimensionen auf einen Blatt skizziert werden.

Der ökologische Nutzen ist für viele eine völlig fremde, unbekannte oder gar abwegige Vorstellung. Den meisten ist jedoch klar, dass man eine Pflanze, der man das Wasser entzieht, weil es zu kalkhaltig sei, zum Verdorren bringt. „Stellen Sie sich nur mal vor, Sie bräuchten das Problem wie die Pflanze das Wasser. Ich weiß, eine seltsame Idee, aber ist dieser Vergleich in Ihrem Fall so abwegig?" Oder: „Kennen Sie den Spruch: Sich im Kreise drehen? So ähnlich scheint es mit Ihrem Problem zu sein. Das Ganze dreht sich wie ein Karussell. Wie funktioniert ein Karussell, wie bringt man es zum Stoppen?"

- *Klienten haben keine Lösungsideen, und ihr Berater auch nicht*

Das scheint der „Worst case" der Beratung zu sein. „Wissen Sie, was uns jetzt immer noch bleibt, ist, zu raten. Was könnte eine Lösung sein? Was wäre zum Beispiel eine echt verrückte Lösung?" Oft führt der Weg zu brauchbaren Ideen über „verrückte" Einfälle, man muss sie sich nur erlauben.

- *Klienten blocken ab, wollen nicht mehr weiter machen*

„Ich kann nicht mehr denken!", „Das ist mir zu anstrengend!" usw. Na gut, was spricht gegen eine Pause? Vielleicht ahnt der Klient etwas vom ökologischen Nutzen des Problems und hat deswegen eine „Mattscheibe", damit es nicht weitergeht oder „gefährlich" wird. Für Berater ist das nur dann ein Problem, wenn sie unter dem Einfluss von Eigenaufträgen stehen. Man denke daran: Klienten haben das Recht, ihr Problem zu behalten!

- *Beratern wird das Ganze zu kompliziert, sie „blicken nicht mehr durch"*

ebenfalls ein „Worst case", so könnte man denken, allerdings nur, wenn Berater an sich den Anspruch haben, dass das nicht passieren dürfe. Dabei reicht es vielleicht festzustellen: „Ich weiß gerade nicht mehr weiter! Haben Sie noch eine Idee, oder sollen wir eine schöpferische Pause einlegen?"
Man beachte: Berater sind auch nur Menschen, oder? Abgesehen davon: Die Problemdimensionen sind oft komplex ineinander verwoben. Man zieht an einem Ende eines Wollknäuels und hat gleich den ganzen Knäuel in der Hand.
Oder vielleicht ist doch eine weiterführende Therapie angezeigt. Vielleicht genügt es aber auch schon, ein komplexes Problemsystem zusammen mit dem Klienten auf ein Blatt Papier zu zeichnen, um nächste mögliche Schritte einer Lösung zu entdecken..

- *Die „Ich-weiß-nicht"-Position*

Wenn Klienten auf Fragen häufig mit „Ich weiß nicht ..." antworten, könnte man geneigt sein, dies als „Widerstand" oder dergleichen zu deuten. Davor möchte ich warnen! Der Satz „Ich weiß nicht" drückt implizit aus, dass der Klient denkt, auf die Frage des Beraters eine Antwort „wissen" zum müssen. Was aber ist die Vorstellung des Klienten darüber, was „wissen" bedeutet? Sehr oft meinen Klienten so etwas wie „sicher wissen". Dass es aber auch denkbar wäre, zu spekulieren (was könnte eine Antwort sein?), also im Konjunktiv zu denken und Möglichkeiten zu konstruieren, ist oft in der Vorstellungswelt der Klienten noch nicht als annehmbarer Weg vorgesehen. Folgerichtig sagen sie: „Ich weiß nicht ...", wenn sie bemerken, dass sie auf die Frage nicht (oder nicht sicher) „wissen", welches die „richtige" Antwort ist.
Es lohnt sich daher, Klienten zum Spekulieren etc. einzuladen: „Was könnte eine denkbare Antwort sein?", „Sie wissen es nicht, aber was wäre denn denkbar?" usw.

Abschluss einer Stunde oder der ganzen Beratung

Bei ganz vielen der zur Anwendung kommenden Methoden werden zum Schluss konkrete „Hausaufgaben" verabredet, wie sie in Wanderung N°31 beschrieben wurden. Klienten sollen bestimmte Lösungsmöglichkeiten, die erarbeitet wurden, in der Zwischenzeit erproben, bis man sich wieder sieht, und die Auswirkungen beobachten. Nur bei manchen Methoden beschränkt man sich auf den „Aha-Effekt" der überraschenden Horizonterweiterung und beobachtet weiterhin, ob dies zu Veränderungen führt.

Komplikation: Klienten setzen praktisch nicht um, was in der Beratung erarbeitet und verabredet wurde. Das Ganze wird evtl. sogar zum Muster: Beratung ⇨ Hausaufgaben werden nicht erledigt ⇨ nächste Beratung ⇨ Hausaufgaben wurden nicht gemacht ⇨ usw.

Reden ist eben meist leichter als handeln. Veränderungen sind anstrengend oder Klienten fürchten sich davor. Wir neigen zur Bequemlichkeit, Gewohnheiten sind mächtig, die Angst vor Veränderung ist meist noch mächtiger. Vielleicht sind die verabredeten Schritte zu groß gewesen. Also geht es um kleinere Schritte. Geduld ist gefragt, oder vielleicht auch der Mut, die Beratung zu beenden. Oder es bleibt alles, wie es ist, und die Lernaufgabe ist nun, sich mit dem Problem zu arrangieren (vgl. Wanderung N° 42).

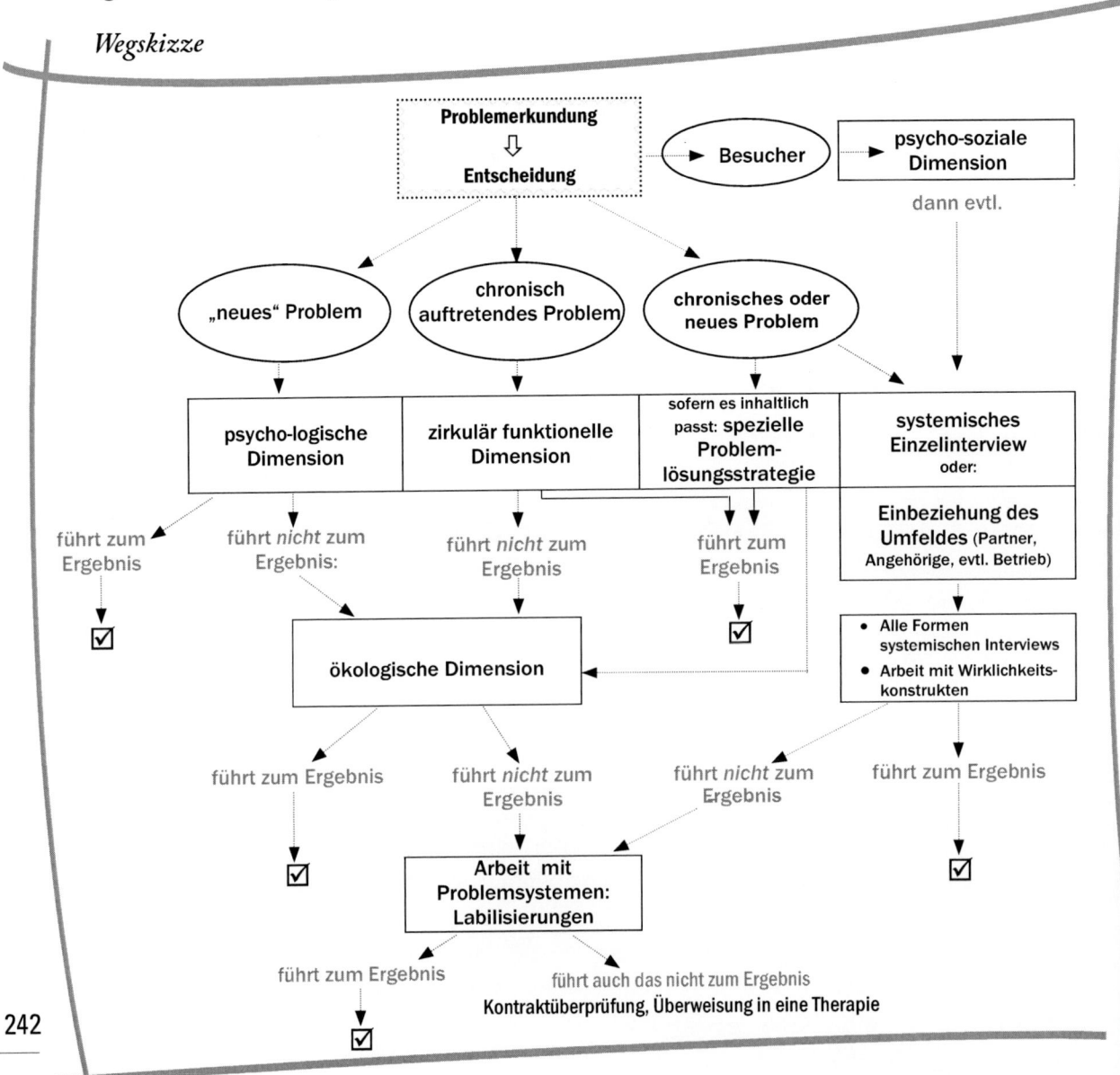

Wegskizze

```
                        Problemerkundung
                              ⇩                      ┌──────────┐     ┌──────────────┐
                         Entscheidung                │ Besucher │ ──▶ │ psycho-soziale│
                                                     └──────────┘     │  Dimension   │
                                                                      └──────────────┘
                                                            dann evtl.
       ┌─────────────┐   ┌─────────────┐   ┌─────────────┐
       │  „neues"    │   │  chronisch   │   │ chronisches │
       │  Problem    │   │ auftretendes │   │ oder neues  │
       │             │   │  Problem    │   │  Problem    │
       └─────────────┘   └─────────────┘   └─────────────┘
                                            sofern es inhaltlich
                                            passt: spezielle
  ┌──────────────┬────────────────┬────────────────────┬──────────────────┐
  │ psycho-      │ zirkulär       │ Problem-           │ systemisches     │
  │ logische     │ funktionelle   │ lösungsstrategie   │ Einzelinterview  │
  │ Dimension    │ Dimension      │                    │ oder:            │
  └──────────────┴────────────────┴────────────────────┼──────────────────┤
                                                       │ Einbeziehung des │
                                                       │ Umfeldes (Partner,│
                                                       │ Angehörige, evtl.│
                                                       │ Betrieb)         │
 führt zum   führt nicht   führt nicht   führt zum     ├──────────────────┤
 Ergebnis    zum Ergebnis: zum Ergebnis  Ergebnis      │• Alle Formen     │
    ☑                                       ☑          │  systemischen    │
                                                       │  Interviews      │
                     ┌──────────────────┐              │• Arbeit mit      │
                     │  ökologische     │◀─────────────│  Wirklichkeits-  │
                     │  Dimension       │              │  konstrukten     │
                     └──────────────────┘              └──────────────────┘

 führt zum        führt nicht      führt nicht        führt zum
 Ergebnis         zum Ergebnis     zum Ergebnis       Ergebnis
    ☑                                                    ☑
                     ┌──────────────────┐
                     │  Arbeit  mit     │
                     │  Problemsystemen:│
                     │  Labilisierungen │
                     └──────────────────┘
            führt zum Ergebnis    führt auch das nicht zum Ergebnis
                   ☑              Kontraktüberprüfung, Überweisung in eine Therapie
```

Wanderung N° 33

Innenwelten erkungen
Das Meta-Modell

Wohin die Wanderung führt ...

„Ich möchte, dass es mir besser geht!" Was sollte an solch einem Wunsch auszusetzen sein? Hört man den Satz, ist man geneigt zu glauben, man hätte ihn verstanden. Erst bei genauerem Nachdenken merkt man, dass man allenfalls verstanden hat, wie man selbst als Hörer diesen Wunsch interpretiert hat. Man kann sich aber nicht sicher sein, auch verstanden zu haben, was der Sprecher meinte, denn mehrere Informationen sind in seinem Satz gelöscht. Vielleicht waren diese Informationen sogar schon in den Gedanken des Sprechers gelöscht, die seinem Satz voraus gingen. Dann wäre ihm selbst nicht so ganz klar, was er meint. Wir hören „aktiv", das heißt, wir versuchen die Bedeutung dessen, was wir gehört haben, zu entschlüsseln. Wir sind gewohnt, dies spontan, meistens ohne weitere Überlegungen zu tun. Wir bemerken unter Umständen nicht, wie wir den anderen zwar richtig gehört, aber dennoch missverstanden haben. In der Beratung (und natürlich nicht nur da) ist es enorm wichtig, dass beide Seiten sich nicht fehl interpretieren. Wir begegnen hier also wieder den Missverständnissen und der Missverständigung (vgl. Wanderung N° 1). Auf dieser Wanderung werden wir eine Fragetechnik kennen lernen, die nicht nur Beratern hilft, Fehlinterpretationen zu vermeiden, sondern darüber hinaus Klienten ermöglicht, rasch Zugang zu ihren „Innenwelten" zu bekommen.

Reden ist Silber – Hören ist Gold! Mit diesem Motto könnte man die Fragetechnik, die man auch „Landkarten erkunden" nennen kann, und die in der Fachliteratur unter dem Begriff „Meta-Modell" beschrieben wird, gut charakterisieren. Es geht nicht nur darum, zu „er-hören", was der Klient mit seinen Worten meint, sondern auch zu er-hören, was er *nicht* sagt und wie möglicherweise seine Gedanken und Vorstellungen beschaffen sind. Nur das, was man er-hört hat, kann man schließlich auch hinterfragen. „Ich möchte, dass es mir besser geht!" „In welcher Hinsicht? Um wie viel besser?"

Beginnen wir mit ersten Erkundungen, um was es sich handelt: Wir „verdichten" unsere täglichen sinnlichen Erfahrungen von Kindes Beinen an zu inneren Landkarten, Modellen und schließlich auch Glaubenssätzen und anderen Konstrukten. Alles zusammen stellt so etwas wie unsere innere Welt, unser Welt- und Selbstbild dar. Es ist eine Art „Atlas", mit dessen Hilfe wir uns im Leben orientieren. Unsere inneren Welten bringen wir sprachlich in einer „Oberflächenstruktur" zum Ausdruck. Die Oberflächenstruktur der Sprache gibt jedoch die inneren „Landkarten" nur unvollständig wieder, manchmal auch deshalb, weil die tieferen Zusammenhänge nicht mehr im Bereich unserer bewussten Aufmerksamkeit sind.

Man kann drei Formen der Verarbeitung unserer Erfahrung und ihrer sprachlichen Wiedergabe unterscheiden:
– Tilgungen
– Generalisierungen
– Verzerrungen

Im Meta-Modell spricht man auch von „Gestaltungsprozessen" bzw. einer „Universalgrammatik". Jeder dieser Formen hat für unseren Lebensalltag große praktische Bedeutung; sie ermöglichen uns Orientierung, Planung und Entscheidungen. Gleichzeitig aber werden Erfahrungen möglicherweise einseitig oder verzerrt verarbeitet und entsprechend sprachlich wiedergegeben. Da wir im Alltag uns mehr an unseren inneren Landkarten orientieren, als an der „äußeren Realität", ja sogar die Landkarte und das darin wiedergegebene Gebiet gleichsetzen, können in dem Maße Probleme entstehen, wie unsere Landkarten mit den äußeren Gegebenheiten nicht übereinstimmen.

Insofern kann es hilfreich sein, Landkarten bzw. Modelle, von denen sich Klienten leiten lassen, zu rekonstruieren, sodass sie bewussten Zugang dazu bekommen. Es ist auch wichtig, dass Klienten entdecken, wie ihre Probleme daraus resultieren, dass sie ihre Landkarten mit der Realität gleichgesetzt haben, ohne es zu merken. „Wie nahrhaft ist eine Speisekarte?", so könnte man fragen, um den Unterschied zwischen einer Landkarte und der Realität, also dem, was sie darstellen soll, verdeutlichen.

Wenn es also um die Rekonstruktion der den Landkarten ursprünglich zugrunde liegenden Erfahrungen geht, ist die am Meta-Modell orientierte Fragetechnik dafür sehr geeignet. Auf relativ raschem Weg gewinnen Klienten Zugang zu ihren inneren Verarbeitungsformen und deren Ergebnissen, also dem oben erwähnten Atlas und seinen Teilen. Das allein kann schon weit reichende Veränderungen ermöglichen!

Was sind Tilgungen, Generalisierungen und Verzerrungen? Was sind Landkarten und Glaubenssätze? Mit einigen kurzen Erklärungen und Beispielen soll dies erläutert werden.

Tilgungen

Bei der Tilgung wird das Augenmerk nur auf einen bestimmten Ausschnitt einer Wahrnehmung oder Erfahrung gelenkt, andere bleiben unberücksichtigt oder werden gar nicht wahrgenommen. Dadurch wird die Konzentration auf das Wesentliche einer Wahrnehmung oder Erfahrung ermöglicht, so dass nur das wirklich Wichtige in Augenschein tritt. Getilgt werden Anteile, die im momentanen Erleben ablenkend oder irrelevant er scheinen. Wer beispielsweise ein Konzert besucht und während der Musik seine Aufmerksamkeit auf alle sonst noch wahrnehmbaren Dinge während des Konzerts richtet, z.B. das Husten im Publikum, wird wenig Genuss empfinden können. Hier helfen Tilgungen (die übrigens nicht dasselbe wie selektive Wahrnehmungen sind, diese aber mit umfassen), sich ganz dem jeweiligen Interesse zu widmen. Aber zum Beispiel bei der Bildung des Selbstwertes, also der Landkarte von uns selbst, können Tilgungen zu traurigen Konsequenzen führen. Wer früh gelernt hat, kein Lob zu bekommen, wenn er etwas geleistet hat, neigt dazu, Lob, das er heute bekommt zu „überhören" oder gering zu schätzen, Kritik aber umso höher zu bewerten. Das zeigt: Was im Modell nicht vorgesehen ist, wird eventuell auch nicht wahrgenommen, obwohl es wahrnehmbar wäre. Tilgungen im Modell wirken also wie ein Filter. Das Geiche gilt für die beiden anderen Verarbeitungsformen.

Generalisierungen

Mit Generalisierung wird ein Gestaltungsprozess beschrieben, mit dessen Hilfe Erfahrungen und Wahrnehmungen, die ähnlich sind, zu Modellen gleichsam „verdichtet" werden. Wir müssen also nicht alles immer wieder neu erforschen, sondern sind in der Lage, ursprüngliche Erfahrungen auf ähnliche Situationen zu übertragen und uns auf diese Weise zu orientieren. Auf der Suche nach einem Stuhl oder einer Bank, auf der wir rasten könnten, finden wir sie überall, wo es etwas gibt, was unserem Modell von Stuhl oder Bank hinreichend ähnlich ist. Wir entwickeln ein Modell der Orange. Wenn wir auf dem Markt Orangen kaufen möchten, brauchen wir glücklicher Weise den Verkäufer nicht bitten, er möge zuvor jede einzelne Frucht aufschneiden und uns kosten lassen. Generalisierungen können uns auch vor negativen Erfahrungen schützen. So brauchen wir eine eingeschaltete Herdplatte nicht immer wieder aufs Neue berühren, um zu erfahren, dass wir uns daran verbrennen.

Dennoch kann die Modellbildung durch Generalisierungen einem Menschen erhebliche Probleme schaffen, vor allem, wenn sie in der Kindheit erfolgt. Ein Kind, das von seinen Eltern im Affekt wiederholt zu hören bekommt: „Kannst du nicht aufpassen, alles machst du kaputt!", entwickelt ein entsprechendes Bild von sich selbst. Später wundert sich dieser Mensch, warum ihm so oft etwas herunter fällt oder ähnliches passiert. Beziehen sich negative Botschaften auf andere (z.B. „Trau keinem!"), können Misstrauen und Angst den Umgang dieses Menschen mit anderen prägen und ihn am Aufbau befriedigender Beziehungen hindern. In der Beratung scheitern vielleicht alle praktischen Lösungsversuche für dieses Problem, solange die zugrunde liegende Landkarte nicht verändert wird.

Die Verzerrung

Die dritte Art der Modellbildung ist die Verzerrung. Es geht dabei nicht generell um Verfälschungen im negativen Sinn, wie es die alltagssprachliche Bedeutung des Wortes nahe legt. Ähnlich, wie beispielsweise beim Blick durch eine Lupe ein Objekt größer, also verzerrt wahrgenommen wird, ermöglicht diese Art Gestaltungsprozess, individuelle Erfahrungen umzuformen. Alle Arten der phantasievollen Gestaltung sind Verzerrungsprozesse. Keine Maler, Architekt oder Planer könnte ohne Verzerrung aus etwas Bekanntem etwas Neues entwickeln. Verzerrungen können also eine positive Funktion haben. Sie können allerdings auch einschränkend wirken, wenn wir zum Beispiel beginnen, in unseren Gedanken Katastrophen zu konstruieren: Die Vorstellung, beim Besteigen eines Turms herunter zu fallen, wirkt bedrohlicher als das reale Risiko besteht, tatsächlich vom Turm zu fallen.

„Landkarten" und „Modelle"

Das Ergebnis dieser Gestaltungsmechanismen kann mit der Metapher der Landkarte verdeutlicht werden:

Für die Erstellung einer Landkarte sind besonders drei Elemente wesentlich, die Auskunft über die Beschaffenheit der Landschaft geben: Zum einen sind die Bereiche einer Landschaft generalisiert, wobei ganze Städte zu einzelnen Punkten zusammengefasst werden oder die vielen unterschiedlichen Straßen der Landschaft in drei Straßentypen unterteilt werden (Autobahn, Bundesstraße, Landstraße). Etliche Merkmale der Landschaft werden getilgt, weil die Darstellung aller Informationen eine Karte unlesbar machen würde. Außerdem wird die Landschaft mit Hilfe einer massiven Verkleinerung und mit der Reduzierung auf eine Fläche verzerrt, damit das Ganze überhaupt auf einem Blatt wiedergegeben werden kann.

Je nach dem, für was eine Karte gebraucht wird, gibt es unterschiedliche Abbildungen derselben Landschaft. Wir entwickeln unterschiedliche „innere Landkarten" einer bestimmten Realität, je nachdem, für was wir sie brauchen.

„Glaubenssätze"

Man könnte auch von Überzeugungen sprechen, die sich auf irgendwelche Aspekte des Lebens, der eigenen Person oder anderer beziehen. Man ist sich der Gültigkeit dieser Überzeugungen so sicher, dass man sie nicht in Frage stellt. Gerade das *lässt jedoch Glaubenssätze so wirksam werden. Sie schränken den eigenen Horizont ein und stehen der Lösung von Problemen oft im Weg. Wenn man überzeugt ist, im Leben nichts zustande zu bringen, kein Glück beim anderen Geschlecht zu haben u.a.m., wird man unglücklicherweise dafür immer wieder Bestätigungen erfahren, weil man auf meist unbemerkte Weise sein Leben dem Glaubenssatz entsprechend einrichtet. Wer sich jedoch umgekehrt von positiven Glaubenssätzen leiten lassen kann, hat es bei der Lösung von Problemen leichter.*

Landkarten und Glaubenssätze sind nicht von vorneherein problematisch, sondern nur, wenn sie zu Problemen im Lebensalltag führen. Da es sich um innere Konstrukte handelt, die man mit Sprache ausdrückt oder in Worte fassen kann, dient die Fragetechnik der Überprüfung und Neukonstruktion von Landkarten und Glaubenssätzen, und damit der Lösung der Probleme. Für Klienten sind diese Veränderungen nicht einfach, denn so problematisch ihre bisherigen Konstrukte auch wirken mögen, sie haben immer auch eine gewisse Sicherheit gegeben.

An der Entwicklung innerer Landkarten und Modelle sind alle drei Gestaltungsprozesse, meistens miteinander kombiniert beteiligt.

Dazu ein Beispiel:
Jemand schildert in der Beratung, dass er sich in der Arbeit permanent unter Druck fühle. Vor allem zum Arbeitsschluss hin werde es schlimm: „Ich merke dann, was ich *alles noch unbedingt* erledigen *muss.*" Die kursiv hervorgehobenen Worte verweisen auf die Probleme in den Landkarten des Klienten, die bei seiner Arbeit wirksam sind: Im Wörtchen „*noch*" ist das konkrete Zeitlimit gelöscht. Wahrscheinlich ist der Arbeitsschluss gemeint, dann bleibt unklar, wie der Klient zur Fixierung dieses Limits gekommen ist.
Im unscheinbaren Wörtchen „*unbedingt*" ist gelöscht, *wer* hier *welche* Bedingungen bzw. absolute Forderungen stellt. Ist es der Klient selbst oder wer anderes? Hat der Chef wirklich gefordert, alles bis Ende dieses Arbeitstages erledigt zu haben? Das Wörtchen „unbedingt" verstärkt außerdem noch das Wort „*muss*". Der Klient macht sich damit glauben, dass es keine Alternative gibt. Wenn aber die Zeit knapp wird, *alles* noch zu erledigen, ist negativer Stress die Folge. Denn in den Worten „*was ... alles*" hat der Klient getilgt, dass *er* es ist, der aktiv entscheidet, was alles auf die Erledigungsliste kommt, und nicht nur passiv bemerkt, um welche Aufgaben es sich handelt.

Wir sehen: In einem Satz ist das ganze Problem des Klienten in einer Weise verschlüsselt, dass es mit wenigen Fragen entschlüsselt und dadurch vielleicht schon gelöst werden kann, indem der Klient merkt, dass er sehr wohl Wahlmöglichkeiten hat und selbst dafür sorgen kann, sich zu entlasten. „Wer verlangt von Ihnen, dass Sie alles noch erledigen?" „Wer bestimmt, was ‚alles' ist, was dazu gehört und was nicht?"

Wie sich die drei Gestaltungsmechanismen im Sinne von Einschränkungen *sprachlich* zeigen und wie sie hinterfragt werden können, zeigt nun die Übersicht auf der folgenden Seite.

Diese Tabelle enthält natürlich nicht sämtliche Möglichkeiten, sondern die Auswahl der wesentlichsten Formen von Tilgungen, Generalisierungen und Verzerrungen.
Um zu verdeutlichen, wie Aussagen der Klienten hinterfragt werden können, folgen nun noch weitere Beispiele; mir ist wichtig zu betonen, dass Sie, liebe Leserin oder lieber Leser, sich diese verschiedenen Möglichkeiten nicht einprägen müssen; es geht eher darum, einen Eindruck zu vermitteln, was in unserer Alltagssprache für Tücken verborgen sind. Wann man mit Fragen nachhaken sollte, und wann man es genauso gut bleiben lassen kann, wird weiter unten dargestellt.

Die Gestaltungsmechanismen	Ziel der Fragen
Tilgungen/Löschungen	☞ gelöschte Informationen (wieder-)gewinnen
- Inhalte sind gelöscht - Raum und Zeit sind gelöscht - Personen sind gelöscht - Art des Handelns ist gelöscht - Maßstab bei Vergleich oder Steigerungsform wird nicht benannt - Nominalisierung: in ein dinglichen Begriff verwandelte Handlung oder Prozess	„Was genau ...?" „Wann und wo ...?" „Wer ...?" „Wie ... (wurde etwas gemacht)?" „So viel? Im Vergleich wozu?" „Mehr? Um wie viel mehr?" (das Handeln herausarbeiten): „Wer macht was und wie?"
Generalisierungen	☞ mit Fragen Gültigkeit überprüfen
- Verallgemeinerungen: alle, immer, nie ...	nach Ausnahmen forschen: „Wirklich ausnahmslos ...?"
- Vermeintliche Notwendigkeiten: „Ich muss ..." „Ich kann nicht ..." „Ich darf nicht ..."	hinterfragen: „Wer verlangt es ...?" „Welche Fähigkeit fehlt Ihnen ...?" „Wer kann es Ihnen verbieten ...?"
Verzerrungen (semantische Fehlgeformtheit)	☞ hinterfragen, dadurch Sachverhalte aufklären
- Verkennung von Ursache und Wirkung und unüberprüfte Wenn-dann-Aussagen - Gleichsetzungen (Äquivalenzen) - Phantasien, Gedanken lesen - behauptete Allgemeingültigkeit einer Norm o.ä. (das Wörtchen „man")	„Könnten die Dinge auch anders zusammenhängen?" „Wieso bedeutet das eine das andere?" „Wie haben Sie das entdeckt?" „Für wen gilt das und warum?"

Arten von Tilgungen im Detail	⇨ Ziel der Fragen
fehlendes Satzobjekt Beispiel: Ich bin traurig.	was ...? Über was sind Sie traurig?
fehlender Bezug bei Vergleichen oder Steigerungsformen Beispiel: Mir geht es wieder schlechter!	im Vergleich wozu? Im Vergleich wozu geht es Ihnen schlechter?
fehlender Beziehungsindex Beispiel: Ich wurde bestohlen	wer (macht was)? Von wem wurden Sie bestohlen? **Von wem ist die Rede?**
speziell: bei Wortverwendungen wie: offensichtlich, bekanntlich, verständlicherweise u.ä. fehlt auch der Beziehungsindex Beispiel: Es ist offensichtlich ...	Für wen ist das offensichtlich?
unvollständig spezifizierte Verben Beispiel: Der langweilt mich.	wie (wird etwas gemacht)? Wie langweilt er Sie?
unvollständig spezifizierte Beschreibungen Beispiel: Irgendwie passt mir das nicht	wie? was? wer? Was genau passt Ihnen nicht? Und wie?
Nominalisierungen ... sind zu Substantive verwandelte Verben. Man erkennt sie daran, dass zu ihnen Eigenschaftsworte wie „andauernd" oder „ständig" passen, die bei sonstigen Substantiven Unsinn ergeben würden Beispiel: Die Beleidigungen belasten mich	die Nominalisierung „verflüssigen", indem man das entsprechende Verb einsetzt Wer hat dich, wie beleidigt?

Arten von Generalisierungen	⇨ Ziel der Fragen
Verwendung von absoluten Verallgemeinerungen ⇨ objektorientiert: alle, jeder, niemand ... ⇨ ereignisorientiert: immer, nie, jedes mal, nur Beispiel: Ich bin immer allein.	Hier sind Fragen nach Ausnahmen geeignet. Tatsächlich immer? Es gibt keine Ausnahmen?
Verwendung von Äquivalenzen, das sind Aussagen mit denen zwei Sachverhalte unüberprüft verknüpft werden Beispiel: Meine Frau mag mich nicht mehr, sie lächelt nie!	Danach fragen, wie man den Zusammenhang herausgefunden hat Woher wissen Sie, dass die Liebe Ihrer Frau vom Lächeln abhängt?
vermeintliche Notwendigkeit: muss, kann nicht, bin gezwungen.. ... Beispiel: Ich muss mich zurückziehen	Mit Fragen kritisch überprüfen: Wer zwingt Sie dazu?
Versteckte Vorannahmen Beispiel: Ich habe Angst! Vorannahme: Es gibt etwas, was die Macht hat, mir Angst zu machen.	Hier bewähren sich auch Kettenfragen: Wovor haben Sie Angst? Davor, in der Gruppe etwas zu sagen ...⇨ Was würde passieren? Die Leute würden lachen ...⇨ Und was passiert dann? Das würde ich nicht aushalten ...⇨ Woher wissen Sie das? Das glaube ich halt ...⇨ Und was wäre dann, wenn Sie es nicht aushalten? usw.

Arten von Verzerrungen (semantische Fehlgeformtheit)	⇨ Ziel der Fragen:
Ursache und Wirkung verdrehen bzw. die eigene Beteiligung und Verantwortung bei der Interaktion leugnen Beispiel: Er macht mich traurig ...	Kritische Überprüfung des Modells Wie machen Sie das (Tiefenstruktur der Frage: Wie machen Sie es, dass Sie ihm die Macht geben, Sie traurig zu machen? Und durch was?)
„aber": weil X ist, gilt (notwendiger Weise) auch Y, der Sprecher leugnet, dass es für eine Alternativen gäbe Beispiel Ich möchte ausgehen, aber meine Mutter ist krank.	Kritische Überprüfung des Modells Was wäre, wenn Sie trotzdem ausgehen würden?
Phantasien, Gedanken lesen Beispiel: Der hat was gegen mich!	Phantasie aufdecken und überprüfen Woran erkennen Sie das? Was wären Gründe, etwas gegen Sie zu haben?

Soweit die hauptsächlichen verschiedenen Arten von Tilgungen, Generalisierungen und Verzerrungen sowie die Möglichkeiten, sie im Interview mit Klienten herauszuarbeiten. Der Gesamtprozess, in dem Berater erst er-hören und dann er-fragen, wodurch sich die Modelle und Landkarten der Klienten auszeichnen, lässt sich in den folgenden zwei Schemata darstellen.

A. Modell der Verarbeitung sinnlicher Wahrnehmungen zum gesprochenen Wort bzw. zur Sprache

In Worten lässt sich das Schema wie folgt beschreiben: Es zeigt die sich immer wieder abspielenden Rückkoppelungsprozesse, die bewirken können, dass Landkarten oder Modelle nicht kritisch überprüft und neuen Gegebenheiten angepasst, sondern stattdessen durch vermeintliche Erfahrungen verfestigt werden. „Erfahrungen" sind nämlich nichts anderes als gedeutete Erlebnisse. Und die Bedeutung geben wir einem Ereignis entsprechend der Landkarte, zu der das Ereignis ähnlich zu sein scheint. Aber sogar unsere Worte und Gedanken haben Einfluss auf Landkarten und Erlebnisse und sind nicht nur deren verbalisierten Ergebnisse!

Wir beeindrucken uns mit Worten und Gedanken oft mehr, als uns lieb sein kann. All das kann man mit der Fragetechnik zu rekonstruieren versuchen. „Ich finde es unheimlich schwer, das alles herauszuhören, was man hören soll!", sagen manchmal Seminarteilnehmer. Ich frage dann: „Macht dich das Wort „unheimlich" mutig und optimistisch oder eher nicht? Wie wäre es, erst einmal nur damit zu beginnen, Nominalisierungen zu er-hören und sonst nichts?"

```
Ereignis                    (Rückkoppelungem)
   ⇩
✋ sinnliche Wahrnehmung  ←── Deutung
   ⇩
Erlebnisse und Erinnerungen
in den Repräsentationssystemen ←── Deutung
(visuell, auditiv, kinästhetisch, ...)
   ⇩
Gestaltungsprozesse
(Universalgrammatik):
Tilgung, Generalisierung
Verzerrung
   ⇩
Modelle / Landkarten         ──wirken als Filter──→
Wirklichkeitskonstrukte     ←──
   ⇩
Gestaltungsprozesse
(Universalgrammatik):
Tilgung, Generalisierung
Verzerrung
   ⇩
Gedanken                    ──wirken als Filter──→
sprachliche Repräsentation  ←──
(Tiefenstruktur)
   ⇩
Gestaltungsprozesse
(Universalgrammatik):
Tilgung, Generalisierung
Verzerrung
   ⇩
gesprochene Worte (Sätze)   ──beeinflussen Denken──→
                               und Modellbildung
```

B. Die Metamodell-Fragetechnik (Landkarten erkunden)

Das Schema auf der nächsten Seite zeigt folgendes: Der linke Teil mit den nach oben weisenden Pfeilen beschreibt nochmals den inneren Prozess, wie es von den konkreten Erlebnissen und deren Deutung über die Modelle und Landkarten sowie deren Umsetzung in Gedanken schließlich zum gesprochenen Wort kommt.

Der rechte Strang zeigt, wie der Prozess der Fragen Schritt für Schritt zur Rekonstruktion der ursprünglichen Wahrnehmungen und Erlebnisse kommt, die in irgendeiner problematischen Weise verwertet wurden.

Da in jedem Satz, der gesprochen wird, wie schon angedeutet, meist mehrere Tilgungen, Generalisierungen und Verzerrungen enthalten sind, und es wenig sinnvoll ist, sie alle zu hinterfragen, bedarf es einiger Kriterien für die Auswahl derjenigen Fragen, die am effektivsten zur Problemlösung beitragen. Diese Kriterien sind zugleich „Filter", mit denen Berater auf die Äußerungen ihrer Klienten hören, um Antwort auf folgende Fragen zu erhalten:

- Enthalten die Formulierungen des Klienten eine „Opferperspektive", bei der der eigene Anteil an Ereignissen mehr oder minder übersehen wird?
- Gehen Klienten von Ursache-Wirkungs-Zusammenhängen aus, so als handele es sich um feststehende Tatsachen, zu denen es keine Alternative gibt?
- Geben Klienten (indirekt) die Verantwortung für die eigene Wahrnehmung, die eigenen Gefühle und Gedanken, und schließlich das eigene Verhalten ab?
- Erzeugen Klienten durch Generalisierungen ein negatives Selbst- oder Weltbild, was bewirken kann, dass auch künftige Ereignisse nur durch diese negative „Brille" gesehen werden?
- Verwenden Klienten Nominalisierungen und machen dadurch unbewusst Handlungen oder Verhaltensweisen zu „Dingen". Vermeiden sie durch Nominalisierungen „Ross und Reiter" zu nennen (als Teil einer Konfliktvermeidungsstrategie)?

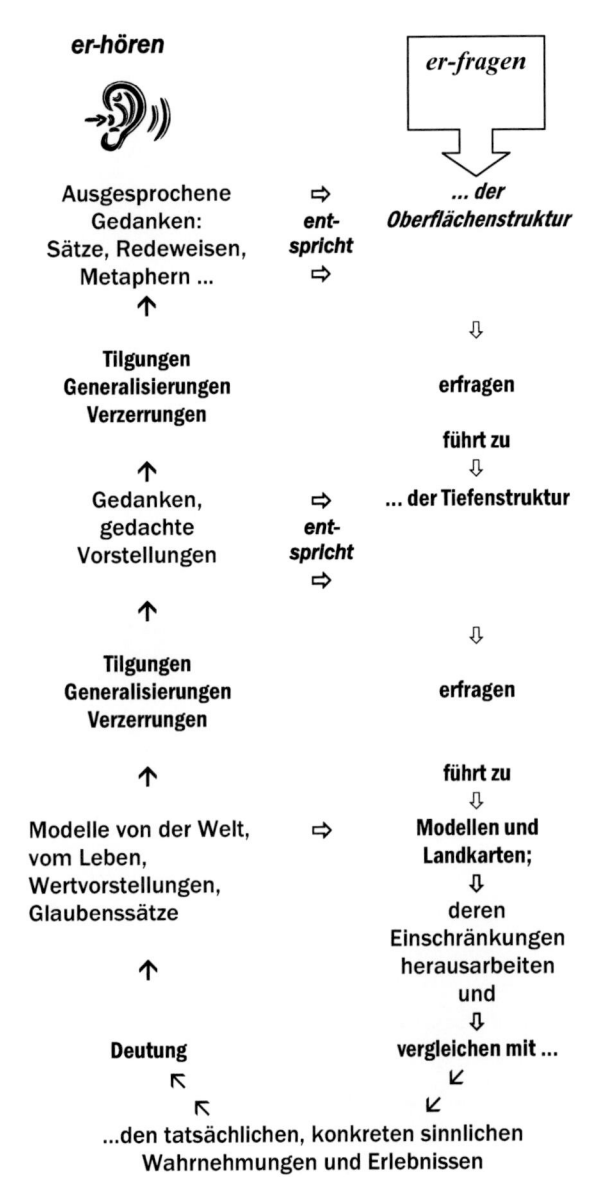

er-hören

Ausgesprochene Gedanken:
Sätze, Redeweisen, Metaphern ...
⇒ entspricht ⇒ **... der Oberflächenstruktur**

↑

Tilgungen
Generalisierungen
Verzerrungen

⇓ **erfragen**
⇓ **führt zu**

↑

Gedanken,
gedachte
Vorstellungen
⇒ entspricht ⇒ **... der Tiefenstruktur**

↑

Tilgungen
Generalisierungen
Verzerrungen

⇓ **erfragen**
⇓ **führt zu**

↑

Modelle von der Welt,
vom Leben,
Wertvorstellungen,
Glaubenssätze
⇒ **Modellen und Landkarten;**
⇓ deren Einschränkungen herausarbeiten und
⇓ **vergleichen mit ...**

↑

Deutung
↖ ↖ ↙ ↙
...den tatsächlichen, konkreten sinnlichen Wahrnehmungen und Erlebnissen

Zur Veranschaulichung einige Beispiele:
„Du machst mich ganz durcheinander!" Das ist eine Verzerrung: Niemand hat die Macht, jemand durcheinander zu machen, es gehört immer der eigene Beitrag dazu: Man macht sich letztlich selbst durcheinander, der andere hat nicht die Macht dazu!
„Ich kann mich nicht entscheiden!" Das ist auch eine Verzerrung: Entscheiden kann man schon, aber wahrscheinlich will sich die Person aus wichtigen Gründen nicht entscheiden; das ist aber etwas anderes.
„Alle haben etwas gegen mich!" Das ist eine übermäßige Generalisierung: Es bleibt unklar, woran die Person das erkannt haben will, und: Wenn es überhaupt stimmt, sagt die Person nichts über ihren eigenen Beitrag, nämlich wie sie es schafft „alle" gegen sich aufzubringen. Es handelt sich also um eine Opferperspektive, bei der das eigene Verhalten ausgeblendet und auch die Verantwortung an andere abgegeben wird.
„Ich habe Angstzustände!" Das ist eine Nominalisierung: Wie ängstigt sich die Person. Mit welchen Gedanken und Phantasien? Das ist die entscheidende Frage.
„Es wurde die Entscheidung gefällt ..." Das ist ebenfalls eine Nominalisierung: Nur das „Ross" (entscheiden) ist genannt, der „Reiter" (wer entschieden hat) nicht. Um Konflikten oder einer direkten Konfrontation aus dem

Wege zu gehen, greifen wir oft zu solchen Formulierungen.

Zusammenfassend kann man sagen, dass Berater sich auf wirklich ergiebige Fragen beschränken sollten; sonst erzeugen sie eine Informationsflut, die weder ihnen und noch den Klienten weiter hilft. Am ergiebigsten sind Nachfragen bei …
- *Nominalisierungen*
- *vermeintlichen Notwendigkeiten*
- *allen Verzerrungen*
- *fehlendem Maßstab*

Denn diese Fragen tragen den hauptsächlichen Zielrichtungen dieser Fragetechnik am meisten Rechnung. Die Ziele sind,
- zu rekonstruieren, wie Klienten ihre Probleme durch ihre Landkarten konstruieren
- zu untersuchen, wie Klienten ihre Modelle von sich selbst, von anderen und von Lebenssituationen einschränken, somit ihren Horizont verengen (… es geht also wieder einmal um den Blick über den Tellerrand!)
- zu untersuchen, wie Klienten das Spektrum zur Verfügung stehender Lösungsmöglichkeiten für ihre Probleme einschränken.

Es empfiehlt sich generell, mit Klienten einen Kontrakt dahingehend zu schließen, dass man dem Meta-Modell entsprechend fragen darf. Denn die Fragen können penetrant wirken, sie sind oft ungewöhnlich und irritierend; sie stellen sehr schnell Denkgewohnheiten und eben jene Landkarten infrage, an deren Gültigkeit Klienten glauben. Das heißt, die Fragen können verunsichernd wirken und sollten deshalb angekündigt werden: „Ich werde Ihnen einige ungewöhnliche Fragen stellen, darf ich?"

Eine wichtige Zielrichtung bei der Anwendung der Fragetechnik ist auch, Anhaltspunkte dafür zu gewinnen, welche weiterführende Problemlösungsstrategie oder systemische Methode in Betracht kommt. Wenn es um die Problemerkundung geht, ist die Fragetechnik ein wichtiges Werkzeug.

In jeder Phase eines Beratungsgesprächs gibt es eine Vielfalt möglicher Fragen. Die Auswahl zweckmäßiger Fragen ist im Wesentlichen eine Frage der Übung. Man kann das Meta-Modell sparsam einsetzen, denn es geht nicht darum, eine Flut von Informationen zu erzeugen, sondern darum, Klienten an die für die Problematik wesentlichen Informationen heranzuführen.

Als Beispiel ein Ausschnitt aus einer Beratung; (kursiv werden einige Kommentare eingeflochten):

Kl: Ich komme mit meinem Leben überhaupt nicht mehr zurecht. *(Die Beschwerde beginnt mit einer Generalisierung.)*

B: Sind Sie einverstanden, das genauer zu untersuchen? *(Es lohnt sich, erst einen Kontrakt zu machen, bevor man mit Meta-Modellfragen beginnt)*

Kl: Ich weiß nicht, was das nutzen soll, mir die ganze Misere anzuschauen.

B: Das weiß ich auch noch nicht. Wollen Sie es versuchen?

Kl: Na ja, vielleicht schadet es nichts.

B: …und vielleicht hilft es Ihnen sogar. Also, ich stelle Ihnen jetzt ein paar Fragen, okay?

Kl: (nickt)

B: Wo in Ihrem Leben kommen Sie denn nicht zurecht? *(Die Generalisierung wird hinterfragt. Man hätte auch fragen können, was der Klient mit „zurecht kommen" meint, die diesbezügliche Landkarte. Unter Umständen würden Verzerrungen erkennbar.)*

Kl: In der Partnerschaft läuft's schon länger nicht mehr rund.

B: Gibt es noch andere Bereiche? *(Die Generalisierung wird weiter hinterfragt, um Lebensbereiche einzugrenzen, an denen dann weiter gearbeitet wird. Vielleicht werden Ausnahmen sichtbar, wo der Klient doch mit seinem Leben zurecht kommt. Man hätte aber auch gleich dem Klienten vorschlagen können, bei der Partnerschaft genauer nachzusehen.)*

Kl: Auf der Arbeit habe ich auch jede Menge Schwierigkeiten.

B: Wie steht es mit Ihrer Gesundheit? *(Berater riskiert, das nächste Fass aufzumachen, aber vielleicht kommt mal ein Lichtblick!)*
Kl: Ach, da ist soweit alles in Ordnung. (lächelt) *(Glück gehabt!)*
B: Das ist aber erfreulich. Ich kenne manche, die sind mehr beim Arzt, als sonst wo. Und wie ist es mit der Freizeit, mit Hobbys. Kommen Sie da auch nicht klar? *(Berater knüpft wieder an die Generalisierung von oben an. Da es selten ist, dass Leute mit ihren Hobbys nicht klar kommen, gibt es vielleicht wieder einen Lichtblick.)*
Kl: Naja, wenn ich mein Hobby nicht hätte ...
B: Was ist es denn?
Kl: Mein Garten, ich tu gern gärtnern.
B: Schön, dann gibt es in Ihrem Leben auch Licht und nicht nur Schatten?
Kl: Ja, aber das mit meiner Frau liegt mir echt im Magen. Andauernd gibt's Streitereien.
B: Sollen wir das genauer untersuchen? *(Zuviel Licht scheint der Klient noch nicht zu vertragen. Er bietet ein Thema an. Es macht Sinn, darauf jetzt einzugehen, aber sich nochmals zu vergewissern, ob der Klient auch möchte.)*
Kl: Ja. Wenn das nicht besser wird, kommt's noch zur Scheidung.
B: Streiten Sie denn andauernd miteinander oder stimmt eher, dass Sie oft streiten? *(Streitereien, Scheidung, das sind alles Nominalisierungen. Wer streitet wie über was, das ist die Richtung, in der der Berater jetzt weiter macht. Die apokalyptische Phantasie der drohenden Scheidung lässt er zunächst beiseite)*
Kl: Ja, oft. Sie fängt immer mit irgendwelchen Banalitäten an. *(Hier deutet sich, abgesehen von der neuerlichen Generalisierung, eine wichtige Verzerrung an: Der Klient scheint zu glauben, wenn seine Frau mit einem Streit beginne, bleibe ihm nichts anderes, als mitzumachen. Interessant ist auch seine Idee, dass seine Frau beginne. Wer beginnt einen Streit, ist das überhaupt entscheidbar?)*
B: Und Sie steigen darauf ein?
Kl: Was soll ich denn machen?
B: Wollen Sie meine Idee hören?
Kl: Wieso, was täten Sie denn?
B: Haben Sie schon mal zu ihr gesagt: „Du, ich möchte jetzt nicht streiten. Sag mir einfach, was du dir jetzt von mir wünschst!" Wollen Sie das mal ausprobieren?
Kl: Und wenn's nicht funktioniert?
B: Sie können es probieren und beobachten, was dann passiert. Wenn Sie wollen, schreiben Sie es sich auf und wir schauen es uns beim nächsten mal an. *(Der Berater hätte auch die neuerliche Verzerrung „wenn's nicht funktioniert" aufgreifen können: Was müsste seine Frau und was der Klient selbst tun, damit es nicht funktioniert?)* ...

Die allererste Übung, um das Meta-Modell zu praktizieren, besteht aber im Hören. Dafür gibt es nicht nur in den Gesprächen Möglichkeiten, sondern in jeder anderen Situation kann man lernen zu er-hören, was Leute tilgen, generalisieren und verzerren: im Zug, auf Parties, im Team ...

„Zu Risiken und Nebenwirkungen ..."

☹ In der Beratung: Kläger und Besucher werden versehentlich auf die Existenz oder die Lösbarkeit eines Problems hingewiesen und dadurch eventuell unnötig beunruhigt: In diesem Fall also nur kleine „Versuchsballone steigen lassen"!

💣 Anwendung bei Freundinnen oder Freunden, Partnern usw.: Man provoziert ärgerliche Reaktionen oder schlimmstenfalls eine vorzeitige Beendigung der Freund- oder Partnerschaft.

✂ „Auf Parties oder Festen: Man wird sich nach einiger Zeit leicht isoliert fühlen

☞ Häufige und unerbetene Anwendung im Team: Zwangssupervision oder schlimmstenfalls: Mobbing.

☟ Anwendung bei Vorgesetzten: Du provozierst Mitleid des Vorgesetzten wegen deiner mangelnder „Professionalität" (gemeint ist deine Anpassungsfähigkeit, ohne zu fragen, zu verstehen, was gemeint ist) oder schlimmstenfalls: Rauswurf aus dem Büro; evtl. auch zwangsweiser Besuch einer Fortbildung zu dem Thema auf eigene Kosten.

✋ Ein Kunstfehler ist es auch, Höflichkeitsfloskeln mit Hilfe des Meta-Modells zu hinterfragen: „Könntest du mir mal die Butter reichen?" „Ja schon, aber wann?"

Im Prinzip ist die Fragetechnik natürlich überall anwendbar, nicht nur in einer Beratung. Soweit man sich darauf beschränkt, nur zu er-hören was andere sagen, kann dabei auch nichts schief gehen. Geht man dann aber dazu über, auch im Sinne des Meta-Modells an sein Gegenüber Fragen zu richten, dann sollte man sich gewisse Risiken vor Augen führen (siehe Kasten links).

Wegskizze

Landkarten erkunden

Schritt 1: Einverständnis zur Anwendung der Meta-Modell-Fragen einholen
(in der Phase des Kontraktes oder bevor man mit den Fragen beginnt)

Schritt 2: Problemerkundung: Zuerst Klienten das Problem schildern lassen und hören, wo wichtige Tilgungen, Generalisierungen und Verzerrungen vorkommen
(siehe Auswahlkriterien unten)

Schritt 3: Auswahl einiger weniger, aber relevanter Fragen anhand der Oberflächenstruktur der Sätze mit Hilfe der folgenden Übersicht:

Tilgungen	⇨ **Informationen gewinnen**
– Satzobjekte	was, wann, wo?
– Beziehungsindex	wer?
– unvollständige Verben	wie?
– Nominalisierungen	das Verb herausarbeiten: Wer macht was wie?
Generalisierungen	⇨ **nach Ausnahmen fragen**
– Übergeneralisierungen alle, immer, nie, nirgendwo usw.	ausnahmslos?
– Vermeintliche Notwendigkeit „muss", „kann nicht"	Wer verlangt`s?
Verzerrungen	⇨ **hinterfragen**
– Verkennung von Ursache und Wirkung; Gleichsetzungen	Könnte es anders zusammenhängen?
– Phantasien, Gedanken lesen	Wie hast du das entdeckt?
– verlorenes Performativ	Für wen gilt das alles? (für wen etwas gilt)

Auswahlkriterien: Am ergiebigsten zu hinterfragen sind:
- ☞ Nominalisierungen
- ☞ vermeintliche Notwendigkeiten
- ☞ Übergeneralisierungen
- ☞ alle Verzerrungen

Schritt 4: Lösungsmöglichkeiten können direkt hergeleitet werden oder man kann weitere Methoden anwenden (z.B. Problemlösungsstrategien)

Wanderung N° 34

Warum einfach, wenn es auch kompliziert geht?
Stabile und labile Gleichgewichte

Wohin diese Wanderung führt ...

Es widerspricht zumindest auf den ersten Blick dem Ansatz lösungsorientierter Beratung, wie wir sie bei Wanderung N° 31 kennen gelernt haben, Probleme ausgiebig zu untersuchen und zu ergründen. Dass es Umstände geben kann, dies dennoch zu tun, darum geht es bei dieser Wanderung. Wenn Klienten mit ihren Problemen trotz aller bisher zur Verfügung stehenden methodischen Hilfen nicht fertig werden und sich auch nicht mit diesem Umstand abfinden wollen, ist die Frage berechtigt, woran das liegt. Natürlich könnte man behaupten, die vermeintlichen Kunden seien eben insgeheim doch Kläger, der Leidensdruck sei noch nicht hoch genug, die Zeit für Lösungen noch nicht reif. Widerlegbar sind solche Hypothesen kaum, und der „Ball liegt im Spielfeld des Klienten", nicht in dem des Beraters; das ist vielleicht nicht ganz fair.

Man könnte aber auch behaupten, der Berater habe eben die (an sich guten) Methoden nicht gut genug angewendet. Vielleicht wäre diese Hypothese mit einem zweiten, besser durchgeführten Versuch beweisbar? Wahrscheinlich auch nicht. Ich möchte eine dritte Hypothese anbieten und zugleich der Frage nachgehen, ob manche Problemlagen nicht doch verwickelter sind, als dass sie mit den bisherigen Methoden gelöst werden könnten.

Dazu greifen wir nochmals das Konzept der Problemdimensionen auf. Wir untersuchen die Frage, wie diese Dimensionen in Wechselwirkung miteinander treten können, auf diese Weise ein System bilden, und was dies dann für die Lösungssuche bedeutet.

Zur Veranschaulichung der Wechselwirkungen dient folgende Skizze, in der die Dimensionen in zwei Kreise platziert werden:

Der innere Kreis symbolisiert das „Innenleben" der Person, die das „Problem hat", der äußere Kreis ihre soziale Umgebung. Die psycho-soziale und die zirkulär-funktionelle Dimension von Problemen gehört in den Übergang zwischen „innen" und „außen". So sind zum Beispiel oft auch andere an der Aufrechterhaltung eines Problems beteiligt. Bei der ökologischen Dimension gibt es natürlich neben der Ebene der einzelnen Person auch das Gleichgewicht in den Systemen, denen die Person angehört. Auf diesen Sachverhalt kommen wir gleich zu sprechen, in Ansätzen sind wir in anderen Wanderungen schon darauf gestoßen.

Die in der Praxis beobachtbaren Wechselwirkungen zwischen den Dimensionen können sich im Sinne einer Eskalation zu akuten Krisen aufschaukeln, oder aber sie „rasten" zu stabilen Wechselwirkungsmustern ein (Chronifizierung).

Da diese Zusammenhänge Klienten oft nicht klar sind, kann es sich lohnen, das Ganze mit ihnen gemeinsam zu erkunden, um zu

Lösungsansätzen zu kommen. Es ist ein Versuch. Die Einsicht in die teilweise verwickelten Zusammenhänge wird vielleicht den Boden bereiten, aber sie wird zur Veränderung noch nicht reichen. Es bedarf doch noch eines „kräftigen" Impulses von außen, um das bisherige Gleichgewicht zu verschieben. Zum Schluss dieser Wanderung werden einige Möglichkeiten aufgezeigt, von denen der Berater Gebrauch machen kann.

Wir werden zuerst einzelne Formen von Wechselwirkungen genauer betrachten, die in der Praxis häufig auftreten:

1. Wechselwirkung zwischen der psycho-sozialen und allen übrigen Dimensionen

Wenn die Menschen in der Umgebung einer Person einen Sachverhalt als Problem bezeichnen, die Person selbst jedoch nicht, weil das „Problemverhalten" eine stabilisierende Funktion für das seelische Gleichgewicht der Person hat, kommt es leicht zu einem eskalierenden Konflikt, denn die Umgebung leidet unter dem Problemverhalten oder betrachtet es als Normverletzung („... so geht's nicht!"). Es entsteht eine Art Machtkampf, bei dem beide „Seiten" um ihr Gleichgewicht ringen: „Wenn die Person, die das ‚Problem hat' doch endlich einsichtig würde!" versus „Wenn mich die anderen doch endlich in Ruhe lassen würden!". Darüber hinaus können auch noch die anderen Beteiligten darüber zerstritten sein, um was es sich handelt: „Mad or sad?", schlechter Charakter oder krank? Nicht selten dividieren sich Eltern darüber auseinander, was mit ihren Kindern los sei.

Wenn diese Konflikte nicht von den Beteiligten selbst gelöst werden können, werden soziale Hilfesysteme oder Institutionen sozialer Kontrolle eingeschaltet (Psychiatrie, Jugendamt, Beratungsstellen usw.). Auch wenn dies zunächst nichts anderes als eine Problemverlagerung darstellt, so haben professionelle Helfer vielleicht doch mehr Möglichkeiten, die oft hintergründigen Zusammenhänge zu erkennen und dann in einer „sinnvollen", das heißt die Systemkräfte respektierenden Weise weiterzuhelfen.

Wird allerdings der ursprüngliche Konflikt nicht gelöst, beginnt sich das gesamte System, das heißt alle in den Konflikt involvierten Teile, um das Thema (also z.B. dem Alkoholkonsum) herum zu organisieren und bildet sogar ein neues Gleichgewicht aus, was für weitere Chronifizierung sorgt.

Lösungsstrategie:
In solchen Fällen eines mehr oder minder chronifizierten Konflikts (häufig Thema bei Alkohol- oder psychiatrischen Problemen) empfiehlt sich, möglichst alle Beteiligten an einen Tisch zu bringen, oder zumindest die, die daran Interesse zeigen.

Ziel ist es, mit den Beteiligten die oben skizzierte Dynamik (Machtkampf und seine Hintergründe) herauszuarbeiten und von dort aus zu einer neuen gemeinsamen Problemdefinition und zu anderen Lösungsmöglichkeiten zu gelangen, anstatt die bisherigen Versuche ohne Erfolg fortzusetzen.

Manchmal wird die Person, die aus der Sicht anderer als „Problemträger" betrachtet wird, in Beratung oder Betreuung „geschickt" und kommt (vielleicht auch im „Schlepptau" anderer), weil sie dadurch wenigstens vorübergehend nicht weiterem Druck ausgesetzt ist. Es handelt sich dann also um Besucher im Sinne de Shazers.

In diesem Fall lässt sich der „runde Tisch" indirekt abhalten, indem Fragen gestellt werden, wie wir sie bei der Diskussion der psycho-sozialen Dimension schon kennen gelernt haben: „Was schätzen Sie, wie werden sich die anderen längerfristig verhalten, wenn Sie bei Ihrer Überzeugung bleiben, dass Sie kein Problem haben?", „Wie lange machen das die anderen noch mit?" oder „Welche Vermutung haben Sie, wer letztlich am längeren Hebel sitzt?" Ziel der Fragen ist es, mit dem Klienten Möglichkeiten der Deeskalation zu suchen.

Wir werden nun folgende Wechselwirkungsverhältnisse untersuchen und Lösungsstrategien skizzieren:
- die psycho-logische Dimension in Wechselwirkung mit der ökologischen
- die psycho-logische Dimension in Wechselwirkung mit der zirkulär-funktionellen und der ökologischen Dimension zugleich

Diese Wechselwirkungen sind oft reichlich komplex. Sie zeigen sich darin, wie sich die Beteiligten konsequent im Kreise drehen. Jemand sagt: „Ich halte das jetzt nicht mehr aus!"… und hält es dann weitere fünf Jahre aus.

2. Die psycho-logische Dimension in Wechselwirkung mit der ökologischen Dimension

Im Lebensalltag der meisten Menschen dürfte das die häufigste Situation sein: Mehr oder minder jeder von uns kennt das Wechselspiel zwischen dem Entschluss, etwas zu verändern, um dann doch wieder „in den alten Trott" zurück zu fallen Das Motto ist: „Zunächst stark anfangen … und dann stark nachlassen".

Die allgemeine und typische Dynamik und Struktur dieser Wechselwirkung lässt sich in Anlehnung an das schon vorgestellte Schema bei der psycho-logischen Dimension so wie unten dargestellt veranschaulichen.

Die Person, hängt meistens im Ist-Zustand fest, leidet ständig darunter, sich nicht in Richtung des Sollzustandes bewegen zu „können": „Ich schaff's einfach nicht!" Es ist dies die typische Situation des „Klägers" (oder auch „Selbstanklägers"), denn angesichts dieses Dilemma bleibt eigentlich nichts anderes übrig, als sich über den hohen Preis (z.B. den Verzicht auf Lebensqualität) zu beschweren, den die Aufrechterhaltung des seelischen Gleichgewichtes kostet: Deswegen kommen auch die Einwände gegenüber Lösungsvorschlägen („Ja, aber …"). Solche Klienten hoffen auf irgendeine Kraft von außen wie zum Beispiel die Beratung, um sich aus der misslichen Lage zu befreien zu können. Kurz: In und durch die Beratung möge das Problem „beseitigt" werden, ohne dass das seelische Gleichgewicht gefährdet wird. So direkt wird dies aber nicht gelingen.

Die Lösungsstrategie umfasst im Wesentlichen folgende Schritte:
- Wie bei allen auf den letzten Wanderungen diskutierten Lösungsstrategien, sollte erst in der Kontraktphase geprüft werden, ob überhaupt noch nach Lösungsmöglichkeiten gesucht werden soll. Denn prinzipiell ist natürlich auch denkbar, alles zu lassen wie es ist. Dann geht es um eine Entscheidung, für die die Beratung eine Hilfestellung geben kann:
  - Soll der Ist-Zustand aufgegeben werden, was bedeutet, sich der Angst vor Veränderung zu stellen und Experimente zu machen? oder

Ist-Zustand:	Differenz:	Soll-Zustand:
Der Ist-Zustand entspricht dem seelischen Gleichgewichtszustand (insbesondere hinsichtlich der Angstvermeidung oder aber auch der Bequemlichkeit)	Ist und Soll klaffen auseinander, dies führt zum Problemerleben, zu Spannungen und einem Hin und Her als chronischem Zustand	Der Soll-Zustand entspricht inneren Wertvorstellungen oder Zielen oder dient der Befriedigung wichtiger Bedürfnisse wie Anerkennung oder Beachtung. Es geht auch um Lebensentwürfe und inneren Frieden.

- Soll der Soll-Zustand verändert werden, was darauf hinausläuft, bei Werten, Zielen und Bedürfnissen „Abstriche zu machen?" oder
- Soll es darum gehen zu lernen, mit dem unabänderlichen Leid zu leben und den Zustand mit einer systematischen „Kultivierung" von Ausnahmezeiten und kleinen alltäglichen Freuden erträglicher zu machen?
- In dieser Entscheidungsfrage werden sich Klienten wahrscheinlich erst einmal im Kreise drehen und gegen jede dieser Varianten Einwände erheben („Ja, aber ...").
- Hier hilft vielleicht folgende Frage weiter: „So, wie Sie sich bisher kennen, wo werden Sie mit dem ganzen Problem in fünf Jahren stehen?" Die Antwort wird häufig darauf hinauslaufen, dass Klienten damit rechnen, sich auch noch in fünf Jahren im Kreise zu drehen, um sogleich zu betonen, dass das auf keinen Fall gehe. Und trotzdem läuft es praktisch darauf hinaus, sich mit dem Ganzen irgendwie zu arrangieren. Dann kann man folgendes vorschlagen: „Sehen Sie! ... Wie wäre es denn, sich infolgedessen schon jetzt für diese eben von Ihnen selbst genannte Variante zu entscheiden und sie aktiv zu gestalten, anstatt die Dinge fünf Jahre treiben zu lassen und sich zu quälen?"
- Es kann aber auch empfehlenswert sein, Klienten vorzuschlagen, doch Veränderungen beim bisherigen seelischen Gleichgewicht, insbesondere bei den Angstvermeidungsstrategien in einer „Politik der kleinen und kleinsten Schritte" zu versuchen und entsprechende konkrete „Experimente" zu vereinbaren. „Kleine und kleinste Schritte" sind solche, die Klienten sich zutrauen und die sie um des Zieles willen, letztlich doch zu einem etwas zufriedener Leben zu gelangen auch durchführen werden (Soll-Zustand als Motivation!).

3. Die psycho-logische Dimension in Wechselwirkung mit der zirkulär-funktionellen und der ökologischen Dimension

Bei der Diskussion der Teufelskreise kommen wir noch genauer darauf zu sprechen, hier sei soviel schon gesagt: Die funktionell-zirkuläre Dimension zeichnet sich dadurch aus, dass man bei bestimmten Problemlagen nach und nach Verhaltensentscheidung trifft, die schließlich wieder in der Ausgangslage, dem Problem münden. Die Entscheidungen trifft die Person an „Gabelungspunkten": Damit sind „Weggabelungen" gemeint, an denen angelangt man prinzipiell zwischen mehreren Möglichkeiten wählen kann, dieses oder jenes zu tun. Unter dem Einfluss von selbst gewählten, einschränkend wirkenden Parametern entscheidet man sich (oft ohne sich dessen gewahr zu sein) jeweils an diesen Gabelungen so, dass man wieder beim Ausgangspunkt, also dem Problem landet und sich folglich im Kreise dreht. Die Wahl dieser Parameter steht in der Regel in engem Zusammenhang mit dem eigenen seelischen Gleichgewicht: Ängste und Angstvermeidung, Bedürfnisse, Werte, Normen und Glaubenssätze, die nicht angetastet werden sollen, sind im Spiel. Oft ist man sich der Wirkung dieser Parameter nicht bewusst. Typische einschränkende Parameter sind:
- Es werden nur Verhaltensmöglichkeiten gewählt, die ohne Angst oder Risiko durchführbar erscheinen.
- Eine Veränderung des eigenen Wertesystems oder bestimmter Glaubenssätze erscheint bedrohlich und kommt deshalb meistens nicht in Frage, sie bleiben unüberprüft.

- „Verrückte" oder ungewöhnliche Lösungen, um den Kreislauf zu durchbrechen, scheiden aus; damit schneidet sich die Person von der eignen Kreativität ab, die aber als Ressource wichtig wäre.
- Verfügbare Fähigkeiten werden von der Person als unpassend oder als nicht vorhanden ausgeschlossen („Ich kann das nicht!").

Meistens sind mehrere dieser Parameter gleichzeitig im Spiel, weil sie jeweils Bestandteile des seelischen Gleichgewichts sind. Sie wirken wie „Zäune" und führen dazu, dass man sich auf dem vorgegebenen Weg momentaner Angstfreiheit, Sicherheit und geringerer Hindernisse bewegt, sich aber im Endergebnis leidvoll im Kreise dreht.

„Lieber keinen Spiegel, als jeden Morgen erschrecken"

Man leidet darunter, dass man sich im Kreise dreht und immer wieder vor dem ungelösten Problem steht und zugleich (verständlicherweise) daran festhält, dass das Problem dadurch gelöst wird, dass der Soll-Zustand erreicht wird. Gleichzeitig arrangiert man aber (eher unbewusst) die Dinge so, dass alles beim Alten bleibt. Irgendwann bäumt man sich dann wieder auf. „Jetzt ist aber Schluss damit!", und so wird der Veränderungswunsch auch noch Teil des ganzen Kreislaufes.

Die Lösungsstrategie umfasst deshalb folgende Schritte:
- die „Weggabelungen" (vgl. dazu auch die Ausführungen über „Teufelskreise") identifizieren
- die an diesen Gabelungspunkten von der Person bisher meist unbewusst gewählten, jedoch einschränkenden Parameter identifizieren, und sie nacheinander auf ihre Funktionen im seelischen Gleichgewicht oder in Bezug problematische Vorwegannahmen untersuchen (z.B.: „Warum nicht mal was Ungewöhnliches machen?" oder: „Woher wissen Sie, dass Sie über eine solche Fähigkeit, wie Sie sie brauchen könnten, nicht verfügen?"
- schließlich im Sinne der schon oben angedeuteten „Politik der kleinen Schritte" konkrete „Experimente", also Verhaltensaufgaben vereinbaren, und diese dann auswerten.

Beispiele für diese Dynamik gibt es unzählige. Alle Formen chronischen Suchtverhaltens lassen sich in dieser Form untersuchen. Die schädlichen Folgen des Suchtmittels treten immer mal wieder mehr oder minder drastisch zutage, führen zum „Entschluss", damit ab sofort aufzuhören, um schließlich wieder „rückfällig" zu werden, weil man den „ökologischen Nutzen" des Suchtmittelkonsums unterschätzt, nicht über einen Ersatz des Suchtmittels nachgedacht hat.

Wir kommen nun zu einer Übersicht verschiedener Lösungsstrategien, die sich generell anbieten, wenn man es mit mehr oder minder komplexen Problemsystemen zu tun hat, und es Klienten nicht gelingt, die von ihnen selbst gewünschten Veränderungen zu vollziehen. Wir werden dabei Lösungsansätze wieder finden, die wir teilweise auf anderen Wanderungen kennen gelernt haben, und die hier nochmals in einer anderen Systematik dargestellt werden.

Labilisierung von Problemsystemen als Lösungsstrategie

Erstarrte Problemsysteme, in denen die Person „feststeckt", lassen sich oft erst verändern, wenn sie in ihren Strukturen „labilisiert" werden. Dem liegt die Idee zu Grunde, bei Systemen zwischen stabilen und labilen Gleichgewichten zu unterscheiden. Lebende Systeme bewegen sich durch

"pffftt ...pft ...sag mal ...pft ... hast du vielleicht zugenommen???"
Labilisierungsexperimente gehen nicht immer erfolgreich aus!

den Prozess des Lebens selbst, der unvermeidlich mit Entwicklung und Wachstum sowie damit einhergehender Veränderung verbunden ist, zwischen diesen beiden Formen des Gleichgewichts mit der Tendenz bzw. dem Bestreben, immer wieder in einen stabilen Gleichgewichtszustand (Homöostase) zu gelangen. Von diesem Prinzip war schon bei der „ökologischen Dimension" die Rede. Problemsysteme existieren nicht an sich, sondern sie werden von Menschen „erzeugt", wirken in ihnen und zwischen ihnen. Insofern lässt sich auch bei Problemsystemen überlegen, was für einen stabilen und was für einen labilen Gleichgewichtszustand kennzeichnend ist.

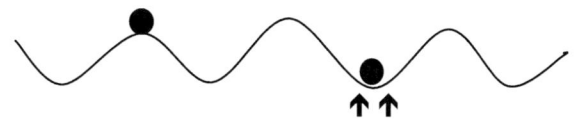

Ein labiler Systemzustand lässt sich mit dem Bild einer Kugel vergleichen, die auf einer Krümmung oben liegt und schon bei einem kleinen Anstoß von außen herunterrollt. Im stabilen Gleichgewicht befindet sich die Kugel, wenn sie in einer Mulde liegt. Es bedarf starker Impulse, um sie beispielsweise in eine andere Mulde zu bewegen.

Was heißt das nun für Problemsysteme: Wie können sie von einem stabilen in ein labiles Gleichgewicht gebracht werden?

In der Skizze wäre es etwa so, dass eine Senke der Wellenlinie von unten nach oben geschoben wird, bis sich die Kugel mehr oder minder weit auf dem Wellenberg befindet, und dann leicht in Bewegung gerät. Man könnte also vom Prozess der Labilisierung sprechen, der durch die mit den Pfeilen angedeuteten Kräfte angeregt wird. Genau das spielt sich übrigens für Menschen in Krisen oder bei kritischen Übergängen in neue Lebensphasen ab: Sie geraten dadurch in einen labilen Zustand.

Was das Ganze problematisch macht ist, dass nicht vorhersagbar ist, wie jemand in einer Krise reagiert. Der „Schuss kann nach hinten losgehen", und jemand reagiert mit Krankheit oder schlimmerem. Es in der Beratung auf eine Labilisierung anzulegen, ist somit auf jeden Fall auch eine ethische Frage: Veränderungen sind kein Selbstzweck. Sie müssen dem Klienten dienen und von ihm gewollt sein. Voraussetzung ist daher ein Kontrakt mit dem Klienten, dass er sich auf einen solchen Weg einzulassen bereit ist.

Ich möchte im Folgenden zwischen „leichter" und „starker" Labilisierung unterscheiden. Die genannten ethischen Fragen treten um so mehr in den Vordergrund, je mehr man mit starken Labilisierungen arbeitet.

a) Beispiele für „leichte" Labilisierung

Darunter verstehe ich Interventionen, mit denen der Klient in Bezug auf das Problemsystem bzw. einzelne Dimensionen einer Erschütterung oder Irritation ausgesetzt wird. Es bleibt dabei offen, ob der Klient daraufhin Lösungen versucht, oder wieder in's alte Muster zurück fällt. Deswegen möchte ich auch von „Labilisierungsexperimenten" sprechen. Folgende Möglichkeiten lassen sich voneinander unterscheiden:

„Lösungen zweiter Ordnung" (Watzlawick)

Lösungen zweiter Ordnung sind entweder Handlungsschritte, bei denen der bisher als unveränderlich angenommene Rahmen vorgegebener Regeln oder gewählter Parameter, wie wir sie oben kennen gelernt haben, über den Haufen geworfen wird. Zum Beispiel entschließt sich jemand, etwas ganz ungewöhnliches zu tun. Oder es wird eine Regel, eine Norm etc. auf sich selbst angewendet. Auf solche Lösungen kommen wir in Wanderung N° 41 noch gesondert zu sprechen.

Lösungen zweiter Ordnung vorzuschlagen kann eine so ausgeprägte Überraschung auslösen, dass die Person unter deren Eindruck plötzlich zu Lösungsschritten in der Lage ist, die vorher ausgeschlossen erschienen.

Beispiel: Jemand neigt zum Perfektionismus und gerät dadurch immer wieder an den Punkt hoffnungsloser Selbstüberforderung. Nach kurzen Erholungsphasen gerät er wieder an den Rand der Erschöpfung, und das geht permanent so weiter. Jede wohlmeinende Aufforderung anderer, doch vom Perfektionismus abzulassen und es sich leichter zu machen, scheitert, weil die Person die hinter dem Perfektionismusstreben stehenden Werte nicht aufgeben will. Gleichwohl leidet sie unter der Situation, den eigenen Anforderungen nicht gerecht zu werden. Das Problemsystem driftet in Richtung einer handfesten Krise. Doch selbst angesichts dieser Krise schafft es die Person dennoch nicht etwas zu verändern, und wird schließlich regelmäßig krank und muss das Bett hüten. Diese Zwangspause dient ihr aber nun dazu, für die Zeit danach weit reichende Pläne zu schmieden, Kräfte zu sammeln und alles noch besser zu machen, als bisher, und das Ganze geht von vorne los.

Lösungsansatz: B.: „Was würde es für Sie bedeuten, wenn Sie Ihren Perfektionismus einmal auf sich selbst anwenden würden: Wie perfekt gehen Sie bisher mit Ihrem Perfektionismus um? Eher perfekt oder eher nicht perfekt? Was würde es praktisch bedeuten, endlich damit zu beginnen, mit dem Perfektionswunsch perfekt umzugehen? Wäre das vielleicht erst die wirkliche Perfektion, nach der Sie streben sollten, anstatt weiterhin sehr un-perfekt unter dem Perfektionismus zu leiden, Zwangspausen durch Krankheit zu machen und sich eventuell sogar systematisch an den Herzinfarkt heranzuarbeiten?" Die Einsicht, dass man es sich ausgerechnet beim eigenen Leben leistet, ziemlich unperfekt zu handeln, löst vielleicht eine Erschütterung aus. Gleichwohl braucht man seinen Perfektionismus nicht grundsätzlich aufgeben, sondern richtet ihn nun auf die eigene Lebensführung. Das Perfektionsstreben bekommt ein lohnendes Betätigungsfeld.

Umdeutungen

Das Reframing haben wir schon kennen gelernt (Wanderung N° 31). Es wurde dort auch auf den Überraschungseffekt hingewiesen, den ein Reframing haben kann. Dem Problem oder einigen Aspekten wird eine neue Bedeutung gegeben. Wie bei der psycho-logischen Dimension von Problemen schon gezeigt wurde, kann ein Reframing dazu dienen, sich mit den Verhältnissen abzufinden – dies wäre eine Stabilisierung des Problemsystems. Eine solche Vorgehensweise bietet sich an, wenn die Person infolge der Struktur ihres Problemsystemes immer wieder in Krisen gerät (z.B. immer wieder auftretende psychotische Episoden), es also doch eher um eine Stabilisierung ohne permanente Krisen geht („mit der Krankheit leben lernen").

Soll das Reframing jedoch der Labilisierung dienen, bieten sich Umdeutungen an, die einerseits schwer von der Hand zu weisen sind, aber auch den Protest der Person hervorrufen, zum Beispiel: „Wissen Sie, irgendwie scheinen Sie sich im Kreise zu drehen. Wollen Sie denn wirklich Ihr ganzes restliches Leben auf diesem Karussell verbringen und es dem Schicksal opfern?"

Selbstbezüglichkeit aufdecken
(vgl. dazu auch Wanderung N° 48)
Viele erleben Probleme als etwas „Äußerliches", als etwas, was ihr Leben, ihr Dasein, ihre Persönlichkeit negativ beeinflusst. Es ist dies im Grunde eine Opferperspektive, die beispielsweise typisch für (An-)Kläger ist. Der Person ist jedoch in der Regel nicht bewusst, dass diese Perspektive einen Selbstbezug hat. Eine Frage nach diesem Selbstbezug kann die Person erschüttern und zum Beispiel Stolz aktivieren und dadurch eine Veränderung provozieren.

Beispiel: Jemand beklagt sich permanent über das Verhalten anderer, insbesondere der Freunde.
B.: „Angenommen, Sie könnten sich während Ihrer Kritik im Spiegel sehen und sich zuhören, welchen Eindruck würden Sie von sich bekommen?"
Diese veränderte Perspektive kann den Impuls zur Veränderung der Opferhaltung auslösen, denn so möchte man dann auch nicht da stehen.

Die bei Wanderung N° 57 beschriebenen Methoden systemischer Arbeit mit sich selbst gehören auch zu den Formen leichter Labilisierung. Die Erschütterung, die bei dieser Art Reflektion oft auftritt, besteht darin, dass die Person sich zum ersten Mal klar darüber wird, wie sie mit sich selbst umgeht. Nicht selten fließen dann heilsame Tränen.

Utilisation und Dekonstruktion der Problemsicht des Klienten
Bei dieser Methode knüpft man direkt daran an, wie Klienten ihre Probleme beschreiben, welche Begriffe sie wählen. Man nutzt entweder die Metaphorik, die häufig in solchen Beschreibungen enthalten ist, und baut sie aus (Utilisation) oder untersucht sie (z.B.

Zur psychosozialen Dimension:
Wer spricht vom Problem?

mit Hilfe von Fragen aus dem Meta-Modell) genau und überprüft sie auf diese Weise kritisch (Dekonstruktion) (vgl. auch Wanderung N° 60). Dadurch wird Klienten manchmal schlagartig klar, wie sie sich bisher selbst den Weg zu Lösungen verbaut haben.

Ein Beispiel: Ein Klient berichtet, er werde immer wieder von „Angstattacken" heimgesucht, sei dann zu gar nichts mehr in der Lage und wisse nicht, was er dagegen tun könne. Der Klient benutzt eine Nominalisierung, um sein Problem zu beschreiben: Er spricht von Angstattacken. Sie kommen und gehen gleichsam, wie es ihnen beliebt.

Utilisation: Die Nominalisierung wird benutzt, um nach Lösungsmöglichkeiten Ausschau zu halten: „Also wenn die Angstattacken sie besuchen, wann sie wollen, dann sollten sie ihnen aber einen separaten Stuhl anbieten, anstatt sie auf den Schoß zu nehmen. Sagen Sie der Angst, sie soll auf dem Stuhl Platz nehmen, sie müssten jetzt erst noch Ihre Zeitung zu Ende lesen."

Dekonstruktion: Die Nominalisierung wird aufgelöst, Ungereimtheiten aufgedeckt und der Klient als handelndes Subjekt in den Mittelpunkt gerückt: „Wie kommen denn die Angstattacken? Zu Fuß oder mit dem Taxi? Oder ist es doch eher so, dass Sie sich mit irgendwelchen Vorstellungen oder Phantasien selbst ängstigen? Was für Phantasien sind das, denen Sie nachgehen? Da Sie der Autor der Phantasien sind: Wieso erschrecken Sie vor Ihren eigenen Science-Fiction-Geschichten? Könnte es sein, dass Sie das bisher gar nicht bemerken, sondern erst, wenn Sie sich ängstigen?"

b) Beispiele für „starke" Labilisierung

Wie schon erwähnt, bildet ein sorgfältig geschlossener Kontrakt eine ethisch erforderliche Grundlage! Berater müssen prüfen, ob sie sich wirklich auf der Grundlage eines Auftrages seitens des Klienten bewegen oder unreflektiert irgendwelchen Eigenaufträgen folgen.
Bei den Motivierungsexperimenten im Drei-Schritte-Programm sind wir diesen Fragen und ähnlichen Methoden schon begegnet (vgl. Wanderung N°18).

Angstinduktion oder apocalypse now!
Eine Möglichkeit ist die Verlagerung der Angst vor Neuem auf die Angst vor dem lebenslangen Fortbestand des Status quo: „Wie lange, schätzen Sie, werden Sie Ihr Problem behalten? Ich tippe auf 40 Jahre. Und Sie werden wahrscheinlich versuchen zu vergessen, dass ich Ihnen das prophezeit habe!"

Über die Schwelle ...
Der Berater lockt oder „schiebt" den Klienten über die Angstschwelle: „Was spricht dagegen, das Veränderungsexperiment gleich jetzt/heute noch zu machen? Während ich zum Beispiel dabei bin? Oder heute bis um 16 Uhr und Sie versprechen, mich gleich danach anzurufen?" Manch einer möchte sich nicht blamieren und als Feigling da stehen oder sein Wort brechen. Diese Kräfte kommen nun zusätzlich ins Spiel und können helfen, Hürden der Angst oder der Gewohnheit zu überwinden. Nicht selten sind Klienten hinterher froh, über die Hürden gekommen zu sein, obwohl sie sich zuerst über den „Druck" geärgert haben, den der Berater aufgebaut hat.

Konfrontation
Der Berater konfrontiert den Klienten massiv mit seinem Problemverhalten. Hier ist (neben dem Kontrakt) Voraussetzung, dass die Beziehung tragfähig ist und dass der Klient auch um der Beziehung willen sein Verhalten ändert.

Wesentliche Parameter für die Auswahl von sanften und erst recht von starken Labilisierungen sind:
– eine stabile, positive, vertrauensvolle Beziehung zwischen Klient und Berater
– der Berater muss sich im Umgang mit möglichen Effekten starker Labilisierungen auskennen bzw. damit umgehen können, was möglicherweise eine therapeutische Ausbildung voraussetzt

Für Beratungskontexte bieten sich daher eher sanfte Labilisierungen an. Ihre Wirkung ist vielleicht nicht so nachhaltig, oder sie bleibt überhaupt aus. Dennoch öffnen sich Klienten neue Perspektiven, die vorher nicht verfügbar waren, es kommt zu einer Erweiterung des Lösungshorizontes, und das ist schon viel wert.
In psychotherapeutischer Arbeit können sich starke Labiliserungen als vielleicht einziger Weg zu einer Veränderung empfehlen (z.B. die provokative Therapie nach F. Farelly)

Wegskizze 1

Wechselwirkung zwischen der psycho-sozialen und allen übrigen Dimensionen

Beim Machtkampf zwischen Klient und Umgebung um die Problemzuschreibung:

- Runder Tisch: Versuch einer Einigung auf eine Problemdefinition und Umgangsweisen damit
- Systemisches Interview mit dem Klienten: „Was schätzen Sie, wie werden sich die anderen längerfristig verhalten, wenn Sie bei Ihrer Überzeugung bleiben, dass Sie kein Problem haben?", „Wie lange machen das die Anderen noch mit?" oder „Welche Vermutung haben Sie, wer derzeit am längeren Hebel sitzt?"

Die psycho-logische Dimension in Wechselwirkung mit der ökologischen innerer Machtkampf:

Ist-Zustand	Differenz	Soll-Zustand
Der Ist-Zustand entspricht dem seelischen Gleichgewichtszustand (insbesondere hinsichtlich der Angstvermeidung oder aber auch der Bequemlichkeit)	Ist und Soll klaffen auseinander, dies führt zum Problemerleben, zu Spannungen und einem Hin- und-Her als chronischem Zustand	Der Soll-Zustand entspricht inneren Wertvorstellungen oder Zielen, oder dient der Befriedigung wichtiger Bedürfnisse, wie Anerkennung oder Beachtung. Es geht auch um Lebensentwürfe und inneren Frieden.

Die Lösungsstrategie umfasst im Wesentlichen folgende Schritte:

- In der Kontraktphase prüfen, ob überhaupt noch nach Lösungsmöglichkeiten gesucht werden soll. Denn prinzipiell ist natürlich auch denkbar, alles zu lassen wie es ist.
- Dann geht es um eine Entscheidung, für die die Beratung eine Hilfestellung geben kann:
    - Soll der Ist-Zustand aufgegeben werden, was bedeutet, sich der Angst vor Veränderung zu stellen und Experimente zu machen? oder
    - Soll der Soll-Zustand verändert werden, was darauf hinausläuft, bei Werten, Zielen und Bedürfnissen „Abstriche zu machen" oder
    - Soll es darum gehen zu lernen, mit dem unabänderlichen Leid zu leben und den Zustand mit einer systematischen „Kultivierung" von Ausnahmezeiten erträglicher zu machen?
- Klienten werden wahrscheinlich Entscheidungsschwierigkeiten haben. Und gegen alle Varianten Einwände erheben („Ja, aber...").
Entscheidungshilfe: „So, wie Sie sich bisher kennen, wo werden Sie mit dem ganzen Problem in fünf Jahren stehen?" „Hm, vielleicht immer noch..." „Sehen Sie! ... Wie wäre es denn, sich infolge dessen schon jetzt für diese eben von Ihnen selbst genannte Variante zu entscheiden und sie aktiv zu gestalten, anstatt die Dinge fünf Jahre treiben zu lassen und sich zu quälen?"
- Oder: Man kann Klienten vorschlagen, doch Veränderungen beim bisherigen seelischen Gleichgewicht, insbesondere bei den Angstvermeidungsstrategien in einer „Politik der kleinen und kleinsten Schritte" zu versuchen, und entsprechende konkrete „Experimente" vereinbaren.

Die psycho-logische Dimension in Wechselwirkung mit der zirkulär-funktionellen und der ökologischen: Die Person dreht sich chronisch im Kreis (vgl. auch Lösungsstrategie für Teufelskreise, Wanderung N° 35)

Die Lösungsstrategie umfasst deshalb folgende Schritte:

— die „Weggabelungen" identifizieren

— die an diesen Gabelungspunkten von der Person bisher meist unbewusst gewählten, jedoch einschränkenden Parameter identifizieren:
Angst; Wertesystem; Glaubenssätze (z.B. über Fähigkeiten); Gewohnheiten;
und dann ihre Funktionen im seelischen Gleichgewicht oder in Bezug auf problematische Vorwegannahmen untersuchen, zum Beispiel „Warum nicht mal was Ungewöhnliches machen?" oder „Woher wissen Sie, dass Sie über eine solche Fähigkeit, wie Sie brauchen könnten, nicht verfügen?"

— schließlich im Sinne der schon oben angedeuteten „Politik der kleinen Schritte" konkrete „Experimente", also Verhaltensaufgaben vereinbaren, und diese dann auswerten.

Labilisierungsexperimente

a) Leichte Labilisierung

— *„Lösungen zweiter Ordnung"*
Lösungen zweiter Ordnung sind entweder Handlungsschritte, bei denen der bisher als unveränderlich angenommene Rahmen vorgegebener Regeln oder gewählter Parameter, wie wir sie oben kennen gelernt haben, über den Haufen geworfen wird. Zum Beispiel entschließt sich jemand, etwas ganz ungewöhnliches zu tun. Oder es wird eine Regel, eine Norm etc. auf sich selbst angewendet (vgl. auch Wanderung N° 41).

— *Umdeutungen: Bedeutungs- oder Kontextreframing*
Soll das Reframing der Labilisierung dienen, bieten sich Umdeutungen an, die einerseits schwer von der Hand zu weisen sind, aber auch den Protest der Person hervorrufen.
Beispiel: B.: „Wissen Sie, irgendwie scheinen Sie sich im Kreise zu drehen. Wollen Sie denn wirklich Ihr ganzes restliches Leben auf diesem Karussell verbringen und es dem Schicksal opfern?"

— *Selbstbezüglichkeit aufdecken:*
Viele erleben Probleme als etwas „Äußerliches", als etwas, was ihr Leben, ihr Dasein, ihre Persönlichkeit negativ beeinflusst. Es ist dies im Grunde eine Opferperspektive, die z.B. typisch für (An-)Kläger ist. Der Person ist jedoch in der Regel nicht bewusst, dass diese Perspektive einen Selbstbezug hat. Eine Frage nach diesem Selbstbezug kann die Person erschüttern und z.B. Stolz aktivieren und dadurch eine Veränderung provozieren: „Wollen Sie tatsächlich vor sich selbst als Opfer dastehen?" Arbeit mit Teilen der Person: Siehe dazu Wanderung N° 57!

— *Utilisation und Dekonstruktion der Problemsicht des Klienten:*
Bei dieser Methode knüpft man direkt daran an, wie Klienten ihre Probleme beschreiben, welche Begriffe sie wählen. Man nutzt entweder die Metaphorik, die häufig in solchen Beschreibungen enthalten ist und baut sie aus (Utilisation) oder untersucht sie (z.B. mit Hilfe von Fragen aus dem Meta-Modell) genau und überprüft sie auf diese Weise kritisch (Dekonstruktion). Dadurch wird Klienten manchmal schlagartig klar, wie sie sich bisher selbst den Weg zu Lösungen verbaut haben.
Utilisation: Die Nominalisierung wird benutzt, um nach Lösungsmöglichkeiten Ausschau zu halten: „Also wenn die Angstattacken sie besuchen, wann sie wollen, dann sollten sie ihnen aber einen separaten Stuhl anbieten, anstatt sie auf den Schoß zu nehmen. Sagen Sie der Angst, sie soll auf dem Stuhl Platz nehmen, sie müssten jetzt erst noch Ihre Zeitung zu Ende lesen."

Dekonstruktion: Die Nominalisierung wird aufgelöst, Ungereimtheiten aufgedeckt und der Klient als handelndes Subjekt in den Mittelpunkt gerückt: „Wie kommen denn die Angstattacken? Zu Fuß oder mit dem Taxi? Oder ist es doch eher so, dass Sie sich mit irgendwelchen Vorstellungen oder Phantasien selbst ängstigen? Was für Phantasien sind das, denen Sie nachgehen? Könnte es sein, dass Sie das bisher gar nicht bemerken, sondern erst, wenn Sie sich ängstigen?"

b) Starke Labilisierung

- *Angstinduktion oder apocalypse now!*
  Eine Möglichkeit ist die Verlagerung der Angst vor Neuem auf die Angst vor dem lebenslangen Fortbestand des Status quo: „Wie lange, schätzen Sie, werden Sie Ihr Problem behalten? Ich tippe auf 40 Jahre. Und Sie werden wahrscheinlich versuchen zu vergessen, dass ich Ihnen das prophezeit habe!"
  Oder, als weitere Provokation: „Sollten wir vielleicht einen Therapievertrag für die nächsten zwanzig Jahre abschließen?"

- *Über die Schwelle ...*
  Der Berater lockt oder „schiebt" den Klienten über die Angstschwelle: „Was spricht dagegen, das Veränderungsexperiment gleich jetzt/heute noch zu machen? Während ich z.B. dabei bin? Oder heute bis um 16 Uhr und Sie versprechen, mich gleich danach anzurufen?" Manch einer möchte sich nicht blamieren und als Feigling da stehen oder sein Wort zu brechen. Diese Kräfte kommen nun zusätzlich ins Spiel und können helfen, Hürden der Angst oder der Gewohnheit zu überwinden. Nicht selten sind Klienten hinterher froh, über die Hürden gekommen zu sein, obwohl sie sich zuerst über den „Druck" geärgert haben, den der Berater aufgebaut hat.

- *Konfrontation*
  Der Berater konfrontiert den Klienten massiv mit seinem Problemverhalten. Hier ist (neben dem Kontrakt) Voraussetzung, dass die Beziehung tragfähig ist, und dass der Klient auch um der Beziehung willen sein Verhalten ändert.

- *Bedingungen für Labilisierungsexperimente*
  - Ein sorgfältig geschlossener Kontrakt ist eine ethisch unabdingbare Grundlage!
  - tragfähige Beziehung
  - bei starken Labilisierungen zusätzlich: ist sie ethisch vertretbar?
  - ferner hüte man sich vor Eigenaufträgen, Labilisierungen sind kein Selbstzweck, Veränderungen müssen nicht erzwungen werden, schon garnicht vom Berater
  - in Beratungskontexten:
    eher nur leichte Labilisierungen
  - therapeutische Kontexte:
    leichte und starke Labilisierungen sind nützlich

Wanderung Nº 35

Wenn die Katze sich in den Schwanz beißt ...
Arbeit mit „Teufelskreisen"

Wohin die Wanderung führt ...

Dass bei bestimmten Problemen der Teufel seine Hand im Spiel haben soll, ist in unserer aufgeklärten Zeit meistens nur noch metaphorisch gemeint. Dennoch wird der Teufel als Urheber des Übels an einer Stelle vermutet, wo man bei genauerer Analyse plötzlich selbst als Belzebub zu Tage tritt und den fatalen Kreislauf aufrechterhält, in dem man sich immer wieder bewegt. Uns selbst als des Unglücks Schmied zu entdecken, ist schwerer zu ertragen, als einer teuflischen Macht die Schuld geben zu können. Im Wörtchen „teuflisch" steckt aber auch noch so etwas wie „raffiniert" und nicht so leicht durchschaubar. Das trifft in der Tat oft zu: Solche Kreisläufe, wie wir sie auf dieser Wanderung untersuchen, „funktionieren auf raffinierte Weise". Wir werden sehen, wie Angst, Vergesslichkeit und anderes in wahrhaft teuflischer Form zusammenwirken, wenn man sich chronisch im Kreise dreht ...

Wenn vom Kreis die Rede ist, dann heißt das auch, dass kein Anfang und kein Ende auszumachen ist, es sei denn, man legt diese willkürlich fest. Da es aber auch die lineare Zeit gibt, dreht man sich also in einer Spirale auf der Zeitachse vorwärts. Das Kreisläufige ergibt sich aus einer Abfolge von Ereignissen und Entscheidungen, die man immer wieder auf ähnliche Weise trifft, ohne sich dessen immer bewusst zu sein.

Ereignisse sind Dinge, die wir tun oder andere tun. Die Entscheidungen ergeben sich aus Wahlmöglichkeiten, die wir haben, auf ein Ereignis hin so oder so zu reagieren, dann die Folgen der getroffenen Wahl zu erleben bzw. durch die eigenen Handlungen herbeizuführen, um dann wieder eine Wahl zu treffen usw.

Was jeweils passiert, ist durch alle möglichen Regeln, Kräfte, Strukturen usw. bestimmt. Um diese Vielfalt kann es hier nicht gehen. Aber die Entscheidungen, die wir selbst treffen, unsere Wahl erfolgt nach Regeln, deren Entschlüsselung es erlaubt, aus Teufelskreisen auszubrechen, etwas Neues zu tun und zu erleben. Im Prinzip gilt das Gesagte auch für positive Kreisläufe, in denen man sich bewegt. Außer dem Wort Glück sind dafür allerdings noch kaum Begriffe geprägt worden. In einer Analogie müsste man ja von „Engelskreisen" reden. Jedoch: Positive Kreisläufe interessieren die Menschen meistens nicht, die nimmt man einfach hin und freut sich. Sie zu analysieren wäre im Prinzip genauso lohnend, um zu erfahren, wie man für sein „Glück" sorgen kann.

Chronisch wiederkehrende Probleme lassen sich als Ergebnis einer Abfolge von Handlungen bzw. Verhaltensweisen einer Person (und anderer Beteiligter) rekonstruieren. Bildlich ausgedrückt: Man geht einen Weg und kommt an eine Gabelung; hier wählt man eine Richtung, die einem aus irgendwelchen Gründen sinnvoll erscheint, geht ein Stück, kommt wieder an eine Gabelung, wählt wieder usw. ... und kommt zur eigenen Verwunderung schließlich genau wieder an dem Punkt, an dem man schon einmal war. Wir haben das bei der letzten Wanderung schon gesehen. Es ist, als ob man auf einem Karussell sitzt und immer wieder dieselben Bilder an sich vorbeiziehen sieht. Oder, die furchtbarere Variante: Beim Marsch in der Wüste auf der Suche nach der nächsten Oase stößt man nach langem Marsch auf Spuren im Sand ..., freut sich schon, ... und entdeckt dann, dass es sich um die eigenen Fußspuren handelt.

In einer Skizze, die auch in der konkreten Problembearbeitung mit Klienten verwendet werden kann, lässt sich das Ganze zum Beispiel so darstellen:

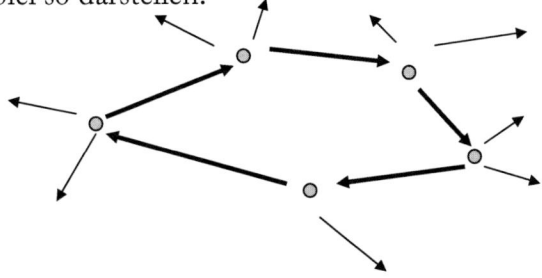

Erläuterung: ⊙ Dies sind Gabelungspunkte (Bifurkationen), an denen man prinzipiell verschiedene Richtungen einschlagen bzw. unter mehreren verschiedenen Handlungsmöglichkeiten wählen kann (alle Pfeile). Trotz dieser Wahlmöglichkeiten trifft man jedoch fatalerweise immer wieder die Wahl, eine bestimmte Richtung einzuschlagen (dicke Pfeile), so dass am Schluss eine in sich geschlossene Linie entsteht, das heißt, „die Katze beißt sich in den Schwanz".

Wie kann so etwas passieren? Schon rein nach der Wahrscheinlichkeit sind die Aussichten bei rein zufälliger Wahl unter den verschiedenen Möglichkeiten, wieder am selben Punkt zu landen, nach drei Gabelungen weniger als 15 Prozent. Die Ursache liegt darin, dass die Entscheidungen an den Gabelungspunkten oft spontan, unreflektiert bzw. gewohnheitsmäßig getroffen werden. Und es wirken noch verschiedene Faktoren mit: Angst (vor Neuem), Angstvermeidung, Risikoscheu, Glaubenssätze (wie z.B.: „Ich kann's ja eh nicht!"). Oft hat man vergessen, dass man vor Zeiten schon mal haargenau am selben Punkt war. Und schließlich sind auch noch Unlust und Bequemlichkeit im Spiel. Das heißt also, „der Weg des geringsten Widerstandes" mündet im Teufelskreis. Viele Varianten von Suchtverhalten gehören auch hierher. In der Skizze lässt sich dies so darstellen:

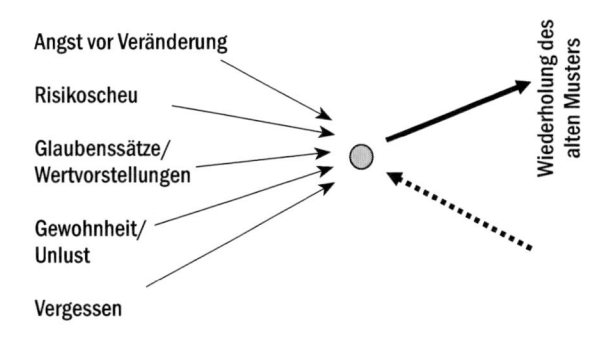

Die Zeichnung macht deutlich, warum Veränderungen oft so schwer fallen: Man muss gegen mächtige innere Kräfte angehen, wenn man einen neuen Weg an einem der Gabelungspunkte gehen will, sofern er gegen diese Kräfte gerichtet wäre.

Schließlich gibt es noch die fatale Variante, bei der die guten Vorsätze

> *Der gute Vorsatz ist ein Pferd, das oft gesattelt, aber selten geritten wird*
> Bernhard Trenkle

zur Veränderung in den Teufelskreis eingebaut werden und so paradoxer Weise zur Aufrechterhaltung des Kreislaufes beitragen. „Ab morgen höre ich das Rauchen auf!", dann kommt der Rückfall („Der Geist war willig, allein das Fleisch ...!") usw. Die Person übersieht dabei, dass die Fehlkonstruktion des Vorsatzes genauso ursächlich ist, wie die „Schwäche des Fleisches". Der gute Vorsatz dient der momentanen Beruhigung (z.B. des „schlechten Gewissens") und löst das Problem in der Phantasie, aber nicht real. Der Entschluss zur Veränderung fällt jetzt, aber die Nagelprobe kommt erst morgen usw. Manchmal kommt noch eine Portion magisches Denken hinzu: Es mündet in den ultimativen Entschlüssen an Silvester, was man im neuen Jahr verändert wird; so als ob am

31.12., 24 Uhr irgend etwas anders wäre als beispielsweise am 24.5., 13 Uhr, wo dieser Entschluss auch fallen könnte.

Aktuelle Untersuchungen in der Hirnforschung zeigen außerdem, dass Entscheidungen, wie sie an den Gabelungspunkten getroffen werden, in der Regel schon gefällt werden, bevor wir uns dessen bewusst werden. Das würde erklären, warum wir uns so hartnäckig im Kreise drehen und warum sehr bewusstes Nachdenken und gut geplante Unterbrechungen des Kreislaufes helfen, aus dem Teufelskreis herauszukommen.

Ob solche chronischen Probleme mit der unten beschriebenen Lösungsstrategie gelöst werden können oder unter Umständen doch nur in einer intensiven Therapie, steht nicht von vornherein fest. Es spielt oft eine große Rolle, ob der Teufelskreis auch einen „ökologischen Nutzen" für die Person (oder andere Beteiligte) hat.

Teufelskreise sind oft mehrfach in einander verwobene Kreisläufe, regelrechte Netzwerke, in denen die Beteiligten den Überblick rasch verlieren können. Erweitert man die obige Skizze entsteht folgendes Bild:

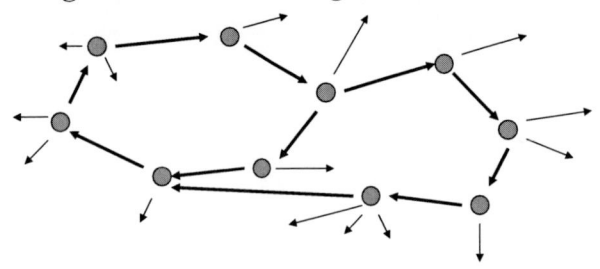

In diesem Bild gibt es einen kürzeren und einen längeren Kreislauf. Die Pfeile als Symbole für wählbare Möglichkeiten stehen manchem diametral gegeneinander, mal markieren sie nur geringfügige Unterschiede. Dass man angesichts dieser Vielfalt solcher Netzwerke den Überblick verliert, wirkt sich ebenfalls im Sinne der Aufrechterhaltung des Ganzen aus! Es lohnt sich daher, es mit folgender Lösungsstrategie zu versuchen.

Die Schritte:
- Wie immer bedarf es zuerst eines Kontraktes. Will der Klient am Problem etwas ändern oder lieber nicht? Dies sollte möglichst genau geklärt werden! Denn aus Kreisläufen auszubrechen ist, wie schon angedeutet, keine leichte Übung.
- Der Kreislauf, der dem Problem zugrunde liegt, wird nun Schritt für Schritt rekonstruiert, und es werden die Gabelungspunkte identifiziert (am besten in Form einer Skizze wie oben). Es ist möglich, dabei auf der Zeitachse vorwärts zu gehen oder auch rückwärts, wesentlich ist es, einige der Gabelungspunkte zu entdecken, an denen der Klient bisher Entscheidungen trifft, in eine bestimmte Richtung weiter zu gehen, obwohl auch andere Richtungen eingeschlagen werden könnten. Es ist nicht wichtig, alle möglichen Gabelungspunkte zu entdecken, zumal sich häufig zeigt, dass es nicht nur um einen Kreislauf, sondern um mehrere, in einander verwobene Kreise geht. Im Interview kann im Wesentlichen mit folgender Frageform gearbeitet werden: „Womit fängt das Ganze an?" (wobei die Wahl des „Beginns" willkürlich sein kann, wie es sich dem Klienten gerade aufdrängt!). „Was passiert dann?" oder „Was tun Sie dann? Was als nächstes? ... und dann ..." Der Berater hört den Antworten des Klienten genau zu, um Pfeile und Gabelungspunkte von einander zu unterscheiden. Die Pfeile markieren mögliche bzw. die tatsächlich gewählten Handlungen, Reaktionen und Abläufe, während die Punkte auf Entscheidungen hinweisen, die man trifft, bevor sich das Ganze in einer bestimmten Richtung weiter entwickelt.

- Es empfiehlt sich, den entstehenden Kreislauf auf einem Papier mit zu skizzieren. Diese Visualisierungshilfe wird umso mehr nötig, je netzwerkartiger die Kreisläufe in einander verwoben sind. Außerdem ist es für Klienten eine enorme Hilfe, das Ganze einmal auf diese Weise von außen zu betrachten.
- Nun wird gemeinsam untersucht, welche inneren und äußeren Faktoren die Entscheidungen des Klienten an den Gabelungspunkten beeinflussen und bisher immer wieder in eine bestimmte Richtung lenken. (Angst? Unlust? Bestimmte Überzeugungen, Werte oder Glaubenssätze? Was noch?)
- Dann wird mit dem Klienten überlegt, an welchen der Gabelungspunkte es sich lohnen würde, einmal etwas Neues zu probieren, und wo er es sich auch zutraut. Es werden also für die Zukunft kleine Experimente vereinbart, an einem oder mehreren Gabelungspunkten bewusst und absichtlich einen anderen Weg als bisher einzuschlagen.
- Weil solche Experimente durchaus schwer fallen können, muss mit dem Klienten besprochen werden, dass solche Versuche oft nur gegen die bisherigen Gewohnheiten, gegen das Lustprinzip oder gegen bestimmte Überzeugungen unternommen werden können. Es empfiehlt sich, solche Gabelungspunkte auszuwählen, wo die Angst als Faktor nicht so stark wirkt, wie an anderen Punkten. Es kann aber sein, dass der Berater trotzdem auch auf die Lösungsstrategie für Ängste (vgl. Wanderung N°37) zurückgreifen muss, damit es dem Klient möglich wird, aus dem Kreislauf auszuscheren.
- Beim nächsten Gespräch sollten die Erfahrungen ausgewertet werden, evtl. kann man neue Experimente überlegen.
- Ist jemand zu solchen Versuchen nicht bereit, bleibt es eben beim Teufelskreis mit allen Folgen; wir haben dann wieder einmal die Situation des Klägers. Man darf seinen Kreislauf behalten! Berater mögen sich hier vor etwaigen Eigenaufträgen hüten, den Klienten „befreien" zu wollen.

Wenn alle diese Experimente scheitern, weil sie vom Klienten nur halbherzig oder inkonsequent umgesetzt werden, liegt die Vermutung nahe, dass der Teufelskreis inzwischen (oder immer schon) eine Funktion im seelischen Gleichgewicht des Klienten, eventuell auch im Gleichgewicht des Systems hat, in dem der Kreislauf bzw. das Muster (um diesen Begriff auch aufzugreifen) stattfindet. Der Versuch, „auszubrechen", mobilisiert vielleicht Gegenkräfte im System, vielleicht hatte es bisher für andere Systemmitglieder einen Vorteil, dass man sich im Kreise dreht: In einem heroischen Entschluss (nach einer Beratung) verkündet die Mutter (und Ehefrau) ihren Lieben, dass sie ab sofort in Streik trete und sich weigere, allen (einschließlich dem Herrn des Hauses) immer wieder Kleidung und was sonst so liegen bleibt, hinterher zu räumen. In einer Mischung aus Überraschung, leichtem Stirnrunzeln („Was ist denn mit ihr los?") und stoischer Ruhe lassen die „Lieben" daraufhin weiterhin alles liegen. Der „Streik" ist schon etwas Neues, denn bisher hat die Klientin in ihrer Familie immer wieder wegen der Nachlässigkeit der anderen genörgelt, aber doch alles aufgeräumt. Nun wächst die „Unordnung". Die Schmerzgrenze der Klientin ist bald erreicht, die ihrer Lieben noch lange nicht, der Streik wird von ihr schließlich sang- und klanglos abgebrochen.

Die Experimente müssen also schon bei der Planung daraufhin durchdacht werden, wer alles davon betroffen sein wird, und mit welchen Reaktionen man rechnen muss. Im Beispiel könnte mit der Frau überlegt werden, dass sie den Streik wahrscheinlich sogar dann noch aufrechterhalten muss, wenn die Schmerzgrenze ihres Mannes und/oder ihrer Kinder überschritten wird, und sie sich bequemen, selbst aufzuräumen. Denn sonst lernen ihre Lieben im Sinne des bisherigen Kreislaufes nur dazu: Es gilt kurzfristig nachzugeben und aufzuräumen, dann aber schleichend mit seinem Engagement nachzulassen, und irgendwann läuft es wieder wie gewohnt!

Anhand eines Beispiels soll nun noch ein Teufelskreis skizziert werden:
Sonja hat sich vor inzwischen sechs Jahren von ihrem Mann (Kurt) getrennt. Die Scheidung ist inzwischen über die Bühne. Ihre gemeinsame Tochter, Sarah, sieben Jahre alt, lebt bei der Mutter. Die Regelungen des Unterhalts und des Umgangs waren ziemlich schwierig und sind es teilweise heute noch. Die Besuchsregelung sieht vor, dass Sarah etwa alle vier Wochen ein Wochenende beim Vater verbringt, wenn sie will. Der Termin wird vorher verabredet. Oft genug erscheint Kurt zum verabredeten Wochenende nicht, Sarah nimmt es hin, Sonja allerdings regt sich auf.
Worum es Sonja allerdings in der Beratung geht, ist, dass sie mit dem „SMS-Terror", den ihr ehemaliger Mann praktiziere, nicht fertig wird. Andauernd schreibe er wegen nichtigster Anlässe eine SMS, manchmal geht es in einer solchen Botschaft auch darum, wie sehr er die Scheidung bedaure, dass es nicht gut für Sarah sei, dass er fest daran glaube, dass man eines Tages wieder zueinander finde usw. Es kann aber auch sein, dass er sich per SMS empört, Sarah Schuhe kaufen zu sollen, der Unterhalt sei ausreichend bemessen usw.
Sie denken vielleicht sofort: Warum liest Sarah denn die SMS, sie könnte sie doch immer gleich löschen! Und viele andere Hypothesen drängen sich Ihnen vielleicht auf, was hinter all dem steckt. Ich möchte jedoch raten, solche eigenen Gedanken erst einmal vollkommen beiseite zu lassen, solange man nicht besser versteht, was überhaupt passiert, wie das Ganze funktioniert.
Schauen wir uns also den Teufelskreis an, der sich während eines längeren Interviews skizzieren ließ: Nicht alle Sachverhalte sind in der Skizze auf der nächsten Seite wieder gegeben, es genügt, sich auf die wichtigsten Aspekte zu beschränken. Es geht zumindest in diesem Stadium der Analyse auch nicht darum, alle möglichen psychologischen Hintergründe der jeweiligen Verhaltensweisen zu ergründen. Sie haben natürlich alle einen tieferen Sinn.

Teufelskreise können Vor und Nachteile haben

Wesentlich ist, dass Sonja den Eindruck gewonnen hat, dass, was sie auch tut, die ganze Geschichte vor allem immer wieder in den beiden dunklen Gabelungspunkten (links und rechts in der Skizze) mündet. Der Kreislauf zeigt auch, dass sich der „SMS-Terror" letztlich aus der Besuchsregelung speist, die so getroffen ist, dass es immer wieder zu Divergenzen über die angeblich getroffene Vereinbarung kommen kann. Direkte Telefonate vermeidet Sonja meistens, weil es dann sehr rasch eskaliert.
Sonja hat das Gefühl, alles Mögliche schon probiert zu haben. Sie will Sarah die Kontakte zum Vater ermöglichen, aber sie will auch, dass dabei ein fester Rhythmus oder zumindest die verabredeten Termine eingehalten werden, damit sie selbst auch an einem solchen Wochenende etwas für sich planen kann. Die Aufrechterhaltung beider Ziele in Verbindung damit, dass nach der Enttäuschung Zeit ins Land geht, Sonjas Enttäuschung verblasst, sie das Ganze mehr oder minder vergisst und wieder Hoffnung investiert, hält den Kreislauf insgesamt in Gang. So werden also Zeit, Vergessen und Hoffnung in Verbindung mit Sonjas Zielen und Werten zu wirksamen Parametern, damit das Spiel in die nächste Runde gehen kann.

Dass Sonja die eingehenden SMS liest, manchmal beantwortet und manchmal nicht, bewirkt, dass Kurt auf jeden Fall (was immer seine Motive oder Ziele sein mögen) daraus lernt, dass es nicht vergeblich ist, ein SMS zu schreiben, wann immer ihm danach zumute ist. Die SMS zu lesen, erhöht natürlich auch die Bereitschaft, darauf zu antworten. Manchmal wählt Sonja auch das Telefon, es endet in lautstarken Auseinandersetzungen über die angeblich getroffene Vereinbarung. Bei dieser Variante landet sie „auf dem Weg nach Canossa" via SMS. Letztlich hofft Sonja immer wieder, dass es mit den Besuchen doch irgendwann klappen würde, wenn sie auf die SMS von Kurt reagiert.

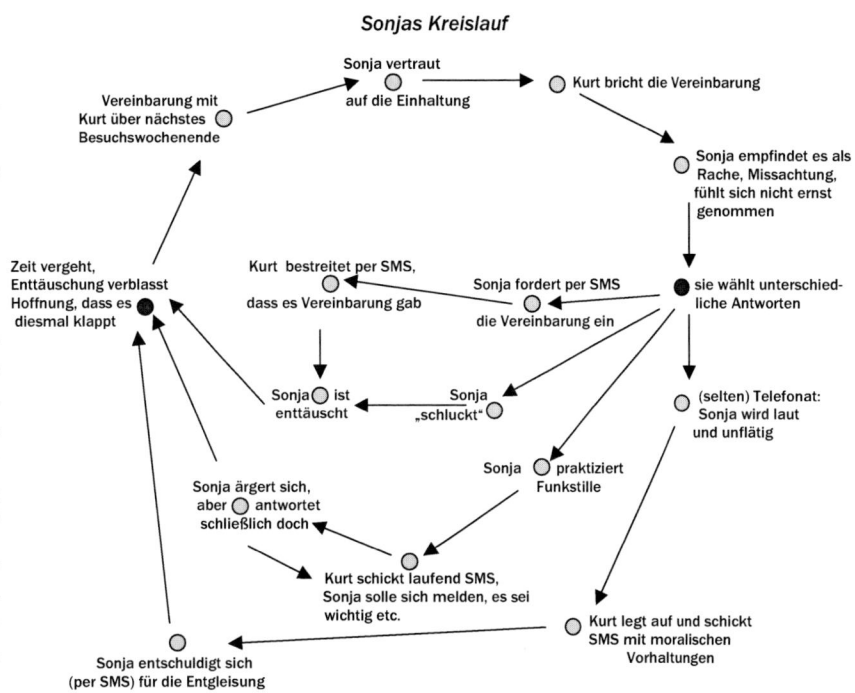

Sonjas Kreislauf

- Vereinbarung mit Kurt über nächstes Besuchswochenende
- Sonja vertraut auf die Einhaltung
- Kurt bricht die Vereinbarung
- Sonja empfindet es als Rache, Missachtung, fühlt sich nicht ernst genommen
- sie wählt unterschiedliche Antworten
- (selten) Telefonat: Sonja wird laut und unflätig
- Kurt legt auf und schickt SMS mit moralischen Vorhaltungen
- Kurt schickt laufend SMS, Sonja solle sich melden, es sei wichtig etc.
- Sonja entschuldigt sich (per SMS) für die Entgleisung
- Sonja ärgert sich, aber antwortet schließlich doch
- Sonja praktiziert Funkstille
- Sonja „schluckt"
- Sonja ist enttäuscht
- Kurt bestreitet per SMS, dass es Vereinbarung gab
- Sonja fordert per SMS die Vereinbarung ein
- Zeit vergeht, Enttäuschung verblasst, Hoffnung, dass es diesmal klappt

> *Wer Probleme mit dem Kreislauf hat, sollte mal geradeaus laufen*
> Bernhard Trenkle

Das Ganze hat auch komische Züge. Während des Interviews müssen Sonja und der Berater oft lachen, das ermöglicht nicht zuletzt die Vogelperspektive der Skizze.

Bei der Frage, an welcher Stelle sich Sonja einen Ausbruch aus dem Kreislauf vorstellen könnte, kommt es schließlich zu folgendem Experiment: Sonja teilt Kurt mit, dass sie ab sofort definitiv kein einziges SMS mehr lesen, sondern alle gleich ungesehen löschen werde. Wenn er Wert darauf lege, seine Tochter zu sehen, solle er per Postkarte (nicht Brief!) bis spätestens eine Woche vorher seinen Vorschlag für das Besuchswochenende unterbreiten. Komme die Postkarte später, könne er nicht damit rechnen, dass sie und Sarah an dem Wochenende erreichbar wären. Etwaige Briefe würden ungeöffnet weggeworfen. Den Text dieses SMS schickt sie Kurt sicherheitshalber auch noch als Postkarte.

Der Effekt war fast unerwartet. Kurt schickte kein SMS mehr (Sonja hatte erwartet, dass er seine Versuche verstärken würde). Er meldete sich überhaupt über zwei Monate nicht mehr, und schlug dann via Postkarte ein Besuchswochenende vor, an das er sich auch hielt. Die Postkartenregelung hielt er ein, die 14-Tage-Regelung nur teilweise, was Sonja aber nicht „schabte", weil sie ja planen konnte.

Vielleicht gefällt Ihnen diese „oberflächliche" Vorgehensweise nicht. Viele wertvolle Hypothesen, die man hier entwickeln könnte, werden einfach weg gelassen!

Das ist gewollt! Es geht nur um die Frage, wie der Teufelskreis funktioniert, wie ihn Sonja strategisch, aber bisher unwissentlich aufrecht erhält, und was eine relevante Veränderung (Musterunterbrechung) wäre. Nicht mehr, und nicht weniger!

Auf zwei interessante Varianten, mit Teufelskreisen umzugehen, hat mich noch Uwe Gabert-Varga aufmerksam gemacht:
– Genau so weiter zu machen wie bisher, keinerlei Veränderung vornehmen, vollständig oder eventuell nur an bestimmten Tagen alles so tun wie immer und aufhören irgendetwas verändern zu wollen ... Nach einiger Zeit würden die Erfahrungen in der Beratung ausgewertet. Nicht selten hat der Klient dann doch „unbemerkt" etwas verändert.

– Oder sogar den Kreislauf übertreiben oder zum falschen Zeitpunkt so tun als ob der Kreislauf abläuft, also ihn absichtlich statt „aus Versehen" herbeiführen.

Wegskizze

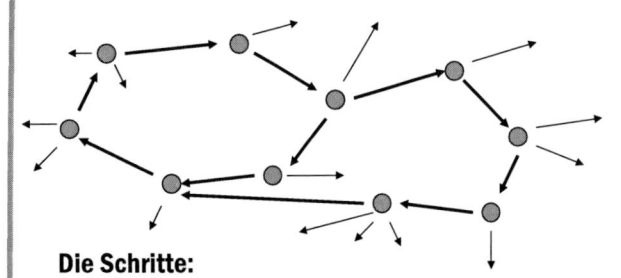

Die Schritte:
- **Wie immer bedarf es zuerst eines Kontraktes. Will der Klient am Problem etwas ändern oder lieber nicht? Dies sollte möglichst genau geklärt werden! Denn aus Kreisläufen auszubrechen ist meistens keine leichte Übung.**
- **Der Kreislauf, der dem Problem zugrunde liegt, wird nun Schritt für Schritt rekonstruiert, und es werden die Gabelungspunkte identifiziert (mit obiger Skizze). Es ist möglich, dabei auf der Zeitachse vorwärts zu gehen oder auch rückwärts, wesentlich ist es, einige der Gabelungspunkte (Bifurkationen) zu entdecken, an denen der Klient bisher Entscheidungen trifft, in eine bestimmte Richtung weiter zu gehen, obwohl andere Möglichkeiten auch bestünden. Es ist nicht wichtig, alle Gabelungspunkte zu entdecken, zumal sich häufig zeigt, dass es nicht nur um einen Kreislauf, sondern um mehrere, ineinander verwobene Kreise geht. Im Interview kann im Wesentlichen mit folgender Frageform gearbeitet werden: „Womit fängt das Ganze an?" (wobei die Wahl des „Beginns" willkürlich sein kann, wie es sich dem Klienten gerade aufdrängt!). „Was passiert dann? ... und dann? ..." Der Berater hört den Antworten des Klienten genau zu, um Pfeile und Gabelungspunkte voneinander zu unterscheiden.**
- **Es empfiehlt sich, den entstehenden Kreislauf auf einem Papier mit zu skizzieren. Diese Visualisierungshilfe wird umso mehr nötig, je netzwerkartiger die Kreisläufe ineinander verwoben sind.**
- Außerdem ist es für Klienten eine enorme Hilfe, das Ganze einmal auf diese Weise von außen zu betrachten.
- Nun wird gemeinsam untersucht, welche inneren und äußeren Faktoren die Entscheidungen des Klienten an den Gabelungspunkten beeinflussen und bisher immer wieder in eine bestimmte Richtung lenken. (Angst? Unlust? Bestimmte Überzeugungen, Werte oder Glaubenssätze? Vergessen, weil sich der Kreislauf über längere Zeit erstreckt? Gute Vorsätze, jedoch zum falschen Zeitpunkt gefasst? Was noch?)
- Dann wird mit dem Klienten überlegt, an welchen der Gabelungspunkte es sich lohnen würde und wo er es sich auch zutraut, einmal etwas Neues zu probieren. Es werden also für die Zukunft kleine Experimente vereinbart, an einem oder mehreren Gabelungspunkten bewusst und absichtlich einen anderen Weg als bisher einzuschlagen.
- Weil solche Experimente durchaus schwer fallen können, muss mit dem Klienten besprochen werden, dass diese Experimente oft nur gegen die bisherigen Gewohnheiten, gegen das Lustprinzip oder gegen bestimmte Überzeugungen durchgesetzt werden können. Es empfiehlt sich, solche Gabelungspunkte auszuwählen, wo die Angst als Faktor nicht so stark wirkt, wie an anderen Punkten. Es kann sein, dass der Berater trotzdem auch auf die Lösungsstrategie für Ängste (vgl. Wanderung № 37) zurückgreifen muss.
- Beim nächsten Gespräch sollten die Experimente ausgewertet werden, evtl. kann man neue Experimente überlegen.
- Ist jemand zu solchen Experimenten nicht bereit, bleibt es eben beim Teufelskreis mit allen Folgen; wir haben dann wieder einmal die Situation des Klägers. Man darf seinen Kreislauf behalten! Berater mögen sich hier vor etwaigen Eigenaufträgen, den Klienten zu „befreien", hüten.

Wanderung N° 36

Die Qual der Wahl
Lösung von Entscheidungsproblemen

Wohin die Wanderung führt ...

*Wir treffen täglich unzählige Entscheidungen. Morgens geht es schon los. Der Wecker schellt, man stellt ihn ab und bleibt liegen. Am Abend vor dem Einschlafen hatte man sich noch entschieden, ihn abzustellen **und** aufzustehen. Obwohl man eigentlich noch viel zu müde ist, revidiert man ganz schnell die Entscheidung vom Abend. Man schläft wieder ein, aber irgendwie läuft jetzt im Unterbewusstsein ein anderer Wecker mit, und man springt schließlich „kurz vor knapp" aus dem Bett. An ein gemütliches Frühstück ist nicht mehr zu denken, und es darf auch keinerlei Stau auf der Strecke geben. Stress! Und angesichts dieser Erfahrung stellt man dann am Abend den Wecker so, dass am nächsten Morgen mehr Muße möglich wird, obwohl man doch gerade erfahren hat, wie die morgendliche Müdigkeit alle guten Vorsätze zunichte macht. Wecker sind wirklich naiv, sie machen diesen ganzen Blödsinn ohne jeglichen Protest mit. Protestierende Wecker hat man noch nicht erfunden. Schade! Die Schlummertaste (eine Art mechanischer Protest) macht es eigentlich nur ätzender, denn alle vier Minuten läutet's wieder, man konnte noch gar nicht wieder richtig einschlafen; fünf Mal hintereinander draufhauen – das ist wirklich nicht erholsam! Schlimmer sind eigentlich nur noch nächtliche Schnaken, man sieht morgens an den Blutflecken an der Wand. Das passiert beim Wecker wenigstens nicht.*
Aufstehen oder nicht aufstehen – eine sehr alltägliche Entscheidung, für manche ätzend, aber doch einigermaßen lösbar! Die Frage „Soll ich mich vom Partner trennen oder nicht?" lässt sich nicht mehr mit einem Knopfdruck klären.
Man hängt fest, aber warum? Davon handelt diese relativ lange Wanderung.

Also, machen wir uns auf den Weg. Es gibt dabei ein paar Abkürzungen, die darin bestehen, das „Kleingedruckte" zu überspringen. Das sind zwar interessante Seitenpfade, aber für das Verständnis nicht unbedingt nötig.
Sie stehen also gleich vor der Entscheidung, den jetzt folgenden Text zu überspringen oder nicht. Fällt Ihnen diese Entscheidung schwer?

Es wäre interessant, einmal alle Entscheidungen, die wir im Laufe eines Tages treffen, zusammenzustellen. Es kämen sicherlich mehr als hundert heraus. Die meisten dieser Entscheidungen treffen wir rasch, ohne Schwierigkeiten, ja ohne, dass wir ihnen besondere Aufmerksamkeit schenken würden. Manchmal sind Entscheidungen auch zäh, wir erleben uns unentschlossen. Soll man ins Kino gehen oder zu Hause bleiben? Welcher Film? Nichts reizt einen so recht. Eigentlich steht nichts auf dem Spiel. Die Entschlusslosigkeit aber kann lähmend wirken; bis zum nächsten Tag hat sich das dann meistens wieder gelegt.

Dann aber gibt es die Situation, wo es um schwerwiegende Dinge geht, wo viel auf dem Spiel zu stehen scheint; wo Angst und gleichzeitig der Druck entsteht, eine Entscheidung zu treffen, was wiederum die Angst verstärkt.
„Ich weiß nicht, wie ich mich entscheiden soll!" So oder so ähnlich drücken Menschen eine Entscheidungssituation aus, die zum einen als Qual, als innere Zerrissenheit erlebt wird, zum anderen unlösbar erscheint. Sich in der Klemme zu fühlen, gelähmt zu sein oder sich im Kreise zu drehen, sind typische Empfindungen.
Die eigenen Freunde oder Bekannten werden oft ungeduldig, je länger man unentschieden bleibt, aber immer wieder vom Thema anfängt. „Du musst dich halt entscheiden!" sind gut gemeinte Ermunterungen,

die jedoch zugleich die Hilflosigkeit des Ratgebenden verdeutlicht, denn irgendwie weiß man das ja auch. Es hilft nicht weiter!

Die im Folgenden skizzierte Lösungsstrategie konzentriert sich auf eine Dimension von Entscheidungsproblemen, die ich unter dem Begriff der Entscheidungs-(Psycho-)Logik zusammenfassen möchte. Es gibt wahrscheinlich noch andere Dimensionen, die in den Blick genommen werden müssen, wenn man mit der Lösung der Verstrickungen, in die jemand auf der Ebene der Entscheidungslogik gerät, nicht weiter kommt.

Die eine Dimension ist die Tiefenpsychologische, wie sie sich im Begriff der Ambivalenz und der dahinter stehenden Psychodynamik niederschlägt. Eine weitere Dimension ist wahrscheinlich die Neurologische. Wenn zum Beispiel bei jemand keine eindeutige Dominanz der linken oder der rechten Hirnhälfte ausgebildet ist, kann dies ebenfalls zu Entscheidungsschwierigkeiten führen. Rühren die Entscheidungsschwierigkeiten aus diesen Ebenen her, sind spezielle Therapien nötig.

Die Lösungsstrategie, die wir nun diskutieren werden, kann den Weg zur Lösung eines Entscheidungsproblems frei machen. Eine Erfolgsgarantie gibt es allerdings nicht, denn – wie wir noch sehen werden – ist der zentrale Faktor, mit der man als Betroffener fertig werden muss, die Angst.

Entscheidungs-(Psycho-)Logik

Wer Leuten mit Entscheidungsschwierigkeiten helfen will, kann wichtige Elemente der „Entscheidungs-(Psycho-)Logik" benutzen. Mit dem Begriff soll angedeutet werden, dass bei Entscheidungsproblemen zwei Arten von Logik aufeinander treffen: Die „Logik der Psyche", speziell die „Logik der Angst" und die formale Logik, die einem Entscheidungsprozess zugrunde liegt. Daraus resultieren letztlich alle Schwierigkeiten.

Entscheidungsprobleme enthalten einige typische Merkmale, die unabhängig von den konkreten Themen, um die es geht, immer wieder auftauchen. Sie sind aber zugleich hinter den Themen mehr oder minder verborgen und wirken deshalb in einer für den Betroffenen schwer durchschaubaren Weise. Ich will diese Merkmale skizzieren:

- Wenn Entscheidungen zu einem Problem werden, geht es meist um die Wahl zwischen zwei oder mehreren Alternativen, die sich zumindest in dem Sinne gegenseitig ausschließen, dass sie nicht gleichzeitig oder alle zusammen gewählt werden können (z.B. ein Studium beginnen oder eine Lehre).

- Es geht also logisch betrachtet um die Situation eines Entweder-Oder. Die Möglichkeit des Sowohl-als-auch (also alle Alternativen zugleich zu wählen) und meistens auch das Weder-Noch (also keine der Alternativen zu wählen) erscheinen ausgeschlossen! Hier lauert bereits eine Falle: Keine dieser denkbaren Alternativen zu wählen, bedeutet die Wahl des „Status quo", denn ...

- ... es ist – zumindest auf die Dauer – unmöglich, sich nicht zu entscheiden, weil situationsbedingt dann automatisch „etwas passiert", und dieses Etwas ist oft gerade eine der Alternativen, die von Anbeginn an bestanden haben, für die sich der Betroffene aber auch nicht entscheiden wollte. Zum Beispiel weder ein Studium noch eine Lehre zu beginnen bedeutet (praktisch!) die Entscheidung für irgendeinen Job oder die Arbeitslosigkeit, und das sind meistens keine attraktiven Alternativen, sonst hätte man eine davon ja gleich gewählt.

- Entscheidungsprobleme können auch dadurch charakterisiert sein, dass die Zahl „objektiv" verfügbarer Alternativen nicht ausgelotet wird, und man sich nur solchen Alternativen gegenüber sieht, die allesamt nicht attraktiv sind; als Metapher ausgedrückt, handelt es sich um die Wahl zwischen „Pest und Cholera".

- Der Versuch, eine Entscheidung hinauszuzögern bzw. sich nicht zu entscheiden, beinhaltet zwangsläufig eine Entscheidung auf anderen Ebenen und führt, wie wir noch sehen werden, in eine Paradoxie:
  - Sie bedeutet eine Entscheidung hinsichtlich des Entscheidungsprozesses selbst, das heißt die Entscheidung zwischen Sich-Entscheiden und Sich-Nicht-Entscheiden zugunsten der letzteren Alternative. Man gerät aber auf diese Weise in die paradoxe Lage, eine Entscheidung getroffen zu haben, was man doch gerade vermeiden wollte.
  - Ferner beinhaltet das Hinauszögern der konkreten Entscheidung, um die es geht, eine Entscheidung bezüglich der mit jeder konkreten Entscheidung verbundenen Konsequenzen. Denn auch eine „Nicht-Entscheidung" hat Konsequenzen, eventuell sogar ganz ähnliche, wie diejenigen, die dadurch vermieden werden sollen, dass man sich nicht entscheidet, also wieder eine Paradoxie!

Wir gehen nun auf diese Aspekte genauer ein, weil hier auch die Lösungsstrategie ansetzt.

Der Wunsch nach konsequenzlosen Entscheidungsmöglichkeiten
oder: Die Tücke der Metaentscheidungen

Eine Reihe von Merkmalen ist für die Entscheidungs-(Psycho-)Logik besonders charakteristisch. Über diese Merkmale trifft man oft unbewusst eine Entscheidung und leidet dann unter den Folgen. Weil es sich hier um Entscheidungen handelt, die jenseits (griechisch: meta) der konkreten Entscheidung liegen, um die es gerade geht, soll im Folgenden von „Metaentscheidungen" gesprochen werden. Da es unmöglich ist, sich nicht zu entscheiden, treffen wir immer auch die Metaentscheidungen – nur, wie gesagt, oft unbewusst. Im Einzelnen handelt es sich um folgendes:
- Es gibt keine Entscheidungen ohne Konsequenzen. Entscheidet man sich dafür, keine Konsequenzen in Kauf nehmen zu wollen, führt diese Metaentscheidung direkt in das quälende Dilemma, sich nicht entscheiden zu können, mit der paradoxen Zuspitzung, dass auch dies Konsequenzen hat.
- Jede Entscheidung ist mit einem Verlust oder einem Verzicht auf diejenigen Möglichkeiten verbunden, die in den nicht gewählten Alternativen stecken. Hat man die Metaentscheidung gefällt, keinen Verlust erleiden zu wollen, steckt man ebenfalls fest.
- Die in den Alternativen enthaltenen Möglichkeiten bzw. Konsequenzen sind verknüpft mit Werten, Zielen oder Bedürfnissen. Wenn es innerhalb der Werte keine Hierarchie oder Rangfolge gibt, entsteht sozusagen eine Gleichgewichtigkeit im Verhältnis der Alternativen: Alle wählbaren Alternativen erscheinen (je nach Art der Konsequenzen) gleich gut oder gleich schlecht: Die Waagschale neigt sich in keine Richtung, eine Entscheidung wäre somit willkürlich oder zufällig. Man erlebt eine Pattsituation.
- Wenn die Gleichgewichtigkeit der Alternativen mit der Metaentscheidung zusammentrifft, nur die „beste" Alternative zu wählen, führt diese Kombination wieder ins Dilemma (die berühmte „Qual der Wahl"). Das Gleiche gilt für den Versuch, die „richtige" Entscheidung zu treffen. Denn was richtig ist, ist vorher unklar; und was richtig gewesen wäre, stellt sich nie heraus, noch nicht einmal nach einer getroffenen Entscheidung. Denn die nicht gewählte Alternative kann nicht im Nachhinein unter gleichen Rahmenbe-

dingungen erprobt werden, um dann die Ergebnisse zu vergleichen.
- Eine häufige, spezielle Variante ist die, dass alle zur Wahl stehenden Alternativen mit negativen Konsequenzen verbunden erscheinen, die Person aber keine derartigen negativen Folgen auf sich nehmen will, eine weitere Metaentscheidung. Die Situation wird, wie erwähnt, als Wahl zwischen „Pest und Cholera" erlebt, und man schiebt die Entscheidung mit der paradoxen Folge vor sich her, dass man evtl. unbeabsichtigter Weise die Pest wählt.
- Berücksichtigt man die Zeitdimension in Entscheidungssituationen, dann liegen die wählbaren Alternativen in der Zukunft. Die mit ihnen einhergehenden Konsequenzen sind somit allenfalls prognostizierbare Ereignisse; man kann sich oft nicht sicher sein, dass die Prognosen eintreffen. Eine Entscheidung kann also die logische Struktur eines nichtkalkulierbaren Risikos bekommen. Lautet die Metaentscheidung, kein derartiges Risiko eingehen zu wollen, steckt man wieder fest.
- Eine weitere Metaentscheidung bezieht sich darauf, sich für eine bestimmte Entscheidungs*art* zu entscheiden und somit bestimmte andere Arten auszuschließen. Zum Beispiel: Die Entscheidung soll durch vernünftige Erwägungen getroffen werden und nicht durch das Werfen einer Münze (Zufallsprinzip). Oder: Die Entscheidung soll „gefühlsmäßig stimmen", „vom Herzen kommen" anstatt durch ein logisches Kalkül herbeigeführt zu werden. Legt man sich bei der Entscheidungsart nicht fest, sondern schwankt hin und her, kommt es wieder zu keiner Entscheidung in der konkreten Sache. Oder es soll eine „eindeutige", eine hundertprozentige Entscheidung sein und nicht bloß eine im Verhältnis „60:40 %". Dies würde einem als fauler Kompromiss erscheinen. Nur: Es stehen ja gerade Alternativen zur Wahl, die allesamt Vor- und Nachteile zu haben scheinen, also wird es immer nur „relative" Entscheidungen geben, vielleicht sogar nur „fifty-fifty". Kurz: Um hier weiter zu kommen, bedarf es der Festlegung auf eine bestimmte Entscheidungsart. Unter Umständen kann man auch verschiedene Entscheidungsarten kombinieren. Zum Beispiel: Man holt zuerst die Meinung der drei besten Freundinnen oder Freunde in der Angelegenheit und entscheidet in der darauf folgenden Woche zu einem bestimmten Zeitpunkt nach Gefühlslage.
- Es wird auch immer die Metaentscheidung gefällt, ob und wie lange man nach weiteren Alternativen für die Entscheidung sucht. Dies führt entweder dazu, dass denkbare Alternativen übersehen werden, oder dass die Suche nach weiteren Alternativen zu keinem Ende kommt. Damit ist wieder die Paradoxie der Nichtentscheidung tangiert (vgl. oben).
- Und schließlich gibt es noch die Metaentscheidung zur Frage, ob und wie oft man eine einmal getroffene Entscheidung später noch rückgängig macht, sofern prinzipiell dazu die Möglichkeit besteht. Manche Sachverhalte können nur irreversibel entschieden werden, bei anderen kann mehrfach neu entschieden werden.
- Eine Entscheidung zu treffen, ist – wenn es um etwas Schwerwiegendes geht – meistens mit Angst verbunden. Wer jedoch eine Entscheidung nur *ohne* Angst treffen will, hängt fest, wieder eine Meta-Entscheidung.

Was sich wie ein roter Faden durch diese Merkmale der Entscheidungslogik durchzieht, sind die problematischen Konsequenzen, die die Metaentscheidungen haben können und über die man sich oft nicht im Klaren ist. Man gerät in Sackgassen, in Paradoxien, wenn man die Metaentscheidungen unbemerkt falsch trifft.

Umgekehrt heißt das: Das konkrete Entscheidungsproblem ist eventuell schnell gelöst, wenn bewusste Neuentscheidungen zu diesen Metaentscheidungen getroffen werden. Ausgehend von den bisherigen Überlegungen geht es um folgende Neuentscheidungen:

- die Entscheidung, sich in der Sache aktiv selbst zu entscheiden oder die Situation entscheiden zu lassen bzw. bewusst hinzunehmen, dass „das Schicksal" entscheiden wird, denn auch das ist möglich!
- die Entscheidung, die Dimension der Zeit als Gestaltungsmöglichkeit bei der Entscheidung gezielt zu benutzen, also sich selbst beispielsweise eine Frist zu setzen, bis zu der entschieden wird. Wählt man keine Frist, entscheidet letztlich wieder „das Schicksal" (siehe oben)
- die Festlegung, wie lange noch nach weiteren Alternativen gesucht wird, wann sozusagen „Redaktionsschluss" ist. Wird hier keine Frist gesetzt, entscheidet nämlich wieder das Schicksal (s.o.)
- die (Neu-)Entscheidung in Bezug auf die Entscheidungsart

Die (Neu-)Entscheidung in Bezug auf die unvermeidlichen Konsequenzen einer Entscheidung ist so zu treffen, dass kein Entscheidungsdilemma mehr eintritt (Entscheidung über Verlust und Risiko): Welche Konsequenzen ist die Person bereit, auf sich zu nehmen? Der zuletzt genannte Punkt umfasst folgende Aspekte:

- die bewusste Inkaufnahme des unvermeidlichen Verlustes, der mit der Entscheidung einhergeht
- die aktive Auseinandersetzung mit den negativen Konsequenzen, wenn alle wählbaren Alternativen negative Konsequenzen haben; eine Hierarchie der negativen Konsequenzen zu erstellen, kann hier weiter helfen („Was ist weniger schlimm?")
- zu den negativen Konsequenzen gehört für manche auch, dass man für seine Entscheidungen verantwortlich ist. Manche setzen das mit „Schuld" gleich (vgl. Wanderung Nr 38), und versuchen deshalb die Entscheidung zu vermeiden; auch das mündet in die Paradoxie, für die Folgen des Vermeidungsverhaltens verantwortlich, daran „schuld" zu sein.
- das bewusste Eingehen eines Risikos, wenn klar ist, dass ein Risiko bei der Entscheidung nicht vermieden werden kann
- der bewusster Verzicht darauf, die „richtige" Entscheidung zu treffen, weil es keine Möglichkeit gibt, festzustellen, was die richtige Entscheidung wäre
- die Entscheidung, sich trotz Angst zu entscheiden, weil es bedeutsame Entscheidungen ohne Angst meistens nicht gibt
- eine (neue) Werte- bzw. Ziele-Hierarchie zu erarbeiten: Was erscheint wichtig, was weniger?
- die Festlegung, wie oft eine getroffene Entscheidung revidiert werden kann, soweit es objektiv möglich ist

Bevor wir uns nun näher mit der Lösungsstrategie beschäftigen, möchte ich noch auf einige typische Bewältigungsversuche von Entscheidungsschwierigkeiten hingewiesen, die zwar auf der Ebene der Metaentscheidungen ansetzen, dort aber unglücklicherweise zu mehr Schwierigkeiten von derselben Art führen.

Scheiternde Bewältigungsstrategien bei Entscheidungsschwierigkeiten – oder: Verfangen im Netz der Metaentscheidungen

- *Zeitstrategien: „Kommt Zeit, kommt Rat!": Man baut darauf, dass die Zeit derart wirkt, dass neue Argumente, Gesichtspunkte oder Ereignisse auftauchen, die die Wahl zwischen den Alternativen erleichtern sollen. Praktisch bedeutet dies, auf solche neuen Ge-*

sichtspunkte zu warten und „auf Zeit zu spielen". Eine andere Strategie benutzt die Zeit als Argument, um die bisherige Metaentscheidung, sich (noch) nicht zu entscheiden, zu kippen: „Ich muss mich jetzt endlich entscheiden!", ruft man sich zu. Häufig erhöht das nur die Qual, denn wenn nicht zugleich andere Metaentscheidungen neu getroffen werden, die genauso gewichtig sind (z.B. über die Art der Entscheidung), führt das zu einem Konflikt auf der Ebene der Metaentscheidungen, wodurch die Schwierigkeiten noch zunehmen.

- *Bewältigungsstrategien* auf der Ebene der Werte-Hierarchie: „Es steht ja schließlich einiges auf dem Spiel!" Diese Strategie wurde oben schon angedeutet: Neue Argumente sollen die Gewichte zwischen den wählbaren Alternativen verschieben. Aber wann ist sozusagen „Redaktionsschluss" für neue Gesichtspunkte usw., insbesondere wenn diese sich nicht nur zu Gunsten einer Alternative auswirken, sondern auch Argumente in die Waagschalen der anderen Alternativen kommen? „Vorzeitiger Redaktionsschluss" wäre dann ein Risiko, wenn aber die Metaentscheidung bestehen bleibt, kein Risiko einzugehen …?!
Die genau umgekehrt Strategie besteht darin, eine Hierarchie der Werte/Ziele gar nicht erst entstehen zu lassen, weil es zu inneren Dauerdebatten und Grübeleien führen würde, so dass sich die Alternativen weiterhin wie bei einer Balkenwaage gleichwertig gegenüber stehen. In Verbindung mit der Metaentscheidung, dass sich die Waage neigen müsste, kommt es wieder zum Teufelskreis.

- *Angst und Angstvermeidung* sind – so zeigt sich oft – der im Hintergrund wirkende Motor, sich nicht zu entscheiden. Kurioser Weise dient es der Angstvermeidungsstrategie, sich im Netz der Metaentscheidungen zu verfangen, weil es ja dann zu keiner willentlich getroffenen Entscheidung kommt. Die unerbittlich ablaufende Zeit treibt das Ganze jedoch auf die quälende Spitze. Auf die Psycho-Logik der Angst kommen wir noch zu sprechen.

Anhand dieser Beispiele wird deutlich, dass Lösungsversuche auf der Meta-Ebene scheitern können, wenn nicht alle Metaentscheidungen berücksichtigt werden, die automatisch jeder konkreten Entscheidung (bzw. Wahl) zugrunde liegen. Die Metaentscheidungen beeinflussen sich netzwerkartig. Die Metaentscheidung, in der Sache aktiv selbst eine Entscheidung zu treffen (anstatt die Umstände entscheiden zu lassen), hat die logische Folge, dass es einer Fristsetzung bedarf, bis wann die Entscheidung getroffen wird. Deswegen bedarf es auch einer Frist, wie lange nach wählbaren Alternativen gesucht wird, denn sonst wird alles ad absurdum geführt.

Damit sich die Katze nicht in den Schwanz beißt: Meta-Meta-Entscheidungen

Auch wenn es jetzt nochmals komplizierter wird, sind die Meta-Entscheidungen natürlich auf sich selbst anzuwenden, wenn sie neu getroffen werden sollen. Denn jede Meta-Entscheidung ist ja ihrerseits eine Entscheidung über wählbare Alternativen und unterliegt daher wieder allen Meta-Entscheidungen, die dadurch zu „Meta-Meta-Entscheidungen werden. Zum Beispiel kann es sein, dass die Einführung einer Wertehierarchie nur durch ein formales Punkte-System gelingt, was voraussetzt, dass diese Entscheidungsart (nämlich Zahlen entscheiden zu lassen) überhaupt wählbar erscheint; das wiederum könnte nämlich mit dem Verlust einer Idealvorstellung einhergehen, wie man zu Entscheidungen kommen sollte. Also ist auch diesbezüglich eine Entscheidung fällig, dass dieser Verlust in Kauf genommen wird, also eine Meta-Meta-Entscheidung zur Entscheidungsart.

Wichtig kann auch die Entscheidung werden, ob einmal getroffene Meta-Entscheidungen noch einmal rückgängig gemacht werden können oder nicht. Wenn zum Beispiel die Entscheidung über die Entscheidungsfrist immer wieder revidiert wird, kommt es letztlich wieder nicht zu einer konkreten Entscheidung in der Sache, und alles geht von vorne los.

Wie kommt es letztlich zu alle diesen Komplikationen, die – rein logisch betrachtet – doch leicht bewältigt werden könnten?

Psycho-Logik der Angst

Es wurde schon angedeutet: Entscheidungen werden umso schwieriger, je mehr Angst im Spiel ist. Die Angst bezieht sich auf die erwähnten Themen Verlust, Risiko, drohende negative Konsequenzen und darauf, die „falsche" Entscheidung zu treffen. Die Logik der Angst ist einfach und klar: „Mach's nicht!", also: „Geh' kein Risiko ein!" „Treff keine falsche Entscheidung!" usw. Die Konsequenz ist, eine Entscheidung zu vermeiden und hinauszuschieben.

Die Paradoxie, in die der Versuch, eine Entscheidung zu vermeiden, mündet, ist eine logische Paradoxie, eher bewusstseinsfern und nur vage wahrgenommen. Man wählt einen „Schwebezustand", wenn eine Entscheidung

Wählbare Alternativen: ⇨ ⇨	Trennung		Nicht-Trennung
Aktive Entscheidung treffen	Trennung wird aktiv gewählt	oder	Nichttrennung wird aktiv gewählt
Es laufen lassen	Trennung wird aus Angst nicht gewählt	führt zu	Nichttrennung als passive Wahl
Die Metaentscheidung laufen lassen, ob man eine aktive Entscheidung trifft, oder es laufen lässt	Trennung wird nicht gewählt	führt zu	Nichttrennung als passive Wahl

vermieden oder hinausgeschoben wird. Das Leiden unter diesem Schwebezustand und die sonstigen Konsequenzen sind bewusstseinsnäher, als die abstrakte Ebene der Meta-Entscheidungen. Aus Angst oszilliert man ohne „Wissen" um die Folgen zwischen den wählbaren Alternativen, ohne dass es zur Entscheidung kommt. Das Risiko, das dieses Oszillieren mit sich bringt, ist aber meistens nicht bewusstseinspräsent.

Die Entscheidung zwischen der Möglichkeit, gezielt zu entscheiden oder es „laufen zu lassen" trifft auf die Ambivalenz in der Sache selbst und mündet praktisch im Schwanken zwischen Entscheidungsvorsatz („Jetzt muss eine Entscheidung her!") und der Rücknahme dieses Vorsatzes. Das heißt, die Person trifft in der Frage, es laufen zu lassen oder nicht, die Entscheidung, es laufen zu lassen. Das führt zu der oben dargestellten Matrix, in der das Beispiel einer Trennungsentscheidung wiedergegeben ist.

Das heißt, die Wahrscheinlichkeit, dass die Trennung nicht und statt dessen der Status quo, wenn auch nur passiv gewählt wird, wenn die Angst regiert, ist höher, als die Person wahrscheinlich im Sinn hat. Erst wenn der Leidensdruck, der aus dem Status quo folgt, größer wird, als die Angst vor der Entscheidung, kippt das Ganze. Wann aber dieser Punkt erreicht ist, bleibt unklar; bis dahin quält man sich mit einem Hin und Her.

Grenzen der Arbeit mit Meta-Entscheidungen

Die Meta-Entscheidungen durchzuarbeiten ist also noch keine Garantie für die Lösung des Entscheidungsproblems. Denn erst nach der tatsächlich vollzogenen Wahl ist der Entscheidungsprozess beendet. Bis zur letzten Sekunde können noch sämtliche Meta-Entscheidungen revidiert werden. Es geht letztlich um die Bewältigung der Angst vor der Entscheidung. Da kann das Wissen um die Bedeutung der Meta-Entscheidungen und der paradoxen Folgen der Logik der Angst eine Hilfe sein.

Mit diesem Wissen spitzt sich allerdings die Lage zunächst noch zu, weil man sich des Risikos bewusst wird, welches die Nichtentscheidung in der Sache mit sich bringt. Vorher wurde dieser Sachverhalt vielleicht ausgeblendet. Damit muss man als Berater rechnen und unter Umständen den Klienten darauf vorbereiten!

An dieser Stelle der Arbeit angelangt, kann es nötig werden, die Lösungsstrategie für Angstprobleme heranzuziehen. Deren zentrales Element ist es, zu erarbeiten, mit Hilfe welcher Ressourcen man die eventuellen negativen Folgen seiner Entscheidung meistern kann, wie Unterstützung aussehen könnte usw. (siehe dazu die nächste Wanderung)

Der „Mut zum Risiko" ist neben der rationalen Einsicht letztlich die Ressource, die aus den Verstrickungen falsch getroffener Meta-Entscheidungen heraus führt und den Weg zur Entscheidung in der Sache selbst frei macht.

Reduziert sich jetzt also doch alles auf den Satz: „Du musst halt ein Risiko eingehen!"? So ähnlich wie der Satz: „Du musst dich halt entscheiden?" Wohl kaum. Ohne die aufklärende Kraft des Wissens um die Bedeutung der Meta-Entscheidungen droht man sich viel länger kreisförmig im „Magnetfeld" der Angst, der Angstvermeidung und der geschilderten Entscheidungsparadoxien zu drehen, mit allen Folgen, die das hat.

Die Auseinandersetzung mit den Folgen der Angst, also die Einsicht in die Paradoxien, in die man durch angstgeleitete Meta-Entscheidungen gerät, und die Bewältigung der Angst selbst sind also die beiden zentralen Bausteine der Lösung von Entscheidungsproblemen.

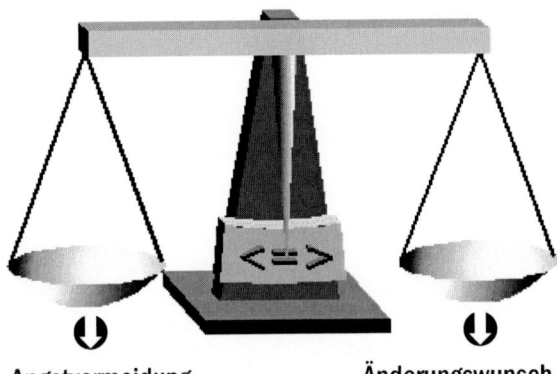

Angstvermeidung — Änderungswunsch

Lösungsstrategien für die Beratung

Der folgende Leitfaden versucht den Prozess in klare Schritte zu gliedern, die jeweils erläutert werden. Eine Kurzfassung findet sich in der Wegskizze am Schluss. Neben der Beratungsarbeit mit Klienten kann die Methode auch im Sinne einer Selbsthilfe bei eigenen Entscheidungsschwierigkeiten eingesetzt werden (siehe Seite 283).

1. Schritt:
Es ist wichtig, dass der Berater das Dilemma des Klienten ernst nimmt, und sich nicht zu der Vorannahme hinreißen lässt, das Ganze sei nicht so „schlimm", weil man selbst die Schwierigkeiten nicht kennt oder die Entscheidung „objektiv" ganz leicht oder nahe liegend erscheint. Andererseits ist es unumgänglich, mit dem Klienten einen Kontrakt zu machen, ob eine Entscheidungshilfe Ziel und Zweck der Beratung sein soll, ob der Klient zu einer Entscheidung auch dann kommen will, wenn er vermehrt mit Angst konfrontiert wird.

2. Schritt:
a) Nun gilt es, das Entscheidungsproblem zu erkunden und insbesondere herauszufinden, welche Alternativen bzw. Wahlmöglichkeiten bisher vom Klienten gesehen werden. Es empfiehlt sich, die Alternativen aufzuschreiben, also eine Visualisierung als Hilfe einzusetzen.

b) Es geht mit der Frage weiter, ob die Situation leichter wäre, wenn noch mehr Wahlmöglichkeiten zur Verfügung stünden. Wenn ja, werden gemeinsam weitere Alternativen erkundet, auch der Berater äußert seine Einfälle. Auch „verrückte" Alternativen sollten genannt werden, denn eine Auswahl kann später immer noch getroffen werden. Wenn der Klient sich daraufhin schon entscheiden kann, dann ist's gut. (Manchmal kommt das vor!)

3. Schritt
Der Berater erläutert nun das Konzept der Metaentscheidungen und sondiert mit dem Klienten, welche Metaentscheidungen er bisher in welcher Form getroffen hat. Auf diese Weise wird dem Klienten evtl. zum ersten Mal bewusst, wie es zu den bisherigen Entscheidungsschwierigkeiten kommt. Anhand dieser gemeinsamen Analyse müsste

> *Also entweder - oder, aber das ewige Hin und her hört jetzt irgendwann auf!*
> Bernhard Trenkle

sich jedenfalls zeigen, wieso der Klient bisher im Entscheidungsdilemma steckt, welche der Metaentscheidungen dafür maßgeblich waren, und wie diese neu getroffen werden können.

4. Schritt:
Der Berater erörtert nun mit dem Klienten mögliche Neu-Entscheidungen in Bezug auf alle Metaentscheidungen, um den Umstand zu berücksichtigen, dass diese sich gegenseitig beeinflussen. Die Übersicht in der Wegskizze kann als „Spickzettel" herangezogen werden, damit man als Berater nichts vergisst.
Mögliche Komplikation: Wenn der Klient nun bei einer dieser Neu-Entscheidungen in Schwierigkeiten kommt, kann es hilfreich sein, die Metaentscheidungen auf sich selbst anzuwenden, das heißt sich klar zu machen, dass Metaentscheidungen auch Entscheidungen sind, folglich dort dieselben Schwierigkeiten auftreten können. Beispielsweise kann es sein, dass der Klient die Einführung einer festen Frist („Und dann wird auf jeden Fall entschieden!") als willkürliche und formale Entscheidungsart ablehnt. Also geht es um eine Neu-Entscheidung über die Entscheidungsart zu dieser Frage. Diese Art von Komplikationen kann bei jeder der zu treffenden Metaentscheidungen auftreten. Das ist nicht weiter schlimm, der zu beschreitende Weg wird eben etwas länger!

5. Schritt:
Speziell für den Fall, dass bei der entsprechenden Metaentscheidung eine Veränderung der Wertehierarchie nötig wird (5a) oder dass sich die wählbaren Alternativen gleichwertig gegenüberstehen (5b), kommen weitere Strategien in Betracht, die im Folgenden beschrieben werden. Es gibt hier übrigens eine Querverbindung zur Thematik der Zielfindung (vgl. Wanderung N°29) und der Konfliktlösungsstrategien (vgl. Wanderung N°46); dies liegt nahe, weil Entscheidungsprobleme als innere Zielkonflikte angesehen werden können.

Variante (5a): Veränderung der bisherigen Wertehierarchie
– Der Berater erarbeitet mit dem Klienten, um welche Werte, Ziele oder Bedürfnisse es jeweils bei den verschiedenen Alternativen geht. Dabei kann sich ohne weiteres herausstellen, dass eine der Alternativen, die zur Wahl steht, mit mehreren Werten usw. verknüpft ist. Es empfiehlt sich, das aufzuschreiben.
– So entsteht jedenfalls eine Liste, die der Klient anschließend in eine Rangfolge bringen kann. Dazu empfehlen sich Skalierungen (vgl. Wanderung N°31), mit denen der Klient zuerst für jedes Ziel, Punkte (z.B. auf einer Skala zwischen 1 und 10) verteilt und dann die Liste nach Punktwerten neu ordnet. Die Wahl der Skalenwerte soll der Klient rasch und ohne langes Nachdenken vollziehen. Sonst können angstgeleitete Grübeleien Raum gewinnen, welche Folgen auf die jeweilige Skalierung haben können. Die Angst „sagt" zum Beispiel: „Leg dich nicht fest, sonst kommt am Schluss eine falsche Entscheidung heraus!"
– Es ist sinnvoll, mit dem Klienten zuerst noch darüber arbeiten, welche Bedeutung die so entstehende Rangfolge der verschiedenen Werte usw. haben soll; denn der Klient muss auch darüber eine Entscheidung treffen, ob er die entstehende Rangfolge der Werte zur Entscheidungsgrundlage macht. Die Entscheidung zwischen den Alternativen erfolgt dann nämlich anhand der Rangfolge der Wer-

te, Ziele und Bedürfnisse: Die Alternative mit den höchsten Rängen bzw. Punktwerten wird gewählt, übrigens auch dann, wenn diese Punktwerte nicht weit auseinander liegen, es also zu einer 60:40-Prozent-Entscheidung kommt
- Kommt es trotz dieser Vorkehrungen zu Schwierigkeiten und Blockaden, muss erst noch einmal geprüft werden, ob der Klient bereit ist, die unvermeidlichen Konsequenzen einer Entscheidung zu akzeptieren (Verlust, Risiko usw.), obgleich dies im 4. Schritt eigentlich schon erarbeitet worden sein müsste. Unter Umständen muss dem Klienten noch einmal die Tragweite dieser Metaentscheidung verdeutlicht werden, also beispielsweise, dass einen unvermeidlichen Verlust nicht hinnehmen zu wollen, geradewegs in das bisherige Entscheidungsdilemma führt. Andererseits ist es oft in Bezug auf die Vermeidung von Konsequenzen eine (unbewusste, angstgeleitete) Strategie, keine Hierarchie der Werte zu entwickeln, so dass alles in der Schwebe bleibt, wie bei einer Balkenwaage: Kaum neigt sie sich zu einer Seite, werden ganz schnell Argumente in die andere Waagschale geworfen. Kurz und gut: Es kann sein, dass der Berater noch einmal den dritten Schritt wiederholen muss – Geduld ist hier am Platze!

Variante (5b): Die wählbaren Alternativen stehen sich „gleichwertig" gegenüber.
Es kann aber auch sein, dass trotz Rangfolge sich die Alternativen doch wieder gleichwertig gegenüberstehen oder aber der Klient keine Rangfolge erstellen möchte. Dazu greifen wir auf Überlegungen zurück, die wir in Wanderung N°29 schon kennen gelernt haben: Die Grundidee ist, dass jede der wählbaren Alternativen nur der Weg zur Verwirklichung eines dahinter liegenden Zieles ist. Im vereinfachten Fall zweier Alternativen x und y entsteht folgendes Schema, das mit dem Klienten konkret erarbeitet wird (man kann dazu auch die Wegskizze N°29 heranziehen):

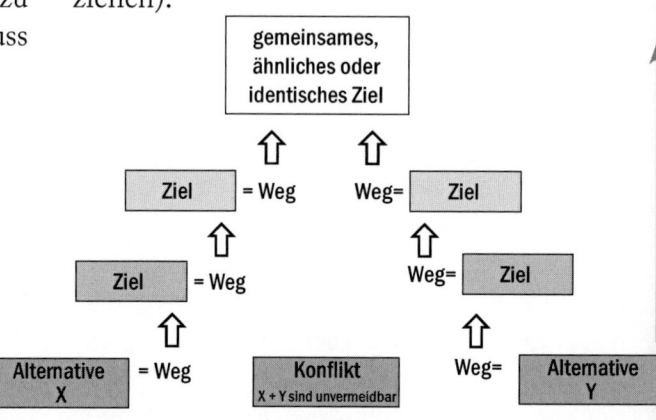

```
              gemeinsames,
              ähnliches oder
              identisches Ziel
                ⇧      ⇧
           Ziel = Weg   Weg = Ziel
            ⇧                    ⇧
         Ziel = Weg        Weg = Ziel
          ⇧                        ⇧
   Alternative = Weg   Konflikt   Weg = Alternative
        X              X + Y sind unvermeidbar    Y
```

Erläuterung des Schemas
Da die wählbaren Alternativen sich gegenseitig ausschließen, entsteht ein innerer Konflikt, um dessen „Versöhnung" es bei dieser Arbeit geht.
Konkrete Wünsche oder Ziele sind ihrerseits immer wieder nur ein Weg zu einem dahinter liegenden, allgemeineren Ziel oder Motiv, und dieses ist wiederum der Weg zu einem noch grundsätzlicherem Ziel oder Motiv. Kurz ausgedrückt: Es gibt immer ein Ziel hinter dem Ziel, das man gerade verfolgt. Mit jedem der Schritte, die im Schema weiter nach oben führen, geht es um immer grundsätzlichere Bedürfnisse oder Werte. Auf den obersten Ebenen kommen schließlich die eigene Identität (wie man gerne vor sich selbst da stehen würde), Sinngebung des eigenen Lebens oder sogar ein Jenseitsbezug (den Glaubensvorstellungen einer Weltanschauung zu entsprechen) in den Blick. Steckt man im konkreten Entscheidungsproblem und im inneren Konflikt, sind einem diese Zusammenhänge oft nicht bewusst. Auch ist den meisten nicht klar, dass es sich hier um

persönliche Konstrukte handelt, die auf einer einseitigen Wenn-Dann-Logik aufbauen: Das eine Konstrukt lautet: „Nur über die Alternative X kommst du zum Glück bzw. kannst du das schlimmste verhüten!" und das andere sagt: „Nur über die Alternative Y kommst du zum Glück bzw. kannst du das Schlimmste verhüten!"
Das Schema zeigt jedoch, dass beide Alternativen letztlich zum erwünschten Ziel führen, in der Tat ist das oft der Fall. Es geht in letzter Instanz um gleiche oder ähnliche grundsätzliche Ziele, und dadurch verliert die konkrete Entscheidung, die zu treffen ist, an Schärfe.
Sobald nämlich deutlich wird, dass beide Alternativen der Verwirklichung eines grundsätzlicheren, allgemeinen Zieles oder Wertes dienlich sind, wird es nicht mehr so schwerwiegend sein, welche Alternative (welcher Weg) gewählt wird. Motto: „Es führen viele Wege nach Rom, allerdings kann man nicht mit dem Flugzeug und der Eisenbahn gleichzeitig reisen ...", und deswegen muss man halt einen Weg wählen, also sich entscheiden.

Lieber entweder als oder doch!
Bernhard Trenkle

Angesichts der Gleichrangigkeit der Alternativen X und Y könnte A auch eine Münze werfen (Neu-Entscheidung über die Entscheidungsart). Oder in der Beratung wird der Versuch unternommen, zwischen den Alternativen X und Y zu vermitteln, einen Kompromiss zu finden und damit eine neue Alternative zu entwickeln. Sie ist unter Umständen leichter wählbar, weil sie Anteile von X und Y enthält.
In der Zusammenschau der Schritte 1 bis 5 wird deutlich, dass das Ganze ein größeres Stück Arbeit sein kann, also vielleicht auf mehrere Gespräche verteilt werden sollte. Die Aufgabe des Beraters besteht darin, auf der Prozessebene aufmerksam zu bleiben, damit alle Schritte mit dem Klienten durchgearbeitet werden.

6. Schritt:
Es wird sich häufig herausstellen, dass die Angst davor, eine Entscheidung zu treffen, auch bearbeitet werden muss, damit die Arbeit mit den Metaentscheidungen überhaupt zum (praktischen) Erfolg führt. Dazu kann die Strategie aus der nächsten Wanderung (N°37) herangezogen werden. Denn der (nochmalige) Hinweis auf die Paradoxien, in die die „Logik" der Angst geradewegs hineinführt, wird letztlich nicht helfen. Der Berater muss mit dem Klienten ganz konkret bearbeiten, wie er die nach einer Entscheidung getroffenen denkbaren negativen Konsequenzen meistern kann. An dieser Stelle kommt die Suche nach den eigenen Fähigkeiten ins Spiel. Die konkrete Aussicht, die Situation nach einer Entscheidung auch bewältigen zu können, nährt Hoffnung und macht schließlich den Weg zur Entscheidung frei!

Dem Berater ist übrigens zu empfehlen, in der Sache selbst absolute Neutralität zu waren, das heißt, sich nicht für eine der Alternativen einzusetzen, auch wenn der Klient versucht, die Meinung des Beraters zu erfahren. Macht sich der Berater nämlich für eine Alternative stark, ist sehr wahrscheinlich, dass der Klient sich dementsprechend für die andere Alternative stark macht und seinen inneren Konflikt gleichsam nach außen verlagert. „Ja-aber"-Debatten sind die Folge. Das hilft nicht weiter.

Entscheidungsarbeit in Eigenregie

Wenn jemand, wie als Möglichkeit einleitend schon angedeutet, eine Entscheidungsarbeit für sich alleine machen möchte, empfiehlt

sich folgendes Vorgehen (Notizen, evtl. mit verschiedenen Farben sind ratsam, um sich einen Überblick zu verschaffen):
– Zuerst kann man alle geschilderten Metaentscheidungen durchgehen und die jeweiligen (Neu-)Entscheidungen festhalten. Vor allem wenn es um das Abwägen von Vor- und Nachteilen der jeweiligen Alternativen geht, empfiehlt sich, alles aufzulisten, was einem dazu in den Sinn kommt und mit Gewichtungen (Skala von 1-10) zu versehen, um wenigstens ein quantitatives Bild zu bekommen, wohin sich die Waagschale neigt.

Diese Arbeit kann den Weg zur Entscheidung frei machen, aber auch nur dann, wenn man sich der Angst stellt und den Mut zum Risiko aufbringt. Das wiederum gelingt leichter, wenn man die mit den jeweiligen Alternativen verbundenen Risiken, dass es zu den befürchteten negativen Folgen kommt, genau betrachtet und sich überlegt, welche Fähigkeiten, welche Ressourcen einem zur Verfügung stehen, um damit jeweils fertig zu werden. Das nimmt dem Ganzen ein wenig den Schrecken, die Situation wird überschaubarer.

Ist diese Arbeit gemacht, empfiehlt es sich, das Ganze etwas ruhen zu lassen und „eine Nacht darüber zu schlafen". Danach kann man die Notizen nochmals durchlesen und sich überlegen, ob es vielleicht doch noch weitere wählbare Alternativen gibt, und wie sich bei ihnen die Vor- und Nachteile darstellen.

– Sind alle Metaentscheidungen gefällt, müsste die Entscheidung in der Sache selbst möglich sein. Angst, Aufregung und Unsicherheit bleiben jedoch die nicht vermeidbare „Begleitmusik" der Entscheidung, daran führt kein Weg vorbei.

Hat man sich jedoch entschieden, alles laufen und das „Schicksal" entscheiden zu lassen, so ist das – um es nochmals klar zu sagen – eine wählbare Möglichkeit, die im Einzelfall sehr wohl in Betracht kommen kann. Dann braucht es all diesen Aufwand nicht. Natürlich muss man dann mit einer gewissen Unzufriedenheit rechnen, vielleicht sähe man sich lieber doch in einer aktiven Rolle. Es ist jedoch nicht zu empfehlen, aus einer solchen Unzufriedenheit heraus auf der Ebene der Metaentscheidungen zwischen aktiver Entscheidung und es laufen zu lassen ständig hin und her zu schwanken und sich dadurch der Selbsttäuschung hinzugeben, man hätte auf diesem Wege die Nachteile vermieden, die man riskiert, wenn man es laufen lässt. Kurz: Wer sich entschieden hat, es laufen zu lassen, die Dinge zu nehmen, wie sie kommen, sollte dabei dann auch strickt bleiben.

Sabine Hartmann

„Gehen wir heute zu Dir oder zu mir?"
Täglich entstehen neue Entscheidungsprobleme!

Wegskizze

1. Schritt:
Verständnis für dieser Art Probleme zeigen; Kontrakt mit dem Klienten, dass an der Entscheidungsfindung gearbeitet wird. Kommt dieser Kontrakt nicht zustande, bedeutet dies, die folgenden Schritte erst gar nicht in Angriff zu nehmen!

2. Schritt:
a) Erkundung des Entscheidungsproblems und der konkreten Alternativen, um die es geht
b) „Wäre es eine Hilfe, wenn noch mehr Wahlmöglichkeiten zur Verfügung stünden?"
wenn ja: mit dem Klienten danach forschen und klären, ob evtl. schon eine Entscheidung zugunsten einer der neu gefundenen Alternativen möglich ist; wenn ja, dann ist das Problem schon jetzt gelöst, wenn nein: dann geht es mit dem 3. Schritt weiter

3. Schritt:
Das Konzept der „Metaentscheidungen" einführen und ihre Konsequenzen erläutern

4. Schritt:
Mit dem Klienten alle seine bisherigen Metaentscheidungen überprüfen und gegebenenfalls neu treffen lassen (siehe Anlage 2)

5. Schritt:
Einführung/Veränderung der Wertehierarchie
Variante a): * Erstellen einer Liste aller Werte/Ziele
  * Erstellen einer Rangfolge
  * Wahl der Alternative mit dem höchsten Rang
Variante b): (wenn keine Rangfolge der Werte/Ziele entwickelbar ist)
  * Erarbeitung der Ziele/Werte hinter den Zielen/Werten, bis ein gemeinsames allgemeines Ziel gefunden wurde (vgl. Wanderung N°29)
  * Wahl zwischen den Alternativen nach dem Zufallsprinzip oder:
  * Suche nach einem Kompromiss zwischen den Alternativen
    (dies entspricht einer neuen wählbaren Alternative)

6. Schritt:
Bearbeitung der Angst: Suche nach den Ressourcen, mit denen der Klient die vermutete Situation nach einer Entscheidung, insbesondere befürchtete negative Konsequenzen meistern kann.

Hinweis: Der Berater muss in der Entscheidungsfrage selbst, also bei der Bewertung wählbarer Alternativen strickt Neutralität wahren!

Anlage 1: Beispiel für Auflistung und Bewertung von Vor- und Nachteilen:

Alternative 1		Alternative 2	
Vor- und Nachteile	Punkte (*)	Vor- und Nachteile	Punkte
Summe aller Punktwerte:			

* z.B. anhand einer Skala von 1 bis 5, „1" steht für „wenig bedeutsam", „5" steht für „gravierend"; Vorteile werden mit + versehen, Nachteile mit -; am Schluss wird der Saldo aus allen Punktwerten gebildet und auf diese Weise ermittelt, für welche Alternative „per Saldo" die Argumente sprechen. Das wäre ein „rationales Kalkül", das dann der Entscheidung zugrunde gelegt wird.

Hinweis: Oft ist ein Proargument für die eine Alternative ein Gegenargument gegen die andere. Solche Punkte sollten in die Liste nur einmal aufgenommen werden, weil sonst das Ganze verzerrt wird.

Anlage 2: Die Metaentscheidungen in der Übersicht:

- die Entscheidung, eine Entscheidung im konkreten Fall zu treffen
- die Entscheidung über die Entscheidungszeit bzw. Frist
- die Entscheidung über die Entscheidungsart („Kopf", „Bauch", andere befragen, Münze werfen etc.)
- die Entscheidung über Inkaufnahme unvermeidlicher Konsequenzen:
  - der Verlust der Möglichkeiten der nicht gewählten Alternative
  - das Risiko wegen der prinzipiellen Unsicherheiten bei der Vorhersage künftiger Ereignisse
  - die unvermeidliche Wahl unter den negativen Konsequenzen
  - Unmöglichkeit zu wissen, was die „richtige" Entscheidung wäre
  - die Unmöglichkeit, der Verantwortung für die Folgen einer Entscheidung entgehen zu können (zum Thema Schuld vgl. Wanderung N° 38)
- die (Neu-) Einführung bzw. Änderung der bisherigen Werte- oder Zielehierarchie
- die Entscheidung über die Suche nach Alternativen, die zur Auswahl stehen, sowie eine Frist dafür
- die Entscheidung darüber, ob eine einmal getroffene Entscheidung rückgängig gemacht werden darf bzw. wie oft (sofern überhaupt möglich)

Wanderung N° 37

Der Marsch um den heißen Brei
Lösung von Angstproblemen

Wohin die Wanderung führt ...

Vielleicht sind wir jetzt im innersten Teil des Labyrinths angekommen. Denn der Kern vieler Probleme, Verhaltensmuster bis hin zu Prozessen in Systemen ist durch Angst und eine Vielfalt von Vermeidungsstrategien verursacht. Es geht letztlich um die Angst vor Verletzung, vor Kränkung, vor seelischen oder körperlichen Schmerzen. Manchmal sind Ängste auch diffus, man weiß nicht, woher sie kommen. Menschen gehen unterschiedlich mit Angst um. Manche vermögen sich der Angst zu stellen, andere vermeiden sie nahezu panisch, es kommt schließlich sogar zur Angst vor der Angst.

Bei fast allen Wanderungen, in denen es um die Lösung von Problemen ging, sind wir ihr begegnet. Teufelskreise werden von ihr angetrieben, die Logik der Angst führt bei Entscheidungsproblemen in heillose Paradoxien u.a.m. Wem es also gelingt, seine Ängste unter Kontrolle zu bekommen (anstatt von ihnen kontrolliert zu werden), hat gute Chancen, sein Leben besser zu meistern.

Wir werden im folgenden nur einige theoretische Aspekte des Themas erörtern, soweit sie nämlich für die Methode wesentlich sind, mit der man versuchen kann, Angstprobleme zu lösen. Es geht hier also nicht um eine ausführliche psychologische Darlegung, sondern um ein einfaches, plausibles Modell für die Beratungspraxis, das man auch den Klienten zum Verständnis ihrer Situation anbieten kann.

Angst gehört zu den unangenehmsten Gefühlen und sie beeinflusst unser Handeln bzw. Verhalten nachhaltig. Angst hat die Funktion, uns vor Gefahren und letztlich vor (vermeintlichen) körperlichem und seelischem Schmerz zu warnen. Sie hält uns von dazu führenden Handlungen ab. Die entsprechenden Vermeidungsstrategien, die wir im Laufe unserer Entwicklung von Geburt an lernen, beziehen sich schließlich auch auf die Angst selbst, das heißt, wir neigen dazu, Situationen zu umgehen, die mit Angst verknüpft (assoziiert) sind, in denen wir Angst erleben würden, zum Beispiel eine Prüfung anzutreten.

Bildlich ausgedrückt versuchen wir oft, die mit Angst assoziierte Situation so „weiträumig zu umschiffen", wie es nötig erscheint, um keine Angst spüren zu müssen. Solche Vermeidungsstrategien schränken uns jedoch letztlich in unseren Möglichkeiten der Lebensgestaltung so sehr ein, dass das zum Problem werden kann.

Besonders bedeutsam ist die Dimension der Zeit: Angst kann insofern „zeitlos" sein, als sie nach ihrer Entstehung (die oft in die Kindheit zurückreicht) immer weiter wirkt, so als sei man auch jetzt, in der aktuellen Situation, die man vermeidet, immer noch in der Position eines Kindes mit den entsprechend begrenzten Möglichkeiten und Ressourcen, oder als handele es sich um dieselbe Gefahr wie in einer anderen, aber ähnlichen Situation, vor der man sich fürchtet, weil man da schon einmal (oder öfters) Schlimmes erlebt hat.

Ein Modell von Angst und Vermeidungsstrategien, das auch der Problemlösungsstrategie zugrunde liegt, lässt sich wie folgt skizzieren:

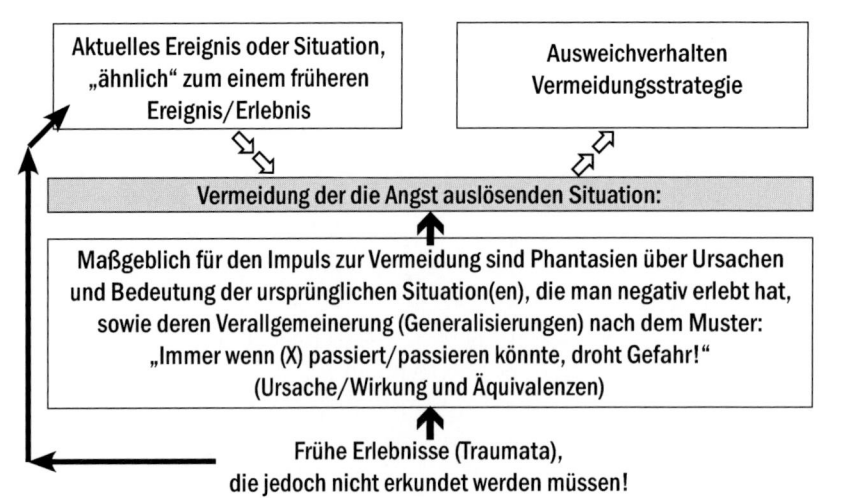

```
┌─────────────────────────────────┐      ┌─────────────────────────┐
│ Aktuelles Ereignis oder Situation,│      │   Ausweichverhalten     │
│  „ähnlich" zum einem früheren   │      │  Vermeidungsstrategie   │
│       Ereignis/Erlebnis         │      │                         │
└─────────────────────────────────┘      └─────────────────────────┘
            ⇕                                        ⇗
     ▓▓▓▓▓▓▓▓▓▓▓▓▓▓▓▓▓▓▓▓▓▓▓▓▓▓▓▓▓▓▓▓▓▓▓▓▓▓▓▓▓▓▓▓▓▓▓
     ▓ Vermeidung der die Angst auslösenden Situation: ▓
     ▓▓▓▓▓▓▓▓▓▓▓▓▓▓▓▓▓▓▓▓▓▓▓▓▓▓▓▓▓▓▓▓▓▓▓▓▓▓▓▓▓▓▓▓▓▓▓
                         ↑
┌────────────────────────────────────────────────────┐
│ Maßgeblich für den Impuls zur Vermeidung sind Phantasien über Ursachen │
│ und Bedeutung der ursprünglichen Situation(en), die man negativ erlebt hat, │
│ sowie deren Verallgemeinerung (Generalisierungen) nach dem Muster: │
│   „Immer wenn (X) passiert/passieren könnte, droht Gefahr!"         │
│              (Ursache/Wirkung und Äquivalenzen)                     │
└────────────────────────────────────────────────────┘
                         ↑
              Frühe Erlebnisse (Traumata),
         die jedoch nicht erkundet werden müssen!
```

Erläuterung:
Der schraffierte Balken markiert ein System von inneren, emotionalen Barrieren, die einerseits dem Schutz vor schmerzlichen Erfahrungen dienen, andererseits aber auch den bewussten Zugang zu einer Überprüfung dieses Systems erschweren. Das Problem liegt vordergründig in der „Ähnlichkeit" (Isomorphie) der ursprünglichen, angstbesetzten und mit Assoziationen von Schmerz und Verletzung verbundenen Ereignisse, die zu einer Angstphantasie generalisiert wurden, und der jetzigen, aktuellen Situation. Die Ähnlichkeit löst die Barriere aus, und man vermeidet deswegen, sich der Situation auszusetzen. Stattdessen, wählt man irgendeine Vermeidungsstrategie, um mit der angstbesetzten Situation gar nicht erst in Berührung zu kommen.

Ob es sich bei früheren, unter Umständen weit zurückliegenden Erlebnissen um reale Verletzungen, um Schmerz oder nur um Androhungen handelte („Wehe, wenn du ..."), spielt keine entscheidende Rolle bei der Entwicklung von Anpassungsmustern, die sich daraufhin entwickelt haben.

Die mit den Anpassungsmustern verbundene „Angstphantasie" wird generalisiert, also sehr verallgemeinert, und bezieht sich sowohl auf eine kausale Erklärung für die Gefahr, als auch darauf, welche Bedeutung die Situation hat.

Wenn jemand zum Beispiel Angst hat, sich im Kollegenkreis zu äußern, weil er fürchtet, „dass man ihm nur über den Mund fährt", und ihm das weh täte, zeigt sich die Generalisierung darin, dass er Angst vor jeglicher Äußerung gegenüber den Kollegen entwickelt und nicht nur in Bezug auf ein bestimmtes Thema. Der andere Teil der Generalisierung bezieht sich darauf, dass es ihm auf jeden Fall „weh täte", wenn Kollegen (gleichgültig, in welcher Form,) über den Mund fahren, und dass er diesen Schmerz für unerträglich hält.

Die Ähnlichkeit zwischen der aktuellen, vermiedenen Situation und derjenigen, der sie zu ähneln scheint, wird spontan „empfunden", aber meistens nicht mehr genau unter folgenden Fragestellungen überprüft:
– Ist die Situation wirklich dieselbe, oder gibt es bedeutsame Unterschiede?

Angstbewältigungsstrategie!

Angstkreislauf mit scheiternden Versuchen auszubrechen

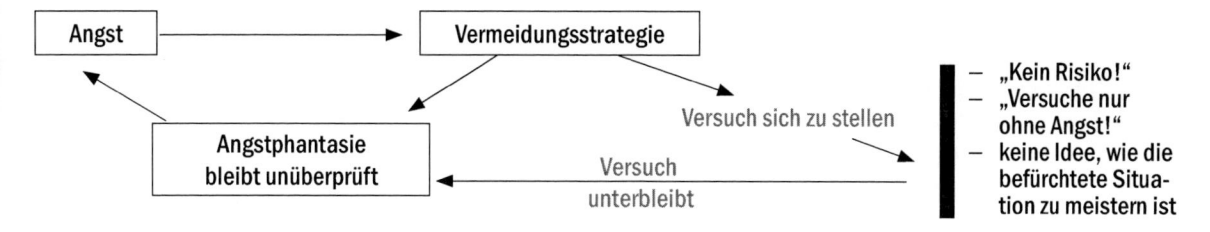

```
Angst ──────────────► Vermeidungsstrategie
  ▲                    │        ╲
  │                    │         ╲ Versuch sich zu stellen
  │                    ▼          ╲
Angstphantasie ◄──── Versuch       ──►
bleibt unüberprüft   unterbleibt
```

– „Kein Risiko!"
– „Versuche nur ohne Angst!"
– keine Idee, wie die befürchtete Situation zu meistern ist

– Bin ich noch derselbe/dieselbe und nur mit den Möglichkeiten und Fähigkeiten von früher ausgestattet?
– Über welche Fähigkeiten/Ressourcen hätte ich früher verfügen sollen, um sie zu meistern, hatte sie aber nicht zur Verfügung?
– und: Verfüge ich heute über diese Fähigkeiten? Wie könnte ich sie einsetzen?

All das nicht zu überprüfen, fördert das in der obigen Skizze dargestellte Rückkoppelungsverhältnis. Ist es erst einmal gewohnheitsmäßig „eingeschliffen", dreht man sich in Bezug auf die angstbesetzten Themen oder Situationen im Kreise und empfindet diesen Sachverhalt als Problem: „... immer dasselbe!"

Sehr viele Probleme, die von Klienten in die Beratung eingebracht werden, basieren letztlich auf solchen Kreisläufen; es handelt sich um Vermeidungsstrategien, ohne dass dieser Zusammenhang (voll) bewusst wäre.

Insofern finden wir hier den wiederholt schon erwähnten Sachverhalt wieder, dass ein Problem oft der Lösungsversuch für ein anderes Problem ist; das heißt die Einschränkungen und sonstigen Schwierigkeiten, die Folge einer Vermeidungsstrategie sind, werden als Problem erlebt, bleiben aber bestehen, solange die Person glaubt, auf diesem Wege befürchtete Kränkungen oder Verletzungen usw. verhindern und sich damit in einer Balance halten bzw. schützen zu können. Die Vermeidungsstrategie dient der inneren Stabilität, damit wird das Problem der Angst gelöst. Aber in der Folge, vielleicht auch erst nach etlicher Zeit, bringt die Vermeidungsstrategie selbst neue Probleme mit sich. Damit kommen dann Klienten in Beratung.

Methodisches Vorgehen zur Lösung von Angstproblemen und zur Veränderung von Vermeidungsstrategien

Für die Lösungsstrategie bietet sich ein Vorgehen an, in welchem das oben genannte System von Barrieren mit dem Klient zusammen rekonstruiert wird, und dadurch Ansatzpunkte deutlich werden, wie der Klient zu neuen Erfahrungen kommen könnte, um seine bisherigen Angstphantasien zu überprüfen und wahrscheinlich auch korrigieren zu können.

> *Ich war nicht feige, ich war nur stärker, als der Held in mir!*
> Bernhard Trenkle

Die Methode ist unter dem Begriff „Kettenfragen" beschrieben worden (vgl. Wanderung N° 33) und wird nachfolgend in einer erweiterten Fassung vorgestellt.

Vorher seien noch einige Faktoren genannt, die die Wirksamkeit der Methode einschränken können:
– Je traumatischer das der Angst zugrunde liegende Ereignis ist, desto schwerer wird der bewusste Zugang dazu und desto weniger nützt eine Methode rationaler

Überprüfung. Insbesondere gilt das für Phobien und schwere Kindheitstraumata. Der Sinn der Methode besteht auch nicht darin, den bewussten Zugang zu traumatischen Erlebnissen herzustellen. Es geht nicht um eine Traumatherapie!

– Es ist nämlich auch nicht erforderlich, dass Klienten sich der ursprünglichen Ereignisse bewusst werden! Das ganze Interview ist eher zukunftsorientiert und auf die Frage gerichtet, welche Ressourcen zur Meisterung der bisher vermiedenen aktuellen Situation hilfreich wären. Die Recherche bezieht sich auf die Erkundung der Angst*phantasie* mit Hilfe von Fragen aus dem Meta-Modell (vgl. Wanderung N° 33), um sie konkret fassbar zu machen.

– Wenn die Person die Vorstellung aufrecht erhält, neue Erfahrungen nur *ohne* Angst machen zu können und sie zu Experimenten nur unter dieser Voraussetzung bereit ist, ist Veränderung nicht möglich: Neue Erfahrungen können nur **mit** Angst durchlebt werden, und es bedarf der bewussten und willentlichen Entscheidung, sich auf neue Erfahrungen einzulassen, etwa in Form eines „Experiments". Mut ist eine wichtige Ressource. Manchmal hilft auch die Vorstellung, wie man vor den anderen dasteht, wenn man die angstbesetzte Situation (nicht) gemeistert hat. Hier wird die Angst vor der Blamage zur Ressource!

– Wenn die Angst vor der Angst größer als die Motivation zur Veränderung bleibt, wird sich die Person auch nicht an das Thema wagen. In diesem Fall wird es sinnvoll sein, dieselbe Methode erst einmal auf diese Angst vor der Angst anzuwenden: „Was wäre, wenn Sie sich der Angst vor der Angst stellen würden? Von welchen Ihrer Fähigkeiten könnten Sie Gebrauch machen, um das zu schaffen?"

– Es geht bei dem Ganzen nicht darum, Klienten mit rationalen Argumenten ihre Angst auszureden, das führt in der Regel nicht zum Ziel! Auch Klienten kritisieren sich oft für ihre Ängste: „Ich weiß, das ist ja alles total blöd!" Das führt nur zu inneren Machtkämpfen zwischen dem Verstand und der Angst, die nun einmal einer anderen Logik folgt und außerdem meistens stärker ist als der Verstand! Es geht vielmehr darum, die Angst ernst zu nehmen, die Angstphantasie genau zu untersuchen und zu überlegen, was zur Meisterung der befürchteten „Gefahr" hilfreich wäre.

Diese Gesichtspunkte sollten in der Kontraktphase und während des weiteren Gespräches erforscht und entsprechend berücksichtigt werden: Wenn der Klient zur Bearbeitung seiner Angst und Angstphantasien bereit ist, kann wie folgt vorgegangen werden:

Mit Kettenfragen werden die Angstphantasien, die den Vermeidungsstrategien zugrunde liegen, ins Bewusstsein gehoben und können auf ihren aktuellen Realitätsgehalt, also darauf hin überprüft werden, wie gefährlich die aktuelle Situation wohl ist, die der Klient bisher vermieden hat. Die Art dieser Fragen lässt sich so beschreiben:

– „Wenn Sie sich in die Situation (x), die Sie bisher vermeiden, begeben würden, was würde dann Ihrer Vermutung nach passieren?" ... *(Antwort)* ...
– „Und wenn das dann eintreten würde, was wäre dann?" ... *(Antwort)* ...
– „Und wenn dies dann wiederum einträfe, was wäre dann mit Ihnen? Was befürchten Sie?" ... *(Antwort)* ... usw.

Das heißt, es wird genau nach den vermuteten Geschehnissen und der befürchteten Auswirkung gefragt, die der Klient bisher vermeidet. Diese Vermutungen sollen nicht kritisch bewertet werden!

Die Kettenfragen folgen einer Spur: Aktuelle Situation ⇨ Vermeidung ⇨ Angstphantasie ⇨ dahinter liegende nächste Angstphantasie ⇨ ... ⇨ Angst vor Verletzung oder Schmerz

Die Fragen werden solange fortgesetzt, bis der Klient bei Vermutungen über schmerzliche oder bedrohliche Ereignisse oder Situationen angelangt ist, mit denen er bisher rechnet und Angst vor ihnen hat, und um deren Vermeidung es in letzter Hinsicht geht. Auf diese Weise kann dem Klienten bewusst gemacht werden, dass diese Vermutungen ...
- bisher weitgehend nicht überprüft sind, also nicht klar ist, ob sie realistisch sind oder nicht
- eventuell übertrieben in dem Sinne sind, dass der Klient seine heutigen Fähigkeiten zur Bewältigung der entsprechenden Ereignisse oder Situationen (sofern sie überhaupt eintreffen würden) unterschätzt und sich ihnen deshalb nicht stellt
- die Vermeidungsstrategie unterstützen, die zur Aufrechterhaltung der Angstphantasie führt, und sich damit der Kreis schließt, aus dem es kein Entrinnen gibt, solange man nicht etwas Neues versucht, was der Überprüfung der Angstphantasie dient.

Am Ende der Kettenfragen sollten sich nun Fragen nach den heutigen Fähigkeiten des Klienten anschließen, die für die Bewältigung der Problemsituation hilfreich wären:
- „Angenommen, Sie würden sich der angstbesetzten Situation stellen, welche Ihrer Fähigkeiten, über die Sie heute verfügen, wären hilfreich, um die Situation zu meistern?"

- „Was könnte nützlich sein, damit Sie sich in der Situation an diese Fähigkeiten erinnern, um sie einzusetzen?" (vgl. auch die Fragen nach Ressourcen von Wanderung N°31)

Man geht also bewusst von der Möglichkeit aus, dass die der Angstphantasie zugrunde ligende Situation eintreten kann!

Bei der Art all diesen Fragen sollten Berater folgendes beachten:
- Die Haltung, aus der heraus gefragt werden wird, sollte verständnisvoll und von Interesse bzw. Neugier geprägt sein, und nicht, wie schon erwähnt, von einer Kritik an der „Unsinnigkeit" der Ängste.
- Kettenfragen können nervend wirken, deshalb ist es sinnvoll, die Frageart vorher zu erläutern und sich das Einverständnis des Klienten zu holen.
- Die Fragen müssen nicht wörtlich genau so gestellt werden, wie oben zitiert, sondern so, dass sie Klienten gut verstehen; es gilt lediglich, der skizzierten „Spur" zu folgen.
- Wann sinnvoller Weise mit diesen Fra-

Über die Wirkung von Angstphantasien ...

gen aufgehört wird und mit Klienten „Experimente", neue Verhaltensweisen usw. ausgehandelt werden, misst sich daran, wann die Angstphantasie soweit erkundet ist, dass klar wird, mit welcher Verletzung, welchem Schmerz Klienten rechnen. Er muss immer wieder ermuntert werden, seine Vermutungen und Phantasien zu äußern („Was wäre wenn ..."), um nicht durch ein vorzeitiges „Ich weiß nicht ..." ins Stocken zu geraten. Die Ich-weiß-nicht-Position kann Teil der Vermeidungsstrategie sein, die durch solche Ermunterungen vielleicht umgangen werden kann: „Okay, Sie wissen es nicht, dann spekulieren Sie mal: Was könnte passieren?"

- Eine andere Komplikation kann, wie oben schon angedeutet, darin bestehen, dass Klienten an einen Punkt kommen, an dem ihnen die Angstphantasie unvernünftig oder irreal vorkommt. Hier ist es wichtig, weiter der Angstspur zu folgen, denn auf der Verhaltensebene ist sie wirksamer als irgendeine rein verstandesmäßige Einsicht. „Mag sein, dass Ihnen das reichlich unrealistisch vorkommt, aber was sagt Ihnen ihre Angst?"
- Der innerste Kern der Vermeidungsstrategie ist – wie erwähnt – real erlebter oder angedrohter Schmerz, auch den noch zu hinterfragen („Was wäre mit Ihnen, wenn Sie Schmerz erfahren würden?"), macht wenig Sinn. Hier spätestens setzen also Fragen nach den Fähigkeiten ein.
- Es lohnt sich, wenn Berater eine optimistische Haltung einnehmen, wonach Klienten über die Fähigkeiten verfügen, die zur Überwindung der bisherigen Vermeidungsstrategie nützlich sind.
- Allerdings sollen Berater nicht (qua Eigenauftrag) puschen. Nur wenn der Klient es will, sollte mit einer Aufgabe nach der Art „Über die Schwelle" (siehe S. 262) gearbeitet werden.

Die einzelnen Schritte sind am Schluss in der Wegskizze zusammengefasst; zuerst sollen sie noch an einem Beispiel gezeigt werden:

Es handelt sich um einen allein lebenden, etwa 45-jährigen Mann, der von einem Kollegen eines sozialpsychiatrischen Dienstes betreut wird. Der Klient hat zwar noch eine Teilzeitbeschäftigung in einer Druckerei und ist dort an der Bindemaschine eingesetzt, geht aber sonst – außer für Einkäufe – nicht aus dem Haus. Er beklagt sich bei seinem Berater, immer häufiger über seine Einsamkeit. Verschiedene Vorschläge, wie er unter Leute kommen könne, hat der Klient zwar gut geheißen, aber nicht umgesetzt.

Bei einem ausführlicheren Gespräch mit Hilfe der Kettenfragen, gelingt es, die Angstphantasie herauszuarbeiten, mit der sich der Klient bisher selbst im Wege steht, um irgendwelche Kontakte zu knüpfen: Er befürchtet, dass er sich gegenüber anderen Leuten nicht abgrenzen kann, dass sie ihm seine Unsicherheit anmerken, ja sogar seine Gedanken lesen könnten und dabei seinen schlechten Charakter entdecken. Es würde dann nicht lange dauern, bis sie in schneiden. Würde er versuchen, einem Verein beizutreten, würde er bald wieder rausgeschmissen. Solche schmerzlichen Erfahrungen will sich der Klient ersparen, und unternimmt folgerichtig keine Schritte, die ihm aus seiner Einsamkeit heraushelfen würden. Wir können hier übrigens ohne weiteres irgendwelche psychiatrische Überlegungen beiseite lassen, sie helfen wahrscheinlich auch gar nicht weiter.

Entscheidend ist, dass der Klient bisher keine Idee hat, wie er sich vor der vermuteten Gefahr schützen könnte, und folglich sich noch nicht einmal darauf einlassen kann, seine Angstphantasie in der Realität zu überprüfen.

Der Teufelskreis, den wir natürlich auch hier vorliegen haben, wird außerdem noch dadurch aufrecht erhalten, dass es für den Klienten keine Möglichkeit gibt, zu überprüfen, ob – wie er vermutet – andere Leute in ihn hineinschauen und seine schwarze Seele entdecken können. Denn naheliegenderweise werden sie ihm von ihren magischen Fähigkeiten nichts verraten, sondern sich einfach nur distanzieren.

Eine verzwickte Sache also. Natürlich bietet sich an, mit dem Klienten die Möglichkeit zu erörtern, ob er sich mit der Einsamkeit arrangieren kann. Das hebt sich der Berater aber für später auf, zumal der Klient wirklich leidet und auch sehr ernsthaft nach einem Weg suchen will, aus der Sackgasse heraus zu kommen.

Bei der Frage nach nützlichen Ressourcen, um sich überhaupt einmal Situationen wie zu einer Veranstaltung eines Vereins, zu Vorträgen oder ähnlichem zu gehen, zu stellen, sagt der Klient ganz spontan: „Wenn jemand mit mir ginge, dann hätte ich keine Angst!" Daraufhin bietet der Berater dem Klienten an, ihn zu begleiten, allerdings unter der Voraussetzung, dass die Erlebnisse „in der Öffentlichkeit" in Gesprächen genau ausgewertet werden und der Klient insbesondere beobachten soll, woran er es festmacht, dass andere in ihn hineinsehen können und wie sie tatsächlich reagieren. Klient und Berater verabreden als Ziel, dass der Klient schließlich allein in einen Verein seiner Wahl eintrete, bei dem es irgendwelche regelmäßigen Treffen gibt. In dieser Zeit werden die Kontakte mit dem Berater etwas verdichtet

Gesagt, getan: Die Auswertungsgespräche ergeben, dass der Klient sich zwar nach wie vor nicht sicher ist, ob die Leute nicht doch seinen schlechten Charakter „sehen". Da es aber kein einziges Mal passiert, dass er irgendwo rausgeekelt wird, kann er das Reframe seines Beraters annehmen, dass seine Seele den Leuten offenbar nicht „schwarz genug" ist.

Schließlich tritt er in den örtlichen Schachclub ein. Das ist auch insofern ein genialer Schritt, weil im Schachspiel sich die Spieler darum bemühen, zu durchschauen, was der Gegner auf dem Brett strategisch für Gemeinheiten plant; ob jedoch seine Seele insgesamt schwarz ist oder nicht, interessiert sehr wahrscheinlich niemand, solange er sich an die Regeln des Spiels hält.

Nochmals sei darauf hingewiesen, dass traumatische Ängste und Phobien in der Regel nicht auf diese Weise erfolgreich bearbeitet werden können. Dazu bedarf es spezieller therapeutischer Verfahren und einer dementsprechenden Ausbildung. Allenfalls können Phobien etwas gemildert werden.

Wir haben gesehen, dass Teufelskreise, Entscheidungsprobleme und Angstvermeidung in engem Zusammenhang stehen. Angst treibt das Karussell gleichsam an, auf dem man sitzt und (bisher) mehr oder minder hilflos mitfährt. Für die Beratung hat das häufig die Konsequenz, mit allen drei Strategien zusammengenommen arbeiten zu müssen. Aus einem Teufelkreis an einem wichtigen Punkt auszubrechen, bedarf einer Entscheidung und der Bewältigung der Angst vor einem solchen Schritt, sonst bleibt man in den Paradoxien der Metaentscheidungen verfangen, und steckt wieder im Teufelskreis.

Außerdem wird nun vielleicht nochmals deutlicher, wie Problemsysteme funktionieren und chronisch werden können. Wer sich den Zugang zu den Ressourcen nicht verschaffen kann, die zur Meisterung einer Veränderung und damit neuen Situation hilfreich sind, dem bleibt letztlich nur die Beschwerde über den Status quo. Die hier beschriebenen Lösungsstrategien können helfen, dass Berater nicht so leicht in das System der Klage und Nicht-Veränderung (etwa inform chronischer Betreuung) eingebaut werden. Dass Klienten selbst die entscheidenden Schritte gehen müssen ist klar; Berater können den Weg etwas ebnen und helfen, solche Hi dernisse aus dem Weg zu räumen, über deren Existenz sich Klienten bisher nicht im Klaren waren - nicht mehr und nicht weniger!

Wegskizze

Lösung von Angstproblemen

1.Schritt:	Aufbau eines guten Kontaktes. Wichtige Haltung des Beraters: Die Angstphantasien des Klienten ernst nehmen! Es geht nicht um verstandesmäßige Beurteilung, sondern um das Meistern der bisher vermiedenen Situationen!
2.Schritt:	Recherche des hinter dem präsentierten Problem stehenden Vermeidungssystems.
3.Schritt:	Sorgfältiger Kontrakt, ob der Klient etwas ändern oder lieber (noch) bei seinem Vermeidungssystem bleiben will; wenn nicht, bedeutet das natürlich die bewusste Inkaufnahme der Konsequenzen, die das hat!
4.Schritt:	Kettenfragen „Was wäre, wenn ...", bis der Kern der Angstphantasien heraus gearbeitet ist. Dabei nur soweit gehen, wie der Klient mitmacht! Dabei kann man die Skizze (s.u.) zur Veranschaulichung verwenden.
5.Schritt:	Fragen nach den Ressourcen, über die der Klient heute verfügt, und die zum Meistern der mit Angst besetzten Situation dienlich sind. Fragen nach Möglichkeiten, sich an diese Ressourcen auch in der Situation zu erinnern, um sich ihrer zu bedienen.
6.Schritt:	Vereinbarung von „Experimenten" bzw. neuen Verhaltensweisen in der bisher mit Angst besetzten Situation. Evtl. weitere Gespräche zur Auswertung vereinbaren. Hilfreich kann auch sein, einen Telefonkontakt nach dem ersten Experiment, für das eine Frist festgelegt wird, zu vereinbaren.

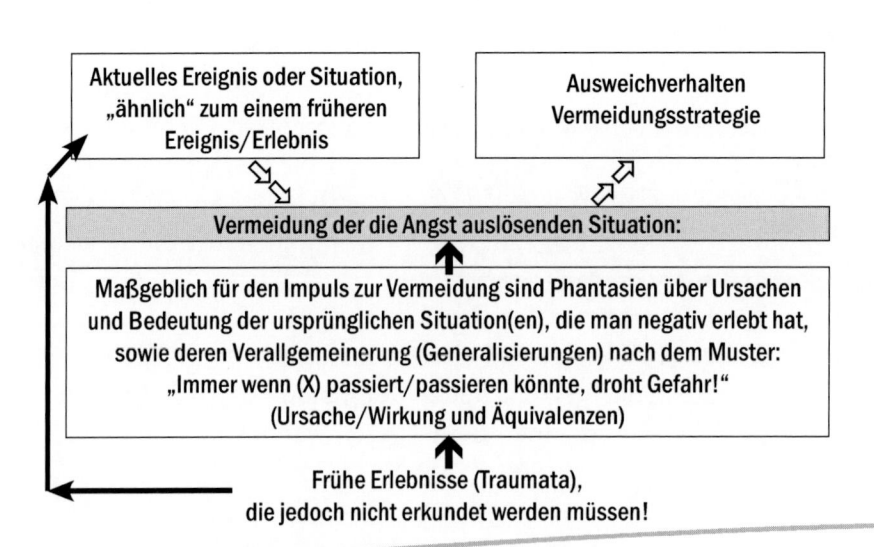

```
┌─────────────────────────────┐     ┌─────────────────────────────┐
│ Aktuelles Ereignis oder     │     │    Ausweichverhalten        │
│ Situation, „ähnlich" zum    │     │    Vermeidungsstrategie     │
│ einem früheren              │     │                             │
│ Ereignis/Erlebnis           │     │                             │
└─────────────────────────────┘     └─────────────────────────────┘
                  ⇘                           ⇗
        ▓▓▓ Vermeidung der die Angst auslösenden Situation: ▓▓▓
                              ↑
        Maßgeblich für den Impuls zur Vermeidung sind Phantasien über Ursachen
        und Bedeutung der ursprünglichen Situation(en), die man negativ erlebt hat,
        sowie deren Verallgemeinerung (Generalisierungen) nach dem Muster:
            „Immer wenn (X) passiert/passieren könnte, droht Gefahr!"
                     (Ursache/Wirkung und Äquivalenzen)
                              ↑
                    Frühe Erlebnisse (Traumata),
                die jedoch nicht erkundet werden müssen!
```

Wanderung N° 38

Schuldgefühle und andere explosive Mischungen

Wohin die Wanderung führt ...

Viele meiden die Schuld, als wäre sie die Pest: Eltern psychisch erkrankter Menschen oder „missratener" Kinder, Leute, deren Partner erkranken, aber auch Kläger, die darum ringen, dass andere an der Misere schuld sein mögen – viele von ihnen leiden unter Schuldgefühlen. Angst ist im Spiel! Schuld an etwas zu sein, erscheint als etwas Schreckliches. Der Teufel soll die Schuld holen, aber der holt einen gleich auch noch mit: Kaum hat man mit etlichem Aufwand seine Schuld abgewälzt, „nagt" der Zweifel: „Und wenn ich aber doch schuld bin?", das Schuldgefühl ist wieder da, und das Ganze geht von vorne los.

Wir werden auf dieser Wanderung sehen, dass es nur hilft, gleichsam „den Stier bei den Hörnern zu packen!"

Entstehung von Schuldgefühlen – ein Modell

Ereignis
↓
Deutung und Schuldgedanke

| Idee/„Konzept": | ↔ | Phantasie: | ↔ | Gefühle: |

Äquivalenzen
Generalisierung
Glaubenssätze

„Wenn ...
...dann"

zur Phantasie:
meist Angst
und Schmerz

↓

*Gefühlsgemisch:
Schuldgefühl*

↓

Reaktionen:
Abwehr, Suche nach anderen Schuldigen,
depressive Verstimmung

Um was geht es beim Schuldgefühl? Betrachten wir dazu das unten abgebildete Schema. Es beschreibt, wie es von einem Ereignis oder einer Situation zum Schuldgefühl und zu weiteren Reaktionen kommen kann. Schuldgefühle entstehen auf der Grundlage von drei Komponenten, die untereinander in Wechselwirkung stehen. Um diese Komponenten wirksam werden zu lassen, muss aber zuerst einem Ereignis oder einer Situation eine entsprechende Bedeutung gegeben werden. Man könnte das den „Schuldgedanken" nennen, bei dem man sich quasi „sagt": „Das hier ist ein Fall von Schuld!" Kaum hat die Person an Schuld gedacht, werden die anderen Komponenten aktiviert:

Die Schuldidee oder das Schuldkonzept

Damit sind die Konstrukte gemeint, von deren Gültigkeit die Person ausgeht, ohne es genauer zu überprüfen. Es handelt sich um verschiedene Glaubenssätze, die sich durch eine Reihe von Generalisierungen und insbesondere Verzerrungen auszeichnen (vgl. Wanderung N°33).

Die meisten setzen Schuld und Verursachung gleich (Äquivalenz als Verzerrung): „Wenn ich der Urheber irgendeines Ereignisses oder einer Situation bin, dann bin ich auch schuld!" Die gedankliche Nähe zum Konzept der Erbsünde ist augenfällig, denn als lebendiges handelndes Subjekt ist man ständig Urheber von irgendwelchen Ereignissen. Das Konzept der Schuld sagt dann nichts Spezifisches mehr aus, man ist sozusagen ständig an irgendetwas schuld. Das gilt für alle Menschen, und man bräuchte sich darüber nicht weiter aufregen. Oder aber, die Schuldfrage wird willkürlich auf negative Ereignisse oder Auswirkungen beschränkt. Das machen die meisten; Sie unterscheiden dabei nicht zwischen der Absicht und dem Resultat einer Handlung. Plausibel ist es jedoch nur dann von Schuld zu sprechen, wenn auch die Absicht oder zumindest eine „grobe Fahrlässigkeit" im Spiel ist. Andernfalls würden zwischen den Begriffen Urheberschaft und Schuld keinerlei Unterschied mehr bestehen. Man wäre sogar schuld an Situationen, die zwar durch die eigene Person verursacht sind, aber außerhalb wirklicher Einflussmöglichkeit stehen, zum Beispiel, dass der Partner leidet, weil man selbst an Krebs erkrankt ist. Wir sehen: Ein Schuldkonzept, das den Vorsatz, die Absicht oder zumindest eine Art von vermeidbarer Fahrlässigkeit oder Leichtsinn nicht vorsieht, hält einer kritischen Prüfung nicht stand. Das mit dem Klienten zu durchdenken, ist ein Baustein des Lösungskonzeptes.

Die Schuldphantasie

Dabei handelt es sich um ein Konstrukt bzw. einen Glaubenssatz, der etwa so in Worte gefasst werden kann: „Wenn ich an etwas schuld bin, dann habe ich (schlimmstenfalls) den Anspruch auf Zuwendung, Liebe oder Lebensglück verwirkt". Dass sich diese Phantasie zu einer Zeit bildet, in der man in besonderer Weise von Zuwendung und Liebe abhängig ist, nämlich als Kind, in der man gleichzeitig auch für das oben geschilderte Schuldkonzept empfänglich ist (die Zeit kindlich-magischen Denkens) hat zur Folge, dass diese Phantasien auch emotional tief verankert sind. Deshalb wird es umso wichtiger, zu überprüfen, ob man tatsächlich alles Recht auf Zuwendung und gutes Leben verwirkt hat, wenn man Schuld auf sich geladen hat. „Glauben Sie wirklich, dass sich jetzt alle Menschen, die Ihnen wichtig sind, von Ihnen abwenden und Sie keines Blickes mehr würdigen werden? Dass alle genau darauf achten werden, dass Sie keinerlei Glück mehr erleben? Ist das das Interesse der Menschen, denen gegenüber Sie sich schuldig gemacht haben? Was haben die davon, wenn Sie sich selbst bestrafen? Oder geht es doch eher darum, dass Sie die richtigen Konsequenzen ziehen und verhindern, dass Ihnen so etwas noch einmal passiert?"

Die damit assoziierten Gefühle und die Folgen

Angst, Trauer und Schmerz sind die mit der Schuldphantasie und der Schuldidee assoziierten Gefühle. Sie werden ebenfalls aktiviert, kaum dass der Schuldgedanke entstanden ist.

Alles zusammen und in seiner Wechselwirkung ergibt eine brisante Mischung, nämlich das „Schuldgefühl", dem sich die Person kaum entziehen kann. Je nach dem, wie groß die Angst vor der Schuld ist, wird das Thema panisch gemieden. Das führt dazu, dass Schuldidee und -phantasie nie kritisch überprüft werden, oder dass die Person überhaupt in der Lage wäre, diese Komponenten des Schuldgefühls zu identifizieren und zu unterscheiden.
Die Person dreht sich schnell im Kreis: Die Angst vor den phantasierten Folgen der Schuld in Verbindung damit, dass Schuld und Urheberschaft gleich gesetzt wird, bringt die Person auf die Idee, eine Art magische Vorstellung, dass die Schuld beseitigbar wäre, wenn das Ereignis ungeschehen gemacht werden könnte. Dieser Gedanke bricht natürlich gleich wieder in sich zusammen, denn der Verstand sagt, dass Gewesenes nicht ungeschehen gemacht werden

kann. Und es bleibt bei der Schuld und den Folgen. Immer wieder kommt es zu Grübeleien (vgl. die nächste Wanderung), was man falsch gemacht habe oder nicht. Ob vielleicht in Wirklichkeit andere schuld seien usw. Diese Grübeleien werden von der Hoffnung angetrieben, irgendwie die Schuld doch noch in Luft auflösen zu können. Aber sie löst sich nicht auf, die Grübeleien gehen weiter.

Wenn also ein Klient unter Schuldgefühlen leidet, empfiehlt sich folgende Vorgehensweise:
– Als erstes geht es natürlich, wie immer, um den Kontrakt, ob der Klient an einer Veränderung bzw. die Lösung des Problems mit den Schuldgefühlen interessiert ist.
– Dann ist empfehlenswert, dem Klienten das obige Konzept zu erklären. Es ist ein einfaches Modell, das leicht zu verstehen ist, und darauf kommt es hier an. Es bietet sich an, das Schema als Visualisierungshilfe in der Beratung zu verwenden! Vielen wird dadurch erst einmal klar, als was Schuldgefühle angesehen werden können, wie sie entstehen. Die „Entmischung" dessen, was auf der Gefühlsebene völlig vermengt ist, ist ein wesentlicher Teil dieser Lösungsstrategie.
– Nun wird das konkrete Ereignis kritisch durchdacht:
  – der Schuldgedanke: Handelt es sich hier überhaupt um etwas, bei dem es um die Frage nach der Schuld gehen kann? Diese Frage ist oft nur in Verbindung mit dem bisherigen Schuldkonzept des Klienten zu klären.
  – Schuldidee oder -konzept: Was ist das bisherige Schuldkonzept des Klienten, und wie ist es zu modifizieren, wenn es im Sinne der obigen Überlegungen kritisch überprüft wird.
  – Schuldphantasie: Was glaubt der Klient, was passieren wird, wenn er tatsächlich in der Angelegenheit eine Schuld auf sich geladen hat? Ist das tatsächlich zu erwarten? Und: Geht es um Strafe (und Selbstbestrafung) oder vielmehr darum, für die Zukunft die richtigen Konsequenzen zu ziehen, wenn man schon schuldhaft gehandelt hat?
  – die Gefühle: Ist es nach dieser kritischen Überprüfung noch nötig, so stark mit Angst und im Ergebnis mit Schuldgefühlen auf das Ereignis zu reagieren? Muss noch so viel Energie auf die Abwehr der Schuldgefühle oder auf die Suche nach anderen Schuldigen (oder Mitschuldigen) verwendet werden, anstatt sich offensiv mit der Frage auseinanderzusetzen, an welcher Stelle man schuld ist und an welcher nicht? Im Grunde kann es nur darum gehen, die entsprechenden Konsequenzen für die Zukunft zu durchdenken und zu ziehen!

Worauf Berater achten sollten:
– Es geht nicht darum, Klienten vor ihrer Schuld zu „retten", ihnen auszureden, dass sie schuld seien usw. Das führt Klienten nicht aus ihrem Kreislauf heraus. Die „Beruhigungspille" wirkt nur kurz, danach gehen die Schuldgefühle und Grübeleien von vorne los. Es geht vielmehr darum, die ganze Thematik offensiv anzugehen und kritisch zu durchleuchten.
– Die Leute, die absichtsvoll handeln und entsprechendes anrichten, werden meistens keinerlei Schuldgefühle entwickeln. Wer Schuldgefühlte entwickelt, hat zumindest nicht absichtlich Negatives angerichtet! Es wird also in der Beratung mehr um die Frage gehen, ob jemand wider besseren Wissens oder grob fahrlässig gehandelt hat. Trifft das zu, gilt es, diese Tatsache ohne „wenn und aber" anzuer-

kennen und zu überlegen, welche Konsequenzen für die Zukunft zu ziehen sind. Also, in der Metapher ausgedrückt: Den vermeintlichen „Stier bei den Hörnern zu packen" und zu erfahren, dass man das Schuldthema lösen kann, anstatt panisch davon zu laufen.

– Auch nach einer solchen Beratung sind nicht alle Schuldgefühle wie „weggeblasen". Sie bleiben, wenn auch in abgeschwächter Form. Die ganzen Gefühle und Glaubenssätze, die dem bisherigen Schuldgefühl zugrunde liegen, sind nicht einfach gelöscht. Die Auseinandersetzung wird immer wieder notwendig sein.

Aber Klienten haben jetzt eine Idee, worauf es dabei ankommt, sie können sich (z.B. anhand der Skizze, die gezeichnet wurde) das Ganze immer wieder vor Augen führen. Das immerhin kann diese Lösungsstrategie bewirken.

> *Im Grunde ist jedes Unglück gerade nur so schwer, als man es nimmt.*
> Bernhard Trenkle

Dieses Konzept kann auch für zwei andere „Gemische" verwendet werden, die nicht weniger explosiv und folgenschwer sein können, nämlich Neid und Eifersucht. Die tabellarische Übersicht zeigt alle drei Formen in ihren Komponenten:

es vermengen sich	bei Schuldgefühlen
Gedanken/Interpretation von bestimmten Ereignissen	„Ich habe etwas falsch gemacht ...", „Wegen mir ist etwas negatives passiert ..."
Ideen/Glaubenssätze, in Form von gedanklichen Verknüpfungen	„Wer etwas falsch macht etc., ist an den Folgen schuld, ist schlecht, nicht okay"
Phantasien (oft in der Kindheit entstanden) nach dem Muster „wenn-dann"	„Wenn ich schlecht bin, habe ich keinen Anspruch auf Zuwendung oder Anerkennung"
mit den Phantasien verbundene Gefühle	Schmerz, Angst und schließlich Schuldgefühle
Reaktionen auf der Handlungsebene	sich verteidigen, Suche nach anderen „Schuldigen"; depressive Reaktionen
Sinn der Reaktionen	Abwehr der Angst und des Schmerzes
unbeabsichtigte Folge	es bleibt bei den Schuldgefühlen

es vermengen sich	bei Eifersucht
Gedanken/Interpretation von Wahrnehmungen	„Partner oder Freund widmet sich jemand anderem und wendet sich von mir ab"
Ideen/Glaubenssätze, in Form von gedanklichen Verknüpfungen	„Ich bin weniger wertvoll, schön, klug ... als andere´, `Liebenswert ist, wer klug, schön, ... ist"
Phantasien (oft in der Kindheit entstanden) nach dem Muster „wenn – dann"	„Wenn sich herausstellt, dass ich weniger wertvoll bin, werde ich verlassen ..."
mit den Phantasien verbundene Gefühle	Ärger, Schmerz, Angst und schließlich Eifersucht
Reaktionen auf der Handlungsebene	Szenen machen, spionieren, den anderen einengen, mit Trennung oder mit Suicid drohen
Sinn der Reaktionen	Kontrolle, Verlust verhindern, Abwehr der Angst und des Schmerzes
unbeabsichtigte Folge	häufig eine sich selbst erfüllende Prophezeiung: Verlust des Partners, zumindest seiner Zuneigung

es vermengen sich:	bei Neid
Gedanken/Interpretation von Wahrnehmungen	„Der Andere hat etwas (XY), was ich nicht habe …"
Ideen/ Glaubenssätze, in Form von gedanklichen Verknüpfungen	„Wer (XY) besitzt, lebt gut, wird anerkannt und ist glücklich" (und umgekehrt)
Phantasien (oft in der Kindheit entstanden) nach dem Muster „wenn-dann"	„Wenn ich (XY) nicht habe, gelte ich nichts, kann ich nicht gut leben / nicht glücklich werden, werde ich nicht beachtet"
mit den Phantasien verbundene Gefühle	Ärger, Schmerz, manchmal auch (Zukunfts-)Angst
Reaktionen auf der Handlungsebene	dem anderen Unglück wünschen; versuchen, auch in den Besitz von (XY) oder etwas anderem zu kommen, was „der nicht hat"
Sinn der Reaktionen	Abwehr des Schmerzes und der (Zukunfts-)Ängste
Unbeabsichtigte Folge	die Verwünschung misslingt; der Neid bleibt; hat man dennoch „gleichgezogen", ist man plötzlich in Sorge, wie lange der „Vorsprung" hält, das Neidthema ist nicht wirklich gelöst

Man kann also Eifersucht und Neid alnalog zu den Schuldgefühlen bearbeiten, in dem die Bestandteile, z.B. das Niedkonzept, der Neidgedanke und die Neidphanatsie kritisch durchleuchtet werden.

Nun ein Beispiel zu einer Problematik mit Schuldgefühlen:
Es handelt sich um eine Frau, deren Sohn schon langjährig wegen einer „chronisch rezidivierenden Psychose aus dem schizophrenen Formenkreis" (so die offizielle medizinische Diagnose) immer wieder in die Klinik kommt, aber sonst zu Hause bei seiner Mutter lebt und sie (nebenbei bemerkt) nicht wenig terrorisiert. Jedem Versuch des Kliniksozialdienstes, ihn in einem Wohnheim unter zu bringen, hat er sich bisher erfolgreich widersetzt, nicht zuletzt, weil die Mutter ihn spätestens dann, wenn er ihr wieder einmal mit Suizid droht, zu Hause aufnimmt. Wenn er dann nach einiger Zeit wieder zunehmend aggressiv und schließlich gegen seine Mutter gewalttätig wird, kommt es zur nächsten Klinikeinweisung, der Kreis beginnt von neuem. Der Vater glaubt nicht, dass sein Sohn krank sei, sondern nur „stink faul", kann sich aber letzten Endes gegen die Ansichten seiner Frau nicht durchsetzen. Er hat aufgehört, sich um die Angelegenheit zu kümmern und geht seinem Vereinshobby nach. Die Frau sucht beim Autor wegen einer „Familientherapie" nach, zu der aber weder Sohn noch Mann mitkommen. Schon beim ersten Gespräch berichtet sie bald von ihren extremen Schuldgefühlen, mit denen sie sich plage. Sie mache sich Vorwürfe, weil sie ihren Sohn schon nach sechs Monaten abgestillt und zur Betreuung ihrer Schwiegermutter gegeben habe, weil sie selbst wieder arbeiten ging, um beim Sparen für einen geplanten Hausbau zu helfen. Die Frage, ob ihr damals Zweifel gekommen seien, so zu verfahren, verneinte sie, alle in der Familie wären dafür gewesen.

B: „Und glauben Sie, dass deswegen Ihr Sohn krank geworden ist?"

Kl: „Das weiß ich ja gerade nicht, manchmal denk ich's schon, und keiner von den Ärzten und Psychologen sagt mir da was Klares! Die drücken sich irgendwie; nach so einem Arztgespräch wird's immer schlimm mit den Schuldgefühlen."

B: „Es könnte ja daran liegen, dass niemand was genaues über die Ursachen von solchen Erkrankungen sagen kann. Ich weiß nur, dass sich die Fachleute bis heute darüber streiten. Da wäre ich an Stelle von dem Arzt auch vorsichtig."

Kl: „Hm, meinen Sie, also dass man gar nicht sagen kann, ob mein Sohn deswegen krank geworden ist?"

B: „Ja. Und selbst wenn man es sagen könnte, was würde es denn helfen? Würde er dann gesund, wenn man sagen könnte, nur wegen des Hauses ist er krank geworden?"

Kl: „Nein, … obwohl, das wirft er mir oft vor."

B: „Und ihrem Mann nicht?"

Kl: „Nein, da traut er sich gar nicht, der tät ihm gleich Bescheid geben."

B: „Vielleicht, aber vielleicht merkt Ihr Sohn auch, dass er bei Ihnen damit mehr erreichen kann, als bei seinem Vater. Immerhin stecken Sie ihm Geld zu, waschen ihm die Wäsche, kochen …"

Kl: „Das sagt mein Mann auch immer, ,Der ist nur durchtrieben und du verwöhnst ihn' ..."

B: „Oh, es geht mir nicht um so eine Wertung. Eher würde ich sagen, Ihr Sohn ist klug. Denn wenn er zum Beispiel viel Angst vor Selbstständigkeit hätte, dann müsste er ja irgendwie dafür sorgen, dass Sie bei der Stange bleiben?"

Kl: „Ja, aber nach 'ner Zeit wird er immer aggressiver, so gereizt ist er dann."

B: „Frau D., worauf möchten Sie sich jetzt zuerst konzentrieren, auf die Schuldgefühle oder darauf, wie Ihr Sohn zu Ihnen ist?"

Kl: „Ja, schon die Schuldgefühle. Da habe ich manchmal schon gedacht, dass ich auch bald reif bin für die Klappsmühle!"

B: „Und Sie hätten gerne die Schuldgefühle irgendwie weg?"

Kl: „Ja, das wär ein echter Segen!"

B: „Also, ich kann Ihnen anbieten, dass wir gemeinsam überlegen, was hinter den Schuldgefühlen steckt, worum es da geht. Dass sie dadurch weg gehen, möchte ich Ihnen nicht versprechen, aber dass Sie vielleicht besser damit zurechtkommen."

In der folgenden Passage erklärte ich ihr das Konzept am Flipchart, und wir besprachen dann konkret ihre Schuldidee usw. Dabei stellte sich unter anderem heraus, dass damals vor der Geburt ihres Sohnes ihre Mutter schon verstorben war. Ich stellte die Frage, ob Ihre Mutter es auch gut geheißen hätte, wegen des Hauses wieder arbeiten zu gehen. Ganz spontan antwortete sie „Nein, die hätte gesagt, so etwas macht man nicht!" Manchmal habe sie damals daran gedacht, habe es aber immer wieder weg geschoben, weil die anderen ja anders geredet hätten.

Auf die Frage, was denn wäre, wenn ihr Sohn tatsächlich deshalb erkrankt wäre, weil sie damals arbeiten gegangen sei, antwortet sie spontan: „Dann wäre ich ja eine schlechte Mutter!", und sie bricht in Tränen aus. Hier also saß der Stachel und der Schmerz, denn sie hatte die Vorstellung ihrer eigenen Mutter, wodurch sich eine „gute Mutter" auszeichne, verinnerlicht. Außerdem unterschied sie nicht zwischen Ursache, Absicht und Schuld, wie sich im weiteren Verlauf des Gespräches herausstellte. Sie verstand schließlich, dass Schuld eine Absicht oder grobe Verlässigkeit voraussetzt, und dass sie ja nicht mit der Absicht arbeiten gegangen war, dass ihr Sohn krank werden solle; eine solche Möglichkeit wäre ihr nicht in den Sinn gekommen. Sie verstand auch, dass es sehr fraglich ist, einen solchen Zusammenhang zu konstruieren.

Es kam noch zu zwei weiteren Gesprächen, in denen wir im Wesentlichen alle diese Gedankengänge nochmals durchsprachen. Zum Schluss sagte sie, es sei inzwischen schon ein bisschen besser mit den Schuldgefühlen. Der Gedanke, dass sie es ja nicht mehr ungeschehen machen könne, würde ihr immer am meisten helfen.

Das Beispiel zeigt: Schuldgefühle gehen nicht einfach weg, sondern werden durch das bewusste Nachdenken anhand des Konzeptes gemildert. Aber das ist auch schon viel wert!

Vergangenes ungeschehen zu machen, darum drehen sich häufig Grübeleien, um die es bei der nächsten Wanderung geht. Zuerst aber kommt noch die Wegskizze.

Der Neid ist die aufrichtigste Form der Anerkennung
Bernhard Trenk[...]

Wegskizze

Lösungsstrategie: (hier nur am Beispiel der Schuldgefühle erläutert)

- Als erstes geht es natürlich, wie immer, um den Kontrakt, ob es dem Klienten um eine Veränderung bzw. die Lösung des Problems mit den Schuldgefühlen geht (bzw. mit Eifersucht und Neid).
- Es ist empfehlenswert, dem Klienten die Skizze (s.u.) zu erklären und als Visualisierungshilfe zu verwenden! Vielen wird dadurch erst einmal klar, als was Schuldgefühle angesehen werden können, wie sie entstehen. Die „Entmischung" dessen, was auf der Gefühlsebene völlig vermengt ist, ist ein wesentlicher Teil dieser Lösungsstrategie.
- Nun wird das konkrete Ereignis kritisch durchdacht:
  - Der Schuldgedanke: Handelt es sich hier überhaupt um etwas, bei dem es um die Frage nach der Schuld gehen kann? Diese Frage ist oft nur in Verbindung mit dem bisherigen Schuldkonzept des Klienten zu klären.

- Schuldidee oder -Konzept: Was ist das bisherige Schuldkonzept des Klienten? Und wie ist es zu modifizieren, wenn es im Sinne der obigen Überlegungen kritisch überprüft wird.
- Schuldphantasie: Was glaubt der Klient, was passieren wird, wenn er tatsächlich in der Angelegenheit eine Schuld auf sich geladen hat? Ist das tatsächlich zu erwarten? Und: Geht es um Strafe (und Selbstbestrafung) oder vielmehr darum, für die Zukunft die richtigen Konsequenzen zu ziehen, wenn man schon schuldhaft gehandelt hat?
- Die Gefühle: Ist es nach dieser kritischen Überprüfung noch nötig, so stark mit Angst und im Ergebnis mit Schuldgefühlen auf das Ereignis zu reagieren und fast alle Energie auf die Abwehr der Schuldgefühle oder auf die Suche nach anderen Schuldigen (oder Mitschuldigen) zu verwenden, anstatt sich offensiv mit der Frage auseinanderzusetzen, an welcher Stelle man schuld ist und an welcher nicht, sowie die entsprechenden Konsequenzen für die Zukunft zu durchdenken?

Worauf Berater achten sollten:
- Es geht nicht darum, Klienten vor Ihrer Schuld zu „retten", ihnen auszureden, dass sie schuld seien usw. Es geht vielmehr darum, die ganze Thematik offensiv anzugehen und kritisch zu durchleuchten.
- Es wird also in der Beratung mehr um die Frage gehen, ob der Klient wider besseres Wissen oder grob fahrlässig gehandelt hat. Denn das ist die Voraussetzung, um von einer Schuld reden zu können. Trifft dies zu, gilt es, diese Tatsache ohne wenn und aber anzuerkennen und zu überlegen, welche Konsequenzen für die Zukunft zu ziehen sind. Also, in der Metapher ausgedrückt: Den vermeintlichen „Stier bei den Hörnern zu packen" und zu erfahren, dass man das Schuldthema lösen kann, anstatt panisch davor wegzulaufen.

Auch nach einer solchen Beratung sind nicht alle Schuldgefühle wie „ausgeblasen". Sie bleiben, wenn auch in abgeschwächter Form. Die ganzen Gefühle und Glaubenssätze, die dem bisherigen Schuldgefühl zugrunde liegen, sind nicht einfach gelöscht. Die Auseinandersetzung wird immer wieder notwendig sein. Aber Klienten haben jetzt eine Idee, worauf es dabei ankommt, sie können sich (z.B. anhand der Skizze) das Ganze immer wieder vor Augen führen. Das immerhin kann diese Lösungsstrategie bewirken.

Das gleiche Konzept kann analog bei Eifersucht und Neid eingesetzt werden. Auch hier wird zwischen dem Ereignis, der Idee, die hinter Neid und Eifersucht steht und der Phantasie unterschieden und die Bestandteile werden genau untersucht.

Entstehung von Schuldgefühlen – ein Modell

Nach der deutlichen Unterscheidung zwischen Konzept, Phantasie und Gefühl und einer kritischen Beleuchtung wird noch besprochen, welche anderen Reaktionen dem Klienten nun möglich werden.

Bei Eifersucht und Neid ist das Schema analog aufgebaut.

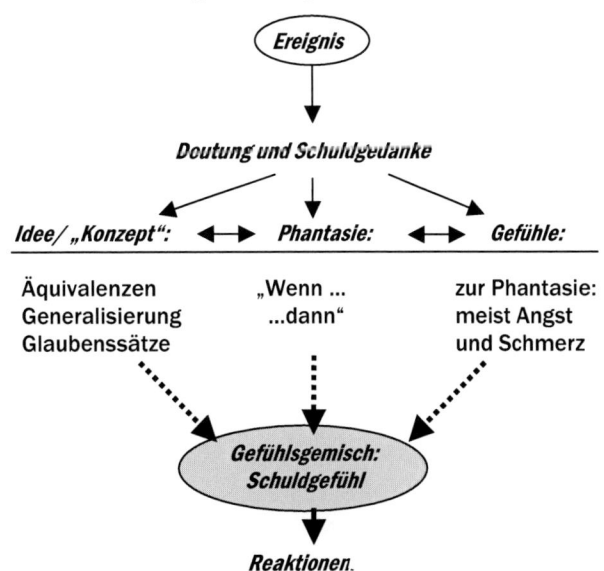

Ereignis
↓
Deutung und Schuldgedanke
↓
Idee/ „Konzept": ↔ *Phantasie:* ↔ *Gefühle:*

Äquivalenzen
Generalisierung
Glaubenssätze

„Wenn ...
...dann"

zur Phantasie:
meist Angst
und Schmerz

↓
Gefühlsgemisch: Schuldgefühl
↓
Reaktionen.

Wanderung N° 39

Die Suche nach der Stecknadel im Heuhaufen
Umgang mit Grübeleien

Wohin die Wanderung führt ...

„Grübeln...", das Wort selbst klingt wie eine Metapher: Man sucht in einer Grube nach etwas, findet es aber nicht. Bei Enten spricht man von „grundeln", wenn Sie im Schlick nach Nahrung suchen. Sinnbildlich versucht man also beim Grübeln „in einer mit Schlick gefüllten Grube" etwas zu finden, was man so nicht sieht. Man schiebt den Schlick von links nach rechts, aber wie es der Morast so an sich hat, er verteilt sich wieder gleichmäßig, und das Spiel geht von vorne los. Irgendwann schläft man über den Grübeleien doch ein, aber am nächsten Morgen geht es weiter. Manche Grübeleien sind quälend. Etwas geht einem nach, vielleicht stundenlang. „Du musst das einfach loslassen!", so lautet manchmal ein gut gemeinter Rat. Man würde es gerne loslassen; aber es fühlt sich genau umgekehrt an, nämlich dass einen das Grübeln nicht loslässt, einem den Feierabend, den Schlaf oder Teile des Urlaubs raubt. Warum ist das so? Wir werden auf dieser Wanderung über das Grübeln grübeln und schauen, was dabei heraus kommt ...

Ein großes Hindernis, um mit Grübeleien fertig zu werden, scheint oft darin zu bestehen, dass man sie bekämpft. Man lehnt sozusagen die grüblerische Seite in sich selbst ab. Es will einem nicht so recht in den Kopf, dass das Grübeln einen Sinn haben könnte, denn es ist quälend und führt selten zu einem befriedigenden Ende. Also kämpft man gegen die Grübeleien an, aber sie sind stärker, und manchmal eröffnet sich gleich noch ein neues Grübelthema: „Warum muss ich da so grübeln, was ich alles meinem Chef hätte sagen sollen? Es ist vorbei, warum kann ich's nicht einfach lassen?" Der Streit zwischen der Grübelseite und der Vernunftseite hört nicht auf.

Über das Grübeln zu grübeln, das klingt nach einer Lösung zweiter Ordnung (vgl. Wanderung N°41), der Ansatz ist gut, aber die obige Frage „*Warum* grüble ich?" führt nicht weiter. Es wäre besser zu fragen: „*Wozu*, also mit welchem Ziel, grüble ich?" Dann würde man zum Beispiel entdecken, dass man nach irgendeinem Weg sucht, sich im Nachhinein dem Chef gegenüber doch noch zu behaupten. Man glaubt, dass es gelingen könnte, schaut innerlich Home-Videos an, wo man das Ganze in Szene setzt. Aber ein Film genügt nicht, man dreht mehrere und schaut sie sich an, um auf gleichsam magische Weise die Misere rückwirkend zu beheben. Sogleich meldet sich der Verstand und sagt (völlig zu recht): „Hör auf, es ist vorbei!" Die grübelnde Seite kontert: „Und ich will aber nicht, dass es vorbei ist! Ich brauch die Revanche, ich kann das nicht auf mir sitzen lassen!" Der Verstand widerspricht ... – und so geht die innere Debatte weiter, diese Form des Grübelns über Grübeleien führt auch nicht zu einem befriedigenden Ende.

Am meisten hilft noch die Zeit, so scheint es. Obwohl, wenn wir auf das Beispiel jener Mutter aus der letzten Wanderung blicken: Jahrelang hat sie über die Frage gegrübelt, ob ihr Sohn vielleicht nicht krank geworden wäre, wenn sie zuhause geblieben wäre, wo er klein war. Die Zeit ist also auch kein Garant. In dem Beispiel zeigt sich, worauf die Grübeleien abzielen können: Etwas soll „ex post", im Nachhinein ungeschehen gemacht werden; etwas soll aufgeklärt werden, was nicht aufklärbar ist – erst dann kehrt innerer Friede ein und die Grübeleien hören auf.

Also kann man sagen: Grübeleien haben das Ziel, in einer Angelegenheit zu innerem Frieden zu gelangen. Ein solches Ziel könnte prinzipiell auch der kritische Verstand gut heißen. Aber der Weg scheint unsinnig oder unmöglich. Nur davon scheint die grübelnde Seite nichts zu wissen. Versucht man, sich ihr mit vernünftigen Gedanken in den Weg zu stellen, scheint sie das zu ignorieren und macht weiter. Klar, denn es steht ja der innere Friede auf dem Spiel, so scheint es, und der ist ein wichtiges Ziel!

Noch ein weiteres Ziel ist bei manchen Grübeleien zu entdecken. Man möchte etwas, was in der Zukunft liegt, unter Kontrolle bekommen. Man „dreht die Szene immer und immer wieder neu" und kommt doch nicht zur Ruhe. Für manche ist es eine fatale Form der Vorbereitung auf eine mündliche Prüfung. Man beschäftigt sich ständig mit Prüfungsszenarien und hat dadurch weniger Energien für's Lernen frei. Hier scheint Angst vor einem Scheitern bei der Prüfung die Auftraggeberin für die Grübeleien zu sein. Weil aber nun einmal nicht vorhersehbar ist, wie die Prüfung verläuft, gesellt sich auch noch der Zweifel zu den Dreharbeiten, es entstehen Horrorvideos und Happy-End-Filme. Am Schluss weiß man nicht, welchem Film man nun Glauben schenken könnte, das nächste Grübelthema!

Wenn es also um etwas wie den inneren Frieden zu gehen scheint, wodurch ist er so gefährdet, dass es zum Grübeln kommt? Gibt es irgendein durchgängiges Thema oder ein Muster?
Um das zu verstehen, können wir Überlegungen, die wir beim Thema der Eigenaufträge und der Suche nach Zielen (vgl. Wanderung N°29) angestellt hatten, wieder aufgreifen.
Der innere Frieden, um den man bei Grübeleien ringt, stellt sich ein, wenn es einem gelingt, wichtige Werte, Glaubenssätze oder Bedürfnisse zu erfüllen bzw. zu befriedigen. Der Weg zu diesem Ziel wird durch ein inneres Konstrukt vorgegeben, das der Logik des Grübelns zugrunde liegt, ohne dass dies einem bewusst wäre. Wir haben das Ganze bei der Konstruktion von Zielen schon kennen gelernt. In einem Schema lässt sich die Struktur des Grübelns wie folgt darstellen (lesen Sie die Skizze von unten nach oben!):

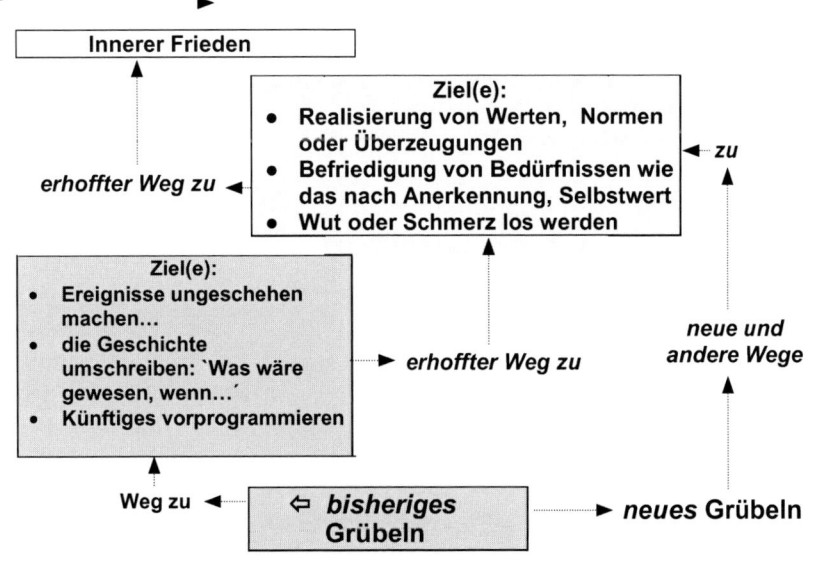

```
                        Innerer Frieden
                              ▲
                              |
                    ┌─────────────────────────────┐
                    │ Ziel(e):                    │
                    │ • Realisierung von Werten,  │
                    │   Normen oder Überzeugungen │  ◄── zu
                    │ • Befriedigung von          │
                    │   Bedürfnissen wie das      │
                    │   nach Anerkennung,         │
                    │   Selbstwert                │
    erhoffter Weg zu ◄│ • Wut oder Schmerz        │
                    │   los werden                │
                    └─────────────────────────────┘
                              ▲
    ┌──────────────────────────┐
    │ Ziel(e):                 │
    │ • Ereignisse ungeschehen │
    │   machen...              │
    │ • die Geschichte         │
    │   umschreiben: 'Was wäre │ ····► erhoffter Weg zu    neue und
    │   gewesen, wenn...'      │                           andere Wege
    │ • Künftiges              │                              ▲
    │   vorprogrammieren       │
    └──────────────────────────┘
                ▲
                |
     Weg zu ◄── ⇐ bisheriges  ──► neues Grübeln
                Grübeln
```

Man kann schnell sehen: Solange man der grübelnden Seite nicht bewusst hilft, nach einem anderen Weg zu suchen, um zum obersten Ziel, dem Wunsch nach inneren Frieden zu gelangen, wird die Grübelei weiter gehen, solange dieser Wunsch sich regt. Das Grübeln dient einem guten Zweck, aber der Weg ist weitgehend aussichtslos! Das weiß der Verstand. Aber, solange Grübeln und Verstand sich nicht zusammen tun und gemeinsam über andere Wege zum Ziel des inneren Friedens nachdenken, wird der Verstand mit seinen Argumenten nichts ausrichten.

Es geht um eine neue Ausrichtung des Grübelns, nämlich ...

– um die Überprüfung von Werten und Normen
– um die Überprüfung von Überzeugungen und Glaubenssätzen
– um die Suche nach Wegen, die Bedürfnisse, um die es im konkreten Fall geht, noch auf andere Weise zu befriedigen
– und, last not least, könnte sich das Grübeln auf die Frage beziehen, in welchem Umfang Werte eingelöst, Überzeugungen bestätigt und Bedürfnisse befriedigt werden müssten, damit man schließlich Frieden mit sich schließen könnte. Reicht „weniger" vielleicht auch?

Grübeln zu können, ist eine Fähigkeit! Man kann sie nutzen (utilisieren). Neben der Neuausrichtung empfiehlt sich allerdings auch eine bessere Strukturierung des Grübelns; so kann man Klienten noch Folgendes empfehlen:

– Grundsätzlich sollte man sich darin üben, mit der Grübelseite Freundschaft zu schließen, anstatt sie zu bekämpfen (vgl. auch Wanderung N°57 über systemisches Arbeiten mit sich selbst).
– Bei Grübeleien vor dem Einschlafen sollte man lieber gleich nochmals aufstehen, sich das Schema vor Augen führen und über mögliche neue Wege zum Ziel nachgrübeln. Wacht man nachts auf und beginnt zu grübeln, sollte man genauso verfahren.
– Die Ergebnisse bewussten Grübelns, das sich an der obigen Skizze orientiert, sollte man sich in Stichworten notieren, um sie nachlesen zu können, wenn man über dasselbe Thema wieder grübelt.
– Man kann auch versuchen, sich eine zeitliche Grenze zu setzen: In dieser Zeit grübelt man zielgerichtet, konzentriert und hält die Ergebnisse fest. Danach ist Schluss und Raum für „freies Grübeln", möglichst über ganz andere Themen, etwa über den nächsten Urlaub oder wie ein Freund über dasselbe Thema grübeln würde usw. Oder man beginnt mit einer Aktivität, die einen geistig und körperlich in Anspruch nimmt, auch wenn man schon auf dem Weg ins Bett war.

Auf diesen Überlegungen baut das Lösungskonzept auf, dass gleich in der Wegskizze zusammengefasst werden kann.

Zuvor noch ein Beispiel:

Ein Klient leidet schon seit längerem unter Einschlafstörungen. Es dauert oft zwei Stunden, manchmal noch länger, bis er schließlich einschlafen kann. Er geht inzwischen bewusst erst ins Bett, wenn er „kreuzmüde" ist, um leichter einzuschlafen. Aber kaum liegt er im Bett, geht „die Mühle" los: Er denkt über den ganzen Tag im Betrieb nach, geht alle Situationen durch und grübelt über die Frage, ob er vielleicht etwas vergessen hat oder ihm ein Fehler bei der Arbeit unterlaufen sein könnte, der ihm entgangen ist. Meist fällt ihm nichts derartiges ein, aber statt dann beruhigt einzuschlafen, fängt er wieder von vorne an, den Tag durchzugehen, oft kreuz und quer. Er kommt nicht zur Ruhe, und zwar gerade dann, wenn er keine Versäumnisse findet. Irgendwann schläft er dann doch über den Grübeleien ein, wacht morgens „gerädert" auf, fühlt sich unausgeruht und fragt sich oft, wie er den Arbeitstag überstehen soll.

Ein Teufelskreis also, den man auch mit der Entsprechenden Lösungsstrategie bearbeiten könnte (vgl. Wanderung N° 35).

B: „Wäre Ihr Ziel, die Grübeleien ganz los zu werden?"

Kl: „Ja, schon, aber das schaffe ich wahrscheinlich nicht."

B: „Kürzer und vielleicht anders grübeln, wäre auch schon gut?"

Kl: „Ja schon, das heißt, was meinen Sie mit anders grübeln?"

B: „Das will ich Ihnen mit einer Skizze erklären. Es klingt vielleicht seltsam für Sie. Aber ich lade Sie ein, dass wir jetzt beide über Ihr Grübeln grübeln."

Kl: „Wie geht denn das? Ich verstehe das nicht, was Sie da sagen."

B: „Klingt ja auch seltsam. Also, wenn wir es aufzeichnen, wird es gleich klarer. (B. zeichnet die folgenden Schritte mit) Über was Sie grübeln, haben Sie ja schon geschildert. Nun die Frage: Mit welchem Ziel grübeln Sie? Was soll herauskommen?"

Kl: „Das ist es je gerade, es kommt ja nichts heraus dabei!"

B: „Sagt der Verstand, ja. Wenn Sie sich mal vorstellen, für das Grübeln wäre ein Teil von Ihnen zuständig, sozusagen der Grübelteil. Worauf will dieser Teil hinaus, was hofft er?"

Kl: „Hm ..." (überlegt längere Zeit). „Aber es kommt ja nichts heraus dabei!"

B: „Was war gerade Ihr erster Einfall, was hofft die Grübelseite."

Kl: „Ich will halt nicht, dass man mir im Betrieb was anhängen kann. In letzter Zeit sind schon viele gekündigt worden. Ich habe schon ziemlich Angst. Wissen Sie, in meinem Alter finde ich dann vielleicht nichts mehr ... (überlegt) Aber es hat ja keinen Zweck. Wenn ich irgendeinen Mist gebaut habe, nützt es ja nichts, wenn ich abends im Bett grüble ..."

B: „... sagt der Verstand. Aber die Grübelseite will Ihnen den Arbeitsplatz erhalten, will Ihnen helfen, mit der Angst fertig zu werden."

Kl: „So habe ich das noch nicht gesehen."

B: „Klar, weil Ihnen Ihr Verstand sagt, dass das Grübeln zu nichts führt, jedenfalls so nicht. Aber das ändert nichts daran, dass die Grübelseite Ihnen helfen will, Sie könnten Sie als Freundin betrachten, oder?"

Kl: „Ja, aber ich bin jedes Mal fix und fertig, das ist doch alles Quatsch!" (empört sich)

B: „Es sei denn, sie grübeln mal anders, darum würde es jetzt gehen."

Kl: „Ja, also das will ich jetzt wissen, wie das gehen soll." ...

Diese Passage der Beratung ist wichtig, denn solange dem Klienten das Grübeln nur unsinnig erscheint und er es bekämpft, gibt es keinen Fortschritt. Im weiteren Gespräch (immer unter Verwendung der Skizze) stellt sich heraus, dass das Ziel der Grübelei der Erhalt des Arbeitsplatzes ist, und dieses Ziel dient dazu, sich selbst und der Familie das eigene Haus zu erhalten, das noch nicht abbezahlt ist, und den beiden Kindern ein Studium zu ermöglichen. Bei der Vorstellung, dass ihm dies gelingen würde, glättet sich das Gesicht des Klienten und er sagt: „Dann wäre ich zufrieden, dann hätte alle die Schufterei einen Sinn gehabt!"

Er bekommt als Aufgabe, bis zum nächsten Termin über die Frage zu grübeln, wie es auch bei Verlust des Arbeitsplatzes zu ermöglichen wäre, das Haus zu erhalten und die Kinder evtl. ihr Studium auch selbst finanzieren könnten, zumindest zu einem Teil.

Beim nächsten Termin wirkt der Klient gelöster. Er grüble zwar immer noch beim Einschlafen, es gelinge ihm auch nicht immer gleich, auf die neuen Fragen umzuschalten, aber ihm sei klar geworden, dass er das Haus wahrscheinlich auch noch halten kann, wenn der Arbeitsplatz verloren geht, und mit seinen Kindern habe er das Ganze besprochen, und die hätten gesagt, sie würden ohnehin nicht mit viel Geld rechnen. Nachts wache er seitdem nicht mehr auf.

Wichtig ist, dass die Ziele des Klienten, sein Haus zu erhalten und den Kindern eine gute Ausbildung zu ermöglichen, seitens des Beraters nicht infrage gestellt wird. Nur wenn sich herausstellen würde, dass bei Verlust des Arbeitsplatzes beide Ziele tatsächlich nicht mehr zu verwirklichen wären, würde man mit dem Klienten eine Stufe in der Hierarchie der Ziele nach oben gehen und prüfen, welche andere Wege es für ihn noch gibt, um zu erreichen, dass „die Schufterei einen Sinn gehabt hat".

Wegskizze

Lösungsstrategie
- Wie üblich kommt zuerst der Kontrakt, ob der Klient an seinen Grübeleien etwas verändern will. Das ist nicht von vorneherein klar, denn Grübeleien können auch eine ökologische Funktion haben.
- Dann werden die Grübelthemen recherchiert; schließlich wird die Frage gestellt: „Haben Sie Ideen, was mit den Grübeleien erreicht werden soll?" (Ziel des Grübelns)
- Unabhängig von der Antwort auf diese Frage empfiehlt es sich, dem Klienten das Schema zu erklären und die Ziele, um die es in seinem Fall konkret geht in die Kästchen einzutragen.
- Wichtig ist auch, dass der Klient lernt, seiner „Grübelseite" wertschätzend zu begegnen.
- Dann kann man mit dem Klienten durchgehen (gemeinsam „grübeln"):
  >> Überprüfung der Werte und Normen, um die es geht
  >> Überprüfung von Überzeugungen und Glaubenssätzen
  >> Suche nach Wegen, die Bedürfnisse, um die es im konkreten Fall geht, noch auf andere Weise befriedigen zu können
  >> Diskussion der Frage, in welchem Umfang Werte eingelöst, Überzeugungen bestätigt und Bedürfnisse befriedigt sein müssten, damit man Frieden mit sich schließen könne. Die Idee des inneren Friedens als wertvolles Ziel wird nicht infrage gestellt! Das Konzept des inneren Friedens kann jedoch auf sich selbst anwenden(vgl. Wanderung 57): Bei wie viel innerem Frieden würde sich auch schon innerer Frieden einstellen?
  >> Hausaufgabe: Der Klient soll die Ergebnisse des Gespräches aufschreiben, am besten indem das Schema verwendet und die neu gefundenen Wege zum Ziel des inneren Friedens auf die rechte Seite des Schemas aufgezeichnet werden. Wann immer die Grübeleien zu diesem Thema wieder beginnen, soll er das Schema betrachten und über die Frage grübeln, wie der Weg zu innerem Frieden noch anders zu erreichen ist, wie die bisher notierten Ideen umsetzbar wären, was dazu als nächstes zu tun ist usw. Oft lassen die Grübeleien daraufhin nach, das Ganze fühlt sich besser an, denn es wird „effizienter" gegrübelt.

Das Schema, das für die Arbeit verwendet werden kann:

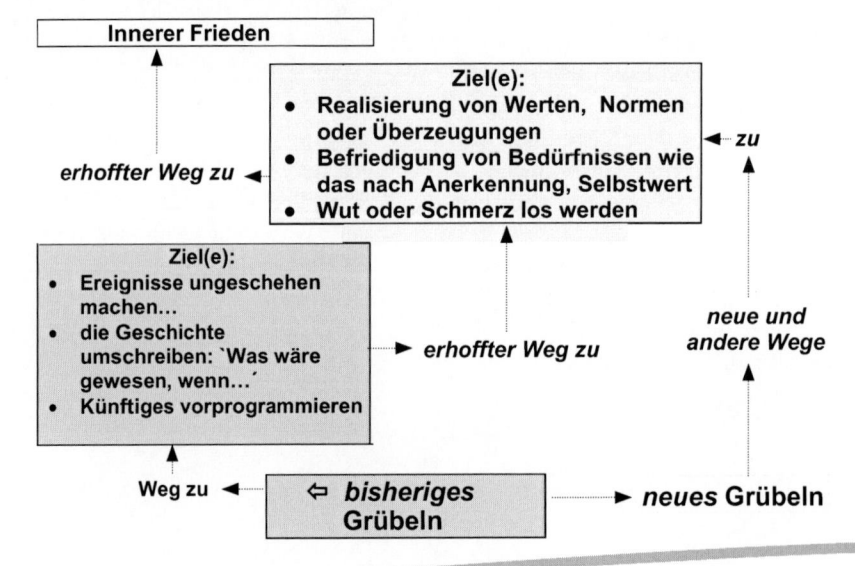

Innerer Frieden

Ziel(e):
- Realisierung von Werten, Normen oder Überzeugungen
- Befriedigung von Bedürfnissen wie das nach Anerkennung, Selbstwert
- Wut oder Schmerz los werden

← zu

erhoffter Weg zu ←

Ziel(e):
- Ereignisse ungeschehen machen...
- die Geschichte umschreiben: 'Was wäre gewesen, wenn...'
- Künftiges vorprogrammieren

→ erhoffter Weg zu

neue und andere Wege

Weg zu ← ⇐ **bisheriges Grübeln** → *neues* Grübeln

Wanderung N° 40

Am Rande
Umgang mit Suizidalität

Wohin die Wanderung führt ...

Der Suizid ist eine ultimative „Lösung". Nach allem, was wir bisher wissen, kann man sein Leben nur einmal hergeben. Statistiken über vollzogene Suizide sind schrecklich, auch wenn mehr Menschen im Verkehr ihr Leben lassen.
Der Gedanke, sich das Leben zu nehmen, widerstrebt den meisten Menschen schon rein gefühlsmäßig. Wenn man die Existenz eines „Überlebenstriebes" annimmt, ist das auch kein Wunder. Bei allen lebenden Systemen kann man beobachten, dass sie sofort alle Energien mobilisieren, wenn es um das Überleben geht, so auch der Mensch. Sogar soziale Systeme, beispielsweise Institutionen entwickeln, wenn auch auf einer ganz anderen Organisationsebene, Mechanismen der Selbsterhaltung. Natürlich werden dabei Menschen, also die Mitglieder des Systems aktiv; manchmal aus Eigennutz, oft aber auch um der Institution willen, gewissermaßen aus ideellen Gründen.
Und doch ist der Mensch wahrscheinlich das einzige Lebewesen, das im Stande ist, sich selbst das Leben zu nehmen. Kein anderes Lebewesen kann sich eine Selbsttötung ausmalen und planen.
Wir werden uns auf dieser Wanderung nicht im Detail mit der (tiefen-)psychologischen Erklärung von Suizidtendenzen beschäftigen, dazu müsste ich viel weiter ausholen. Viele Fachleute haben auf dem Gebiet geforscht, es gibt umfangreiche Literatur. Dem kann ich in einem solchen Kapitel nicht Rechnung tragen.
Wenn aber Berater mit suizidalen Klienten zu tun haben, dann entsteht direkter Handlungsbedarf; wie kann man momentan mit einer Gefahr umgehen, die völlig unkalkulierbar erscheint. Handelt es sich „nur" um eine inzwischen schon wiederholt geäußerte Drohung? Ist es das letzte Zeichen, der letzte Hilferuf, bevor dieser Mensch tatsächlich zur Tat schreiten wird? Ist es ein hinreichender Schutz, eine Klinikeinweisung zu veranlassen?
Von diesen Fragen zum Umgang mit Suizidalität handelt die Wanderung. Natürlich werden wir uns dabei auch mit einigen Merkmalen suizidaler Impulse beschäftigen, an denen Lösungsstrategien anknüpfen können.

Jedem Suizid gehen Suizidgedanken voraus, die von mehr oder minder massiven Gefühlen begleitet sind. Mit Suizidgedanken und -plänen schlagen sich viele Menschen herum, etliche unternehmen einen (oder mehrere) Suizidversuche, im Vergleich dazu sind es nur wenige, die dann tatsächlich einen „erfolgreichen" Suizid begehen. Solange jemand noch von seinen Suizidgedanken oder Suizidplänen spricht, gibt es Chancen, zu „intervenieren" (was das heißt, darauf kommen wir weiter unten zu sprechen). Wer sich entschieden hat, seinem Leben ein Ende zu setzen, äußert sich nicht mehr über Gedanken und Pläne, setzt keine oder kaum entschlüsselbare Zeichen; denn nichts und niemand soll mehr in die Quere kommen. Das scheint ein Erfahrungswert zu sein. Es gibt allerdings auch Fachleute, die dem widersprechen, und behaupten es würde praktisch immer Signale nach außen geben, sie seien aber eben leicht zu übersehen.
Wie dem auch sei, Suizid ist ein „Notausgang", der Suizidgedanke ist der *phantasierte* Notaus-

gang. Der Suizid*versuch* liegt in einer Grauzone zwischen Vorstellung und Umsetzung.

An Suizid zu denken, ihn zu planen oder einen Suizidversuch zu unternehmen, kann als *Lösungsversuch* für eine (im Erleben des Betroffen) völlig verfahrene Situation, eine Zwickmühle, eine hoffnungslos erscheinende oder nicht mehr lebenswerte Lage usw. verstanden werden. Wer erst einmal an den Punkt gekommen ist, zu glauben, dass es keine andere Lösung mehr gibt, außer dem Suizid, beschäftigt sich in Gedanken fast nur noch mit der Frage der Durchführung. Der Horizont einer Lösungssuche für die Problemlage ist also extrem auf diese eine Frage eingeengt. Auch der Zeithorizont schrumpft auf die Idee, dass es *jetzt* sein müsse oder jedenfalls bald. Bleibt es bei dieser Vorstellung, steigt das Risiko, dass dieser Mensch tatsächlich einen Versuch unternimmt, sich das Leben zu nehmen.

Für Berater ist es meistens ein „worst case", wenn ihre Klienten suizidal werden. Ihr Problem ist die Aufregung und Angst, in die sie angesichts der Suizidalität geraten. Ängstliche und aufgeregte Berater sind aber für suizidale Klienten keine Ressource, im Gegenteil. Klienten werden unter Umständen darin bestärkt zu glauben, dass ihnen ihr Berater auch nicht helfen kann. Oder die Angst ebnet den Weg, dass sich Berater in eine durch Erpressung charakterisierte Beziehung verwickeln lassen: „Wenn du es brauchst, dass ich mich nicht umbringe, dann tu, was ich will, sonst bringe ich mich um!", lautet dann das Motto. Für die Klienten ist es übrigens keine „Erpressung", sondern der Griff nach einem Strohhalm!

Angst verleitet Berater zu einer defensiven Strategie. Sie versuchen beispielsweise Klienten ihre Pläne auszureden. Klienten sind gegenüber ihren eigenen Gedanken und Plänen ambivalent; es gibt in ihnen auch die Seite, die überleben will. Schlägt sich der Berater auf diese Seite, können sich die Klienten umso mehr auf die andere Seite werfen, die nicht mehr leben will, beide treten in einen eventuell eskalierenden Kreislauf ein.

Suizidalität, vom Betroffenen mehr oder minder deutlich geäußert, und Suizidversuche haben immer den Charakter von Notsignalen und Appellen an die Umgebung. Dies gilt auch dann, wenn Suizidabsichten in erkennbarer Weise erpresserisch geäußert werden oder das Ventil für aggressive Phantasien sind. Daher lautet die wichtigste Regel:

Jede sichtbar werdende oder geäußerte Suizidalität und jeder Suizidversuch, wie wenig erfolgreich er auch angelegt sein mag, ist ernst zu nehmen!

Nun einige, sehr typische Merkmale von Suizidphantasien und -plänen:

✈ Die Suizidphantasie ist meistens eine Art Erlösungsidee: „Wenn ich mich umbringe, habe ich meine Ruhe!" Vom bisherigen Leben erlöst zu werden, angesichts einer bevorstehenden Wahl zwischen Pest und Cholera fliehen zu können oder einer nicht mehr lebenswert erscheinenden Zukunft zu entrinnen, das macht die Attraktivität von Suizidgedanken und Suizidplänen aus. Bisher fühlt man sich vielleicht schlimmen Lebensumständen hilflos ausgeliefert, jetzt, bei der Planung des Suizids, hat man das Heft wieder in der Hand.

⚑ Die Erlösung, die „Ruhe" sind Ziele, die eigentlich zum Leben und Erleben gehören. Der Suizidale gibt sich diesen Phantasien mehr oder minder ausgiebig hin, obwohl er definitiv nichts darüber wissen kann, was nach dem Tod folgt. Aber darum scheint es auch nicht zu gehen. Die suizidale Erlösungsphantasie bringt wenigstens kurzfristige Entlastung; bald ist man allerdings wieder der Situation ausgesetzt, aus der man fliehen will. Das führt schließlich dazu, dass die Gedanken nur noch um die Durchführung des Suizids kreisen. In fataler Weise geht dadurch die in der Erlösungsphantasie und im Gedanken an die „Ruhe" enthaltene grundsätzliche Lösungsidee verloren, nämlich einer unerträglichen Lebenssituation zu entrinnen. Es geht nur noch um den speziellen Lösungsweg des Suizids. Erlöst zu werden, einen Engpass zu überwinden, aus einer Sackgasse wieder heraus zu kommen, das alles sind ja sehr begrüßenswerte Ziele. Schade ist, wenn jemand die Suche nach anderen Wegen zu diesem Ziel einstellt, weil er nicht (mehr) glaubt, dass es solche Wege gibt.

⌛ Engpässe kann man metaphorisch auch wie einen sich immer mehr verengenden Flaschenhals sehen, durch den ein Mensch glaubt, hindurch zu müssen, aber nicht zu können. Die „Pest" besteht beispielsweise für jemand darin, Anforderungen oder Erwartungen anderer nicht oder nicht mehr gewachsen zu sein, die „Cholera" besteht darin, zu glauben, das sich abzeichnende Scheitern nicht zu ertragen. So oder so endet es im Desaster. Einen Ausweg aus der sich zuspitzenden Lage scheint es nicht zu geben, also bleibt der Notausgang. Je mehr der Zeitpunkt des drohenden Fiaskos naht, desto höher wird der Drang, zu flüchten.

💣 Nicht nach außen getragene Wut über Kränkungen und Ungerechtigkeiten baut sich zum selbstdestruktiven Potential auf. Nicht selten verknüpfen sich die Suizidgedanken mit gefühlsgeladenen Beerdigungsphantasien, bei denen es besonders darum geht, dass bestimmte Leute tief betroffen am Grab stehen, es soll ihnen leid tun usw. ... Solange diese Phantasien reichen, um Gefühle wie Wut, Rachegelüste los zu werden, sind sie eine Entlastung. Je mehr der Suizidale aber real eine „Satisfaktion" braucht, desto gefährlicher wird es.

Die Frage wäre hier, ob solche Wünsche nicht auf anderem Wege zu verwirklichen sind, zumal wir unsere Beerdigung samt der herzergreifenden Szenen – nach allem was wir wissen – nicht erleben werden.

☠ Gerade die ersten Suizidversuche tragen meistens noch die Handschrift der oben zitierten Ambivalenz: Es sind Versuche mit meist unbewusst eingebautem Fehler, sodass der Versuch nicht im Tod endet. Die Seite, die leben will, hat die andere Seite gleichsam „ausgetrickst". Genau das aber erhöht das Risiko, dass die Person beim nächsten Mal „besser" plant.

Nach dem ersten Versuch ist eine Schwelle überschritten, die die meisten Menschen vom Suizid abhält. Das führt dazu, dass die nächste Stufe oft ein Suizidversuch nach Art des „russisch Rouletts" oder eines Pakts mit dem Schicksal oder dem lieben Gott wird: „Wenn das Schicksal es will, dass ich überlebe, dann ist es halt so, wenn nicht, ist es auch recht." Die Chancen des Gelingens stehen fifty-fifty. Wenn sich die Lage dann aber immer noch nicht bessert, kommt der perfekt geplante Suizid, den manchmal wirklich nur der blanke Zufall scheitern lässt.

Das sind nicht alle denkbaren Merkmale, aber es sind die am häufigsten auftretenden Formen der inneren Dynamik suizidaler Menschen, die bei der Beratung zu beachten sind.

Solange jemand über seine Suizidgedanken oder Pläne noch spricht, gibt es eine Chance für andere, einzugreifen. Genau an dieser Stelle entstehen jedoch häufig die nächsten Probleme:

- Menschen in der Umgebung der suizidalen Person entwickeln Angst, vor allem, wenn sie das erste Mal damit konfrontiert werden. Sie wollen verhindern, dass es zum Suizid kommt. Damit unterstützen sie (unabsichtlich und unwissentlich) die schon oben angedeutete Möglichkeit, dass der suizidale Mensch seine Ambivalenz, den inneren Konflikt nach außen verlagert: Die Umgebung kämpft um das Leben, die Person selbst beschäftigt sich nur noch mit dem Tod. Es kommt zum Tauziehen. Dadurch steigt eher die Gefahr, als dass sie abnimmt.
- Manchmal steht hinter der Suizidankündigung auch die verzweifelte Hoffnung, eine wichtige Person im Umfeld doch noch zum Einlenken zu bringen. „Wenn du gehst, hat mein Leben keinen Sinn mehr, dann kann ich mich gleich umbringen!" Geht der Partner, sieht er sich mit der (vermeintlichen) Schuld am Suizid konfrontiert, bleibt er, geht es auch nicht weiter, denn durch diese Drohung ist die Beziehung meistens erst recht ruiniert. Aber auch die suizidale Person kommt in die Klemme: Folgen der Ankündigung im Falle des Falles keine Taten, werden die Ankündigungen zunehmend nicht mehr glaubwürdig, es kommt also ein weiterer Engpass dazu: Schon um der Glaubwürdigung willen muss der Suizidversuch unternommen werden.
- Ein Suizidversuch zieht sehr oft die Einweisung in eine Klinik nach sich, zuerst vielleicht in das Normalkrankhaus, dann kommt (z.B. nach dem psychiatrischem Konsil) auch noch die Einweisung in die Psychiatrie. Sehr häufig ist dies mit einem Schock verbunden und dem festen Entschluss: „Das passiert mir nicht noch einmal!" Haben sich die Themen und Probleme, die hinter dem Versuch standen, jedoch nicht verändert, wird das Risiko wachsen, dass der nächste Versuch „glückt". Mit jedem weiteren Versuch wird die Schwelle, wie schon erwähnt, niedriger. Wenn also auf den ersten Versuch hin keine wirkliche Hilfe angeboten wird, vielleicht stattdessen aus der Umgebung noch Vorwürfe kommen („Wie konnten Sie das tun!"), erhöht sich das Risiko eines nächsten Versuchs.

Auch wenn manche nach dem ersten Versuch einen Schock in eine andere Richtung erfahren, nämlich zu merken, wie sehr sie doch am Leben hängen, brauchen sie dennoch Hilfe, um Möglichkeiten zu erfahren, wie sie mit der problematischen Lebenssituation anders umgehen können, als den Notausgang zu wählen.

Was folgt aus allen diesen Überlegungen für den Umgang bzw. für die Lösungsstrategie, die Berater wählen können?

Ich beginne mit dem, was Berater nicht tun sollten:

- In Panik zu geraten und hektische Aktivitäten zu beginnen.
- Aus Angst vor dem Thema bei vagen Andeutungen von Klienten um den heißen Brei herumzureden, anstatt die Möglichkeit der Suizidabsicht offensiv anzusprechen: „Es hat ja alles keinen Sinn mehr!" „Heißt das, dass Sie daran denken, sich das Leben zu nehmen?"
- Umgekehrt: sich zu überschätzen und es zu versäumen, sich Hilfe zu holen oder den „Fall" an jemand anderes abzugeben, wenn man der Sache nicht gewachsen ist oder nicht genügend präsent sein kann
- die Bedeutung geäußerter Suizidabsich-

> *Nur wer sich gut entwickelt, denkt an Suizid, macht allerdings seine gute Entwicklung zunichte, wenn er diesen Gedanken „erfolgreich" umsetzt.*
> Klaus Mücke

ten zu unterschätzen, etwa zu denken: "Wieder einmal eine Drohung, das kennen wir ja schon!"

☞ Sich zu irgendwelchen Versprechungen an Klienten hinreißen zu lassen oder sich vom Klienten versprechen zu lassen, dass er sich nichts antut; zum so genannten Nonsuizidvertrag (oder auch Überlebensvertrag) kommen wir noch später.

☞ ein schwerer Kunstfehler ist es, jemandem nach einem Suizidversuch Vorhaltungen zu machen oder ihn darauf hinzuweisen, welche „Fehler" im Versuch eingebaut gewesen sind, und dass es ja dann nicht so ernst gemeint gewesen sein kann; ein weiterer Fehler ist es, mit dem Klienten über die möglichen körperlichen Folgen (z.B. Rollstuhl) eines scheiternden Suizidversuches zu debattieren, weil dies nur dazu verleitet, den Suizid eben „besser" zu planen.

Schritte für eine Lösungsstrategie lassen sich in die „Vorbereitung" und in die „Intervention" einteilen:

a) Die eigene innere Vorbereitung kann jederzeit erfolgen, in einer akuten suizidalen Krise ist es aber eher zu spät dafür, in Ruhe über bestimmte Sachverhalte nachzudenken: Es geht um die Einstellung zum Thema und zur eigenen Suizidalität, sofern man das bei sich kennt. Aber auch dann, wenn man keine Erfahrung mit eigener Suizidalität hat, ist es zweckmäßig, sich folgendes klar zu machen:

✎ Der Suizid ist eine „echte" Lösung, aber diese Lösung ist allenfalls die zweitbeste und folglich auch nicht die einzige Lösung für das Problem oder die Situation. Der Suizid ist aus der Sicht der Umgebung etwas schreckliches, aus der Sicht des Suizidalen nicht (oder nicht mehr). Dieser Sicht sollte man Rechnung tragen, sonst gerät man in der akuten Situation sofort in Konkurrenz mit dem Suizidalen um die Frage, ob ein Suizid schlimm ist oder nicht.

✎ Die Möglichkeit zum Suizid steht jemandem immer offen, sozusagen „lebenslang", von manchen körperlichen oder mentalen Extremlagen (meistens im Alter) abgesehen. Folglich kann sich jemand jetzt umbringen oder morgen oder erst in einem Jahr. Wenn es um das eigene Leben geht, sollte sich jemand Zeit einräumen, die beste Lösung zu finden, anstatt voreilig die allenfalls zweitbeste Lösung zu wählen. Das ist eine Idee, die man anbieten kann, ohne allerdings für sie zu missionieren, sonst beginnt sofort ein Tauziehen mit dem Klienten um diese Frage.

> *Nur Menschen mit positiven Lebenszielen suizidieren sich. Denn: Wenn man keine Ziele hat, kann man nicht verzweifeln.*
> Arnold Retzer

✎ Eigene Erfahrungen mit Suizidgedanken oder sogar mit einem Suizidversuch, sind hilfreich, um sich eine Verstellung von der inneren Dynamik zu machen. Aber sie lassen sich nicht einfach auf die Situation anderer Menschen, die suizidal werden, übertragen. Deswegen ist also gleichzeitig Vorsicht und kritische Selbstreflexion geboten.

✎ Die eigene moralische, eventuell religiös geprägte Einstellung zum Suizid muss im Falle der Suizidalität eines Klienten in kritischer Selbstkontrolle gehalten werden. Das Risiko, gerade dadurch erpressbar zu werden, dass man den Suizidalen irgendwie moralisch in die Pflicht zu nehmen versucht, ist sehr hoch.

✎ Man kann einem Menschen das Recht zum Suizid nicht absprechen. Das eigene Leben liegt in der Entscheidungshoheit eines Menschen. Was die Auswirkung eines Suizids auf die Umgebung anlangt, wird ein Suizid oft zu verurteilen sein. Aber eine solche Verurteilung hilft in der Krise meistens nicht weiter, im Gegenteil, sie steigert sie. Wenn es gelingt, einem suizidalen Klienten zu zeigen, dass ihm die Möglichkeit zum Suizid nicht davonrennt, es also gelingt, Zeit zu gewinnen (s.u.), gibt es auch keine Notwendigkeit, Moralvorstellungen als (vermeintlich) wirksame Hürde in die Krise mit einzubringen.

b) In der Krise, das heißt, wenn man mit Suizidabsichten oder Versuchen konfrontiert ist und es um eine Intervention geht, sind folgende Schritte zu empfehlen:

- Als erstes ist zu prüfen, ob man sich im konkreten Fall der Thematik gewachsen sieht, welche sonstigen Ressourcen, also andere Leute noch für Hilfestellungen zur Verfügung stehen. Im Zweifelsfalle ist es besser, den Fall sofort abzugeben, sofern so jemand verfügbar ist, oder aber den Klienten wissen zu lassen, dass man nicht nur allein mit der Situation umgehen werde. Es gibt vielerorts spezielle Beratungs- oder Hilfsangebote bei suizidalen Krisen (z.B. Arbeitskreis Leben (AKL), Telefonseelsorge und andere).
- Dementsprechend ist auch wichtig, jede Art von „Geheimniskrämerei" zu unterbinden. Der Klient muss wissen, dass sich der Berater Hilfe holt. In stationären Betreuungskontexten gilt das im besonderen Maße!
- Gleichgültig, wie akut Suizidabsichten (Gedanken und Pläne) sind, ist für Klienten ein Perspektivenwechsel und eine Horizonterweiterung wichtig; deshalb sollte in der Beratung mit ihnen Folgendes erörtert und geklärt werden:
  - Wegen des oft dramatisch verengten Zeithorizonts brauchen Suizidale die Einsicht und die Sicherheit, dass der Suizid als Lösung nicht verloren geht, auch wenn sie damit noch warten.
  - Sie brauchen ferner die Information, dass es fast immer eine bessere Lösung gibt, als den Suizid, auch wenn sie das nicht für möglich halten und der Berater noch nicht sagen kann, worin sie besteht. Es macht folglich Sinn, sich noch Zeit zu geben, um nach einer anderen Lösung zu suchen.
  - Die Aussicht, dass der Berater oder jemand anderes bei der Suche nach der besseren Lösung behilflich sein wird, ist eine weitere wichtige Entlastung, denn Suizidale fühlen sich oft sehr allein.
  - Die Einsicht, dass die Suizidphantasie (was sein wird, wenn man aus dem Leben geschieden ist) meistens nicht primär den Tod an sich zum Thema hat, sondern eine positive Erlebensphantasie darstellt, ist für manche eine überraschende Entdeckung: „Dann habe ich meine Ruhe!", sagen viele. Der Suizid ist also paradoxerweise der Versuch, in eine bessere Lebenslage zu kommen.
  - Dass der Berater diesen Er-Lebenswunsch positiv konnotiert und als Anknüpfungspunkt für die Suche nach einer anderen Lösung, als dem Suizid, nutzt, ist ein wichtiger Schritt.
  - Die Suizidphantasie bleibt oft unüberprüft: Woher will man wissen, dass es nach dem Suizid besser wird und nicht schlimmer? Der Suizid ist so betrachtet russisches Roulette. Allerdings muss diese Überlegung eng mit der Idee der Suche nach einer anderen Lösung gekoppelt werden, sonst gerät der Klient noch mehr in die Enge.
  - In manchen Suizidphantasien steckt eine wichtige Lösungsidee. Wenn man sich beispielsweise seine Beerdigung vorstellt

und hofft über die phantasierten Reaktionen derer, die am Grab stehen, endlich zu bekommen, was einem vorenthalten wurde, dann wird daran deutlich, worum es dem Suizidalen eigentlich geht. Dann kann aber auch nach anderen Wegen gesucht werden, um diese Ziele zu erreichen. Es geht sehr oft um Zuwendung, Verständnis, Gerechtigkeit oder Wiedergutmachung.

Wesentlich ist allerdings, dass der Berater bei dieser Art Aufklärung nicht primär auf die Widersprüchlichkeit, die gedanklichen Fehlschlüsse usw. abhebt, sondern das Ziel einer Suche nach anderen Lösungsmöglichkeiten in einer für den Suizidalen erkennbaren Form im Blick hat! Sonst treibt er den Klienten zusätzlich in die Enge.

✎ Berater sollten also mit verständnisvoller Gelassenheit zuerst über eine Ausweitung des Zeithorizontes verhandeln: „Muss es wirklich jetzt sein oder sind Sie bereit, sich noch etwas Zeit geben?" Bei der Frage, wie viel Zeit sich der Klient noch gibt, muss sich der Berater absolut zurückhalten, und zum Beispiel nicht aus eigener Angst möglichst viel Zeit herausschinden wollen. Der Klient entscheidet, welcher Zeitraum ihm überschaubar oder zu bewältigen erscheint. Diese „Gelassenheit" beinhaltet übrigens auch, an das Thema Suizid offen und offensiv heranzugehen, anstatt um den heißen Brei herum zu reden.

✎ Ist ein neuer Zeithorizont gefunden, gilt es mit dem Klienten zu klären (Kontrakt), ob er sich mit alternativen Lösungen zum Suizid befassen will, ob er das mit dem Berater oder mit jemandem anderen tun möchte, und was passieren soll, wenn man sich dem Ende der jetzt gewählten Frist nähert, und noch keine andere Lösung gefunden wurde. Der Berater muss prüfen, ob er sich dem Thema, um das es geht und das hinter den Suizidplänen steht, gewachsen fühlt oder nicht, und gegebenenfalls an einen Therapeuten oder eine spezielle Beratungsstelle abgeben. Dem Klienten muss er erklären, dass es bei allem Vertrauen nichts nütze, sich von jemandem helfen lassen zu wollen, der für die zur Debatte stehenden Fragen nicht kompetent genug ist. „Immerhin geht es um Ihr Leben, und jetzt haben Sie sich gerade noch etwas Zeit gegeben, die sollte nicht verplempert werden. Deswegen ist es besser, wenn jemand, der kompetenter ist als ich, sich der Sache annimmt."

✎ Lehnt der Klient dies ab, weil er es sich einfach nicht vorstellen kann, die Bezugsperson zu wechseln, oder ist kurzfristig eine Therapie nicht möglich, dann kann der Berater auch mit den bei den bisherigen Wanderungen schon vorgeschlagenen Lösungsstrategien versuchen, dem Klienten zu helfen, also beispielsweise mit der psycho-logischen Problemdimension (vgl. Wanderung N° 30). Er sollte sich aber gleichzeitig kurzfristig Unterstützung durch eine Supervision holen (das ist meistens rascher zu organisieren, als einen anderen Therapeuten für den Klienten zu finden).

✎ Nähert sich die Frist, die sich der Klient gegeben hat, dem Ende, muss der Berater erneut mit ihm verhandeln, ob eine Fristverlängerung in Betracht kommt. Von zentraler Bedeutung ist dabei, dass dem Klienten klar gemacht wird, dass er sich selbst zuliebe mehr Zeit gibt, und nicht, um dem Berater einen Gefallen zu tun! An dieser Stelle möchte ich einige Überlegungen zum so genannten Nonsuizidvertrag anstellen, von dem oft die Rede ist.

*Exkurs: Der Nonsuizidvertrag
(oder auch Überlebensvertrag)*

Eine oft praktizierte Form, jemand über eine suizidale Krise hinweg zu helfen, besteht im Nonsuizidvertrag (im Folgenden mit „NSV" abgekürzt). Dieses Instrument ist hilfreich, wenn man weiß, worauf es ankommt, und sich zu entsprechend sorgfältigem Umgang damit in der Lage sieht. Der NSV ist nicht dazu da, die Angst des Beraters zu mildern. Sonst sollte man unbedingt die Hände davon lassen!

Es geht auch nicht darum, mit Hilfe eines NSV die Norm bzw. Moral eines Versprechens, das dem Klienten abgerungen wird, in die Auseinandersetzung einzuführen. Mit dem NSV gibt sich der Klient selbst (und nicht dem Berater!!) das Versprechen bzw. schließt mit sich selbst das Abkommen, sich noch mehr Zeit zu geben und Hilfe zu holen, wenn er merkt, dass er mit der Situation, die dabei entsteht, nicht zu Rande kommt und die Impulse, sich etwas anzutun, wieder über Hand nehmen. Der Berater ist so etwas wie der Zeuge dieses Abkommens, das der Klient mit sich schließt.

Der Berater muss dementsprechend einschätzen ...
– ob der Klient angesichts seiner emotionalen Lage zu den im NSV enthaltenen Gedankengängen überhaupt noch bereit oder in der Lage ist.
– ob er selbst als Berater den NSV braucht oder auch ohne dieses Instrument klar kommen kann.
– ob der Klient möglicherweise den NSV aus Gefälligkeit abschließt oder nicht.
– ob psychotische Erlebnisse im Spiel sind (denn in einer akuten psychotischen Phase, wird sich der Klient nicht mehr auf den NSV besinnen).
– ob er selbst oder eine andere Person, die das Vertrauen des Klienten genießt, während der Zeit des NSV verfügbar ist.

Nur wenn diese Kriterien im positiven Sinne erfüllt sind, ist ein NSV sinnvoll. Der nachfolgend wiedergegebene Vertragstext, kann auch in andere Worte gefasst werden, sofern dabei kein Bestandteil untergeht oder der Sinn verfälscht wird.

Der Nonsuizidvertrag (NVS) hat folgenden Wortlaut:

> *„Ich werde ... weder absichtlich noch versehentlich ... mir etwas antun oder verunfallen ... ganz gleich, was in dieser Zeit passiert. Dieses Abkommen mit mir selbst gilt bis ...(Zeitraum). In Notfällen wende ich mich an ... (wenigstens drei Personen benennen). Spätestens ... (Zeitraum) vor Ablauf dieses Vertrags werde ich mich mit ... (Person benennen) in Verbindung setzen, um zu klären, ob ich den Vertrag verlängern will."*

Worauf bei der Besprechung des NSV besonders zu achten ist:

Dem Klienten muss verdeutlicht werden, dass Suizidalität sich auch in erhöhter Unachtsamkeit ausdrücken kann, dass es also darum geht, in der nächsten Zeit besonders auf sich aufzupassen. Deswegen enthält der NSV den Hinweis auf „versehentliche Unfälle".

Bei der Bestimmung des Zeitraumes ist oberstes Kriterium, dass der Klient den Zeitraum überschauen kann und sich zutraut, so lange „durchzuhalten". Zeiträume von zwei Wochen oder mehr, sind meistens zu lange. Der Zusatz „..., ganz gleich, was passiert" ist extrem wichtig (s.unten)!

Es sollten schon drei Personen sein, an die sich der Klient wendet, um sicher zu stellen, dass wenigstens eine der drei erreichbar ist. Diese Leute müssen vom NSV in Kenntnis gesetzt werden!

Die Frist, um sich erneut vor Vertragsablauf zusammen zu setzen, muss so bemessen sein, dass für ein Gespräch genügend zeitlicher Spielraum besteht.

Wenn alle Teile des NSV besprochen sind, lässt man den Klient den Vertrag aus dem Gedächtnis wiedergeben und achtet darauf, was er weglässt oder verändert. Das sind „die Lücken im System", und diese Teile müssen nun erneut mit dem Klienten bearbeitet werden. Sagt zum Beispiel der Klient statt „Ich werde ...": „Ich möchte ...", ist das ein Hinweis, dass der Klient noch nicht bereit ist, Verantwortung für diesen Vertrag mit sich selbst zu übernehmen. Vergisst der Klient den Zusatz „..., ganz gleich, was passiert..", kann das zum Verhängnis werden, wenn während der Zeit etwas Schlimmes passiert und der Klient den Vertrag „kündigt", weil für ihn das Maß jetzt voll ist. Das sind übrigens die beiden häufigsten Formen, wie Klienten den Text umwandeln oder Teile „vergessen".

Der NSV ist ein Instrument zur Krisenintervention, keine Form einer Dauerbehandlung von Suizidalität. Es ist zwar nicht möglich, eine exakte Zahl festzulegen, wie oft einen NSV zu verlängern überhaupt sinnvoll ist. Aber bereits nach dem dritten Mal muss geprüft werden, ob der NSV inzwischen eine andere Funktion bekommen hat, für die er nicht gedacht ist, etwa um Zuwendung zu organisieren u.v.m.

Eine einfache Formel für Überlebensverträge könnte lauten: Falls der „Berater" irgendwelche Zweifel hat, ob der NSV tragfähig ist, soll er lieber eine Einweisung in eine Psychiatrie veranlassen. Je massiver ihm die Krise des Klienten erscheint, desto kürzer muss die Dauer des NSV gestaltet werden. Mehr als ein Tag ist nur sinnvoll, wenn ein tragfähiges soziales Netz existiert. Soweit dieser Exkurs.

Eine besondere Situation ist die Suizidalität, die sich aus psychotischen Erlebnissen, speziell Halluzinationen ergibt.

Wer Stimmen hört, die ihm den Suizid befehlen oder ihm so zusetzen, dass ihm der Suizid als einziger Ausweg erscheint, braucht Hilfestellungen, diese Stimmen nicht mehr so stark auf sich wirken zu lassen. Oft geht dies nur medikamentös. Eine psychiatrische Intervention ist in der Regel geboten. Flankierend kommt aber auch das offene Gespräch über die Stimmen oder andere Wahrnehmungen, die hinter der Suizidalität stehen, in Betracht; denn eine nur auf Medikamente beschränkte Hilfestellung befähigt Klienten noch nicht, mit ihren suizidalen Krisen besser fertig zu werden. Die Zielrichtung der Beratung ist – neben allen schon oben zitierten Punkten –, Klienten zu befähigen, mit ihren psychotischen Erlebnissen besser fertig zu werden bzw. sich rasch Hilfe zu holen, wenn sie merken, dass sie dem „Druck", sich etwas anzutun, nicht mehr standhalten können. Sie sollten sich möglichst vorher schon an ihre Berater zu wenden. „Was brauchen Sie, um den Stimmen nicht Folge zu leisten?" „Was könnte helfen, dass das, was die Stimmen sagen, nicht mehr so stark auf Sie wirkt?" „Könnten Sie sich vorstellen, jemand anderen oder mich aufzusuchen, wenn die Stimmen wieder zu stark werden!" Das sind Beispiele für Fragen, die man stellen kann, wenn Klienten durch Halluzinationen suizidal werden.

Wichtig ist auch, die Rechtslage zu kennen: Ist man bei akuter Suizidalität nicht in der Lage, im bisher beschriebenen Sinne erfolgreich zu intervenieren, muss man die Verantwortung für weitere Schritte an andere abgeben; in der Regel wird es dabei um die Informierung eines Arztes gehen, der dann eine Zwangseinweisung vornimmt. Unterlässt man diesen Schritt, so macht man sich „unterlassener Hilfeleistung" im rechtlichen Sinne schuldig. Es kann allerdings ein Kunstfehler sein, dem Suizidalen vorschnell diesen Schritt anzukündigen; man erreicht nämlich häufig nur ein sehr zweifelhaftes Versprechen des Betroffenen sich nichts anzutun und verschärft dadurch die Lage, in der sich der Suizidale befindet. Niemand kann einem letztlich die Entscheidung abnehmen, wann man eben doch eine Klinikeinweisung veranlassen muss, auch wenn man weiß, dass dies meistens keine längerfristig tragfähige Lösung ist. Man muss es selbst entscheiden und sollte hinterher auch nicht mit dieser Entscheidung hadern.

Wird man mit einem gelungenen Suizid konfrontiert, so ist es sehr wichtig, sich selbst Unterstützung zu holen. Schuldgefühle und Selbstvorwürfe nützen niemandem, allenfalls eine möglichst sachliche Analyse, wie es zu dem gelungenen Suizid kommen konnte, und was man in Zukunft vielleicht anders machen könnte, hilft weiter. Besonders wichtig ist, die eigenen Gefühle von Trauer, Ohnmacht und Wut zuzulassen und auszutragen, anstatt sie mit Schuldgefühlen und Vorwürfen abzuwehren.

Der Suizidversuch, ob er gelingt oder nicht, ist immer eine Entscheidung der Person, es gab und gibt immer die Möglichkeit, sich gegen den Suizid zu entscheiden. Also trägt die Person die Verantwortung für diese Entscheidung und nicht jemand anderes!

Wegskizze

Lösungsstrategie:

- Zuerst prüfe man, ob man generell und speziell im vorliegenden Fall sich dem Thema einigermaßen gewachsen fühlt; wenn nicht, sollte man den Fall, wenn möglich, abgeben oder eine Begleitung durch eine Supervision organisieren.
- Dann ist mit dem Klienten zu klären, ob er sich trotz aller Hoffnungslosigkeit und zugespitzter Lage noch Zeit geben will, nach einer besseren Lösung als dem Suizid zu suchen. Es geht darum, eine für den Klienten realistische Zeitperspektive auszuhandeln, nicht zu lang, weil sonst der Klient das Ganze nicht durchsteht, nicht zu kurz, weil die Lösungssuche (gleichgültig wer dabei behilflich ist) Zeit braucht.
- Einen Nonsuizidvertrag (siehe Anhang) zu verwenden ist dann sinnvoll, wenn man sich die sorgfältige Handhabung dieses Instrumentes zutraut, wenn nicht, sollte man lieber die Finger davon lassen!
- Dann ist zu klären, ob der Klient sich mit der Suche nach alternativen Lösungen befassen und Beratung dazu nutzen möchte, gleichgültig mit wem diese dann erfolgt.
- Nun hat man zu prüfen, ob man sich die Beratung in der Sache selbst zutraut oder dafür Unterstützung braucht, also dem Klient verdeutlicht, dass hier jemand anderes zu Rate gezogen werden muss.
- Während des Prozesses sollte immer wieder eine Zielüberprüfung erfolgen: Ist man alternativen Lösungsmöglichkeiten für die Problematik schon näher gekommen, braucht es noch mehr Zeit, will der Klient sie sich geben?
- Schätzt man aber die suizidale Krise als so akut und gefährlich ein, dass die eigenen Möglichkeiten nicht mehr ausreichen, um den Klienten vor seinen Impulsen zu schützen, muss man allein schon aus rechtlichen Gründen einen Arzt einschalten!

Man beachte! Was Berater *nicht* tun sollten:
- in Panik zu geraten und hektische Aktivitäten zu beginnen
- aus Angst vor dem Thema bei vagen Andeutungen von Klienten um den heißen Brei herumzureden, anstatt die Möglichkeit der Suizidabsicht offensiv anzusprechen: „Es hat ja alles keinen Sinn mehr!" „Heißt das, dass sie daran denken, sich das Leben zu nehmen?"
- umgekehrt: sich zu überschätzen und es zu versäumen, sich Hilfe zu holen oder den „Fall" an jemand anderes abzugeben, wenn man der Sache nicht gewachsen ist oder nicht genügend präsent sein kann
- die Bedeutung geäußerter Suizidabsichten zu unterschätzen, z.B. zu denken: „Wieder einmal eine Drohung, das kennen wir ja schon!"
- sich zu irgendwelchen Versprechungen an Klienten hinreißen oder sich vom Klienten versprechen zu lassen, dass er sich nichts antut
- ein schwerer Kunstfehler ist es, jemandem nach einem Suizidversuch Vorhaltungen zu machen oder ihn darauf hinzuweisen, welche „Fehler" im Versuch eingebaut gewesen sind, und dass es ja dann nicht so ernst gemeint gewesen sein kann. Ein weiterer Fehler ist es, mit dem Klienten über die möglichen körperlichen Folgen (z.B. Rollstuhl) eines scheiternden Suizidversuches zu debattieren, weil dies nur dazu verleitet, den Suizid eben „besser" zu planen

Es lohnt sich dieses Kapitel oder zumindest die Wegskizze nochmals zu lesen, bevor man im aktuellen Fall handelt!

Wegskizze Anlage

Der Nonsuizidvertrag (NSV)
Wichtige Hinweise:
- Der NSV ist nicht dazu da, die Angst des Beraters zu mildern.
- Mit dem NSV gibt sich der Klient selbst (und nicht dem Berater!!) das Versprechen bzw. schließt mit sich selbst das Abkommen, sich noch mehr Zeit zu geben und Hilfe zu holen, wenn er merkt, dass die Impulse, sich etwas anzutun, wieder über Hand nehmen. Der Berater ist so etwas wie der Zeuge dieses Abkommens, das der Klient mit sich schließt.

Der Berater muss dementsprechend einschätzen ...
- ob der Klient angesichts seiner emotionalen Lage zu den im NSV enthaltenen Gedankengängen überhaupt noch bereit oder in der Lage ist.
- ob er selbst als Berater den NSV braucht oder auch ohne dieses Instrument klar kommen kann.
- ob der Klient den NSV dementsprechend aus Gefälligkeit abschließt oder nicht.
- ob psychotische Erlebnisse im Spiel sind (denn in einer akuten psychotischen Phase, wird sich der Klient nicht mehr auf den NSV besinnen).
- ob er selbst oder eine andere Person, die das Vertrauen des Klienten genießt, während der Zeit des NSV verfügbar ist.

Nur wenn diese Kriterien im positiven Sinne erfüllt sind, ist ein NSV sinnvoll! Wenn nicht, sollte man nach anderen Hilfen Ausschau halten.

Methodisches:
Der nachfolgend wieder gegebene Vertragstext kann auch in andere Worte gefasst werden, sofern dabei kein Bestandteil untergeht oder der Sinn verfälscht wird.

> „Ich werde ... weder absichtlich noch versehentlich ... mir etwas antun oder verunfallen ... ganz gleich, was in dieser Zeit passiert. Dieses Abkommen mit mir selbst gilt bis ...(Zeitraum). In Notfällen wende ich mich an ... (wenigstens drei Personen benennen). Spätestens ... (Zeitraum) vor Ablauf dieses Vertrags werde ich mich mit ... (Person benennen) in Verbindung setzen, um zu klären, ob ich den Vertrag verlängern will."

Bei der Besprechung des NSV ist zu beachten:
- Dem Klienten muss verdeutlicht werden, dass Suizidalität sich auch in erhöhter Unachtsamkeit ausdrücken kann, dass es also darum geht, in der nächsten Zeit besonders auf sich aufzupassen.
- Bei der Bestimmung des Zeitraumes ist oberstes Kriterium, dass der Klient den Zeitraum überschauen kann und sich zutraut, so lange „durchzuhalten". Zeiträume von zwei Wochen oder mehr, sind meistens zu lange.
- Der Zusatz „..., ganz gleich, was passiert" ist extrem wichtig (s.unten) und muss dem Klienten erklärt werden.
- Es sollten schon drei Personen sein, an die sich der Klient wendet, um sicher zu stellen, dass wenigstens eine der drei erreichbar ist. Diese Leute müssen vom NSV in Kenntnis gesetzt werden!
- Die Frist, um sich erneut vor Vertragsablauf zusammen zu setzen, muss so bemessen sein, dass für ein Gespräch genügend zeitlicher Spielraum besteht.
- Wenn alle Teile des NSV besprochen sind, lässt man den Klient den Vertrag aus dem Gedächtnis wiedergeben und achtet darauf, was er weglässt oder verändert. Das sind „die Lücken im System", und diese Teile müssen nun erneut mit dem Klienten bearbeitet werden. Sagt zum Beispiel der Klient statt „Ich werde ...": „Ich möchte ...", ist das ein Hinweis, dass der Klient noch nicht bereit ist, Verantwortung für diesen Vertrag mit sich selbst zu übernehmen. Vergisst der Klient den Zusatz „... ganz gleich, was passiert..", kann das zum Verhängnis werden, wenn während der Zeit etwas schlimmes passiert und der Klient den Vertrag „kündigt", weil jetzt das Maß voll sei.

Der NSV ist ein Instrument zur Krisenintervention, keine Form einer Dauerbehandlung von Suizidalität. Bereits nach dem dritten Mal muss geprüft werden, ob der NSV inzwischen eine andere Funktion bekommen hat, für die er nicht gedacht ist.

Wanderung N° 41

Salto vorwärts zum Stand

Lösungen zweiter Ordnung

Wohin diese Wanderung führt ...

Der Salto ist eine klassische Figur in der Akrobatik. Ob einfach oder vierfach gesprungen, mit Schraube oder noch anderen Elementen, man bekommt immer neue, noch phantastischere Figuren im Kunstspringen oder im Zirkus vorgeführt. Wir begrenzen uns auf einen einfachen, gedanklich jedoch nicht leicht zu springenden Salto und landen in einer kleinen Schatzklammer, in der überraschende Lösungen für Probleme bereit liegen und in der verschiedene Dinge in völlig neuem Licht erscheinen, wie bei einem Blick durch ein Kaleidoskop. In dieser Schatzkammer zu spazieren und sich umzusehen ist zwar eine ziemliche Herausforderung für das Denken, aber es macht Laune, und für die alltägliche Praxis öffnen sich neue Wege, auf die man sonst gar nicht gekommen wäre.

Sie treffen eine Freundin, und sie erzählt Ihnen von ihrem Ärger mit ihrem Chef. Sie ist sehr aufgebracht, und Ihr Versuch, sie etwas „herunter zu holen" scheitert; sie regt sich noch mehr auf, weil Sie sie nicht verstehen, wie sie sagt. Nun fragen Sie: „Sag mal, ärgerst du dich auch darüber, dass du dich über deinen Chef ärgerst?" Sie stutzt, wirkt, als wäre sie kurz in Trance gegangen, ihr soeben noch finsteres Gesicht hellt sich auf und sie sagt: „Nee, das finde ich gut, dass ich mich so richtig ärgere über den Doofmann!" Und das Ganze ist kein Thema mehr.

Was ist passiert? Mit der Frage wurde der Ärger der Freundin auf sich selbst rückbezogen oder – man könnte auch sagen – auf sich selbst angewandt. Ärgert sie sich darüber, dass sie sich ärgert, oder ist sie zufrieden damit, dass sie sich ärgert? Das ist ein ziemlicher Unterschied im Erleben. Natürlich wäre auch denkbar, dass die Freundin sich über ihren Ärger auch noch aufregt, das wäre der schlimmere Fall, der nicht selten auftritt! Dann könnten Sie sie fragen, wie es denn wäre, den Ärger wenigstens zu akzeptieren, oder wie es sich anfühlen würde, über den Ärger richtig zufrieden zu sein.

Gefühle, Denkweisen und Verhaltensformen lassen sich auf sich selbst (rück-)beziehen, der Rückbezug ist von vornherein enthalten. Nur ist uns dies in der Regel nicht bewusst. Die Einsicht in die Selbstbezüglichkeit bewirkt einen überraschenden Perspektivenwechsel. Es ist, als würden wir, während wir auf etwas zugehen, einen Sprung nach vorne machen, uns unvermittelt um 180 Grad drehen und sehen, wie wir auf uns selbst zugehen.

Genauer wäre es, von „Selbstbeziehbarkeit" zu sprechen. Aber dieser Begriff ist anderweitig (in der Anthroposophie) belegt. Als Fremdwort wird der Begriff der Rekursivität verwendet. Es geht jedenfalls um die Möglichkeit, Zusammenhänge sichtbar zu machen, die (zunächst) verborgen sind und im Verborgenen wirken. Etwas auf sich selbst anzuwenden, ist in der Mathematik als Iteration bekannt. In der Natur kommt das Prinzip in der Formenbildung, zum Beispiel bei Pflanzen wie dem Farn vor.

Etwas auf sich selbst anzuwenden, kann man als den Schritt von einer Ebene „erster Ordnung" auf eine Ebene „zweiter Ordnung" bezeichnen.

Schematisch lässt sich das Ganze so darstellen:

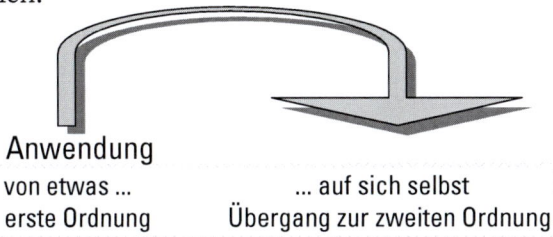

Anwendung
von etwas ...   ... auf sich selbst
erste Ordnung   Übergang zur zweiten Ordnung

In der folgenden Tabelle werden nun einige Themen bzw. Sachverhalte aufgelistet, die auf sich selbst anwendbar und somit selbstbezüglich sind, und es wird skizziert, was dabei herauskommt.
Nehmen wir jemand, der sich über seine Ungeduld gerade in solchen Situationen beschwert, in denen Geduld sinnvoll wäre. (Geduld wird hier als Verhalten verstanden, man könnte auch von einer Befindlichkeit sprechen, auch dann ist die Selbstanwendung möglich!)

Die Fragen könnten nun lauten:
– „Gehst du bisher mit deiner Ungeduld geduldig oder eher ungeduldig um?"
– „Was könnte es bedeuten, geduldig mit der Ungeduld umzugehen, statt, wie bisher eher ungeduldig?"
– „Wird deine Ungeduld schlimmer, wenn du mit ihr geduldig oder wenn du ungeduldig mit ihr umgehst?"

Man kann noch einen Schritt weiter gehen und gelangt dann zu einer Perspektive dritter Ordnung. „Da du bisher eher ungeduldig mit deiner Ungeduld umgehst und an diesem Muster geduldig festhältst, wie wäre es mit dieser Geduld ungeduldig zu werden?" Aber auf diese Möglichkeit sei hier nur hingewiesen. Die meisten Klienten (und auch Berater) werden schon genug damit zu tun haben, den Schritt von der ersten zur zweiten Ordnung zu gehen.

Auf einen allgemeinen Nenner gebracht, führen diese Lösungen zweiter Ordnung mit Hilfe des Prinzips der Selbstbezüglichkeit zu einer Flexibilisierung im bisherigen Fühlen,

... worum es geht:	1. Ordnung: (Beispiel)	2. Ordnung
Gefühl	traurig sein	Gefühl zum traurig sein: traurig über die Trauer oder (z.B.) froh über die Trauer
Verhaltensweise	Streben nach Perfektion	Frage: Perfekter Umgang mit dem Perfektionsstreben oder eher nicht perfekter Umgang damit?
Befindlichkeiten	Zufriedenheit (Unzufriedenheit)	zufrieden oder unzufrieden mit der (Un-)Zufriedenheit
Kommunikation	unser Gespräch	Gespräch über unser (bisheriges) Gespräch (Metakommunikation)
konkrete Abläufe	Streit	Streit (oder Einigkeit?) darüber, dass gestritten werden soll
Zuschreibungen	z.B. „Kind ist böse"	Frage: Ist diese Zuschreibung selbst gutartig oder eher bösartig?
Entwicklungen	Konzeption entwickeln	ein Konzept für Konzeptionsentwicklung entwickeln
Entscheidungen	konkrete Entscheidung zwischen Alternativen	Entscheidungen über die Entscheidung, d.h. Metaentscheidungen (vgl. Wanderung N°36)
Kybernetik lebender Systeme	Blick auf das Familiensystem, der Therapeut versteht sich als Beobachter	der Blick auf diese Sichtweise ergibt den Blick auf die Familie und den Therapeuten als System

Denken und Handeln der Person. Die Beispiele in obiger Tabelle geben noch nicht alle Möglichkeiten wieder, die es gibt.

Abstrakt gesagt besteht die Möglichkeit der Selbstbeziehbarkeit dann, wenn es um etwas geht, was einen Bezug auf etwas anderes enthält. Konzeptionen beispielsweise beziehen sich in der Regel auf die Angebotspalette einer sozialen Einrichtung und darauf, wie das alles methodisch umgesetzt wird, was an Zielen festgelegt wurde. Also kann man die Frage der Entwicklung einer Konzeption auch auf sich selbst anwenden und überlegen, ob man denn für die Konzeptionsentwicklung selbst auch schon ein Konzept hat, oder nicht. In der Praxis zeigt sich nun, dass viele Teams über kein Konzept zur Konzeptionsentwicklung verfügen und sich dementsprechend schwer damit tun.

Ebenso kann man fragen, ob die Arbeitsweise im Team, die Regeln, die gelten sollen, von diesem Team als Team, das heißt in gemeinsamer Willensbildung entwickelt oder vom Vorgesetzten festgelegt wurden. War letzteres der Fall, ist fraglich, ob man von einem „Team" sprechen sollte.

Gegenstände auf sich selbst zu beziehen, etwa der Stuhl eines Stuhles, kann zwar formuliert werden, ist jedoch logisch unsinnig. Es muss sich schon um etwas Prozesshaftes, um eine Bewegung handeln, eine Aktion die auf etwas gerichtet ist. Der Vorwurf: „Du liebst mich ja gar nicht mehr!" erlaubt durchaus die Frage, ob einen solchen Vorwurf zu erheben, selbst ein Ausdruck von Liebe ist. Diese Frage wird meistens erhebliche Betroffenheit auslösen! Denn, was sagt die Person mit ihrem Vorwurf über ihre eigene Liebe aus?

Die Selbstbeziehbarkeit als Lösungsstrategie einzusetzen, ist natürlich nur dann interessant, wenn es sich um etwas handelt, mit dem sich Klienten (bisher) erfolglos herumschlagen. Lösungen zweiter Ordnung bewirken eine „sanfte" Labilisierung im (Denk-)System des Klienten. In der Wanderung N°34 sind wir darauf schon gestoßen und haben diesen Sachverhalt am Beispiel des Perfektionismus verdeutlicht, unter dem so manch einer leidet. Seinen Perfektionismus selbst zu perfektionieren ist eine interessante Aufgabe.

Das methodische Vorgehen wird in der Wegskizze zusammengefasst. Für Klienten ist es meistens eine völlig überraschende Einsicht, die sie gewinnen, wenn die zweite Ordnungsebene betreten wird. Meistens ist der Gedankengang zunächst so ungewohnt und schwierig, dass sozusagen „gleich drei Knoten im Hirn", Irritation oder auch vorübergehende Leere entstehen. Als Berater sollte man geduldig erklären, was es bedeutet, etwas auf sich selbst anzuwenden, evtl. an anderen Beispielen.

> *Wer am Zweifel verzweifelt, soll am Zweifel zweifeln.*
> Bernhard Trenk

Was als Lösung zweiten Ordnung für Klienten in Betracht kommt, entscheiden sie selbst. Berater sollten in dieser Frage absolut neutral bleiben! So kann ein geduldiger Umgang mit der Ungeduld ebenso in Betracht kommen, wie ein ungeduldiger Umgang mit ihr; wesentlich ist nur, auf welchem Wege es eher zu einer als positiv empfundenen Veränderung des bisherigen Musters kommt.

Wie verhält es sich mit Vergesslichkeit? Ist es für jemand besser, seine Vergesslichkeit zu vergessen oder sich ihrer zu erinnern? In welchen Situationen ist das eine besser, in welchen das andere? Und für wen? Etwas zum meditieren!

Wie wäre es dieses Kapitel komplett zu vergessen? Und dann dieses Vergessen auch zu vergessen. Schade wäre es, oder?

Deswegen werden wir dem Thema auf der Wanderung N°48 unter etwas anderem Blickwinkel nochmals begegnen. Nun kommt noch die Wegskizze.

Wegskizze

(0) Vorab muss vom Berater geprüft werden, ob es sich bei dem Problem, um das es geht, um etwas Prozesshaftes, um eine Aktion oder ähnliches handelt, das sich auf etwas anderes bezieht. Zwanghaftigkeit wird in der Wegskizze als Beispiel zur Verdeutlichung der Schritte gewählt.

(1) Zuerst werden mit dem Klienten die Gefühle, Denkweisen oder Verhaltensformen identifiziert, um deren Veränderung es gehen soll, also hier die Zwanghaftigkeit.

(2) Nun sucht man dazu nach einem Gegenteil, Gegenpol oder Gegensatz (meist gibt es mehrere Möglichkeiten). Hier kämen also „Zwanglosigkeit" oder „chaotisches Verhalten" als Gegenpole in Betracht.

(3) Als nächstes folgt die Frage, wie die Person bisher mit dem identifizierten Gefühl usw. innerhalb dieser Polarität häufig umgeht. Es gilt also zum Beispiel, in Zukunft einen eher zwanghaften Umgang mit der Zwanghaftigkeit zu praktizieren, anstatt, wie bisher, eher chaotisch mit ihr umzugehen: Sie wird auf genau definierte Bereiche eingegrenzt und auch innerhalb dieser Bereiche exakt umgrenzt: Denn bei dem bisher meist zwanglosen und chaotischen Umgang mit die Zwanghaftigkeit weitet diese sich planlos auf immer neue Lebensbereiche aus.

(4) Jetzt kommt die Frage, wie sich die Situation ändern würde, wenn die Person ihren bisherigen Umgang mit dem identifizierten Gefühl, Verhalten usw. innerhalb der genannten Polarität verschieben würde. Also im Beispiel: Wie könnte ein zwanghafter Umgang mit der Neigung zur Zwanghaftigkeit aussehen? Das mündet vielleicht in der Idee, in Zukunft genau sieben mal zu kontrollieren, ob der Herd abgeschaltet ist, nicht weniger und nicht öfter. Dann wird noch ein exakter Zeitplan festgelegt, bis zu dem man sich an das, einem noch möglich erscheinende Mindestmaß an Kontrolle heranarbeitet, z.B. exakt drei mal zu kontrollieren.

(5) Nun können kleine Experimente verabredet werden, um diese Veränderungen zu erproben.

Beispiel:
„Ich bin sehr unzufrieden, wie es bei mir zu Hause mit der Arbeitsverteilung läuft."
Frage: „Sind Sie über diese Unzufriedenheit zufrieden oder auch unzufrieden?"
„Wenn ich das bedenke, bin ich eigentlich zufrieden damit. Andererseits bringt es nichts, es ändert sich ja doch nichts und ich rege mich nur andauernd auf."
Frage: „Also wäre es gut, etwas mehr unzufrieden mit der Unzufriedenheit zu werden, als wie bisher zufrieden mit ihr zu sein? Was könnte das praktisch bedeuten?"
„Na ja, dass ich mich etwas mehr damit abfinde, wie es ist und nicht andauernd daran herummache!"
Frage: „Mit welcher Relation von unzufrieden zu sein sowie an den Dingen herumzumachen und sich abzufinden wären Sie evtl. zufrieden?
(usw.)

Wanderung N° 42

Von der Klugheit, zwischen Problem und Lösung zu balancieren

Wohin die Wanderung führt ...

Auf dieser letzten Wanderung durch den Irrgarten des Lebensalltags wird einiges auf den Kopf gestellt, was wir über die Lösung von Problemen überlegt haben. Aber das ist nur auf den ersten Blick so. Auf den zweiten Blick wird sich zeigen: Das bisherige wird einfach nur noch ein Stückchen weiter gedacht. Dass etliche Klienten angesichts ihres Problems bereits das Beste tun, was sie tun können, ist überraschend, und lässt uns relativ unvermittelt wieder am Haupteingang des Labyrinths ankommen.

„Was Besseres kommt selten nach!" Dieser Alltagsspruch warnt vor Veränderungseuphorie. Die Wortschöpfung „Verschlimmbesserung" deutet an, dass eine (beabsichtigte) Verbesserung zu einer Verschlechterung führen kann. Wenn Probleme von heute Lösungen von früher sind, und die Lösungen von heute zu Problemen von morgen werden können, dann sollte man grundsätzlich mit Lösungen vorsichtig sein!

Wir haben gesehen, dass es ernstlich in Betracht kommen kann, ein Problem bestehen zu lassen und sich zu arrangieren. Bei der Diskussion der Problemsysteme, der Teufelskreise und Vermeidungsstrategien haben wir die Angst als mächtigen Faktor kennen gelernt. Probleme zu lösen heißt, die Lösungsschritte und auch die Folgen zu meistern. Traut sich ein Mensch die praktische Meisterung von Lösungswegen trotz aller Einsicht in seine Ressourcen nicht zu, bräuchte er ganz konkrete praktische Unterstützung:

Kann er sie sich nicht verschaffen oder zweifelt er überhaupt, ob sich der ganze Aufwand lohnt, dann wird er beim Status quo bleiben. Der ist jedoch schwer zu ertragen, und so bleibt als Lösung, zwischen einem Leben mit dem Status quo und „Entschlüssen" zur Veränderung zu balancieren. Meistens bleibt es bei Tagträumen mit Lösungsphantasien. Was wir nicht erreichen, können wir immerhin erträumen. Auch in der Bratung wird man dieses Hin-und-Her bemerken: Mal geht's um Veränderung, denn steht die Klage über den Status quo im Vordergrund, dann plätschern die Gespräche vor sich hin, weil gerade die Ruhe vor dem nächsten Sturm durchlebt wird, also genau die Zeit, in der sich die nächste Krise aufbauen kann. Man kann dieses Oszillieren in den Kontrakt für ein Gespräch gleich mit einbauen:

Kl.: „Ich halte die Streitereien mit meinem Mann nicht mehr aus!"
B.: „Erinnere ich mich richtig, sagten Sie das nicht vor einigen Monaten schon einmal?"
Kl.: „Ja, aber jetzt reicht`s mir wirklich!"
B.: „Vor drei Monaten war also das Maß noch nicht voll?"
Kl.: „Hm ..., irgendwie ... wird`s halt ständig schlimmer, hab ich den Eindruck."
B.: „Was ist denn angesichts dieser Entwicklung Ihr Wunsch an mich?"
Kl.: „Ich glaube, ich muss mich trennen, es geht einfach nicht!"
B.: „Hm ..."
Kl.: (längere Pause, schaut vor sich hin)
B.: „Denken Sie jetzt gerade an die Streitereien oder an die Zeit nach der Trennung?"
Kl.: „Wie :...?"

B.: „Woran dachten Sie gerade, an die Streitereien oder die Trennung?"
Kl.: „Wie ich das machen soll mit der Trennung ..."
B.: „Und was ist da jetzt Ihr Wunsch an mich?"
Kl.: „Dass Sie mir sagen, wie ich das machen soll mit der Trennung."
B.: „Das heißt, die Zeit ist reif? Wie werden Sie denn meine Ratschläge verwenden? Also je nachdem, ob ich Ihnen sage, wie Sie die Trennung bewältigen können oder lieber doch alles lassen wie es ist ..."
Kl.: „Ja, aber ich habe jetzt die Nase wirklich voll!"
B.: „Das klingt so, als wären Sie jetzt wild entschlossen. Vielleicht erinnere ich mich ja auch falsch, aber genau an diesem Punkt waren Sie vor drei Monaten. Damals haben Sie auf einem Blatt ganz gut zusammengeschrieben, das Für-und-Wider; wenn Sie wollen, könnten wir schauen, ob sich die Gewichte seit damals irgendwie verschoben haben?"

Man sieht, auch der Berater (der Autor) dreht sich bereits im Kreise, eine nächste Runde ist eingeläutet. Der Mann hat sich aus der Beratung ausgeklinkt, er war zunächst angesichts der Drohung seiner Frau, sie werde sich trennen, mitgekommen. Als er bemerkte, dass die Lage wahrscheinlich doch nicht ganz so ernst ist, kam er nicht mehr mit, zumal er ohnehin nicht viel „von dem ganzen psychologischen Geschwätz" hielt, das seine Frau da immer wolle.
Nach zwei weiteren Gesprächen mit der Frau allein war klar, dass die Argumente für oder wider Trennung für sie ein Unentschieden ergaben. Ich schlug ihr vor, sich gemeinsam mit ihrem Mann wieder zu melden, wenn sie oder ihr Mann oder beide den Status quo nicht mehr weiterführen wollen. Das war vielleicht ein Fehler, weil ich damit die beiden nur zu einer weiteren Runde desselben Kreislaufes eingeladen habe.
Die obige Sequenz zeigt diese Möglichkeit: Der Mann kam nicht mit, weil er vielleicht genauer spürte, als seine Frau selbst, wann es wirklich ernst wird. Weil ich aber selbst den obigen Vorschlag gemacht hatte, wollte ich sie nicht einfach wieder heim schicken, als sie ohne ihren Mann kam. In der darauf folgenden Sitzung zeigte sich, dass sich die Argumente für die Frau etwas in Richtung Trennung verschoben hatten. Den nächsten Termin sagte sie ab, sie werde sich wegen eines neuen Termins wieder melden. Sie meldete sich nicht mehr. Ein Jahr später meldete ich mich (ich war neugierig u.a. auch wegen dieses Kapitels). Der Mann war am Apparat. Es habe sich nicht viel geändert, aber seine Frau sei nicht mehr so streitsüchtig.

„Des war net schlecht, dass wir bei Ihne waret." Möglicher Weise haben beide doch soviel verändern können, dass der Status quo lebbarer wurde? Vor dieser Sequenz war das Paar ein Jahr und dann noch einmal neun Monate in Beratung. Die Pirouetten, die wir zu dritt drehten, waren ähnlich. Vielleicht haben sie doch eine kleine Veränderung ermöglicht?

Läuft das jetzt auf die Empfehlung hinaus, es bei einer Sucht, einer Psychose oder bei chronischen Beziehungsproblemen nach dem Motto: „Nicht mit dir, aber auch nicht ohne dich!" zu belassen? Aufgeben, resignieren? „Ja!" und „Nein", würde ich sagen – und das ist in der Tat eine widersprüchliche Antwort.
Zu Argumenten, die Dinge zu lassen, wie sie sind, habe ich gerade schon etwas ausgeführt. Es spricht aber auch einiges dafür, nie aufzugeben. Denn, immerhin geht es um das eigene Leben und die Lebensziele. Es geht auch um die Bilanz, die man am Ende seiner Tage gerne ziehen würde. Für viele Menschen gilt: „Ich würde gerne sagen können, dass ich ein gutes Leben gelebt habe!" Das ist eine Frage der „Lebenskunst". Wir blicken in dieser Stelle zu einem direkt angrenzenden Labyrinth hinüber, der Philosophie.

Um der Lebensbilanz willen kann es also sein, dass jemand die Dinge doch nicht lassen will, wie sie sind. Es wäre unklug. Jede kleine Veränderung, die man schafft, ist ein Gewinn, jeder unterlassene Versuch ein Versäumnis. Balancieren ist nichts Statisches, man geht dabei auf der Lebenslinie voran. Manche mögen einfach nicht mehr, werden vielleicht immer wieder suizidal; zu viele enttäuschte Hoffnungen und keine Perspektive. Auf der Wanderung im Sumpf der Sterbenswünsche haben wir gesehen, dass der Suizid als „ultima ratio" immer offen bleibt. Man muss nicht sofort diesen Notausgang wählen.

Wenn also gar nichts geht und Stillstand herrscht, man zu müde für neue Anläufe ist, dann könnte man ja eine „Rast" einlegen, etwas ausruhen, sich umsehen und auf eine bessere Gelegenheit warten, zumindest eine Zeit lang. Das bedeutet also: Ein vorübergehendes Arrangement mit dem status quo, als „Atempause" oder „Kräfte sammeln" umgedeutet; in dieser Zeit sollte man sich vermehrt auf problemfreie Zeiten konzentrieren, bis man sich einen neuen Anlauf zutraut.

Wenn das also eine Empfehlung an Klienten sein könnte, mal alles zu lassen, wie es ist, und sich dann wieder auf den Weg der Veränderung zu begeben, wie lauten dann die entsprechenden Empfehlungen an Berater? Sollten sie gleichsam den Klienten bei diesem Balanceakt die Hand halten, damit sie im Gleichgewicht bleiben können? Das wäre problematisch, denn die Klienten könnten von dieser Hand abhängig werden, weil sie nicht lernen, selbst die Balance zu halten. Besser wäre – um im Bild des Seiltänzers zu sprechen –, wenn sie Klienten die Handhabung einer Balancierstange beibringen, die man gut brauchen kann, wenn es kritisch wird, die Balance zu halten. Ein solcher Lernprozess kann dauern. Es lohnt sich, mit dieser Metapher zu arbeiten, Klienten auf diese Weise den Zweck der Beratung zu erläutern und sie für das Ziel der Unabhängigkeit von derlei Hilfe zu gewinnen.

Es gibt jedoch Klienten, die sich gerne in der Abhängigkeit halten, die die Eigenständigkeit fürchten, auch und vielleicht gerade nach einer langen Beratung oder – um nochmals daran zu erinnern, dass das immer mit gedacht war – Betreuung oder Begleitung. Wann soll man Klienten „rausschmeißen", damit die Beratung nicht chronisch wird? Wann wäre es zu früh?

Das werden Berater nie genau wissen können. Es gibt meines Erachtens keine sicheren oder eindeutigen Kriterien. Man muss es selbst entscheiden gemäß des Satzes von Heinz von Foerster: „Nur die unentscheidbaren Dinge können wir wirklich entscheiden."

Obwohl: Ein Idee könnte ich doch beisteuern: Wenn man das Gefühl hat, immer noch, nach langer Zeit vorne auf der Rikscha zu sitzen und in die Pedale zu treten (vgl. Wanderung N° 20), weil sonst der „Karren steht", dann ist es an der Zeit! Man kann ja, damit das Ende nicht so abrupt kommt oder „hart" wird, das kleine Beratungsscheckheft, das bei Wanderung N° 13 schon vorgestellt wurde, mitgeben.

Dass Klienten sich dennoch neue Rikschafahrer suchen (und sie wahrscheinlich auch finden), kann man nicht verhindern.

Aber umgekehrt kann man am Beginn einer Beratung fragen, der wievielte Rikschafahrer man denn sei, und dann anfügen: „Ich muss Ihnen leider gestehen, dass ich Ihnen nur das Tandem anbieten kann, oder – etwas gemächlicher – ein Tretboot mit zwei Paar Pedalen. Wohin Sie auch wollen, Sie müssen schon mit in die Pedale steigen!"

So, das war die letzte, etwas kleinere Wanderung der dritten Reise. Wir stehen wieder am Haupteingang des Labyrinths …

Vorher gibt es noch die Wegskizze:

... Hauptsache, man lebt gut!

Wegskizze

Vom endlosen Hin-und-Her und der endlichen Beratung:
Wenn Klienten zwischen Veränderungswunsch, Klage über den Status quo und Langeweile oszillieren und durch sich immer wieder zuspitzende Krisen zeigen, dass sie die Balance noch nicht beherrschen, ihnen die Handhabung einer Balancierstange zeigen:
- mit Klienten die Metapher in ihre Situation übersetzen
- mit ihnen klären, um welche Balance es gehen könnte
- Was sind Anzeichen, das Gleichgewicht demnächst zu verlieren und wieder in eine Krise zu geraten?
- Was können Klienten selbst unternehmen, um wieder in Balance zu kommen, eine Krise abzuwenden und/oder vielleicht doch einen kleinen Schritt einer Veränderung des Status quo zu schaffen?

Wenn könnte Beratung „chronisch" werden? Es ist bemerkbar daran,
- dass es noch nicht einmal kleinste Fortschritte hinsichtlich irgendeiner Lösung der Probleme gibt
- dass Klienten auf jeden Versuch der Beendigung mit der Verschlimmerung der Symptome, mit Krisen oder mit neuen Problemen reagieren
- dass man als Berater merkt, wie man immer noch überwiegend vorne auf der Rikscha sitzt und in die Pedale tritt.

☝ Dann kann man die Beratung beenden, evtl. mit Hilfe eines Scheckheftes über fünf Gutscheine für je ein Gespräch, mit der aus Wanderung N° 13 schon vertrauten Gebrauchsanleitung:

> „Halt! Bevor Sie vorschnell diesen Gutschein einlösen, stellen Sie sich bitte erst die folgenden Fragen: Sind Sie sich sicher, dass sie jetzt eine Beratung brauchen? Und haben Sie wirklich keine Idee, was Ihnen Ihr Berater in diesem Gespräch raten wird? Nur, wenn Ihnen keine Antwort einfällt, die Sie weiterbringt, sollten Sie diesen Gutschein einlösen."

☝ Prophylaxe: Um nicht zum soundsovielten Mal Rikschafahrer in der Beratungskarriere eines Klienten zu werden, empfiehlt es sich, danach zu fragen, wie denn die vorhergehenden Berater mit dem Klienten gearbeitet hätten und an was sich der Klient noch erinnere.

325

Der Elefantenvertreiber

Diese kleine Geschichte spielt sich in einer Stadt an einer belebten Straße ab. Auf dem Fußgängerweg gehen viele Leute meist eilig ihren Weg. Ein Mann steht allerdings am Rand des Trottoirs und klatscht drei mal kräftig in die Hände. Die anderen Passanten schauen kurz irritiert zu ihm hin, gehen dann aber eilig weiter. Nur ein Passant bleibt stehen und wartet, was nun weiter passiert; und so kann er beobachten, dass der Mann nach 30 Sekunden wieder drei mal in die Hände klatscht, und so geht das weiter. Schließlich geht der Passant zu dem Mann hin und fragt: „Verzeihen Sie, aber was machen Sie da? Sie klatschen immer wieder dreimal in die Hände." Sagt der: „Ich vertreibe die Elefanten!" Fragt der Passant: „Ja wo sind denn hier Elefanten?" Sagt der: „Ja natürlich sind keine hier, ich vertreibe sie ja!"
(nach Paul Watzlawick)

Die Geschichte ist witzig und absurd. Aber, sehen Sie sich mal um in Ihrem Alltag: Wie viele Leute sind mit der Vertreibung von „Elefanten" beschäftigt, wenn man den „Elefanten" als Metapher für irgendwelche Befürchtungen versteht, die nicht eintreten sollen? Und: vertreiben Sie nicht auch gelegentlich gewisse Elefanten?
Ich schon, und manchmal merke ich es gar nicht...

Wieder am Haupteingang
und vor der nächsten Reise

Nach den ersten drei Reisen sind wir wieder am Haupteingang des Labyrinths angelangt. Vielleicht erinnern Sie sich an das Rätsel zu Beginn und haben nun noch besser verstanden, wie damit die Lage vieler Klienten verdeutlicht werden kann.

Das Labyrinth ist ja nur als Metapher gedacht. Wie man sich in einem Irrgarten fühlt, von dem man weder weiß, ob er einer ist, noch aus irgend einer Außenperspektive darauf blicken kann, wie es ansatzweise Berater können, ist wohl nach allen Wanderungen deutlich geworden. Zwiespalt, Angst, Pirouetten drehen, mit Veränderungsschritten „stark anfangen", um dann bald ebenso stark nachzulassen – das alles charakterisiert den Umgang mit Problemen.

Von außen betrachtet, entbehrt das manchmal nicht einer gewissen Komik; aber solange man sich nicht von außen betrachten kann, wird es für einen selbst sehr rasch „todernst". Weil aber kein Problem ununterbrochen währt, gilt es auch für Klienten zum Beispiel gemeinsam mit ihren Beratern das Ganze von außen und so mit etwas mehr Gelassenheit, vielleicht sogar Humor zu betrachten. Steht einem das Wasser bis zum Hals, ist ein Lächeln immer noch möglich, steht´s einem bis zum Mund, kann man immer noch schmunzeln. Die Lage ist ernst, aber nicht hoffnungslos!

Es ist wohl auch deutlich geworden, wie bei Problemen Vorannahmen und Regeln funktionieren, so wie wir sie bei dem Labyrinthrätsel untersucht haben.

Einige typische Vorannahmen, auf die wir gestoßen sind, waren:
- Probleme sind negativ, Lösungen positiv.
- Ein Arrangement mit dem Ist-Zustand, dem Status quo ist eher keine Lösung.
- Es gibt nur einen Weg zum Ziel („nach Rom"), nicht mehrere.
- „Verrückt" erscheinende Ideen kommen eher nicht in Betracht.
- Gute Vorsätze der Veränderung *können doch nicht* Bestandteil eines Teufelskreises sein.
- Schuld und Verantwortung sind das Gleiche.
- Grübeleien sind unvernünftig und damit sinnlos.

Typische Regeln waren:
- Man gehe den Weg des geringsten Widerstandes, den Weg, den die Angst weist.
- Man schaue in Richtung der Lösung eines Problems, nicht in die Richtung einer denkbaren Verschlimmerung.
- Man lasse Glaubenssätze unüberprüft.

Folgt man solchen Vorannahmen und Regeln, ist man im Labyrinth gefangen.

Auf den Wanderungen der ersten drei Reisen ging es immer wieder um die Frage, wie der Beratungsprozess gesteuert, die Beziehung zum Klienten gestaltet und zugleich die inhaltliche Arbeit, sich mit der Lösung (oder auch der Beibehaltung) von Problemen zu befassen, strukturiert werden kann, wie also diese drei Aktivitäten simultan durchgeführt werden können. Das alles im Kopf zu behalten, ist nicht so einfach. Aber mit der Sammlung der Wegskizzen müsste es eigentlich gelingen, sich jederzeit zu orientieren.

Wir sind nun gut vorbereitet, neue Gebiete des Labyrinths zu betreten. Über Wendeltreppen und Luftbrücken, in Zauber- und in Nebellandschaften führen uns die nächsten Reisen und Wanderungen.

> Probleme kann man niemals mit der gleichen Denkweise lösen, durch die sie entstanden sind!
> (Albert Einstein)

> Sag den Problemen, ich komme nach dem Frühstück. Aber sie brauchen nicht zu warten, wirklich nicht!
> (Jochen Mariss)

> Probleme sind nur Lösungen in Arbeitskleidung!
> (Alltagsweisheit)

Vierte Reise:
Auf Wendeltreppen und über Brücken in luftiger Höhe

| Wanderung N° | REISEROUTE | Seite |

Das Labyrinth der Wandlungen – Eine Einführung 331

Auf Wendeltreppen ... – Über lebendige Systeme 335

43	Systemisch denken, hören und reden:	340
44	Ein paar mal ums Eck gefragt: Das Systemisches Interview	342
45	„Immer das Gleiche mit dir!" Von Mustern und Musterunterbrechungen	350
46	„Wegen dir muss ich immer streiten!" Konflikte und wie man sie lösen kann	355
47	Ungewollt verstrickt: Triadische Prozesse und wie sie verändert werden können	369
48	„Wenn ich du wäre, wäre ich lieber ich" (Alf) – Selbstbezüglichkeit als Boomerang	377
49	Wenn die anderen gar nicht dabei sind: Systemische Einzelberatung	380

Über Brücken in luftiger Höhe – Die Welt der Konstrukte 385

50	In die Realität vernarrt: Von der „Wirklichkeit" und den Folgen	388
51	Der Blick über den Tellerrand als Lösungsweg	394
52	Kausalität, Zirkularität und die Suche nach den Schuldigen	402
53	„Ich hab' doch nur reagiert!" - Aktion und Reaktion als Gleiches	405
54	"Das hast du absichtlich gemacht!" Zur Verwechslung von Absicht und Wirkung	408
55	Aquarell: Wenn Wahrnehmung und Deutung ineinander verschwimmen	412
56	„So haben wir uns das nicht vorgestellt!" Systemische Arbeit mit Angehörigen	418
57	Krieg oder Frieden? Systemisches Arbeiten mit sich selbst	424

Ist die Wirklichkeit wirklich?

Einst träumte mir, Tschuang Tschou, ich sei ein Schmetterling. Hierhin und dorthin flatternd, war ich in jeder Hinsicht ein Schmetterling. Ich war mir meines Glückes nur als Schmetterling bewusst und ahnte nichts davon, dass ich Tschou bin. Bald erwachte ich, und da war ich nun wieder ich selbst. Jetzt aber weiß ich nicht, war ich damals ein Mensch, der träumte, er sei ein Schmetterling, oder bin ich jetzt ein Schmetterling, der träumt, er sei ein Mensch. (zit. nach Marco Aldinger)

Vom systemischen Bewusstsein

Einerseits haben wir die systemische Natur des individuellen menschlichen Wesens, die systemische Natur der Kultur, in der es lebt, und die systemische Natur des biologisch-ökologischen Systems um es herum; und andererseits die eigenartige Verdrehung in der systemischen Natur des individuellen Menschen, durch welche das Bewusstsein fast notwendig blind wird für die systemische Natur des Menschen selbst. (...) Mangel an systemischer Weisheit rächt sich immer. (Gregory Bateson, zit. nach Klaus Mücke)

Labyrinth auf der Vorderseite von Thomas Thiemeyer

Das Labyrinth der Wandlungen – Eine Einführung

Wir stehen am Beginn spannender Wanderungen in neue Gegenden des Labyrinths. Sie sind anders gestaltet, als die Gegenden, die wir auf den bisherigen Reisen kennen gelernt haben! Als Metaphern habe ich „Wendeltreppen" und „Brücken in luftiger Höhe" gewählt, um diesen Sachverhalt auszudrücken. Auf der Kapiteleingangsseite findet sich wieder eines der magischen Labyrinthe von Thomas Thiemeyer als bildhafter Ausdruck für die bevorstehenden Wanderungen. Es ist allerdings auf dieser Reise nicht von Nöten, schwindelfrei zu sein, wie es beim realen Durchwandern des abgebildeten Labyrinths nötig wäre. Neugier und die Bereitschaft, sich auf die manchmal nicht ganz einfache Materie einzulassen, genügt vollkommen!

Die Wendeltreppe drückt aus, wie wir uns auf der Achse der linearen Zeit in einer Spirale fortbewegen, wenn wir in den Austausch, in Interaktion mit anderen Menschen treten. Interessanterweise treten Menschen nicht nur unmittelbar und insoweit wahrnehmbar in Wechselwirkung und Beziehung miteinander und bilden so soziale Systeme.

Auf eher verborgener, verdeckter Ebene treten auch noch ihre Konstrukte, ihre Modelle von der Welt, ihre Glaubenssätze über Wirklichkeit und Kausalität in Wechselwirkung, bilden ein anderes System, das ihre Interaktionen bzw. ihre Kommunikation beeinflusst. Für diesen Sachverhalt wähle ich das Bild von den „Brücken in luftiger Höhe", über die Menschen im System in Verbindung miteinander stehen, ohne sich dessen gewahr zu sein.

Betrachtet man beide Systeme zusammen in ihrer Wechselwirkung, hat man es sehr schnell mit komplexen Systemprozessen zu tun, die für die Betroffenen oft schwer zu durchschauen sind. Was sie davon wahrnehmen, bestätigt sie oft noch in fataler Weise in ihren Überzeugungen, ihren Wirklichkeitskonstrukten. Es ist, als würde eine Falle zuschnappen. So kämpfen Partner miteinander um die „Wahrheit" und wer „im Recht" ist, bis ihre Liebe ruiniert ist. Oder jemand reagiert auf die Stimmen, die ihm androhen, ihn zu vergiften, in einer Weise, dass er sich schließlich in einer psychiatrischen Klinik wieder findet, wo er, wie er glaubt, nun mit Medikamenten vergiftet wird.

Im ersten Teil der Reise („Auf Wendeltreppen") werden wir uns mit bekannten Konzepten systemischer Gesprächsführung und Beratung beschäftigen. Diese Konzepte verlassen den Bereich der linearen Kausalität und führen in die Welt der Zirkularität oder zirkulären Kausalität, der Kreisläufe und Funktionen. Der Umstand, dass Systeme ständig in Bewegung, im Wandel sind, dass wir selbst als Teil sozialer Systeme gar nicht anders können, als uns in diesen Systemen zu bewegen und an den Prozessen, an der Dynamik beteiligt zu sein, ist uns oft nur zum Teil klar. Die anderen im System sind Spiegel von uns selbst, indem sie auf uns reagieren, und sind es zugleich wieder nicht, weil ihre Reaktionen unvorhersehbar sind, und manchmal mit uns gar nicht soviel zu tun haben (z.B. bei „Übertragungen"). Und umgekehrt gilt dasselbe für einen selbst. Wir befinden uns in ständiger Wechselwirkung mit den anderen Mitgliedern des Systems, dem wir selbst angehören.

Der zweite Teil dieser Reise („Über Brücken in luftiger Höhe") führt uns in die Welt der Wirklichkeitskonstruktionen, also in die Bereiche des Alltagsbewusstseins, die sich vor allem durch folgenreiche Merkmale des Bewusstseins des Einzelnen, des Subjekts und (dahinter liegend) der Charakteristika seiner Wahrnehmungsorgane und der Architektur seiner neurologischen (Selbst-)Organisation ergeben. Wir werden uns dabei weniger mit der Theorie beschäftigen, das würde den Rahmen des Buches vollkommen sprengen. Ich werde versuchen, die wichtigsten Sachverhalte, so wie ich sie verstehe, in kurzer Form darzulegen, und dann vor allem auf die methodischen Konsequenzen und Konzepte in der Beratung zu sprechen kommen.

Wir beschäftigen uns auch mit Glaubenssätzen, insbesondere solchen, die das Konzept der „Wirklichkeit" und die Wirklichkeitsgläubigkeit der Menschen abstützen. Ich werde zwischen Wirklichkeitskonstrukten, Glaubenssätzen und den mehr alltäglichen Begriffen wie „Überzeugungen", „festen Meinungen" nicht immer genau unterscheiden. Wesentlich ist nämlich, ob jemand seine Überzeugungen für „selbstverständlich", für fraglos richtig hält, sie voraussetzt, sich ihrer in diesem Sinne gar nicht mehr bewusst ist und sie folglich auch nicht überprüft. Ihre Wirkung bleibt unbemerkt und ist deshalb umso problematischer.

Wir werden die Einsichten aus der Analyse der Wirklichkeitskonstruktionen aufgreifen, um besser zu verstehen, was in Systemen abläuft, und um zu versuchen, ganz spezifische Problemlagen in sozialen Systemen methodisch zu lösen, etwa das Verhältnis von Absicht und Wirkung.

Die Wanderungen der ersten beiden Reisen, in denen es um Prozesssteuerung und Beziehungsgestaltung ging, werden hier vorausgesetzt. Das bedeutet nicht zwangsläufig, dass man das alles gelesen haben *muss*, aber die Lektüre der uns bevorstehenden Wanderungen wird erleichtert.

So, wie wir auf den bisherigen Reisen schon den einen oder anderen Blick auf das Labyrinth der Systeme werfen konnten, so werden wir auf dieser Reise gelegentlich die uns schon bekannten Teile des Labyrinths wieder entdecken – denn es hängt ja alles miteinander zusammen. Wir haben uns schon mit Problem*systemen* beschäftigt, mit dem seelisch-ökologischen Gleichgewicht oder auch mit der unzulänglichen systemischen Sichtweise im Alltagsbewusstsein. All diesen Dingen werden wir hier wieder begegnen.

Einige wichtige Überlegungen, die sich aus Wanderungen der ersten beiden Reisen ergeben, will ich nochmals hervorheben:

1. Prozess, Auftrag und Kontrakt

Alle auf der uns nun bevorstehenden Reise beschriebenen Methoden werden in der Beratung meistens nur dann aussichtsreich anwendbar sein, wenn die Berater es mit Klienten zu tun haben, die ein Anliegen haben und deshalb Beratung in Anspruch nehmen. In den „Kontexten mangelnder Freiwilligkeit" kommt man mit diesen Methoden meistens nicht sehr weit. Wie in diesen Fällen gearbeitet werden kann, ist in den Wanderungen N° 17 und N° 18 über Kontexte mangelnder Freiwilligkeit und im problemrekonstruierenden Interview (Wanderung N° 30) beschrieben worden.

Ferner gilt die Voraussetzung, dass Berater vorher mit Klienten sorgfältig den Kontrakt für die Beratung erarbeiten. Fragen, bei denen es um die Horizonterweiterung geht, sind für Klienten oft ungewöhnlich, vielleicht sogar beunruhigend. Um nicht von vorne herein Abwehr zu mobilisieren, sollten Berater demnach im Kontrakt ihre Klienten auf die teilweise „ungewöhnlichen" Fragen vorbereiten und ihre Bereitschaft erkunden, sich auf neue Sichtweisen einzulassen.

In der Arbeit mit sozialen Systemen, also Paar- oder Familiengesprächen usw., bereitet es unter Umständen Mühe, zu *einem gemeinsamen* Kontrakt zu kommen. Die Anliegen der Mitglieder des Systems an eine Beratung sind oft verschieden oder widersprechen sich, zumal sie oft wegen ungelöster Konflikte die Beratung aufsuchen und vielleicht insgeheim hoffen, der Berater werde sie „gegen die anderen" unterstützen. Es ist sehr wesentlich, mit den Beteiligten solche Widersprüche offen zu legen und gemeinsam zu überlegen, auf welche Ziele der Beratung und welche Aufträge an den Berater sich alle einigen können.

2. Die Beziehungsebene

Alles, was in den Wanderung N° 22 bis N° 25 der zweiten Reise insbesondere zu den Haltungen und Grundannahmen gesagt wurde, mit denen Berater ihren Klienten gegenüber treten sollten, gilt auch für die im Folgenden beschriebenen Methoden. Ich will sie in Kürze hier nochmals zitieren:
– die Achtung vor der Autonomie, Selbstorganisation und Eigenverantwortlichkeit der Klienten
– die begrenzte Möglichkeit über „instruktive Interaktion", also durch Vorschläge, Anweisungen oder Verschreibungen Klienten zu einer bestimmten Handlung zu veranlassen
– die Sinnhaftigkeit der Handlungen des Klienten in seinem (subjektiven) Kontext; dementsprechend ist Kooperation immer möglich, wenn dieser Kontext berücksichtigt wird
– die Wertschätzung der Person *und* eine positiv-kritische Haltung gegenüber ihrem Verhalten, ihren Handlungen
– die Ressourcenorientierung
– die Erweiterung von Handlungsoptionen als übergeordnetes Ziel der Beratung
– die Aufgabe als Brückenbauer zwischen den „Welten" der Klienten und der Umgebung

Gerade der letzte Punkt wird besonders bedeutsam, wenn wir uns auf die Wanderungen durch den Irrgarten der „Wirklichkeit" begeben: Wenn sich Klienten darauf einlassen sollen, ihren bisherigen Horizont zu überschreiten, den Blick über den Tellerrand zu wagen und sich der Verunsicherung zu stellen, die damit verbunden sein kann, brauchen sie Vertrauen in die Integrität des Beraters. Er lädt sie zur Betrachtung neuer Horizonte ein, missioniert aber nicht, stülpt nichts über. Seine Neutralität sowohl gegenüber den Systemmitgliedern, als auch gegenüber den Lösungsideen der Klienten und ihren verschiedenen Konstrukten ist ein wichtiger Faktor beim Brückenbau.

Berater können allerdings nicht so tun, als wären sie völlig neutral, frei von jeder Meinung oder Überzeugung, ohne eigene Konstruktwelten, die sie in die Beratung einbringen. Aber wenn sie diese als das kennzeichnen, was sie sind, eben ihre *eigenen Konstrukte und Meinungen*, lassen sie den Klienten auch erkennbar die Wahl, was sie davon annehmen wollen.

Das gilt somit auch für alle meine Ausführungen auf den folgenden Wanderungen: Es sind meine Konstrukte bzw. mein Verständnis davon, was ich anderswo gefunden habe. Und ich kann nur hoffen, dass alles möglichst plausibel erscheinen wird.

Soweit von Wirklichkeitskonstruktionen die Rede sein wird, über die wir uns nur dem *nähern* können, was wir Realität nennen, stehe ich allerdings etwas ratlos vor einer Frage: Was ist praktisch daraus zu folgern, dass man bei strenger Argumentation das Konzept der Wirklichkeitskonstruktionen selbst nur als *Konstrukt* ansehen kann? Das würde jedenfalls aus der Anwendung dieses Konzeptes *auf sich selbst* folgen. Der Begriff der Wirklichkeitskonstruktion selbst klingt so, es handele sich um etwas Reales und nicht selbst um ein Konstrukt. Gibt es Wirklichkeitskonstruktionen *an sich*, oder handelt es sich nur um Erfindungen des menschlichen Geistes? Wenn die Idee, dass wir Menschen „Wirklichkeit" konstruieren, nur ein *Konstrukt* ist, dessen *„wirkliche Existenz"*, dessen Realität wir nur behaupten können, was wäre dann ein Alternative? Wären wir dann doch wieder bei der *Wirklichkeit*, der *Realität*, wie wir im Alltag davon sprechen? Oder würde es bedeuten, dass sich die Welt vor unseren Augen gleichsam im Nebel verliert, dass nichts über sie gesagt werden kann? Wir begegnen also erneut dem Thema der Selbstbezüglichkeit (vgl. Wanderung N° 41). Mit dem rätselhaften Bild des Ouroboros scheint mir diese Problematik ganz gut zu versinnbildlicht. Eine Antwort auf dieses Rätsel ist mir noch nicht eingefallen. Sollte eines Tages „bewiesen" werden können, dass es möglich ist „Wirklichkeit" zu erkennen, ohne sie zu konstruieren, müsste der Konstruktivismus revidiert oder zumindest relativiert werden.

Für die Beratungsarbeit können wir es allerdings vorläufig dabei belassen, dass ins Alltagsbewusstsein konstruktivistisches Gedankengut aufgenommen werden muss, wenn sich der Lösungshorizont weiten soll. Denn die im Alltag verbreitete Wirklichkeitsgläubigkeit erweist sich vor allem im zwischenmenschlichen Umgang als ernsthaftes Hindernis.

―――

Im Kapitel über das erste größere Wandergebiet „Auf Wendeltreppen" dieser vierten Reise werden wir uns mit einigen Grundlagen systemischen Arbeitens beschäftigen, auf die die Methoden aufbauen.

Brechen wir also auf!

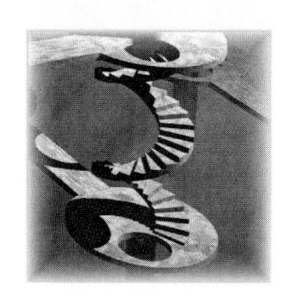

Auf Wendeltreppen ...
Über lebendige Systeme

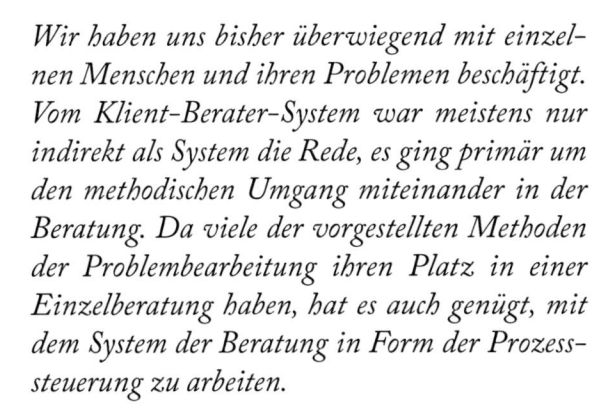

Wir haben uns bisher überwiegend mit einzelnen Menschen und ihren Problemen beschäftigt. Vom Klient-Berater-System war meistens nur indirekt als System die Rede, es ging primär um den methodischen Umgang miteinander in der Beratung. Da viele der vorgestellten Methoden der Problembearbeitung ihren Platz in einer Einzelberatung haben, hat es auch genügt, mit dem System der Beratung in Form der Prozesssteuerung zu arbeiten.

Die im Irrgarten des Lebensalltags vorgestellten Problemlösungsmethoden lassen sich auch in der Arbeit mit Paaren, Familien usw. einsetzen. Arbeitet man beispielsweise mit einem Paar, das in einem Kreislauf ständig wiederkehrender Beziehungskrisen verstrickt ist, bietet sich die Arbeit mit Teufelskreisen an. Die Komplexität der ineinander verwobenen Kreisläufe nimmt allerdings deutlich zu, der Überblick kann leicht verloren gehen.

Bei der Arbeit mit sozialen Systemen kommt jedoch eine neue Variable ins Spiel, die methodisch aufzugreifen ist: Die Wechselwirkung der Mitglieder des Systems als ein zentrales Merkmal. Der Berater ist in diese Wechselwirkung einbezogen. Damit werden wir uns jetzt theoretisch ein wenig auseinandersetzen.

Systeme werden – einer abstrakten Definition folgend – üblicherweise als Zusammenspiel von Elementen oder Variablen verstanden, die sich alle miteinander in einer Wechselwirkung befinden, und die so das Ganze, das System bilden. Das Ganze ist mehr, als nur die Summe seiner Teile. Eine fünfköpfige Familie ist mehr, als die „Ansammlung" zweier Erwachsener und dreier Kinder. Fünf Menschen kommunizieren miteinander, bauen Beziehungen und Bindungen auf, sind alle in „Wechselwirkungsbeziehungen" untereinander, das (kommunikative) Verhalten jedes Einzelnen hat Auswirkungen auf alle Übrigen und umgekehrt, und so bilden sie ein System, etwas Neues, eine besondere Qualität, genannt „Familie".

Systeme entwickeln eine innere Struktur, befinden sich zugleich über die Wechselwirkung ihrer Bestandteile oder Variablen in einer Bewegung, einem Prozess bzw. einer Entwicklung, die nach „inneren" Regeln, Gesetzmäßigkeiten oder Programmen verläuft. Ob dieser Prozess in gleichmäßiger, vorhersagbarer Form abläuft (z.B. wie bei einer Uhr oder einem Heizungssystem) oder sich eher chaotisch abspielt, schlecht vorhersagbar und sprunghaft verläuft (z.B. das Wetter oder das Ökosystem Erde), hängt von der Art der Regeln, der Gesetzmäßigkeiten, aber auch von der Vielfalt der Bestandteile des Systems ab. Die Vorgänge in einer Gesellschaft sind komplexer und zugleich auch komplizierter als etwa die in einer Familie.

Man kann zwischen mechanischen und lebendigen Systemen unterscheiden.

Mechanische Systeme funktionieren im wesentlich nach dem (physikalischen) Ursache-

Wirkungsprinzip. Auch die Wechselwirkung und Rückkoppelungsprozesse zwischen ihren Bestandteilen folgt diesem Prinzip (wie etwa bei einem außentemperaturgesteuerten Heizungssystem). Sie reagieren deshalb auch in eindeutiger und meistens auch vorhersagbarer Weise auf Einflüsse, Impulse oder Energiezufuhr von außen. Dass dies für den subatomaren Bereich so nicht mehr gilt, hat zwar das wissenschaftliche Denken revolutioniert, ist jedoch für den alltäglichen Lebensvollzug ohne Bedeutung.

Weil in Zusammenhang mit diesem Text die Diskussion lebendiger Systeme im Vordergrund steht, verlassen wir die Betrachtung der verschiedenen physikalischen bzw. mechanischen Systeme gleich wieder.

Lebendige Systeme zeichnen sich demgegenüber durch besondere Eigenschaften aus, die sich kurz so charakterisieren lassen: Lebendige Systeme sind „energetisch offen" und „strukturell geschlossen", das heißt, sie reagieren auf Impulse und Einflüsse von außen, aber nicht entlang kausaler, eindeutiger Gesetzmäßigkeiten, die durch die von außen kommenden Einflüsse festgelegt werden, sondern auf der Basis ihrer inneren Strukturen und Gesetzmäßigkeiten. In diesem Sinne verhalten sie sich „autonom", also eigengesetzlich, und sind dementsprechend auch nicht von außen programmierbar (wie. z.B. ein Computer).

Der momentane „innere Zustand" (beim Menschen würden wir beispielsweise von seiner Laune oder Tagesform sprechen) determiniert seine Reaktion auf Impulse von außen, und nicht die Charakteristik dieser Impulse legt seine spezielle Reaktion fest. Das unterscheidet den Menschen von einer „trivialen Maschine". Die Glühbirne leuchtet, wenn der Schalter betätigt wird. Sie kann nicht sagen: „Ich habe heute keine Lust zu leuchten!" Der Mensch kann sich autonom entscheiden; mal passt er sich einer Anforderung von außen an, mal widersetzt er sich. Die Reaktionen lebendiger Systeme werden durch eine Reihe von Regeln oder Prinzipien bzw. durch innere Kräfteverhältnisse des Systems erzeugt, ohne dass man sagen könnte, dass dabei immer dieselben Faktoren im Spiel wären.

Ein solches Prinzip ist zum Beispiel das Überlebensprinzip, das jedoch beim Menschen durch das Streben nach momentaner Bedürfnisbefriedigung (z.B. in Form täglichen Rauchens, das bekanntermaßen die Gesundheit gefährdet) ausgehebelt wird. Durch Vermeidung von Angst kann es ebenfalls verwässert werden (wenn man z.B. aus Angst vor einer negativen Diagnose eine wichtige Untersuchung nicht machen lässt); oder es wird durch einen vollzogenen Suizid ganz außer Kraft gesetzt.

Je komplexer und höher organisiert lebendige Systeme sind, desto vielfältiger und weniger vorhersagbar ist es, wie sie auf ihre Umgebung reagieren. Allgemein kann man jedoch sagen, dass jeder lebendige Organismus seine Strukturen im Laufe der Evolution so entwickelt hat, dass er überleben bzw. sich fortpflanzen kann. Das gilt auch für die Entwicklung des Menschen.

Dieses Überlebensprinzip ist vielfach in der Form von Ökosystemen organisiert, die einerseits dazu tendieren, Gleichgewichtszustände auszubilden, sich andererseits aber auch dramatisch verändern oder sterben können (z.B. die Korallenriffe als Ökosystem). Dementsprechend neigen lebendige Systeme zur Ausbildung von Gleichgewichtszuständen (Homöostase), sind aber auch wandlungsfähig, um sich veränderten Umgebungsbedingungen und ihrem eigenen Wachstumsprozess anzupassen, und dadurch zu überleben. Insofern sind alle lebendigen Systeme in einem stetigen Wandlungsprozess begriffen.

Nach Überfahren des Rotlichts gelang es Frau Zisewitz nur durch selbstlosen Einsatz ihres Hamsters „Ludwig III" (siehe Pfeil), der Polizeistreife zu entkommen." — **Systemdynamik!**

Das Überleben eines lebendigen Systems hängt seiner Fähigkeit ab, zwischen der Ausbildung stabiler Gleichgewichtszustände und dem Wandel, den die Anpassung an eine sich verändernde Umgebung nötig macht, wechseln zu können. Man spricht bei diesem Wandel von kritischen Übergängen. So erklärt sich auch, dass es kein Leben ohne Krisen gibt.

Eine besondere Art von Ökosystemen sind die verschiedenen sozialen Systeme, die von Menschen entwickelt und gebildet werden, in denen sie ihr eigenes Überleben organisieren. Solche Systeme zeigen alle Merkmale, die für lebendige Systeme gelten. Das kann so weit gehen, dass der einzelne Mensch nur mehr zu einem „funktionierenden" Bestandteil solcher sozialen Systeme wird (z.B. in Institutionen, Organisationen) und dabei prinzipiell als Einzelner entbehrlich ist. Wir können beispielsweise sehen, wie der sich global organisierende Kapitalismus völlig unabhängig vom Lebensschicksal einzelner Menschen oder den Zuständen ganzer Gesellschaften entwickelt und überlebt.

Das bedeutet auch, dass lebendige Systeme meistens Bestandteile anderer, komplexerer oder höher organisierter lebendiger Systeme sind. Wir bleiben für die Diskussion der Methoden systemischen Arbeitens beim einzelnen Menschen und seinen sozialen Systemen. Ein Teil des Verhaltens der Systemmitglieder wird auch durch ihr Bestreben nach innerem Gleichgewicht und aller Komponenten, die dazu gehören, bestimmt. Dies lässt sich auch mit dem Begriff „Sinn" umschreiben, sofern man damit nicht etwas eher ideelles oder philosophisches im Blick hat. Deswegen ist ein weiteres Merkmal lebendiger Systeme (neben der Autonomie, der Eigengesetzlichkeit) die „Eigen-Sinnigkeit" ihres Verhaltens.
Menschen, aber auch komplexere soziale Systeme verhalten sich „eigensinnig". Worin der Eigensinn im Einzelfall besteht, ist von außen oft nicht erkennbar. Soweit Menschen sich in den sozialen Systemen, in denen sie sich bewegen, eigengesetzlich und eigensinnig verhalten, kann es sein, dass dies im Widerspruch zur Eigengesetzlichkeit und Eigensinnigkeit der anderen Systemmit-

glieder oder auch im Widerspruch zu den Gleichgewichtsinteressen das gesamten Systems steht. So kann es zu Konflikten, zum Kampf kommen, bei dem die Beteiligten um ihr Gleichgewicht, eventuell sogar um ihr jeweiliges Überleben ringen. Wenn Paare oder Familien in Beratung kommen, dann sehr häufig deshalb, weil ihre Konflikte den Zusammenhalt des ganzen Systems gefährden. Zu den Streitereien kommt es jedoch immer wieder, weil die Partner sich jeweils durch den anderen in ihrer inneren Stabilität bedroht sehen. Vor einer Trennung fürchten sie sich allerdings auch, sodass sie sich in einem „systemischen Dilemma" befinden.

Folgerungen für das Klient-Beratersystem

Wie immer der äußere Rahmen gestaltet sein mag, wenn Menschen sich in einem sozial definierten Kontext einer „Beratung" (Betreuung, Begleitung) begegnen, bilden sie ein System. Ein Paar kommt in Beratung und verhält sich ab da in der Begegnung mit dem Berater garantiert anders, als zu Hause, der Berater verhält sich anders, als zu Hause und auch anders, als bei anderen Klienten. Als man in der Elementarteilchenphysik entdeckte, dass sich mit der Art der Beobachtung die Charakteristik der Teilchen, die man beobachten will, verändert, und zwar je nach Ziel der Beobachtung, leitete dies einen Wandel im wissenschaftlichen Denken ein. In den Anfängen systemischer Therapie glaubte man auch, Familiensysteme, ihre Muster und Beziehungsstrukturen beobachten zu können („Kybernetik erster Ordnung"). Schließlich musste man erkennen, dass dies nicht möglich ist, dass die Beobachtungen des Therapeuten und sein Verhalten mit den Beobachtungen der Systemmitglieder und ihrem Verhalten von Anfang an in Wechselwirkung stehen. Diese Sachverhalte wurden unter der Überschrift: „Kybernetik zweiter Ordnung" diskutiert, mit der die „Kybernetik erster Ordnung" kritisch überdacht wurde (u.a. durch Paul Watzlawick).

Wenn eine sozialpädagogische Familienhelferin beobachtet, wie die Mutter mit ihren Kindern umgeht, weiß sie nichts bis wenig darüber, wie diese Mutter mit ihren Kindern sonst im Alltag umgeht, sondern erfährt nur etwas darüber, was sie in Anwesenheit der Familienhelferin tut.

Mehr noch: In der Beratung erfahren Berater nichts über die Verhältnisse in einer Familie, sondern sie hören Geschichten, welche die Familienmitglieder darüber erzählen. Sie interpretieren diese Berichte auf der Grundlage ihrer theoretischen Konstrukte. Daraus lässt sich für die Praxis folgern, dass Berater selbstkritisch mit ihren Interpretationen und Konstrukten umgehen sollten.

Wenn sich Klienten in einem stationären Rahmen befinden, dort beraten werden, erfährt man primär etwas über ihr Verhalten in diesem Kontext. Über das Verhalten in anderen Kontexten hört man nur ihre Geschichten oder die anderer Leute.

Daraus folgt nun aber nicht, dass man im Prinzip nichts tun könne, außer sich Geschichten zu erzählen. Die obigen Überlegungen mahnen jedoch zu Bescheidenheit auf Seiten der Berater.

Die verschiedenen Formen systemischen Interviews dienen der gemeinsamen Erkundung von Klienten und Beratern, wie die Verhältnisse im System sein könnten, welche wiederkehrenden Kreisläufe und Muster sich vermutlich in der Familie abspielen und welche neuen Aktionen die Einzelnen einmal ausprobieren könnten. Insofern entwickeln Berater und Klienten gemeinsam Hypothesen und überprüfen sie im Alltag.

Der Berater kann gemeinsam mit der Frau und dem Mann versuchen herauszufinden, wie deren Streitereien, unter denen sie und ihre Beziehung leiden, „funktionieren", und wie sie versuchen können, dieses Muster zu „stören", zum Beispiel schon dadurch, dass sie, kaum das ein Streit beginnt, sofort den Raum wechseln.

Systemprozesse sind oft „hinter dem Rücken" der Beteiligten wirksam. Sie spüren etwas, wissen aber nicht genau, was es ist. Das ist beispielsweise bei „triadischen Verwicklungen" der Fall (vgl. Wanderung N° 47), die sich sehr häufig zu Lasten Einzelner auswirken. Es kann also auch darum gehen., wie man sich aus solchen Verwicklungen lösen kann.

Die Formen des systemischen Interviews können wir etwas abgewandelt auch anwenden, wenn die anderen Systemmitglieder gar nicht in der Beratung dabei sind. Über systemische Einzelberatung hat Peter Weiss ein Buch geschrieben. Wir kommen auf diese Situation in Wanderung N° 49 zu sprechen.

Gebietskarte:

Merkmale lebendiger Systeme, des Klient-Berater-Systems, und einige Folgerungen daraus:

Lebendige Systeme, also Menschen, kleinere soziale Systeme (Paare, Familien) aber auch ganze Gesellschaften verhalten sich eigengesetzlich, eigensinnig und in nur schwer vorhersagbarer Weise. Insofern kann Beratung kaum mehr sein, als ein Experiment, dessen Resultate man anschließend versuchen kann, gemeinsam mit Klienten auszuwerten.

Berater können Klienten (Einzelne, Paare, Familien usw.) nicht beobachten, sondern treten mit ihnen ab dem Moment in Wechselwirkung, wo sie sich mit ihnen zusammensetzen. Die Beratung ist dann der Kontext, in dem sich das Verhalten der Beteiligten, also der Klienten und Berater abspielt. Was anderswo, „zu Hause" oder ohne Beobachtung abläuft, ist Gegenstand von Geschichten und Vermutungen, von Hypothesen, mit denen allerdings experimentiert werden kann.

Systemische Fragetechniken dienen der Bildung von Hypothesen und fördern Informationen zu Tage, über die die Mitglieder des Systems bisher häufig noch nicht verfügt haben. Dadurch eröffnen sich ihnen neue Verhaltensmöglichkeiten. Das wiederum kann Muster, Beziehungen und Regeln im System verändern. Den Mitgliedern des Systems eröffnen sich neue Entwicklungschancen anstatt in einem „systemischen Dilemma" stecken zu bleiben, in dem sie sich gegenseitig blockieren.

Man kann mit einzelnen Klienten systemisch arbeiten. Soweit es um ihre Zugehörigkeit zu anderen Systemen geht, können die anderen Systemmitglieder fiktiv in das Interview einbezogen werden. Das kann zur Horizonterweiterung des Klienten beitragen.

Generell ist es ein Ziel, Klienten selbst die Einsicht in Systemzusammenhänge und -Prozesse zu ermöglichen, um ihnen auf diese Weise neue Handlungsmöglichkeiten zu eröffnen.

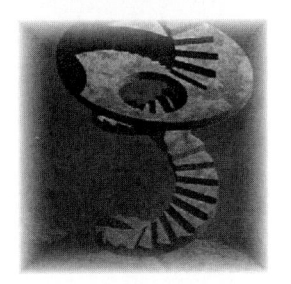

Wanderung N° 43

Systemisch denken, hören und reden

Wohin diese Wanderung führt ...

Allgemein wird davon ausgegangen, dass der Mensch ein soziales Wesen sei, was aber nicht bedeutet, dass er sich immer „sozial", das heißt mit Rücksicht darauf verhält, dass er ein soziales Wesen ist. Ich möchte auf dieser Wanderung jedoch nicht den philosophischen und ethischen Fragen nachgehen, sondern untersuchen, inwiefern das Alltagsbewusstsein von vornherein zu einer systemischen und in diesem Sinne sozialen Sichtweise verhilft oder nicht. Wir greifen Überlegungen aus Wanderung N° 28 wieder auf, und führen sie noch etwas weiter.

Wir können uns einem System zugehörig fühlen (oder nicht), wir leben die Beziehungen zu einzelnen Mitgliedern des Systems, sehen auch das Ganze und sagen zum Beispiel „mein Team", „meine Familie". Und doch ist die dadurch mögliche Perspektive nicht nur in dem Sinne subjektiv, wie alle Wahrnehmung subjektiv ist, sondern auch insoweit begrenzt, als man als Teil eines Systems dieses nicht zugleich von einer Außenwarte aus betrachten und beurteilen kann. Selbst wenn man es versucht, kann man dies immer nur aus der subjektiven Warte tun. Somit ist einem der Blick auf das Ganze, aber auch auf Systemprozesse, auf Muster und (geheime) Regeln im System mehr oder minder verstellt.
Diese Einschränkungen in unseren Wahrnehmungsmöglichkeiten spiegeln sich im Denken und schließlich in der Sprache, also in der Art und Weise, wie wir unsere Erfahrungen in Systemen, in der Interaktion mit anderen ausdrücken, wieder. Unser Denken und unsere Sprache sind weitgehend „nicht-systemisch". Klar wird einem das erst, wenn man genau darüber nachdenkt. Das aber ist ungewohnt.

„Als ich gestern bei meiner Freundin zu Besuch war, hat mich ihr Mann regelrecht links liegen gelassen!" Natürlich ist das zunächst nur eine Beschwerde über das Verhalten des Mannes. Und es handelt sich um eine subjektive Beobachtung bzw. Bewertung. Es sind aber noch weitere Sachverhalte in der Schilderung ausgeblendet, über den die Sprecherin nachdenken kann: „Welche Bedeutung gab der Mann meinem Besuch bei seiner Frau? Hat er nicht nur mir damit etwas mitgeteilt, sondern auch (oder vielleicht primär) seiner Frau? Welche Bedeutung hat unsere Freundschaft in der Partnerschaft? Erlebt der Mann sie vielleicht als Konkurrenz und zeigt mir deshalb die kalte Schulter? Welche Situation entstand konkret durch den Besuch gestern? Für meine Freundin? Für ihren Mann? Wie habe ich reagiert, als ich glaubte zu bemerken, dass mich der Mann nicht beachtet? Hat das vielleicht den Mann verwundert und erst dazu geführt, dass er sich von mir abgewendet hat? Was war zuerst, und ist das überhaupt entscheidbar?"

Wie würde nun allerdings ein Satz lauten, der versucht, alle diese Gesichtspunkte zu berücksichtigen? Eine konsequent systemische Ausdrucksweise, die alle diese möglichen Sachverhalte beachtet, wäre im Alltag nur schwer zu praktizieren. Bandwurmsätze wären oft die Folge, die niemand mehr versteht.
Es würde aber nicht nur von den Sprachgewohnheiten abweichen, so zu reden, sondern

es würde auch der oben erwähnten subjektiven Perspektive nicht entsprechen, in der man sich weniger als handelndes Mitglied eines ganzen Systems sieht, sondern eher als jemand wahrnimmt, der auf andere nur reagiert oder ein Ziel verfolgt, also im Beispiel die Freundschaft zu pflegen.

Der Weg zur Opferperspektive, von der wir es schon öfters hatten, ist nicht weit. Wer sich als Opfer der Machenschaften anderer erlebt, für den ist es nicht gerade attraktiv, eine systemische Perspektive einzunehmen; denn unweigerlich rückt man dadurch gleich doppelt auch als „Täter" in den Blick: Erstens als Mitbeteiligter, als handelndes Mitglied im System und zweitens als jemand, der gerade auch dann zum „Täter" wird, wenn er auf seiner Opferperspektive beharrt und allen anderen im System die Schuld an der Misere gibt. Für das alltägliche Leben wird eine systemische Perspektive, wie sie hier angedeutet wird, meistens nicht gebraucht. Sie ist ungewohnt, anstrengend, stößt bei den anderen nicht unbedingt auf Gegenliebe und wird sehr schnell kompliziert.

Wenn allerdings zwischen Menschen Probleme entstehen und sie mit ihren Lösungsversuchen scheitern, dann liegt es nicht selten am fehlenden „systemischen Horizont". Ich will das nicht als Defizit bewerten, sondern lediglich als Ausdruck unserer, durch den Alltag geprägten Denk- und Sprachgewohnheiten. Den dadurch abgesteckten Rahmen zu überschreiten, ist jedem prinzipiell möglich; es ist meist ungewohnt und kann auch Verunsicherung und in der Folge Angst auslösen, die sich vielleicht in Abwehr ausdrückt. Hier kann die Hilfestellung durch jemand Außenstehenden, also einen Berater wesentlich werden.

Für Berater ist es deshalb wichtig, systemisch denken, hören und reden zu können. Was damit gemeint ist, soll gleich in einer Wegskizze zusammengefasst werden:

Wegskizze

- **Systemisch denken** bedeutet, die Systemzusammenhänge in sozialen Systemen, aber auch in der einzelnen Person selbst, die Kontexte, in denen sich die Beteiligten bewegen und die Einfluss auf ihr Verhalten haben, zu reflektieren und darüber - wenn auch mit aller Vorsicht - Hypothesen zu bilden. Für den Berater bedeutet systemisch zu denken auch zu akzeptieren, dass er niemals ein System als solches wahrnehmen kann, sondern nur aus seiner Perspektive und als Teil desjenigen Systems, dem er als „Beobachter" angehört, und in dem seine „Beobachtung" bereits ein Teil der Interaktionen sind.

- **Systemisch hören** bedeutet, zu er-hören, inwieweit Klienten in dem, was sie berichten, eine systemische Perspektive einnehmen, und welche Teile davon fehlen. Welche Systemzusammenhänge blenden sie aus?

- **Systemisch reden** bedeutet auszuloten, wie weit Klienten beim Nachdenken über Systemzusammenhänge mitmachen, wie weit sie sich für eine Horizonterweiterung schon öffnen und sich auf dieser Basis auf neue Verhaltensweisen, auf Versuche einlassen wollen, in denen die Systemzusammenhänge besser berücksichtigt werden, als sie das bisher getan haben.

  Das wird häufig mit einem gewissen Maß an „Aufklärung" verbunden sein. Damit meine ich, dass Berater mit Klienten gemeinsam über Systemprozesse, über Zusammenhänge, Wechselwirkungen, sich wiederholende Muster usw. nachdenken. Der Berater sollte allerdings eher durch Fragen beim Klienten einen Perspektivenwechsel anregen, anstatt selbst viele gedankliche Vorgaben zu machen.

Wanderung N° 44

Ein paarmal ums Eck gefragt

Das systemische Interview

Wohin diese Wanderung führt ...

Eine Mutter beschwert sich: „Mein Sohn folgt mir nicht!" „Folgt er seinem Vater auch nicht?" „Macht er das nur, wenn Ihre Tochter auch dabei ist?" „Macht sich Ihr Mann auch darüber Sorgen oder beurteilt er das Verhalten Ihres Sohnes anders?" „Wie oft diskutieren Sie darüber miteinander und mit welchem Ergebnis?" „Hat das Auswirkungen auf das Verhalten Ihres Sohnes?" „Könnte es sein, dass Ihr Sohn vor allem dann nicht folgt, wenn er merkt, dass Sie nicht voll und ganz dahinter stehen, was Sie von ihm wollen? Oder gibt es einen solchen Zusammenhang Ihrer Beobachtung nach nicht?"

Das sind nur ein paar der Fragen, die man der Mutter in diesem Beispiel stellen kann. Ist ihr Mann, ihr Sohn und ihre Tochter im Gespräch dabei, kann man sie alle rasch in das Interview einbeziehen, und es entsteht wahrscheinlich ein differenziertes Bild von der Situation, über die sich die Mutter beschwert. Und dieses Bild entsteht für alle, der Informationsgrad im System wird wahrscheinlich gegenüber dem bisherigen beträchtlich erhöht. Das allein kann eine Veränderung anregen.

Wir sprachen gerade schon von der aufklärenden Wirkung, die mit der Erweiterung des Horizontes der Klienten verbunden ist, wenn sie lernen, in Systemzusammenhängen wahrzunehmen, zu denken, und zu handeln. Ihnen dazu mit spezifischen Fragen zu verhelfen, sodass sie selbst die ihnen ja prinzipiell zugänglichen Zusammenhänge entdecken, in denen sie sich bewegen, ist ein Zweck des zirkulären Fragens, mit denen wir uns auf dieser Wanderung beschäftigen werden. Wir werden das zirkuläre Interview noch um andere Formen systemischer Fragen erweitern.

Das Kernstück systemischen Interviews ist unter dem Begriff „zirkuläres Fragen" von der Mailänder Familientherapieschule entwickelt und eingeführt worden. In der Folgezeit wurde dieses Repertoir stetig erweitert. Es werden hier auch nicht alle bekannt gewordenen Formen systemischen Interviews dargestellt werden. Vielmehr versuche ich eine Auswahl zu treffen, die in den Beratungskontexten, die in der Regel nicht als (Familien-)Therapie definiert sind, gut praktikabel erscheinen; ferner sollen einige methodische Hinweise gegeben werden.

Einer der Grundgedanken, denen das zirkuläre Fragen folgt, ist, dass die Verhaltensweisen Einzelner immer auch einen kommunikativen Aspekt haben, eine „Mitteilung" (beabsichtigt oder unbeabsichtigt) an die anderen bedeuten. Was das einzelne Systemmitglied tut, oder wie es sich äußert, steht in Beziehung zu allen Systemmitgliedern und hat innerhalb des Systems als Ganzem eine bestimmte Bedeutung; sie ergibt sich daraus, wie die Mitglieder des System die einzelnen Verhaltensweisen für sich beschreiben und werten, wie sie sich diese erklären und darauf ihre „Antwort", also ihre Reaktionen aufbauen. Man kann das als „Systemwissen" bezeichnen, über das jedoch die Mitglieder des Systems oft nur unzulänglich verfügen, weil sie sich darüber nicht austauschen. Zirkuläre Fragen fördern dieses Wissen zutage und machen es damit für alle verfügbar. Das ist der eigentliche Zweck dieser Fragen.

Wir haben es schon gehört: Ob beim systemischen Interview alle Systemmitglieder anwesend sind, oder ob man mit einem Klienten in einer Einzelberatung mit solchen Fragen arbeitet, ist nicht so entscheidend, beides ist möglich. Im Einzelinterview werden eben nur die Sichtweisen eines Systemmitgliedes, nämlich des Klienten betrachtet, der mögliche Effekt für das ganze System ist zunächst nur indirekt. Ist nur ein Teil beispielsweise einer Familie im Gespräch, gilt ähnliches. Sind alle da, kommt es zu der schon erwähnten Zunahme an Information im gesamten System.

Man kann zwischen *hypothetischen* und *zirkulären* Fragen unterscheiden. Hypothetische Fragen kann man metaphorisch als „einmal ums Eck gefragt" beschreiben; man fragt nach den Sichtweisen oder Vermutungen eines Systemmitgliedes über andere Systemmitglieder, deren Verhalten und Beziehungen. Zirkuläre Fragen zu stellen, bedeutet, „zweimal ums Eck zu fragen"; hier wird nach Vermutungen über die Vermutungen anderer Systemmitglieder gefragt. Diese Arten von Fragen haben folgenden Nutzen:
- Sie erleichtern das Aufstellen und Überprüfen von Hypothesen.
- Sie umgehen das Risiko, dass die Klienten stereotype Antworten geben, die wenig Information enthalten und mit denen sie den bisherigen Rahmen ihre Sichtweisen nur bestätigen.
- Sie lassen deutlich werden, dass es mehr als nur eine „Wahrheit" im System gibt. Für manche ist das eine völlig neue Einsicht.
- Sie informieren über Unterschiede in den Perspektiven der Systemmitglieder und eröffnen so Möglichkeiten für Veränderungen.

Methodik

Die Grundstruktur des zirkulären Fragens ist, dass beispielsweise Person A über ihre Sicht der Beziehung von Person B und C oder über ihre Annahmen zu Vorstellungen und Ansichten der anderen Systemmitglieder zu einem bestimmten Thema, zum Beispiel zum Problem, um das es geht, befragt wird. Die anwesenden Systemmitglieder hören das und erfahren etwas über sich und über die Vorstellungen von A. Diese Informationen werden im (Beziehungs-)Alltag des Systems (z.B. in der Familie) oft nicht ausgetauscht, und wirken daher im Verborgenen.

In einer Skizze mit einem vereinfachten Modell dreier Personen lässt sich das Prinzip hypothetischen und zirkulären Fragens veranschaulichen:

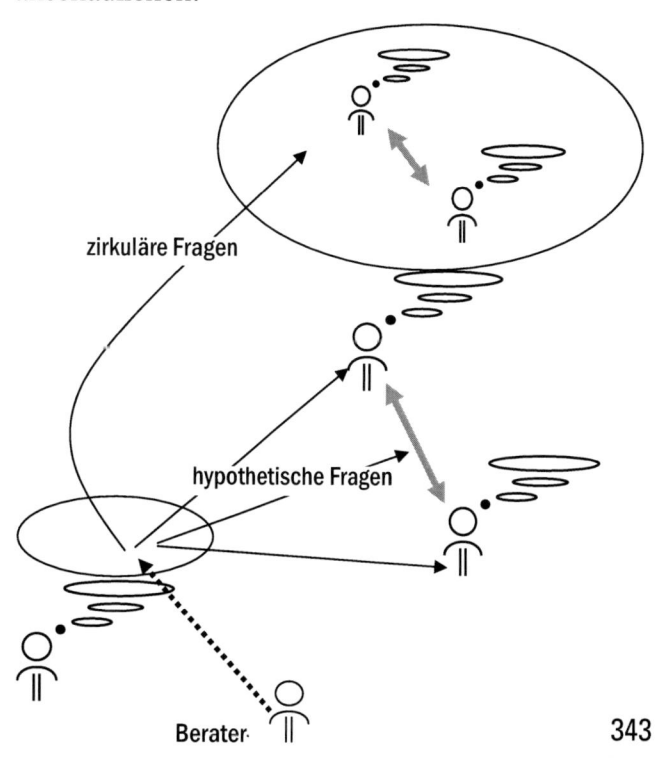

Die Fragen des Beraters (der gestrichelte Pfeil) beziehen sich auf die Beobachtungen, Vorstellungen bzw. Vermutungen der befragten Person (schwarze, durchgezogene Pfeile) über Verhaltensweisen der anderen Systemmitglieder, deren Vorstellungen über bestimmte Sachverhalte (die Gedankenblasen) oder deren Beziehung zueinander (grauer dicker Pfeil).

Es gibt eine Fülle von Sachverhalten, die im System wirksam sind und nach denen gefragt werden kann. Die folgenden Fragen sind anhand des obigen Modells dreier Personen formuliert und lassen sich wie folgt gliedern:

Hypothetische Fragen (einmal ums Eck):

Beziehungsfragen:
– Wie nehmen Sie die Beziehung zwischen B und C war?
– Wer steht wem am nächsten?
– Wer macht sich häufig zuerst Sorgen um B, Sie oder C?

Fragen nach Unterschieden und Übereinstimmungen in Einstellungen und im Verhalten:
– Wer regt sich am schnellsten auf, wenn B … (XY) tut?
– Wer tritt zu Hause am meisten für die Wohnungsgestaltung ein?

Fragen nach Verhaltens- und Kommunikationsmustern:
– Wenn B und C in Streit geraten, was machen dann die anderen? Wie verhalten sich die Streitenden daraufhin?
– Wenn B erkrankt, wie verhält sich dann C?

Zeitorientierung in hypothetischen Fragen: Vergangenheit, Gegenwart und Zukunft:
– Wie war es früher, wenn C … (XY) dachte, wie verhielt sich dann B?
– Wenn C ausgeht, was denkt dann B darüber?
– Wer von allen wird sich in Zukunft als erstes Sorgen machen, wenn C erst spät heimkommt?

Zirkuläre Fragen (zweimal ums Eck):

Fragen nach den Vorstellung (Wirklichkeitskonstruktionen) der Systemmitglieder:
– Was glauben Sie, wie erklärt B sich das Verhaltens von C? Was weiß C davon, was nicht? Wenn C das wüsste, hätte dies Einfluss auf seine eigenen Vorstellungen über sein Verhalten?
– Wie wirkt es sich aus, wenn sich ihre Wahrnehmungen oder ihre Erinnerungen nicht decken?

Klassifikationsfragen:
– Wer leidet mehr unter dem Streit, A oder B?
– Wer ist mit den Veränderungen am meisten zufrieden?
– Wer ist mehr der Ansicht, dass das Verhalten von C (z.B. dem Jugendlichen) mit erzieherischen Mitteln beeinflusst werden könnte?
– Welche Ihrer Familienmitglieder glauben daran, dass Sie sich verändern können, wer zweifelt daran?

Ein systemisches Interview kann sich auf noch weitere Sachverhalte erstrecken, die wir in den Wanderungen N° 55 bis N° 57 eingehend erörtern werden, beispielsweise auf Absichten und Wirkungen der Verhaltensweisen der Systemmitglieder und auf ihre Vorstellungen bzw. Überzeugungen, wie Absicht und Wirkung zusammenhängen.

Zum systemischen Interview gehören auch Fragen danach, wer überhaupt zum System gehört, nach dem Umfeld und seinen Einflüssen:

- „Wer gehört zum System?" „Wer gehört indirekt auch noch dazu?" „Wer gehört nicht mehr dazu? Welchen Einfluss hat das?"
- bei Familien: „Welchen Einfluss haben die Nachbarn ..., die Verwandtschaft ..., die Arbeitssituation?"
- Zum Umfeld gehört auch die Art und Weise, wie eine Familie wohnt, die Zimmeranordnung, die Frage, wer welchen Raum für sich hat usw.

„Was haben Sie da für ein hässliches Etwas dabei?"
„Das ist kein Etwas, das ist ein Hund!"
„Ich weiß, ich spreche ja mit dem Hund!"
Mit Wertungen sollte man bei zirkulären Fragen zurückhaltend sein!

Oft wird man nach Faktoren fragen, die das Geschehen im System nachhaltig beeinflussen, nach ökonomischer Abhängigkeit, nach Machtverhältnissen, denen man selbst oder das ganze System unterliegt, nach Hierarchien und nicht zuletzt nach kulturellen Einflüssen.
Hypothetische und zirkuläre Fragen sind also, wie erwähnt, das Kernstück systemischen Interviews, das aber auf wesentlich mehr Aspekte abzielt, die Systemprozesse beeinflussen und zu Problemen führen können.

Dass ein großer Teil der Arbeit des Beraters darin besteht, Fragen zu stellen, wird auch beim systemischen Interview deutlich. Diese Fragen sind immer auch eine Intervention ins System. Die bisherigen Vorstellungen der Systemmitglieder über das System selbst, die Verhältnisse, Abläufe und Beziehungen werden durch die bisher oft noch nie ausgesprochenen Ideen der anderen dazu relativiert. Bei den zirkulären Fragen erkundigt sich der Berater nach Dingen, über die beispielsweise in der Familie, aber auch in einem Team selten oder gar nicht gesprochen wird. Es muss sich dabei nicht um Tabus handeln, es genügt, dass es einfach nicht den bisherigen Gewohnheiten entspricht, darüber miteinander zu reden. Indem sich der Informationsgrad im System ändert, ändern sich potenziell auch die Verhaltensweisen und in der Folge die Strukturen und Muster im System.

Die Fragen des systemischen Interviews kann man danach unterscheiden,
- ob sie Informationen zutage fördern sollen, die zu einer (Neu-)Orientierung der Systemmitglieder führt (man nennt das Informations- oder Orientierungsfragen) oder
- ob sie Überlegungen der Systemmitglieder anregen, wie sie selbst die Verhältnisse im System durch neue Sichtweisen oder Verhaltensformen verändern können – man nennt das reflexive Fragen.
- Davon abzugrenzen sind noch „strategische" Fragen, mit denen die Systemmitglieder zu bestimmten Veränderungen ihres Verhaltens angeregt werden sollen. In der therapeutischen Praxis ist man allerdings von solchen Fragen mehr und mehr abgerückt, weil sie unter Umständen mehr Abwehr im System mobilisieren, als Veränderungen bewirken.

Die Übergänge zwischen beiden Frageformen sind fließend, vor allem hinsichtlich ihrer möglichen Wirkung. Ein Beispiel soll das verdeutlichen:
Es geht um eine Familie mit einem 16-jährigen Sohn, einer 14-jährigen Tochter. Außerdem lebt auch die Oma (die Mutter des Vaters) mit im Haus. Es geht

um mangelhafte schulische Leistungen der Tochter und die Konflikte darum. Die Fragen richten sich jeweils an den Sohn:
- „Wer macht sich bisher die meistens Sorgen um den Schulabschluss deiner Schwester? Und wer kommt danach?" Das ist eine Informationsfrage. Die Frage (und auch die Antwort des Sohnes) kann bewirken, dass die Mutter erstmals auf die Idee kommt, ihren Mann mehr in die Sorge um die schulische Entwicklung der Tochter einzubeziehen.
- „Angenommen, du würdest dich um die Schularbeiten deiner Schwester kümmern – also nehmen wir mal an, du könntest dir vorstellen, das zu tun – wer würde damit am meisten einverstanden sein, wer würde sich auch noch damit zufrieden geben und wer nicht?" Das ist eine reflexive Frage. Sie kann bewirken, dass die Tochter erstmals selbst auf die Idee kommt, sich Hilfe bei ihrem Bruder zu holen, anstatt andauernd im Clinch mit der Mutter zu sein.
- „Wie wäre es, wenn du dich in Zukunft um die schulischen Angelegenheiten deiner Tochter kümmern würdest?" Das wäre eine strategische Frage, mit der der Berater seine Lösungsidee anbietet. Das Risiko besteht darin, dass die Idee abgelehnt wird, weil dem Sohn nur die Wahl zwischen Einwilligung und Ablehnung bleibt. Reflexive Fragen eröffnen mehr Wahlfreiheit!

Bevor die Möglichkeiten systemischer Frageformen an einem weiteren Beispiel verdeutlicht werden, sollen noch einige methodische Hinweise gegeben werden:
- Das systemische Interview und speziell zirkuläre Fragen setzen in der Regel „Kunden" voraus. Es sollte ein Kontrakt mit den Klienten bestehen, dass an der Lösung gewisser Probleme gearbeitet wird oder zumindest, dass sie dem Berater erlauben, auch „ungewöhnliche" Fragen zu stellen.
- Zirkuläre Fragen sollten in das Gespräch „eingebettet" sein, das heißt, es sollten nicht zu viele zirkuläre Fragen hintereinander gestellt werden, weil sonst sowohl Klienten wie auch der Berater angesichts der Informationsmenge, die sie hervorbringen, leicht den Überblick verlieren.
- Die wesentliche Orientierung für die Auswahl der Fragen ergibt sich aus dem Kontrakt – daraus, was verändert werden soll. Je nachdem stehen also die Lösung bestimmter Konflikte, die Veränderung sich wiederholender Muster, unter denen die Klienten leiden, oder die Sichtweise über die Probleme im Vordergrund, um die es den Klienten geht. Das Aufdecken familiärer Strukturen oder „Geheimnisse" ist eher Thema für eine Therapie. Berater sollten sich vor diesbezüglichen Eigenaufträgen hüten!
- Systemische und speziell zirkuläre Fragen müssen für Klienten „passend" formuliert werden. Wie im Titel dieser Wanderung schon angedeutet, wird gleichsam „um's Eck herum" gefragt, manchmal sogar um mehrere Ecken. „Was vermuten Sie, was Ihre Frau denkt, wie Ihr Sohn zu seiner Schwester steht?" Evtl. brauchen Klienten erst einmal die Erlaubnis bzw. die Idee, dass es sinnvoll ist, Vermutungen anzustellen bzw. über etwas zu „spekulieren", was man gar nicht genau weiß. Das obige Schema kann zur Veranschaulichung und Erläuterung der Fragen verwendet werden.
- Wesentlich ist die Neutralität des Beraters. Sie bedeutet, alle Systemmitglieder gleichermaßen in die Befragung einzubeziehen. Berater sollen sich auch mit ihren Meinungen zu den Beschreibungen der Klienten zurückhalten und nicht Partei zugunsten eines Systemmitglieds ergreifen. Insofern müssen sie auch bei der Formulierung ihrer Fragen Vorsicht walten lassen.
- Ob die Mitglieder eines Systems in Anwesenheit der anderen allerdings tatsächlich sagen, was sie denken, wird im Dunklen bleiben. Darüber erfährt man im Einzelinterview mehr, wird als Berater dann allerdings potenziell zum Geheim-

nisträger, was für den Beratungsprozess sehr schwierig werden kann. Ansonsten bleibt das Risiko, dass durch die Sorge der Systemmitglieder um die eventuellen Auswirkungen ihrer Antworten im Interview eine „Pseudorealität" erzeugt wird, die den Beteiligten nicht weiter hilft.

Nun das Beispiel

Es stammt aus einer Beratung mit einer Familie G., die wegen „heftigen" Haschischkonsums ihres Sohnes (knapp 17 Jahre alt) in die Beratung kommt. Der achtjährige zweite Sohn kam nicht mit in die Beratung. Es ist ein kleiner Ausschnitt aus dem Erstgespräch, dem ein längerer Beratungsprozess folgte, während dessen der Sohn schließlich ins betreute Jugendwohnen auszog, was die Mutter, die selbst im zuständigen ASD tätig war, zunächst unter allen Umständen verhindern wollte. Bald darauf trennten sich die Eltern einvernehmlich, beide hatten schon seit längerem das Gefühl, sich auseinander gelebt zu haben.

Daran zeigt sich, wie offen solche Beratungen im letztendlichen Ergebnis sind. Nichts davon, was sich schließlich ereignete, war am Anfang als Ziel oder Auftrag formuliert worden. Inwieweit diese Entwicklungen durch die Beratung selbst angeregt wurden, oder die Gespräche nur einen Prozess im System begleiteten, der sich ohnehin so abgespielt hätte, wird unaufklärbar bleiben.

Hier geht es jetzt jedoch nur darum, die Möglichkeiten systemischen Interviews etwas zu verdeutlichen. Der zitierte Ausschnitt beginnt, nachdem im Erstgespräch klar wurde, dass die Eltern vom Berater erhoffen, dass er den Sohn überzeugen könne, seinen Haschischkonsum einzuschränken, während dieser beim Gespräch nur dabei ist, damit die Eltern ihn weniger „nerven". Dass er allerdings zu fast allen Gesprächen mit kam, könnte auch auf seinen prinzipiellen Kooperationswillen verweisen, vielleicht ging es ihm aber auch darum, mitzubekommen, was in den Gesprächen passiert, um Kontrolle über die Situation zu behalten.

B.: (an den Sohn gerichtet) „Wer macht sich größere Sorgen um deinen Haschischkonsum, deine Mutter oder dein Vater?"

S.: „Die nerven beide. Meine Mutter kreuzt andauernd in meinem Zimmer auf und geht mir mit ihrer Kontrolle auf den Geist. Wo ich den Stoff her hätte, wo ich ihn versteckt hätte."

B.: „... und wer macht sich mehr Sorgen, was ist dein Eindruck?"

Zirkuläre Fragetechnik erfordert eine gewisse Umsicht

S.: „Was heißt Sorgen? Die haben doch beide keine Ahnung. Mein Vater raucht, das ist auch eine Droge, da sagt niemand was! Na ja, meine Mutter hat schon mehr Angst, dass ich vielleicht auf härtere Sachen umsteige. Aber das brauche ich gar nicht!"

B.: (an den Vater) „Glauben Sie auch, dass Ihre Frau mehr Angst hat, als Sie selbst?"

V.: „Wir streiten uns darüber öfters. Ihr geht's immer nur darum, dass unser Sohn nur ja nicht an Heroin kommt. Ich denke, dass das mit dem Haschisch völlig reicht, dass er sich um nichts mehr kümmert, keine Leistung bringt und er in der nächsten Klasse wieder sitzen bleibt."

B.: (an die Mutter) „Sehen sie das auch so?"

M.: „Ja, mein Mann hat immer nur Leistung, Leistung, Leistung im Kopf. Und ich hab Angst, dass unser Sohn dadurch erst recht abrutscht!"

B.: „Heißt das, dass Sie sich mit ihrem Mann nicht recht einig sind, wie mit dem ganzen Thema umzugehen sei?"

M.: „Ja, wir kommen da auf keinen Nenner."

B.: „Vermuten Sie, dass Ihr Sohn diese Uneinigkeit bemerkt?"

M.: „Wir versuchen eigentlich schon, nicht in Gegenwart von unserem Sohn unsere Zwistigkeiten aufkommen zu lassen, aber ich glaub schon, dass er es merkt."

B.: (an den Vater) „Sie auch?"

V.: „Klar merkt er das und nutzt es auch weidlich aus, weil er genau merkt, dass sich letztlich seine Mutter vor ihn stellt, wenn er sich mit mir mal wirklich auseinandersetzen müsste."

B.: (an den Sohn) „Wie siehst du das?"

S.: „Meine Mutter nervt mehr, ewig das Gejammere wegen dem Heroin. Und dass sie heimlich in meinem Zimmer schnüffelt, weiß ich auch. Ob die sich streiten, ist mir egal, die sollen mich einfach in Ruhe lassen! Und dann andauernd das Getue wegen meines Bruders, dass ich ein schlechtes Vorbild bin, dass ich ihn da auch reinziehen täte und all den Quatsch!"

B.: (an den Vater): „Stimmt das, dass Sie beide sich auch Sorgen um ihren jüngeren Sohn machen? Wer ist da mehr in Sorge"

V.: „Unser jüngerer Sohn ist ganz anders, da habe ich keine Bedenken. Ich find, meine Frau ist da manchmal regelrecht hysterisch ..."

M.: (fällt ins Wort) „Was heißt hysterisch, nur weil du dir gar keine Gedanken machst, bin ich noch lange nicht hysterisch!"

B.: (an den Sohn) „Was denkst du, wie sieht dein Vater das Verhältnis zwischen deinem Bruder und dir?"

S.: „Das weiß ich doch nicht!"

B.: „Eben, deswegen frage ich ja, was du vermutest, was du glaubst, wie er es sieht."

S.: „Na ja, wahrscheinlich schon, wie es ja auch ist. Wir sind ziemlich verschieden, der Th. ist richtig schön brav und tut alles, was die wollen. Wir haben nichts miteinander zu tun."

B.: (an die Mutter) „Glauben Sie auch, dass Ihr Mann das so sieht?"

M.: „Ja, schon. Woran er gar nicht denkt, dass unser J. viel netter und aufgeschlossener war, als er so alt war, wie Th. Irgendwann ist er dann ans Haschisch geraten, das hat ihn völlig verändert."

B.: (an die Mutter) „Angenommen, Sie würden sich in Zukunft nicht mehr um die Frage kümmern, ob Ihr Sohn Haschisch nimmt oder nicht, sondern dieses Thema nur Ihrem Mann überlassen, wie würde Ihr Sohn das finden?"

M.: „Hm, ... (überlegt länger) ..., das wäre dem J. vielleicht gar nicht so unrecht!"

B.: „Und Ihnen, wäre es Ihnen unrecht?"

M.: „Ich glaub halt, dass er sich nicht wirklich drum kümmert!"

B.: „Und deshalb wäre es Ihrem Sohn recht?"

M.: „Ja!"

B.: (an den Vater) „Haben Sie eine Idee, was Ihre Frau damit meint, wenn sie sagt 'nicht wirklich'?"

V.: „Genau das ist es, wenn ich was nicht so mache, wie sie es will, dann ist es falsch!"

B.: (an den Sohn) „Und wie fändest du das, wenn sich nur noch dein Vater kümmert und deine Mutter nicht mehr?"

S.: „Das schafft die nie!"

B.: „Ich wollte dich fragen, wie du das fändest, ob du damit einverstanden wärest?"

S.: „Dann gäb's halt mehr Zoff mit meinem Vater, aber mit dem kann man schon besser streiten, ... Doch, das wäre besser. (kurze Pause) Warum halten sich nicht einfach beide raus, das ist doch meine Angelegenheit, in einem Jahr können sie mich eh mal!"

B.: „Glaubst du, dass deine Eltern das machen werden, sich beide nicht kümmern?"

S.: „Ne!"

B.: „Aber vielleicht, dass sie sich einigen, dass sich ab jetzt nur dein Vater darum kümmert." ...

So wurde es dann tatsächlich verabredet. In der nächsten Sitzung erzählten Vater und Sohn, sie hätten sich einige Male gründlich gefetzt, aber eher um die Frage, ob Haschisch schadet oder nicht und ob das Hasch an den schlechten schulischen Leistungen schuld ist oder nicht. Der Sohn erzählt, er habe seinem Vater ein Buch über Bewusstseinserweiterung gegeben, und der habe immerhin mal reingeschaut. Sein Zimmer habe er nicht inspiziert. Die Mutter fühlte sich etwas entlastet, zwar nicht hinsichtlich ihrer Sorgen, aber darin, nicht mehr so sehr direkt im Clinch mit ihrem Sohn zu liegen.

Dennoch drängte der Sohn in der Folgezeit immer mehr darauf, von zu Hause weg zu wollen, sein Vater hatte nichts dagegen, nur die Mutter plagte sich lange mit der schon oben zitierten von ihr befürchteten Blamage ihren Kollegen im ASD gegenüber, wenn sie jetzt selbst zum „Problemfall" würde. Die Konflikte zwischen ihr und ihrem Sohn eskalierten aber schließlich doch wieder so stark, weil sie es auf Dauer doch nicht schaffte, sich aus dem Haschischthema heraus zu halten, dass sie schließlich einwilligte. Bald darauf trennten sich die Eltern, wie schon erwähnt. Die Vermutung liegt nahe, dass der Konflikt um den Sohn der letzte Rest an „Kitt" in der Ehe war und gleichzeitig zu immer mehr Zerwürfnis und Entfremdung beigetragen hat.

Dass es noch viele andere Möglichkeiten gegeben hätte, Orientierungs- und reflexive Fragen zu stellen, wird an diesem Beispiel sicherlich klar. Zum Schluss waren die Fragen des Beraters strategisch angelegt. Er hatte im Sinn, die Eltern und ihr Sohn könnten vielleicht das bisherige Muster unterbrechen, damit vielleicht etwas neues entstehen kann. Diese Intervention hätte auch scheitern können, indem zum Beispiel die Mutter in den Vorschlag nicht einwilligt oder alle drei die Vereinbarung zu Hause nicht umsetzen.

Denn immerhin gab es im Gespräch immer noch keinen gemeinsamen Kontrakt, allenfalls den impliziten Auftrag, in der Beratung einen kontrollierten Rahmen zu haben, die Auseinandersetzungen vielleicht erfolgreicher zu führen, als zu Hause.

Wegskizze

Die wichtigsten Formen zirkulärer Fragen sind:
Einmal ums Eck gefragt:
Beziehungsfragen:
- Wie nehmen Sie die Beziehung zwischen B und C war?
- Wer steht wem am nächsten?
- Wer macht sich häufig zuerst Sorgen um B, Sie oder C?

Fragen nach Unterschieden und Übereinstimmungen in Einstellungen und im Verhalten:
- Wer regt sich am schnellsten auf, wenn B ... (XY) tut?
- Wer tritt zu Hause am meisten für die Wohnungsgestaltung ein?

Fragen nach Verhaltens- und Kommunikationsmustern:
- Wenn B und C in Streit geraten, was machen dann die anderen? Wie verhalten sich die Streitenden daraufhin?
- Wenn B erkrankt, wie verhält sich dann C?

Zeitorientierung in zirkulären Fragen: Vergangenheit, Gegenwart und Zukunft.
- Wie war es früher, wenn C ... (XY) dachte, wie verhielt sich dann B?
- Wenn C ausgeht, was denkt dann B darüber?
- Wer von allen wird sich in Zukunft als erstes Sorgen machen, wenn C erst spät heimkommt?

Zweimal ums Eck gefragt:
Fragen nach den Vorstellung (Wirklichkeitskonstruktionen) der Systemmitglieder.
- Was glauben Sie, wie erklärt B sich das Verhaltens von C? Was weiß C davon, was nicht? Wenn C das wüsste, hätte dies Einfluss auf seine eigenen Vorstellungen über sein Verhalten?
- Wie wirkt es sich aus, wenn sich ihre Wahrnehmungen oder ihre Erinnerungen nicht decken?

Klassifikationsfragen:
- Wer leidet mehr unter dem Streit, A oder B?
- Wer ist mit den Veränderungen am meisten zufrieden?
- Wer ist mehr der Ansicht, dass das Verhalten von C (z.B. dem Jugendlichen) mit erzieherischen Mitteln beeinflusst werden könnte?
- Welche Ihrer Familienmitglieder glauben daran, dass Sie sich verändern können, wer zweifelt daran?

Generell lassen sich systemische Fragen einteilen in:

a) Informationsfragen, die u.a. der (Neu-)Orientierung der Mitglieder des Systems dienen. Dazu gehören neben den zirkulären auch die Fragen, die sich auf die aktuellen Lebensumstände des Systems beziehen, also:
- Wer gehört zum System?
- In welcher „Umgebung" lebt das System? Welche Einflüsse kommen von dort?
- Speziell bei Familien lohnt sich auch die Frage nach den Wohnverhältnissen als wichtiger Teil ihrer Umgebung.
- In welchen Abhängigkeiten befindet sich das System und seine Mitglieder? (materielle Faktoren, Macht, Hierarchien usw.)

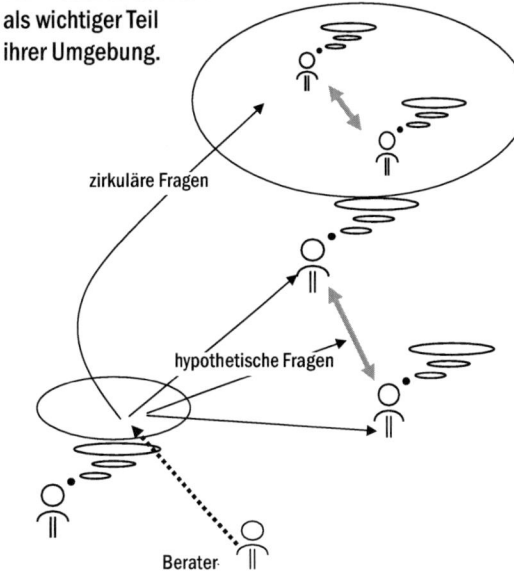

b) Reflexive Fragen, in denen nach den Ideen der Systemmitglieder zu den möglichen Veränderungen im System und deren Auswirkungen gefragt wird.

Methodische Hinweise:
- Basis ist der Kontrakt mit den Klienten
- Nicht zu viele zirkuläre Fragen aneinander reihen, sondern die Fragen in das Gespräch „einbetten"!
- Die Fragen in verständliche Form bringen, da sie ungewöhnlich sind!
- Neutralität des Beraters!

Wanderung N° 45

„Immer das Gleiche mit dir!"
Von Mustern und Musterunterbrechungen

Wohin diese Wanderung führt ...

Muster kennt man von Stoffen her oder von Tapeten. Die Muster, die dafür entworfen werden, sollen sie ansehnlicher, interessanter machen. Das Muster repräsentiert auch einen Stil, eine Zeitepoche oder die aktuelle Mode. Muster können „altmodisch" sein, streng in der Form oder bunt. Meistens wiederholt sich im Muster eines Stoffes oder einer Tapete eine bestimmte Form. Gerade die sich wiederholende Form macht dann den besonderen Eindruck aus, der auf diese Weise erzeugt wird. Muster von sich wiederholenden Formen gehören zu den ältesten zeichnerischen Darstellungen und Symbolen der Menschheit. Im Prinzip gehört auch das klassische Labyrinth dazu.

Antikes Mäandermuster

So kann man sich fragen, was der Begriff des Musters in der Beratung von Menschen zu suchen hat. Er ist jedenfalls eine Metapher; mit ihr wird verdeutlicht, dass sich etwas in den Interaktionen und im Verhalten von Menschen wiederholt. Obwohl kein Gespräch, keine Handlung mit einer vorhergehenden identisch sein kann, ähneln sie sich und wiederholen sich in dem Sinne, dass bestimmte „Elemente" immer wieder auftauchen. Manchmal – so scheint es – kann man die Reaktionen der Beteiligten regelrecht vorausberechnen. Zwischen Partner gibt es bestimmte „Reizthemen", werden sie angeschnitten, „gibt ein Wort das andere", am Schluss knallen die Türen ...
Wie man aus solchen Mustern „ausbrechen" kann, darum geht es bei dieser Wanderung.

Wiederholungen sind im Leben der Menschen wichtig. Unser ganzes Leben verläuft in Zyklen (griech. Kreis); Rituale, Zeremonien und Feste sind Formen, mit denen Menschen ihr Leben strukturieren und zum Beispiel die natürlichen Jahreszyklen hervorheben, „feiern". „Alle Jahre wieder ...", es sind Muster, sie repräsentieren so etwas wie Verlässlichkeit, und hatten in früheren Epochen vielleicht noch größere Bedeutung, als der Mensch der Unberechenbarkeit der Naturgewalten stärker ausgesetzt war. Kleine Kinder reagieren besonders stark auf solche Formen der Wiederholungen, um sich in der großen Vielfalt der für sie ja noch so neuen Welt zurechtzufinden. Wehe, die allabendliche Geschichte wird vergessen. Manchmal wollen sie wochenlang dasselbe Märchen hören. Muster haben also eine wichtige, eine positive Funktion.

Alle angedeuteten Beispiele haben allerdings nichts mit den Mustern zu tun, um die es bei Beratungen geht, denn ...

– diese Muster sind den Beteiligten meistens nicht voll bewusst
– sie münden regelmäßig in negativen Ergebnissen, sind Quelle von Verletzungen, von Wut, Stress und auch Angst
– sie geben – zumindest auf den ersten Blick – eben gerade nicht Halt und Orientierung, ganz im Gegenteil: Sie verursachen Leid, gefährden Beziehungen, vermindern Lebensqualität

Die Beteiligten sind in Mustern verfangen, ganz so, wie wir dies bei den Teufelskreisen schon festgestellt haben. Im Prinzip handelt es sich hier auch um ganz ähnliche Sachverhalte, der Teufelskreis ist einfach eine andere

Metapher. Im Zusammenhang systemischer Beratung beschäftigen uns solche Teufelskreise, die sich zwischen Personen abspielen, an denen zwei oder mehr Menschen beteiligt sind. Zur Vereinfachung beschränken wir uns in der folgenden Darstellung auf die Frage, wie negative Muster zwischen zwei Personen ablaufen und wie sie verändert werden können.

Helix als Mobile aus Holz

Die bildhafte Darstellung, die wir bei der Untersuchung von Teufelskreisen schon verwendet haben, können wir hier wieder aufgreifen und dadurch erweitern, dass das Ineinandergreifen der Verhaltensweisen der Beteiligten verdeutlicht wird. Die geometrische Form einer in sich geschlossenen Helix wäre das passende Bild.

Da es sich jedoch auch hier empfiehlt, mit den Klienten zusammen das Muster wieder optisch darzustellen, um es dadurch leichter durchschaubar zu machen, empfiehlt sich folgende Darstellung:

Die hellen und dunklen Kreise stellen wieder

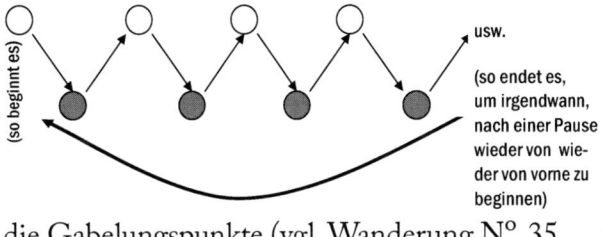

(so beginnt es) usw.
(so endet es, um irgendwann, nach einer Pause wieder von wieder von vorne zu beginnen)

die Gabelungspunkte (vgl. Wanderung N° 35 zu den Teufelskreisen)dar, an denen die Person A (helle Kreise) und die Person B (dunkle Kreise) prinzipiell zwischen verschiedenen Möglichkeiten, sich zu verhalten oder zu reagieren, wählen könnten, aber fatalerweise sich genauso verhalten, dass es am Schluss zu negativen Ergebnissen, beispielsweise zum „Knall" kommt. Danach gibt es meistens so etwas wie eine „Pause", die primär gar nicht absichtlich eingelegt wird, sondern entsteht, weil der Alltag ja irgendwie mit anderen Dingen weiter geht. Vielleicht wächst in dieser Zeit „Gras über das Ganze", vielleicht gehen die Beteiligten erst einmal auf Abstand zueinander, die Gemüter kühlen sich ab. Die „Pause" wird meistens nicht dazu genutzt, um (gemeinsam) zu überlegen, wie man aus dem Muster aussteigen könnte, sondern dient gleichsam der „Erholung", man vergisst das Ganze. Kurioserweise trägt dies genau dazu bei, dass das Muster zu einem späteren Zeitpunkt wieder von vorne beginnt.

> Sie sagen, dass Sie beide schon seit 15 Jahren im Clinch liegen. Wann war denn der erste große Krach mit Ihrem Mann?" „Das war, als er inbedingt aufs Hochzeitsphoto wollte!"
> Bernhard Trenkle

An den Gabelungspunkten sind wieder Parameter wirksam, die dazu führen, dass genau die Verhaltensvarianten gewählt werden, dass das Ganze wieder in dem mündet, was man eigentlich vermeiden wollte: Geschrei, Verstummen und Sprachlosigkeit, gegenseitige Verletzungen, Distanz. Es führt außerdem dazu, dass das Muster wieder und wieder entstehen und ablaufen kann und sich nach und nach im Sinne einer Gewohnheit „einschleift".

Oft hat man es mit einem fatalen Doppeleffekt zu tun: Auf der einen Seite sind solche Muster eine Form, wie die Beteiligten ihre Beziehung gestalten, die Balance zwischen Nähe und Distanz herstellen, und auf der anderen Seite können sie die Beziehung nach und nach aushöhlen: Irgendwann ist der letzte Rest an Wohlwollen, an Freundschaft, an Liebe verbraucht. Vielleicht entsteht gleichzeitig zwischen den beiden Menschen eine gegenseitige Abhängigkeit, die sie dennoch aneinander kettet; schlimmstenfalls sind sie „im Hass vereint".

Welche Parameter sind es, die bei Mustern wirken und zur Folge haben, dass sich die Beteiligten im Kreise drehen, obwohl bei zwei oder mehreren „Mitwirkenden" die Gabelungspunkte und Wahlmöglichkeiten viel größer sind, wie die Skizze zeigt, als wenn sich nur eine Person im Kreis bewegt, und dementsprechend es eigentlich ziemlich unwahrscheinlich wäre, solche Kreisläufe überhaupt zustande zu bringen?

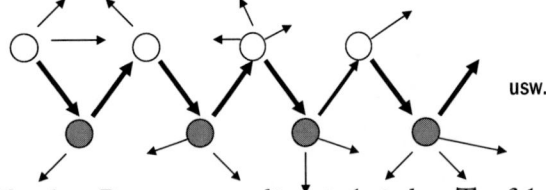

Zu den Parametern, die wir bei den Teufelkreisen schon kennen gelernt haben, nämlich Angst, Gewohnheit, Vergessen und die guten Vorsätze zum falschen Zeitpunkt, kommen nun noch weitere dazu:
– als Variante der Gewohnheit die Erwartungshaltung: Anhand dessen, wie sich der andere gerade verhält, was er sagt, wie er dabei schaut usw., glaubt man schon zu wissen, worauf das Ganze hinausläuft. Man nennt das „Kalibrierung", mit der sich Menschen gewissermaßen im Laufe der Zeit aufeinander eichen, ohne sich dessen besonders bewusst zu sein
– eingeübte Abwehrstrategien, mit denen man sich vor Angriffen, Verletzungen usw. schützt, selbst zum Angriff übergeht
– Glaubenssätze, die sich vor allem auf die Vorstellung von *„einer* Wahrheit" und der Möglichkeit im Recht zu sein, auf die der Überzeugung „richtig" wahrzunehmen und sich „korrekt" zu erinnern, beziehen

Wenn es im Rahmen einer Beratung um die Veränderung eines negativen Musters geht, dann sind Unterbrechungen an den Gabelungspunkten insbesondere in Bezug auf diese Parameter lohnend.

Man kann mit den Klienten ihre Erwartungshaltungen und wie sie sich aufeinander „kalibriert" haben, rekonstruieren und kritisch überprüfen. Im gemeinsamen Interview kommen so oft Zusammenhänge zum Vorschein, die den Klienten vorher gar nicht bewusst waren, also wie sie zum Beispiel auf ein bestimmtes Mienenspiel des anderen reagieren und entsprechend ihrer Erwartungen „hochrechnen", was nun wohl als nächstes kommt, und dementsprechend in immer ähnlicher Weise reagieren. Auf dieser Grundlage kann man dann mit den Klienten gemeinsam überlegen, wie sie in Zukunft neu und unerwartet reagieren können.

Mit der Untersuchung der Erwartungen relativieren sich oft schon die bisher vermeintlich erforderlichen Schutzreaktionen. Über alternative Möglichkeiten, jeweils aufeinander zu reagieren, kann nachgedacht werden. Auch die angedeuteten Glaubenssätze über Wahrheit usw. gehören meistens auf den Prüfstand. Vor allem bei Streitereien sind sie oft der entscheidende Motor dafür, dass das Muster erhalten bleibt, wie wir auf der nächsten Wanderung sehen werden.

Auf dieser Grundlage kann nun mit den Klienten über Experimente gesprochen werden, die Möglichkeiten eröffnen in Zukunft aus dem bisherigen Muster auszuscheren. Weiter oben habe ich schon als Beispiel zitiert, wie Partner bei beginnendem Streit sofort den Raum wechseln und eventuell den Streit dort fortsetzen. Diese Musterunterbrechung setzt im Grunde bei den Kalibrierungen an. Denn auch der Rahmen (Raum, Zeit, soziale Umgebung), in dem sich die Muster abspielen, ist Teil der Kalibrierung und damit des Musters selbst. In diesem Beispiel könnte man den Partnern noch „verschreiben", sie sollten ihren Streit, wenn er im Wohnzimmer beginnt, sofort in die Toilette verlagern und dort fortsetzen, wenn er jedoch in der Küche beginnt, sollen sie ihn in der Garage fortführen. Mit solchen Musterunterbrechungen „haut" es die Beteiligten oft „aus der gewohnten Spur", der sie bisher automatisch folgen. Allein schon die Vorstellung, zu zweit in der engen Toilette zu streiten, löst oft Gelächter aus und lässt das Muster in absurdem Licht erscheinen.

Nun noch ein Beispiel, bei dem es nicht nur um einen Konflikt, sondern vor allem um unterschiedliche Bedürfnisse und den Umgang mit Grenzen geht.

Das Beispiel stammt aus einer Supervision. Es zeigt, wie schwierig es werden kann, ein Muster zu unterbrechen, erst recht, wenn es vorher zu keinem für den Berater umsetzbaren Kontrakt kommt.

Ein Mann meldete sich zur Paarberatung. Im Erstgespräch ergreift er gleich die Initiative und erklärt der Beraterin ausführlich, dass er und seine Frau hier seien, weil es mit der Sexualität nicht mehr klappe, seit die gemeinsame Tochter (inzwischen knapp zwei Jahre alt) auf der Welt sei. Seine Frau ergreife nie die Initiative, um Sex zu haben, immer gehe alles von ihm aus, und meistens weigere sich seine Frau oder mache halt mit, um ihre Ruhe zu haben, das merke er genau. Die Beraterin solle seiner Frau erklären, dass auch sie die Initiative ergreifen müsse, und dass wenigstens zweimal in der Woche Sex zu haben zu einer normalen Partnerschaft gehöre. Vor dem Kind sei es wesentlich besser gewesen. Wenn es nicht besser werde, müsse er sich trennen, so könne er nicht leben. Aber er wolle sich ja nicht trennen, schließlich sei ja auch das Kind da.

Die Frau erklärt, ihr Mann würde sie ständig bedrängen, sie habe gar nicht die Chance, einmal selbst die Initiative zu ergreifen. Sie fühle sich manchmal regelrecht genötigt, und habe dann schon gar keine Lust mehr. Sie brauche nicht so oft Sex und sie finde auch nicht, dass man irgendeiner Norm entsprechen solle. Die Beraterin solle ihrem Mann doch klar machen, dass er sich zurückhalten müsse, wenn auch von ihr die Initiative zum Sex ausgehen solle.

Dass diese widersprüchlichen Aufträge für die Beraterin nicht umsetzbar sind, ist offenkundig. Darum soll es jedoch zunächst noch nicht gehen.

Das Muster, in das beide verstrickt sind, wird ebenfalls deutlich. Es funktioniert unter anderem auf der Grundlage, dass jeder der beiden sein Verhalten mit dem Verhalten des anderen begründet: Er ergreift „immer" die Initiative, weil sie es nicht tut, sie tut es nicht, weil er „immer" vor ihr „am Drücker ist". Weil er aber weniger als zweimal pro Woche Sex zu haben, als unnormal ansieht und sich auf frühere Zeiten beruft, wartet er auch nicht längere Zeit ab, um seiner Frau mehr Möglichkeit zu geben, damit sie selbst ihre Bedürfnisse anmelden kann.

Sein Drängeln hat ihre Lust im Laufe der letzten Zeit immer geringer werden lassen, das ist zumindest ihr Eindruck. Damit deutet sie auch an, dass das Muster eskaliert.

Die Angst der beiden, ihre Ehe könne deswegen in die Brüche gehen, treibt beide in die Beratung, wobei auch hier der Mann wieder „voraus rennt".

Das Muster spielt sich also in der Beratung selbst auch ab, schon im ersten Gespräch redet der Mann monologisch auf den Berater ein. Das Muster wird nun noch um das Element erweitert, dass beide in der Beraterin einen Bündnispartner für ihre Ansicht suchen. Die Beraterin fühlt sich in der Klemme, zumal sie innerlich mehr Verständnis für das Dilemma der Frau merkt. Partei zu ergreifen, würde aber die Beratung sofort scheitern lassen.

Diese Situation ist auch Anlass für die gemeinsame Supervision im Kollegenteam. Es geht um die Entwicklung verschiedener Möglichkeiten, mit der Situation umzugehen. Dort einigt man sich darauf, die Supervision selbst als Ressource ins System einzubringen. In der nächsten Sitzung erklärt die Beraterin den beiden, sie habe lange über eine Lösung des Problems nachgedacht, habe aber keine Lösung gefunden. Deswegen habe sie das Ganze in ihre Supervision eingebracht. Die Kollegen hätten gemeint, es sei hier wie bei der Abrüstung auch, eine Seite müsse die Initiative zur Abrüstung ergreifen, unabhängig davon, was die andere Seite tue. Das falle zwar jedem schwer, aber sonst könne es eben zur Katastrophe kommen.

Die Beraterin berichtet dem Paar in der folgenden Sitzung von diesem Ergebnis. Der Mann fragt sofort, wer denn nun den Anfang machen müsse, was die Kollegen da gesagt hätten. Darüber hätten die anderen nichts gesagt, erklärt die Beraterin; es sei auch unerheblich, wer den Anfang mache, sondern nur, dass jemand beginne, vielleicht derjenige, der sich einen „langen Atem" auch zutraue.

In der nächsten Sitzung erklärt der Mann zuerst, er halte sich jetzt zurück, er habe die Botschaft verstanden. Die Frau bestätigt das, sie spüre aber, wie schwer

353

es ihm falle, und da fühle sie sich wieder unter Druck. Die Beraterin anerkennt die Initiative des Mannes sowie die Achtsamkeit der Frau und fragt beide, ein wie „langer Atem" ihnen beiden denn die Beziehung wert sei. Die Frage bringt die beiden in die Klemme, und die Beraterin schlägt vor, jeder der beiden möge darüber erst noch einmal in Ruhe nachdenken. Für die nächste Stunde könnte man ja gemeinsam darüber beraten, ein „wie langer Atem" für diese Art von „Abrüstung" wahrscheinlich nötig sei.

Mit Hilfe der Metaphern von der „Initiative zur Abrüstung" und dem „langen Atem" konnte sich die Beraterin aus der widersprüchlichen Auftragslage, dem Dilemma einer Parteinahme und davon lösen, in das Muster einbezogen zuwerden.

In der Wegskizze werden nun nochmals die methodischen Schritte für Musterunterbrechungen zusammengefasst.

Wegskizze

- Wie immer muss zuerst im Rahmen des Kontrakts geklärt werden, ob die Klienten an ihrem Muster etwas verändern wollen.
- Als nächstes kann man mit ihnen den bisherigen Ablauf des Musters erkunden: Wie fängt das Ganze an, wer reagiert anschließend wie usw., und worin mündet das Ganze. Was passiert dann, wie lange kann es dauern, bis (nahezu) dasselbe wieder beginnt? Man kann das Ganze z.B. am Flipchart mit skizzieren; dadurch wird es für alle anschaulicher, das Muster wird leichter erkennbar.

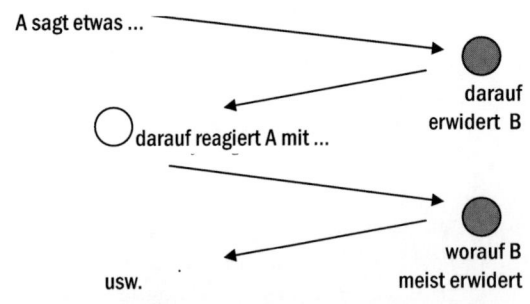

A sagt etwas ...
darauf erwidert B
darauf reagiert A mit ...
worauf B meist erwidert
usw.

Dann wird mit beiden Beteiligten darüber nachgedacht, welche der Parameter (s. unten) bisher wie wirkt und welche denkbare Alternativen es gibt. Es ist dabei darauf zu achten, mit beiden Beteiligten in gleichem Umfang an Veränderungen zu arbeiten, um als Berater nicht parteilich zu wirken. Wichtige Parameter, die konkret untersucht werden sollten:
  - Erwartungshaltungen (Kalibrierungen): Anhand dessen, wie sich der andere gerade verhält, was er sagt, wie er dabei schaut usw. glaubt man schon zu wissen, worauf das Ganze hinausläuft
  - eingeübte Abwehrstrategien, mit denen man sich vor Angriffen, Verletzungen usw. schützt, selbst zu Angriffen übergeht
  - Glaubenssätze, die sich vor allem auf die Vorstellung von „einer Wahrheit" und der Möglichkeit im Recht zu sein, auf die der Überzeugung „richtig" wahrzunehmen und sich „korrekt" zu erinnern, beziehen

- Schließlich werden Experimente als Aufgabe vereinbart, in denen beide Seiten im Alltag entsprechend der entwickelten Alternativen ausprobieren, um aus dem bisherigen Muster, d.h. ihrem Teil daran „auszusteigen". Es empfiehlt sich dabei, zu verabreden, dass jeder seine Möglichkeiten unabhängig davon erprobt, ob der andere auch seine „Aufgaben erledigt". Denn es kommt sehr leicht dazu, dass der eine der beiden seine Versuche einstellt, wenn er meint zu beobachten, dass der andere seine „Hausaufgaben" nicht macht.

- Bei den nächsten Gesprächen wird das Ganze ausgewertet und evtl. neue oder weitere Experimente verabredet.

Sind mehr als zwei Personen am Muster beteiligt, gelten die Schritte analog.
Es ist natürlich günstig, wenn alle Beteiligten an der Beratung teilnehmen, aber es ist nicht zwingend erforderlich. Hinsichtlich der wirksamen Parameter kann man bei den abwesenden Beteiligten allerdings nur Vermutungen anstellen.

Wanderung N° 46

„Wegen dir muss ich immer streiten!"
Konflikte und wie man sie lösen kann

Wohin diese Wanderung führt ...

Zu den besonders emotionsgeladenen Mustern mit ungutem Ausgang gehören Streitereien. Im Unterschied zum Wort „Streit" drückt „Streiterei" aus, dass sich Formen von Streit wiederholen, an deren Ende nicht die Lösung eines Konfliktes steht, sondern bei nächster Gelegenheit neuer Streit beginnt.

Es gibt eine Fülle von Streitmustern, die sich allesamt negativ auswirken und trotzdem immer wieder verwendet werden. Wir werden untersuchen, warum das so ist.

Die häufig zitierte Alltagsweisheit „Der Klügere gibt nach!" führt keineswegs immer zur Lösung, denn auf einer anderen, eher verdeckten Ebene wird der nächste Streit eröffnet, nämlich wer der Klügere sei, sozusagen der bessere Mensch. Das grundsätzliche Muster des Gewinner-Verlierer-Spiels bleibt erhalten. Häufig geht es nämlich genau darum: Wer geht als „Sieger" vom Platz? Allerdings wird der Sieger keine rechte Freude an seinem Gewinn haben, der Verlierer sinnt auf Rache, wenn er nicht in die Depression abtaucht und damit dem Sieger indirekt die „rote Karte" in der Beziehung zeigt. Entweder geht es im Streit gleich weiter, in dem ein neues kontroverses Thema eröffnet wird. Oder es kommt bei anderer Gelegenheit zur Revanche. Vielleicht verliert dann der vorherige Sieger, woraufhin der nun auf die nächste Gelegenheit zur Revanche wartet usw.

Wie negative Streitmuster durchbrochen, ein Konflikt konstruktiv gelöst werden kann und welche Aufgabe dabei Beratern zukommt – davon handelt diese Wanderung.

Unter Konflikt soll der Widerspruch von Interessen, Wünschen, Bedürfnissen oder Zielen zweier oder mehrerer Personen verstanden werden.

Streit drückt den Prozess aus, in dem der Konflikt ausgetragen wird.

Wir werden uns zuerst mit der Dynamik des Streitens selbst und dann mit der Struktur von Konflikten beschäftigen. Darauf baut dann die Methodik einer Konfliktmoderation auf.

Greift man nochmals das Bild der Gabelungspunkte in einem Muster auf, so gibt es eine Reihe typischer Strategien negativen Streitens, die von den Streitparteien an den Gabelungspunkten eingesetzt werden, um zu gewinnen bzw. die Niederlage abzuwenden. Genau dadurch dreht sich das Ganze im Kreis und eskaliert unter Umständen soweit, dass mit körperlicher Gewalt ein (vorläufiger) Schlusspunkt gesetzt wird. Die Übersicht beschreibt die wichtigsten Formen negativen Streitens (u.a. nach Bach 1979), wie sie insbesondere auch in der Partnerschaft, unter Geschwistern usw. zu beobachten sind:

Methoden negativen Streitens

- **Der Themenwechsel:** Das begonnene Streitthema wird nicht zu Ende geführt, stattdessen werden ständig neue Themen aufgegriffen, die meist nicht geklärte Streitpunkte beinhalten.
  Wer gerade befürchtet, beim begonnenen Streitthema zu unterliegen, eröffnet schnell ein zweites, bei dem er glaubt, mehr „punkten" zu können. So wird ein Thema nach dem anderen angeschnitten, schließlich verlieren die Streitparteien jeglichen Überblick, geben sich dafür gegenseitig die Schuld und haben oft vergessen, worum es ursprünglich ging.

- **Die Entleerung des „Beschwerdesackes"**: Das ist eine besondere Form des Themenwechsels, indem einer oder beide Streitpartner sich nicht auf die Lösung *eines* Streitpunktes beschränken, sondern alle schon seit längerem gesammelten Konfliktpunkte und Beschwerden auf einmal zur Sprache bringen.
- **Die Besichtigung des „Museums der Härteschläge"**: Dies ist ebenfalls eine Form des Themenwechsels, wobei im Verlauf der Auseinandersetzung fortwährend auf frühere Ereignisse zurückgegriffen wird, in denen der andere einem irgendein Leid zugefügt hat, und das unabhängig davon, ob dieses frühere Problem schon ausgetragen wurde oder nicht.
- **Der Schlag unter die Gürtellinie**: Teils intuitiv erahnt, teils sehr bewusst, greift man im Verlaufe des Streits den anderen wegen einer Sache an, bei der er sehr verletzlich ist; häufig handelt es sich dabei um eine persönliche Schwäche, an der er nichts oder nur begrenzt etwas ändern kann.
- **Eskalation in Lautstärke und Wortwahl**: Dahinter steckt meistens ein zunehmendes Maß an Ärger und Angst, und man versucht vor allem die Angst durch Lautstärke abzuwehren.
- **Temposteigerung**: Der Wortwechsel wird immer schneller und immer mehr greifen die Parteien dazu, den anderen schon vorzeitig im Satz zu unterbrechen; dies führt dazu, dass zunehmend gar nicht mehr darauf reagiert wird, was der andere sagt oder sagen will, sondern was man meint, dass er sagen will. Schließlich reden (oder schreien) beide gleichzeitig.
- **Sich verhören**: Dies ist sicherlich die meist verbreitete Methode negativen Streitens; es geht dabei nicht um die Lösung eines praktischen Konflikts, sondern um die Frage, wer im Besitze der Wahrheit ist. Dahinter steckt die Phantasie, wenn man erst mal in den Besitz der Wahrheit gelangt ist, sei man auch im Recht und der Gewinner.
- **Die Berufung auf Normen über die man sich jedoch nie geeinigt hat**: Diese Methode beinhaltet, dass zum Beispiel der eine Streitpartner ständig die Regeln logisch rationaler Auseinandersetzungen reklamiert und der andere als Norm postuliert, es sei wichtig die eigenen Gefühle zu äußern.
- **Über ein anderes Thema reden als über den eigentlichen Konflikt**: Es ist eine Vermeidungsstrategie, die jedoch nur bewirkt, dass der Konflikt untergründig weiterschwelt und irgendwann umso heftiger zum Vorschein kommt.
- **Das Gespräch bzw. den Konflikt versanden lassen**, in dem man beispielsweise ganz langsam, fast unbemerkt, das Thema solange modifiziert, bis kein Zündstoff mehr vorhanden ist, oder indem man bei Erreichen eines „toten Punktes" einfach aufhört und sich nicht weiter auseinandersetzt. Bei nächster Gelegenheit bricht jedoch der Konflikt wieder auf, es kommt zu keiner Lösung.

Alle diese Formen, die zu mehr oder minder endlosen Streitereien beitragen, basieren auf Prozessen, die untergründig, oft *ungewusst* ablaufen, das heißt, sie sind den Beteiligten nicht klar, können aber jederzeit bewusst gemacht werden. Was hintergründig abläuft, wird auch deshalb selten zur Sprache gebracht, weil die Streitparteien befürchten, sich erst recht den Angriffen des anderen schutzlos preiszugeben, wenn sie sagen, worum es eigentlich geht. Wer zum Beispiel „zugibt", es gehe ihm primär darum, im Recht zu sein und sich auf diesem Wege Anerkennung zu verschaffen, stellt sich eher bloß.

So bleibt es dabei, dass der Streit aus diesem Hintergrund ständig Nahrung bekommt und nicht gelöst wird. Einige Aspekte der Psychodynamik des Streitens sollen nun skizziert werden.

Von der Einigkeit im Streit

Dass sich die Streitparteien in fataler Weise über einige Sachverhalte einig sind, ohne sich dessen gewahr zu sein und darüber auszutauschen bzw. kritisch nachzudenken, ist zentraler Bestandteil der Dynamik des Streits. Statt von Einigkeit kann man auch von einer „Symmetrie" sprechen. Sie bezieht sich auf Folgendes:

a) die Gleichartigkeit verschiedener Glaubenssätze der beteiligten Personen
b) die Symmetrie der jeweiligen Ziele-, Bedürfnis- und Wertehierarchien und das daran gebundene seelische Gleichgewicht, um dessen Aufrechterhaltung es geht
c) die Symmetrie verkürzter (kognitiver) Perspektiven, also eines verengten Horizontes

a) *Gleichartigkeit verschiedener Glaubenssätze*
Wir greifen hier der genaueren Diskussion des Konzeptes der Wirklichkeitskonstrukte etwas vor (vgl. Wanderung N°50 und folgende). Vielen Streitereien liegt eine Reihe von Konstrukten, Überzeugungen und Glaubenssätzen zugrunde, die beide Seiten miteinander teilen(!), das heißt, sie sind sich über diese Sachverhalte kurioser Weise einig und geraten gerade deshalb in uferlose Streitereien, solange diese Konstrukte nicht selbst auf den Prüfstand kommen. Im Einzelnen sind dies folgende Vorstellungen:

- „Es gibt nur eine Wahrheit!"
- „Normen / Werte sind fraglos gültig!"
- „Mein Gedächtnis funktioniert zuverlässig!"
- „Es ist wichtig, unschuldig zu bleiben! Wer etwas verursacht, ist auch schuld!"
- die zweiwertige Entweder-Oder-Logik
- Gender: „Frauen sind ...", „Männer sind ..."

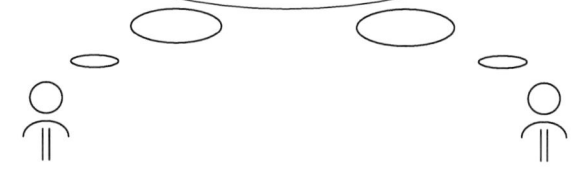

Kombiniert man beispielsweise die zweiwertige Logik und das Konzept von Schuld und Unschuld, so ist klar, dass nur einer der Beteiligten in einer bestimmten Angelegenheit, die Gegenstand des Streits wird, unschuldig sein kann, folglich der andere schuld sein muss. Da jeweils beide ihre Schuld abwenden möchten, indem sie dem anderen dessen Schuld nachweisen, kann der Streit nicht enden, solange des Thema Schuld im Hintergrund abgehandelt, aber das Konzept von Schuld und die Begrenztheit der zweiwertigen Logik nicht zur Sprache gebracht wird. Die zweiwertige Logik unterscheidet zwischen Schuld und Unschuld, operiert mit „entweder-oder", und nicht mit „sowohl-als-auch". Demnach kann man nicht schuldig und unschuldig zugleich sein.

Ähnliches gilt für die Glaubenssätze über Wahrheit oder Wirklichkeit und die Idee, man sei im Recht, wenn man in „Besitz" der Wahrheit ist.

b) *Symmetrie der Konfliktparteien im Streben nach seelischem Gleichgewicht (Homöostase)*
Diese Symmetrie ist in folgenden Dimensionen beschreibbar:

- Lebensentwurf, Sinn, Identität, dann aber auch Werte, Normen und Überzeugungen
- Aufrechterhalten oder Durchsetzen eigener Problemlösungen
- Befriedigung zentraler Bedürfnisse (insb. Beachtung, Akzeptanz, „Okay-Sein")

Im Hintergrund eines Streits kann es für beide Seiten um sehr Existenzielles gehen. Darauf bezieht sich die Symmetrie. Sie ist wesentlich für die Streitdynamik, während die unterschiedlichen Werte, Bedürfnisse usw. den Konflikt begründen. Für den einen geht es vielleicht um seine Identität als Mann, weswegen er glaubt, sich unbedingt durchsetzen zu müssen, für die Frau geht es vielleicht darum, einfach nur beachtet und in ihren Ideen wertgeschätzt zu werden. Stehen diese Anliegen im konkreten Streitthema scheinbar konträr gegeneinander, kann letztlich keine Seite nachgeben, denn zuviel steht auf dem Spiel. Während es oben unter Punkt a) um die „fraglose" Gültigkeit von Normen ging (eine Art Meta-Norm), kollidieren im Konflikt die konkreten unterschiedlichen Wertvorstellungen miteinander.

c) *Symmetrie verkürzter (kognitiver) Perspektiven der Konfliktparteien:*
- Jede Konfliktpartei sieht sich von der anderen bedroht und erkennt nicht, wie sie selbst als Bedrohung für den anderen wirkt.
- Jede Konfliktpartei interpretiert die Bedrohung durch die andere als Absicht und verkennt, dass die andere Konfliktpartei zum Beispiel genauso um ihr Gleichgewicht (s.o.) ringt, wie sie selbst; die Bedrohung ist die Wirkung, aber nicht die Absicht (vgl. Wanderung N°54).
- Die Dynamik des Gewinner-Verlierer-Spiels wird nicht bedacht: Der „Sieg" im Streit geht immer auch mit einem Verlust einher, etwa dem Verlust an Nähe, an Sympathie. Meist sinnt der Verlierer auf die Revanche.

Diese Symmetrien in Verbindung mit Widersprüchen oder Unvereinbarkeit auf der konkreten inhaltlichen Ebene, also dem Thema, um das es im Konflikt geht, machen die Dynamik, die Energie und die zirkulären Muster von Streitereien aus.

Streiten verbindet, weil es eine Form der Beziehungsgestaltung ist. Aber es entzweit auch, es ruiniert auf Dauer eine enge, positive Beziehung.
Soll an die Stelle negativer Streitmuster etwas Konstruktives treten, bedarf es einer Veränderung der zugrunde liegenden Dynamik. Aber auch die negativen Muster selbst, die oben aufgelistet wurden, müssen unterbrochen werden.

Denn diese Muster sind geeignet, die tieferen Dynamiken, also beispielsweise den Kampf ums „Rechthaben" und was dahinter steht, überhaupt erst zu aktivieren. Oft hilft es daher schon, einige Verhaltensregeln zu beherzigen, die im Wesentlichen auf die Umkehrung der negativen Streitmuster hinauslaufen:

Möglichkeiten konstruktiven Streitens

- Man soll beim begonnenen Thema bleiben und keinen Themenwechsel vollziehen oder zulassen! Dementsprechend braucht kein Beschwerdesack geleert zu werden, das Museum der Verletzungen bleibt geschlossen und alle Formen von gegenseitigen „Aufrechnungen" sind unnötig und zu unterlassen.
- Tempo raus! Man mache sich klar, dass es nicht eilt, dass Temposteigerungen nur den Stresspegel erhöhen und dadurch die eigenen Reaktionen und die des anderen unbesonnener werden.
- Man sollte gleichmäßig fest und klar auftreten, dann kommt es am wenigsten zu aufgestautem Ärger. Andererseits gilt es auch, die Eskalationen des anderen in der Wortwahl und Stimmlage (laut werden) nicht mitzumachen; dementsprechend sollte man lieber mit der Erwiderung warten, innerlich bis Zehn zählen oder beruhigende Worte zu sich selbst sprechen. Insbesondere ist es nötig, sich klarzumachen, dass man als Mensch im Grundsatz „okay" bleibt, auch wenn man in der Sache vielleicht tatsächlich im Unrecht ist.
- Es ist hilfreich, sich immer mal wieder zu vergewissern, ob man sich nicht verhört hat. „Habe ich das richtig gehört, dass ..."
- Es ist zwecklos, um die „Wahrheit" streiten; besser ist es, das eigene subjektive Erleben mitzuteilen und sich für das

Erleben und die Wahrnehmungen des anderen zu interessieren. „Ich hab` das Ganze so erlebt ..., und du?"
- Wenn all dies nichts nützt, kann man den Vorschlag machen, die Auseinandersetzung zu vertagen.

Diese Strategien kann man als positiv wirkende Muster bezeichnen. Sie sind eine Art Selbsthilfeprogramm. Die Bearbeitung der dem Streit zugrunde liegenden Dynamiken erfordert einiges an Selbstreflexion. Sie setzt eine Arbeit an sich selbst voraus, die möglicher Weise ohne eine Beratung nicht glückt.

Damit kommt allerdings in einem Steit bzw, Konflikt eine dritte Person ins Spiel, was die Dinge nicht vereinfacht. Dass sich der Dritte freut, wenn zwei sich streiten, wie das Sprichwort sagt, ist keineswegs sicher, wie wir auf der nächsten Wanderung noch sehen werden.

Berater haben oft die Aufgabe, einen Streit zu schlichten und zu einer Konfliktlösung zu verhelfen. Mediation, Konfliktmanagement und ähnliches sind die heute umfangreich zur Verfügung stehenden Methoden. Unzählige Websites findet man inzwischen im Internet. Ich will mich daher hier auf ein methodisches Grundinventar und einige wesentliche theoretische Überlegungen beschränken.

Konflikte lösen, sich lösen vom Konflikt

Schon jetzt sei darauf hingewiesen, dass die Konfliktlösung (im Sinne von Verhandlungen, Kompromissen oder Interessensausgleich) zwischen den Konfliktparteien nur möglich ist, wenn alle Beteiligten grundsätzlich an einer Lösung auf diesem Wege interessiert sind. Hofft auch nur eine Seite darauf, im Konflikt über den Weg des Machtkampf „den Sieg davon zu tragen", klappt das Ganze nicht oder erst dann, wenn den Konfliktparteien ihr Machtkampf (zwischenzeitlich) aussichtslos erscheint. Sich darüber zu vergewissern bzw. diese Frage zu klären, ist die wichtigste Aufgabe, die Berater vor jedem weiteren Schritt erledigen sollten.

Es kann sein, dass es eine „dritte" Person gibt, die sich wirksam in den Konflikt einmischen kann, weil sie von den Kontrahenten akzeptiert oder sogar benötigt wird. Das ist beispielsweise bei Sorgerechtsfragen der Fall, wo die Stellungnahme des Jugendamtes vom Gericht abgerufen wird und je nach Verhalten der Elternteile so oder so ausfallen kann. Dieser „strategische Vorteil" kann (übrigens zum Wohle des Kindes) für eine Konfliktlösung genutzt werden.

Psycho-Logische Struktur von Konflikten
Die immer wiederkehrende formale Struktur eines Konfliktes zu kennen, kann bei der Lösung hilfreich sein, weil sie von der inhaltlichen Ebene, auf der der Konflikt oft unauflösbar erscheint, hin zu zwei logische n Formen von Konflikten führt, für die es unterschiedliche Lösungsstrategien gibt:
a) Die erste Art lässt sich in der Formel ausdrücken: $x(A) \neq y(B)$
sie bedeutet, dass das Anliegen x von Person A nicht dem Anliegen y von Person B entspricht, das heißt, die beiden Ziele, Forderungen usw. unterscheiden sich voneinander, stehen aber nicht von vorneherein im Widerspruch zueinander, schließen sich nicht gegenseitig aus. Es kann also bei der Konfliktlösung geprüft werden kann, wie sich x und y eventuell miteinander vereinbaren oder verknüpfen lassen.
b) Die zweite Formel lautet
$$x(A) \text{ --| |-- } y(B)$$
und bedeutet dass das Anliegen x von Person A im Widerspruch zum Anliegen y von Person B steht, das heißt, beide Ziele, Forde-

rungen usw. schließen sich gegenseitig aus, es gibt keinen Kompromiss, ohne dass A oder B auf ihr Ziel oder Teile davon verzichten.

Welche der beiden Möglichkeiten vorliegt, ist am Anfang einer Konfliktlösung nicht unbedingt gleich erkennbar, sondern erst, wenn der Lösungsprozess begonnen wird.

Ein Beispiel zur Veranschaulichung obiger Formeln: Im Zuge eines Scheidungsverfahrens beansprucht die Mutter (A) das alleinige Sorgerecht für sich (x), während der Vater (B) über die Frage der schulischen Bildung seiner Kinder und das Ausmaß des Besuchsrechtes allein entscheiden will (y). Hier also haben wir den Fall: x(A) --| |-- y(B).
Angesichts dieses Widerspruches bzw. dieser Unvereinbarkeit in den konkreten Anliegen verstricken sich die Konfliktparteien sehr leicht in den Machtkampf, ob x oder y gemacht wird.
Aber auch im Falle: x(A) ≠ y(B) kann dieselbe Dynamik entstehen, der evtl. auch diejenigen, die im Konflikt vermitteln wollen, hilflos gegenüberstehen. x ≠ y wäre hier der Fall, wenn die Mutter das Besuchsrecht „beschränken" will, während der Vater ein großzügiges Besuchsrecht verlangt. Denn „beschränken" und „großzügig" sind eher quantitative Ausdrücke, die sich nicht von vorneherein ausschließen. Es genügt jedoch, wenn die Konfliktparteien meinen, beides sei nicht miteinander vereinbar, und der Konflikt erscheint ihnen unauflöslich. Werden die „Spielräume" von „beschränken" und „großzügig" (z.B. mit Hilfe der Meta-Modellfragen) konkretisiert („Was ist 'großzügig' mindestens?", „Beschränken, was heißt das?"), ist vielleicht ein Kompromiss möglich.

Zur Struktur von Konflikten
Oben haben wir bei der Dynamik von Streitereien schon einiges über die Struktur von Konflikten erfahren. Im Konflikt geht es zunächst ganz konkret um unterschiedliche oder sich widersprechende Ziele und Bedürfnisse. Den Konfliktparteien sind meistens auch nur das konkrete Thema bzw. die verschiedenen Anliegen (x und y) bewusst.

Fragt man genauer nach, lässt sich aber meist sehr schnell zeigen, dass x und y nur vordergründige Ziele sind, es gibt immer ein dahinter liegendes Ziel; zum Beispiel ein Paar hat unterschiedliche Urlaubsziele im Visier, er will nach Frankreich, sie will nach Indien reisen.
Die Übersicht zeigt an diesem Beispiel die Wünsche und die dahinter liegenden Ziele:

A will: Frankreich, Badeurlaub	B will: Indien, Kulturreise
⇩	⇩
Auftanken und Energie sammeln	neue Eindrücke und raus aus Alltag
⇩	⇩
bessere Alltagsbewältigung	bessere Alltagsbewältigung

Der Pfeil drückt aus, um was es jeweils geht, wie die von der Person vermuteten Zusammenhänge sind und welcher Urlaub dem allgemeinen Ziel besserer Alltagsbewältigung dienlich sei.

Wir erkennen hier das Schema wieder, das wir schon bei der Wanderung N° 29 über des Erfinden von Zielen und bei Wanderung N° 36 über die Lösung von Entscheidungsproblemen diskutiert hatten.
Die nach oben weisenden Pfeile im Schema verweisen auf zunehmende, grundsätzliche Bedeutung und Verallgemeinerung von Zielen und Werten, um die es geht.[1]

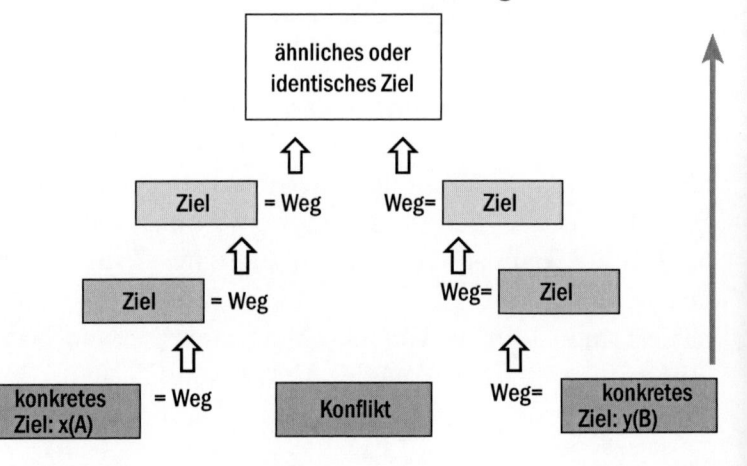

Durch konsequentes Hinterfragen von x und y, das heißt derjenigen Verhaltensweisen oder konkreten Ziele, wegen denen die beiden Personen in Konflikt geraten, wird sichtbar, dass es sehr häufig auf einer abstrakteren Stufe um gemeinsame oder ähnliche Motive geht. Im obigen Beispiel vom Urlaub ergibt sich eine Ähnlichkeit nach relativ kurzem Hinterfragen. Es ist aber je nach Problemstellung auch denkbar, dass Ähnlichkeiten erst auf einer sehr allgemeinen abstrakten Ebene, also in grundsätzlichen Lebenszielen erkennbar werden. Dennoch geraten diese Lebensziele (vermeintlich) in Konflikt miteinander, erst recht, wenn das Ganze noch mit Glaubenssätzen über Wahrheit, Bedürfnissen u.a.m., wie wir sie oben schon diskutiert hatten, verknüpft ist, also in der Urlaubsfrage einen Kompromiss zu finden, als „Niederlage" interpretiert wird.

Es ist wichtig herauszuarbeiten, dass x oder y jeweils nur einen von mehreren möglichen Wegen zur Verwirklichung der dahinter liegenden Ziele darstellt. Dass es aber meistens mehrere geeignete Wege gibt, wurde bisher noch nicht von den Konfliktparteien gesehen. Je weniger die Beteiligten alternative Wege wahrnehmen oder für möglich halten, desto schärfer wird der Konflikt und neue Themen kommen noch dazu: Verzichten, Nachgeben, Gerechtigkeit usw., der Konflikt bekommt die schon genannte Gewinner-Verlierer-Dynamik. Watzlawick nennt es ein „Null-Summen-Spiel".

Wenn (in einem ersten Schritt) die Konfliktparteien entdecken, dass sie in letzter Hinsicht dasselbe oder ähnliches wollen, wirkt sich oft schon diese Erkenntnis in einer Entschärfung des Konfliktes aus, das Verständnis für einander kann wachsen. In einem zweiten Schritt muss nun eine Rücktransformation vom gleichen oder ähnlichen höheren Ziel bis hin zum konkret umsetzbaren Ziel so erfolgen, so dass sich die konkreten Wege nicht mehr widersprechen oder im Sinne eines „Sowohl-Als-Auch" kombinierbar werden. Formal heißt das: x und y werden bei dieser Rücktransformation verändert (in x' und y'), was mit der Erkenntnis für A und B einhergeht, dass auch ein anderer Weg zu den übergeordneten bzw. grundlegenden Zielen führen kann. Im obigen Beispiel kann das zum Beispiel einen Urlaub in Griechenland mit Baden und Besichtigungsfahrten bedeuten.

In einem weiteren Schema, das man auch direkt mit den Klienten in der Beratung bearbeiten kann, lässt sich dies so darstellen (siehe nächste Seite):

Die motivationale Ebene, die sich z.B. aus dem Wunsch, bestimmte Ziele zu erreichen ergibt, und die gedankliche Ebene, in der die möglichen Wege zum Ziel meistens in Form einer Wenn-Dann-Formel konstruiert sind, sind miteinander verknüpft. Wie wir in Wanderung N° 29 schon sahen, glauben die Betroffenen oft, es gebe nur „einen Weg nach Rom". Wenn es beiden Konfliktparteien so erscheint, dass jeweils nur der Weg über x bzw. y zu den jeweiligen grundlegenden Zielsetzungen führt, entsteht für beide Seiten eine Situation des „Alles oder Nichts". Wie soll man da nachgeben? Ein Kompromiss ist bei dieser Lage nicht in Sicht. Im zweiten Schema auf der nächsten Seite wird der Sachverhalt nochmals veranschaulicht, wobei wir auch wieder die leicht abgewandelten „logischen Ebenen" (nach Robert Dilts) zur Hilfe nehmen:

Das Symbol ↕ drückt ein Wechselwirkungsverhältnis zwischen den verschiedenen Ebenen aus. Beispielsweise werden Glaubenssätze zum Motor verschiedener Verhaltensweisen, die ihrerseits wiederum der Bestätigung des Glaubenssatzes dienen können. Bestimmte Bedürfnisse befriedigen zu können kann für

---

1 In der gewaltfreien Kommunikation (Marshall B. Rosenberg) tauchen auf den oberen Teilen der Zielehierarchie immer wieder Bedürfnisse auf, um deren Befriedigung es geht.

Bewusst-heitsgrad	motivationale Ebene	logische Struktur der Gedanken	Bearbeitung in der Konfliktlösung
eher nicht bewusst	Wunschzustand: Phantasie, wie es einem geht, wenn ... ⇩	oberstes Ziel ⇩	
		„wenn - dann"- Konstruktion ⇩	← mit der Person überprüfen
	Phantasie, welcher Weg zum Wunschzustand führt ⇩	konkretes Ziel ⇩	← nach Alternativen suchen
		„wenn - dann"- Konstruktion ⇩	← mit der Person überprüfen
bewusst	konkretes Vorhaben	Weg zum konkreten Ziel	← nach Alternativen suchen

jemand Ausdruck eines glücklichen und damit sinnvollen Lebens sein und umgekehrt.

Ein Beispiel soll dieses Schema und seine Handhabung veranschaulichen:
Es geht hier um einen sehr typischen Konflikt zwischen Eltern und ihrer gerade 15 Jahre alt gewordenen Tochter Conny über die Frage, wann sie am Abend zu Hause sein müsse. Die Eltern bestehen bisher darauf, dass sie um 20 Uhr heimzukehren habe, die Tochter protestiert und hält sich auch nicht daran, sondern kommt mal um 23 Uhr, manchmal auch erst nach Mitternacht heim. Es „kracht" dann regelmäßig, Hausarrest wird ausgesprochen, den die Tochter umgeht, indem sie nach der Schule erst gar nicht heimkommt, sondern zu einer Freundin „flüchtet" und dort Geschichten erzählt, sie werde zu Hause geschlagen usw. Die Konflikte eskalieren immer wieder.

In der Beratung stellt sich nun folgendes heraus: Die Eltern haben nicht nur Sorge, dass die „langen Nächte" sich negativ auf die Schule auswirken, sondern vor allem, dass ihrer Tochter nachts etwas zustoßen könnte, ohne dass sie es verhindern könnten. Würde dieser Fall eintreten, würden sie sich schwerste Vorwürfe machen und hätten ihrer Ansicht nach als Eltern versagt. Das erleben sie als Bedrohung ihres Lebensentwurfes.

Für die Tochter geht es sowohl um mehr Freiheit als auch darum, vor den Augen ihrer Kameradinnen und auch der Jungs gut dazustehen. Schon um 20 Uhr heim zu müssen, ist absolut nicht „cool". Etliche ihrer

Konfliktschema (abgewandelt nach den „logischen Ebenen" von R. Dilts)

Person A: Psycho-logische Ebenen		verdeckte Beziehungs-ebene	Person B: Psycho-Logische Ebenen	
Identität finden und allgemeine Lebensziele verwirklichen (oberstes Ziel hinter allen Zielen)		eher unbewusst bleibende Ebenen oder keine Kommunikation darüber	Identität finden und allgemeine Lebensziele verwirklichen (oberstes Ziel hinter allen Zielen)	
⇕	⇕		⇕	⇕
Werte und Glaubenssätze bestätigen	Bedürfnisse befriedigen Gefühle ausdrücken		Werte und Glaubenssätze bestätigen	Bedürfnisse befriedigen Gefühle ausdrücken
⇕	⇕		⇕	⇕
(= Ziele hinter konkreten Zielen)			(= Ziele hinter konkreten Zielen)	
⇕	⇕		⇕	⇕
Konkretes Ziel als Verhaltensmotiv (z.B. Recht bekommen)			Konkretes Ziel als Verhaltensmotiv (z.B. Recht bekommen)	
⇕		sichtbarer Konflikt	⇕	
Verhalten von A als bisheriger Weg zum konkreten Ziel			Verhalten von B als bisheriger Weg zum konkreten Ziel	

Kameradinnen haben tatsächlich durchgesetzt, dass sie erst um 22 Uhr, 23 Uhr oder noch später heim gehen brauchen. Dass einige andere Kameradinnen immerhin auch schon um 21 Uhr daheim sein müssen, kommt erst im Laufe des Interviews heraus. Wesentlich ist aber, dass Conny ihren Selbstwert daran festmacht, wie lange sie abends fortbleiben kann. „Cool" sein, ist der Ausdruck für einen solchen Selbstwert in der Modesprache der Jugendlichen. Im Gespräch mit Conny stellt sich heraus, dass die Verknüpfung zwischen Selbstwert und was alles in der Szene als „cool" gibt, ziemlich willkürlich ist. Am häufigsten geht es um Freiheit und Autonomie.

So stehen also der Lebensentwurf der Eltern im Gegensatz zu Selbstwert und Autonomie der Tochter. In der Skizze stellt sich das so dar:

Das folgende Interview widmete sich der Frage, ob die Eltern nur dann „gute Eltern" sein können, wenn sie erreichen, dass ihre Tochter um 20 Uhr heim komme, oder auch dann, wenn sie mit ihr verbindliche Absprachen aushandeln, die dann tatsächlich auch funktionieren, anstatt mit einem Hausarrest zu operieren, der dann auch wieder von Conny umgangen wird. Mit der Tochter, die übrigens bisher noch gar nicht wusste, um was es den Eltern eigentlich geht, wurde besprochen, ob sie auch dann noch vor ihren Freundinnen gut da stünde, wenn sie erzählen könne, sie habe mit ihren Eltern einen Kompromiss ausgehandelt, und jetzt würden die Eltern auch nicht mehr nerven. Es sei fast wie bei Tarifverhandlungen gewesen. Sie meinte lächelnd, das würde keinen schlechten Eindruck machen, zweifelte aber, dass es einen Kompromiss mit den Eltern geben könne.

Die „Tarifverhandlungen" fanden dann in der Beratung statt. Das Ergebnis nach drei Sitzungen (!) war: Wenn eine Prüfung in der Schule ansteht, ist Conny um 21 Uhr zu Hause, sonst um spätestens 23 Uhr, samstags um 24 Uhr. Wird es an solchen Tagen später als 22 Uhr, schickt sie den Eltern ein SMS, wo sie sei und ob alles klar gehe. Desgleichen sagt sie ihren Eltern beim Weggehen, was sie vorhabe, wo sie sich wahrscheinlich aufhalte. Gleich nach dem 16. Geburtstag werden neue „Tarifverhandlungen" angesetzt.

Letztlich war diese Kompromissformel möglich, weil beide Seiten erkennen konnten, um was es im Grunde genommen geht und dass auch andere Wege zu den jeweiligen Zielen führen können. Das Reframing der „Tarifverhandlungen" tat ein Übriges, um den Weg zu ebnen.

Eltern	Bisher nicht bewusste Ziele und Motive	Tochter (Conny)
sich bescheinigen können, gute Eltern gewesen zu sein (oberstes Ziel hinter allen Zielen) ⇕		Autonomie, verstanden als „Freiheit" und als „cool" dastehen (oberstes Ziel hinter allen Zielen) ⇕
Bisherige Werte und Glaubenssätze, woran gute Eltern zu messen sind Ziel hinter dem konkreten Ziel ⇕		Glaubenssatz, dass ein Reglement zu akzeptieren nicht „cool" ist Ziel hinter dem konkreten Ziel ⇕
Tochter soll um 20 Uhr daheim sein ⇕		Conny will frei bestimmen, wann sie heim kommt ⇕
An der Regel/Forderung festhalten; Hausarrest bei Regelverstoß, um die Regel durchzusetzen	sichtbarer Konflikt	Die Forderungen der Eltern nicht beachten; Hausarrest umgehen

Erfülltes Leben		Positiver Selbstwert
⇑ Weg		⇑ Weg
gute Eltern sein, Pflicht erfüllen		frei und anerkannt sein
⇑ Weg		⇑ Weg
der Tochter passiert nichts		vor den anderen als "cool" dastehen
⇑ Weg		⇑ Weg
um 20 Uhr heimkommen	Konflikt	möglichst spät heimkommen

Über den jeweils persönlichen Hintergrund des Konfliktes kommunizieren die beiden Seiten oft nicht, wie wir am Beispiel sehen konnten. Diesen Hintergrund voneinander zu erfahren kann (muss allerdings nicht) schon zur Entschärfung des Konfliktes beitragen.

Es kann sich aber auch herausstellen, dass es gerade auf den höheren logischen Ebenen um einen nicht auflösbaren Widerspruch geht, in dem zum Beispiel zwei verschiedene Wertesysteme oder Idealvorstellungen miteinander kollidieren, und keine der Parteien bereit ist, sein Wertesystem zu ändern. Lebensziele können sich sehr unterscheiden und im Rahmen einer Beziehung evtl. nicht zugleich realisiert werden; zum Beispiel wenn für jemand die Familie „an erster Stelle" steht, für den Partner jedoch der Beruf. Wenn solche grundsätzlichen Lebensziele Bestandteile der Identität der Person sind, kann der Konflikt nur gelöst

werden, wenn herausgearbeitet wird, welche verschiedenen Wege es „nach Rom" gibt.
Gelingt dies auch nicht, bleibt nur, dass die Beteiligten ihre Beziehung neu definieren, sodass sie vielleicht nicht mehr so stark aufeinander angewiesen sind. Sonst bleibt der Konflikt bestehen und es „kracht" immer wieder. Es kann auch darauf hinaus laufen, sich voneinander zu trennen, also eine Freundschaft oder Partnerschaft zu beenden. Bevor man diese allerletzte Möglichkeit ins Auge fasst, sollte man sich allerdings um die Lösung solcher Konflikte nachhaltig bemühen, denn bei einer nächsten Beziehung erwarten einen unter Umständen dieselben Schwierigkeiten wieder. Damit sind wir bei den ...

Voraussetzungen für die Konfliktlösung und Methodik der Konfliktberatung

Das folgende Konfliktlösungsmodell ist generell bei zwei oder mehreren Personen anwendbar. Zur Vereinfachung gehen wir von einem Konflikt zwischen zwei Personen (oder zwei „Parteien") aus.

Konfliktlösung in eigener Regie:
Bei Konflikten besteht häufig die Gefahr, dass eine der Konfliktparteien befürchtet, die andere setzte sich auf ihre Kosten durch. Wollen beide Seiten ihren Konflikt ohne fremde Hilfe lösen, sind deshalb folgende Voraussetzungen wesentlich:
1. Die grundsätzliche Bereitschaft beider Seiten, den Konflikt zu lösen, muss vorhanden sein.
2. Der Aufbau gegenseitigen Vertrauens in diese Bereitschaft zur Konfliktlösung durch einen „Waffenstillstand" ist eine wichtige Voraussetzung; das bedeutet, dass beide Seiten darauf verzichten, neuerlich Streit zu eskalieren.
3. Beide müssen trotz aller Aufgeregtheit bereit sein, auf der Prozessebene mitzudenken („was läuft gerade"), wenn sich im Gespräch der Konflikt wieder zuspitzt.

Sind die letzten beiden Voraussetzungen nicht ausreichend erfüllt, sollte eine Beratung in Anspruch genommen werden.
4. Im gemeinsamen Gespräch kann man darlegen, worum es eigentlich geht und dazu das Schema von Seite 360 verwenden, d.h. die jeweils grundlegenden Ziele herausarbeiten und dafür neue Lösungswege finden.

Konfliktmoderation in der Beratung
Ein Konfliktgespräch kann in folgende Etappen gegliedert werden:

1. Aufbau eines Rahmens:
Um die Effektivität einer Konfliktberatung zu gewährleisten, sind klar umrissene Bedingungen an die Konfliktpartner zu stellen, und diese sollten zu Beginn der Beratung abgeklärt bzw. vereinbart werden: Der Berater sollte mit beiden Seiten klären und ihr Einverständnis einholen,
– dass überhaupt eine Konfliktberatung mit dem Ziel der Konfliktlösung stattfinden soll
– dass der Berater die Regie auf der Prozessebene übernehmen darf, das heißt den Gesprächsverlauf zu strukturieren und zu bestimmen, wer wann redet bzw. wer gerade nur zuhört
– dass die Konfliktparteien einverstanden sind, dass der Berater (zumindest anfangs) keine direkte Kommunikation zwischen ihnen zulässt, die ohnehin nur im Streit enden würde
– dass der Berater das Gespräch beendet, sobald diese Regeln wiederholt verletzt werden und Ermahnungen nichts nützen

Etwas Aufklärung durch den Berater ist oft hilfreich. Er kann erklären,
- dass es nicht nur eine Wahrheit, eine Wirklichkeit gibt und dementsprechend nicht nur einer „im Recht" ist, dass es vielmehr beim Konflikt zwischen zwei Menschen mindestens drei Wirklichkeiten gibt: die subjektive Wirklichkeit der einen Person und die der anderen Person, sowie schließlich die Wirklichkeit dessen, was zwischen ihnen tatsächlich abläuft, die jedoch niemand genau kennen kann, auch der Berater nicht; es hat also keinerlei Sinn, darum zu kämpfen, „im Besitz der Wahrheit" zu sein, den anderen ins Unrecht zu setzen und schließlich zu „gewinnen"; soll der Konflikt gelöst werden, geht es vielmehr darum, die Motive und Ziele des jeweils anderen zu verstehen und sich auf die Suche nach möglichen Kompromissen zu machen
- dass der Berater nicht parteilich sein wird und darf, sondern allenfalls dafür Partei ergreift, dass der Konflikt gelöst wird

In den Aufbau dieses Rahmens sollten Berater viel Sorgfalt und Zeit investieren, denn er ist Voraussetzung dafür, dass der sich nun anschließende Gesprächsprozess, bei dem natürlich gleich die emotionalen Wogen wieder hochschlagen können, nicht ständig entgleist! Die Konfliktparteien sind oft weiterhin nur halbherzig bereit, sich auf einen Ausgleich, einen Kompromiss einzulassen, glauben nach wie vor, doch im Recht zu sein, oder fürchten sich davor, das Gegenteil könnte sich herausstellen. Berater müssen immer wieder auf die Einhaltung des Rahmens pochen, und das gelingt nur, wenn dieser Rahmen vorher begründet und verabredet wurde.

2. Erkundung der Motive und Ziele der Konfliktparteien:

Der nächste Teil des Konfliktgesprächs besteht dahin, dass der Berater abwechselnd die Konfliktparteien nach ihren Anliegen und den dahinter liegenden Zielen befragt. Hier sollte man mit der Skizze von Seite 360 arbeiten und die Fragen aus dem Anhang zur Wegskizze in Wanderung N° 29 zu Hilfe nehmen, nämlich die Fragen zum „Ziel hinter dem Ziel".

Auf diese Weise bekommen beide Seiten Informationen über den anderen, die sie oft (in dieser Form) noch nicht haben. Die Befragung mündet schließlich auf einer Ebene, wo die Ziele der Beteiligten gleich oder zumindest ähnlich sind; beide Seiten können erkennen, dass sie letztlich um ihr Wohlergehen, ihre Identität, ihre Lebensführung ringen, es ihnen jedoch keineswegs darum geht, dass es der andere „schlecht haben" soll.

Damit ist zwar noch nicht klar, wie es jetzt zu einem Ausgleich der Interessen kommen kann, aber es kann schon etwas mehr Gelassenheit oder Ruhe in die Auseinandersetzung kommen, wenn man im anderen nicht mehr primär seinen „Feind" sieht.

Manchmal ist der Konflikt allerdings schon so eskaliert oder verhärtet, dass die Konfliktparteien nicht bereit sind, sich in Gegenwart des anderen derart zu öffnen. Es kann sein, dass der Berater diese und die weiteren Recherchen in getrennten Gesprächen anstellen muss, und man sich erst am Schluss, wenn für den Berater Kompromisslinien erkennbar geworden sind, wieder an einen Tisch setzt.

3. Lösungssuche:

Die nächste Etappe des Konfliktgesprächs besteht in der Erarbeitung derjenigen konkreten Wege bzw. Alternativen, die sich gegenseitig nicht mehr ausschließen bzw. kombinierbar sind. Wieder kann die Fragetechnik aus Wanderung N° 29 verwendet werden. Mit beiden Seiten werden, jeweils auf ihre Ziele bezogen, die anderen Wege „nach Rom" gesucht. Die bisherigen, meistens „einbahnstraßenartig" aufgebauten Konstrukte werden mit Hilfe der obigen Skizzen (S. 360 und S. 362) überprüft und „flexibilisiert". So ergeben sich in der Regel für beide Seiten mehrere Alternativen, wie sie jeweils die ihnen ja wichtigen Ziele auch erreichen können, die sich nun jedoch nicht mehr so ausschließen, wie bisher. Es lohnt sich, die obigen Skizzen als Visualisierungshilfe zu benutzen.

4. Verabredungen:
Zum Schluss wird verbindlich vereinbart, dass beide Seiten den gefundenen Kompromiss erproben. Meistens empfiehlt sich, dafür eine zeitliche Befristung auszumachen. Dadurch wird das Ganze überschaubar; die wahrscheinlich nach wie vor wirksamen Ambivalenz, die sich aus der Sorge, ob man nicht doch „über den Tisch gezogen worden sei", oder aus anderen Ängsten speist, wird berücksichtigt.
Vor Ablauf der Phase des Experiments sollte ein neues Treffen verabredet werden, um eine Auswertung vorzunehmen und neue Vereinbarungen zu treffen.

Komplikationen

Der bisher, auch im Beispiel beschriebene Weg setzt – wie erwähnt – die Bereitschaft aller Konfliktpartner voraus, den Konflikt zu lösen und sich in Bezug auf Motive und Ziele hinterfragen zu lassen, anstatt auf einen Kampf um Sieg oder Niederlage zu setzen.
Was passiert, wenn diese Bereitschaft nur einseitig vorhanden ist? Eine Lösung ist dann oft nur möglich, indem eine Partei auf ihre Ziel oder Forderungen verzichtet. Hier kann sich unter Umständen jemand in eine Opferrolle manövrieren, und es werden ungute Gefühle (Ärger, Unzufriedenheit, Verletztsein) zurückbleiben. Oft ist das der Nährboden für den nächsten Konflikt. Insofern wird eine Einzelberatungsarbeit zweckmäßig, damit der Betroffene mit dem Verlust fertig wird, den der Verzicht mit sich bringt („Trauerarbeit").

Es kann aber auch Inhalt der Beratung werden, wie die Konfliktpartner ihre Beziehung neu definieren, etwa indem sie sich aus Abhängigkeiten voneinander lösen oder sich überhaupt trennen.

Eine bisher nicht berücksichtigte Komplikation kann darin bestehen, dass der Konflikt Teil der Beziehungsgestaltung wird: Um der Beziehung willen (z.B. um immer wieder Distanz in einer sehr symbiotischen Beziehung herzustellen) werden Konflikte benötigt. Die Konfliktlösung würde dann möglicherweise Probleme auf der Beziehungsebene auslösen, so dass ein nächster Konflikt gerade zu gesucht wird. Dies kann beispielsweise der Hintergrund sich endlos hinziehender Streitigkeiten bei einer Scheidung sein: Im Streit bleiben die beiden verbunden und müssen sich nicht wirklich voneinander lösen. Leidtragende sind dann oft die Kinder, die als Streitthema funktionalisiert werden.
In solchen Fällen kann helfen, die Beteiligten mit diesen Sachverhalten zu konfrontieren. Eine weitere Möglichkeit besteht darin, einen Streit zu bestimmten Themen zu verordnen: „Ich fordere Sie auf, eine Auseinandersetzung über die Frage zu führen, wie lange Ihre bisherigen Konflikte noch mindestens andauern müssen, bevor Sie ohne zurecht kommen. Fechten Sie diesen Streit aus!"
In der Wegskizze wird nun eine etwas vereinfachte Variante des Konfliktlösungsgesprächs vorgestellt, bei der (zunächst) die Dynamik

des Streits und die psychologischen Hintergründe des Konflikts nicht so ausführlich durchleuchtet werden. Oft kommt man damit schon ziemlich weit. Der Aufbau des Rahmens hat aber auch hier hohe Priorität! Im Anhang werden noch einige Varianten genannt, die man in die Konfliktmoderation einbauen kann.

Wegskizze

Methodischer Aufbau der Konfliktmoderation

Erster Schritt: Aufbau des Gesprächsrahmens:

Vorbereitung: Für die Anordnung der Stühle ist zu empfehlen

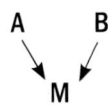

$$\begin{array}{cc} A & B \\ \searrow & \swarrow \\ & M \end{array}$$

Konfliktparteien sind mit „A" und „B" gekennzeichnet, M ist der Berater als Mediator bzw. Konfliktmanager. Die Pfeile zeigen die durch die Stuhlanordnung bereits nahe gelegte Blickrichtung von A und B. Je massiver der Konflikt, desto weniger ist es sinnvoll, dass die Konfliktparteien sich ansehen; das Gespräch läuft auch über M, A und B sollen nicht direkt miteinander reden.
M sollte sich nochmals innerlich darauf einstimmen, selbst Ruhe zu bewahren und vor allem neutral zu bleiben.

Zu Beginn des Gesprächs ist zu allen Seiten gleichmäßig Kontakt aufzunehmen und ein möglichst guter Rapport herzustellen.
Dann sind folgende Bedingungen abzuklären und dafür das Einverständnis der Konfliktparteien einzuholen: Wenn das Konfliktgespräch überhaupt Aussicht auf Erfolg haben soll, müssen alle Seiten einwilligen,
− dass eine Konfliktberatung stattfinden soll;
− dass der Berater die Regie auf der Prozesseebene übernimmt, den Gesprächsverlauf strukturiert und bestimmt, wer wann redet;
− dass der Berater anfangs keine direkte Kommunikation zwischen den Konfliktpartnern zulässt;
− dass er das Gespräch beendet, sobald diese Regeln wiederholt verletzt werden und Ermahnungen nichts nützen.

Hilfreich kann hier eine Aufklärung wirken, dass es nicht nur eine Wahrheit gibt (und dem entsprechend nicht nur einer im Recht sein kann), sondern mindestens drei „Wahrheiten": Die subjektive Wirklichkeit der einen Person und die der anderen Person, sowie schließlich die Wirklichkeit dessen, was zwischen ihnen abläuft (... und die kennt niemand genau).

Zweiter Schritt: Interviews
Es kann sein, dass für diesen Teil der Moderation mehrere Gespräche erforderlich werden! Abwechselnd werden in mehreren „Runden" die Konfliktparteien befragt, die andere Partei hört nur zu:
1. Runde:
− Worum geht`s bei dem Konflikt?
− Welche Ziele (Bedürfnisse, Wünsche, Werte) stehen dahinter? (... Ziel hinter dem Ziel !)
− Welche Ziele (Bedürfnisse, Wünsche, Werte) stehen möglicherweise/vermutlich bei der anderen Partei hinter dem Konflikt?
− Was sind die konkreten Veränderungswünsche an die andere Seite?
2. Runde:
− Was ist von den Aussagen der anderen Seite angekommen? Alles schon gewusst?
− Stellungnahme zu den Änderungswünschen?
− Welche Kompromissmöglichkeiten gibt es?
3. Runde: (hier wird nun auch mehr direkter Austausch zwischen den Konfliktparteien zugelassen)
− Verhandeln eines Kompromisses und bestimmter (Verhaltens-)Regeln
− „Hausaufgaben", die insbesondere der Veränderung von Mustern dienen
4. Runde: Ergebnis festigen:
− Vertrag, dass jede(r) sich an die Vereinbarungen hält und seine „Hausaufgaben" macht, unabhängig davon, ob die andere Seite die ihrigen macht!!
− Probezeit und weiteres Gespräch zur Auswertung vereinbaren

*Wohin
Konflikteskalation
führen kann ...*

Mordillo

Anhang

Varianten und weitere Elemente, die in die Konfliktmoderation eingebaut werden können.

Zur Vorbereitung:

Es kann sinnvoll sein, dass in der Phase des Aufbaues eines Rahmens jeder der Konfliktparteien erst einmal für sich einen Raum bekommt, „Dampf abzulassen", um etwas emotionalen Abstand zum ganzen Konfliktgeschehen herzustellen. Das kann durch einen vorherigen kleinen Spaziergang passieren, den jede Seite für sich allein macht, oder dadurch, dass jede Konfliktpartei ihren Ärger zuerst auf einen Zettel (mit sämtlichen Schimpfwörtern, die sie dem anderen gerne an den Kopf werfen würden) schreibt, und dann den Zettel zerknüllt.

Oder der Berater versucht es mit einer ersten Gesprächssequenz mit jeweils den Konfliktparteien allein. Diese Variante ist allerdings riskant! Der Berater muss beiden Seiten erklären, dass sie jetzt nur etwas Raum bekommen, Ärger etc. loszuwerden. Der Berater ergreift keinerlei Partei, es soll nur verhindert werden, dass sich die Konfliktparteien wieder direkt Sachen an den Kopf knallen, die eine Konfliktlösung erschweren.

Zur ersten und zweiten Runde:

Hier kann man die Konfliktparteien die Stühle tauschen lassen und sie – auf dem Stuhl der anderen Partei sitzend – wiederholen lassen, was sie gehört hat und befragen, wie es sich anfühlt, auf dem Stuhl der anderen Seite zu sitzen. Das fördert oft das Verständnis für die jeweils andere Seite erheblich.

Zur vierten Runde:

In dieser Runde kann man die Konfliktparteien auch wieder direkt ins Gespräch treten lassen, in dem jeder der beiden Seiten nochmals wiederholt, worauf man sich jetzt geeinigt hat, was man (probeweise) zu tun hat und dass man bereit ist, die Verpflichtung einzugehen, die eigenen Aufgaben unabhängig von der Frage zu machen, ob der andere seinen Teil erledigt.

Wanderung N° 47

Ungewollt verstrickt
Triadische Prozesse und wie sie verändert werden können

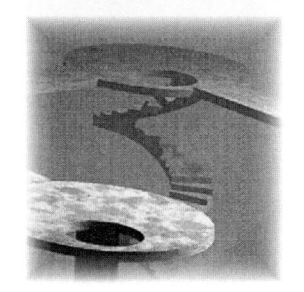

Wohin diese Wanderung führt ...

Triangel sind Löcher, die man sich in Hosen oder andere Kleidungsstücken reißt, wenn man wo hängen bleibt. Der Ärger ist groß, denn das Loch so zu stopfen, dass man nichts mehr davon sieht, ist kaum möglich. Man kennt „die Triangel" allerdings auch als Klanginstrument, die – obwohl sie nur einen Ton von sich gibt – in raffinierten Rhythmen bespielt werden kann.

Das Wort Triangel kommt aus dem Lateinischen und bedeutet: Dreieck. Die Drei gilt als heilige Zahl. Eine Dreiecksbeziehung ist eher Ausdruck für etwas Unheiliges, die Triade (Dreiheit) als ein soziales System birgt Chancen und viele Risiken.

Triangulation ist eine Technik in der Landvermessung; als eine Art von Prozessen in einer Triade liegt der Begriff im Wortklang nahe an „Strangulation", und in der Tat kann es sich für einen Menschen, der trianguliert wird, so anfühlen, als werde er stranguliert. Viele Scheidungskinder müssen das erleben.

Es gibt auch noch andere Prozesse, die in Dreieckskonstellationen ablaufen und die problematisch sind: zwei verbünden sich gegen den Dritten, zwei übertünchen ihren Konflikt, indem sie einen Dritten als Sündenbock oder Problemfall ausspähen, oder alle sind mit allen zerstritten, um letztlich zu verhindern, dass es zu irgendwelchen Koalitionen kommt.

Wie man als Betroffener solche Situationen meistern kann, und was Berater dazu beitragen können, darum geht es bei dieser Wanderung.

Triangulation ist meistens mit negativem Stress verbunden, man sitzt gleichsam in einer (Beziehungs-)Falle. Sie kommt zustande, wenn zwei Leute oder auch zwei Systeme einen Konflikt miteinander haben und diesen nicht selbst lösen, sondern nach Bündnispartnern Ausschau halten. Wenn es jemand gibt, der zu beiden Seiten hin eine gute oder für ihn wichtige Beziehung hat, kommt es sehr leicht zu einer Triangulation: Man möchte beiden Seiten gerecht, loyal, freundschaftlich begegnen, soll nun aber im Konflikt gegen die eine oder gegen die andere Seite Stellung zu beziehen. Sich einem Bündnis gegen den anderen, einer Koalition zu entziehen, wird von beiden Seiten als „Verrat" bewertet. Die Beziehung scheint dadurch infrage gestellt. In dem Maße, wie man dies vermeiden möchte, gerät man in ein nur schwer auflösbares Dilemma. Soll ein Kind, das Mutter und Vater liebt, zu beiden eine tiefe Bindung hat, nun gegen seine Mama oder gegen seinen Papa Stellung beziehen? Bei Scheidungen wird diese Situation meistens nach außen hin sichtbar. Aber auch ohne Scheidung oder Trennung werden Kinder leicht trianguliert, wenn sie von ihren Eltern in Streitigkeiten hineingezogen werden.

Weniger kritisch, aber auch belastend kann die Situation eines Teamsprechers sein, von dem sowohl sein Vorgesetzter als auch sein Team Loyalität erwartet und in irgendeiner wichtigen Frage ein Konflikt zwischen Team und Vorgesetztem entsteht. Was kann man in einer solchen Situation tun?

Triadische Analyse und Interventionen

Die Mitglieder eines Systems haben sehr oft unterschiedliche Bedürfnisse, Interessen und Ziele; sie können mit denen anderer im System in Widerspruch geraten, es kommt zum Konflikt, zu Streit und Auseinandersetzung. Werden diese Konflikte nicht unmittelbar gelöst, kommen leicht Prozesse in Gang, die zuerst im Rahmen der therapeutischen Arbeit mit Familien als Triangulation, Koalition (bzw. Allianz) und Umleitung beschrieben wurden.[1]

Diese Beschreibungen eignen sich aber auch sehr gut für andere soziale Systeme, das heißt ganz generell, wenn man es mit einer Dreier-Konstellation zu tun hat. Wir sind diesen Dingen in Wanderung N° 11 bei der Arbeit mit Lageplänen schon einmal begegnet. Prozesse in einem solchen System können daraufhin untersucht werden, ob Koalitionen, Umleitungen oder Triangulationen stattfinden und wie interveniert werden kann.

Dies soll anhand eines Beispiels verdeutlicht werden: Ein zehnjähriger Junge befindet sich in einer stationären Wohngruppe, dort ist ein Mitarbeiterteam und speziell ein Bezugsbetreuer für das Kind „zuständig". Das lässt sich folgendermaßen darstellen:

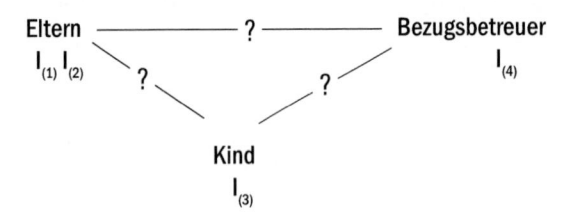

Eltern ——— ? ——— **Bezugsbetreuer**
$I_{(1)}$ $I_{(2)}$?   ? $I_{(4)}$

Kind
$I_{(3)}$

Es entsteht eine Dreiecksbeziehung, in der es um ganz unterschiedliche Arten von Beziehung gehen kann, hinter denen auch unterschiedliche Interessen, Wünsche, Ziele usw. stehen, hier mit I(1,2 ...) gekennzeichnet.
Wie diese Unterschiede sich konkret auf die Interaktionen zwischen allen drei Seiten auswirken, ist zunächst noch offen (deshalb das „?" in der Skizze). Es kann beispielsweise sein, dass das Kind seinem Betreuer schlimme Geschichten über die Wochenendbesuche zu Hause erzählt und umgekehrt die Eltern sich beschweren, das Kind folge jetzt zu Hause noch weniger, als früher. Das Ganze eskaliert mehr und mehr, bis das Kind sich weigert, heim zu gehen, die Eltern vom Betreuer jedoch verlangen, dafür zu sorgen, dass das Kind am Wochenende heimkomme. Der Betreuer muss mit dem Kind kooperieren, aber auch mit den Eltern, und sieht sich nun einem Loyalitätskonflikt ausgesetzt.

Die Übersicht zeigt, mit welchen Prozessen in Triaden zu rechnen ist. Die Art einer Intervention hängt von der Dynamik ab, die in den jeweiligen Prozessen eine Rolle spielt.

$I_{(1)}$ ... $I_{(4)}$	führen zu:	– Konflikten? – Triangulationen? – Koalitionen/ Allianzen? – Umleitungen?	⇨ Welche Interventionen sind geeignet?

Zur Analyse solcher Prozesse kann man Lagepläne verwenden, um als erstes die in einem System wirksamen Triaden sichtbar zu machen. Man kann die folgenden Symbole wählen:

Koalition oder Allianz sind Bündnisse von zwei Mitgliedern der Triade gegen das dritte Mitglied. Die Allianz ist ein offenes Bündnis, allen Beteiligten ist klar, wer gegen wen steht. Die Koalition ist ein „verdecktes", „geheimes" oder den Beteiligten unter Umständen auch nicht bewusstes Bündnis. Koalitionen entstehen in Familien häufig über Generationsgrenzen hinweg (z.B. eine Großmutter mit ihrem Enkel gegen die Mutter). In Institutionen sind Koalitionen über Hierarchiegrenzen hinweg besonders problematisch (z.B. koaliert die Geschäftsführung mit bestimmten Mitarbeitern gegen deren Abteilungsleiter, z.B. um ihn „abzu-

---

[1] vgl. Selvini (1984)

sägen"). Alle Formen des Geredes „hintenherum" sind Allianzen oder Koalitionen, je nachdem, wie viel derjenige, über den gelästert wird, davon weiß.

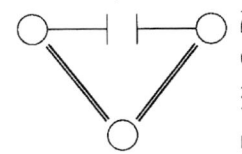

Triangulation: Das dritte Mitglied der Triade ist in den Konflikt der beiden anderen verstrickt, befindet sich im Loyalitätskonflikt, wenn es zu beiden Seiten eine bedeutsame Beziehung hat. Von den anderen gehen evtl. Koalitionsangebote aus, die zum Dilemma führen oder es verschärfen.

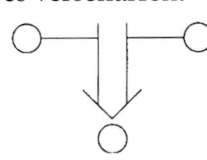

Umleitung: Die Konfliktparteien lösen ihren Konflikt nicht, sondern einigen sich stattdessen darauf, dass das dritte Systemmitglied ein Problem hat, auffällig oder krank ist. Mit dieser „Einigung" können sie ihren eigentlichen Konflikt verdecken.

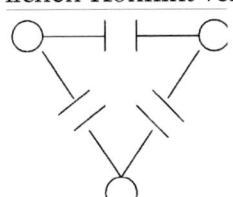

Konflikttriade: Alle sind mit allen im Konflikt, oft mit ständig wechselnden Koalitionen, die immer wieder zerfallen und neu entstehen. Auf diese Weise sind alle miteinander in Beziehung und zugleich in relativer Distanz.

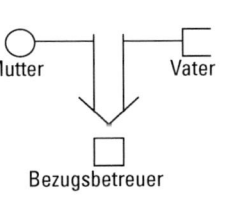

Im obigen Beispiel des zehnjährigen Jungen hatten wir die Triade Eltern, Kind und Bezugsbetreuer betrachtet. Es kann allerdings auch folgende Triade eine Rolle spielen:
Die Eltern, so zeigte es sich in der Bearbeitung dieses Falles in der Supervision, haben einen ungelösten Konflikt darüber, ob ihr Sohn überhaupt in ein Heim hätte gebracht werden sollen; der Vater hat sich durchgesetzt, aber der Konflikt schwelt weiter. Nun „entdecken" die beiden, dass der Bezugsbetreuer ihres Sohnes „nichts taugt", kein guter Erzieher ist, sonst würde er dafür sorgen, dass sich ihr Sohn am Wochenende zu Hause besser benimmt. In den Gesprächen, die bei der Übergabe des Sohnes gelegentlich stattfinden, beschimpfen sie ihn regelrecht, oft in Anwesenheit des Sohnes, der dadurch potenziell in einen Loyalitätskonflikt gerät. Der Bezugsbetreuer bespricht diese Situation mit seinen Kollegen auf der Gruppe, die ihm beipflichten und finden, die Eltern seien seltsam und man könne mit ihnen nicht gut zusammenarbeiten. So entsteht eine Allianz:

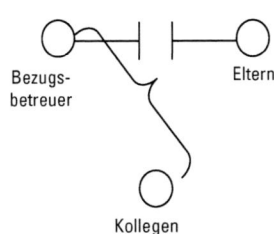

Dass diese Dynamik dem Kind natürlich am allerwenigsten hilft, ist klar. Der Aufbau einer guten Kooperationsbasis mit den Eltern ist zweckmäßig, dazu kann es wiederum nötig werden, dass der Konflikt der Eltern bearbeitet wird, sodass sie es nicht mehr nötig haben, im Bezugsbetreuer den Sündenbock zu suchen.

Koalitionen sind oft für die Beteiligten verführerisch, sie schaffen eine, wenn auch trügerische Einigkeit, Vertrautheit und Nähe, wie etwa zwischen den Kollegen im Beispiel. Triangulationen und Umleitungen sind für das darin verwickelte Systemmitglied meistens belastend; der psychische Stress kann sich in Symptomen psychischer oder körperlicher Störungen zeigen. Sie behindern meistens die Entwicklungsmöglichkeiten im System und die Nutzung von Ressourcen insgesamt. Das gilt nicht nur in Familien, in denen diese Phänomene zuerst untersucht wurden, es gilt auch für Verhältnisse am Arbeitsplatz, die Kooperation zwischen Elternschaft und Schule, für die Prozesse in Institutionen usw.

Zweiheit – Dreiheit – Vielheit:
Triadische Interventionen

Bei der Analyse und den Interventionsversuchen in sozialen Systemen steht man oft vor dem Problem, dass die Komplexität der Interaktionen und der sich dabei entwickelnden Strukturen sprunghaft zunimmt, je mehr Mitglieder (Menschen, Subsysteme) im System zusammenwirken. Analysiert man zum Beispiel allein nur die Beziehungsform und unterscheidet nach symmetrischen bzw. heterarchischen und komplementären bzw. hierarchischen Beziehungen, so bekommt man bei zwei Personen drei mögliche Konstellationen, bei drei Personen sind es bereits 19 verschiedene Konstellationen, bei vier Personen 193 usw., das heißt, die mögliche Vielfalt steigt sprunghaft an. Will man versuchen, durch eine Intervention eine bestimmte Beziehungsstruktur in einem System zu verändern, so sind die Möglichkeiten, was dabei (auch unerwünschter Weise) entstehen kann, enorm vielfältig und kaum vorhersagbar.

So ist es empfehlenswert, bei der Analyse, der Planung von Intervention und schließlich bei deren Auswertung, diese Komplexität des Systems auf triadische Konstellationen (Dreiheiten) zu verringern, was im Vergleich zur Arbeit mit „Dyaden" (Zweiheiten), trotzdem noch einen qualitativen Sprung ausmacht.

Viele Prozesse haben wir nicht zuletzt aus Gründen der Übersichtlichkeit am Zwei-Personen-Modell verdeutlicht. Eine Erweiterung auf drei und mehr Personen, also die Beschreibung derselben Prozesse in Vielheiten ändert nicht unbedingt etwas an der grundsätzlichen Dynamik solcher Prozesse (z.B. ein eskalierender Streit), wohl aber an der Vielfalt der Möglichkeiten, was daraufhin insgesamt im System passieren kann. Systemprozesse können rasch der Wahrnehmung und Steuerbarkeit durch den Einzelnen entgleiten. Die triadische Analyse ist eine Möglichkeit, brauchbare Hypothesen über die Prozesse im System zu entwickeln und dann zu überlegen, wie man sich als Berater verhalten bzw. wie man intervenieren könnte. Sie ist ein Versuch, Komplexität systemischer Prozesse zu verringern: Das gesamte System wird auf bedeutsame Triaden in unterschiedlichen Ebenen untersucht (z.B. einzelne Personen, Subsysteme).

Triadische Analyse und Interventionen

Folgende Schritte sind zu empfehlen:
– man erstellt einen Lageplan (vgl. Wanderung N° 11) mit allen wichtigen Personen und Subsystemen, in den man die bereits bekannten Konflikte zwischen Systemmitgliedern oder Subsystemen einzeichnet
– dann kennzeichnet man bedeutsame Triaden im System
– danach wird untersucht, inwieweit innerhalb dieser Triaden Koalitionen usw. stattfinden und welche ungelösten Konflikte ihnen zugrunde liegen
– nun gilt es zu überlegen, wie sich die Auftragslage für einen selbst als Berater darstellt: Hat man von den Aufträgen her eine Grundlage, sich in die Dynamik in der jeweiligen Triade „einzumischen"? Ungebetene Interventionen führen nämlich häufig dazu, dass der intervenierende Berater in die bisherige Konstellation einbezogen wird und dadurch eine neue Triade mit zusätzlichen Verwicklungen entsteht.

Wendet man das auf unser Beispiel an, so entsteht folgender Lageplan:

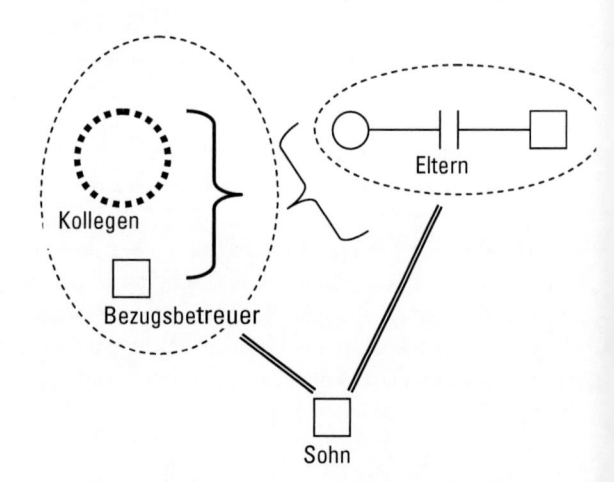

Die Eltern koalieren gegen den Bezugsbetreuer und leiten ihren Konflikt auf ihn um, Bezugsbetreuer und sein Team bilden eine Allianz gegen die Eltern, und der Sohn kommt dadurch in einen Loyalitätskonflikt, weil er auf das Wohlwollen seiner Eltern genauso angewiesen ist wie auf das seiner Betreuer.
Dieses Beispiel zeigt auch, wie nicht nur zwischen einzelnen Personen triadische Verwicklungen entstehen könne, sondern auch zwischen Subsystemen und Personen usw.

Als Ziel aller Interventionen könnte man den Aufbau einer „kooperativen Triade" ansehen. Was kann man also tun, um die problematischen Prozesse in Triaden positiv in die Richtung einer konstruktiven Zusammenarbeit zu wenden?

Grundsätzlich empfiehlt es sich, an dem ungelösten Konflikt anzusetzen, der die Koalitionen usw. nährt und an deren Aufrechterhaltung beteiligt ist. Dafür kommt das Konfliktmanagement, wie wir es bei der letzten Wanderung kennen gelernt haben, in Betracht. Bei der Konflikttriade würde es darum gehen, nacheinander die bestehenden Konflikte zu bearbeiten. Da der Erfolg des Konfliktmanagements jedoch von der Bereitschaft abhängt, sich darauf überhaupt einzulassen, kann dieser Weg vergeblich sein bzw. scheitern. Was kann dann versucht werden?
Die Möglichkeiten, die in Betracht kommen, kann man danach unterscheiden, ob man als Berater bereits selbst in triadische Verwicklungen zu geraten droht (a) oder ob man den Auftrag bekommt, von außen einzugreifen (b).
(a) Berater als Teil der Triade:
– Auf Koalitionsangebote der Konfliktparteien sollte man grundsätzlich nicht eingehen, so verführerisch sie inhaltlich gesehen auch sein mögen. Der Konflikt würde sich dadurch nur verschärfen. Stattdessen kann der Berater sich als Vermittler im Konflikt anbieten, wenn es gewünscht wird. Wird das Koalitionsangebot eher in Form eines „Hintenherum" gemacht, indem jemand über eine abwesendes Systemmitglied lästert, sich beschwert usw., kann man fragen, wann er seinen Konflikt mit dieser Person klären wird. Das heißt, man besteht auf einer verbindlichen Aussage! Führt man diese Intervention zum Beispiel als verbindliche Kommunikationsregel im System (z.B. einem Team) ein, führt das übrigens schlagartig zum Rückgang von Tratsch und Gemauschel über nicht anwesende Systemmitglieder!
– Für Koalitionsangebote von beiden Seiten, die zur Triangulation führen, gilt das Gleiche: Es ist empfehlenswert, den Beteiligten ihr Verhalten zu spiegeln und mit ihnen die Folgen ihrer Koalitionsangebote abzuschätzen, sodass sie selbst verstehen können, dass sich alles nur verschlimmert, wenn der Berater seine neutrale Position aufgibt.
– Wird der Konflikt auf den Berater umgeleitet, wird er angegriffen und abgewertet, kann er anbieten, dass jemand anderes, als er in der Sache tätig wird, dass sich die Beteiligten an jemand „kompetenteren" wenden. Man kann das als „strategisches Abtauchen" beschreiben; es hat oft zur Folge, dass die Klienten sich nun doch auf eine konstruktive Zusammenarbeit einlassen, um den Berater nicht zu verlieren und dadurch wieder in die Ausgangssituation zurück geworfen zu werden.
– In jedem Fall ist es ratsam, sich der Kritik nicht frontal entgegenzustellen, sondern sie positiv umzudeuten, zum Beispiel als Interesse an der „Sache" zu bewerten; denn so kommt man letztlich leichter aus der Dynamik der Umleitung heraus, als durch Verteidigung, Gegenangriffe usw.

(b) Berater als Außenstehende:
- Wie schon erwähnt, ist zunächst die Auftragslage entscheidend: Haben die anderen im System überhaupt ein Interesse, dass der Berater eingreift? Wird er zwecks Vermittlung oder generell wegen der Schwierigkeiten im System gerufen?
- Kommt es in der Triade zu Koalitionen, so sollte er sich keinesfalls auf die Seite des dritten „Schwächeren" stellen, denn so würden nur zwei Koalitionen entstehen, evtl. würde der (vermeintlich) Schwächere jetzt sogar trianguliert. Besser ist es, mit den bisher koalierenden Seiten in der Triade zu reflektieren, welche negativen Folgen die Koalition letztlich hat, und zu überlegen, ob es nicht besser wäre, den eigentlichen Konflikten zu lösen, als durch Koalitionen „aufzurüsten" und dadurch alles zu verschlimmern.
- Wird ein Mitglied der Triade trianguliert und fühlt sich in einen Loyalitätskonflikt, sollte mit den Konfliktseiten erörtert werden, was ihre Koalitionsangebote, die zur Triangulation führen, bewirken können (negativer Stress, Symptome, Krankheit ...), und ob das wirklich gewollt sein kann. Das Gleiche gilt für Umleitungen.
- Mit dem Teil, der sich im Loyalitätskonflikt befindet, können ebenfalls Möglichkeiten überlegt werden, wie er sich verhalten kann:
    - den anderen den Loyalitätskonflikt mitteilen und sie fragen, ob das von ihnen so beabsichtigt sei. Oft ist den Konfliktparteien das Loyalitätsproblem bisher nicht bewusst
    - ihnen verdeutlichen, dass man gute Beziehungen zu beiden Seiten aufrechterhalten wolle und man sich deshalb aus dem konkreten Konflikt heraushalten werde
    - ihnen anbieten, zu vermitteln oder ihnen vorschlagen, sie sollten eine professionelle Konfliktberatung in Anspruch nehmen
- Einen Sonderfall stellen Kinder dar, die mit Konflikten der Eltern, mit Scheidungskämpfen und ähnlichem konfrontiert sind. Vor allem, wenn sie noch relativ klein sind, den Loyalitätskonflikt spüren, aber noch nicht oder wenig artikulieren können, ist oft eine Kindertherapie mit ihren methodischen Möglichkeiten ein wichtiges Angebot. Berater können versuchen, die Eltern für eine solche Hilfe für die Kinder zu gewinnen. In Scheidungsverfahren kann eine Verfahrenspflegerin bestellt werden, um zum Wohle der Kinder tätig zu werden.

Generell kann der Berater versuchen, vorsichtig Kindern den Rücken stärken, in dem er ihnen zeigt, dass sie weder für Mama noch für Papa Partei ergreifen brauchen und dass sie ihren Eltern auch sagen dürfen, sie sollten ihren Streit doch ohne sie austragen. Vorsicht ist geboten, weil der Berater keine Koalition mit den Kindern gegen die Eltern aufbauen sollte! Manchmal denken Kinder, sie seien am Konflikt der Eltern schuld. Dann geht es darum, sie zu entlasten.

Wird ein System analytisch in mehrere Triaden und Triadenebenen (Generationsgrenzen, Hierarchieebenen) unterteilt, lohnt es sich zu untersuchen, welche Folgen positive Veränderungen in einer Triade für die anderen Triaden haben können. Wird beispielsweise eine „unheilige Allianz" in einem Team gegen andere Teile der Institution aufgelöst, kann es passieren, dass nun andere Teile in der Institution miteinander in Konflikt geraten, die von der bisherigen Dynamik profitiert haben und ihre internen Schwierigkeiten unter den Teppich kehren konnten. Man kann häufig beobachten, wie ein „Außenfeind" dafür herhalten muss, Konflikte innerhalb der Gruppe zu verbergen oder zu umgehen. Das sind Umleitungen; sie provozieren die Entstehung neuer Koalitionen im System, die in Triangulationen einmünden oder vielleicht auch in einen Kampf aller gegen alle. Ein erster wichtiger Schritt in der Beratung (die dann ja meist als Organisationsberatung oder Supervision durchgeführt wird) kann darin bestehen, den Beteiligten die Zusammenhänge und die Tendenz zu immer neuen triadischen Verwicklungen und zur Ausweitung der Konflikte im System zu verdeutlichen.

Die kooperative Triade

Kooperativ meint hier nicht „Friede, Freude, Eierkuchen", sondern es werden die Konflikte in der Triade angegangen, zumindest schon einmal offen gelegt und benannt. Die negativen Folgen bereits vorhandener oder möglicher Allianzen und Koalitionen werden gemeinsam erörtert und nach Alternativen, miteinander umzugehen gesucht. Schließlich geht es auch darum, sich auf – soweit vorhanden – gemeinsame Ziele zu besinnen: Wozu ist man überhaupt zusammen (… in der Familie, … im Team)? Sind Konflikte der „Zweck"?
Die oben schon angedeuteten „Hintenherum-Spiele" gilt es durch entsprechende Verabredungen zu unterbinden, denn sie produzieren ein Klima des Misstrauens, die jedes konstruktives Miteinander untergräbt.

Anhand unseres Beispiels von oben sollen die Schritte beschrieben werden:
- Als erstes sollten überhaupt gemeinsame Gespräche mit den Eltern angeregt werden, anstatt es bei den kurzen und dann konflikthaften Begegnungen mit ihnen zu belassen, wenn sie ihren Sohn vom Wochenende bringen.
- Die Wertschätzung des Engagements der Eltern und Klärung der Frage, was sie sich unter einem Heimaufenthalt vorstellen, sind sehr wesentlich. Was diese Art der Jugendhilfe leisten soll und kann, was sie gehofft haben und inwieweit sie enttäuscht worden sind, sollte offen besprochen werden.
- Aufklärung darüber, was aus Sicht der Einrichtung, der Mitarbeiter möglich, was leistbar ist und was nicht (es geht also auch um Kontextklärung).

Mit diesen Schritten eröffnet sich überhaupt erst eine Grundlage für eine konstruktive Zusammenarbeit.
- Die Uneinigkeit der Eltern darüber, ob ihr Sohn überhaupt im Heim sein soll, kann dann aufgegriffen werden. Vielleicht sollte man ihnen empfehlen, diese Klärung in einer Beratungsstelle oder nochmals mit dem Jugendamt zu versuchen, denn die Berater in der Einrichtung sind bei dieser Frage in keiner ganz neutralen Position.
- Arbeitet man weiterhin zusammen, ist die Verabredung eines regelmäßigen kürzerfristigen Austausches (also nicht erst bei den Hilfeplangesprächen) sehr zu empfehlen. Den Sohn in diese Gespräche einzubeziehen, wird sich meistens empfehlen.

Im Beispiel handelt es sich um die Frage der Kooperation in der Triade von Kind bzw. Jugendlichem, seinen Eltern und den Betreuern. Wir werden bei der Wanderung N° 56 über die Arbeit mit den Angehörigen daran anschließen.

Geht es um andere Triaden, sind die Schritte analog:
- Alle sollen an einen Tisch kommen, und es wird der Versuch unternommen, zu einem gemeinsamen Auftrag an den Berater zu kommen.
- Gemeinsam wird dann untersucht, welche Koalitionen usw. im System gerade wirksam sind und welche Konflikte, die bisher nicht gelöst sind, ihnen zugrunde liegen.

- Dann werden die Konflikte angegangen und Lösungen dafür gesucht (zur Methodik vgl. Wanderung N° 46).

Schließlich können noch Verabredungen darüber getroffen werden:
- wie man weiterhin konstruktiv zusammenarbeiten kann
- dass auftretende Meinungsverschiedenheit, Interessensgegensätze usw. zeitnah angegangen und gelöst werden
- dass man sich in Zukunft regelmäßig zusammensetzt und sich über die Situation im System, also in der Triade austauscht

Triaden können sehr fähige Systeme sein. Wir erwähnten eingangs die Zahl Drei als heilige Zahl. Aber Triaden sind in dem Maße gefährdet, in die beschriebenen problematischen Dynamiken zu geraten, wie die Beteiligten dazu neigen, Konflikte schwelen zu lassen, sie zu vermeiden, sie zu verdecken oder umgekehrt eskalieren zu lassen, anstatt sie zu lösen.

Wegskizze

Die wichtigsten Arten triadischer Verwicklungen sind:

Koalition oder Allianz sind Bündnisse von zwei Mitgliedern der Triade gegen das dritte Mitglied. Die Allianz ist ein offenes Bündnis, allen Beteiligten ist klar, wer gegen wen steht. Die Koalition ist ein „verdecktes", „geheimes" oder den Beteiligten evtl. auch nicht bewusstes Bündnis. Koalitionen entstehen in Familien häufig über Generationsgrenzen hinweg (z.B. eine Großmutter mit ihrem Enkel gegen die Mutter), in Institutionen sind Koalitionen über Hierarchiegrenzen hinweg besonders problematisch (z.B. koaliert die Geschäftsführung mit bestimmten Mitarbeitern gegen deren Abteilungsleiter, z.B. um ihn „abzusägen"). Alle Formen des Geredes „hintenherum" sind Allianzen oder Koalitionen, je nachdem, wie viel derjenige, über den gelästert wird, davon weiß.

Triangulation: Das dritte Mitglied der Triade ist in den Konflikt der beiden anderen verstrickt, befindet sich im Loyalitätskonflikt, wenn es zu beiden Seiten eine bedeutsame Beziehung hat. Von den anderen gehen evtl. Koalitionsangebote aus, die zum Dilemma führen oder es verschärfen.

Umleitung: Die Konfliktparteien lösen ihren Konflikt nicht, sondern einigen sich stattdessen darauf, dass das dritte Systemmitglied ein Problem hat, auffällig oder krank ist. Mit dieser „Einigung" können sie ihren eigentlichen Konflikt verdecken.

Konflikttriade: Alle sind mit allen im Konflikt, oft mit ständig wechselnden Koalitionen. Auf diese Weise sind alle miteinander in Beziehung und zugleich in relativer Distanz.

Berater sollten ...
- als erstes mit Hilfe des Lageplans triadische Konstellationen und Verwicklungen im System analysieren.
- klären, ob sie einen Auftrag haben (oder bekommen können), sich einzuschalten.
- keine Koalitionsangebote annehmen, sondern sie spiegeln und mit den Beteiligten die Folgen erörtern.
- selbst keine Koalitionen mit anderen im System eingehen und sich der verführerischen Wirkung, die Koalitionsangebote haben, bewusst bleiben.
- „Hintenherum-Spiele" konfrontieren und den Beteiligten vorschlagen, Konflikte, Ärger usw. in Zukunft direkt mit der betroffenen Person zu klären.
- auf die Lösung der den triadischen Verwicklungen zugrunde liegenden Konflikte hinwirken und sich evtl. auch zur Vermittlung anbieten.
- auf eine gute Zusammenarbeit aller mit allen hinwirken, vor allem auch dann, wenn sie selbst zum Teil einer Triade werden; es geht um den Aufbau eine „kooperativen Triade".

Wanderung N° 48

„Wenn ich du wäre, wäre ich lieber ich!" (Alf)
Selbstbezüglichkeit als Boomerang

Wohin diese Wanderung führt ...

Wir machen einen kleinen Abstecher in eine Gegend des Labyrinths, die wir aus anderer Richtung schon einmal betreten haben.
In einer Sendung von „Wetten, dass ..." wurde vor vielen Jahren ein Mann präsentiert, der in Anlehnung an die Geschichte von „Tell's Apfel" eine Orange auf den Kopf seines Sohnes legte und dann einen Boomerang in Richtung der Zuschauertribüne aus der Hand schnellen ließ. Der Boomerang zog einen großen Kreis, flog langsam zurück und zerteilte schließlich den Apfel quer in zwei Hälften.
Die Bewegung eines Boomerangs sieht geheimnisvoll aus, folgt aber streng den physikalischen Gesetzen des Drehmoments.
Ein Boomerang in menschlichen Systemen ist die Selbstbezüglichkeit, die im Spiel ist, wenn jemand einen anderen irgendwelche negativen Eigenschaften zuschreibt: „Du bist ein Idiot!" Der solchermaßen Beschimpfte kann fragen: „Als wer sagst du das? Als kluger Mensch?"

Alles was wir tun, tun wir *als* Mensch. Das ist banal. Wir tun es aber auch als Frau, als Mann, als Kind, als Kollege usw., je nachdem welcher Teil unserer Person oder welche soziale Rolle gerade gefragt ist. Wenn wir jemand anderem im System etwas zuschreiben, tun wir das – ohne dass wir uns dessen schon gewahr wären – automatisch *als* jemand, auf den die Zuschreibung auch zutreffen könnte. Solange es sich um positive oder wertschätzende Zuschreibungen handelt, geht das Ganze gut! Es kommt auch hier ein Boomerang zurück, aber er wirkt sich positiv aus.

Wird der andere jedoch entwertet, wird ihm etwas Negatives zugeschrieben, fällt das Ganze auf die urteilende Person zurück. Um es am zitierten Beispiel zu verdeutlichen: Wenn jemand einen Anderen als „Idiot" bezeichnet oder als „dumm", „geistig minderbemittelt" u.a.m., als wer sagt er so etwas? Als Idiot? Als gescheiter Mensch? Als jemand, der sich „geistig auf der Höhe" betrachtet? Die nächste Frage lautet: Ist es Ausdruck von Klugheit, jemand als Idiot hinzustellen oder eher Ausdruck eigener Dummheit (zumindest in diesem Kontext)? Würde sich der Betreffende jedoch selbst als dumm bezeichnen (was die meisten nicht gerne tun), was wäre dann von der Zuschreibung zu halten? „Du bist dumm!" als Satz von jemand, der selbst dumm ist, müsste nicht allzu ernst genommen werden.

> Lieber keinen Spiegel, als jeden morgen erschrecken
> Bernhard Trenkle

Wir haben es also wieder mit der Selbstbezüglichkeit (Rekursivität) zu tun, die wir bei Wanderung N° 41 schon kennen gelernt haben, jetzt eben im systemischen Zusammenhang. Die Bewegung des Boomerangs ist der Bewegung des Salto ähnlich.
Auch der Überraschungseffekt ist ähnlich, wenn man jemand, der über einen anderen herzieht, mit der Frage konfrontiert: „Als wer sagst du das gerade?" Die Frage ist alltagssprachlich schon so ungewohnt, dass der Betreffende wahrscheinlich etwas irritiert zurückfragt: „Wie meinst du das?" Man wird die Frage nochmals formulieren und erläutern müssen, dann aber löst sie schnell Nach-

denklichkeit aus. Koalitionsangebote, gemeinsam über jemanden negativ zu urteilen, der nicht dabei ist, können auf diese Weise wirkungsvoll zurückgewiesen werden.

Der Boomerangeffekt zwingt dazu, genauer nachzudenken, was man eigentlich tut, wenn man andere entwertet.

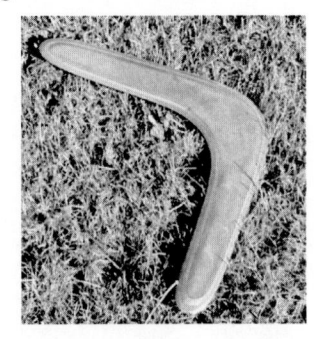

Negative Zuschreibungen geschehen immer auch im Kontext einer bestimmten Beziehung, haben also auch einen Bezug darauf. Wenn der eine Partner dem anderen vorwirft: „Du liebst mich ja gar nicht, sonst hättest du nicht schon wieder unseren Hochzeitstag vergessen!", ist das dann Ausdruck von Liebe? Ist es ein Zeichen von Kollegialität (Professionalität), anderen Kollegen mangelnde Kollegialität (Professionalität) vorzuwerfen? Ist es Ausdruck von Freundschaft, dem Freund vorzuhalten, er kümmere sich um seine anderen Freunde mehr? Die Beispiele sind beliebig erweiterbar. Wir sehen hier also noch einen zweiten Boomerangeffekt: Es kommt zu einer oft unerwünschten Beziehungsdefinition!

Die Struktur der Nachfrage nach Selbstbezüglichkeit ist immer wieder dieselbe: Als wer äußert sich jemand, wenn er anderen Negatives zuschreibt oder vorwirft? Welche Art von Beziehung führt er dadurch herbei? Will er das so? Wenn nicht, welche Äußerungen wären folglich angemessener? Welche würden der Situation und der Beziehung eher gerecht?
Wie man als Berater vorgehen kann, wird in der Wegskizze beschrieben und dort auch anhand einer Grafik verdeutlicht.

Zuvor noch ein kommentiertes Beispiel:
A: „Ich bin wütend über meine Kollegin Anna, sie hat mich übel ausgetrickst, ich find's richtig schlimm!"
B: „Als wen stellst du dich dar, indem du deine Kollegin als jemand beschreibst, der dich übel austrickst?" (Diese Frage zielt auf den Selbstbezug)
A: „Hm, ... als bessere Kollegin, als anständiger ..., na ja, ich würd' halt sowas nie machen!"
B: „Als anständigere und in diesem Sinne bessere Kollegin also?" (... das wäre die Selbstzuschreibung)
A: „Ja, schon." (A bestätigt die Selbstzuschreibung)
B: „Könnte es sein, dass deine Kollegin etwas davon bemerkt, dass du dich als die bessere Kollegin betrachtest?" (Frage nach der denkbaren Auswirkung der Selbstzuschreibung)
A: (Pause) „... ich weiß nicht so recht, könnte schon sein, hm!"
B: „Angenommen, sie merkt etwas davon, wer ... oder, was für ein Mensch wirst du dadurch für sie in ihren Augen, wie könnte sie dich empfinden? (Die Frage zielt darauf, wie die Kollegin B Kollegin A aufgrund deren Selbstzuschreibung erlebt.)
A: „Du liebe Zeit, da bin ich sowas wie eine Gouvernante!" (A wird die Beziehungsdefinition deutlich, die sie mit ihren Vorwürfen und ihrer Selbstzuschreibung provoziert.)
B: „Willst du Gouvernante für deine Kollegin sein?" (Frage nach der von A gewünschten Beziehung.)
A: „Auf keinen Fall!"
B: „Sondern?"
A: (denkt nach) „Na ja , Kollegin halt, schon eine, die auch mal kritisch nachfragt, ebenbürtig halt und so!"
B: „Wie müsstest du also das, was du als übles Tricksen beschrieben hast, betrachten, damit du Eure Beziehung als kritische und kollegiale Beziehung gestaltest?" (Jetzt wird danach gefragt, wie A für die gewünschte Beziehung sorgen kann, anstatt sich nur über die Kollegin zu beschweren.)
A: „Eigentlich tät's ja reichen, dass ich ihr sage, dass mir geschadet hat, was sie gemacht hat, und dass ich's in Zukunft gern anders hätte ..."
B: „Reicht dir das so? Wirst du das ausprobieren?"
A: „Ja."

Liebe Leserin und lieber Leser, Sie könnten jetzt einwenden, das alles laufe darauf hinaus, dass man überhaupt über niemanden mehr schimpfen oder lästern dürfe. Wo solle man denn mit seiner Wut über bestimmte Leute dann noch hin, wenn alles als Bumerang auf einen selbst zurückfalle?

Natürlich darf man schimpfen. Die Wut sollte aber mehr in die Umsetzung der eigenen Wünsche und die Suche nach Veränderung investiert werden. Abwertungen wirken – wenn auch in verborgener Weise – auf einen selbst negativ zurück.

Der systemische Boomerang ...

Wegskizze

Skizze des Boomerangeffekts einer negativen Zuschreibung:

Die Zuschreibung beinhaltet eine Selbstzuschreibung und damit einen (oft unerwünschten) Selbstbezug. Das ist der erste Boomerang. Gleichzeitig bewirken Selbstbezug und Selbstzuschreibung eine Beziehungsdefinition, die dazu führt, dass Person B, würde sie der Beziehungsdefinition von A folgen, zu einer meistens ebenfalls nicht erwünschten Art von Beziehung zu Person A „eingeladen" würde. Das ist der zweite Boomerang.

Interview mit Person A: Folgende Fragen, gegliedert nach den verschiedenen Etappen, die sich aus der Skizze ergeben, können bearbeitet werden (... die Zuschreibung, das Attribut ist: „gemein"):

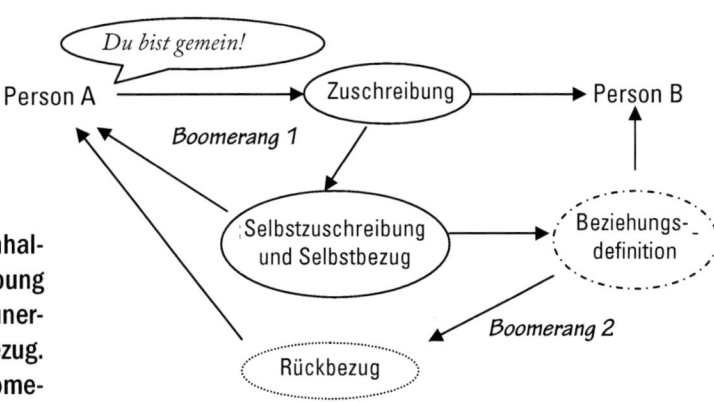

1. Selbstzuschreibung und Selbstbezug:
   – „Wer bist du selbst in deinen Augen, wenn du B als gemein bezeichnest?"
   – „Dann bin ich ja Opfer!" (Boomerang 1)
   – „Willst du dich als Opfer sehen?" ...

2. Rückbezug:
   – „Wenn du dich als Opfer präsentierst, wer wirst du dann möglicherweise in den Augen von B? Betrachte dich mal von B aus!"
   – „Na ja, zu einer Art Ankläger!"
   – „Wie wird sich folglich dann B auf dich beziehen"
   – „Hm ... er wird sauer ...?"
   – „Ist das dein Ziel?"

3. Ergebnis auf der Beziehungsebene und Alternativen:
   – „Und wenn du alles zusammen betrachtest: Was ist dann die Qualität eurer Beziehung? Willst du das so?" (Boomerang 2)
   – „Wenn nicht, wie müsstest du B begegnen, anstatt ihn „gemein" zu nennen?"

Wanderung N° 49

Wenn die andern gar nicht dabei sind ...
Systemische Einzelberatung

Wohin diese Wanderung führt ...

„... aber meine Frau wollte ja nicht mitkommen!" „Wenn Ihre Frau jetzt hier säße, was wäre ihre Meinung zu dem, was Sie mir gerade erzählt haben?"

Vielleicht weiß der Mann oder glaubt sich dessen sicher zu sein, was seine Frau jetzt sagen würde, vielleicht hat er nur eine Vermutung. Wie wir beim zirkulären Fragen gesehen haben, sind auch solche Vermutungen ein Teil dessen, was im System geschieht, sie sind eine wichtige Information. Denn wahrscheinlich lässt sich der Mann auch von seinen Vermutungen leiten, vielleicht mehr als davon, was seine Frau sagt.

„Und Ihr Sohn, was würde der sagen, wenn er Sie und seine Mutter hätte hören können? Wie sieht er das Ganze?" *Die anderen Mitglieder des Systems müssen nicht anwesend sein, um ein systemisches Interview zu machen und die Dynamik im System zu besprechen.*

Beim systemischen Einzelinterview kann man alle Fragen anwenden, die wir in den letzten Wanderungen kennen gelernt haben. So werden die Mitglieder des Systems, um das es in der Beratung mit dem Klienten geht, indirekt einbezogen, Partner, Familienmitglieder, Kollegen am Arbeitsplatz, das Team usw. Man erfährt zwar nicht, wie die Betroffenen sich äußern würden, wenn sie persönlich auf die Fragen antworten könnten. Man erfährt nur das „Bild", das sich der Klient vom System und den anderen macht. Dies muss sich der Berater immer wieder vergegenwärtigen. Denn die Versuchung, sich angesichts der Beschwerden des Klienten über die anderen in eine Koalition hineinziehen zu lassen, ist groß, zumal Klienten im Berater ja oft tatsächlich einen Bündnispartner suchen.

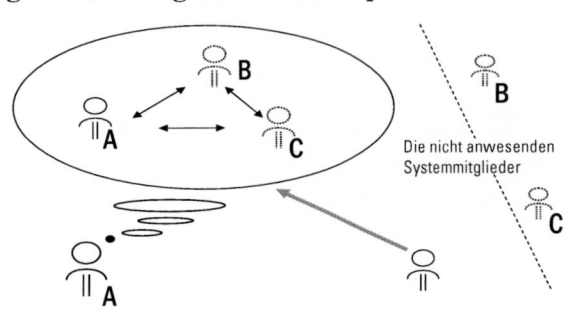

Der Kontrakt ist somit auch hier die wichtigste Grundlage für die Beratung. Der Auftrag des Klienten an den Berater ist zugleich ein für das System relevantes Beziehungsangebot an den Berater. Der Berater wird Teil des Systems ab dem Moment, in dem der Klient Platz nimmt und die Beratung beginnt, in welchem Betreuungskontext auch immer das Gespräch stattfindet.

„Angenommen, ich würde tun, was Sie sich von mir wünschen, was würde Ihre Frau davon halten? Und Ihr Sohn? Wären sie damit einverstanden oder würden sie dagegen protestieren?"

„Was sollten wir daraus folgern? Sollten wir vielleicht das Ganze mit einer anderen Zielsetzung erörtern, als Sie mir gerade vorgeschlagen haben?"

„Wissen die anderen, dass Sie hier in Beratung sind? Was halten Sie davon?" „Und wenn nicht, sollten sie davon erfahren, oder ist es besser, das zu verschweigen? Was wäre der Vorteil für Sie, für die anderen?"

Die nicht anwesenden Systemmitglieder

Mit diesen Fragen wird die Beratung selbst als unvermeidliche Intervention ins System in den Blick genommen und der Klient eingeladen, dafür die Verantwortung mit zu übernehmen.

Nicht selten beschweren sich Klienten über andere. Abgesehen vom darin enthaltenen Koalitionsangebot an den Berater: Ist der zweifache Boomerang, von dem in der vorigen Wanderung die Rede war und der in der Beschwerde steckt, vom Klienten gewollt? War ihm das überhaupt bewusst?

Wenn es schließlich um die Frage geht, wie der Klient sich in Zukunft verhalten könnte, um die Probleme, die ihn in die Beratung geführt haben, zu meistern, lohnt es sich auch der Frage nachzugehen, welche Auswirkungen sein verändertes Verhalten im System haben könnte. Werden vielleicht Gegenreaktionen herausgefordert? Wie könnte er die anderen für seine Problemlösung gewinnen? Werden die Veränderungen, die er jetzt in Gang setzt, das Gleichgewicht im System, die Homöostase gefährden? Könnte also sozusagen „der Schuss nach hinten losgehen"?

Die Mutter, die angesichts der Schlampereien ihrer Liebsten in einen Streik tritt und nicht mehr ständig hinterher räumt, kann sie das dann entstehende Chaos „aushalten" (ihr Gleichgewicht ist bedroht)?

Wenn sich jemand von seinem Ehepartner trennen will, wie wird er mit den eventuellen Reaktionen seiner Kinder fertig, die die Trennung nicht wollen? Will er ihnen die Trennung antun oder doch lieber eine inzwischen zerrüttete Ehe zumuten – das ist für viele, die vor dieser Entscheidung stehen, ein schweres Dilemma. Natürlich wäre es in solchen Fällen besser, alle an einen Tisch zu bringen, aber es kann sein, dass sie sich weigern, in die Beratung mit zu kommen.

Das systemische Einzelinterview ist immer auch ein Test, inwieweit der Klient bereits in Systemzusammenhängen denkt. Es dient also auch der Horizonterweiterung. Wenn der Klient die Auswirkungen seines Verhaltens im System zuwenig bedenkt, wird es Aufgabe des Beraters, ihn darauf aufmerksam zu machen. Das muss gar nicht auf eine Belehrung hinauslaufen, die entsprechenden systemischen Fragen bewirken, dass der Klient selbst beginnt, über die Auswirkungen seines Verhaltens im System nachzudenken. Wir haben das am Beispiel des „problemrekonstruierenden Interviews" schon gezeigt (vgl. Wanderung N° 30).

Fühlt sich der Klient in triadischen Verwicklungen, kann man gemeinsam überlegen, wie er sich in kluger Weise daraus lösen und wie er Koalitionsangebote durch den Hinweis auf die Folgen abwehren kann.

Ist der Klient im Konflikt mit jemandem, kann man besprechen, wie er vielleicht den Konfliktpartner für eine Vermittlung gewinnen könnte. Bleibt das ohne Erfolg, kann man in der Beratung zumindest die dem Konflikt zugrunde liegenden Ziele und Bedürfnisse durch zirkuläre Fragen erkunden. Vielleicht eröffnet sich dem Klienten dadurch die Möglichkeit, den Konflikt besser zu verstehen und eine funktionierende „einseitige" Lösung des Konfliktes zu erreichen. Sie wird darin bestehen, nach Wegen zu suchen, die nicht mit den Interessen das anderen kollidieren. Zumindest kann man mit dem Klienten die Formen konstruktiven Streitens besprechen und ihn einladen, es damit zu versuchen.

Bevor in der Wegskizze nochmals ein kurzer Überblick über die wichtigsten methodischen Gesichtspunkte des systemischen Einzelinterviews gegeben werden, noch ein Beispiel aus einer Einzelsupervision. Es geht um einen Teamkonflikt, in dem sich eine Kollegin (mit „S." abgekürzt) trianguliert fühlt.

S.: „Ich kann ja beide, Hanna und Jörg gut leiden. Aber wenn sie in der Teamsitzung immer wieder ihre Konflikte auftischen und damit die ganze Diskussion aufhalten, fühle ich mich als Teamleitung echt hilflos."

B.: „Was brauchen Sie jetzt von mir?" (Der Kontrakt ist angesichts einer solchen Beschwerde auch im Blick darauf wichtig, dass die Supervision so oder so eine Intervention ins System, also das Team sein wird!)

S.: „Ich wüsste gerne, wie ich mich in dieser Situation verhalten kann."

B.: „Nun, Sie verhalten sich ja bereits in der Situation, aber sind damit eben unzufrieden. Sind die anderen im Team auch damit unzufrieden, merken sie etwas von Ihrer Hilflosigkeit?"

S.: „Ich glaube schon, denn sie verdrehen schon die Augen, wenn die beiden wieder in den Clinch gehen und schauen zu mir her."

B.: „Und das verstehen Sie als Aufforderung: Tu was!?"

S.: „Ja. Und wenn ich versuche einzugreifen, machen die beiden einfach weiter; ich kann mich einfach nicht durchsetzen."

B.: „Das hört sich an wie ein Muster, das immer wieder abläuft: Hanna und Jörg gehen in Clinch, die übrigen Teammitglieder lassen es sich bieten und verdrehen nur die Augen, erwarten von Ihnen, dass sie das als Teamleitung regeln und die beiden wiederum ignorieren, dass Sie die Aufgabe der Teamleitung haben?"

S.: „Genau so läuft es ab!"

B.: „Wollen Sie einmal etwas ungewöhnliches probieren? Ich weiß zwar nicht, ob das das Problem schon lösen wird, aber zumindest dieses Muster wird unterbrochen! Haben Sie eine Idee, was mal echt was Neues wäre?"

S.: „Hm ... (überlegt), wissen Sie, ich hätte oft Lust, einfach zu gehen, weil es mich so ankotzt."

B.: „Und was spräche dagegen, das einfach mal zu tun? Mit den Worten zugehen: „Clinchen könnt Ihr auch ohne mich, sagt mir Bescheid, wenn ich wieder kommen soll!""

S.: „Das wäre mal was anderes, aber ich fürchte, dann eskaliert das Ganze und die anderen halten mir vor, ich könne als Teamleitung nicht einfach abhauen!"

B.: „Ja, wobei das ja eine Vermutung von Ihnen ist, gemacht haben Sie das bisher noch nicht, oder?"

S.: „Nein. Probieren kann ich das mal, dann wird man ja sehen, was passiert."

B.: „Vielleicht wäre es nicht schlecht, wenn Sie noch eine weitere Möglichkeit in Petto hätten?"

S.: „Ja. Eigentlich müsste ich nur mal richtig dazwischen gehen, aber das ist einfach nicht meine Art!"

B.: „Was wäre eine Möglichkeit, wirksam dazwischen zu gehen und es aber in einer Form zu tun, die zu Ihrer Art passt?"

S.: „Das ist ja gerade das Problem; ich habe das Gefühl, ich müsste regelrecht schreien, damit die aufhören."

B.: „Wie wäre es mit einer roten Karte, auf der in großen Buchstaben steht. „Hört jetzt bitte sofort auf, sonst beende ich die Teamsitzung!" oder so ähnlich, wie wäre das?"

S.: (lacht) „Das wäre ja wie beim Fußball, vielleicht müsste ich eine gelbe und eine rote Karte haben?"

B.: „Ja, dann wäre es wie eine Metapher, die kennen wohl alle in Ihrem Team. Sie könnten sogar ankündigen, dass Sie das in Zukunft so machen. Sie müssten nur noch überlegen, was die rote Karte bedeutet, wenn die gelbe „aufhören!" heißt."

S.: „Okay, das bespreche ich mit allen beim nächsten Team."

Am Beispiel ist auch gut zu sehen, dass nur solche Musterunterbrechungen Erfolg versprechend sein werden, die die homöostatischen Kräfte im System berücksichtigen. dazu gehört auch die Frage, welche Musterunterbrechungen jemand sich zutraut.

Wegskizze

Was im systemischen Einzelinterview prinzipiell passiert, lässt sich durch die Skizze verdeutlichen:

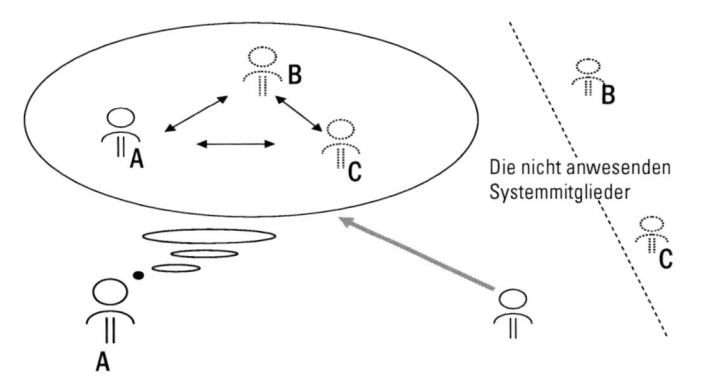

Die nicht anwesenden Systemmitglieder

Gefragt wird nach den Vorstellungen, dem Bild des Klienten über die Verhältnisse und Abläufe im System, um das es in der Beratung geht (durch den dicken Pfeil dargestellt).

Worauf der Berater achten sollte:
— Auch hier ist der Kontrakt wesentlich, weil die Beratung auf jeden Fall auch eine Intervention ins System darstellt, es folglich sinnvoll ist, zu erklären, welcher Auftrag des Klienten welche Auswirkungen im System hat.
— Gefragt werden sollte auch nach etwaigen Gründen, warum die anderen Systemmitglieder nicht in die Beratung kommen, und was der Klient tun könnte, um sie dafür zu gewinnen.
— Beschwerden des Klienten über andere im System sind (verdeckte) Koalitionsangebote, auf die der Berater nicht eingehen, sondern sie spiegeln sollte. Fragen zur Selbstbezüglichkeit der Beschwerde (vgl. Wanderung № 48) sind dabei besonders wirksam.
— Alle Fragen des systemischen Interviews können verwendet werden, rekonstruiert wird dabei das Bild des Klienten vom System und seine Vorstellung davon, welche Sichtweisen die anderen Systemmitglieder haben.
— Lösungsmöglichkeiten, Musterunterbrechungen, Möglichkeiten des Umgangs mit einem Konflikt, Versuche, sich aus triadischen Verstrickung zu lösen usw., die in der Beratung erarbeitet werden, sollten auch daraufhin untersucht werden, welche Reaktionen sie bei den anderen hervorrufen könnten, welche Gleichgewichte im System dadurch gestört werden könnten und ob der Klient das in Kauf nehmen möchte.

Der Mumpf

Am Grunde eines Teichs im Sumpf,
zwischen Algen und Wassergrün,
da saß vor seinem Haus ein Mumpf
und mumpfte vor sich hin.

Eine Mümpf, die ihres Weges kroch,
blieb atemlos bei ihm stehn
und keuchte: „Ach, Mumpf, so denk dir doch,
ich habe einen Menschen gesehen!

Einen richtigen Menschen mit Arm und Bein
und einem schönen Gesicht!"
Da knurrte der Mumpf: „Lass die Kindereien!
Denn Menschen gibt es doch nicht.
's ist längst bewiesen, dass außer dem Teich
ein Leben nicht möglich wär.
Und Menschen sind – entschuldige nur gleich! –
doch bloß eine Kindermär.
Drum wende dich lieber der Wirklichkeit zu:
unserm, nahrhaften Schlick und Schleim.
Und vor allem sag mir, wie findest du
mein neues, prächtiges Heim?"

Da lachte die Mümpf ihn einfach aus:
„Ach, Mumpf, lass dein dummes Geschniefel!
Worin du da wohnst, dein neues Haus
ist ein alter Kinderstiefel!"

Manche sagen nach diesem Gedicht:
„Ach was, einen Mumpf
– den gibt es doch nicht!"

Michael Ende

Über Brücken in luftiger Höhe
Die Welt der Konstrukte

In einem Witz über den Unterschied von Ingenieuren, Mathematikern und Physikern heißt es: Wenn ein Ingenieur eine Brücke baue, verbaue er doppelt soviel Material, wie nötig sei, um die geplanten Lasten zu tragen. Baue ein Mathematiker die Brücke, stürze sie ein, wenn nur eine Fliege zum maximalen Gewicht dazu komme, und beim Physiker stürze die Brücke gleich ein. Der Witz wird unter Physikstudenten erzählt, wie mir berichtet wurde.

Die Brücken, um die es in den folgenden Wanderungen geht, sind auch konstruiert und stürzen nicht ein, solange die Konstrukteure, nämlich wir Menschen selbst, **glauben***, sie würden tragen. Dieser Glaube wiederum hängt davon ab, ob wir bemerken oder nicht bemerken, dass es sich um Konstruktionen handelt. Das klingt alles etwas paradox.*

Es geht um unsere Konstrukte von „Wirklichkeit" und „Realität". Die Überzeugung, Wirklichkeit könne von uns erfasst werden, verbindet uns auf eigentümliche Weise. Solange wir uns über eine bestimmte „Realität" einig sind, kommen wir miteinander klar. Sind wir uns darüber nicht mehr einig, kommt es zum Streit, wie wir schon sahen. Eine Einigung im Konflikt gelingt möglicherweise erst, wenn wir das Konstruktartige unserer „Wirklichkeit" entschlüsseln, es sozusagen „dekonstruieren". Methoden dafür werden wir in den folgenden Wanderungen kennen lernen.

Das Verhältnis des Menschen zu seiner Umgebung, der Austausch mit ihr, erfolgt mit Hilfe seiner wahrnehmenden und operativen Organe, also den Sinnesorganen auf der einen und den Körperwerkzeugen (Hände, Beine, Sprachmuskulatur usw.) auf der anderen Seite. Gesteuert wird das Ganze über ein hochkomplexes neuronales System, das Gehirn, das ständig mit Verarbeitung von Sinnesreizen und zugleich mit der Umsetzung von inneren Strukturen und Potentialen (wie z.B. der Befriedigung von Bedürfnissen) beschäftigt ist. Entgegen früherer Auffassungen weiß man heute, dass das Gehirn dabei „äußere Realität" nicht einfach nur passiv abbildet, sondern sie aktiv konstruiert, Entwürfe der „Realität" entwickelt, die dann die Wahrnehmung lenken. Das lässt sich zum Beispiel daran zeigen, dass ein Mensch dazu neigt, das Verhalten seiner Umgebung im Sinne bereits entwickelter innerer „Landkarten", vorgefasster Meinungen, Glaubenssätze oder auch Werte- und Normensysteme zu interpretieren, wobei ihm sein Bewusstsein dann meistens vorgaukelt, er habe die Realität, die Wirklichkeit erfasst.

Für soziale Systeme (welcher Art auch immer) bedeutet dies, dass Menschen nicht nur direkt in Kommunikation bzw. Interaktion treten, sondern zugleich über ihre inneren Konstruktwelten in Wechselwirkung miteinander stehen. Sie interpretieren das Geschehen, während sie selbst glauben, das Geschehen nur „wahrzunehmen". Das Wort selbst drückt es sehr treffend aus: Man nimmt für „wahr", was man wahrnimmt, ohne zu merken, dass man ständig konstruiert, interpretiert, entwirft und auf künftiges „hochrechnet" usw. Dementsprechend kann es wichtig werden, wahrzunehmen, was man „für wahr nimmt".

Die Skizze soll dies verdeutlichen: Stellen wir uns einmal vor, die unregelmäßige Fläche stelle eine bestimmte soziale Umgebung einer Person dar, bilde den sozialen „Kontext", in dem sie sich bewegt und mit dem sie in Wechselwirkung steht.

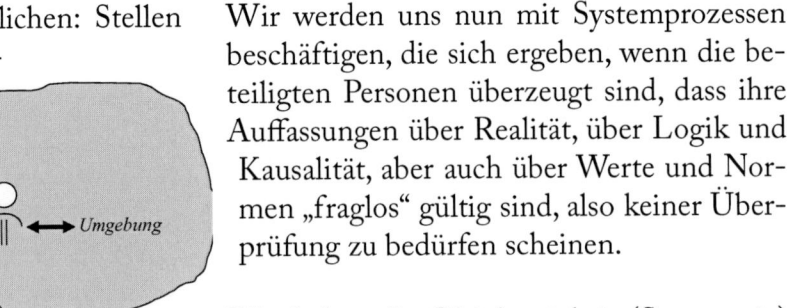

Bei genauerer Betrachtung erkennt man, dass die Vorstellung, das „Konstrukt" (in der Skizze mit „XY" dargestellt), welches die Person von eben jener „Umgebung", vom Kontext entwickelt, die Wechselwirkung zwischen ihr und der Umgebung beeinflusst und umgekehrt. Das geschieht umso mehr, je verborgener der Person diese Zusammenhänge sind.

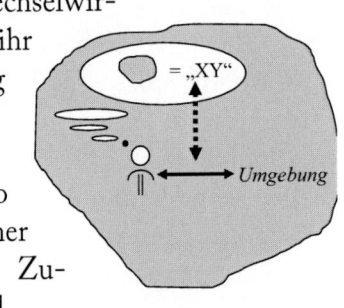

Wir haben diese Überlegungen bei der Kontextanalyse von Beratungssituationen schon kennen gelernt (vgl. Wanderung N° 5).

Wir werden uns nun mit Systemprozessen beschäftigen, die sich ergeben, wenn die beteiligten Personen überzeugt sind, dass ihre Auffassungen über Realität, über Logik und Kausalität, aber auch über Werte und Normen „fraglos" gültig sind, also keiner Überprüfung zu bedürfen scheinen.

Wir haben die Gleichartigkeit (Symmetrie) der Wirklichkeitskonstruktionen als Quelle von Streitereien schon kennen gelernt. Die Frage, wer „im Besitz" der Wahrheit, der Realität sei, führt zwischen den Beteiligten zum Machtkampf, je mehr ihre jeweiligen „Realitäten" auseinanderklaffen. In diesem Machtkampf wird verlieren, wer von der sozialen Übereinkunft, was real sei, gravierend abweicht. Er gilt dann potenziell als „krank", die „Krankheit" besteht in mangelndem „Realitätsbezug". Dazu kommt es auch dann, wenn jemand von den sozial für gültig erachteten Normen gravierend abweicht.

Wie ganz allgemein die Konstrukte in verdeckter Form auf die Kommunikation bzw. Interaktion zwischen Menschen Einfluss nehmen, zeigt die folgende Skizze am Beispiel zweier Personen. Sie dient als Gebietskarte für die Wanderungen, die nun folgen.

Die beiden Sätze: „Ich nehme für wahr, was ich wahrnehme."
und „Ich nehme wahr, was ich für wahr nehme." gleichen sich nahezu.
Für das Bewusstsein stellen sie jedoch einen Quantensprung dar!

Gebietskarte

Symmetrie von (Wirklichkeits-)Konstrukten

- Überzeugungen über die Erkennbarkeit von Wirklichkeit
- Überzeugungen über Logik und Wahrheit
- Überzeugungen über Kausalität, Ursachen und Schuld
- Wertvorstellungen, Normen und Ansichten über ihre Gültigkeit
- speziell: Annahmen über das Verhältnis
  - Aktion und Reaktion
  - Absicht und Wirkung
  - Wirklichkeit und Wahrnehmung

(⇔)
Wechselwirkung der Konstrukte als Hintergrundgeschehen der Kommunikation

⇕

- Überzeugungen über die Erkennbarkeit von Wirklichkeit
- Überzeugungen über Logik und Wahrheit
- Überzeugungen über Kausalität, Ursachen und Schuld
- Wertvorstellungen, Normen und Ansichten über ihre Gültigkeit
- speziell: Annahmen über das Verhältnis
  - Aktion und Reaktion
  - Absicht und Wirkung
  - Wirklichkeit und Wahrnehmung

⇕

Wechselwirkung mit der Kommunikation bzw. dem Verhalten der Personen

⇕

Kommunikation bzw. Interaktion

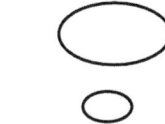

Person A ⇔ Person B

Das Schema erlaubt auch eine Einteilung systemischer Methoden:

— Die bisher vorgestellten systemischen Fragetechniken, die Methoden zur Veränderung von Mustern und zur Lösung von Konflikten setzen auf der Ebene der Interaktionen zwischen Systemmitgliedern an, berühren aber auch ihre Konstrukte und Vorstellungen.
— Die Methoden, die wir nun diskutieren werden, beschäftigen sich hauptsächlich mit der Wechselwirkung der Konstrukte und ihren problematischen Folgen. Es wird sich zeigen, wie bestimmte Probleme lösbar werden, wenn man mit Klienten ihre Konstrukte überprüft und ihnen auf diesem Weg neue Sichtweisen ermöglicht.

Wanderung N° 50

In die Realität vernarrt ...
Von der „Wirklichkeit" und den Folgen

Wohin die Wanderung führt ...

Von den evolutionsgeschichtlichen Anfängen bis zur Gegenwart ist das Verhältnis zwischen dem Menschen und seiner Umwelt davon geprägt, wie es ihm gelingt, sein Überleben zu organisieren. In dem Maße, wie sich Bewusstsein und Sprache (wahrscheinlich parallel) entwickelt haben, konnte der Mensch beginnen, eine Unterscheidung zwischen sich selbst und seiner Umgebung zu denken, sich als Subjekt wahrzunehmen und über das Verhältnis zwischen der „Welt" und sich selbst nachzudenken. Für den praktischen Lebensvollzug haben dabei seine operativen Fähigkeiten, nämlich die Wahrnehmungs- und Denkprozesse mit den körperlichen, speziell manuellen Fertigkeiten zu kombinieren, ausgereicht. Im Prinzip reicht das auch heute noch für die alltägliche Lebenspraxis, nur dass es eben eine inzwischen ganz andere, nämlich eine von Technik und gesellschaftlich-kulturellen Faktoren geprägte komplexe Welt zu meistern gilt.

Für den Lebensalltag war es und ist es auch heute noch nicht nötig, über die Funktionsweise der sinnlichen Wahrnehmung, des Denkens und Bewusstseins sowie über die Frage nachzudenken, wie wir dazu kommen, zu handeln. Wir nehmen unser Wahrnehmen erst wahr, wenn wir unsere Aufmerksamkeit bewusst darauf richten. Und selbst dann ist es uns nur in Grenzen möglich, die Funktionsweise unserer Wahrnehmung wahrzunehmen: Das Auge kann sein Sehen nicht sehen. Für das Denken und die Entscheidungsprozesse, die dem Handeln zugrunde liegen, gilt ähnliches. Für den Vollzug unseres Lebensalltags scheint dies aber auch nicht problematisch zu sein. Wir werden die Folgen untersuchen, mit denen Menschen dennoch zu kämpfen haben.

Menschen waren immer neugierig und daran interessiert, über ihre Grenzen hinaus zu gehen. So haben sie in den letzten Jahrhunderten die Grenzen ihrer Wahrnehmungsorgane gesprengt und sich einen Zugang zum Mikro- und Makrokosmos verschafft, der ihnen durch die Funktionsweise ihrer Sinnesorgane an sich nicht zugänglich ist. Mit der Relativitätstheorie wurde außerdem das auf den dreidimensionalen Raum und die lineare Zeit begrenzte menschliche Vorstellungsvermögen überschritten. In den letzten Jahrzehnten wurde es durch verschiedene bildgebende Verfahren möglich, dass der Mensch in den ihm selbst am unzugänglichsten Bereich seiner selbst vorstößt und das Gehirn unmittelbar bei seiner Arbeit erforschen kann.

Parallel dazu haben sich Menschen seit der Antike bemüht, die Bedingungen von Erkenntnis, das Verhältnis von erkennendem Subjekt und Objekt, also der Wirklichkeit oder Realität zu überlegen. Eine Streitfrage war immer, ob wir die Realität „objektiv" wahrnehmen können. Die Diskussion erstreckte sich bis hin zur Frage, ob es die Realität, die Wirklichkeit überhaupt gibt. Gemäß der Erkenntnistheorie des Konstruktivismus ist für den Menschen grundsätzlich nicht endgültig zu klären, welche Wirklichkeit an sich, das heißt außerhalb seiner Konstruktwelt existiert, denn er kann sich nur als konstruierendes Subjekt eben jener Realität nähern, während ihm seine Wahrnehmung und sein Bewusstsein die eigenen Konstrukte als „die Realität" erscheinen lassen.

Interessanter Weise lässt jedoch die Frage „Wie wirklich ist die Wirklichkeit?" (Watzlawick) die meisten Menschen in ihrem Lebensalltag und dem daran orientierten Bewusstsein ziemlich kalt.
Den Begriff des Alltagsbewusstseins haben wir in Wanderung N° 27 schon eingeführt und etwas untersucht. Das Alltagsbewusstsein soll hier als Zusammenfassung aller Vorstellungen, Überzeugungen und Modelle (Landkarten) der Menschen zu bestimmten Fragen des alltäglichen Lebens in unserem Kulturkreis verstanden werden, die sich auch in der Alltagssprache widerspiegeln. Inhalte des Alltagsbewusstseins erscheinen den Menschen als selbstverständlich und brauchen solange nicht hinterfragt zu werden, solange sie für den alltäglichen Lebensvollzug tauglich sind oder zumindest zu sein scheinen. Das Alltagsbewusstsein mit seinen Konstrukten bietet Orientierung und Sicherheit.
Dass wir grundsätzlich nicht anders können, als Wirklichkeit(en) zu konstruieren, taucht zwar gelegentlich im alltäglichen Denken auf, wenn man beispielsweise davon spricht, jemand bilde sich eine Sache nur ein. Aber die meisten Menschen sind überzeugt, ...
– dass es die Wirklichkeit gibt
– dass sie für uns objektiv erkennbar ist
– und dass wir infolgedessen selbst in den „Besitz der Wahrheit", der „richtigen Sichtweise" gelangen können, zum „Realitätsbezug" in der Lage sind, den zum Beispiel der „psychotische" Mensch anscheinend verloren hat

Diese Postulate erscheinen den meisten als unzweifelhaft. Daran zu zweifeln, wirkt bedrohlich, denn diese Überzeugungen basieren auf weiteren Annahmen des Alltagsbewusstseins, die sich aus der Selbstwahrnehmung und ihren Merkmalen herleiten, die dem Subjekt nicht bewusst sind: Die Begrenzung unserer visuellen Wahrnehmung auf einen beschränkten Frequenzbereich elektromagnetischer Wellen, den wir „Licht" nennen, nehmen wir als solche nicht wahr. Das Gleiche gilt für das Gehör und die Schallwellen. Daraus folgern wir im Alltagsbewusstsein:
– Was wir sehen, hören usw. ist wirklich, existiert an sich und unabhängig von unserer Wahrnehmung; das heißt, unsere Sinne bilden Wirklichkeit korrekt ab; es gibt zwar Sinnestäuschungen, aber das sind Randerscheinungen.
– Was wir wahrnehmen existiert an sich und nicht nur in Verbindung mit unseren Interpretationen, Deutungen und Vergleichen mit unseren inneren Landkarten und Modellen.

„Das, was wirklich ist, kann man mit Wörtern ohnehin nur annähernd beschreiben, ein Wort ist eben nie genau die Sache selber."
(Hans Bemmann)

Es gibt zwar auch ein selbstkritisches Bewusstsein, wonach wir wissen, dass wir etwas ignorieren oder „übersehen" können, aber tendenziell gilt so etwas als gestört oder sogar krankhaft. Ansonsten ist die Selbstwahrnehmung unserer Wahrnehmungstätigkeit genau so organisiert, dass die obigen Annahmen unzweifelhaft, nicht als Annahmen und Vorurteile, sondern als Teil der Realität selbst erscheinen. Wenn wir dazu gebracht werden, an der Richtigkeit unserer Wahrnehmung zu zweifeln, verunsichert uns das enorm. „Ich spinn doch nicht!", mit solch einem Satz verteidigen wir uns gegen derartige Anfechtungen. Das Bewusstsein selbst erscheint uns als etwas, das korrekt arbeitet und nicht irgendetwas vorgaukelt. Wir glauben zu wollen, was wir wollen, wären gern „Herr im eigenen Haus", dem neurologischen Gesamtsystem. Wie wenig das der Fall ist, bringt die

Hirnforschung mehr und mehr zu Tage. In den Bestand des Alltagsbewusstseins finden diese Erkenntnisse noch wenig Eingang, zumal sie an den Grundfesten unserer als gültig angesehenen „Tatsachen" rütteln. Zumindest gilt das heute noch.

Erkenntnistheoretische Überlegungen ebenso wie die Erforschung lebender Systeme, die Erforschung der Wahrnehmungsstrukturen und der Erforschung des Gehirns belegen: Wir konstruieren Wirklichkeit, und weil das Konstruieren weitgehend unbemerkt erfolgt, halten wir unsere Konstrukte für die Wirklichkeit selbst. Es ist eines der zentralsten Merkmale der Wirklichkeitskonstrukte, dass sie dem Subjekt nicht als Konstrukte, sondern als Wirklichkeit und daher als unzweifelhaft erscheinen.

Weitreichende Folgen hat das vor allem da, wo es nicht um die materielle gegenständliche Welt, sondern um immaterielle Prozesse wie Kommunikation und Interaktion, um Prozesse in Systemen, um Muster usw. geht. Wir werden in den folgenden Wanderungen sehen, wie die Wirklichkeitskonstruktionen verdeckt und unbewusst in Wechselwirkungen miteinander treten und bewirken, dass Menschen ihnen solange blind ausgeliefert sind, solange sie ihre Konstrukte nicht überprüfen.

Unsere Alltagssprache selbst zeigt sich – so könnte man sagen – realitätsgläubig. Das hat ganz praktische Gründe. Wenn jemand sagt: „Dort steht eine Fichte, die muss gefällt werden.", müsste die Person eigentlich bei selbstkritischer Überlegung sagen: „Ich glaube etwas zu sehen, das einem Gegenstand ähnelt, den ich gemäß meiner Muttersprache Fichte nenne." So redet niemand, es wäre seltsam. So denkt auch niemand. Es ist auch nicht nötig, denn spätestens, wenn mit der Motorsäge der Baum gefällt ist und auch sonst alles für eine Fichte spricht, erübrigen sich weitere Fragen.

Aber nehmen wir Martins Beschwerde während einer Beratung: „Laura hat mich gestern ziemlich schief angeschaut!" Wie wäre ein solcher Satz jemals zu verifizieren? Martin ist sich seiner Sache vollkommen sicher. Lassen wir einmal beiseite, dass er keinerlei Maßstab für das Wort „ziemlich" genannt hat, und dass es sich bei „schief anschauen" um einen metaphorischen Ausdruck handelt. Folgende Sachverhalte kommen bei einer kritischen Untersuchung der Aussage zum Vorschein:

- Martin scheint sich eines einwandfreien Funktionieren seines Gedächtnisses sicher zu sein, sonst müsste er sagen „Ich glaube mich zu erinnern, dass ..."
- Er hat keinerlei Zweifel, dass er „gesehen" hat, wie Laura ihn schief angeschaut hat, und dass das nicht nur eine interpretierte Wahrnehmung ist. Denn sonst müsste er einräumen: „Ich habe Lauras Blicke so gedeutet, als würde sie mich schief anschauen."
- Er hat ferner keine Zweifel, dass Laura die aktiv Handelnde ist, die ihn „schief anschaut", und nicht nur mit dem (vermeintlich) schiefen Blick auf etwas reagiert, das zuerst von Martin ausging. Eigentlich müsste er die paradoxe Aussage machen: „Laura hat mich schief angeschaut, bevor sie mich sah." Nur dann wäre nämlich Lauras Blick *keine* Reaktion auf die Begegnung mit Martin. Oder er müsste zumindest sagen: „Laura hat mich schief angeschaut, nachdem sie bemerkte, wie ich sie ansah." Vielleicht hat Martin sie auch „schief" angeschaut, ohne es zu merken, oder vielleicht hat Laura geglaubt, Martin sehe sie schief an, und darauf ebenfalls mit einem „schiefen" Blick geantwortet. Das alles steckt an Möglichkeiten drin, kommt aber in Martins Aussage (und in der dahinter liegenden Überzeugung) nicht zu Ausdruck.

Man könnte sagen: Unsere Alltagssprache (und mit ihr das alltägliche Denken) ist hoffnungslos „realistisch", ja regelrecht „realitätsvernarrt".

Aber es gibt auch ganz pragmatische Gründe, alle die obigen kritischen Reflektionen nicht anzustellen und schon gar nicht in entsprechenden Sätzen zu formulieren. Wir könnten nämlich nur noch in Bandwurmsätzen reden. Und es entspricht auch nicht der Selbstwahrnehmung der Wahrnehmung: „Ich hab doch gesehen, was ich gesehen habe, nämlich wie Laura mich angeschaut hat, und so etwas merke ich mir auch und weiß am nächsten Tag, wie es war!" So würde sich Martin vielleicht verteidigen.

Man könnte einwenden, es gäbe schließlich die Intuition, die im Falle solcher Wahrnehmungen auch im Spiel ist und zusätzlich für Gewissheit sorge. Dazu ist zu sagen, dass „Intuition" eher ein Sammelbegriff für eine Fülle von „gefühlsmäßigen" Wahrnehmungen und Interpretationen fast unterhalb der Bewusstseinsschwelle ist. Je häufiger man beobachtet, dass man damit „richtig" liegt, desto mehr glaubt man an diesen „siebten Sinn" und seine Unfehlbarkeit. Sofern es diesen siebten Sinn überhaupt gibt, ist er jedoch ebenfalls durch seine spezifische Funktionsweise begrenzt, auch wenn wir diese Begrenzungen bisher noch nicht im Einzelnen kennen. Es handelt sich nicht um eine „Allsichtbrille", wie sie Meister Hora in Michael Endes „Momo" benutzt.

Was folgt aus diesen Überlegungen? Nicht mehr und nicht weniger, als dass wir Menschen mit unserer Realitätsgläubigkeit und der entsprechend geformten Alltagssprache im zwischenmenschlichen Bereich der Kommunikation und Interaktion, in der immateriellen Welt sofort an grundsätzliche Grenzen stoßen. Eine Fülle von Konflikten, Leid, gegenseitigen Verletzungen, Missverständigungen und auch eigenen Irrfahrten rührt aus dieser Wirklichkeitsgläubigkeit her.

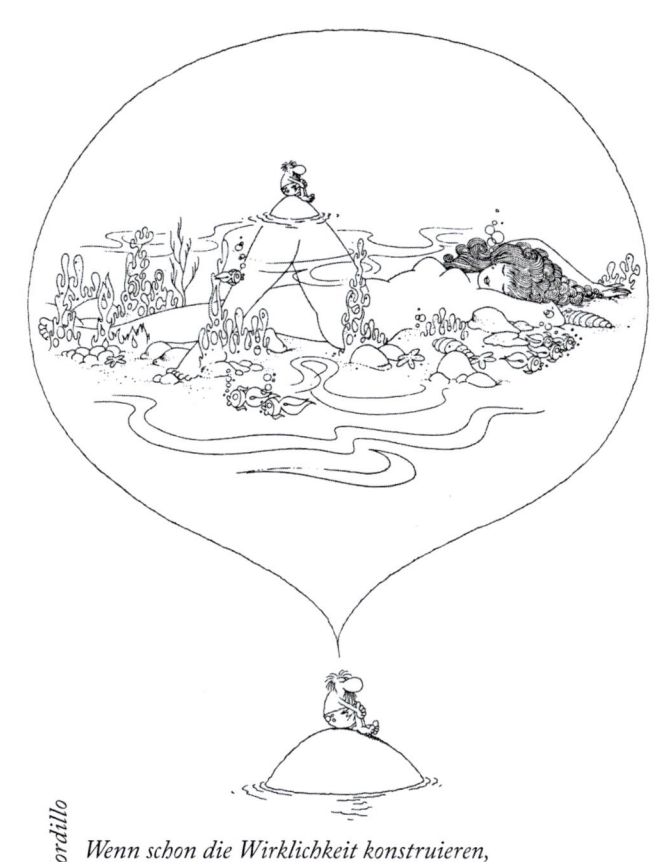

Wenn schon die Wirklichkeit konstruieren, dann wenigstens lustvoll!

Wer sich beispielsweise verfolgt fühlt und sich sicher ist, dass der CIA dahinter stecke, trifft auf andere, die ihm das keineswegs glauben, es ebenso vehement unter Bezug auf die Realität bestreiten, wie der Betreffende sich dessen sicher ist. Aber die Mehrheit der Menschen in seiner Umgebung sitzt am längeren Hebel: Sie sind sich über ihren Realitätsbezug einig. Solche Kollisionen werden schließlich psychiatrisch verwaltet. Dort geht der Kampf um die Wirklichkeit weiter. Sagt der „Patient" (dazu wurde er inzwischen): „Ich glaube, ich bilde mir das ein", ist er „krankheitseinsichtig" geworden, und seine Umgebung beginnt sich zu beruhigen, insbesondere auch dann, wenn er sich nicht mehr wie ein Verfolgter verhält. Beharrt er aber auf seinem so genannten „Wahnsystem", sollen Medikamente ihn auf den Boden der Tatsachen herunterholen, oder die Entlassung rückt in weite Ferne.

Kurz: Die Wirklichkeitsgläubigkeit mancher Menschen treibt zuweilen bizarre Blüten oder hat tragische Folgen. Werden zum Beispiel Normen- oder Wertesysteme oder religiöse Ansichten in den Bereich der „Wirklichkeit", der absoluten Wahrheit eingemeindet, ist je nach Art des Systems und der Interessen seiner Verfechter der Weg zum Fundamentalismus nicht weit. Von den furchtbaren Folgen zeugen beispielsweise Terror und Kriege dieses und des letzten Jahrhunderts.

Beratung zielt auf die Flexibilisierung dieser Grenzen; es wird daher oft um Aufklärung und über neue Ideen zur Frage der Wirklichkeit, der Möglichkeit, sie zu erfassen, über Wahrheit und die so eingängigen Unterscheidungen wie zum Beispiel zwischen „richtig" und „falsch" gehen. Denn die Lösung einer ganzen Reihe von Problemen gelingt nur mit der Überschreitung des bisherigen Horizontes un-*ge*-wusster Subjektivität.

Die bisher diskutierten Sachverhalte lassen sich in einem Schema zusammenfassen:

Ungewusste Subjektivität ⋮ **Gewusste Subjektivität**

Die Variablen, die die punktierten Grenzen im (Alltags-) Bewusstsein einer Person markieren bzw. verfestigen, durchlässig machen oder verschieben können, lassen sich wie folgt beschreiben:

Undurchlässig bzw. verfestigt werden die Grenzen durch...
- Die (Alltags-)Sprache, in der die subjektive Konstruktion von Wahrnehmung und Wirklichkeit verdeckt ist.
- Die Alltagskonstrukte (u.a. über Wirklichkeit, Wahrheit)
- Das Alltagsdenken in einfache linear-kausalen Zusammenhängen und der zweiwertigen Entweder-Oder-Logik
- Normen, Konventionen und Glaubenssätze, die als selbstverständlich gelten
- Individuelle Bedeutungen (von Wahrnehmung, von Sprache ...)
- Wahrnehmungssysteme
- Emotionen
- Bedürfnisse (insbesondere Bedürfnisse nach Orientierung, Sicherheit, Identitätsbildung)

Ungewusste Subjektivität bedeutet, dass wir etwas für objektiv gegeben halten, was sich bei kritischer Reflexion als rein subjeltiv herausstellt.

Alle diese Variablen stehen in Wechselwirkung untereinander und bilden ein komplexes System. Die Verschiebung der Grenzen zwischen den Subjektbereichen wird ermöglicht durch:
- kritisches Denken zu allen obigen Punkten und Selbst-Reflexion
- wissenschaftliche Forschungen und Entdeckungen
- erkenntnistheoretische Überlegungen.

Um diese Sachverhalte zu verdeutlichen, schlage ich Ihnen das auf Seite 429 beschriebene Experiment vor.

Wegskizze:

- Die Verkleinerung des Bereiches der un-ge-wussten zu Gunsten der ge-wussten Subjektivität einer Person eröffnet ihr in der Regel neue Wahlmöglichkeiten, hilft bei der Lösung von Konflikten und Beziehungsproblemen. Sie führt zu mehr Nachdenklichkeit, auch mehr Toleranz und verbessert die Kooperation zwischen Menschen

- Andererseits ist es eine erhebliche Herausforderung, sich der Idee zu öffnen, dass man nicht „im Besitz" der Wirklichkeit oder der Wahrheit sein kann, dass unsere Wahrnehmung immer nur interpretierte Wahrnehmung ist und dass wir die Welt immer nur durch die „Brille" unserer Modelle, Landkarten und Glaubenssätze, also gefiltert betrachten, ohne diese Brille zu bemerken; wir sind also grundsätzlich voreingenommen.

- Für die Lösung vieler Probleme insbesondere im Bereich der zwischenmenschlichen Beziehungen gilt jedoch: Je mehr ge-wusst, desto besser! Oder, in Abwandlung des bekannten Spruches: „Was ich nicht weiß, sollte mich doch heiß machen!"

- Bereiche der un-ge-wussten Subjektivität, die mit Klienten kritisch zu untersuchen sich besonders lohnt, sind:
    - die Alltagskonstrukte über Wirklichkeit und Wahrheit
    - das Alltagsdenken in einfachen linear-kausalen Zusammenhängen und in der zweiwertigen Entweder-Oder-Logik
    - Normen, Konventionen und Glaubenssätze, die als selbstverständlich gelten und deshalb nicht überprüft werden
    - die individuelle Bedeutungen von Wahrnehmungen und von Sprache

- Beratung hat hier also sehr stark den Charakter von Aufklärung, verbunden mit dem Angebot, dass Klienten ihren bisherigen Horizont erweitern und über diesen Weg ihre Probleme lösen können.

- Um jedoch nicht ins „Missionieren" zu geraten, gilt es immer erst zu prüfen, ob und welche Probleme Klienten lösen wollen, ob sie sich auf die Herausforderung, ihr bisheriges Weltbild zu hinterfragen, einlassen wollen. Es geht also wieder einmal um einen sorgfältig erarbeiteten Kontrakt.

- Ist ein entsprechender Kontrakt geschlossen, geht es darum, mit dem Klienten die in seinen Problemschilderungen sprachlich sichtbar werdenden Konstrukte kritisch zu reflektieren und seinen bisherigen systemischen Horizont zu überprüfen.

> *In Wirklichkeit ist die Realität ganz anders*
>
> Bernhard Trenkle

Wanderung N° 51

Der Blick über den Tellerrand

als Lösungsweg

Wohin die Wanderung führt ...

„Hinter dem Horizont geht`s weiter ..." heißt es in einem Lied von Udo Lindenberg. Dass unser Bewusstsein, unsere Sicht der Dinge Beschränkungen unterliegt, war dem kritischen Geist und erst recht den Naturwissenschaften immer klar. Als Galilei die Herren Medizi aufforderte, durchs Fernrohr zu blicken und sich selbst zu vergewissern, dass es die Jupitermonde gibt, weigerten sie sich, dies zu tun. Das geozentrische Weltbild (und damit auch das menschliche Selbstbild) war bedroht; das Fernrohr konnte nur Teufelswerk sein.

Der mittelalterliche Stich bringt zum Ausdruck, was es bedeutet, den Horizont vertrauter Vorstellungen, Überzeugungen und Wirklichkeitskonstrukte zu überschreiten. Unser Horizont ist nur dann durch unsere Art der Wahrnehmung und Selbstwahrnehmung, durch unsere subjektive Perspektive beschränkt, wenn wir sie fraglos hinnehmen. Denken wir jedoch kritisch nach und berücksichtigen wir wissenschaftliche Erkenntnisse, die inzwischen auch dem Allgemeinwissen zur Verfügung stehen, zum Beispiel über die Funktionsweise unserer Sinnesorgane, dann eröffnen sich für eine Fülle von Problemlagen neue Lösungsmöglichkeiten. Vor allem zwischenmenschliche Probleme, Schwierigkeiten in der Partnerschaft, Konflikte aller Art und wo auch immer, lassen sich leichter lösen, wenn sich die Beteiligten zum Blick über den Tellerrand entschließen und dafür unter Umständen auch die Unterstützung einer Beratung in Anspruch nehmen.

Wir werden auf dieser Wanderung einen methodischen Ansatz untersuchen, mit dem Klienten geholfen werden kann, mit dem Kopf wie im obigen Bild gleichsam durchs Firmament zu stoßen und eine neue Welt zu erblicken. Diesen Ansatz werden wir in den folgenden Wanderungen in unterschiedlicher Form immer wieder verwenden.

Über den bisher so vertrauten Horizont hinaus zu gehen, ist keine leichte Übung. Die eigene Sicht der Dinge grundsätzlich in Frage zu stellen, die vermeintlich sicheren Pfade eigenen Denkens, der eigenen Wirklichkeitskonstrukte und Überzeugungen zu verlassen, kann verunsichern oder sogar Angst machen, wie wir schon gesehen haben. Bei den bisherigen Denkgewohnheit und Glaubenssätzen zu bleiben, ist leichter und deshalb verführerisch. Wo es um den Umgang, die Kommunikation und Beziehung mit anderen Menschen geht, erlaubt ein Verbleib diesseits des Tellerrandes, die Verantwortung für das eigene Denken, Fühlen und Handeln auf andere zu projizieren. „Der andere hat et-

was gemacht, ich habe nur reagiert."
Eine systemische Betrachtungsweise rückt jedoch unvermeidlich die eigene „Mittäterschaft" in den Blick. Die ausgesprochen verführerische Opferperspektive kann nicht mehr aufrechterhalten werden. Es ist daher verständlich, wenn manche Klienten beim Versuch einer Erweiterung ihres Horizontes nicht mitmachen, oder jedenfalls nicht gleich. Die befreiende Wirkung einer „systemischen Aufklärung", wie ich sie nennen möchte, erschließt sich einem nicht sofort. Es sind, wie wir noch sehen werden, einige schwierige gedankliche Pfade zu begehen.

Für die Bewältigung eines durchschnittlichen Lebensalltages sind solche Anstrengungen meistens nicht nötig. Es handelt sich für Klienten also nicht nur darum, gewohnte „Trampelpfade" zu verlassen, sondern es gilt auch noch, sich durch das Dickicht nicht ganz einfacher Denkfiguren zu schlagen. Die Aufgabe des Beraters ist es, Hilfestellungen zu geben, Klienten gleichsam die Hand zu reichen, um über hohe Stufen zu gehen und schwankende Boote zu betreten. Wie das geschehen kann, wird methodisch noch genauer beschrieben. Einfache visuelle Darstellungen und anschauliche Vergleiche aus der Alltagserfahrung der Klienten sind ein wesentliches Hilfsmittel. Sagt ein Klient beispielsweise: „Das ist mir jetzt zu hoch!", sollte man es als Metapher aufgreifen. Die mit Gedanken zu vollziehende Stufe war für den Klienten gerade „zu hoch", es gilt, Zwischenstufen zu bauen.

Öfters höre ich den Einwand, mit „einfach strukturierten Leuten" könne man so nicht arbeiten. Von der unterschwelligen Entwertung einmal ganz abgesehen, ist der Einwand nicht gut durchdacht. Es handelt sich eher darum, wie geübt, „trainiert" jemand in komplizierten oder ungewohnten Gedankengängen ist. Wer ungeübt ist, schafft auch nicht auf Anhieb einen 5000-Meter-Lauf. Es ist Aufgabe des Beraters, die Klienten da abzuholen, wo sie jetzt stehen. Und natürlich kann es dazu kommen, dass Klienten abblocken, weil umzudenken anstrengend und ängstigend sein kann. Ein Kontrakt mit Klienten (vgl. Wanderung N° 14), dass es überhaupt um die Lösung bestimmter Probleme gehen soll, und dazu die Hilfestellung des Beraters gewünscht wird, ist wesentliche Voraussetzung für die folgende methodische Vorgehensweise.

Um Klienten mit dem Konzept der Wirklichkeitskonstruktionen vertraut zu machen, bietet sich die Arbeit mit einer Skizze an, die wir schon kennen gelernt haben und die in Variationen auch bei den folgenden Wanderungen verwendet wird.

Sie ist den meisten aus Darstellungen in Comicgeschichten vertraut und dient der Veranschaulichung der teilweise komplizierten Zusammenhänge. Es empfiehlt sich, die Skizze auf einem Blatt vor dem Klienten zu zeichnen und zu erläutern, dass die Gedankenblase bestimmte Vorstellungen, Überzeugungen usw. einer Person ausdrückt. Es handelt sich also nicht nur um das, was man gerade denkt, sondern viel mehr um die „innere Welt", um die eigene Sicht der Dinge, um die Bewertung von Ereignissen und Situationen, auch den eigenen Glauben. Und es geht insbesondere um all das, was man für wahr, für richtig und selbstverständlich hält und man daher nicht hinterfragen zu müssen glaubt.

Es ist hilfreich, das Wort „selbstverständlich" genauer unter die Lupe zu nehmen: „Sehen sie, was Sie für selbstverständlich halten, versteht sich ja, wie das Wort sagt, 'von selbst', sie müssen darüber nicht mehr nachdenken, es sind Teile ihrer Innenwelt, die ihnen gar nicht mehr auffallen und deshalb wirken, ohne dass Sie es merken. Das geht übrigens allen Menschen so!"

Als nächsten kleiner Schritt, um sich der Idee zu nähern, dass es nur „subjektive Wirklichkeiten" gibt, kann man in die große Blase beispielsweise das Wort Licht eintragen und den Klienten fragen, ob er (bisher) glaube, dass es Licht gebe. Die meisten antworten spontan mit „Ja". Wird dies dann gemeinsam genauer durchdacht, wird jedem klar, dass Licht nur eine Bezeichnung für das ist, was wir sehen können, nämlich einen kleinen Ausschnitt aus dem Spektrum elektromagnetischer Wellen. „Licht" ist nur ein Begriff und eine Erfindung unseres Gehirns. Diese Betrachtung löst meistens einige Nachdenklichkeit aus.

Nehmen wir an, das Problem, weswegen der Klient da ist, sei, dass er von seinem Kollegen immer wieder beleidigt werde. Der Klient könnte nach den obigen Erörterung vielleicht protestieren und fragen: „Was hat denn das alles mit den Beleidigungen zu tun, die ich nicht mehr aushalte? Erst gestern hat er mich wieder einen faulen Sack geheißen!" Nun, dann ist die Zeit reif für den nächsten Schritt in einer Skizze:

An der Skizze kann nun verdeutlicht werden, dass es Beleidigungen „an sich" ebenso wenig gibt, wie Licht, sondern nur irgendwelche Aussprüche eines anderen, die man selbst als Beleidigung werten muss, bevor es Beleidigungen werden. Es gibt die Freiheit der Interpretation, der Deutung. Und selbst wenn man etwas als „Beleidigung" bewertet, hat man noch die Wahlfreiheit, welche Bedeutung man der Beleidigung gibt. Die spontane und emotionale Reaktion mag Ärger oder Verletztheit sein, aber dabei muss es nicht bleiben. Man kann nachdenken und zu neuen Ergebnissen, anderen Interpretationen kommen, das Ganze eventuell umdeuten (Reframing), es beispielsweise als eine, wenn auch nicht sehr diplomatisch geäußerte Rückmeldung interpretieren.

Vielleicht protestiert der Klient jetzt wieder: „Aber das sind doch Beleidigungen gewesen, die der mir an den Kopf geknallt hat!" Berater: „Dass Ihnen das weh tut, verstehe ich. Ich will Ihnen auch nichts ausreden. Sie dürfen ja bei dieser Sicht der Dinge bleiben. Ich wollte Ihnen nur zeigen, dass Sie eine Wahl haben und dass Sie Einfluss auf diese Wahl haben. Was ihr Kollege sagt oder nicht sagt, können Sie weit weniger beeinflussen! Vielleicht wollte er Sie tatsächlich beleidigen, als er Sie einen faulen Sack genannt hat. Wollen Sie ihm den Gefallen tun, dass er auch noch sein Ziel erreicht?"

Nicht selten löst diese kleine Provokation Gegenkräfte aus, und der Klient kann sich überlegen, als was er die „Beleidigungen" auch noch ansehen könnte.

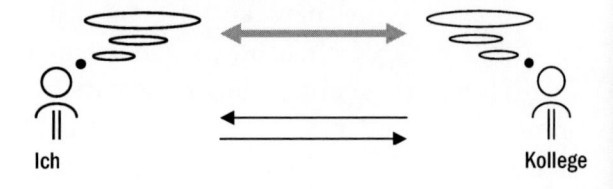

Dazu kann unsere Skizze nochmals erweitert werden, um dann den Klienten zu fragen: „Was vermuten Sie, wie Ihr Kollege Sie wahrnimmt? Wie haben Sie denn bisher auf die Beleidigungen reagiert, und wie hat ihr Kollege das möglicherweise ausgelegt?" Die Antworten kann man dann in Stichworten immer zu den jeweiligen Pfeilen und Gedankenblasen dazu schreiben. So rekonstruiert der Klient vor seinen eigenen Augen einen Ablauf, den er unter Umständen bisher noch nie so betrachtet hat. Vielleicht stellt sich heraus, dass unser Klient bisher gekränkt war, aber geschwiegen hat, was vom Kollegen möglicherweise als Ignoranz ausgelegt wurde und er ihm bei nächster Gelegenheit wieder „die Wahrheit" sagt, weil er denkt, das sei nötig.

Auf diese Weise kann dem Klienten verdeutlicht werden, dass es besser ist, sich beim nächsten Mal in kluger Weise zu wehren und zum Beispiel den Kollegen zu fragen, was er mit dem, was er gerade gesagt hat, eigentlich beabsichtige. So entsteht die nächste Skizze, die veranschaulicht, wie die Vorstellungen des Klienten und seines Kollegen hintergründig in Wechselwirkung treten (dicker Pfeil), wenn sie jeweils von ihrer Sicht der Dinge überzeugt sind, sie fraglos hinnehmen, und wie das wiederum Einfluss auf ihre Interaktionen nimmt (dicker gestrichelter Pfeil). Ihre Überzeugungen bestätigen sie von der Richtigkeit ihres Handelns, und die eigenen vermeintlich der Realität entsprechenden Beobachtungen bestätigen sie in ihrer Sicht der Dinge. Der Kreis schließt sich, und sie drehen sich in ihm weiter, solange sie ihre Ansichten, ihre Konstrukte nicht überprüfen. Wenn sie jedoch beide glauben, dass sie das, was zwischen ihnen abläuft, „richtig" wahrnehmen (und nicht nur subjektiv glauben), werden sie in dem Muster, das sich zwischen ihnen entwickelt, fortfahren.

So bildet sich hinter dem Rücken der Beteiligten im Laufe der Zeit ein stabiles System aus, in dem sie gefangen sind, solange sie ihre Konstruktwelten nicht überprüfen.

Natürlich könnte man in diesem Beispiel gleich auf die Lösung kommen, der Klient solle mit seinem Kollegen über dessen „Beleidigungen" reden, ohne die vielleicht umständlich erscheinenden Zwischenschritte mit den Skizzen. Ich habe dieses relativ einfache Beispiel gewählt, um die denkbaren Schritte hin zur Horizonterweiterung mit Hilfe der Visualisierungen zu verdeutlichen.

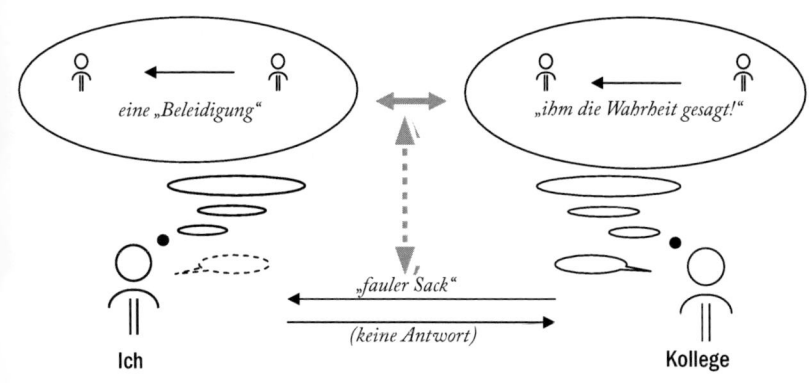

Die eigenen Wirklichkeitskonstrukte und das, was man zu „erleben" glaubt, nicht zu überprüfen, wird noch durch eine Reihe allgemeiner Überzeugungen bzw. Glaubenssätze unterstützt, die wir meist von Kindesbeinen an erlernen, und oft unüberprüft in die Situation einfließen lassen:

– Aktion und Reaktion sind zweierlei Dinge, das eine kann nicht *als* das andere betrachtet werden. Dass die eigene Reaktion immer auch eine Aktion ist, erschließt sich oft erst bei genauerem Nachdenken.
– Die Absicht der Handlung des Anderen lässt sich aus der Wirkung erschließen, die es auf einen selbst hat. Wer mich zum Beispiel beleidigt, beabsichtigt das auch.
– An der Wirkung der Handlung des anderen, die man bei sich bemerkt, ist man selbst nicht beteiligt, der andere hat sie

verursacht. Die Wirkung tritt automatisch ein, sie ist nicht zu vermeiden.
- Wahrnehmung ist Wahrnehmung und nicht nur gedeutete Wahrnehmung.

Diese Glaubenssätze werden uns auf den nächsten drei Wanderungen noch genauer beschäftigen. Sie sind Folge unserer zunächst unvermeidlichen „egozentrierten" Perspektive und Selbst*wahrnehmung*. Sie sind zugleich emotional verankert, sozusagen „brisante Ladungen". Werden sie durch bestimmte Ereignisse wachgerufen, ist es mit verstandesmäßiger Distanzierung und Gelassenheit zunächst nicht weit her. Meistens können erst aus einem gewissen Abstand heraus kritische Überlegungen entlang der obigen Skizzen angestellt werden. Und selbst dann kann es passieren, dass der Klient die Berechtigung seiner Gefühle in Frage gestellt sieht. Doch darum geht es nicht. Gefühle sind nicht „falsch", sondern eine Möglichkeit, zu reagieren, aber eben nur eine unter mehreren. Das gilt es zu erkennen, denn erst dann eröffnet sich die Freiheit der Wahl, und sei es im Nachhinein.

> *Der Frosch, der im Brunnen lebt, beurteilt das Ausmaß des Himmels nach dem Brunnenrand*
> **Mongolische Weisheit**

Berater sollten also nicht die Gefühlsreaktionen des Klienten in Frage stellen, sondern mit ihm über Wege nachdenken, zu mehr Gelassenheit zu gelangen und bei der nächsten entsprechenden Situation etwas Neues zu probieren.

Da hilft es, die obigen Glaubenssätze mit dem Klienten zusammen kritisch zu durchdenken, denn sie wirken wie ein mentaler Irrgarten, in den man ohne solches Nachdenken eingesperrt bleibt. Um Charakteristika dieses Irrgartens genauer kennen zu lernen, lade ich zu einem kleinen Exkurs ein. Es geht dabei um eine genauere Untersuchung von Glaubenssätzen.

Glaubenssätze sind negativ selbstbezüglich, das heißt, der Betroffene hält seine Glaubenssätze eben nicht für etwas, an das er nur „glaubt" und das aber an sich ganz anders sein könnte, sondern für unbezweifelbare Tatsachen.

Sobald jemand in der Lage ist, seine Glaubenssätze zu überprüfen, kann er sich von ihnen distanzieren und anderes für möglich halten. Wenn jemand glaubt, dass er ein schlechter Mensch ist, wird er anderes kaum akzeptieren. Interessant wäre in diesem Fall die Frage zu stellen, ob er denn glaube, dass schlechte Menschen einen Gedanken darauf verschwenden, dass sie schlechte Menschen seien. Ähnliches gilt für den Glaubenssatz „Ich bin dumm!"

Glaubenssätze sind emotional verankert, viele werden früh erworben. Das verleiht ihnen Macht. Aber auch später eignet man sich Glaubenssätze an, man könnte sie auch als fundamentale Überzeugungen bezeichnen. Die Nähe zu religiösem Glauben ergibt sich nicht so sehr aus den Inhalten, als vielmehr aus den ähnlichen grammatikalischen und logischen Strukturen, in denen Glaubenssätze sprachlich zum Ausdruck kommen. Dazu gehört ein hoher Grad an Verallgemeinerung, Ausnahmen sind gleichsam nicht zugelassen. Nach dem Motto: „Das ist so" wird aus einer Behauptung eine Tatsache gemacht. Und bestimmte Phänomene werden mit einem Begriff belegt und anschließend so getan, als handle es sich um etwas real Existierendes. Nehmen wir den Satz: „Die Seele ist unsterblich". Natürlich hat dieser Satz etwas aufmunterndes, ermutigendes. Aber er ist ein reiner Glaubenssatz mit allen obigen Merkmalen: Die „Seele" gibt es an sich, so wird behauptet; sie ist nicht nur ein Konstrukt. Ferner drückt der Glaubenssatz aus, dass die Seele über die Eigenschaft verfüge, unsterblich zu sein, ohne die Bedeutung von „sterblich" und „unsterblich" genauer festzulegen, geschweige denn zu hinterfragen. So bleibt der Satz nicht nachprüfbar bzw. alles kann als Bestätigung herangezogen werden.

Es gibt noch ein weiteres Merkmal von Glaubenssätzen. Nehmen wir den Satz: „Gute Therapie (Beratung) zeigt sich daran, dass Klienten sich verändern." Dieser Satz ist *logisch geschlossen*, was bedeutet, dass er durch Fakten nicht widerlegt werden kann: Er wird sowohl durch Veränderung des Klienten als auch durch Nicht-Veränderung in seiner Gültigkeit bestätigt. Er postuliert außerdem einen kausalen Zusammenhang zwischen Therapie bzw. Beratung und Veränderung, ohne dafür einen letztgültigen Beweis erbringen zu können. Natürlich ist dieses Credo verführerisch, schließlich will man ja als Berater oder Therapeut etwas erreichen. Wie wäre es mit dem Satz: „Gute Therapie bzw. Beratung erkennt man daran, dass sich Klienten nicht verändern."? Es wäre auch ein Glaubenssatz ...

Deshalb sollten Berater sich sowohl kritisch mit ihren eigenen Glaubenssätzen, die beispielsweise hinter Eigenaufträgen stehen (vgl. Wanderung N° 10), auseinandersetzen, als auch die Glaubenssätze ihrer Klienten mit der schlichten Frage „Warum?", also der Frage nach Begründungen, auf den Prüfstand stellen. Die Antwort der Klienten auf das „Warum" wird die Mängel des jeweiligen Glaubenssatzes aufdecken, entweder in empirischer Hinsicht, weil es abweichende Fakten gibt, oder logisch, weil die Begründung nicht stichhaltig ist. Man kann Klienten auch anbieten, einen neuen, allgemeinen Glaubenssatz (Meta-Glaubenssatz) zu akzeptieren, wonach Glaubenssätze begründbar oder beweisbar sein müssen, weil es schließlich um sehr bedeutsame Sachverhalte geht, die in ihnen zum Ausdruck kommen. Andernfalls sind sie fragwürdig. Ähnliches gilt übrigens auch für Normen und Werte, die häufig unüberprüft bleiben.

Jemand sagt, dass er seine Zwänge nicht überwinden könne. Die Frage, woher er das weiß, stellt die empirische Begründung in Frage. Denn der Sprecher kann allenfalls für die zurückliegende Zeit eine Aussage machen: „Bisher konnte ich meine Zwänge nicht überwinden." Die Frage, was Zwänge seien, zielt auf die logische Struktur des Glaubenssatzes ab: Zwänge setzen eine Person voraus, die sie „hat", denn „Zwang" ist ein Substantiv und klingt wie ein Ding. Die Person muss für die Zwänge „empfänglich" sein, denn sonst würden sie nichts bewirken. Also stimmt eigentlich nur der Satz: „Bisher habe ich mich von meinen Zwängen zwingen lassen, zu tun, was sie mir nahe legen." Schließlich bleibt immer noch die Frage, ob es Zwänge überhaupt gibt, wie der Glaubenssatz behauptet, oder ob man vielleicht doch selbst derjenige ist, der sich dazu zwingt, zehnmal zu kontrollieren, ob man den Herd abgeschaltet hat.

Wirklichkeitskonstruktionen und Glaubenssätze sind nahe verwandt. Sie sind oft nicht bewusstseinspräsent, erscheinen als gültig und selbstverständlich, und strukturieren die Erfahrungen der Person so, dass es immer wieder zur Bestätigung der entsprechenden Konstrukte oder Glaubenssätze kommt. Sie bieten Orientierung und Halt, wenn auch oft in äußerst problematischer Weise. Gerade deshalb ist es auch schwierig, sie aus eigener Kraft

Sabine Hartmann

„*...pfuiii... was sind denn das für üble schweinische Schmierereien, das ist ja unglaublich!*"
„*Höööö Opa! Das ist aber* MEIN MEGA-MÜSLI-RIEGEL!!"

zu überwinden. Beratung bekommt hier die Funktion einer umsichtigen Begleitung, damit sich Klienten überhaupt auf das zunächst schwankende Boot neuer Sichtweisen begeben. Berater machen eine Offerte: „Haben Sie Lust, das, was Sie gerade gesagt haben, genauer zu untersuchen?" Horizonterweiterung führt zu mehr Freiheit, aber das Leben wird dadurch nicht unbedingt leichter!

Sehen wir uns zum Schluss dieser Wanderung noch ein weiteres Beispiel an. Es handelt sich um die gar nicht so seltene Situation zweier Partner, bei denen der eine (A) den anderen (B) durch Fragen wie „Liebst du mich noch?" oder Vorwürfe „Du liebst mich ja gar nicht mehr!" regelmäßig zur Verzweiflung, manchmal auch zur Weißglut treibt, zumal seine Antwort: „Ja, natürlich!" nicht zu reichen scheint.

Beide Partner gehen von dem Glaubenssatz aus, dass der Andere die Liebe spüren müsse, die man für ihn empfindet, bzw. dass man selbst spürt, ob der andere einen liebt oder nicht mehr. Sie sind sich also auf fatale Weise einig, und das Verhängnis nimmt seinen Lauf. A „spürt" nämlich am gereizten Ton von B, dass sein Satz nicht stimmt, ist verunsichert und geneigt, sich immer wieder durch solche Fragen zu vergewissern. B fühlt sich durch die Frage zu einer Antwort genötigt (es handelt sich um die „Sei-spontan-Paradoxie"), ist im Grunde sauer, weil A an seiner Liebe zweifelt, die er doch spüren müsste, und reagiert entsprechend mit

"Liebst Du mich noch?"

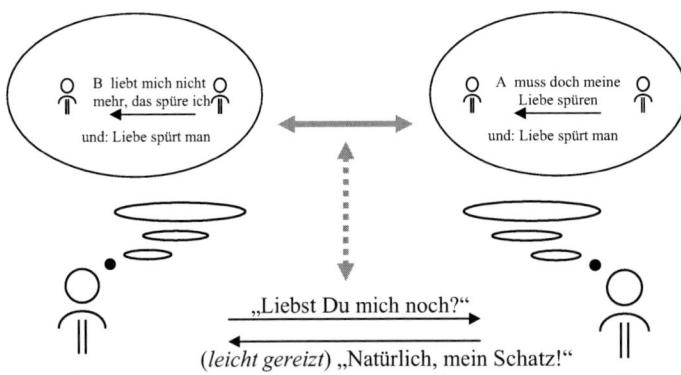

(leicht gereizt) „Natürlich, mein Schatz!"

A gereiztem Tonfall. So kommt A immer mehr dazu, B schließlich mangelnde Liebe vorzuwerfen usw. Dass dies ein sicherer Weg ist, Liebe zu ruinieren, ist klar. Bis die beiden sich schließlich in Beratung begeben, ist „der Krug vielleicht schon zerbrochen". Aber vielleicht lässt sich auch noch etwas retten, wenn die beiden sich darauf einlassen, ihre Glaubenssätze über Liebe kritisch zu untersuchen. Dass vielleicht noch andere Glaubenssätze im Spiel sind, zum Beispiel bei A: „Ich bin nicht liebenswert!" und bei B: „Ich kann ja doch niemanden für mich gewinnen!", wird sich vielleicht in der weiteren Arbeit mit den beiden herausstellen.

Wir werden auf anderen Wanderungen noch weitere Beispiele sehen, wie die (verborgene) Einigkeit von Menschen über ihre Konstrukte und Glaubenssätze fatale Folgen für ihren Umgang miteinander, für ihre Beziehung haben. Sie halten sie für gültig, selbstverständlich, hinterfragen sie nicht, und sehen sich nach dem Desaster, das seinen Lauf nimmt, auch noch in ihren Konstrukten bestätigt. In solchen Fällen sind ihre Konstrukte „symmetrisch". Gerade dann, wenn diese Symmetrie bei den Konstrukten über Wirklichkeit und Logik besteht, sind Konflikte nahezu vorprogrammiert.

Fatal kann es sich auch auswirken, wenn Berater und Klient darin übereinstimmen, dass der Klient eine „Krankheit", eine „Behinderung" habe, nicht in der Lage sei, Fragen zu beantworten, „zu dumm" für etwas anspruchsvollere Denkprozesse sei usw. Was dann auf der Basis dieser Konstrukte bzw. Glaubenssätze passiert, mündet häufig darin, dass sie bestätigt und dadurch verfestigt werden.

Wegskizze: Der Blick über den Tellerrand

- Mit Klienten an der Veränderung ihre Wirklichkeitskonstruktionen, ihrer Überzeugungen und ihrer Glaubenssätze zu arbeiten, dient ausschließlich dazu, ihnen über den Weg der Horizonterweiterung neue Lösungswege für bestimmte Probleme zu eröffnen.
- Infolge dessen bedarf es vor dieser Arbeit immer eines Kontraktes und der prinzipiellen Bereitschaft des Klienten, Neuland zu betreten.
- Es empfiehlt sich, mit einer visuellen Darstellung der Sachverhalte zu arbeiten, die ansonsten komplex und nicht einfach zu durchschauen sind.
- Die Gedankengänge, die mit der Überprüfung der Konstrukte des Klienten verbunden sind, gilt es Schritt für Schritt zu entwickeln. Was für den Berater vielleicht völlig vertraute Denkfiguren sind, kann für Klienten neu, befremdlich, irritierend oder unverständlich sein. Da es sich dabei aber nicht um Botschaften vom Mars handelt, sind diese Gedanken prinzipiell vermittelbar, wenn Berater da andocken, wo ihre Klienten jetzt stehen. Die visuellen Darstellungen helfen dabei. Auch Beispiele aus der Alltagserfahrung der Klienten, an die man anknüpfen kann, sind nützlich. Hier ist die Kreativität des Beraters gefragt.
- Als visuelle Bausteine für die Auswirkungen von Wirklichkeitskonstruktionen, als Schritte für die Rekonstruktion zwischenmenschlicher Prozesse und Probleme bietet sich eine von Comics her bekannte Darstellung an, die schrittweise immer weiter ausgebaut werden kann:

1. Schritt: und 2. Schritt:

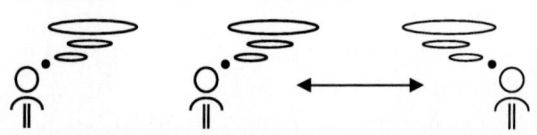

Dem Klienten wird erläutert, dass es sich beim Inhalt der „Gedankenblasen" um die eigenen Sichtweisen, Überzeugungen, um all das handle, was man für selbstverständlich, für fraglos wahr hält, z.B. dass es

„Licht gibt". Die Gedankenblasen beziehen sich aber auch auf Ereignisse oder Situationen, die vom Betroffenen bisher in einer bestimmten Weise eingeschätzt werden und er sich der Richtigkeit seiner Sicht sicher ist: „Das war so!" Die zweite Skizze zeigt die Interaktion zwischen zwei Personen; diese Darstellung bietet sich an, wenn es um Probleme geht, die der Klient mit einer anderen Person hat. Sind mehr Leute beteiligt, wird die Skizze eben erweitert, allerdings wird das Ganze dann ziemlich komplex, vor allem bei den nächsten Schritten.

3. Schritt:

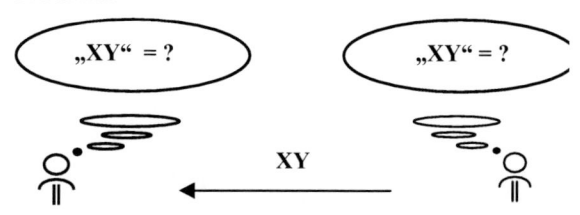

Nun geht es um eine Begebenheit, hier abstrakt mit „XY" gekennzeichnet, die das Problem ist, über das Beschwerde geführt wird. Was XY in der Vorstellungswelt der beiden Beteiligten jeweils bedeutet, ist zunächst unklar. Das Fragezeichen symbolisiert, dass danach gefragt werden sollte. Aus den Antworten ergibt sich evtl., wie verschieden die beiden Konstrukte von XY sind. Ist nur einer der Beteiligten anwesend, kann dieser natürlich nur darüber spekulieren, was XY in der Sicht des anderen sei. Selbst das kann jedoch schon aufklärend wirken.

Man kann Klienten daran sehr schnell zeigen, dass es in der Situation drei Wirklichkeiten gibt (und nicht nur eine): XY, d.h. was tatsächlich passiert ist, „XY" in der Vorstellung des Klienten und „XY" in der Vorstellung der anderen beteiligten Person.

4. Schritt:

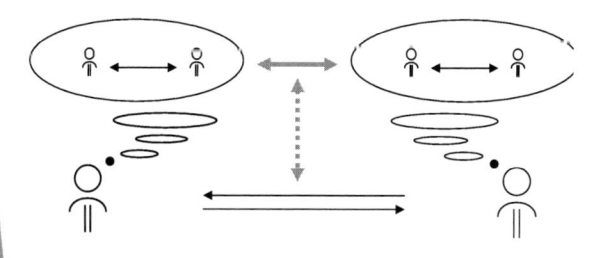

Evtl. kommt noch ein weiterer Schritt in Betracht:

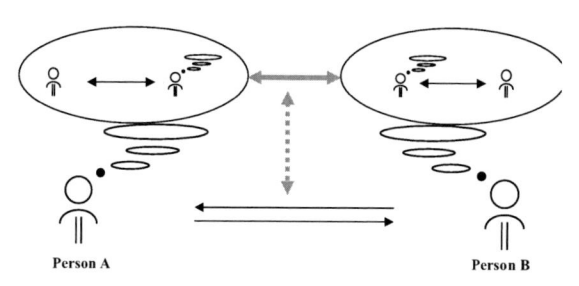

Person A   Person B

Hier wird danach gefragt, was A vermutet, was B zu einem Sachverhalt denkt, und umgekehrt, was B vermutet, was A denkt. Manchmal glaubt A zu wissen, was B denkt. Solche „Sicherheit" beeinflusst ebenfalls das Geschehen auf verborgene Weise.

Mit diesen Skizzen kann nun verdeutlicht werden, wie die Vorstellungen, die Konstrukte der Beteiligten auf meist unausgesprochene Weise mit einander in Wechselwirkung sind, und wie dies das tatsächliche Geschehen so beeinflusst, dass am Schluss wieder das herauskommt, was die Beteiligten sowieso schon „gewusst" haben (grauer und punktierter Pfeil=.

- So lässt sich mit den Skizzen zeigen, dass ein wesentlicher Schritt zur Problemlösung darin besteht, dass die Beteiligten über ihre jeweiligen Konstrukte ins Gespräch kommen. Dazu bedarf es oft der Unterstützung eines Beraters, denn sonst kann dieser Austausch schnell in einen Streit über die Frage ausarten, welches Konstrukt das „richtige" sei. Konstrukte sind nicht richtig oder falsch, sondern Möglichkeiten und Versuche, Wirklichkeit zu erfassen. Das muss den Beteiligten zuerst vermittelt werden.
- Prinzipiell lassen sich die Skizzen in der Einzelberatung genauso anwenden, wie in Paar- oder Familienberatungen, in Angehörigengesprächen, in der Klärung betrieblicher Probleme, in der Mediation usw. Allerlei Missverständnisse lassen sich so aufklären. Die Methode ist auch für die Kontextklärung hilfreich (vgl. Wanderungen N° 5 und N° 17), z.B. wenn der Beratungsprozess zu stagnieren scheint, weil möglicherweise Klienten sich auf ein anderes Konstrukt von Beratung beziehen, als ihre Berater.

Wanderung N° 52

Kausalität, Zirkularität und die Suche nach den Schuldigen

Wohin die Wanderung führt ...

Meine Eltern erzählten mir folgende Geschichte: Als ich drei Jahre alt und einmal zu Besuch bei meiner Oma war, wollte ich von ihr wissen, warum denn der Mond gerade so dünn sei. Er stand als schmale Sichel am Abendhimmel. Sie sagte mir, er habe vielleicht Hunger. Ich wollte, dass wir ihm etwas zu essen vor die Tür stellen. Am nächsten Tag war das Essen weg, und am Abend konnte ich feststellen, dass der arme Mond schon etwas zugenommen hatte. Ich war sehr froh, dass wir dem armen, hungrigen Mond geholfen hatten.

Dem Alter dieses magischen Denkens folgt die Zeit der Aufklärung, in der wir mehr und mehr lernen, was die „wirklichen Ursachen" der Vorgänge sind, die wir beobachten. Anhand unzähliger Erfahrungen lernen wir den Zusammenhang von Ursache und Wirkung und eignen uns die Logik an, die diese Erfahrungen und ihre Verstehbarkeit ergänzt. Damit meistern wir den Lebensalltag in vielerlei Hinsicht. Aber ausgerechnet, wenn es um den zwischenmenschlichen Bereich geht, um Beziehung, Interaktion und Kommunikation soll nun diese lineare Kausalität und die so klare zweiwertige Logik nicht mehr gelten, während unser sonstiger Lebensalltag zeigt, dass alles eindeutige Ursachen hat? Wir beschäftigen uns bei dieser Wanderung im Grunde nur mit Alltäglichem und damit, dass die Konstruktwelt des Alltagsbewusstseins in diesen Teilen unseres Lebens etliche Probleme erzeugen kann.

Sieht man von dem ab, was wir Zufall nennen, machen es die tagtäglichen Beweise für die Gültigkeit der Kausalität, des „Wenn-Dann" schwer, uns andere Formen von Logik und Zusammenhängen als den linear-kausalen vorstellen zu können. Unschärferelation, nichtlineare Prozesse, Chaostheorie, mehrwertige Logik u.a.m. gehören (noch) nicht zum Bestand alltäglicher Erfahrung und dem daran geformten Alltagsbewusstsein. Sie spiegeln sich kaum in der Alltagssprache und deren Bedeutung wieder, auch wenn man von diesen Dingen natürlich schon gehört hat.

Angst korreliert mit dem Bedürfnis nach Kontrolle und dieses mit dem Streben, den Ursachen

> *Lebende Systeme kann man verstören oder zerstören, aber man kann sie nicht zwingen, sich in einer bestimmten Weise zu verhalten.*
> *Umberto Maturana*

von Ereignissen auf die Spur zu kommen, von der Wirkung auf die Ursache schließen zu können, um in diese Zusammenhänge einzugreifen. Dass zwischenmenschliche Prozesse, Beziehungen, ja das Leben selbst sich der sicheren Kontrolle weitgehend entziehen, wirkt oft bedrohlich. Aus der Aktion folgt die Reaktion, die Absicht erzeugt die Wirkung, kausal und eindeutig – so hätten wir es gern. Wechselwirkungen und Regelkreisläufe sind uns nicht fremd: Die Heizung zu Hause funktioniert nach diesem Prinzip, und sie ist verlässlich, sogar Störungen sind eindeutig bestimmbar. Man spricht hier von „trivialen Maschinen", auf die wir schon zu sprechen kamen.

Nicht vorhersehbare Wechselwirkungen und chaotische Abläufe sind dagegen eine Herausforderung. Dass der Wunsch, zwischenmenschliche Prozesse nach dem Muster trivialer Maschinen zu verstehen und auf diese Weise kontrollieren zu können, erst recht chaotische, nicht vorhersehbare Prozesse provoziert, wie wir noch sehen werden, gehört zu den Paradoxien des Alltagslebens.

Die nebenstehende Übersicht fasst die bisherigen Überlegungen zusammen.

Rekursivität als spezielle Form der Zirkularität

Mechanische Systeme	Lebendige Systeme
Linearität	**Zirkularität**
lineare, kausale Zusammenhänge: („triviale Maschine")	zirkuläre, nicht lineare Wechselwirkungen
→ der Pfeil bedeutet soviel, wie „verursacht", „erzeugt"	der Pfeil bedeutet, dass ein nicht-linearer Prozess mit ungewissem Ergebnis ausgelöst wird
	⇕ dieser Pfeil bedeutet eine Umwandlung, die Reaktion wird im Prozess zur Aktion
Als Beispiel:	
Geläufige Vorstellung im Alltag:	Aktion → Reaktion
Aktion → Reaktion	⇕ ⇕ Reaktion ← Aktion

Gehen die Menschen in einem System von linearen Wirklichkeitskonstruktionen und entsprechenden Erklärungen für die Prozesse im System aus, werden dadurch Vorgänge ausgelöst, die für die Beteiligten zum Problem werden können. Insofern kann man von der rekursiven Wirkung linearer Konstrukte sprechen, es ist eine ähnliche Art von Boomerang, wie wir ihn in Wanderung N° 48 schon gesehen haben.

Dazu einige Beispiele:
- Jemand definiert sich als „neutraler Beobachter" einer Situation. „Ich habe nur zugeschaut!", erklärt er und verkennt die Wirkungen seiner Beobachtungstätigkeit. Er wird gerade dadurch mitverantwortlich für Geschehnisse, die er doch „nur" beobachten wollte, somit wird er zum „nicht-neutralen" Beobachter. Schlimmes Beispiel sind die Gaffer bei Verkehrsunfällen.
- „Ich hab' nichts gesehen!" Damit will jemand sich und anderen Glauben machen, er sei an dem, was er nicht gesehen hat, nicht beteiligt. Vielleicht haben die anderen sein „Nicht-Sehen" gesehen, also bemerkt, dass er wegschaut, und entsprechende Schlüsse daraus gezogen.
- Jemand setzt Absicht und Wirkung gleich, meint, was jemand anderes bewirkt habe, sei auch beabsichtigt gewesen, und reagiert entsprechend, zum Beispiel aggressiv. Dadurch werden unter Umständen beim anderen heftige Irritationen ausgelöst, insbesondere dann, wenn auch er keine Unterscheidung zwischen Absicht und Wirkung macht. Die daraus sich ergebenden Komplikationen sind in der Regel von niemandem beabsichtigt. Die Gleichsetzung von Absicht und Wirkung trägt also zu deren Auseinanderdriften bei.
- Jemand behauptet, nur reagiert zu haben und verkennt des Charakter seiner Reaktion als Aktion. Er wird dadurch zum Agierenden zweiter Ordnung. Als Bei-

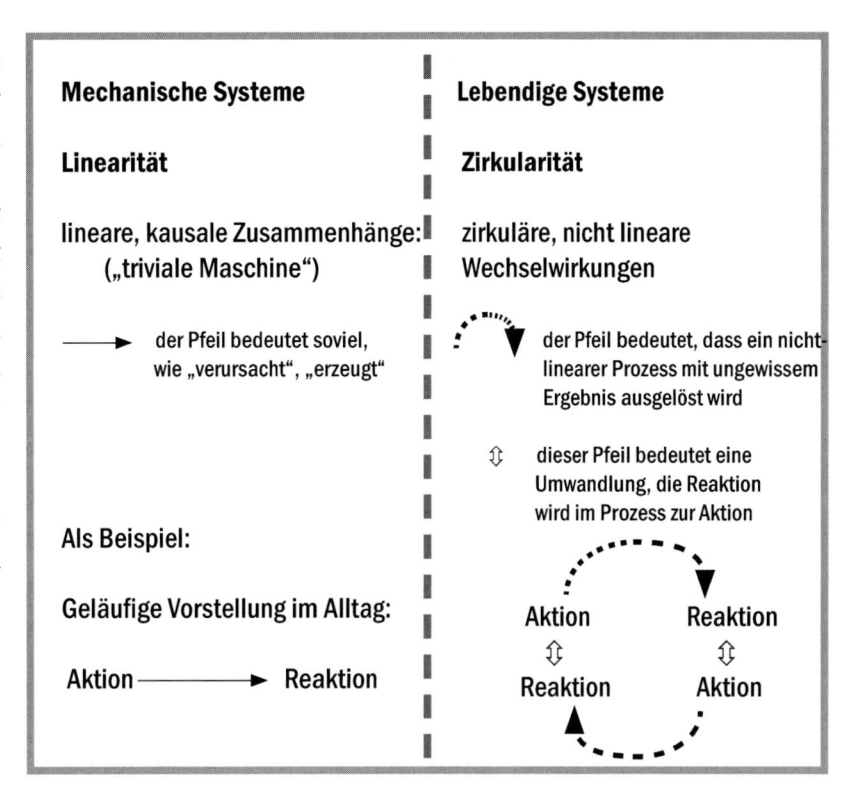

spiel: Wer sich als Opfer definiert, wird dadurch eventuell zum Täter im Täter-Opfer-System, wenn tatsächlich gar kein so extremes Machtgefälle existiert, wie er glaubt.

In den Äußerungen der Klienten in der Beratung kommen immer wieder ihre an der linearen Kausalität orientierten Konstrukte zu Vorschein. Das zeigt sich beispielsweise bei der bekannten Suche nach den Schuldigen. Denn wer Urheber eines Ereignisses ist, es also „linear" und somit „eindeutig" verursacht hat, ist auch schuld daran. Diese Idee (sie ist uns in Wanderung N° 38 bei der Bearbeitung von Schuldgefühlen schon begegnet) wird im Sinne eines Glaubenssatzes meistens schon früh in der Kindheit erworben. Um nochmals auf meine „Mondfütterung" zurück zu kommen: Natürlich dachte ich, dass ich dem hungrigen Mond geholfen hatte, also (im positiven Sinne) „schuld" daran war, dass er zunahm.

„Ich saaagte ABTRETEN, niiicht AUSSSTRETENNN!!! Reißen Sie sich mal zusaammmeeennn!"
Klaffen die Wirklichkeitskonstrukte auseinander, werden Worte zwei-bedeutig

In einer kleinen Wegskizze lassen sich die methodischen Folgerungen für die Beratung zusammenfassen:

Wegskizze

- Im Alltagsbewusstsein ist die lineare Kausalität etabliert. Es ist damit zu rechnen, dass Klienten sich die Ereignisse in einem System und das Verhalten der Anderen, aber auch ihr eigenes anhand dieses Modells zu erklären versuchen.
- Zirkularität, d.h. nicht-lineare Wechselwirkungsprozesse sind gedanklich ungewohnt und müssen den Klienten in der Beratung evtl. anhand von Beispielen nahe gebracht werden. Das Verhältnis von Absicht und Wirkung eignet sich ganz gut; fast jeder hat Erfahrungen mit Missverständnissen; man sagt etwas, es kommt ganz anders an, als man wollte.
- Zirkuläre Wechselwirkungsprozesse im System sprechen die Mitglieder des Systems nicht von ihrer Verantwortung für ihre Handlungen frei, aber des „Schuldkonzept", mit dem manche ihre Beteiligung an Vorgängen im System letztlich abzuwehren versuchen, verkennt die nicht-linearen Prozesse im System.
- Über alle diese Zusammenhänge nachzudenken, ist auch wieder mit einem Stück „systemischer Aufklärung" verbunden, der Horizont des Klienten kann sich weiten.
- Wenn man also nach dem Kontrakt mit dem Klienten die Problemerkundung beginnt, sollte man auch unter der Fragestellung zuhören, inwieweit der Klient mit den Konstrukten linearer Kausalität arbeitet, ihn darauf aufmerksam machen und mit ihm über die Auswirkungen nachdenken, die seine bisherige Sichtweise auf sein Verhalten und damit auf des System haben kann. Dadurch eröffnen sich oft schon neue Lösungsansätze.

Wanderung N° 53

„Ich hab' doch nur reagiert!"
Aktion und Reaktion als Gleiches

Wohin die Wanderung führt ...

Der Konflikt eines Ehepaares, bei dem die Frau erklärt, sie habe allen Grund an ihrem Mann herumzunörgeln, weil er sich immer hinter der Zeitung verschanze, wenn sie mit ihm reden wolle, und der Mann seine Lesegewohnheiten damit begründet, dass seine Frau immer an ihm herumnörgele, ist das klassische Beispiel für die „Interpunktion der Ereignisfolgen", eines der pragmatischen Axiome der Kommunikation (Paul Watzlawick). Untersucht man dieses Muster näher, kann man feststellen, dass die Frau wie auch der Mann sich so wahrnehmen, als würden sie „nur" reagieren; jeweils der andere hat zuerst „gehandelt", das eigene Verhalten ist lediglich die Antwort darauf. So scheint die Zeit still zu stehen, sich das Ganze nur im Kreis zu drehen.

Gleichzeitig sind sie sich jedoch beide des linearen Stroms der Zeit bewusst, und definieren, dass jeweils der andere mit seinem Verhalten angefangen hat, auf das man ja nur reagiere. Die Schuldfrage scheint geklärt und zwar jeweils zu Lasten des anderen, das eigene Verhalten wird gerechtfertigt. Der Glaube an die lineare Kausalität, den wir schon diskutiert haben, stützt das Konstrukt, in dem Aktion und Reaktion etwas Verschiedenes ist und nicht als Gleiches betrachtet werden kann. Es ist ohnehin dem Alltagsbewusstsein unseres Kulturkreises eher fremd, etwas auch als sein Gegenteil zu betrachten, es entspricht nicht der im alltäglichen Denken verbreiteten zweiwertigen Logik. Danach ist etwas eine Aktion oder eine Reaktion, aber nicht beides zugleich. So erzeugen die Konstrukte der beiden Eheleute die sich auf der Zeitachse vorwärts drehende Spirale eines immer wieder auflodernden Konfliktes.

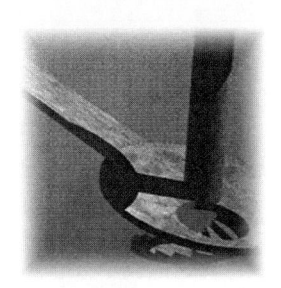

Mit etwas Aufklärung und Einladung zur Nachdenklichkeit lassen sich in Beratungen solche Muster aufzeigen, und man kann mit Klienten erörtern, wie sie aus der Spirale ausscheren können.

Das Konstrukt der linearen Kausalität, mit dem man im Alltag so vieles meistern kann, mündet bei der Interaktion zwischen Menschen in der Frage nach dem Anfang. „Du hast angefangen!" – so hat man sich schon als Kind mit den Geschwistern oder Schulkameraden gestritten, um Strafpredigten von Eltern oder Lehrern von sich abzuwenden. Es mündet schließlich in die (meistens natürlich nie so geäußerte) Feststellung: „Mein Bruder hat angefangen, weil er die Frechheit besaß, schon vor mir auf die Welt zu kommen und mir keinen Platz einzuräumen." „Meine Schwester hat angefangen, weil sie – kaum auf der Welt – gleich anfing, mir meinen Platz streitig zu machen." Also sind eigentlich die Eltern schuldig zu sprechen, weil sie beschlossen haben, gleich zwei Kinder in die Welt zu setzen (und nicht nur eines). Aber eigentlich sind ja deren Eltern schuld, weil ... – und so weiter, bis Adam und Eva, und von dort bis zum Urknall.

Das Konzept von Ursache und Wirkung kombiniert mit dem Thema Schuld provoziert die endlose Suche nach dem Anfang (und Urgrund) des Streits. Die tief sitzende Angst davor, als Schuldiger da zu stehen heizt das ganze Thema noch an. Die Symmetrie der Konstrukte, wie in der Skizze dargestellt, führt zu der schon zitierten Spirale, die natürlich jederzeit auch eskalieren kann. Der langfristige Effekt ist oft, dass die Beziehung ruiniert wird.

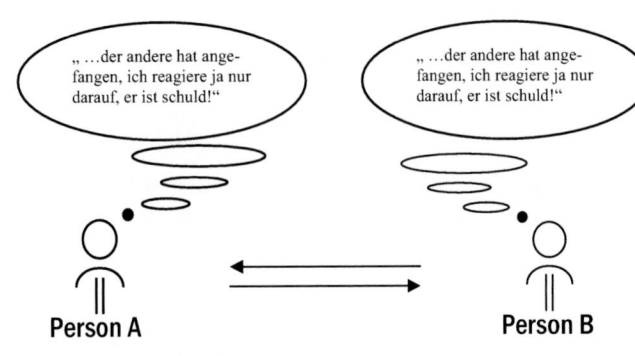

„…der andere hat angefangen, ich reagiere ja nur darauf, er ist schuld!"   „…der andere hat angefangen, ich reagiere ja nur darauf, er ist schuld!"

Person A ⟵⟶ Person B

Zirkuläre Kausalität und chaotische Prozesse, wie sie für lebendige Systeme charakteristisch sind, gehören nicht von vornherein zum Bestand des Alltagsbewusstseins, wie wir schon fest gestellt haben. Die Selbstwahrnehmung der eigenen Handlungen ist dadurch gekennzeichnet, dass man nur reagiert, es sei denn, man nimmt sich von vorneherein als intentional handelndes Subjekt wahr, wenn man beispielsweise zum Zug geht. Zur Selbstwahrnehmung gehört oft auch, dass man glaubt, noch nicht einmal über Wahlfreiheit zu verfügen, weil die eigene Reaktion als „richtig", „logisch", „zwingend" oder ähnliches wahrgenommen wird. Diese Sichtweise lässt sich mit einer Frage leicht erschüttern: „Sind Sie tatsächlich wie eine Glühlampe, die leuchten muss, wenn jemand den Schalter betätigt?" Dass die Glühbirne eine „triviale Maschine" ist, der Mensch jedoch nicht, wird wohl jedem ein-„leuchten".

Es mag schwer fallen, auf einen Vorwurf nicht mit Verteidigung zu reagieren, aber unmöglich ist es nicht. Das kann man Klienten leicht daran verdeutlichen, dass sie im Alltag durchaus unterschiedlich reagieren, dass dabei die „innere Befindlichkeit" (z.B. schlechte Laune) eine Rolle spielt. „Wäre es denkbar, dass eine Glühbirne bei sich denkt, sie habe heute keine Lust zu leuchten, und leuchtet tatsächlich nicht, nachdem der Schalter betätigt wurde?" „Wie hätten Sie vielleicht reagiert, wenn Sie den Vorwurf ihrer Frau als einen Wunsch gewertet hätten, sie dafür jedoch aus irgendwelchen Gründen nicht die passenden Worte gefunden hat? Hätten Sie dann anders reagiert? Und wie?"

Mit solchen Fragen kann Klienten verdeutlicht werden …
– dass sie immer auch anders hätten reagieren können, als sie reagiert haben
– dass sie dadurch wahrscheinlich eine andere Reaktion des anderen hätten erreichen können
– dass sie darauf wiederum in neuer Weise hätten reagieren können
– dass dadurch ein neues „Muster" entstanden wäre, mit dem es sich vielleicht für beide Seiten besser leben lässt und …
– dass somit ihre Reaktionen immer auch Aktionen sind, für die sie verantwortlich sind und Verantwortung übernehmen können, zum Beispiel dafür, eine andere Wahl zu treffen, wie sie handeln

Die Fragen, die in die Beratung eingebettet gestellt werden können, lassen sich teilweise auch den zirkulären Fragen zuordnen (vgl. Wanderung N° 44).

Wir kommen damit gleich zur Wegskizze …

Wegskizze:
Aktion und Reaktion als Gleiches

Wenn Klienten Probleme schildern, die sie mit dem Verhalten anderer haben, empfiehlt sich, die folgende Skizze vor ihren Augen Schritt für Schritt zu zeichnen, nur eben nicht mit den abstrakten Begriffen, sondern mit den Verhaltensweisen, um die es konkret geht. Ob es sich dabei um eine Einzelberatung oder die Arbeit mit einem Paar oder anderen Systemen handelt, ist gleichgültig. Das gilt auch für die unten angeführten Fragemöglichkeiten.

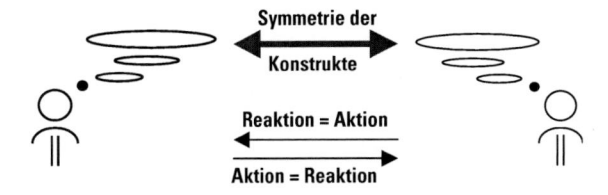

In der Beratung kann man dann mit folgenden Fragen versuchen, Lösungsmöglichkeiten zu finden:

Fragemöglichkeiten:

1. Schritt: (Rekonstruktion)
— „Wie haben Sie auf das Verhalten des Anderen reagiert?"
— „Wie hat der Andere wiederum auf Ihre Reaktion reagiert?"
— „Und was war dann die Antwort? Worin hat das Ganze gemündet?"

2. Schritt: (Suche nach Alternativen)
— „Wie hätten Sie (prinzipiell gesehen) noch reagieren können?"
— „Wie hätte der andere vielleicht darauf reagiert?"
— „Was hätten Sie dann wieder für Möglichkeiten, darauf zu reagieren?"

— „Wenn Sie das insgesamt betrachten, wäre das ein besserer Ablauf zwischen Ihnen?"
— „Was wäre hilfreich, damit Sie beim nächsten Mal tatsächlich von diesen neuen Möglichkeiten Gebrauch machen?"

Weitere, etwas raffiniertere Fragemöglichkeiten:

— „Stellen Sie sich vor, Sie säßen auf meinem Stuhl und würden beobachten können, wie das zwischen Ihnen beiden so hin und her geht, was würde Ihnen daran auffallen? Wie würde Ihnen aus meiner Perspektive Ihr Verhalten vorkommen und wie das Verhalten des Anderen? Was würden Sie sich selbst und dem Anderen vorschlagen?"
— „Angenommen, Sie könnten in die Haut des anderen schlüpfen und die Dinge von seiner Warte aus wahrnehmen: Wie würden Ihnen Ihre bisherigen Reaktionen vorkommen?"
— „Angenommen, der Andere würde in Ihre Haut schlüpfen können, was würde er dann an seinen Verhaltensweisen bemerken, was würde er vielleicht anders machen? Und was würden Sie dann anders machen?"

Es empfiehlt sich, diese Fragen mit den in den beiden folgenden Wanderungen entwickelten Fragen zu kombinieren.

Wanderung N° 54

„Das hast du absichtlich gemacht!"
Zur Verwechslung von Absicht und Wirkung

Wohin die Wanderung führt ...

„Tut mir leid, das habe ich nicht gewollt!" So entschuldigt man sich oft, wenn man etwas Problematisches angerichtet hat und damit konfrontiert wird. Diese Entschuldigung ist oft ehrlich gemeint und wird auch angenommen. Wenn keine böse Absicht im Spiel war, dann ist es vielleicht auch nicht mehr ganz so schlimm. Dennoch verdeckt die Aussage zwei Sachverhalte, die bei dem Ereignis, um das es geht, eine große Rolle spielen. Der eine Sachverhalt beschäftigt uns auf dieser Wanderung, nämlich wie Absicht und Wirkung bei sorgfältiger Betrachtung „zusammenhängen". Dem anderen werden wir bei der nächsten Wanderung mit der Frage nachgehen, wie wir an der Wirkung, die Kommunikation und Interaktion auf uns hat, selbst beteiligt sind, und nicht nur der Interaktionspartner dafür verantwortlich zu machen ist.

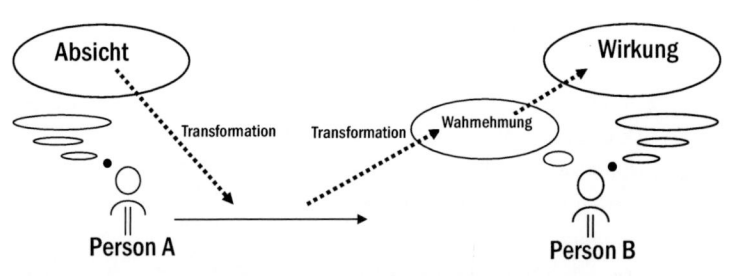

Hier geht es erneut um den Sachverhalt, dass der Mensch keine triviale Maschine ist, dass folglich die Vorstellung, man könne bewirken, was man beabsichtige, nur mit einer mehr oder minder hohen Wahrscheinlichkeit zutrifft. Mit der oben zitierten Entschuldigung offenbart jemand (wahrscheinlich unbeabsichtigt), dass er sich über diesen Sachverhalt nicht genügend Gedanken gemacht hat. Beabsichtigte Wirkungen, unbeabsichtigte Wirkungen und nicht bewirkte Absichten sind Varianten dieses Themas. „Ich bedauere, dass ich nicht genügend darüber nachgedacht habe, was ich mit meinen Worten anrichten kann!", das wäre die korrektere Formulierung. Sie ist allerdings ungewohnt, und man macht sich dadurch auch angreifbarer.

Jenseits irgendwelcher Kritik oder Vorwürfe, ist es eine spannende Frage, wie Absicht und Wirkung miteinander wechselwirken. Bei Schwierigkeiten in der Beziehung, bei Konflikten u.a.m. ist die Rekonstruktion dieser Wechselwirkung im Interview oft schon ein Teil der Lösung der Probleme.

Wir greifen dazu wieder auf die uns schon vertraute Skizze zurück und erweitern sie:
Eine Absicht muss von Person A erst in Handlung oder Kommunikation transformiert werden, diese kann dann von Person B wahrgenommen und „verarbeitet" werden, bevor es zur „Wirkung" kommt. Dass dies kaum ein linearer Prozess sein kann, wird bereits klar, wenn wir an die Mehrdeutigkeit nonverbaler, paraverbaler und verbaler Kommunikation denken (vgl. Wanderung N° 3). Mag vielleicht die Umsetzung einer Absicht in Worte, die genau das bedeuten, was jemand meint, noch gelingen, die die Worte begleitende und kommentierende nonverbale und paraverbale Kommunikation entzieht sich bereits deutlich mehr der eigenen Kontrolle. Absichten sind in dem, was wir kommuni-

zieren oder tun lediglich „enthalten". Wie sollte sichergestellt werden können, dass sie für den Partner auch eindeutig erkennbar sind, wenn das, was vom anderen „gesendet" wird, gar nicht eindeutig sein kann?

„Ich habe eigentlich nichts gegen das, was du gerade gesagt hast!" Mit diesem Satz möchte ich mein Gegenüber beruhigen. Stattdessen verfinstert sich seine Miene. Er hat im Wörtchen „eigentlich" und das darin möglicherweise enthaltene „aber" herausgehört und schließt daraus, dass es eben doch Einwände gibt. Der Sprecher hat jedoch mit „eigentlich" soviel wie „im Grunde genommen" gemeint, was als Bedeutung auch infrage kommt. Er hätte es vielleicht so sagen sollen: „Ich stimme dem zu, was du gesagt hast und hätte noch etwas anzufügen, darf ich?" Die Miene des anderen verfinstert sich nicht, er fragt: „Ja, was?" Wer denkt jedoch immer daran, welche Formulierungen dem anderen gegenüber eher als „Türöffner" wirken können? Es sind oft Feinheiten, „Diplomatie" im positiven Sinne. Die aber will erlernt sein, die alltäglichen Sprachgewohnheiten sind oft ganz anders und obendrein, je nach „Hitze des Gefechts" auch emotional eingefärbt und weniger durchdacht.

Während sich im Alltagsbewusstsein die Vorstellung eines kausalen Zusammenhangs zwischen Absicht und Wirkung findet, zeigt also die genauere Analyse, dass Absicht und Wirkung eher nur zufällig und chaotisch zusammenhängen. Das in der alltäglichen Kommunikation und in den eigenen Handlungen ständig in Rechnung zu stellen, ist jedoch mühsam. Einfacher ist es, dem anderen die Verantwortung zuzuweisen, wenn er mich „missversteht". Dass dies in gewissem Umfang sogar stimmt, werden wir bei der nächsten Wanderung noch sehen.

Das Konstrukt eines kausalen Zusammenhanges zwischen Absicht und Wirkung führt beim Empfänger einer Botschaft allerdings zu ganz ähnlich Trugschlüssen. Was ich als

Niemals Aufgeben! – Absicht und Wirkung
(…und wenn sie nicht gestorben sind, dann …)

Wirkung bei mir feststelle, scheint auf die Absicht meines Gegenübers zu verweisen. „Starke Wirkung" bei mir basiert auf einer „starken Absicht" des anderen. „Du Idiot!", und ich bin nicht nur beleidigt wegen des Wortes, sondern auch noch wegen der Absicht des anderen, mich zu beleidigen. „Ich liebe dich!", und ich bin nicht nur glücklich über diese Botschaft, sondern auch darüber, dass ich etwas über das Innerste des Partners erfahre. Man könnte kurioser Weise daraus folgern: Fühlt sich etwas, was auf einem Irrtum beruhen kann, gut an, brauche ich nicht nachforschen. Fühlt es sich nicht gut an, sollte ich nachforschen. Was ich nicht weiß, macht mich nicht heiß? Oder eben doch?

Im Alltagsbewusstsein findet sich das Konstrukt linear kausaler Zusammenhänge:

Absicht ➔ Aktion ➔ Wirkung ➔ Reaktion

Die genauere Analyse zeigt aber, formal dargestellt, einen anderen Zusammenhang:

{Absicht}····▶{Aktion}····▶{Wirkung}····▶{Reaktion}····▶ …

Die Klammern {} sollen die Mehrschichtigkeit von bewussten und unbewussten Absichten, die Mehrdeutigkeit von Aktionen (z.B. Kommunikation), die Vielfalt möglicher Wirkungen usw. kennzeichnen. Die etwas dünneren Pfeile kennzeichnen nichtlineare, nicht exakt vorhersagbare Transformationen. Die eigenen Befindlichkeiten und Erwartungshaltungen, die Laune, was sich gestern ereignet hat und anderes mehr fließt in diese Transformationen unkontrolliert ein. So ergibt sich beim Übergang von der Absicht bis zur Wirkung eine Vielfalt von Möglichkeiten. Scheint sich der Andere meinen Erwartungen entsprechend zu verhalten, bestätigt dies zugleich auch das eigene Konstrukt von Absicht und Wirkung. Wenn nicht, ist man über das Verhalten des Anderen irritiert, aber nicht über das eigene Konstrukt, es bleibt unangetastet.

Ein Übriges bewirkt jetzt noch die Symmetrie der Konstrukte, denn sie nehmen Einfluss auf die Umsetzung von Absichten in Aktionen und von Aktionen über die Wahrnehmung und deren Interpretation schließlich zu den Wirkungen.

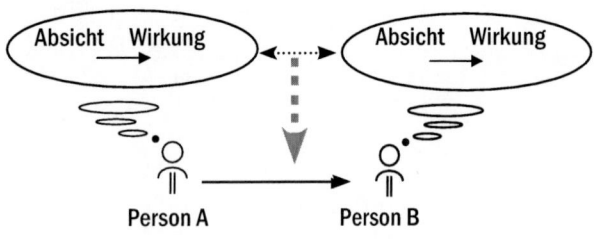

So beeinflusst die den Beteiligten verborgene Wechselwirkung ihrer Konstrukte über den Zusammenhang von Absicht und Wirkung auf schwer durchschaubare Weise das tatsächliche Geschehen. Da die Konstrukte selbstverständlich erscheinen und deshalb gar nicht erst reflektiert werden, kommt es oft zu nicht endenden Auseinandersetzungen. „Das habe ich nicht gewollt!" „Das hast du schon gewollt!" „Du verstehst mich nicht!" „Du willst mich ja gar nicht verstehen!" „Dir kann man ja nichts recht machen!" und andere Ausrufe markieren diese verborgenen Zusammenhänge, helfen aber nicht zur ihrer Entschlüsselung, im Gegenteil.

In der Beratung geht es also um die Rekonstruktion dieser Wechselwirkungen und schließlich auch um die Einsicht, dass Absicht und Wirkung eben nicht linear-kausal zusammenhängen.

Im Einzelnen geht es um folgende Einsichten, die mit Hilfe des Schemas verdeutlicht werden können:

– Man kann sich nicht sicher sein, dass man sich aller eigenen Absichten bewusst ist.
– Ferner kann man sich nicht sicher sein, dass es einem gelingt, die eigenen Absichten eindeutig in Kommunikation oder Aktion umzusetzen bzw. sich darin auszudrücken.
– Weil die eigenen Absichten oft auch nur indirekt zum Ausdruck kommen, sozusagen „verpackt" sind, kann man sich nicht sicher sein, dass sie vom Anderen so entschlüsselt werden, wie es einem selbst vorschwebt, wie man es gerne hätte.
– Man kann nicht eindeutig von der Wirkung des Verhaltens oder der Worte anderer, die man bei sich bemerkt, auf die dahinter liegenden Absichten des Anderen schließen.

Sind diese Sachverhalte erarbeitet, kann man als Berater mit spezifischen Fragen weiter arbeiten, die in der nachfolgenden Wegskizze beispielhaft zusammengetragen sind. Diese Fragen lassen sich wie auch die Fragen nach Aktion und Reaktion den zirkulären Fragen zuordnen (Wanderung N° 44).

Sitzen alle Beteiligten im Gespräch zusammen, können sie nacheinander ins Interview einbezogen werden: So kann auf Seiten aller Beteiligten das Verständnis dafür, was „tat-

sächlich" ablief, gefördert werden.
Im Einzelinterview bleibt natürlich offen, welche Vermutungen des Klienten zutreffen, aber er erkennt die Zusammenhänge besser, und es eröffnen sich dadurch neue Verhaltensalternativen für die Zukunft.

Wegskizze: Absicht und Wirkung

Man kann mit den Klienten das folgende Schema entwickeln und dann mit verschiedenen Fragen fortfahren.

Fragemöglichkeiten: (mit „XY" wird das Verhalten, die Aktion, die Worte usw. abgekürzt, um die es gerade geht):

— „Wie war die Wirkung von (XY) auf Sie?"
— „War das die einzige Wirkung, oder hat (XY) noch etwas anderes bei Ihnen ausgelöst?"
— „Denken Sie, dass der Andere diese Wirkungen beabsichtigt hat?"
— „Wie haben Sie dann reagiert? Und war diese Ihre Reaktion tatsächlich vom Anderen beabsichtigt? Wollte er eine solche Reaktion herausfordern? Was vermuten Sie darüber?"
— „Welche anderen Absichten könnten beim Anderen bei (XY) noch im Spiel gewesen sein?"
— „Was haben Sie mit Ihrer Reaktion beabsichtigt?"
— „... und haben Sie das auch bewirkt oder evtl. etwas ganz anderes?"
— „Was vermuten Sie, was der Andere über Ihre Absichten, die hinter Ihrer Reaktion gestanden haben, denkt?"
— „... und wie passt das dazu, wie der Andere dann wieder auf Sie reagiert hat?"

Mit diesen und ähnlich Fragen kann die ganze Interaktion zwischen A und B durchleuchtet werden.
Es können sich nun lösungsorientierte Fragen anschließen, zum Beispiel:

— „Wie könnten Sie in Zukunft besser dafür sorgen, dass Sie auch bewirken, was Sie beabsichtigen?"
— „Wie könnten Sie erreichen, dass Sie gleich etwas über die Absichten der anderen Person erfahren und nicht nur auf ihre bisherigen Vermutungen angewiesen sind und darauf dann reagieren?"

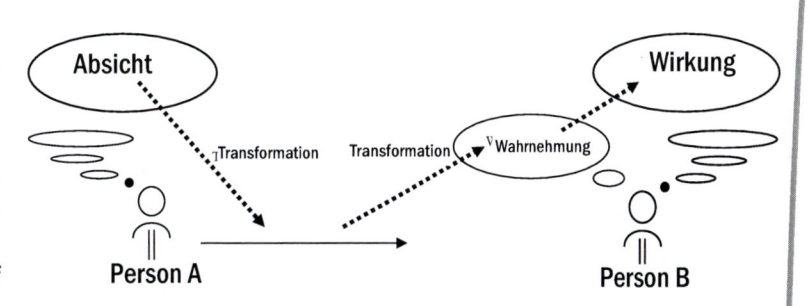

Letztlich laufen die Fragen auf die Analyse und Rekonstruktion der Ereignisse und die Möglichkeit hinaus, neue „Muster" einzuüben:

— Person A könnte gleich von vorneherein etwas über ihre Absichten sagen (also ihre Handlung oder ihre Worte kommentiert) oder Person B nach der Absicht fragen, bevor sie reagiert. Es mag sein, dass sich im Alltag erst einmal die Gemüter abkühlen müssen und man im Nachhinein das Ganze nochmals aufrollt und besser versteht. Aber allein schon die Aufklärung darüber, dass lebendige Prozesse eben nicht den Prinzipien der Kausalität in der physikalischen Welt (lineare Kausalität) gehorchen, sondern nicht oder nur schwer vorhersagbare Wechselwirkungen (Zirkularität) darstellen, führt zur Relativierung der bisherigen Konstrukte und damit zur Entschärfung der Lage.
— Üben die Beteiligten noch ein, ihre Kommunikation zu kommentieren oder umgekehrt nach den im Ganzen meistens verborgenen Absichten des Anderen zu fragen, anstatt voreilig von den Wirkungen darauf zu schließen, können sich neue, konstruktivere Muster zwischen ihnen entwickeln.

Wanderung N° 55

Aquarell: Wenn Wahrnehmung und Deutung ineinander verschwimmen

Wohin diese Wanderung führt ...

„Irren ist menschlich!" Diese Alltagsweisheit hat etwas Tröstliches. Festzustellen, dass man sich geirrt hat, ist allerdings wegen der möglichen Folgen beunruhigend. Dennoch bleibt man Mensch, wenn man sich geirrt hat, man muss sich also nicht grundsätzlich in Frage stellen, das ist tröstlich.

Es bleibt die Frage, wie wir uns in der Kommunikation, im Austausch mit anderen irren können. Wie „funktioniert" solcher Irrtum. Dass wir uns irren, bemerken wir im Moment des Irrens nicht, sondern allenfalls (kurz) danach. Das ist zwangsläufig mit dem Irrtum verbunden. Wir irren uns versehentlich, nicht absichtlich. Wie „funktioniert" es also, sich in der „Wahrnehmung" zu irren? Die Antwort ist in der obigen Überschrift schon angedeutet: Es verschwimmen die Wahrnehmung und ihre Interpretation so ineinander, dass wir sie nicht mehr unterscheiden. Über die Folgen denken wir bei dieser Wanderung nach.

Wir erwähnten es schon: Wir verlassen uns auf unsere Wahrnehmung, wir „nehmen für wahr", was wir sehen oder hören. Die Vorstellung, wir könnten uns nicht darauf verlassen, wirkt bedrohlich. Zwar wissen wir etwas über optische Täuschungen; die Abbildung zeigt ein Beispiel:

Sind die waagerechten Strecken gleich lang? Oder doch nicht?

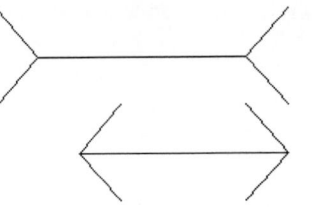

Die der Fata Morgana entsprechenden Spiegelungen des Himmels in der heißen Luft über einer Straße kennen alle. Dennoch verlassen wir uns im Alltag auf unsere Wahrnehmung so, als würden wir das Wahrgenommene „wahr" nehmen können. Tatsächlich halten wir die „Bedeutung" des Wahrgenommenen für „wahr" ohne es zu merken, weil dieser innere Vorgang so schnell abläuft. Wir können ihn allerdings rekonstruieren, wenn wir nochmals darüber nachdenken.

Meistens aber bleibt der Zusammenhang zwischen einer Wahrnehmung und ihrer Interpretation im Bewusstsein ausgeblendet; wir unterscheiden im Alltag fast nie zwischen diesen beiden Aktivitäten. So verschwimmen Wahrnehmung und Deutung der Wahrnehmung unbemerkt ineinander.

Man begegnet am Morgen seinem Chef, grüßt sich kurz und geht aneinander vorbei. „Der hat mich aber komisch angeschaut, da ist was im Busch!", denken beide im Weitergehen, merken nichts von ihrer Interpretation und stellen sich dennoch auf irgendwelche Schwierigkeiten ein, die es heute vielleicht noch geben wird. Tatsächlich kommt es noch zu einer unschönen Auseinandersetzung wegen eines Auftrages, und beide fühlen sich in ihrer „Beobachtung" vom Morgen bestätigt. Das Ganze hat wie eine sich selbst erfüllende Prophezeiung gewirkt.

Wie schaut jemand, wenn er „komisch" schaut? Welche Mimik soll das sein? Gibt es irgendeinen Gesichtsausdruck, der eindeutig so etwas wie „komisch" bedeutet? Vielleicht ist mit „komisch" auch nur gemeint, dass einen der andere nicht freundlich angelächelt hat, wie man es erwartet hätte. Nur: Was kann man darüber wirklich wissen? Vielleicht hat der andere kurz, bevor er mir begegnete, an etwas sehr ernstes gedacht? Seine Miene bezog sich (noch) darauf und hatte nichts damit zu tun, mir zu begegnen.

Was wir wahrnehmen ist potenziell immer vieldeutig. Da uns Vieldeutigkeit aber eher verunsichert, suchen wir nach Eindeutigkeit und stellen diese dadurch her, dass wir interpretieren und anschließend unserer Interpretation vertrauen, indem wir sie mit der Wahrnehmung gleichsetzen. Seinen Augen und Ohren kann man schließlich im Großen und Ganzen vertrauen, so glauben wir. Auf diese Weise eröffnet sich unbemerkt die Möglichkeit des Irrtums.

Was wir wahrnehmen, interpretieren wir jedoch nicht irgendwie, gleichsam zufällig und willkürlich, sondern auf der Grundlage unserer inneren Landkarten und situationsbezogenen Erwartungen. Eine Quelle des Irrtums ergibt sich also aus der Bedeutungsvielfalt unserer Wahrnehmung. Eine zweite Quelle besteht darin, dass unsere Landkarte und unsere Erwartung nicht zur Situation passen, mit der wir gerade umgehen, ohne dass wir diesen Sachverhalt als solchen bemerken: Die Irritation, die wir erleben, lasten wir der Situation an, nicht unseren unpassenden Erwartungen. Unser Bedürfnis nach Sicherheit, nach verlässlicher „Wahrnehmung" führt also paradoxerweise gerade zur erhöhten Irrtumsmöglichkeit, und damit zur Unsicherheit, die wir aber nicht bemerken. Das kann man mit der „un*ge*wussten" Deutung sinnlicher Wahrnehmung bezeichnen.

In kommunikativen Prozessen sind alle Beteiligten von diesem „Aquarell" und den Irrtumsmöglichkeiten betroffen. Einer Missverständigung ist jederzeit der Boden bereitet. Ob uns Intuition als eine Form der Wahrnehmung vor solchen Irrtümern schützt, ist letztlich nicht zu klären: Auf Wahrnehmungen bezogen ist Intuition ein komplexer Vorgang, bei dem wir minimale Zeichen bzw. Signale blitzschnell zu einem Zusammenhang kombinieren und uns anschließend sicher sind, dass es so ist, wie es uns unsere Intuition nahe legt. Auch feinste Signale, die wir (wenn auch nicht bewusst) registrieren, unterliegen einer Bedeutungsvielfalt. Wir wählen daraus „intuitiv" eine Möglichkeit aus. Ob „Spiegelneuronen"[1] einen Irrtum verhindern, muss wohl noch offen bleiben; vorläufig muss man annehmen, dass auch die Intuition „irrtumsfähig" ist.

Wir können nun die Phänomene von Aktion, Reaktion, Absicht und Wirkung mit dem geschilderten Aquarell kombinieren und erhalten folgendes Bild:

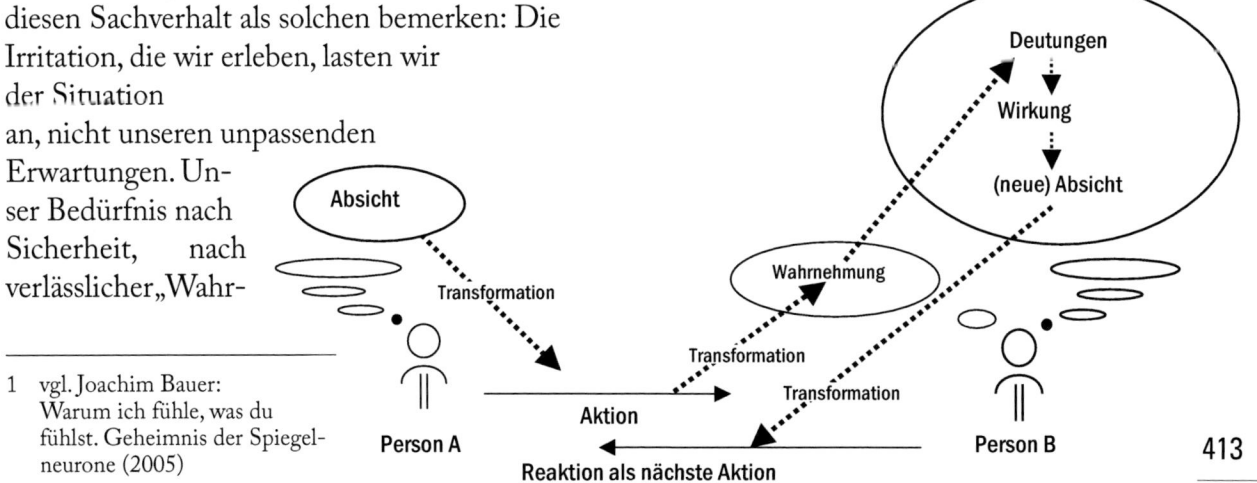

---

1 vgl. Joachim Bauer: Warum ich fühle, was du fühlst. Geheimnis der Spiegelneurone (2005)

Die Skizze zeigt eine Sequenz einer Kommunikation oder Interaktion, eine Aktion von A und die Antwort von B. Die Reaktion von B als nächste Aktion und die Reaktion von A darauf würde darstellbar, in dem man das Bild einfach spiegelt. Alle gestrichelten Pfeile bedeuten Transformations- oder Umwandlungsprozesse mit nicht sicher vorhersagbarem Ergebnis.

Man ist also an der Wirkung, die das Verhalten oder die Worte eines anderen auf einen selbst haben, durch die eigenen Interpretationen und Deutungen dessen, was man wahrnimmt, beteiligt. Ein Teil der Verantwortung für die Wirkung, die jemand bei uns erzielt, liegt natürlich weiterhin beim anderen; er sollte sich überlegen, welche Wirkungen er beabsichtigt und wie er das unterstützen kann. Der andere Teil der Verantwortung liegt aber bei uns als „Empfänger der Botschaft", in dem wir sie interpretieren. Wir könnten sie auch anders deuten (ganz gleich, was nun beabsichtigt war), dann hätte sie eine andere Wirkung. Natürlich gelten diese Überlegungen nur im alltäglichen Umgang miteinander, nicht in extremen Situationen wie Gewalt, Folter und ähnlichem. Es wäre tendenziell zynisch zu sagen, jemand sei mitverantwortlich dafür, wie Misshandlung auf ihn wirkt.

Dass man auch mit Worten verletzen kann, ist eine geläufige Vorstellung, dennoch eröffnen sich hier schon viel eher Spielräume: Lässt man sich von einer Äußerung verletzen oder eben nicht, darauf hat man bei Worten bedeutend mehr Einfluss, als bei physischer Gewalt.

Für viele ist eine solche Betrachtungsweise neu, denn allein schon die alltagssprachliche Bedeutung des Wortes legt etwas anderes nahe: Danach wird die „innere" Wirkung, die etwas auf uns hat, „von außen" erzielt und nicht „innen" durch uns selbst erzeugt. Angesichts der eigenen Mitverantwortung für die Wirkung ist es natürlich auch nicht mehr möglich, einseitige Schuldzuschreibungen vorzunehmen; die Opferperspektive wird grundsätzlich infrage gestellt. Eine solche Veränderung der Perspektive ist nicht gerade angenehm, letztlich jedoch auch befreiend; denn man wird nun zumindest zu einem Teil auch „Herr" über Wirkungen und ist ihnen nicht nur ausgeliefert.

Wenn zwei Menschen miteinander umgehen, kommunizieren usw. lässt sich der Prozess als eine sich auf der Zeitachse vorwärts drehende Spirale darstellen, bei dem sich die Etappen (mehr oder minder rasch) wiederholen.

Erste Sequenz:

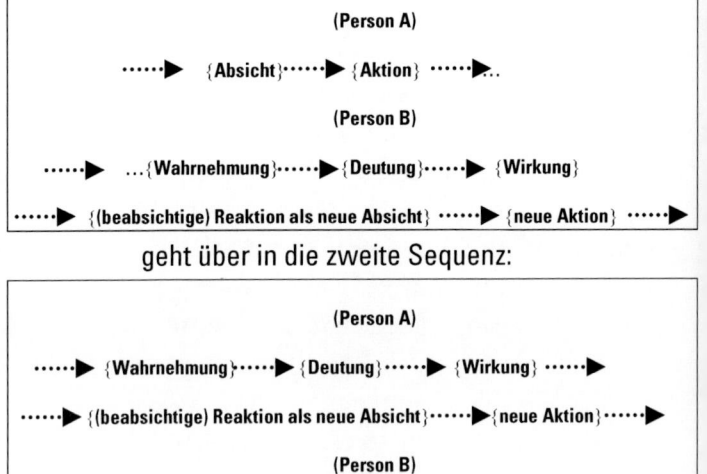

```
              (Person A)
······▶ {Absicht} ······▶ {Aktion} ······▶..

              (Person B)
······▶ ...{Wahrnehmung}······▶ {Deutung}······▶ {Wirkung}
······▶ {(beabsichtige) Reaktion als neue Absicht} ······▶ {neue Aktion} ······▶
```

geht über in die zweite Sequenz:

```
              (Person A)
······▶ {Wahrnehmung}······▶ {Deutung} ······▶ {Wirkung} ······▶
······▶ {(beabsichtige) Reaktion als neue Absicht} ······▶ {neue Aktion} ······▶
              (Person B)
······▶ usw.
```

Umfasst die Interaktion mehrere Personen, gilt im Prinzip das Gleiche, nur wird der reale Ablauf und seine Darstellung wesentlicher komplexer, denn was sich zwischen A und B abspielt, wirkt sich indirekt auch auf C aus usw.

Im Alltag wäre es nicht praktikabel, diese Prozesse immer wieder zu rekonstruieren. Solange die Kommunikation, der Austausch

Natürlich interpretiert der Berater, was die „sich verfinsternde Miene" des Klienten bedeutet; „verfinsternd", was ist das anderes als eine Interpretation des Beraters? Danach zu fragen, wie beispielsweise eine bestimmte Frage gerade auf den Klienten gewirkt hat, lohnt sich dennoch, um Missverständnisse zu vermeiden.

Ist man sich der beschriebenen Irrtumsmöglichkeiten bewusst, kann man auch vorbeugend einiges tun: Steht eine Auseinandersetzung mit dem Partner oder einem Kollegen bevor, kann man gleich zu Beginn die eigenen Absichten und Ziele mitteilen, sagen, was man bewirken möchte und was nicht. „Wenn ich jetzt etwas Kritisches sage, geht es mir nicht darum, dich irgendwie nieder zu machen, sondern zu klären, was gelaufen ist. Vielleicht täusche ich mich ja!"

Aktion, Reaktion, Absicht, Wirkung und Deutung der Wahrnehmung als System

Die möglichen Fragen, die sich auf Wahrnehmung und Deutung und ihren Stellenwert im Gesamtprozess beziehen, werden in der Wegskizze zusammengefasst.

Zur Veranschaulichung, wie mit diesem Gesamtmodell gearbeitet werden kann, kommt zuvor noch ein Beispiel:

Es stammt aus einer gerade noch laufenden Beratung eines Ehepaares, das sich in „klassischer Weise" immer wieder in die Bedeutungsvielfalt von reden und schweigen verheddert und dadurch in Krisen gerät. Es bot sich an, das Konzept der Musterunterbrechung (vgl. Wanderung N° 45) noch mit einzubeziehen. Ich zitiere einen Gesprächsausschnitt: (…)

Fr.: „Mal ganz abgesehen davon, dass er (gemeint ist ihr Mann) immer sehr spät von der Arbeit heimkommt, und wir dann sowieso nicht mehr viel Zeit haben, redet er kein Wort; ich muss fragen, wie der Tag war, ich muss erzählen, wie es mit Michi (der achtjährige Sohn) lief. Von ihm kommt da nie eine Frage!"

M.: „Was heißt Frage, du fängst ja gleich an zu reden, kaum dass ich bei der Tür rein komme … (an den Berater gewandt) und dann lasse ich sie halt re-

oder die Kooperation zwischen Menschen „funktioniert", wird niemand einen Anlass dazu haben. Aber bei Konflikten, Beziehungsstress, „Verletzungen" usw. ist es eigentlich nötig, zu rekonstruieren, was passiert ist. Jedoch gerade dann fällt es besonders schwer. Die Beteiligten sind schon aufgeregt und zanken sich. Oder sie sind beleidigt und gehen auf Distanz, ohne etwas zu klären.
Auch in der Beratung selbst laufen diese Prozesse ab. Berater sollten sich deshalb immer wieder vergewissern, ob sie auch bewirken, was sie beabsichtigen. Die Reaktionen der Klienten liefern Anhaltspunkte dafür.

den! Eigentlich bin ich müde und hätte erst gern mal meine Ruhe!"
Fr.: „Ich bin auch müde vom Tag, aber deswegen kann man sich doch noch was erzählen. Ich finde, du interessierst dich einfach nicht für deine Familie, hast nur das Geschäft im Kopf!"
B.: „Ist das öfters Ihr Streit, wie gerade hier?"
Fr.: „Ja, wir kommen da auf keinen Nenner!"
B.: (an den Mann gewannt) „Sehen Sie das auch so?"
M.: „Ja, und wenn ich was sage, hält sie gleich dagegen ..."
B.: „Ich meinte meine Frage anders: Ob Sie auch den Eindruck haben, dass der Streit ums Reden und schweigen so abläuft, wie gerade vorhin?"
M.: „Ja. Ich weiß wirklich nicht, was ich da machen soll, ich bin halt nicht redselig wie meine Frau."
B.: „Wenn Sie wollen, untersuchen wir gemeinsam mal den ganzen Ablauf genauer, vielleicht tut sich dann eine neue Möglichkeit auf. Sollen wir?" (beide nicken; die Antworten werden am Flipchart mitgeschrieben)
B.: „Also fangen wir vielleicht mal da an: Ihr Mann kommt heim. Erzählen Sie gleich oder warten Sie ab, was Ihr Mann erzählt?"
Fr.: „Ich hab schon manchmal gedacht, jetzt warte ich ab. Aber es kommt ja nichts von ihm."
B.: „Und wenn dann nichts von ihm kommt, wie interpretieren Sie das?"
Fr.: „Na ja, dass er sich eben nicht interessiert, und das gibt mir dann schon den ersten Stich!"
B.: „Merken Sie das, dass Ihre Frau gelegentlich auch abwartet, ob Sie als erstes was erzählen."
M.: „Nein. Ich glaub das stimmt auch nicht, meine Frau fängt immer gleich an zu reden, kaum dass ich sitze."
B.: „Immer? Sind sie sich da sicher?"
M.: „Na ja, meistens ..."
B.: „... und Sie sagen aber so oder so erst mal nichts, weil Sie Ihre Ruhe haben wollen?"
M.: „Ja, schon."
B.: „Also wollen Sie mit Ihrem Schweigen Ihrer Frau sagen, dass Sie Ihre Ruhe haben wollen?"
M.: „Ich denk, das weiß sie genau!"
B.: „Erzählt hat sie gerade etwas anders: Sie versteht Ihr Schweigen als mangelndes Interesse und ist enttäuscht."
M.: „Aber darum geht's doch gar nicht, ich brauch erst mal meine Ruhe!"
B.: „Allerdings scheint es so, dass zu schweigen nicht gerade die geeignete „Botschaft" ist, oder?"
M.: „Das könnte sie sich doch denken, hab's auch sicher schon mal gesagt ..."
B.: (an die Frau) „Denken Sie sich das oder was anderes?"
Fr.: „Für mich ist das ganz klar, er hat kein Interesse, deshalb will er seine Ruhe, damit er sich nur ja nicht mit der Familie beschäftigen muss!"
B.: „Und das wissen Sie, weil Ihr Mann Ihnen das so gesagt hat?"
Fr.: „Na ja, so sagen tut er's natürlich nicht!"
B.: „Er schweigt halt und Sie erzählen – früher oder später reden Sie eben?"
Fr.: „Ja ..."
B.: „... und sind verletzt, zeigen es aber nicht? Und Ihr Mann denkt, er hätte Ihnen doch gezeigt, dass er einfach nur seine Ruhe haben will, abends nach dem Geschäft. Aber für Sie hat er gezeigt, dass er sich nicht interessiert. Jeder von Ihnen beiden will abends nach einem langen Arbeitstag etwas Gutes für sich, und kriegt's vom anderen nicht. Finden Sie sich wieder in dieser Beschreibung?" (beide Nicken)
B.: „Möchten Sie mal was Neues ausprobieren?"
M.: „Na ja, kommt darauf, ob wir das schaffen ..."
B.: „Es wird glaube ich nicht so schwer. Sind Sie (zur Frau gewandt) auch einverstanden?"
Fr.: „Probieren können wir ja was, wie es jetzt ist möchte ich`s nicht mehr haben!"
B.: „Also versuchen Sie folgendes: Wenn Sie abends heim kommen setzen Sie sich (an beide gewannt) zusammen, nehmen sich beide an der Hand, reden beide die ersten zehn Minuten nichts, spüren nur, wie sich das anfühlt, die Hand des anderen, und dann, nach den zehn Minuten erzählt jeder von Ihnen beiden vom Tag, vielleicht auch nicht länger als zehn Minuten, der andere hört nur zu. Beim nächsten Termin könnten wir auswerten, wie das war."

Beide willigten ein. Beim nächsten Termin hatten sie es zwar nicht durchgehalten, jeden Abend so zu verfahren, aber doch einige Male, und das habe sich gut angefühlt. Ich habe ihnen diese Übung, die im wesentlichen auf eine Musterunterbrechung hinausläuft, als „Beziehungsarznei" vorgeschlagen. Sie „nehmen die Arznei" zwar unregelmäßig, vergessen es immer mal wieder. Dennoch hat sich ihre Beziehung verbessert, wie sie sagen.

Wegskizze

In der Beratung kann man mit Klienten das Schema aus dem Text aufzeichnen und dadurch die Zielrichtung der Frage verdeutlichen. Denkbar ist auch, den Ablauf der Ereignisse zu notieren, und die Fragen den Sequenzen zuzuordnen, wie in der folgenden Tabelle gezeigt wird:

Problemschilderung:	„Was ist passiert?" „Wie lief das Ganze ab, womit begann es?"
Wahrnehmung der Aktion des Anderen:	„Was hat der Andere gemacht?" (meistens verweist die Antwort mehr oder minder offenkundig schon auf Interpretationen des Klienten)
Wahrnehmung und ihre Deutungen; denkbare Alternativen:	„Wenn Sie genau unterscheiden: Was haben Sie wahrgenommen, und wie haben Sie es interpretiert (gedeutet)?" „Wie hätten Sie es noch interpretieren können? Wie hätte es dann auf Sie gewirkt?"
von der „Wirkung" über das daraus entstehende Motiv zur „beabsichtigten Reaktion":	„Wie haben Sie dann reagiert? Was war dabei Ihre Absicht? Welches Motiv könnte hinter Ihrer Reaktion gestanden haben, was wollten Sie mit der Reaktion erreichen?"
vermutliche Wirkung beim Anderen:	„Was haben sie beobachtet, wie der Andere wiederum auf Ihre Reaktion reagiert hat?" „Wie hat er vermutlich Ihre Reaktion interpretiert?" „War das von Ihnen beabsichtigt?"
alternative Möglichkeit der Deutung und daraus sich ergebende andere Reaktion:	„Wenn Sie das Ganze anders interpretiert hätten, wie hätten Sie möglicherweise dann reagiert und was damit beabsichtigt?" „Wie hätten Sie auf die Wirkung noch anders reagieren können?"
Reaktion des Anderen auf diese Alternative:	„Wie hätte der Andere möglicherweise dann Ihr Verhalten interpretiert?" „Wie hätte er dann möglicherweise reagiert?" „Hätte das Ihrer Absicht entsprochen?" „Wäre das für Sie beide evtl. besser gewesen?"
Auswertung und Zukunftsperspektive:	„Wenn Sie an diese Alternative denken, wäre das besser? Würde es sich positiver auf Sie und den anderen, auf Ihre Beziehung auswirken?" „Was könnten Sie also in Zukunft tun?"

Grundsätzlich geht es bei allen Fragen um die Rekonstruktion der Interaktion und um mögliche Alternativen in Zukunft.

> *Wenn ich wahrgenommen werde, wirke ich immer auf die anderen*
> Arnold Retzer

Wanderung N° 56

„So haben wir uns das nicht vorgestellt!"
Systemische Arbeit mit Angehörigen

Wohin diese Wanderung führt ...

Die „Odyssee" ist ein Sinnbild für eine Irrfahrt. Nicht nur etliche Klienten ob in der Jugendhilfe, der Psychiatrie und anderen Bereichen, auch ihre Angehörigen machen Irrfahrten durch die jeweilige Versorgungslandschaft mit. Berater kennen sich in diesen Landschaften einigermaßen aus, sie sind auf einer der möglichen Stationen tätig. Aber die Angehörigen haben diesen Einblick als „Laien" nicht.

Eltern werden zu einem Gespräch in die Einrichtung eingeladen, in der sich ihr Sohn gerade aufhält. Er „hat eine Schizophrenie", so heißt es offiziell. Sie sind sich unsicher, was sie im Gespräch erwartet. Mit Hoffnungen und Zweifel, ob ihrem Sohn hier wohl geholfen werde, betreten sie den Raum, in den sie der Berater, der zuständige Betreuer für ihren Sohn führt. „Was wird man uns heute wohl sagen? Sind wir wieder mal schuld? Warum geht es nicht richtig voran? Warum schaut es im Zimmer unseres Sohnes so schlimm aus?..." Einige Tage zuvor hatte ihr Sohn zu Hause angerufen. „Holt mich hier raus! Ich will heim! Ich halt's hier nicht aus!" Sie haben dann bei der Heimleitung nachgefragt, was denn los sei und wurden zum Gespräch eingeladen. „Wieso das eigentlich, die von der Einrichtung müssen sich doch darum, kümmern, nicht wir!", aber sie fahren dann doch zum Gespräch ...

Befindet sich ein Kind, ein Jugendlicher oder Erwachsener in Beratung, in Therapie, in irgendeiner Form von Betreuung, sind die Angehörigen, also die Eltern oder der Partner, die Geschwister und manchmal auch Großeltern usw. immer mit von der Partie. Es entsteht einer Triade, und mit ihr alle möglichen Verwicklungen, die wir bei der Wanderung N° 47 schon kennen gelernt haben. Daran knüpfen wir nun an.

„Wenn du mit deiner Sauferei nicht endlich in Therapie gehst, lasse ich mich scheiden!" „Wenn du deine Medikamente nicht nimmst, kommst du wieder in die Psychiatrie!" „Wenn du weiterhin nicht folgst, kommst du ins Heim!" Der Ehemann geht widerwillig zur „Endgiftung", der Sohn landet wieder in der Psychiatrie, und die zwölfjährige Rebellin kommt ins Heim, wo die Rebellion weitergeht. In allen diesen Fällen steht der Konflikt der Angehörigen mit ihrem Familienmitglied dahinter, bei dem es um die Frage geht, wer sich wem anpassen müsse. Er wird nicht durch Einigung sondern dadurch „gelöst", dass nun eine dritte „Kraft" ins Spiel einbezogen wird.

Die Angehörigen definieren ein Problem, ihr Familienmitglied selbst findet nicht, ein Problem zu haben. Wir finden die Verhältnisse wieder, die wir mit der „psycho-sozialen Dimension" bei Wanderung N° 30 schon diskutiert hatten. Der Konflikt um die Definition des Problems verlagert sich nach außen, wo für die Regelung solcher Konflikte ein ganzes Netzwerk sozialer Hilfen bereit steht und soziale Einrichtungen oder Dienste im Grunde ungewollt zum Mitspieler in diesem Konflikt werden.

Aber auch dann, wenn der Klient von sich aus in Beratung geht, sich stationär einweisen lässt usw., werden die Angehörigen Teil des Behandlungssystem, ob sie nun aktiv einbezogen werden oder nicht. Der Jugendamtsmitarbeiter, der den Jugendlichen angesichts seiner Berichte, dass er zu Hause geschlagen werde und nicht mehr heimgehe, schließlich in Obhut nimmt, geht eine Allianz mit dem Jugendlichen ein, das ist nicht zu vermeiden.

Mit den Angehörigen zu arbeiten, bedeutet letztlich nichts anderes, als dem Rechnung zu tragen, dass ohnehin eine Triade entsteht und aktiv damit umzugehen. Der Aufbau „einer kooperativen Triade" ist zweckmäßig, weil letztlich die Beratungsarbeit davon profitiert. Manchmal hängt ihr Erfolg sogar davon ab.

Berater (B.): „Schön, dass Sie gekommen sind ..."
Vater (V.) (unterbricht gleich): „Für uns ist das nicht schön, dass wir von so weit herkommen müssen, nur weil Sie mit unserem Sohn nicht fertig werden. Können Sie das eigentlich nicht abstellen, dass der ständig meiner Frau in den Ohren liegt, dass wir ihn holen sollen, und dass es hier so schrecklich ist. Die wird dann wieder weich, und wir haben den größten Krach!"
B.: „Ich wusste nicht, dass Sie das so ärgern würde, hierher zu kommen. Wir machen das eigentlich immer, dass wir auch die Angehörigen zum Gespräch einladen ..."
V.: (unterbricht) „Wieso denn, was haben wir denn damit zu tun? Unser Sohn ist schizophren, und Sie sollen sich darum kümmern. Wir können da nichts machen, Sie sind schließlich die Fachleute. Und meine Frau ist mit den Nerven fertig nachdem, was wir schon alles hinter uns haben!"
B.: „Wollen Sie dann lieber wieder gehen?"
V.: „Das tät Ihnen so passen, wir fahren doch nicht über hundert Kilometer und gehen dann gleich wieder. Jetzt sind wir da und bleiben auch da!"
B.: „Sehen Sie, und deshalb habe ich ja gemeint, schön dass Sie da sind! Und vielleicht können wir ja verschiedenes klären, dann war es nicht umsonst, dass Sie den weiten Weg gemacht haben."
V.: „Na gut, und weswegen haben wir jetzt kommen müssen?"
B.: „Darauf komme ich gleich, ich will erst noch Ihre Frau was fragen, okay?"
V.: (nickt)
B.: „Frau K., hat Sie das auch geärgert, hierher zu fahren?"
Mutter (M.): „Ich hab meinem Mann gesagt, das ist nicht normal, wenn sich unser Wolfgang so beschwert. Da stimmt was net. Und wenn die uns schon einladen, hab' ich gesagt, dann fahren wir da auch hin, und dann hatten wir wieder den größten Krach beieinander!"
B.: „Und ..."
M.: (unterbricht) „Das ist immer das Gleiche, wissen's, mein Mann schimpft immer nur rum, 'der ist faul, der will bloß nichts arbeiten', der kapiert einfach nicht, dass unser Sohn krank ist ..."
V.: (unterbricht) „Der ist schon krank, aber net so, dass er nichts schaffen könnt. Der könnt schon in eine Werkstatt, aber du deckst ihn ja immer, nimmst ihm alles ab, der 'arme Bub' vorn, der 'arme Bub' hinten, und das weiß der ganz genau. Das war immer schon so. Schon in der Schul hat er sich gedrückt, wo's ging, und du hast's immer durchgehen lassen. Und deshalb ist der erst schizophren geworden, oder wie man das heißt!"
M.: (richtet sich mit jammernder Stimme an den Berater) „So geht's andauernd. Ich bin immer an allem schuld. Und deswegen hab ich immer schon Angst, wenn's Telefon läutet und der Sohn ist dran! Können Sie das net verhindern?"
B.: „Nein, Ihr Sohn ist ein freier Mensch, er darf telefonieren. Das können wir nicht verhindern, und wir dürften es auch nicht!"
V.: „Ja, und deshalb gehört jetzt ein Betreuer her, damit der ganze Spuk jetzt mal aufhört!"
B.: „Jetzt sind wir schon mitten drin, ich schlage Ihnen vor, dass wir aber doch noch mal von vorne anfangen. Ich wollte Ihnen nämlich vorschlagen, dass Sie erstmal alles fragen, was Sie über unsere Einrichtung wissen wollen, was Ihnen da vielleicht unklar ist, was Sie vielleicht auch kritisieren wollen. Uns ist einfach wichtig, dass Sie gut Bescheid wissen, was wir hier machen und warum."

Das weitere Gespräch verläuft in etwas ruhigerer Atmosphäre. Schließlich wird der Sohn dazu geholt. Die Wogen gehen gleich noch einmal hoch. Aber schließlich, nachdem der Berater das Gespräch mit energischem Auftreten, aber auch mit Erlaubnis der Übrigen wieder an sich gezogen hat, wird verabredet, dass die Mutter ihren Sohn konsequent an den Berater verweist, wenn er zu Hause anruft und sich über irgendetwas beschwert, oder den Telefonhörer ihrem Mann gibt. Auch ein weiteres Gespräch wird verabredet, um zu schauen, wie die Regelung geklappt hat und um gemeinsam nachzudenken, wie es überhaupt weiter gehen soll.

Der triadische Prozess, der in diesem Gespräch ablief, lässt sich in einer Abfolge darstellen (vgl. auch Wanderung N° 47):
Zu Beginn breitet der Vater seinen Konflikt mit dem Berater bzw. der Einrichtung aus. Der Sohn ist in dieser Phase noch nicht beim Gespräch dabei.

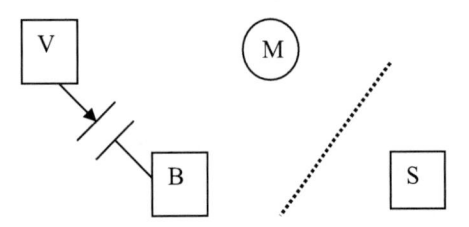

Dann wird zusätzlich der Konflikt zwischen den Eltern wegen des Sohnes deutlich. Beide Eltern erwarten im Grunde von der Einrichtung, ihnen den Sohn vom Leib zu halten. Die Mutter äußert ihren Konflikt mit der Einrichtung eher indirekt. Es entsteht eine Konflikt-Triade, zumindest für den Moment:

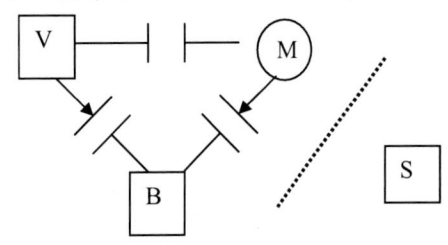

Die Mutter macht dem Berater auch ein Koalitionsangebot gegen ihren Mann, indem sie sich klagend an den Berater wendet. Der Berater versucht den Konflikt zu entschärfen, indem er den Eltern anbietet, erst einmal alle Fragen und sonstige Kritik loswerden zu können. Das hilft oft, denn wenn die Angehörigen regelrecht die Erlaubnis zur Kritik bekommen, ist oft schon „der Dampf zur Hälfte heraus". Nicht selten steht hinter ihrer Kritik die Angst, wieder einmal von den Beratern, Therapeuten oder Pädagogen beschuldigt zu werden. Abgesehen davon: Je mehr der Berater angesichts der Kritik der Angehörigen in Verteidigungs- und Rechtfertigungshaltung geht, desto mehr provoziert er Kritik, vor allem wenn aus der Sicht der Angehörigen bisher ein Erfolg der Beratung bei ihrem Familienmitglied ausgeblieben ist.
Schließlich kommt der Sohn ins Gespräch, und sofort entwickelt sich der Konflikt zwischen ihm und seinem Vater, die Mutter befindet sich in einer Koalition mit ihrem Sohn und das übliche Streitmuster in der Familie entsteht. Der Berater steht schnell am Rande dieser Dynamik und wird Zeuge der triadischen Verwicklung in der Familie.

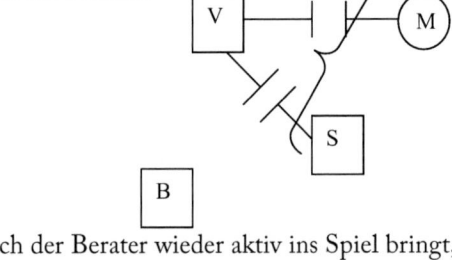

Erst als sich der Berater wieder aktiv ins Spiel bringt, wird schließlich eine Verabredung über das Telefonieren erreicht. Insoweit entsteht, zumindest für den Moment und in einem Teilbereich, eine kooperative Triade.

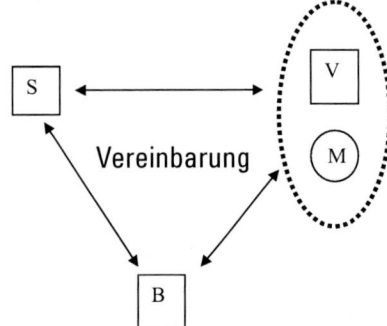

Das Beispiel zeigt natürlich nur eine von unzähligen Varianten, wie sich die Prozesse in der Triade von Klienten, ihren Angehörigen und Beratern entwickeln können. Wie auch immer sich die Beziehungsdynamik am Beginn einer Beratung darstellen mag, in jedem Fall sollten Berater sich auf den Aufbau einer kooperativen Triade konzentrieren, denn letztlich wird dadurch die Beratungsarbeit mit dem Klienten erleichtert, unter Umständen sogar erst ermöglicht.

Es lassen sich einige Schritte nennen, mit denen Berater diesen Aufbau unterstützen können. Dazu gehören auch wichtige Haltungen der Berater den Angehörigen gegenüber:
– Es ist eminent wichtig, sein Verständnis für die Situation der Angehörigen zu äußern.
– Dazu gehören auch die Wertschätzung ihrer bisherigen Bemühungen, ihres Interesses und die Achtung vor ihren Belastungen.

- Die gemeinsamen Gespräche können als ein „Trialog von Experten" betrachtet werden. Klienten, ihre Angehörige und Berater bringen ihre jeweils speziellen Erfahrungen mit dem „Problem" ein.
- Kritik der Angehörigen an der Beratung, an der Einrichtung, dem Betreuungsangebot usw. sollten Berater in ruhiger und wertschätzender Form annehmen, zu Fragen ermuntern und plausible Informationen geben, wie und warum so gearbeitet wird. Je besser die Angehörigen informiert sind, desto weniger fühlen sie sich der Situation ausgeliefert, das Ganze wird überschaubarer, und sie fühlen sich nicht so sehr auf einer Odyssee.
- Man sollte nicht auf Koalitionsangebote eingehen. Dazu gehören auch alle Formen, zum Geheimnisträger gemacht zu werden.
- Sofern möglich, sollten die Konflikte des Klienten mit seinen Angehörigen oder die Meinungsverschiedenheiten der Angehörigen untereinander bearbeitet werden.
- Die Form der Kontakte untereinander, das heißt zwischen je zwei Seiten der Triade, offen zu legen und Verabredungen zu treffen, ist ein wichtiger Schritt. In dem Zusammenhang muss Angehörigen oft erklärt werden, welche Auswirkung und Funktion die Schweigepflicht hat.
- Oft wird sich auch empfehlen, regelmäßige gemeinsame Gespräche zu machen. Es hängt letztlich vom Beratungs- und Betreuungskontext, aber auch von der offiziellen Hilfeplanung ab.

Nicht nur die Triade mit Klienten und ihren Angehörigen spielt eine Rolle; gerade bei Hilfeplanungsprozessen kommt in besonderer Weise der Kostenträger ins Spiel. So kann beispielsweise der Berater, der für den Jugendlichen zuständig ist, in einem schon lange schwelenden Konflikt zwischen Eltern und Jugendamt trianguliert werden, weil er sowohl zu den Eltern als auch zur Kollegin vom ASD des Jugendamtes kooperative Kontakte aufrecht erhalten sollte.

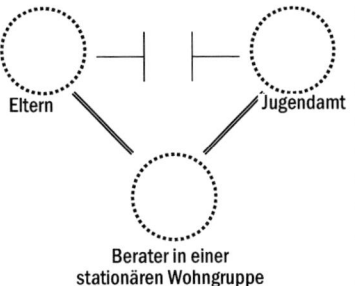

Triadische Dynamik der Konstruktwelten

Der Aufbau einer kooperativen Triade gelingt möglicherweise erst dann, wenn im Rahmen gemeinsamer Gespräche auch die Konstrukte zum Thema gemacht werden, die je nach Problemstellung und Beratungskontext innerhalb der Triade wirksam sind. Fragen, die in diesem Zusammenhang wichtig werden sind:
- Was verstehen die Beteiligten unter Beratung, Erziehung, Therapie, Betreuung usw.?
- Was glauben die Beteiligten, was solche professionellen Hilfeangebote bewirken müssten?
- Von welchen Konstrukten über das Problem lassen sich die Beteiligten leiten? Was verstehen Sie unter „Verhaltensstörung", „psychischer Erkrankung", „Sucht" usw.? Was haben Angehörige und Klienten auf anderen Stationen ihrer Odyssee darüber gesagt bekommen?

Betrachten wir die folgende Situation. Ein Mann steht am Beginn einer ambulanten Suchtberatung. In einem gemeinsamen Gespräch interviewt der Berater die Eheleute, und es wird deutlich, dass sich ihr Konflikt aus den völlig konträren Konstrukten und Überzeugungen zur Problematik speist, wie in der Abbildung dargestellt. Dass der Berater potenziell in den Konflikt trianguliert wird, ergibt sich allein schon daraus, dass er sich bemüht, zum Klienten wie auch zu

> Sucht ist eine Krankheit. Wenn der Berater gut ist, führt die Beratung zur Heilung. Mein Mann ist Alkoholiker und will es bloß nicht wahrhaben!

> Sucht ist Charakterschwäche. Beratung hilft da nichts. Ich habe kein Problem mit Alkohol. Meine Frau übertreibt!

Frau — **Mann**

> Sucht ist eine Krankheit. Beratung hilft nur, wenn der Klient motiviert ist. Der Klient hat ein Alkoholproblem, und seine Frau verhält sich koabhängig.

Berater

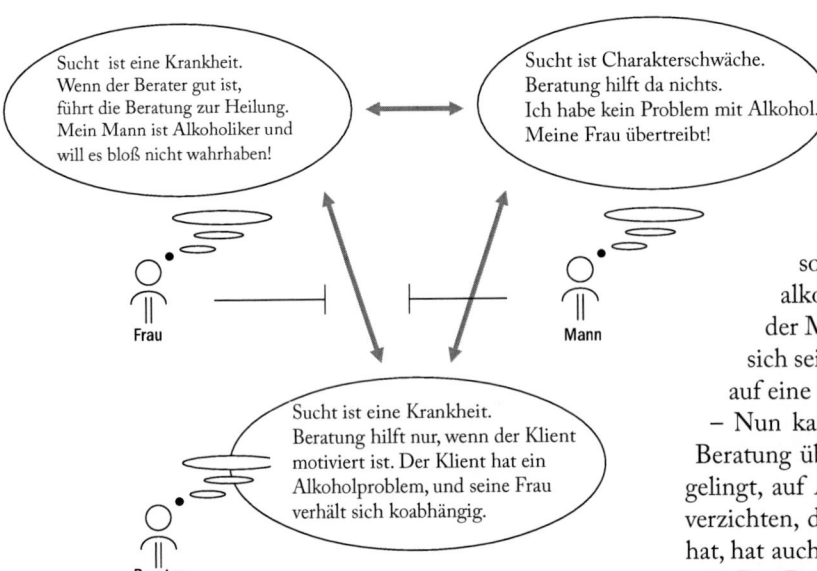

dessen Frau eine kooperative Beziehung herzustellen. Der Mann geht nur auf Druck seiner Frau in die Beratung, da sie ihm mit Scheidung gedroht hat, wenn er nichts wegen seiner Trinkerei unternehme.

Angesichts der auseinanderklaffenden Konstrukte gibt es zunächst kaum Chancen, dass die Beratung zum Erfolg führt. Die Frau könnte im Falle des Misserfolgs schließen, dass der Berater nichts „getaugt" hat; der Mann (als Klient) würde in seiner Sicht der Dinge bestätigt und der Berater letztlich auch. Gedient wäre jedoch niemandem. Es empfiehlt sich daher, dass der Berater diese Situation offen legt und mit den Eheleuten diskutiert, wie man zu einer Kooperation kommen könnte. Ob der Mann ein Alkoholproblem hat oder nicht, sollte der Berater (zunächst) völlig offen lassen, um nicht sofort in eine Koalition mit der Frau oder dem Mann zu geraten.

Alle Formen systemischen Interviews und die Methoden der Konfliktmoderation können verwendet werden, um zu einem gemeinsamen Kontrakt zu kommen. In Etappen könnte versucht werden, die Konstrukte anzunähern:
– Vielleicht ist schon einiges gewonnen, wenn der Mann von seiner moralischen Verurteilung des Trinkens zu einem Verständnis käme, dass Alkohol zu trinken ein Problemlösungsversuch ist. Wenn die Frau sich dieser Sicht anschließen und sich von ihrer rein krankheitsorientierten Betrachtung lösen und in Betracht ziehen würde, dass zu trinken eben auch eine „Lösung" ist, wären die Konstrukte der beiden über Sucht angenähert.

– Im nächsten Schritt könnte der Berater versuchen, zwischen den beiden ein Einigung zu erreichen, ab welchem Ausmaß von Alkoholkonsum man von einem Problem sprechen könne, zumal die Frau nicht unter dem Alkoholkonsum ihres Mannes, sondern darunter leidet, wie er sich alkoholisiert ihr gegenüber verhält. Da der Mann immerhin verhindern will, dass sich seine Frau trennt, lässt er sich vielleicht auf eine gemeinsame Problemsicht ein.

– Nun kann mit dem Mann in der weiteren Beratung überlegt werden, warum es ihm nicht gelingt, auf Alkohol mehr oder minder ganz zu verzichten, denn wer kein Problem mit Alkohol hat, hat auch keine Schwierigkeiten, abstinent zu sein. Der Berater kann, wie man sieht, seine Konstrukte weitgehend beiseite lassen.

Es handelt sich hier natürlich um eine idealtypische Beschreibung. Oft gelingt eine solche Klärung und darauf aufbauende Kooperation nicht. Berater können nur den Versuch dazu unternehmen.

Die Themen, die in Gesprächen mit den Angehörigen über ihre Konstrukte angeschnitten werden können, um sich einander anzunähern und auf diesem Wege zu einer guten Kooperation auch über andere Themen und den Umgang miteinander zu gelangen, finden sich zusammen mit den oben schon genannten Haltungen und methodischen Schritten in der Wegskizze.

Können die Angehörigen nicht einbezogen werden, sei es, weil sie nicht wollen, sei es weil sie zu weit entfernt wohnen, dann können sie dennoch mit Hilfe des systemischen Einzelinterviews (vgl. Wanderung N° 49) zumindest indirekt mit einbezogen werden, zum Beispiel mit folgenden Fragen an den Klienten:
– „Wie denken Ihre Eltern darüber, dass Sie hier sind? Und Ihre Geschwister?"
– „Wie denken Ihre Angehörigen über Ihre Erkrankung?"
– „Was erwarten Ihre Eltern möglicherweise von mir?"

- „Was denkt Ihre Frau über Ihre Entziehungskur bei uns?" „Wie wirkt das auf Sie?"
- „Wer in Ihrer Familie glaubt, dass Sie seelische Probleme haben, wer eher nicht?"
- „Wer von Ihren Angehörigen ist am wenigsten damit einverstanden, dass Sie hier sind?"
- „Wie könntest du deine Eltern überzeugen, dass sie dich aus dem Heim wieder nach Hause nehmen?"

Wegskizze

Aufbau einer kooperativen Triade: Nützliche Haltungen und methodische Schritte ...

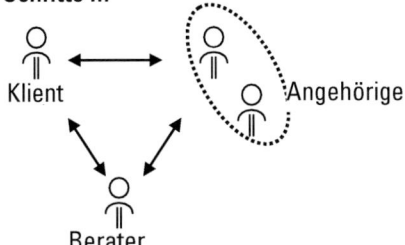

Klient — Angehörige
Berater

- Verständnis für die Situation der Angehörigen zeigen.
- Wertschätzung ihrer bisherigen Bemühungen, ihres Interesses und Achtung vor ihren Belastungen.
- Gespräche sind ein Dialog von „Experten" - Klienten, ihre Angehörige und Berater bringen ihre Erfahrungen mit dem „Problem" ein.
- Kritik der Angehörigen an der Beratung, an der Einrichtung, dem Betreuungsangebot usw. in ruhiger und wertschätzender Form annehmen, zu Fragen ermuntern und plausible Informationen geben, wie und warum so gearbeitet wird. Je besser die Angehörigen informiert sind, desto weniger fühlen sie sich der Situation ausgeliefert, das Ganze wird überschaubarer, und sie fühlen sich nicht so sehr auf einer Odyssee.
- Keine Koalitionsangebote eingehen; dazu gehören auch alle Angebote, zum Geheimnisträger zu werden.
- Sofern möglich, die Konflikte des Klienten mit seinen Angehörigen oder der Angehörigen untereinander bearbeiten.
- Die Form der Kontakte untereinander, d.h. zwischen je zwei Seiten der Triade offen legen und Verabredungen treffen; in dem Zusammenhang muss Angehörigen oft erklärt werden, welche Auswirkung und Funktion die Schweigepflicht hat. Regelungen für den Alltag, für die Kontakte und den Umgang miteinander gehören auch dazu.

- Oft wird sich auch empfehlen, regelmäßige gemeinsame Gespräche zu machen. Es hängt letztlich vom Beratungs- und Betreuungskontext, aber auch von der offiziellen Hilfeplanung ab.

Themen für den Vergleich der Konstrukte und dem Versuch der Annäherung:

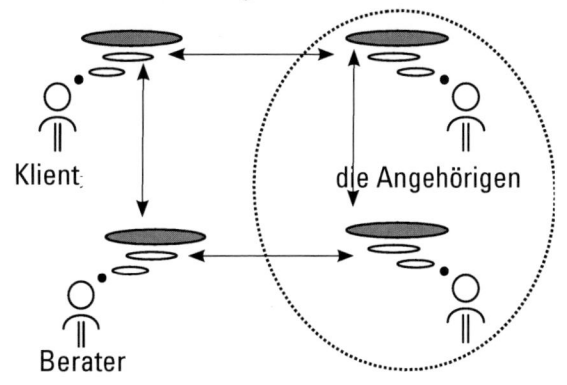

Klient — die Angehörigen
Berater

- die „Krankheit" oder „Störung" (Psychose, Schizophrenie, ADS, Sucht etc.)
- Erwartungen an Therapie, Beratung oder Pädagogik, sowie Vorstellungen, was professionelle Helfer erreichen können, zu tun haben usw.
- (gegebenenfalls) Umgang mit Medikamenten
- Frage der Verantwortung, der realistischen Erwartungen aneinander und sehr oft die Erörterung der Schuldfrage
- gibt es eine Pflicht der Eltern gegenüber ihrem erwachsenen „Kind"? Das Erwachsensein zumuten!
- Lösung der Konflikte der Angehörigen untereinander oder mit dem „erkrankten", „gestörten" Familienmitglied zu allen obigen Fragen

Bei der Beratung zusammen mit den Partnern kommen noch weitere Themen dazu:
- „Was darf ich als Partner verlangen?"
- Trennung oder Nichttrennung? Was ist mit den Kindern?

Wanderung N° 57

Krieg oder Frieden

Systemisches Arbeiten mit sich selbst

Wohin diese Wanderung führt ...

Wer kennt sie nicht – die inneren Parlamentsdebatten, in denen man Konflikte, die in einem selbst entstehen, meist ohne greifbares Ergebnis austrägt. Die Metapher vom „Parlament" drückt aus, dass an solchen Debatten so viele „Teile" von uns selbst beteiligt sind, wie es „Parteien" gibt. Einen Parlamentspräsidenten, der Wort erteilt und auch steuernd eingreift, wenn das Ganze ausufert, scheint es nicht zu geben. Man selbst käme ja als solch ein Präsident in Betracht. Stattdessen „lauscht" man oft ohnmächtig den Wortgefechten.

Wie könnte man sich zum Präsidenten machen? Wie könnte man eine Einigung der sich bekämpfenden Teile erreichen? Wie könnten sie Freundschaft miteinander schließen, anstatt für inneren Unfrieden bzw. Krieg zu sorgen? Zwei Methoden werden wir dazu besprechen ...

Beginnen wir mit einem Beispiel. Es stammt aus einer Weiterbildung zu systemischer Gesprächsführung, die ich durchführte. Eine Teilnehmerin, sie hieß Stefanie, brachte ihr Essproblem ein, unter anderem auch deshalb, weil sie sich nicht vorstellen konnte, wie man damit „systemisch" arbeiten könne. Sich mit einem solchen Thema vor allen anderen Teilnehmern einzubringen, war sehr mutig. Wir sprachen zur Einstimmung darüber. Ihr Ziel war, durch unser Gespräch besser zu verstehen, warum es ihr nicht gelingt, ihre Esserei zu stoppen, obwohl sie doch ihr Übergewicht in mehrfacher Hinsicht ein großes Problem sei. Auf die Frage, was sie sich davon erhoffe, das zu verstehen, meinte sie, dass sie dann vielleicht von ihrer „Fresserei" (wie sie es ausdrückte) wegkommen könne.

B.: „Nehmen wir einmal an, für deine „Fresserei" sei ein Teil in dir zuständig, und der würde jetzt deine Absicht hören, dass du ihm das Handwerk legen willst, wenn du erst mal verstehst, wieso du, also besser gesagt, dieser Teil nicht aufhört. Was denkst du, macht dieser Teil jetzt bei diesem Gespräch gut mit oder eher nicht?"

St.: „Ich denk schon, denn ich leide ja unter dem Dicksein."

B.: „Ja, du leidest darunter, aber leidet der Teil, der dich sozusagen verleitet, zuviel zu essen, auch darunter?"

St.: „Ach so, nein, der leidet nicht darunter ..."

B.: „Und was wird der also jetzt von unserem Gespräch halten, da du ihm ja das Handwerk legen willst?"

St.: „Hm, er wird sich vielleicht aus dem Staub machen oder so etwas?"

B.: „Das könnte man sich vorstellen. Bleiben wir mal bei der Idee von diesem Teil. Erlebt er dich, also die Stefanie als Freund oder eher als Gegner?"

St.: „Ja, schon als Gegner. Wenn es dann halt wieder drei Stück Kuchen wurden, statt einem, schimpfe ich mit mir ..."

B.: „Mit diesem Teil!"

St.: „Ja, sozusagen."

B.: „Willst du versuchen, dem Teil einmal einen Namen zu geben? Das kann ein Name sein oder ein Wort, ein Begriff. Wenn möglich ein freundlicher Name. Was kommt dir?"

St.: „Fresser!"

B.: „Ist das ein freundlicher Name? Wie wird der Name diesem Teil gefallen?"

St.: „Der Name passt aber!"

B.: „Aus deiner Sicht oder auch aus der Sicht des Teils, den du doch besser verstehen willst? Stell dir vor, du wärst dieser Teil, und Stefanie würde dich „Fresser" nennen, wärst du erfreut?"

St.: „Nein, da wäre ich, glaube ich, beleidigt."

B.: „Eben. Stell dir nur mal die Möglichkeit vor, dieser Teil will etwas Gutes für dich ..."

St.: „... was soll daran gut sein, dass ich mit Übergewicht herumrenne?"

B.: „Zu dick zu sein wäre eher der Effekt, nicht das, was der Teil beabsichtigt; wenn wir das mal annehmen. Wäre „Fresser" dann immer noch ein treffender Namen?"

St.: „Nein ..." (überlegt länger)
B.: (nach einer Zeit) „Was geht dir durch den Kopf?"
St.: „Mir ist Ursula eingefallen, das ist mein Zweitname. Ich weiß auch nicht warum, aber der Name war plötzlich da."
B.: „Magst du deinen Zweitnamen?"
St.: „Ja, schon, ich hätte ihn auch als Erstnamen mögen. Früher hat mich eine Schulfreundin immer Ursel genannt. Das hat mir gefallen."
B.: „Magst du den Teil also mal bis auf weiteres Ursel nennen?"
St.: „Ne, doch Ursula, das ist irgendwie stimmiger. Aber komisch fühlt sich das jetzt doch an."
B.: „Natürlich, denn bisher hast du den Teil eher beschimpft, und jetzt nennst du ihn immerhin „Ursula". Vielleicht könntet ihr zwei euch ja anfreunden?"
St.: (bekommt Tränen in die Augen)
B.: (wartet etwas) „Stell dir vor, Ursula will eigentlich mit dem reichlich Essen etwas Gutes für dich. Aber weil der Effekt ist, dass du zu dick bleibst, bekommst du von der guten Absicht gar nichts mit. Ursula würde sozusagen etwas ganz anderes bewirken, als sie beabsichtigt? Wie kommt dir dieser Gedanke vor?"
St.: „Ja, schon, aber ich habe keine Idee, was das für eine Absicht sein soll ..."
B.: „Vielleicht holst du dir mal her, was du empfindest, während du das erste Stück Kuchen verzehrst, und dann noch eines."
St.: „Das ist ..." (lächelt) „Genuss pur! Ich bin dann wirklich beim Essen, alles, was mich sonst gerade belastet, ist dann weg. Ja, wie weggeblasen!"
B.: „Wenn das keine gute Absicht ist, fress' ich einen Besen!" (alle lachen)
St.: (lacht) „Das habe ich noch nie so gesehen, obwohl ich es doch weiß! Wieso ich darauf nicht gekommen bin ..."
B.: „Vielleicht, weil du bisher nur Gegnerin von Ursula warst. Warum sollte sie dir auch noch sagen, was sie Gutes für dich will. Sie hat sich anscheinend darauf beschränkt, es einfach zu tun. Zumal sie ja weiß, dass sie letztlich doch mächtiger ist, als Stefanies Schimpferei hinterher."
St.: „Ja, das ist wie verhext. Ich merk nämlich erst gar nicht, dass ich schon wieder dabei bin, zuviel zu essen. Erst wenn`s dann so richtig spannt, nur dann ist es zu spät. Und zu kotzen wie bei einer Bulimie, das ist nicht so mein Ding."
B.: „Ursula scheint dich genau zu kennen. Damit sie das Gute für dich tun kann, muss sie dich ein wenig verhexen, und dann klappt die Sache?"
St.: (lacht) „Genau das. Jetzt hab ich's!"
B.: „Und was wirst du jetzt tun?"
St.: „Früher darauf achten, wann es zuviel wird."
B.: „Als Ursula würde ich jetzt denken: 'Sie hat nichts kapiert, meine Stefanie!'"
St.: „Wieso?"
B.: „Ja, weil du ihr immer noch das Handwerk legen willst!"
St.: „Ich will aber nicht so dick bleiben!"
B.: „Das habe ich schon verstanden. Ursula geht es auch nicht darum, dass du dick bleibst. Sie will dir nur Genuss und Abstand vom täglichen Trubel verschaffen. Das ist ein gutes Ziel, oder?"
St.: „Ja, schon, aber ich bleib dick dabei!"
B.: „Solange du eben nicht mit Ursula zusammen nach einem anderen Weg zu diesem Ziel suchst!"
St.: „... also Genuss und Abstand?"
B.: „Ja, so kommt es mir vor. Wie wäre das: Bis wir uns wiedersehen zum nächsten Seminar, schimpfst du nicht mit Ursula, sondern denkst weiterhin an ihre gute Ansicht und ihr debattiert über die Frage, welche anderen Wege es geben könnte. Und wenn euch etwas einfällt, könnt ihr es schon mal ausprobieren. Und bis dahin wird weiter genussvoll gegessen!"
St.: „Klingt gut. Ich fühl mich gerade irgendwie beruhigt. Bisher lief es immer darauf hinaus, dass ich halt das Essen stoppen muss, wenn ich mit anderen darüber geredet habe. Auch in der Selbsthilfegruppe, wo ich bin."

Beim nächsten Seminar haben wir ausgewertet. Stefanie sind schon einige Alternativen eingefallen, aber hatte sich noch nicht daran gemacht, diese Dinge zu erproben. Aber sie sei innerlich ruhiger, nicht mehr soviel im Krieg mit sich. Sie hat immerhin nicht mehr weiter zugenommen, wie in den letzten Monaten. Wir haben dann daran gearbeitet, welche ihrer Ideen sie am leichtesten umsetzen könne, und dass sie damit erst einmal beginnen könne, bevor sie sich schwierigeren Übungen zuwendet.

Diese Art, mit Teilen zu arbeiten, die Idee der „guten Absicht" einzuführen, der „Ökologiecheck" usw., stammt eigentlich aus dem NLP. Das Konzept von Absicht und Wirkung und die Berücksichtigung der Muster einer von Gegnerschaft oder Freundschaft geprägten Beziehung lassen sich zusammen mit den Methoden der Konfliktlösung in einer systemischen Arbeit mit sich selbst kombinieren. Bei der Suche danach, welche Ziele die Teile verfolgen, und welche grundsätzlichen Ziele dahinter stehen („Ziel hinter dem Ziel"), stellt sich meistens heraus, dass die Teile Gutes für einen selbst verfolgen; das steht auch hinter dem Begriff der „guten Absicht". Sobald der Klient das entdeckt, kommt es zu einer ersten „inneren Versöhnung". Nicht selten fließen dabei Tränen, denn der bisherige „innere Krieg" ist eben auch Quelle von Leid.

Es wurde auch deutlich, wie wichtig es ist, die Beratung selbst als Intervention in das „innere System" im Blick zu behalten, um nicht von vorneherein ein Scheitern zu provozieren. Damit die Mitarbeit der Teile an der Lösung des Konfliktes erreicht werden kann, macht sich der Berater mit entsprechenden Fragen zu ihrem Sprachrohr. Allerdings muss er darauf achten, anschließend wieder in eine neutrale Position zu kommen, wie bei der Konfliktmoderation auch.

> *Es gibt Teile in mir, die haben sich bis heute noch nicht das „Du" angeboten.*
> **Bernhard Trenkle**

Wir betrachten nun noch eine weitere Methode, um mit inneren Teilen zu arbeiten:

Alter Ego oder „Selbstsupervision" [1]

Hier wird mit Stühlen gearbeitet. Auf einem ersten Stuhl sitzend beschreibt der Klient das Problem oder die Situation, wie er sich dabei fühlt und wie er bisher reagiert hat.

Auf dem zweiten Stahl nimmt nun das „alter Ego" Platz. Es vertritt einen Teil im Klienten, der gleichsam dem Ego bei seinem Treiben zuschaut, es bewertet und auch mit Gefühlen darauf reagiert. Diese Gefühle kann die Person auf dem zweiten Stuhl sitzend ausdrücken.

Das alter Ego stellt so eine spezifische Beziehung zum Ego her. Häufig verurteilt es das Ego. So werden zusätzliche Schwierigkeiten geschaffen.

Der Klient wird nun eingeladen, auf einem dritten Stuhl als „Supervisor" Platz zu nehmen und darüber nachzudenken, wie sich das „alter Ego" auf das „Ego" bezieht, was davon zu halten ist, ob das hilfreich ist und welche Alternative in Betracht kommen. Manchmal entdeckt der Klient erst aus dieser Position, wie ungut er bisher mit sich selbst umgeht und das dadurch alles nur noch schwerer wird, als es ohnehin schon ist.

Man kann nun in einem letzten Schritt den Klienten nochmals auf den Stühlen für das alter Ego und das Ego Platz nehmen lassen, um über die Ideen des „Supervisors" nachzudenken. So kommt es zu einem neuen Selbstbezug, der nachhaltige Veränderungen auslösen kann.

Im Schema lassen sich die Schritte darstellen („xy" steht für irgendein Problem, eine Situation):

① „Ego" „Ich bin frustriert über … (xy)"

② „Ego" ← „alter Ego" „zweites Ich"

„Wie urteilen und fühlen Sie über diese Tatsache, dass das „Ego" frustriert ist? Wie finden Sie das?" Man fragt auf diese Weise danach, wie sich das alter Ego der Person darauf bezieht, dass das „Ego" frustriert ist. Eine Antwort kann beispielsweise sein: „Ich ärgere mich über mein „Ego" und seinen Frust!"

---

[1] Diese Methode stammt von Holger Leinhos. Sie gründet sich auf den Umstand, dass wir mit allem, was wir tun, immer auch einen Selbstbezug herstellen. Dieser Selbstbezug kann mit inneren Teilen und der Frage, welche Beziehung sie zueinander herstellen, verdeutlicht werden (vgl. auch Wanderung N°48).

③ Ego ← alter Ego
   ↑
   "Supervisor"

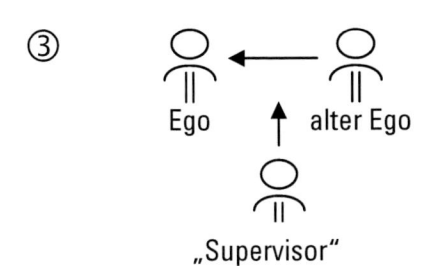

Nun wird eine neue Posititon eingeführt, die des „Supervisors, von der aus das Verhältnis vom alter Ego zum Ego von außen betrachtet wird: „Wenn Sie überlegen, wie sich Ihr „alter Ego" bisher auf das „Ego" bezieht, wie kommt Ihnen das vor? Würden Sie dem alter Ego zu etwas raten?" Eine Antwort könnte sein: „Ich rate dem „alter Ego", mehr Verständnis für das Ego und seinem Frust aufzubringen, denn so, wie sich bis gegenüber dem „Ego" verhält, ist niemandem geholfen."

Die Einsicht, manchmal sogar die Erschütterung, die bei dieser Bearbeitung oft entsteht, besteht darin, dass die Person sich zum ersten Mal klar darüber wird, wie sie mit sich selbst umgeht. Nicht selten fließen bei dieser „Stuhlarbeit" heilsame Tränen.

Die methodischen Schritte der Arbeit mit inneren „Teilen" werden in der Wegskizze verdeutlicht.

> *Stell Dir vor, Du gehst nach innen, und keiner ist da!*
> Bernhard Trenkle

Wegskizze

Systemische Arbeit mit sich selbst

1. Schritt: Nach dem Kontrakt gilt es, mit dem Klienten zu erkunden, wie die „inneren Teile" beschrieben werden können, die am Problem beteiligt sind.

2. Schritt: Nun muss nochmals geprüft werden, ob die „identifizierten Teile" mit dem eingangs erarbeiteten Kontrakt einverstanden sind, oder ob man sich ein anderes Ziel für das Gespräch setzen sollte. Dieser Schritt ist analog zur Auftragsklärung bei Paaren, Familien usw. zu sehen und kann langwierig werden.

3. Schritt: Nun gilt es, für die Teile freundliche Namen oder zu Begriffe zu finden. Denn es geht darum, den bisherigen „Krieg" mit den Teilen oder deren Kampf untereinander zu beenden und mit Friedensverhandlungen zu beginnen oder zumindest einen „Waffenstillstand" zu erreichen. Zugleich werden die Teile mit der Vergabe eines Namens nochmals klarer voneinander und von einem selbst, also dem „bewussten Ich" unterschieden. Das ist zwar nur ein Modell, aber für die folgende systemische Arbeit mit Absicht und Wirkung usw. sehr wichtig. Man kann diesen Prozess durch den Einsatz von verschiedenen Stühlen unterstützen, auf denen die Teile gleichsam Platz nehmen und der Berater mit ihnen getrennte Interviews durchführt, in dem der Klient jeweils die Stühle wechselt und versucht, für die jeweiligen Teile zu sprechen. Es kann einige Zeit brauchen, bis die Idee der Freundschaft, des Friedensschlusses vom Klienten akzeptiert wird. Unter Umständen muss erst noch der nächste Schritt vollzogen werden.

4. Schritt: Nun wird die Idee angeboten, dass der Teil oder die Teile „gute Absichten" für einen selbst verfolgen. Man hat sie vielleicht bisher bewusst noch nicht bemerkt, sondern nur die negativen Auswirkungen wahrgenommen (Konzept von Absicht und Wirkung). Der Klient sollte sich mit der Idee anfreunden, dass es zu keinem inneren Frieden, keiner Freundschaft mit bisher abgelehnten Teilen kommt, solange die guten Absichten nicht gewürdigt werden.
Auch hier kann es Komplikationen geben, wenn Klienten (ihrem Alltagsbewusstsein folgend) bisher Ansicht und Wirkung gleichsetzen, also glauben, dass negativen Wirkungen nur negative Absichten zugrunde liegen können. „Was helfen mir die guten Absichten, wenn Mist dabei herauskommt!", so könnte der Protest des Klienten lauten. Die „Klugheit" der

Teile beschränkt sich auf die guten Absichten und die positiven Effekte, die sie damit erreichen, und die der Klient oft gar nicht mehr bewusst registriert, weil er unter den negativen Folgen leidet. Die Teile wiederum scheinen die negativen Folgen ihres Wirkens nicht zu bemerken. So könnte man es sich innerhalb dieses Modells vorstellen. Die Geduld des Beraters gefragt, dem Klienten Schritt für Schritt zu unterstützen, sich selbst, das innere Kräftespiel zu verstehen. Der Dialog mit Hilfe von Stühlen hilft dabei enorm.

Außerdem ist es nützlich, die Teile auf ein Blatt zu zeichnen und folgende Übersicht zu erstellen:

	„gute Absicht"	Wie sie bisher umgesetzt wird	Auswirkungen („Nebenwirkungen")
Teil „A"			
Teil „B"			
...			

5. Schritt: Jetzt kann man mit der Suche nach anderen Wegen, wie der Teil (oder die Teile) ihre guten Absichten ohne die bisherigen negativen Folgen auch verwirklichen könnten, versuchen, den Konflikt zu lösen (vgl. Wegskizze zur Wanderung N° 47). Über diese Frage nachzudenken, kann dem Klienten auch als Hausaufgabe gegeben werden, um dann in der nächsten Sitzung mit der Arbeit daran fortzufahren. Die obige Tabelle kann verwendet und erweitert werden. Denn dann geht es um deren praktische Umsetzung.

6. Schritt: Sind neue Wege gefunden und auch Ideen erarbeitet worden, wie sie umzusetzen seien, kommt non noch das Konzept des „ökologischen Gleichgewichts" ins Spiel, dem wir bei der Wanderung N° 30 schon begegnet sind. Veränderungen haben vielleicht noch andere Auswirkungen, mit denen andere Teile im Klienten oder aber auch Personen in seiner Umgebung nicht einverstanden sind. In der weiteren Beratung geht es darum, sie „ins Boot zu holen". Die Methode ist dieselbe: Den neue auftretenden Teilen wird ein Name gegeben usw. Handelt es sich um andere Personen im Umfeld, sollten sie evtl. in die Beratung einbezogen werden. Manchmal reicht es aber auch schon, wenn die Teile der Klient selbst auf gewisse Veränderungen vorbereitet, die sie in nächster Zeit an ihm oder in seinem Verhalten bemerken werden; er kann das mit der Frage verbinden, ob sie damit einverstanden sind.

Alle diese Schritte können sich über mehrere Gespräche hinziehen, das ist normal. Der „Friedensschluss" dauert!

Die Arbeit an der Beziehung innerer Teile veranschaulicht die Skizze:

„Selbstsupervision": (Arbeit mit Stühlen)
Schritt 1:
„Ego"

Schritt 2:
„Ego" ← „alter Ego" „zweites Ich"

Wie urteilt das alter Ego über das Ego, welche Beziehung entsteht so? Eine Antwort kann z.B. sein: „Ich finde dumm, wie sich „Ego" ärgert!"

Schritt 3:
Was rät der Supervisor dem alter Ego. Wäre eine andere Haltung von alter Ego gegenüber Ego vielleicht hilfreicher, z.B. mehr Verständnis für das Ego und seinen Ärger aufzubringen.

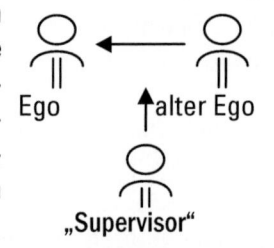

Ego ← ↑alter Ego
„Supervisor"

Schritt 4: Alter Ego und Ego äußern sich über die Ideen des Supervisors und verhandeln miteinander

Wir sind am Ende der vierten Reise angelangt. Sie widmete sich systemischen Methoden in der Beratung (und, wie bisher immer mitgedacht, der Betreuung und Begleitung). Wir haben dabei bei weitem nicht alle Bereiche dieses Teiles des Labyrinths erkundet, die es gibt, z.B. die Arbeit mit Familienbrett oder Skulpturen, wohl aber einige wichtige. Vor allem ist - so hoffe ich - einiges an Methoden beschrieben worden, die vor allem für Beratungskontexte hilfreich sind.

Bevor wir uns nun auf die fünfte Reise begeben, möchte ich Sie, liebe Leserin oder lieber Leser, noch zu einem kleinen Experiment einladen, was in gewisser Weise nochmals wichtige Gesichtspunkte dieser vierten Reise anspricht: Gehen Sie in einen Brillenladen oder auch Sportgeschäft und halten Sie Ausschau nach Sonnenbrillen bzw. Schibrillen mit unterschiedlich, aber möglichst stark gefärbten Gläsern. Setzen Sie sie auf und betrachten Sie, wie nun alles um Sie herum aussieht.
Fragen Sie sich nun, wie Sie die Welt beschreiben würden, wenn Sie nicht wüssten, dass Sie eine derartige Brille tragen. Versuchen Sie das hier in einigen Sätzen zu notieren:

_____

_____

_____

_____

_____

_____

_____

_____

Hier nun mein Vorschlag für eine Beschreibung: „Die Welt ist tirtschu, teils heller, teils dunkler tirtschu, manche Gegenstände sind tirtschu-tirtschu, andere sind eher skalia, und wieder andere eher wiuk. Ich finde die Welt ziemlich sindra und das gefällt mir."
Stehen Sie jetzt vor einem Rätsel? Wenn ja, dann schreiben Sie mir (z.B. im Forum, vgl. S.479)!

Systemisch gedacht...

„Interessante Selbstgespräche setzen einen klugen Partner voraus."
(Herbert George Wells)

„Das Lächeln, das Du aussendest, kehrt zu Dir zurück!" heißt es in einem Spruch. Damit sich das bewahrheitet, solltest Du, sofern es passt, lächeln, wenn Du ein Lächeln empfängst!

(Manfred v. Bebenburg)

Fünfte Reise:
Zauberlandschaften und Nebelgebiete – Im Labyrinth der Sprache

| Wanderung N° | REISEROUTE | Seite |

Im Labyrinth der Sprache – Eine Einführung — 433

58	Von weißen Elefanten und anderen sanfte Verführungen: Das Milton-Modell	435
59	„Auch wenn der Vergleich hinkt ..." - Arbeit mit Metaphern	442
60	„Die Geister, die wir riefen ..." - Krankheit, Wahn und andere Zaubereien	448
61	Die Tintenfischstrategie: Alltagssprache, Jargon und Zauberwörter	460
62	Ist Manipulation möglich? Von der Macht und Ohnmacht der Worte	468

Ein Schüler kam zu Meister Bankei und bat ihn um Hilfe. »Was fehlt dir?« fragte Bankei. »Ich leide unter Jähzorn.« »Zeige mir deinen Jähzorn«, sagte Bankei, „dann will ich ihn vertreiben." »Das geht nicht«, antwortete der Schüler, »denn gerade jetzt bin ich ja gar nicht zornig«. »Gut«, sagte Bankei, „dann komm wieder, wenn du zornig bist, und bringe mir deinen Zorn!« »Aber das ist doch erst recht nicht möglich«, wandte der Schüler ein, »bis ich zu euch gekommen bin, ist mein Zorn sicher schon verflogen«. »Ach so«, sagte Bankei, »dann ist also dieser Jähzorn gar kein Teil deines Wesens, sondern etwas, das von außen in dich eindringt. Da weiß ich dir einen Rat: Immer wenn der Jähzorn versucht dich zu überwältigen, nimm einen Stock und schlage dich selbst so lange, bis er es nicht mehr aushält und davonläuft«.
Bankei war ein japanischer Zenmeister der von 1662-1693 lebte.

Der geheilte Wahn

Der Herrscher glaubte, er sei eine Kuh, und hatte völlig vergessen, dass er ein Mensch war. Deshalb brüllte er wie ein Rind und flehte: »Kommt, nehmt mich mit, schlachtet mich und macht von meinem Fleisch Gebrauch«. Er aß nichts und schickte alle ihm gereichten Speisen zurück. »Warum führt ihr mich nicht auf die grüne Wiese, dass ich dort das fressen kann, wie es einer Kuh zukommt?« Da er nicht mehr aß, nahm er ständig ab und war schließlich nur noch ein Gerippe. Da alle Methoden und Medikamente nicht halfen, zog man Avicena zu Rate. Dieser ließ dem König mitteilen, ein Metzger käme, um ihn zu schlachten, sein Fleisch zu zerlegen und es den Menschen zu essen zu geben. Als der Kranke das erfuhr, war er über alle Maßen glücklich und wartete mit Sehnsucht auf seinen Tod. An dem vereinbarten Tag trat Avicena vor den König. Er schwang das Schlachtermesser und schrie mit fürchterlicher Stimme: »Wo ist die Kuh, damit ich sie endlich schlachten kann?« Der König gab ein verzücktes Muhen von sich, damit der Metzger wisse, wo das Opfer sei. Avicena befahl laut: »Bringt das Schlachtvieh her, fesselt es, damit ich ihm den Kopf vom Rumpf trennen kann«. Doch bevor er zuschlug, prüfte er, wie Metzger es gewöhnlicht tun, die Lenden und den Bauch des Schlachtopfers auf Fleisch und Fett und rief laut aus: »Nein, nein, diese Kuh ist noch nicht reif zum Schlachten. Sie ist sehr mager. Nehmt sie mit und gebt ihr zu fressen. Wenn sie das richtige Gewicht hat, komme ich wieder. « Der Kranke aß in seiner Hoffnung, bald geschlachtet zu werden, jede Speise, die man ihm brachte. Er nahm zu, sein Befinden besserte sich zusehends, und er genas unter der Pflege Avicenas.

Labyrinth auf der Vorderseite
von Thomas Thiemeyer

Im Labyrinth der Sprache
Einstimmung in die fünfte Reise

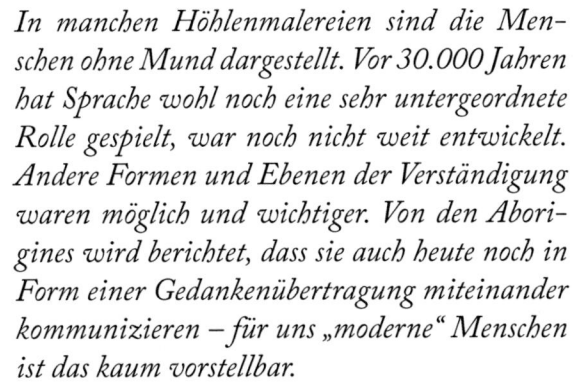

In manchen Höhlenmalereien sind die Menschen ohne Mund dargestellt. Vor 30.000 Jahren hat Sprache wohl noch eine sehr untergeordnete Rolle gespielt, war noch nicht weit entwickelt. Andere Formen und Ebenen der Verständigung waren möglich und wichtiger. Von den Aborigines wird berichtet, dass sie auch heute noch in Form einer Gedankenübertragung miteinander kommunizieren – für uns „moderne" Menschen ist das kaum vorstellbar.

Im Laufe der Jahrtausende hat sich Sprache rasch entwickelt, weil sie für die erfolgreiche Kooperation beim Jagen und auch später in der Agrikultur immer wichtiger wurde. Die ältesten überlieferten Dichtungen, die indischen Veden sind möglicherweise 5.000 Jahre alt. Damals und in der Zeit danach entwickelte sich Sprache mehr und mehr auch zum geistigen Ausdrucksmittel. Sie evolutoinierte das Denken, und das Denken zum Beispiel in der Philosophie entwickelte wiederum die Sprache weiter.

Auf die Wechselwirkung unserer gedanklichen Konstrukte und Vorstellungen mit dem gesprochenen Wort sind wir bei unseren Wanderungen schon verschiedentlich gestoßen. Es gilt nicht nur auf die eigenen Gedanken zu achten, aus denen Worte werden, wie es in einem Talmud-Spruch heißt, sondern auch auf die Worte, denn sie prägen unsere Gedanken und Vorstellungen, unsere inneren Landkarten. Sätze werden zu Glaubenssätzen. Mit der Sprache und wie man speziell in der Beratung auf sie achten kann, beschäftigen wir uns auf dieser fünften und letzten Reise. Wir werden einige Ausflüge in eine riesige Landschaft unternehmen, für deren Erkundung ein ganzes Buch nicht reichen würde.

Vielleicht machen die folgenden Wanderungen Lust auf eigene Erkundungen?

Sprache leistet vieles. Beispielsweise regt sie unsere Phantasie an. Lesen Sie den kleinen Ausschnitt aus der folgenden Geschichte und lassen Sie sich überraschen, was Ihr „inneres Auge" und Ihr „inneres Ohr" dabei macht:

(…) An der Tür hing ein Schild: „Bitte mindestens sieben mal klopfen!" Stups pochte also siebenmal und dann, wegen des Wörtchens »mindestens«, noch weitere dreimal. Danach lauschte er und hörte aus dem Inneren der Hütte ein Geräusch näher kommen, das wie das Bimmeln zahlloser Glöckchen klang. Die Tür öffnete sich und in ihr stand eine höchst seltsame Gestalt. Es war ein kleiner Mann, kaum größer als Stups selbst, in einem knallroten Anzug, mit einem ebenso knallroten Zylinderhut auf dem Kopf und einem gewaltigen schwarzen Schnurrbart unter der dicken Nase, dessen Spitzen einen halben Meter nach links und nach rechts weg standen wie zwei Türkensäbel. An Armen und Beinen, an der Krempe seines Hutes, an beiden Ohren, ja selbst an den Spitzen seines Schnurrbartes hingen silberne Schellen, die bei jeder Bewegung klingelten. Und an Bewegung ließ es der sonderbare Kerl nicht fehlen. Er hüpfte und zappelte fast ohne Unterbrechung. Dabei blickte er allerdings so jämmerlich und todtraurig drein, als sei ihm ganz und gar nicht nach Hüpfen zumute. „Aha!", rief er, als er des Forschungsreisenden ansichtig wurde. „Da steht zweifellos ein Besucher. Das hilft mir zwar nichts, aber ich möchte doch zumindest wissen, mit wem ich die Ehre habe." (aus Michael Ende: Nieselpriem und Naselküss)

Mit wenigen Worten können wir uns, natürlich mit Hilfe des Autors dieser Geschichte, in nie gesehene Phantasiewelten versetzen.

Das Täuschungsmanöver, zum Beispiel eine Tarnfarbe, ist eine uralte „Erfindung" der Evolution. Es ist daher nicht verwunderlich, dass der Mensch die Möglichkeit entdeckt hat, mit Worten zu täuschen. Wir können mit Worten nicht nur in Zauberlandschaften führen, wir können auch mit wenigen Worten „Nebelkerzen werfen" und den Hörer in dichtem Nebel zurücklassen. Weil wir, wenn wir reden, auch uns selbst zuhören, stehen wir am Schluss oft selbst im Nebel oder erliegen der Täuschung einer sprachlichen Fata Morgana.

Würde man einen drastischen Vergleich wählen, hätten wir es also mit „weißer und schwarzer Magie" zu tun? Wir werden allerdings sehen, dass die Übergänge fließend sind. Metaphern können positive Zauberei sein, einen aber auch verhexen!

Unsere Sprache hinterlässt Spuren und gibt dadurch Hinweise, wenn jemand vernebelt, andere oder sich selbst täuscht und manipuliert, wenn also im negativen Sinne gezaubert wird. Man braucht nur genau zuzuhören. Wenn man also weiß, worauf zu achten ist, fällt es leicht, die Zaubereien zu entdecken und sogar zu nutzen.

Oft finden wir in Begriffen und Formulierungen noch etwas von der ursprünglichen Weisheit, die damit ausgedrückt wurde. „Ich bin enttäuscht ..."; man sollte sich freuen, dass man sich von einer Täuschung befreit hat und nun ent-täuscht ist. Die alltägliche Bedeutung des Wortes ist allerdings negativ, leider! Aber die Möglichkeien, die in diesem Wort stecken, lassen sich nutzen.

Wie schon in der Einleitung dieses Buches erwähnt: Die Wege des Labyrinths führen immer eindeutig zu Mitte und wieder aus dem Labyrinth heraus, man kann sich letztlich nicht verirren, wohl aber im Irrgarten!

So werden wir nun beide Möglichkeiten kennen lernen, die im Gebrauch der Sprache stecken: Einerseits einige heilsame Formen der Sprache, die zur eigenen Mitte oder zu Lösungen von Problemen führen und zu denen positive Suggestionen und Metaphern gehören, und andererseits Ausdrucksweisen, die uns in die Irre führen, wie Verdinglichung und Manipulation, deren Zauberkraft allerdings rasch unwirksam gemacht werden kann, wenn man geschickt zu fragen weiß. „Ich habe Halluzinationen!" „Wem hören Sie denn dabei zu? Oder sehen Sie etwas?"

Im Labyrinth der Sprache - Gebietskarte

- Sanfte Verführungen: Das Milton-Modell. Hier geht es um positiv wirkende sprachliche Suggestionen und wie man sie in die Beratung einbauen kann (Wanderung N° 58).
- „Auch wenn der Vergleich hinkt ..." Die Arbeit mit Metaphern nutzt auf zauberhafte Weise die Kreativität von Klient und Berater bei der Lösungssuche (Wanderung N° 59).
- „Die Geister, die ich rief ..." - Krankheit, Wahn und andere Wesen; wie man sie verjagen oder domestizieren kann, ohne einen großen Zaubermeister zu benötigen; damit beschäftigen wir uns bei Wanderung N° 60.
- Die Tintenfischstrategie: Ein ganzes Füllhorn sprachlicher Winkelzüge erlaubt es uns, schnell zu flüchten, bevor es ernst wird. Flucht ist nicht immer die beste Lösung, Berater werden ihre Klienten immer mal wieder „am Rockzipfel festhalten müssen". Wie das geht, davon handelt Wanderung N° 61.
- Ist Manipulation möglich? Von der Macht und Ohnmacht der Worte. Wie schon bei der vorigen Wanderung werden wir bemerken, dass das genaue Zuhören der wichtigste Gegenzauber gegen Manipulationsversuche ist (Wanderung N° 62).

„Das Ungesagte im Gesagten er-hören und dann Unerhörtes unüberhörbar sagen!", so könnte ein Motto dieser Reise lauten.

Wanderung N° 58

Von weißen Elefanten und anderen sanften Verführungen
Das Milton-Modell

Wohin die Wanderung führt ...

Vergleichen Sie die beiden Fragen: „Haben Sie Ideen, was Sie tun können?" und „Welche Ideen haben Sie, was Sie tun können?" Auf den ersten Blick scheint kein großer Unterschied zu bestehen. Aber die Wirkung auf den Zuhörer ist sehr unterschiedlich: Die erste Frage lässt offen, ob der Zuhörer Ideen haben wird; wenn ihm nichts einfällt, wird er „Nein!" sagen. Die Chance, doch etwas zu entdecken, ist vertan. Die zweite Frage arbeitet mit einer Unterstellung, einer Suggestion, nämlich dass der Zuhörer Ideen hat, es geht nur darum, sie zu äußern oder eine unter mehreren auszuwählen. Die Chance, dass dem Zuhörer Ideen kommen, erhöht sich.
Milton Erickson war Meister positiver Suggestionen. Er hat die indirekte Kommunikation mit dem Unbewussten als Möglichkeit genutzt, um die im Menschen schlummernden Ressourcen, sein „Wissen" über mögliche Lösungen seiner Probleme zu mobilisieren. Im „Milton-Modell" sind die verschiedenen Formen, mit denen er seine Patienten auf einer indirekten, eher unbewussten Ebene angesprochen hat, systematisiert worden. Wir werden uns bei dieser Wanderung mit einigen Methoden beschäftigen, die man auch ohne spezielle therapeutische Ausbildung in der Beratung verwenden kann.

Das Milton-Modell[1] beschreibt die hypnotischen Sprachmuster und bereichert das Repertoire des Beraters um etliche sprachliche Zaubereien, die er in das Gespräch mit Klienten einfließen lassen kann. Wir werden nun untersuchen, wie verschiedene positive Suggestionen in Kommentare und Fragen eingebaut werden können. Es geht darum, dass der Klient auf diese Weise leichter zu seinen Innenwelten findet, wo alles Wissen, das er zur Lösung seiner Probleme braucht, schon bereitsteht. Das ist die Grundannahme, von der ausgegangen wird.

Die erste große Gruppe hypnotischer Sprachmuster ergibt sich aus der Umkehrung der auf dem Meta-Modell basierenden Fragetechnik, die wir aus Wanderung N° 33 schon kennen. Dort ging es um die Erkundung „innerer Landkarten", indem beispielsweise Tilgungen sorgfältig hinterfragt werden. Hier nun werden sie bewusst eingesetzt, um einen inneren Prozess beim Klienten anzuregen, nach den in der Frage fehlenden Teilen zu suchen und sie mit seinen eigenen Ideen beispielsweise für Problemlösungen zu ergänzen.
Teilweise werden wir auf die Unterscheidung zwischen dem lösungsorientierten Interview, des Interviews zur Funktionsweise eines Problems und des problemrespektierenden Interviews zurückgreifen (vgl. Wanderung N° 30).

Tilgungen

Wir beginnen mit Beispielen, wie man Tilgungen im Interview verwenden bzw. sie gezielt in Fragen einbauen kann. Wenn in einer Aussage eine Reihe von konkreten Informationen weggelassen wird, neigen wir als Zuhörer dazu, sie spontan und ohne weitere

---
[1] vgl. R. Bandler, J. Grinder: Therapie in Trance (1994)

Überlegung mit eigenen Vorstellungen und Ideen zu ergänzen. Genau das kann genutzt werden, um Klienten Zugang zu ihrem inneren Erleben, ihren Ideen und Ressourcen zu öffnen. Nominalisierungen eignen sich besonders gut.

Tilgungen im lösungsorientierten Interview: „Von welchen Ihrer Erfahrungen und Fähigkeiten werden Sie wahrscheinlich Gebrauch machen?" Die Frage enthält gleich drei Nominalisierungen, die völlig offen lassen, was mit „Erfahrungen" konkret gemeint ist, worauf genau sich die Fähigkeiten beziehen, nach denen gefragt wird und wie der Klient davon Gebrauch machen wird. Wie mit der Formulierung der Frage außerdem die Existenz von Fähigkeiten vorausgesetzt wird, greifen wir weiter unten nochmals auf.
„Wie könnte eine Verringerung des Abstands zwischen Wunsch und Wirklichkeit aussehen?" Auch hier wird die Frage durch mehrere Nominalisierungen so unspezifisch, dass der Klient leicht zu der für ihn passenden Antwort finden kann.

Tilgungen im Interview zur Funktionsweise des Problems: „Was trägt zum Funktionieren des Problems bei?" Die Frage lässt offen, was mit „Funktionieren" genau gemeint ist und welche Personen oder Faktoren daran wie beteiligt sein könnten.

Tilgungen im problemrespektierenden Interview: „Worin könnten der Nutzen oder der Sinn Ihres Problems bestehen?" Wer wem wie nützt, bleibt ebenso offen wie die Frage, worauf sich der Sinn beziehen soll. Die Frage ist sehr unspezifisch und eröffnet so einigen Raum für Ideen des Klienten.

Allgemein kann man sagen, dass mit Tilgungen und insbesondere mit Nominalisierungen operierende Fragen dem Klienten viel Freiheit geben, die fehlende Information mit den eigenen, zu ihm passenden Einfällen zu ergänzen. Je spezifischer die Frage gestellt würde, desto eher würde man provozieren, dass dem Klient nichts einfällt.

Verzerrungen

Während man beim Meta-Modell-Verzerrungen, die Klienten verwenden, hinterfragt und aufdeckt, werden nun vom Berater Verzerrungen eingesetzt, um Klienten den Zugang zu Lösungen, Handlungsmöglichkeiten oder seinem kreativen Potenzial zu erleichtern.
Die erste große Gruppe der Verzerrungen besteht darin, Ereignisse oder Sachverhalte miteinander zu verknüpfen oder sie sogar in einem Kausalzusammenhang zu bringen.
Verknüpfungen (im Fremdwort: Konjunktionen) können durch das Wörtchen „und" hergestellt werden. So kann eine Verbindung zwischen Dingen hergestellt werden, die an sich gar nicht zusammengehören. Die Worte „während", „indem", „wenn" suggerieren einen zeitlichen Zusammenhang. Und Begriffe wie „bewirken", „erfordern" oder „verursachen" unterstellen ausdrücklich einen kausalen Zusammenhang.

Verzerrung im lösungsorientierten Interview: „Sie haben meine Frage gehört **und** hatten spontan eine Idee, welche war das?" Hier wird ein Zusammenhang zwischen Frage und Idee suggeriert, der nicht von vorneherein besteht. Die Verzerrung, dass der Berater auch noch Gedanken lesen könne, verstärkt die suggestive Wirkung.

Verzerrung im Interview zur Funktionsweise des Problems: „Wie kann sich der Teufelskreis hinter Ihrem Rücken entwickeln, **während** sie an ganz andere Dinge denken?" Mit der zeitlichen Verknüpfung durch das Wörtchen „während" wird ein Zusammenhang zwischen unbemerkten Vorgängen und der bewussten Aufmerksamkeit unterstellt, der so keineswegs bestehen muss. Der Klient wird jedoch „verführt", über die Möglichkeit eines solchen Zusammenhanges nachzudenken. Er wäre sonst vielleicht nie darauf gekommen, in dieser Richtung zu suchen.

Verzerrung im problemrespektierenden Interview: „Der Sinn, den Ihr Problem hat, *bewirkt*, dass eine Lösung unmöglich wird, solange sie ihn nicht berücksichtigt. Worauf ist also zu achten?" In dieser Kombination von Behauptungssatz und Frage werden gleich mehrere Verknüpfungen hergestellt und zum Schluss wird noch getilgt, wer auf was achten müsse, und suggeriert, dass man auf etwas zu achten habe. Der Klient wird herausgefordert, über den möglichen „Sinn" seines Problems nachzudenken, während er vielleicht sonst solche Gedankengänge beiseite schieben würde.

Generalisierungen

Wir greifen hier vor allem auf die behaupteten Notwendigkeiten oder mangelnden Handlungsmöglichkeiten zurück, die mit Worten wie „müssen", „sollen", „nicht können" usw. angedeutet werden. Bei den Fragen im Meta-Modell werden solche Behauptungen hinterfragt, desgleichen, wenn sich Klienten mit Worten wie „immer", „nie" oder „ständig" Glauben machen, es gebe keine Ausnahmen. Jetzt werden genau diese Worte benutzt, um Klienten zur Lösungssuche zu „verführen".

Generalisierung im lösungsorientiertes Interview: „*Wenn* Sie wollen, dass es Ihnen besser geht, *dann dürfen* Sie nicht an Ihren bisherigen Zielen festhalten. Welche Abstriche *können* Sie sich denn vorstellen?" Klienten haben oft Mühe, sich von wichtigen Zielen zu verabschieden, auch wenn kein Weg zu ihrer Verwirklichung führt. Mit der Verknüpfung von „Wenn ... dann" und dem behaupteten Ausschluss anderer Möglichkeiten („dürfen Sie nicht") wird dem Klienten nahe gelegt, über Alternativen nachzudenken.

Generalisierung im Interview zum Funktionieren des Problems: „Sie *müssen* an dieser Stelle über die Schwelle Ihrer Angst gehen. Von *welchen* Ihrer Fähigkeiten *sollten* Sie dementsprechend Gebrauch machen?" Neben der mit dem Wort „müssen" behaupteten Notwendigkeit, sind gleich noch andere, oben schon beschriebene Sprachmuster hervorgehoben, mit denen der Klient angeregt wird, darüber nachzudenken, wie er seine Angst überwinden kann.

Generalisierung im problemrespektierenden Interview: „Sie *müssen immer* den Nutzen des Problems für Ihr Gleichgewicht bedenken, Sie *sollten* diesen Umstand beachten. Was folgt daraus für Sie?" Das Wort „müssen" mit dem Konjunktiv „sollten" etwas abzuschwächen, macht die Aussage leichter annehmbar und unterstützt sie zugleich.

Das waren Beispiele für den speziellen Einsatz von Tilgungen, Verzerrungen und Generalisierungen, um Klienten zur kreativen Suche nach Ideen oder dazu zu veranlassen, in einer bestimmten Richtung nachzudenken. Dass ein Kontrakt mit dem Klienten nötig ist, wonach es überhaupt um die Lösung von Problemen gehen soll, liegt nahe. Wahrscheinlich werden „Verführungen" unwirksam bleiben, wenn der Kontrakt als Rahmen nicht besteht. Bei den hypnotisch wirkenden Mustern, die wir nun betrachten werden, könnte man allerdings schon mehr von einer manipulativen Wirkung sprechen, sodass die Absicht, die hinter der Manipulation steht, auch zu einer ethischen Frage wird. Der Kontrakt, zumindest die Bereitschaft des Klienten sich helfen zu lassen, wird noch mehr zur Voraussetzung. Man kann annehmen, dass die Bereitschaft zur Problemlösung, aber auch eine vertrauensvolle Beziehung zum Berater, die Suggestibilität des Klienten, also seine Beeinflussbarkeit erhöht.

Verpackte Vorannahmen

Diese Sprachmuster können verwendet werden, um Klienten über ihre Zweifel an der Lösbarkeit eines Problems und an ihren Fähigkeiten sowie über andere Hindernisse hinwegzuhelfen.

Was vom Klienten nicht in Zweifel gezogen werden soll, wird vom Berater auf mehr oder minder „verpackte" Weise als Tatsache unterstellt. Wir haben unsere Wanderung mit einer solchen Suggestion begonnen. „Sehen Sie eine Möglichkeit ...?" „Nein!" – und vorerst ist alles verbaut. „Welche der verschiedenen Möglichkeiten werden Sie wahrscheinlich zuerst in Betracht ziehen?" Dass es Möglichkeiten gibt und der Befragte eine davon in Betracht ziehen wird, wird als Tatsache unterstellt und zugleich als solches dadurch verdeckt, dass die Aufmerksamkeit des Hörers auf die Frage gerichtet wird, welche Möglichkeit er „wahrscheinlich" und „zuerst" in Betracht zieht; wie wahrscheinlich das ist, bleibt offen; und im Grunde ist es auch belanglos, was zuerst und was danach erwogen wird. Man könnte also von einem Ablenkungsmanöver sprechen, wie man es auch von Zauberkunststücken her kennt.

Folgende Begriffe und Wörter eignen sich besonders, um darin Vorannahmen zu verpacken und auf diese Weise zu „transportieren", sodass sie der Klient akzeptiert. Sie lassen sich in die verschiedenen Interviewformen einbauen, ich beschränke mich jeweils auf ein Beispiel, um das Prinzip zu verdeutlichen.

Zeitwörter

Dazu gehören Wörtchen wie beispielsweise „bevor", „nachdem", „seit" u.a.m., mit denen man einen Nebensatz einleitet, der die wesentliche Botschaft enthält. „Wollen Sie noch bis zu unserem nächsten Termin warten, bevor Sie über Lösungsmöglichkeiten nachdenken?" Suggeriert wird, dass der Klient über Lösungsmöglichkeiten nachdenken wird, seine Aufmerksamkeit wird jedoch auf die Frage gelenkt, ob er damit noch warten möchte.

Ordnungsbegriffe

Sie unterstellen eine Ordnung oder Reihenfolge von bestimmten Sachverhalten, womit diese selbst als gegeben vorausgesetzt werden. „Was meinen Sie, werden Ihnen zuerst die leichteren *oder* die schwierigeren Lösungen einfallen?" Die Suggestion ist, dass dem Klienten Lösungen einfallen werden. Das ist das Wichtige, die Reihenfolge ist im Grunde nebensächlich; die Aufmerksamkeit des Klienten wird jedoch darauf gelenkt, um seine Skepsis, die sich vielleicht aus negativen Glaubenssätzen speist, zu umgehen.

Belanglose Alternativen: Das Wörtchen „oder"

„Was meinen Sie, sollten Sie eher über die Absichten Ihres Chefs *oder* die ihrer Kollegen nachdenken?" Suggeriert wird, dass der Klient in jedem Fall über Absichten anderer aus dem Umfeld an seinem Arbeitsplatz nachdenken sollte. Bei Klienten, die dazu neigen, ihre Umgebung auszublenden, Absicht und Wirkung gleichzusetzen usw., kann sich das anbieten.

Einsatz von Eigenschaftswörtern (Adjektive, Attribute): „Wie schnell werden Ihre Lösungsideen umzusetzen sein?" Dass der Klient Lösungsideen hat, die prinzipiell umsetzbar sind, wird in der Frage verpackt, „wie schnell" sie umsetzbar seien. Vielleicht antwortet der Klient mit „nicht schnell"; wie rasch es ihm gelingt, ist allerdings nicht so wichtig, Hauptsache er hält es für prinzipiell möglich, sie umzusetzen.

Zeithorizonte
„*Wie lange* werden Sie noch fortfahren, sich im Kreise zu drehen?" Die Aufmerksamkeit des Klienten wird auf die Zeit gelenkt, dass er sich weiterhin im Kreise dreht, wird unterstellt. Es handelt sich also um eine provokative Suggestion, die den Klienten zum Widerspruch einlädt. „Ich will mich aber nicht mehr im Kreise drehen!" „Prima, wann werden Sie *frühestens* damit aufhören?" Wieder wird (ebenfalls in leicht provokanter Weise) die Aufmerksamkeit auf die Zeit gerichtet. Die Implikation ist, dass der Klient (wenn auch nicht gleich) aufhört, sich im Kreise zu drehen.

Bewertungen und kommentierende Ausdrücke
„*Glücklicherweise* gibt es eine kreative Seite in Ihnen, die sich früher oder später melden wird." Die Aufmerksamkeit des Hörers richtet sich gleich auf sein Glück, dass er über eine kreative Seite verfügt, wird darin „verpackt". Mit „früher oder später" wird noch vage auf den Zeithorizont verwiesen: Wenn sich die kreative Seite jetzt nicht gleich meldet, dann eben später. Was die kreative Seite genau sein soll, bleibt ebenfalls offen. Der Klient wird vielleicht gleich seine Phantasie walten lassen, und ist dadurch bereits mit seiner kreativen Seite in Kontakt.
Kommentierende oder bewertende Ausdrücke sind zum Beispiel auch: „Es ist *beruhigend* zu wissen, ..." „*Gott sei Dank* ...", „*Notwendigerweise* ...". Wer die Bewertung vorgenommen hat, ist in solchen Ausdrücken getilgt, sodass sie den Charakter einer Allgemeingültigkeit erhalten.

Eingebettete Fragen, Aufforderungen oder Hypothesen

Ein Wort wird auf unauffällige Weise in einen Satz eingebettet, und der Klient wird dadurch veranlasst, etwas zu tun, was für die Lösung seines Problems nützlich ist.

„*Ich frage mich*, wie Sie die Aufgabe in Angriff nehmen werden." Der Berater scheint sich eine Frage zu stellen, aber der Klient stellt sich automatisch selbst die Frage, ohne direkt dazu aufgefordert worden zu sein. Bei einer direkt an ihn gerichteten Frage hätte der Klient vielleicht abgewehrt oder wäre in Stress geraten, mit dem er sich blockiert.

„*Denken Sie nicht* an die einfachste Lösung!" Diese Frage regt sofort zur Suche nach der einfachsten Lösung oder überhaupt zur Lösungssuche an. Mit einer Negation (wie „nicht", „keine" usw.) verknüpfte Aufforderungen bewirken paradoxerweise genau das Gegenteil. „Denken Sie jetzt nicht an weiße Elefanten!", lautet ein bekanntes Beispiel[2]. Sofort erscheinen, wenn auch vielleicht nur für einen Moment, weiße Elefanten vor dem inneren geistigen Auge. „Lesen Sie diesen Abschnitt nicht noch einmal!", und Sie werden vielleicht kurz den Impuls verspüren, ihn eben doch noch einmal zu lesen und zu suchen, wo der »Abschnitt« eigentlich anfängt.

„Könnten Sie mir bitte die Butter reichen?", ist als Höflichkeitsform bekannt, um nicht ganz so direkt einen Wunsch oder eine Aufforderung an den anderen zu richten. Auf di-

---

[2] „Denk nicht an blau!", lautet der paradoxe Titel eines für die Praxis sehr hilfreichen Buches von J. Wippich

ese letztlich nur zum Schein gestellte Frage nur mit „Ja!" zu antworten und nichts weiter zu tun, wäre ebenfalls unhöflich. Ein Anliegen wird also in geschickter Weise hinter einer Frage versteckt, sodass der Hörer spontan auf das Anliegen eingeht, während er sich vielleicht sonst geweigert hätte. „Könnten Sie jetzt über eine Lösungsmöglichkeit nachdenken?" Der Klient wird in der Regel nicht nur mit „Ja" oder „Nein" antworten, sondern gleich über eine Lösungsmöglichkeit nachdenken.

„Es würde mich interessieren, für welche Lösung Sie sich entscheiden!" Im Wort „interessieren" ist die Frage verpackt, zu deren Beantwortung der Berater den Klienten indirekt auffordert.

An einigen Beispielen wurde deutlich, wie verschiedene hypnotische Sprachmuster mit einander verknüpft werden können, um ihre Wirkung noch zu verstärken.

Und die verschiedenen Möglichkeiten haben in Ihnen, liebe Leserin oder lieber Leser mehr oder weniger viele eigene Ideen angeregt, wie Sie schon in nächster Zeit Ihren Klienten mit hypnotischen Sprachmustern weiterhelfen werden.

Wenn Sie Lust haben, untersuchen Sie doch gleich noch den kursiv hervorgehobenen Satz auf die darin enthaltenen Suggestionen. Glücklicherweise (sic!) können sie trotz der Entschlüsselung der Suggestionen weiterhin mit hypnotischen Sprachmustern arbeiten.

Nur der Tausendfüßler konnte nicht mehr gehen, als er über die Frage des Regenwurmes nachdachte, wie er denn so viele Füße koordinieren könne. Diese bekannte Fabel leitet zur nächsten Wanderung über, bei der wir uns mit Metaphern beschäftigen.

Zuvor kommt aber noch die Wegskizze.

Wegskizze

Hypnotisch wirkende Sprachmuster und Suggestionen dienen in der Beratung dem Zweck, den Prozess der Lösungssuche und generell der Entwicklung von Ideen usw. beim Klient auf indirekte, aber sehr wirksame Weise zu unterstützen. Ein Kontrakt und der Aufbau einer vertrauensvollen Beziehung sind methodische wie ethische Vorbedingungen.

Umkehrungen des Meta-Modells: Während man beim Meta-Modell innere Landkarten durch genaues Nachfragen erkundet und Tilgungen, Generalisierungen und Verzerrungen kritisch durchleuchtet, werden diese jetzt benutzt, um beim Klienten innere Suchprozesse anzuregen.

Art:	Beispiele:
Tilgungen (Nominalisierungen etc.)	„Welche Ihrer Erfahrungen helfen bei der Lösung?" „Worin besteht der Nutzen Ihres Problems?"
Verzerrungen	„Während Sie noch über die Bedeutung meiner Frage nachdenken, kommen Ihnen wahrscheinlich schon Ideen." „Der Sinn, den Ihr Problem für Sie hat, bewirkt, dass Sie bisher nicht vorwärts kommen. Welche Ideen kommen Ihnen zu dieser Tatsache?"
Generalisierungen	„Wenn Sie wollen, dass es Ihnen besser geht, müssen Sie etwas verändern. Was kommt in Betracht?" „Wann immer Ihnen eine Idee kommt, sollten Sie sie bewusst festhalten, damit Sie weiter kommen."

Verpackte Vorannahmen: Vorannahmen werden in einer Feststellung oder Frage so verpackt und dem Klienten dadurch suggeriert, dass seine Aufmerksamkeit auf etwas anderes gerichtet wird, was im Grunde nicht wichtig ist. Dass der Klient die Vorannahme akzeptiert, entgeht seiner bewussten Aufmerksamkeit.

Art:	Beispiele:
Zeitwörter: „bevor", „nachdem" etc.	„Wollen Sie noch etwas warten, bevor Sie erproben, was wir verabredet haben?"
Ordnungsbegriffe: „zuerst", „als erstes …, als zweites …"	„Was werden Sie jetzt zuerst tun?"
Alternativen ohne Belang: „Oder"	„Wollen sie heute über ein aktuelles Problem sprechen, oder über eines, mit dem Sie sich schon länger herumschlagen?"
Eigenschaftswörter als Verpackung	„Wie durchdacht werden Sie sich entscheiden?" „Wie ausgibig werden Sie sich mit der Lösungssuche beschäftigen?"
Fokusierung auf Zeithorizonte	„Wie lange werden Sie äußerstenfalls an Ihrem Muster festhalten?"
kommentierende Ausdrücke	„Glücklicherweise verfügen Sie über wichtige Fähigkeiten. Welche könnte ich dabei meinen?"

Eingebettete Fragen und Aufforderungen: In einem Satz wird eine Aufforderung oder Frage so eingebettet, dass der Zuhörer darauf eingeht, ohne dass man ihn ausdrücklich auffordern oder fragen muss, wogegen er sich sonst vielleicht verschließen würde.

Art:	Beispiele:
indirekte Fragen	„Ich frage mich, was Sie gerade denken." „Ich wäre neugierig zu hören, welche Lösungen für Sie in Frage kommen."
in Negation verpackte Aufforderung	„Denken Sie nicht schon jetzt an Veränderungen!"

Wanderung N° 59

„Auch wenn der Vergleich hinkt ..."
Arbeit mit Metaphern

Wohin die Wanderung führt ...

„Der Vergleich, den Sie da gerade gebracht haben, hinkt aber gewaltig!" „Hinkt er mit dem linken oder dem rechten Bein?"
Diese kleine Wortspielerei zeigt etwas vom möglichen Umgang mit Metaphern und der Kreativität, die in ihnen steckt. Der Begriff „Wortspiel" ist ebenfalls eine Metapher und drückt aus, dass es in der Tat um ein „Spiel", um eine spielerische und kunstvolle Form des Umgangs mit Worten geht.
Wie Metaphern eingesetzt werden können, um Klienten bei der Lösung ihrer Probleme zu helfen, werden wir bei dieser Wanderung untersuchen. Dass so etwas überhaupt möglich ist, zeigt wieder etwas von der Zauberkraft der Sprache

Der Begriff „Metapher" stammt ursprünglich aus dem Griechischen und bedeutet dort „etwas übertragen". In Metaphern zu sprechen heißt, etwas in einem bildhaften Vergleich auszudrücken bzw. ein „Sinnbild" zu wählen.
Mit Hilfe von Metaphern stellen wir in unserem Denken und Bewusstsein eine Gleichheit oder Ähnlichkeit zwischen verschiedenen Situationen, Erfahrungsformen oder Befindlichkeiten her, wobei die in der Metapher beschriebene Erfahrung logisch, einleuchtend, unzweifelhaft erscheint. „Du raubst mir noch den Verstand!" „Raub" drückt ein klares Machtgefälle aus: Jemand kann mittels Gewalt, Waffen oder Drohung einem Menschen etwas wegnehmen. „Rauben" ist ein allseits bekannter Begriff, der mit diesen Implikationen auf einen anderen Erfahrungsbereich mit der Unterstellung übertragen wird, dass diese Implikationen dort auch gelten. Das macht die Wirksamkeit von Metaphern aus. Sie eignen sich für positive Suggestionen, wie sie bei der vorigen Wanderung besprochen wurden, ebenso wie für negative Manipulationsversuche, wie wir noch sehen werden (vgl. Wanderung N° 62).

Bei genauer Betrachtung stellt sich heraus, dass in unserer Sprache viele Begriffe metaphorisch sind: Sie stehen ursprünglich, das heißt sprachgeschichtlich für einen anderen Bereich sinnlicher Erfahrung als für die Bedeutungen, mit denen sie heute verwendet werden. Die gerade verwendeten Worte „stehen", „ursprünglich", „Bedeutung" haben einen solchen metaphorischen Charakter.
Mit der Art unserer sprachlichen Beschreibungen konstruieren wir unsere subjektiven Wirklichkeiten und schränken mit diesen Konstruktionen oft unseren Lösungs- und Erkenntnishorizont ein. Sagt zum Beispiel jemand: „Ich werde verfolgt", interpretiert er sich selbst als Gejagten und sieht möglicherweise eine Lösung nur in der Flucht. Gleichzeitig kann eine Metapher aber auch die Idee für eine neue Lösung eröffnen. Darauf gründet sich die Lösungsstrategie, um die es nachher geht.
In der Beratung lohnt es sich also genau hinzuhören, wie Menschen ihre Wirklichkeit als „Erfahrung" mit Hilfe von metaphorischen Ausdrücken konstruieren. Eine Möglichkeit, diese Metaphorik zu erkennen,

besteht darin, bestimmte Worte „wörtlich" zu nehmen. „Ich bin *unzufrieden*!" „Wie könntest du zu innerem *Frieden* finden?"

Im Folgenden geht es um Metaphern im engeren Sinne, also um sinnbildliche Vergleiche, die über die Metaphorik, die in potenziell jedem Begriff steckt, hinausgehen: „Heute reitet dich mal wieder der Teufel!" oder „Meine Freundin redete wie ein Wasserfall".

In Beratungen kann man beobachten, dass Klienten oft Metaphern verwenden, in denen sie ihre Überzeugung zum Ausdruck bringen, auf bestimmte Ereignisse oder Verhaltensweisen anderer keinen Einfluss zu haben. In dem Maße, wie der Sprecher an seine eigene Metapher glaubt, verfestigt sich diese Perspektive, die Metapher wirkt also negativ verstärkend.

Eine Möglichkeit besteht nun darin, die Metapher, das heißt ihre Implikationen, als solche in Frage zu stellen oder eine andere Metapher, deren Implikationen genauso überzeugend sind, gegenüber zu stellen, beispielsweise „Du wolltest den Redefluss deiner Freundin nicht unterbrechen. War das die Höflichkeit eines noblen Menschen?"

Oft enthält die Metapher aber auch den Hinweis auf kreative Lösungen, wenn sie nämlich weiterentwickelt oder genauer hinterfragt wird; zum Beispiel „Wo musst du eingreifen, um einen Wasserfall zu unterbrechen?" Es ist klar, dass man den Wasserfall als solchen nicht unterbrechen kann. Man muss den Lauf des Bachs entweder schon weiter oben umlenken, oder den Wasserfall einfach rauschen lassen, darf sich jedenfalls nicht darunter stellen, es sei denn, man möchte eine erfrischende Dusche genießen.

„Der Teufel hat dich geritten, heißt das: Du bist schon ein gezähmtes Pferd?" Bei dieser Vorgehensweise werden die Kreativität, die in der Metapher steckt, und ihre ursprüngliche Überzeugungskraft genutzt, um eine Lösung für das eigentliche Problem finden. Am Schluss muss diese metaphorische Lösung noch in den Problemkontext zurückübersetzt werden. „Wenn der Teufel dich wieder reiten will, könntest du dich als wilder Gaul gebärden und ihn abwerfen. Was könnte das praktisch heißen?" Oder: „Wie könnte man den Bach umlenken, bevor er zum Wasserfall wird? Was bedeutet das für den Umgang mit deiner Freundin?"

Es lohnt sich auf jeden Fall, in der Beratung die Metaphern, die Klienten zu verwenden, aufzugreifen und mit ihnen zu arbeiten. Kurz zusammengefasst kann man dabei zwischen zwei Methoden unterscheiden:
– man kann Metaphern *dekonstruieren* bzw. durch andere ersetzen oder ...
– man kann sie *utilisieren*, also nutzbar machen und ausbauen.

> *Der Kopf ist rund, damit das Denken die Richtung ändern kann.*
> Francis Picabia

Es handelt sich um zwei in entgegengesetzte Richtungen weisende Vorgehensweisen, denen wir bei der nächsten Wanderung, bei der es um Krankheitskonstrukte geht, erneut begegnen werden. Man kann Krankheitskonstrukte auch als Metaphern betrachten und als solche nutzen.

Es gibt ferner die Möglichkeit, beide Verfahren zu kombinieren. Die beiden Beispiele von oben zeigen das. Man lässt es beim „Teufel", der den Sprecher reitet (Utilisation), aber soll der Sprecher sich selbst wirklich als „alten Gaul" betrachten, der sich nicht mehr aufbäumen kann? (Dekonstruktion) Oder ist der Sprecher doch noch ein relativ ungezähmtes Pferd, das auch einen Teufel abwerfen kann? Was kann der Teufel ausrichten, wenn der Sprecher sich einfach verweigert, wie ein Pferd beim Springreiten? Mit solchen Fragen kann die Metapher ausgebaut werden, um Lösungsmöglichkeiten zu verdeutlichen.

Wie man methodisch vorgehen kann, um Lösungen für ein Problem mit Hilfe einer Metapher zu suchen, zeigt das folgende Schema, das anhand eines Beispiels noch verdeutlicht werden soll:

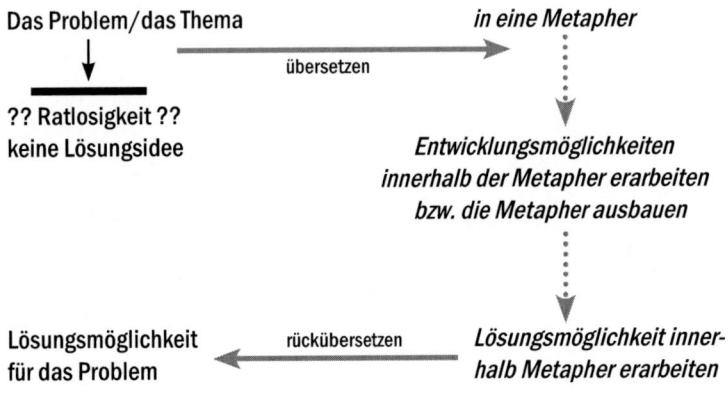

```
Das Problem/das Thema         übersetzen      in eine Metapher
        ↓                     ─────────→
?? Ratlosigkeit ??
keine Lösungsidee
                                              Entwicklungsmöglichkeiten
                                              innerhalb der Metapher erarbeiten
                                              bzw. die Metapher ausbauen

Lösungsmöglichkeit           rückübersetzen    Lösungsmöglichkeit inner-
für das Problem              ←─────────        halb Metapher erarbeiten
```

1. Nehmen wir an, der Klient hat keinerlei Idee, wie er sein Problem lösen könnte. Dann kann ihn der Berater einladen, für sein Problem eine Metapher zu wählen. Die spontanen Einfälle sind dafür meistens besonders geeignet. Es kann aber auch sein, dass verschiedene Metaphern ins Spiel kommen, und der Klient schließlich diejenige wählt, die sein Problem am besten zum Ausdruck bringt.

    Ein Beispiel: Ein Klient fühlt sich in der Arbeit, bei der er innerhalb der Firma mit einer Spezialaufgabe beauftragt ist, die niemand sonst im Betrieb durchführen kann, permanent überlastet und wählt für diese Situation das Bild von einem Packesel, dem immer noch mehr Gepäck aufgeladen wird. Auf den ersten Blick könnte diese Metapher fragwürdig erscheinen, weil der Packesel, so könnte man denken, sich nicht wehren kann. Die gewählte Metapher sollte jedoch vom Berater trotz solcher Bedenken aufgegriffen werden, weil sie für den Klienten passend ist!

2. Im nächsten Schritt wird nun die Metapher genauer besprochen, es wird ausgelotet, was alles in ihr steckt, welche natürlichen Vorgänge eine Rolle spielen und welche (logischen) Implikationen sie hat. Das Augenmerk liegt auf den positiven Aspekten der Metapher! Auf diese Weise wird sie so ausgestaltet, dass es nun möglich wird, nach Lösungen innerhalb der Metapher zu suchen.

    In unserem Beispiel heißt das, das Bild vom Packesel auszugestalten: Was sind das für Ladungen? Säcke oder etwas anderes? Was könnte in den Säcken sein? Wer packt die ganze Ladung auf den Rücken des Esels? Bekommt der Esel wenigstens eine Decke als Polsterung auf den Rücken? Was sind wichtige Fähigkeiten eines Esels? Geduld, Ausdauer und aber auch die Fähigkeit, störrisch zu sein, wenn er etwas nicht will, und dann geht meistens nichts mehr! Der Eselbesitzer ist gut beraten, sich dieser Eigenschaften bewusst zu sein. Wie aber kann der Esel zeigen, dass es zuviel ist, was ihm aufgebürdet wird? Letztlich dadurch, dass er störrisch wird, dass er sich keinen Zentimeter mehr von der Stelle bewegt, sich schließlich sogar auf die Erde legt, allem Gezeter und den Stockschlägen seines Herren zum Trotz. Das wären die Signale, an denen der Halter des Esels spätestens erkennt, dass am Gepäck etwas nicht stimmt.

3. Sobald Lösungsmöglichkeiten gefunden sind, erfolgt nun ihre Rückübersetzung in den ursprünglichen Problemkontext. Man geht dabei der Frage nach, was das konkret und praktisch heißen könnte.

    Im Beispiel bedeutet es, der Frage nachzugehen, was es für den Klienten hieße „störrisch" zu werden und seinem Chef durch klare Signale bzw. Mitteilungen zu verdeutlichen, dass er ihm zuviel aufgebürdet hat. Im weiteren Verlauf des Gesprächs stellt sich heraus, dass er noch nie über die Situation mit seinem Chef klar gesprochen und sich bisher auf vage Andeutungen beschränkt hat. Mehr noch: Es kommt heraus, dass er von sich selbst verlangt hat, allen Anforderungen nachzukommen. Er war also Esel und Eselhalter in einem. Die Metapher kann nochmals aufgegriffen werden, denn wenn der Klient beides zugleich ist, geht es insbesondere auch um den inneren Dialog. Welche Signale des Esels müsste der „innere Eselhalter" ernst nehmen?

4. Danach können noch „Hausaufgaben" bzw. „Experimente" verabredet werden, um die Lösungsideen umzusetzen.

   Im Beispiel wird verabredet, dass der Klient bei seinem Chef um ein Gespräch nachsucht, ihm die Situation mit dem Spezialauftrag klar und eindeutig darlegt, auch auf die längerfristigen Folgen der Arbeitsbelastung hinweist (z.B. das Risiko sinkender Qualität) und um Entlastung nachsucht.

Werden Metaphern in dieser Form durchgearbeitet, kommt Kreativität und Humor als Ressourcen ins Spiel. Klienten kommen in eine andere innere Verfassung, spüren plötzlich etwas von ihrer Kraft, was die Suche nach Lösungen innerhalb der Metapher und schließlich die Rückübersetzung unterstützt.

Varianten

- Manchmal drücken Klienten schon von vorneherein ihr Problem in Form einer Metapher aus. Dann kann man gleich mit dem obigen zweiten Schritt beginnen.
- Lassen sich in der Metapher doch keine geeigneten Lösungen finden, kann man es mit einer anderen Metapher versuchen. Auch der Berater kann Ideen anbieten. Das kommt insbesondere dann in Betracht, wenn der Klient sich in der Metapher, anders als im obigen Beispiel, in einer völlig passiven oder wehrlosen Position befindet. Gleichwohl ist es wichtig, dem Klienten die Wahl der Metapher zu überlassen.
- Manchmal bietet sich an, die vom Klienten für sein Problem von vorneherein gewählte Metapher mit ihm zusammen zu „dechiffrieren". Dabei kann sich zeigen,

Metaphern nutzen ...

  - dass in der Metapher wichtige Gesichtspunkte, ja sogar Lösungsansätze für das Problem fehlen, der Vergleich also tatsächlich „hinkt".
  - dass darauf hin eine andere Metapher gesucht werden sollte, die das Problem stimmiger zum Ausdruck bringt, und man nun mit mehr Erfolg die obigen Schritte durchgehen kann.

Methodische Hinweise

- Die Arbeit mit Metaphern hat ihren Platz in Problembearbeitungen, das heißt in Beratung und Therapie mit „Kunden" (im Sinne de Shazers); denn Kläger und Besucher sind oft nicht für Metaphern zu gewinnen. Metaphern entfalten ihre Wirkung im Sinne einer Dekonstruktion oder Utilisation von Wirklichkeitskonstruktionen, eröffnen also neue Möglichkeiten der Lösung von Problemen. Manche Klienten werden dadurch eher verunsichert.
- Wegen ihrer Kreativität und indirekten Wirkung haben Metaphern auch ihren Platz in alltäglichen Konversationen, sie

können Leichtigkeit und Humor in das Gespräch bringen, es kann offen bleiben, was die Beteiligten daraus machen. Weil Metaphern manchmal auch manipulativ eingesetzt werden, ist ihre Utilisierung oder Dekonstruktion oft eine sehr wirksame Methode, den Manipulationsversuch unwirksam werden zu lassen.

- Der spielerische und kreative Charakter der Arbeit mit Metaphern kommt am besten zum tragen, wenn man als Berater sich selbst und dem Klient Phantasie erlaubt und offen lässt, ob es zu Lösungen kommen wird. Kreativität ist die Ressource, mit der hier gearbeitet wird, und über die jeder Mensch auf seine Weise verfügt. Deshalb sollte der Berater die Metaphern des Klienten nicht verwerfen, sondern sie als kreative Leistung würdigen und daran anknüpfen. Dann gelingt auch die kreative Weiterentwicklung einer Metapher am besten.
- Ein Kontrakt darüber, ob es überhaupt um eine Lösungssuche geht ist mehr oder minder Voraussetzung, um Metaphern zu arbeiten. Manchmal muss auch ausdrücklich verabredet werden, Metaphern zu benutzen, denn manche Klienten sind für solche „Spinnereien" nicht empfänglich, man muss sie dafür erst gewinnen.

Bevor in der Wegskizze die wesentlichen Teile der Methode zusammengetragen werden, noch eine Geschichte, die witzig beschreibt, welch skurrile Situation entsteht, wenn jemand die ihm angebotenen Metaphern wörtlich nimmt:

„In einem kleinen Dorf hier im Gebirge lebte einmal ein Bursche namens Hans. Er war nicht eben einer, der das Gras wachsen hörte, aber als er seine Kinderschuhe abgelegt hatte, bekam er Lust, sich eine Frau zu nehmen. Er hatte dabei auch schon ein Mädchen mit Namen Lisa im Sinn, nur wusste er nicht recht, wie man eine so schwierige Sache einfädelt. Deshalb holte er sich Rat bei seinem Vater, dem ja dieses Vorhaben seinerzeit geglückt sein musste, und dieser sagte ihm, er solle dem Mädchen zunächst schöne Augen machen. Es sei aber gut, nicht gleich mit der Tür ins Haus zu fallen, sondern vorher erst einmal auf den Busch zu klopfen. Wenn er dann gesehen habe, wie der Hase läuft, könne er ja die Katze aus dem Sack lassen. Gesagt, getan. Hans war froh, dass zu Hause gerade Schlachttag war. Er nahm also ein Paar Schweinsaugen, briet sie in guter Butter und richtete sie schön an mit einem grünen Salat. Dann nahm er dieses Gericht und noch einiges andere und ging zu dem Haus, in dem seine Lisa wohnte. Gleich neben der Tür stand dort ein großer Fliederbusch in voller Blüte. Hans dachte an die Worte seines Vaters, griff sich einen Stecken und klopfte auf den Busch, dass die Blüten nur so herabregneten. Und als er dann auch noch einen Hasen davonrennen sah, den er mit all dem Lärm aus dem Krautgarten gescheucht hatte, da wusste er, dass es an der Zeit war, nun auch noch den Rest dieser Aufgabe in Angriff zu nehmen. Inzwischen waren die Eltern des Mädchens schon vors Haus gekommen, um zu sehen, was da eigentlich vor sich ging. Hans brauchte also die Tür gar nicht mehr aufzumachen. Kräftig wie er war, hob er sie mit einem gewaltigen Ruck aus den Angeln und ließ sich auf dieser Unterlage der Länge nach polternd über die Schwelle fallen. Lisa stand mitten in der Stube und machte wenn schon nicht schöne, so doch große Augen, aber als er dann auch noch die Katze aus dem Sack ließ und das verängstigte Tier wie der Leibhaftige in der Stube umherfuhr und die Teller von den Wandborden schmiss, kam die Sache erst richtig in Gang. Dabei sein hätte ich mögen, wie Hans seiner Lisa zu guter Letzt die Schweinsäuglein servierte, die so schön aus dem grünen Salat herausblickten. Lisa soll so laut geschrieen haben, dass das ganze Dorf zusammenlief. Später hat sie diesen Hans dann doch noch geheiratet, aber manche Leute behaupten, sie habe nur deswegen eingewilligt, damit er ihr so etwas nicht noch einmal antut."

(aus Hans Bemmann: Erwins Badezimmer oder die Gefährlichkeit der Sprache)

Wegskizze

Die Methode:

1. Der Berater lädt den Klienten ein, für sein Problem eine Metapher zu wählen; oder die vom Klienten bereits angebotene Metapher wird für die nächsten Schritte verwendet.
2. Die Metapher wird genauer besprochen, es wird ausgelotet, was alles in ihr steckt, welche natürlichen Vorgänge eine Rolle spielen und welche (logischen) Implikationen sie hat. Das Augenmerk liegt auf den positiven Aspekten der Metapher. Sie wird so ausgestaltet, dass es möglich wird, nach Lösungen innerhalb der Metapher zu suchen. Sobald Lösungsmöglichkeiten gefunden sind, erfolgt nun ihre Rückübersetzung in den ursprünglichen Problemkontext. Man geht dabei der Frage nach, was das konkret und praktisch bedeutet.
3. Nun werden noch „Hausaufgaben" bzw. „Experimente" verabredet, um die Lösungsideen umzusetzen.

Hinweise:
— Die Vorgehensweise besteht grundsätzlich darin, eine vom Klienten selbst für sein Problem angebotene Metapher zu verwenden; sie wird ausgelotet, ergänzt und erweitert, um letztlich den Blick auf Lösungen frei zu machen, die bisher in der Vorstellungswelt des Klienten noch nicht vorkommen.
— Der spielerische und kreative Charakter der Arbeit mit Metaphern kommt am besten zum Tragen, wenn man als Berater sich selbst und dem Klient Phantasie erlaubt und offen lässt, ob es zu Lösungen kommen wird. Kreativität ist die Ressource, mit der hier gearbeitet wird, und die gerade bei der Arbeit mit Metaphern besonders angeregt wird
— Es bedarf eines Kontrakts mit dem Klienten, ob es überhaupt um eine Problemlösung geht und ob dafür eine Metapher benutzt wird, denn manche Klienten sind nicht gleich empfänglich für „unrealistische" Vergleiche.

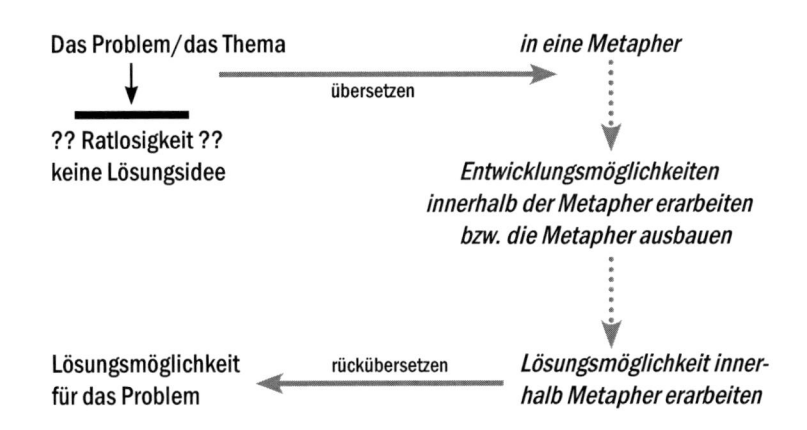

Das Problem/das Thema → übersetzen → *in eine Metapher*

?? Ratlosigkeit ??
keine Lösungsidee

↓

Entwicklungsmöglichkeiten innerhalb der Metapher erarbeiten bzw. die Metapher ausbauen

↓

Lösungsmöglichkeit für das Problem ← rückübersetzen ← *Lösungsmöglichkeit innerhalb Metapher erarbeiten*

Wanderung N° 60

„Die Geister, die wir riefen …"
Krankheit, Wahn und andere Zaubereien

Wohin die Wanderung führt …

Der Zwang, die Angst, die Psychose, der Wahn, alle diese weiblichen und männlichen Hauptwörter stehen zwar nicht gerade für etwas Angenehmes, gehören aber zum Bestand der Alltagssprache. Kaum jemandem fällt zunächst daran etwas auf. Wie aber wäre es, die durch die Nominalisierung in Reichweite gerückte Verwandlung eines Verhaltens in eine Person deutlich zu machen und vom „Herrn Zwang" und von der „Frau Angst" zu sprechen?

„Ich habe Depressionen." „Ich bekam einen Nervenzusammenbruch." Auch solche Berichte machen keine Freude, aber an der Formulierung selbst wird niemand Anstoß nehmen. Einen Satz wie: „Ich hatte Herrn Nervenzusammenbruch …" müsste man jedoch noch vervollständigen: „Ich hatte Herrn Nervenzusammenbruch … zu Besuch." Dieser ganz ungewöhnliche, ja absurd klingende Satz hat eine interessante Bedeutung. Wenn man schon das Verb „ich ängstige mich" zur »Angst« nominalisiert und ihr so zu einer quasi eigenständigen Existenz verhilft (sie verdinglicht), was hindert uns, die Angst gleich noch als eigenständige „Person", zumindest aber als Wesen zu betrachten, das zwar sein „Unwesen" treibt, dessen Besuch wir aber ablehnen könnten, wenn er uns nicht passt? Oder, falls uns das nicht gelingt, dem unerbetenen Gast wenigstens einen Sonderstuhl zuzuweisen, den wir für ihn vorbereitet haben?

Wie können wir unsere (Psycho-)Gäste beeinflussen? Damit beschäftigen wir uns bei dieser Wanderung.

Um es gleich zu betonen: Es geht jetzt nicht darum, Klienten, die wegen ihrer seelischen Nöte vielleicht schon längere Zeit in psychiatrischer Behandlung sind, mit unpassender Ironie zu begegnen. Vielmehr soll das Wechselwirkungsverhältnis zwischen Ausdrucksweisen, Bewusstsein und subjektivem Erleben kritisch unter die Lupe genommen und überlegt werden, wie die dabei zu gewonnenen Einsichten für die Beratung nutzbar gemacht werden können.

Dass Begriffe wie „Angstzustand" oder „Gemütslage" begriffliche Konstrukte sind, um inneres Erleben mit einem Wort zu umreißen, ist eigentlich klar. Wir sind allerdings bei unseren Wanderungen schon öfters darauf gestoßen, dass ein Begriff und das, was mit ihm bezeichnet wird, im Bewusstsein schließlich so ineinander verschwimmen, dass wir keinen Unterschied mehr bemerken. Im normalen Alltag entstehen dadurch meistens keine Schwierigkeiten. Sobald es aber um „Probleme" geht und erst recht um unser Innenleben, wird die Sprache zum Risiko. Denn wenn man selbst hinter dem Angstzustand als „Coautor" der Angst verschwindet, wenn die eigene Beteiligung an der Depression nicht mehr in den Blick kommt, weil sie im Fremdwort praktisch weggezaubert ist, dann steht dem Betroffenen der Sprachgebrauch und seine prägende Wirkung auf das Bewusstsein im Wege.

Glücklicherweise können wir mit einigen Fragen den Weg wieder etwas frei räumen oder sogar neue Wege anlegen! Es gibt dazu zwei verschiedene methodische Vorgehensweisen. Etwas blumig könnte man davon sprechen, die Geister zu verjagen oder aber sie dienstbar zu machen, zu domestizieren. Etwas professioneller ausgedrückt, kann zwischen der „Flexibilisierung" bzw. der „Dekonstruktion" von Konstrukten wie Krankheit, Wahn usw. und ihrer „Utilisation" unterschieden werden. Gerade im psychiatrischen Bereich werden die dort gebräuchlichen Krankheitsbegriffe von Klienten (und übrigens auch von ihren Angehörigen) mehr oder minder unbedacht übernommen, nicht zuletzt, weil sie einen von der Eigenverantwortlichkeit im Umgang mit sich selbst freizusprechen scheinen. Dadurch wirken diese Konstrukte ausgesprochen verführerisch.

Es sind bestimmte Fragen, mit denen Berater ihre Klienten zum kritischen Nachdenken über Wahn, Psychose, Depression usw. anregen können. Die Charakteristik dieser Fragen soll nun genauer untersucht werden.

Vom Schmelzen des Eises – die Dekonstruktion von Konstrukten

Das Prinzip der Dekonstruktion und der Flexibilisierung besteht darin, aus der Nominalisierung das Verb herauszupräparieren und auf diese Weise wieder das handelnde Subjekt in den Blick zu rücken. „Ich habe Angst!" „Wie oder womit ängstigen Sie sich?" Zuerst sind Klienten über solch eine Frage irritiert, dann aber können sie entdecken, dass erst durch die Vorstellung, die „Vision" einer Kränkung oder Verletzung das Gefühl der Angst entsteht. Kurz, sie ängstigen sich mit dem, was sie sich vorstellen.

So eröffnet sich eine neue Möglichkeit, denn was man sich in seiner Phantasie „ausmalt", kann man zumindest teilweise steuern bzw. kritisch überprüfen. Dennoch sind nicht alle Klienten erfreut, das zu erfahren. Denn jetzt wird man ja für seine Ängste mitverantwortlich. Die Vorstellung vom Angstzustand, der kommt, wie es ihm beliebt und gegen den man nichts tun kann, ist vielleicht doch bequemer? Es ist also damit zu rechnen, dass Kläger bei solchen Dekonstruktionen nicht mitmachen. Als „Versuchsballon" kann man die folgenden Möglichkeiten zu fragen dennoch verwenden.

Die Fragen, die zur Dekonstruktion, Flexibilisierung und „Verstörung" der Konstruktion von Angst, Depression, Wahn usw. dienen, lassen sich in verschiedene Arten einteilen:

Von „der Krankheit" als Urheberin zur Wirkung der eigenen Verhaltensweisen auf die Umgebung:
Wenn Klienten betonen, man habe sie wegen der Krankheit in die Psychiatrie verfrachtet, die Krankheit sei sozusagen „schuld", dann kann man fragen: „Wie haben Sie die Leute durch Ihr Verhalten überzeugt, dass man Sie in die Psychiatrie bringen muss? Mir ist das bisher noch nie passiert, und ich bin auch nicht gerade pflegeleicht." „Was könnten Sie tun, damit die anderen meinen, Sie wären wieder krank?"

Von der vermeintlichen Selbstverständlichkeit der Begriffe zu ihrer Rekonstruktion:
Wenn Klienten von ihrer Psychose, ihren Depressionen usw. wie von etwas sprechen, das keiner weiteren Erklärung bedarf, wenn sie also zum Beispiel sagen: „Ich habe eine Borderlinestruktur", kann man fragen: „Worin besteht Ihrer Meinung nach Ihre Krankheit genau?", „Was verstehen Sie unter Ihrer Borderlinestruktur?" Wenn Klienten ihr Verhalten mit ihrer Krankheit begründen, kann man fragen: „Welcher Zusammenhang besteht zwischen Ihrer Krankheit und dem was Sie (nicht) tun?" „Wieso können sie nicht aufstehen, wenn Sie Stimmen hören? Wie hängt das eine mit dem anderen zusammen?"

Von der Verdinglichung zum eigenen Handeln und der eigenen Verantwortung:
Wenn Klienten sich auf ihre Krankheit, ihre Depression berufen wie auf eine Sache, die man „hat" oder sogar wie von einem eigenständig handelndes „Wesen" sprechen, sind folgende Fragen geeignet: „Hat man eine Psychose oder macht man da etwas?" „Wie haben Sie das herausgefunden, dass Sie wegen Ihrer Stimmen nicht mehr dafür verantwortlich sind, was Sie tun?"; „Sie haben Zwänge, zu was zwingen Sie sich?" oder: „Zu was lassen Sie sich von den Zwängen zwingen?" Etwas raffinierter ist folgende Frage, mit der die Personifizierung auf die Spitze getrieben wird: „Sie haben Halluzinationen, sagen Sie. Daraus ergibt sich: Die Halluzinationen haben wiederum Sie. Wie kommen denn die Halluzinationen mit Ihnen zurecht?"

Alle diese Fragen wirken mehr oder minder provozierend. Ein Kontrakt mit dem Klienten und eine tragfähige Beziehung sind Voraussetzung, wenn man nicht nur Abwehr provozieren will. Auch die Ankündigung, man habe vor, einige ungewöhnliche Fragen zu stellen, verbunden mit der Frage, ob das okay sei, ist zu empfehlen.
Manche Klienten entdecken im Laufe der Zeit, dass es auch Vorteile bringt, von der Krankheit wie von einem Ding oder einer eigenständigen Kraft zu reden. Man kann sich unangenehme Anforderungen vom Leib halten und manchen Konflikten aus dem Weg gehen. Solche Klienten werden über Fragen, mit denen ihr Krankheitskonstrukt in Zweifel gezogen wird, nicht begeistert sein. Warum sollte jemand, der sich mit seiner „Krankheit" arrangiert hat, nachdem verschiedenste Therapien erfolglos endeten, sich erneut auf therapeutisches Glatteis begeben? Nur weil sein Berater dieses Arrangement nicht aushält und sich von Eigenaufträgen leiten lässt?

Prinzipiell kann man sagen, dass die Dekonstruktion der Krankheitskonstrukte in einem therapeutischen bzw. rehabilitativen Behandlungskontext wichtig ist, weil sonst die für eine Therapie unerlässliche Auseinandersetzung mit sich selbst verbaut ist.

Wenn Klienten unter den Stimmen, der Depression usw. leiden, die mühselige Veränderungsarbeit einer Therapie jedoch ablehnen, bleibt das ...

Domestizieren der geisterhaften Wesen: die Konstrukte nutzbar machen (utilisieren)

Diese Form mit den Konstrukten umzugehen, verfolgt genau die umgekehrte Strategie: Man behandelt die Psychose, den Angstzustand wie eigenständige (und auch „eigensinnige") Wesen. Mittels bestimmter Fragen können sich Klienten überlegen, wie sie erfolgreicher mit der Frau Psychose und dem Herrn Angstzustand „geschirren", wie sie deren bisherige Macht beschneiden, ihre Willkür eindämmen oder aber erfolgreich mit ihnen kooperieren könnten. Dieses Vorgehensweise entspricht dem Wesen nach der Arbeit mit Metaphern.

Erzieherische Maßnahmen
Die Geisterwesen werden als „Gäste" betrachtet, denen der Klient allerdings erst noch Manieren beibringen muss, indem er ihnen den Platz zuweist, den er ihnen einräumen will. Statt sich vor dem Angstzustand zu fürchten, der irgendwann über ihn hereinbricht, wie ein Unwetter, könnte der Klient sich eine Position der Stärke erarbeiten, indem er sagt: „So, so, bist du wieder zu Besuch! Wie lange hast du vor zu bleiben?" Oder: „Ich habe dich zwar nicht eingeladen, aber bitte, hier ist dein Sessel. Und damit das klar ist: Die Wohnung gehört mir!"

Zunächst wird es dem Klienten vielleicht absurd und unmöglich vorkommen, so mit seinem Angstzustand umzugehen. Allerdings entbehrt das Ganze nicht eines gewissen Witzes, oft ist es eine völlig neue Idee und Sichtweise, sie spricht die Phantasie und Kreativität des Klienten an.

„Ich habe Angst, dass die Depressionen wieder kommen!" „Ich schlage Ihnen vor, dass wir gemeinsam mal verschiedene Möglichkeiten durchspielen. Kommen die Depressionen unangemeldet? Oder klopfen sie vorher?" „Was machen Sie denn sonst immer, wenn jemand unangemeldet an Ihrer Wohnungstür steht?" „Klopft die Depression vielleicht doch vorher, Sie hören es nur nicht? Und weil Sie nicht reagieren, kommt sie halt nach einer Zeit einfach so hereinspaziert?" „Wenn Sie dringend noch einen Antrag abgeben sollten, aber es ist gerade keine Sprechzeit, versuchen Sie es dann trotzdem oder gehen Sie unverrichteter Dinge wieder weg? Und wie macht es Ihre Depression, richtet die sich nach Ihrer Sprechzeit? Haben Sie überhaupt eine Sprechzeit für ihre Depression eingerichtet?"

Den Spieß umdrehen
Im Grunde ähnelt diese Art zu fragen der Arbeit mit der Selbstbezüglichkeit von Nominalisierung (vgl. Wanderung N° 41): „Wie wäre es, wenn Sie Ihre Zwänge mal zu was zwingen, anstatt dass die Sie andauernd zwingen dürfen?" „Wie wäre es, wenn Sie Ihrer Angst mal Angst einjagen? Wie könnte das praktisch aussehen?" „Was halten Sie davon, ihre Stimmen richtig massiv zu beschimpfen, wenn die wieder mit ihrer Litanei anfangen? Was möchten Sie denen mal an den Kopf knallen?" „Wie könnten Sie es machen, dass Ihre Umgebung dabei nichts davon mitbekommt und sie nicht unangenehm auffallen?"

Von wegen Wahn!

Klug nachgeben oder in Ohnmacht fallen
Wenn Klienten sich ihren Symptomen gegenüber doch ohnmächtig fühlen, dann könnte man mit ihnen überlegen, wie sie sich klug verhalten könnten, um keinen Machtkampf mit der Krankheit zu provozieren. „Wie wäre es, wenn Sie mal absichtlich in Ohnmacht fallen, wenn Ihnen Ihre Psychose wieder so verrücktes Zeugs einflüstert?" „Was hieße es, Ihren Stimmen gegenüber nach dem Motto zu verfahren: Ihr habt Recht und ich meine Ruh'!"

Eine systemische Perspektive einnehmen und kooperieren
Möglicherweise ist dies die zweckmäßigste Form des Umgangs mit den „Geistern". Sie knüpft an den Methoden systemischer Arbeit mit sich selbst an (vgl. Wanderung N° 57). Vielleicht betrachtet der Klient die Depression oder die Psychose noch nicht als Teil von sich selbst und wenn, dann nur als abgespaltenen oder feindlichen Teil. Das Konzept von Absicht und Wirkung kann verwendet werden, um den Klienten einzuladen, die „Frau Psychose" näher kennen zu lernen: „Stellen Sie sich mal versuchsweise vor, Ihre Psychose würde eine Absicht verfolgen,

was könnte das sein?" „Könnte es sein, dass die Psychose sogar ein Teil von Ihnen ist, der aber sehr auf seine Eigenständigkeit bedacht ist?" „Angenommen, die Depression würde für Sie etwas Gutes erreichen wollen, was könnte das sein?" „Was meinen Sie, sollten Sie Ihren Zwängen doch das „Du" anbieten und mit ihnen über eine bessere Zusammenarbeit verhandeln?" „Wie wäre es, mit Ihren Stimmen Zwiesprache zu halten, anstatt ihnen nur zu lauschen?"

Gartenpflege als Metapher

„Da Sie nun mal diese Krankheit haben, wie manche eben einen Garten haben, wie könnten Sie Ihren Seelengarten pflegen? Was hieße es, Unkraut zu jäten?" Man könnte mit der Metapher vom Garten noch weiter gehen und fragen: „Gibt es denn überhaupt Unkraut? Oder ist das eine Erfindung des Menschen. Es wächst, was wachsen will, wie wäre dieses Motto?" „Wie könnten Sie erreichen, dass Ihre Angehörigen von Ihrem verwilderten Naturgarten nichts merken, damit Sie nicht auch noch von der Seite Druck bekommen?"

Im Grunde lädt man den Klienten mit allen diesen Arten zu fragen auf indirekte Weise ein, sich mit dem ökologischen Nutzen der „Krankheit" zu befassen. Die Verdinglichung und Personifizierung des Symptoms ist gleichsam der „Vorhang", hinter dem verborgen ist, was verborgen bleiben soll. Die Dekonstruktion würde bedeuten, den Vorhang zu öffnen oder sogar zu beseitigen. Vielleicht entsteht dadurch gleich der nächste Vorhang. Bei der Utilisierung würde sich der Klient gleichsam durch den Vorhang hindurch mit Teilen seines Selbst unterhalten, ohne sie ins Licht des Bewusstseins zu zerren. Vielleicht gelingt das besser.

Aber auch beim Utilisieren von Krankheitskonstrukten gilt es das Risiko zu bedenken, dass Klienten solche Gedankenspiele befremdlich finden, sich evtl. nicht ernst genommen fühlen. Mit einem Kontrakt sollten diese ungewöhnlichen Betrachtungsweisen vorbereitet werden: „Wären Sie einverstanden, wenn wir ein paar echt verrückte Überlegungen anstellen?".

Oft organisiert sich das ganze Familienleben oder die Partnerschaft „um die Krankheit" herum, die Psychose nimmt alle und alles in Beschlag. Sosehr es vielleicht im Sinne aller ist, dass die Psychose an allem „schuld" ist, sosehr leiden dann namentlich die Angehörigen unter der Macht, die sie der Krankheit geben.[1] „Ich habe den Eindruck, die Psychose Ihres Sohnes hat sich auf der Couch in ihrem Wohnzimmer regelrecht breit gemacht. Ist Ihnen das recht?" „Was halten Sie davon, von den Angstzuständen Ihrer Tochter einmal Urlaub zu machen, sich zu erholen und in Ruhe zu überlegen, ob Sie das noch weiter mitmachen möchten?"

Prinzipiell kommt die Utilisierung von Krankheitskonzepten in einem Betreuungs- und Beratungskontext in Betracht, in dem es um Stabilisierung und Akzeptanz des erreichten „Levels" geht. Fragen zur Dekonstruktion sind in diesem Kontext allenfalls nützlich, um herauszufinden, welche Krankheitskonstrukte bei den Beteiligten bisher vorherrschen.

Diese Ideen sind nicht nur für die Krankheitskonstrukte im psychiatrischen Bereich nützlich, sondern können in ganz ähnlicher Weise in anderen Bereichen, also beispielsweise der Jugendhilfe, der beruflichen Rehabilitation usw. verwendet werden: „Verhaltensstörungen", „Konzentrationsmängel", „Leistungsstörungen", „Sucht" usw., also überall, wo zumindest im Sprachgebrauch die Person als handelnde, sich verhaltende Person gleichsam hinter der Nominalisierung verschwindet.

---

[1] Man kann für diese Situation das eigentlich für Kinder geschriebene Büchlein von Irina Kurschunow: „Wenn ein Unugunu kommt" empfehlen.

Fragen zur Dekonstruktion oder Utilisierung können in gemeinsame Gespräche mit Klienten und ihren Angehörigen eingebettet werden, um zu einer Annäherung der jeweiligen Krankheitskonzepte und schließlich zu gemeinsamen Vereinbarungen hinsichtlich des „Umgangs mit der Krankheit" zu kommen (Aufbau einer kooperativen Triade, vgl. auch Wanderung N° 56).

Der Wahn als System und seine Utilisierung

Auch der „Wahn" ist eine Nominalisierung, allerdings ist das dazu passende Verb „ich wahne" nicht gebräuchlich. Allenfalls spricht man davon, dass jemand „wahnhaft" sei oder „Wahnvorstellungen" „habe". Wieder begegnen wir einer Verdinglichung. Diesmal geht es jedoch um eine andere sprachliche Täuschung, die darin besteht, als Außenstehender überhaupt von einem „Wahn" zu sprechen. Wenn wir nämlich jemand zusprechen, wahnhaft zu sein, behaupten wir, zu wissen, was Realität ist. Damit wird eine Erfolg versprechende Kooperation mit dem Klienten schon im Ansatz ruiniert. Denn Klienten, die es betrifft, sind sich meistens sehr sicher, dass sie verfolgt werden, dass giftige Gase durch alle Ritzen in ihr Zimmer eindringen, dass sie aus dem Fernseher verschlüsselte Botschaften erhalten. Versuche, Klienten das auszureden, ihnen zu vermitteln, sie seien verrückt bzw. hätten den Bezug zur Realität verloren usw. bewirken in fataler Weise oft das Gegenteil: Klienten bekommen den Eindruck, die Verlässlichkeit ihrer „Wahrnehmung" werde in Zweifel gezogen, und fühlen sich dadurch erheblich verunsichert oder sogar bedroht. Auf solche Weise wird der „Wahn" verfestigt. Es ist also problematisch, wenn Berater daran glauben, dass es den Wahn und seine Spielarten wie den Liebeswahn, den Verfolgungswahn, den religiösen Wahn und wie sie alle heißen, tatsächlich gibt. Das Wort konstituiert die Existenz dessen, was es bezeichnet, und genau dadurch entsteht ein Teil des Problems. Würde man die Denk- und Vorstellungssysteme eines jeden Menschen, also seine subjektive Wirklichkeit einheitlich als Wahn bezeichnen, dann wäre es einfacher. In gewisser Weise wären wir alle „ver-rückt", unsere subjektiven Welten lägen eben unterschiedlich weit auseinander und die Aufgabe wäre für alle, sich zu verständigen. Dann würde sich allerdings der Begriff erübrigen. Deshalb werde ich bei der weiteren Wanderung nur in Anführungszeichen vom „Wahn" bzw. vom „Wahnsystem" sprechen.

Der andere Teil des Problems besteht darin, dass Klienten entweder unter ihrem „Wahn" leiden, deshalb um Hilfe bitten sich aber dennoch mehr oder minder sicher sind, dass im Fernsehen versteckte Botschaften an sie gesendet werden; oder dass ihre Umgebung mit den Verhaltensweisen nicht klar kommt, die sich für die Klienten jedoch folgerichtig aus dem „Wahn" herleiten. Dementsprechend kommt es zu Konflikten, die oft mit der Klinikeinweisung enden, wodurch Klienten oft in ihrem „Wahn" auch noch bestätigt werden. Bevor der Berater sich mit einem „Wahnsystem" befasst, sollte er sich also Folgendes klar machen:

– Der „Wahn" hat einen Sinn, wie das Wort „wahn-sinnig" schon andeutet. Dieser Sinn liegt nicht offen auf der Hand, sondern ist symbolisch in den „Wahninhalten" verschlüsselt, so ähnlich wie beim Traum. Diese Hypothese ist zwar schwer zu beweisen, ermöglicht aber eher einen Zugang zum Klienten als alles andere; insofern ist sie pragmatisch „sinnvoll".
– Für den Betroffenen handelt es sich nicht um einen „Wahn", sondern um Wirklichkeit. Wer seine Wirklichkeit in Frage gestellt sieht, wird extrem verunsichert. Jemanden sein „Wahnsystem" ausreden zu wollen, verschärft seine Lage in doppelter

Weise: Zum einen durch die genannte Verunsicherung, zum anderen dadurch, dass der „Wahn" möglicherweise eine „Lösung" darstellt. Gegen den „Wahn" zu operieren ist also ein Fehler des Beraters. Abwehrreaktionen der Klienten sind verständlich und folgerichtig. Es ist auch ethisch fragwürdig, diese Abwehrreaktionen als „mangelnde Krankheitseinsicht" auszulegen und sogar zu sanktionieren.

- „Wahnsysteme" sind meistens in sich „logisch geschlossen", das heißt, sie sind nicht durch „Fakten" zu widerlegen, sondern können allenfalls von innen her „evolutioniert" werden. Ein methodischer Ansatz dazu ist das Utilisieren.
- Wie sich Leute unter dem Eindruck ihrer „wahnhaften" Vorstellungen verhalten, ist für ihre Umgebung oft unerträglich und eine Zumutung. Der „Wahn" kann auch für den Betroffenen selbst extrem ängstigend sein. Wenn Medikamente die einzige Möglichkeit sind, jemanden in seinem „Wahnverhalten" zu stoppen oder ihm Erleichterung zu verschaffen, wird man von ihnen Gebrauch machen müssen, bei allen Nachteilen, die sie haben. Nur sollte es eben nicht bei der Medikamentenvergabe bleiben. Die verständnisvolle Auseinandersetzung mit dem „Wahn", mit dem System, das in sich völlig schlüssig aufgebaut ist, muss hinzukommen.
- Es geht also nicht darum, den Klienten in seinem Erleben und seinen Reaktionen darauf allein zu lassen, jeglicher Auseinandersetzung aus dem Weg zu gehen, weil der „Wahn" ja einen Sinn habe. Vielmehr geht es um einen möglichst erfolgreichen Umgang damit. Berater müssen auch nicht selbst glauben, was der Klient glaubt. Es genügt, wenn sie sagen, dass sie das, was der Klient wahrnimmt, nicht wahrnehmen. Woran das liegen könnte, darf offen bleiben.

Was heißt es nun, einen „Wahn" zu utilisieren, ihn von innen heraus zu evolutionieren?

Utilisation als Lösungsstrategie

„Wahnsysteme" haben eine Struktur, Dynamik und Logik, wie andere Systeme auch. Sie bringen wahrscheinlich in symbolischer, verschlüsselter Form innere Konflikte oder Spannungen zum Ausdruck, können als Kompensation von Verletzungen oder eines Mangels an Beachtung oder an zwischenmenschlichen Beziehungen verstanden werden. Zugleich ist der Klient in seinen Wahlmöglichkeiten, mit „Verfolgern", „Strahlungen" und Stimmen aus dem Fernsehen klar zu kommen oder sich ihnen zu entziehen, drastisch eingeschränkt. Der Klient sitzt buchstäblich in der Falle. Oder er hält trotz aller Anfechtungen von außen daran fest, „Jesus" zu sein, weil er sonst – so hat es den Anschein – subjektiv in den Abgrund der Bedeutungslosigkeit stürzen würde.

Das System des „Wahns" zu nutzen und von innen heraus zu entwickeln (zu evolutionieren), zielt also darauf ab, Klienten zu mehr Spielraum zu verhelfen, ohne ihnen den „Wahn wegzunehmen".

Sehr bekannt ist ein Beispiel aus der Praxis von Milton Erickson: Er war als Arzt auf einer psychiatrischen Station tätig. Einer der Patienten hielt sich für Jesus. Erickson stellte das überhaupt nicht in Frage, sondern sagte ihm, dass er ja dann etwas vom Zimmermannshandwerk verstehe, da sein Vater Josef ja Zimmermann sei. Er bat den Patienten, der bis dahin völlig passiv gewesen war, doch für die Station ein paar Regale in der Holzwerkstatt zu bauen, die Station brauche dringend neue Regale, die Möblierung sei erbärmlich. Der Patient ging daraufhin tatsächlich in die Werkstatt, und baute Regale. Sie waren so gut, dass auch noch andere Stationen welche orderten und er nun regelmäßig in die Werkstatt ging. Er glaubte weiterhin, er sei Jesus. Da er sich aber nützlich machte, war er auch bald bei allen wesentlich besser angesehen, als zuvor.

Das methodische Vorgehen des Utilisierens lässt sich wie folgt skizzieren
- Für diese Arbeit ist eine vertrauensvolle Beziehung zwischen Klient und Berater unabdingbar. Denn es ist für Klienten heikel, sich auf das Thema überhaupt einzulassen. Bessere Voraussetzungen sind gegeben, wenn der Klient von sich aus um Hilfe bittet, weil er unter seinem „Wahn" irgendwie leidet. Leidet nur die Umgebung des Klienten, dann gibt es als Anknüpfungspunkt zunächst nur die Konflikte, die der Klient mit anderen hat, bzw. den Druck, dem er ausgesetzt ist, weil er mit seinem Verhalten aneckt. Das „problemrekonstruierende Interview" (vgl. Wanderung N° 30) ist eine geeignete Methode.
- In jedem Fall gilt es, den „Wahn" des Klienten nicht in Frage zu stellen! Man nehme ihn als *Wirklichkeit des Klienten* ernst. Der Berater kann den „Wahn" als eine (mögliche) Wirklichkeit *annehmen*, ohne ihn *übernehmen* zu müssen.
- Zuerst muss der Berater das System sorgfältig erkunden, um seine innere Logik verstehen zu können und zu erfahren, unter welchen Teilen des Systems der Klient eventuell leidet und unter welchen nicht. So leidet jemand unter Umständen nicht darunter, sich für den Teufel zu halten, sondern darunter, ständig daran zu denken, was er anderen Böses antun könnte. Das ist nur auf den ersten Blick ein Widerspruch. Als „Teufel" hat der Klient Macht, während er sich sonst zutiefst ohnmächtig fühlt. Das wäre also der denkbare Nutzen des „Wahns".
- Im nächsten Schritt könnte der Berater (evtl. auch zusammen mit Kollegen) über den möglichen „Sinn des Wahnsinns" und über die Symbolik nachdenken. Diese Ideen sollten dem Klienten *nicht* vorschnell angeboten werden, denn vielleicht wird auf diese Weise etwas aufgedeckt, was im Verborgenen bleiben soll, weil es dem Klienten zu sehr ängstigen würde.
- Wichtig ist auch zu überlegen, was der Klient vielleicht verliert, wenn er seinen „Wahn" aufgibt. Dadurch bekommt man Hinweise, woran man in der Beratung nicht rütteln sollte.
- Nun geht es um Ideen, welche Entwicklungspotentiale und Ressourcen im „Wahnsystem" stecken, und wie sie vom Klienten genutzt werden könnten. Solche Ideen ergeben sich, wenn über die Verhältnisse im System, über Zusammenhänge usw. nachgedacht wird.

Im Falle des Jesus in der Fallgeschichte von Milton Erickson ist der wesentliche Punkt der überlieferte Beruf von Josef, um den Klienten zu einer nützlichen Tätigkeit zu veranlassen. Zwei andere Beispiele: „Sie sagten, dass aus der Steckdose Strahlen kommen, mit denen Sie gequält werden. Wenn Sie wollen, können wir über Möglichkeiten nachdenken, wie diese Art von Strahlen gedämpft werden kann. Sonnenlicht ist ja auch Strahlung, eine Sonnenbrille bringt schon etwas. Wie könnten die Strahlen aus der Steckdose abgeschwächt werden?"

Oder (bezogen auf dasselbe Beispiel): „Sie erleben ja die Strahlen als Bedrohung und fürchten sich verständlicherweise sehr davor. Aber können Sie wirklich sicher sein, dass sie auch als Bedrohung gemeint sind. Wenn die Strahlen zum Beispiel eine verschlüsselte positive Botschaft an Sie enthalten würden: Was könnte das denn sein?"

„Die Strahlen gehen durch alles durch. Vielleicht gibt es Wege, wie sie auch durch Sie selbst hindurch gehen könnten, ohne dass Sie das quält. Welche Ideen haben Sie dazu? (In der Natur gibt es das Phänomen: Wissen Sie, was Neutrinos sind? Das sind winzige Elementarteilchen, die fliegen durch Gegenstände durch, ohne auch nur ein Atom zu berühren.)"

„Sie haben erzählt, dass Sie ständig beobachtet werden, auf der Straße, beim Busfahren usw. Glücklicherweise bemerken Sie das, wahrscheinlich ohne dass Ihre Verfolger das wissen. Sie sollten das Geheimnis für sich behalten und öfters so tun, als würden Sie nichts bemerken. Sollen wir überlegen, wie das gelingen könnte?"

Der Berater sollte die Reaktionen des Klienten auf solche Fragen und Ideen beobachten. Nimmt er Abwehr wahr, sollte er von weiteren Versuchen (zumindest vorerst) Abstand nehmen. Zu leicht könnte der

Klient den Eindruck gewinnen, das Ganze solle ihm ausgeredet werden. Vielleicht bietet sich ein andermal eine neue, bessere Gelegenheit, möglicherweise kommt es auch auf neue Ideen zur Entwicklung des Systems an, die bisherigen Angebote waren für den Klienten nicht überzeugend.

Lässt sich der Klient auf Versuche ein, sich innerhalb seines „Wahns" anders zu verhalten, gilt es in den nächsten Gesprächen die Erfahrungen auszuwerten. Was der Klient berichtet, kann auch als verschlüsselte Antwort auf die Intervention verstanden werden. Darauf aufbauend kann mit dem Klient überlegt werden, welche Versuche als nächstes in Betracht kommen.

- Noch einmal soll das Grundprinzip hervorgehoben werden: Es gilt, den „Wahn" *an*zunehmen ohne ihn zu *über*nehmen. Abwehrreaktionen des Klienten signalisieren, dass er das System nicht antasten will. Arbeitet man mit dem Klienten daran, kann er sehr leicht an diesen Punkt kommen, vielleicht deshalb, weil der Klient bisher oft erlebt hat, dass man ihm seinen Wahn ausreden wollte. Die Utilisation von „Wahnsystemen" gelingt nicht oft oder nur in kleinem Umfang. Es sind Experimente. Berater sollten sich von überzogenen Erwartungen fern halten! Es ist schon einiges gewonnen, wenn der Klient sich verstanden und ernst genommen fühlt.

Zur Veranschaulichung noch ein Beispiel, das mir eine meiner Kursteilnehmerinnen zur Verfügung stellte:
Es geht um eine Klientin in einer Wohngemeinschaft, die ambulant betreut wird. Ein Problem für die Mitbewohner ist, dass sie nachts laute Musik hört und durch die Wohnung läuft. Die Klientin meinte, sie müsse nachts arbeiten, um sich ihre Rente zu verdienen. Ihre Arbeit besteht darin, dass sie Kinder und Jugendliche vor Zuhältern und Drogendealern rettet. Sie sah diese in Filmen und konnte das Geschehen mit ihren Gedanken beeinflussen. Sie selbst leidet unter der Arbeit, da diese sehr aufreibend und anstrengend sei und sie dadurch keine Zeit und Energie für andere Arbeiten, z.B. die Gemeinschaftsaufgaben in der Wohngemeinschaft, frei habe. Sie hatte zeitweise versucht, in einer Imbissstube zu putzen oder in der Tagesstätte zu nähen. Beides scheiterte laut ihrer Aussage daran, dass ihr dies neben ihrer nächtlichen Arbeit zu viel würde.

Den Vorschlag der Beraterin, die Arbeitsstelle zu kündigen, oder über die Arbeitszeiten zu verhandeln, lehnte sie mit der Begründung ab, das wäre bei ihrem Arbeitgeber nicht möglich. Außerdem berichtete sie im nächsten Gespräch, sie habe einen Kopfschuss verpasst bekommen und sei durch die Gegend geschleudert worden (!), weil sie sich mit der Beraterin über ihre Arbeit unterhalten habe. Auch hätte sie Angst um die Beraterin und deren Familie, wenn sie sie da hineinzöge. Trotzdem erzählte sie immer wieder über ihre Arbeit und damit zusammenhängende Erschöpfungszustände. Auf das Angebot, gemeinsam zu überlegen, wie sie ihre Arbeit so gestalten könnte, dass sie weniger ausgelaugt ist und somit auch ihre Arbeitskraft erhalten kann, *was ja im Interesse des Arbeitgebers sei*, konnte sie sich einlassen. Ein Ergebnis davon war, dass sie sich mindestens alle zwei Tage Zeit nahm, um zu duschen und ein Ritual durchzuführen, um sich ihrer Gedanken zu entleeren. Vorher war Körperhygiene ein großes Problem. Auch ist es ihr zeitweise gelungen, ihrer nächtlichen Arbeit so leise nachzugehen, dass sie ihre Mitbewohner nicht mehr störte.

Ein weiteres Problem der Klientin war, dass sie sich dadurch belästigt und überfordert fühlte, dass Mitbewohner bei Besuchen ihre Probleme mitbrächten. Sie wollte gerne besucht werden aber die Probleme wären ihr einfach zu viel. In Gruppengesprächen stellte sich heraus, dass die Besucher nicht über ihre Probleme redeten, sondern diese allein durch ihre Anwesenheit mitbrächten. Auf die Nachfrage der Beraterin, wie das denn genau vor sich gehe, erzählte Frau P., dass die Bilder aus den Köpfen der anderen von ihrem Kopf aufgenommen würden. Auf die Frage, ob man sich das wie eine Kamera vorstellen könnte, die Gedanken aufnimmt, und ob diese Kamera auch einen Auslöser hätte, bestätigte die Klientin, dass dies so sei, und auch entscheiden könne, ob sie den Auslöser drückt oder nicht. Im weiteren Gesprächen über dieses Thema stellte sich heraus, dass die Klientin auf die Probleme, die sie sich anschaute, mit "Hilfestellungen" reagierte und sich dann darüber ärgerte, dass die anderen nicht auch ihr mal halfen. Hinzu kam, dass ihre Hilfestellung von den anderen oft nicht erwünscht war. Die Beraterin erläuterte der Klientin, dass sie dieses Problem gut aus ihrer Arbeit als Sozialpädagogin kenne, und fragte ob sie wissen möchte, was sie gerade bei einer Fortbildung darüber lerne. Die Klientin wurde neugierig und fand die Anregung, nachzufragen, was sich der andere von einem wünsche, also sich einen Auftrag zu holen, bevor man Hilfestellung anbiete, sehr einleuchtend. Man sieht, die Schlüsselfrage kann auch zur Utilisierung eines „Wahns" nützlich sein. Die Klientin nahm die Anregung auf und stellte die Schlüsselfrage via Gedankenübertragung; kam ein »nein« oder gar keine Antwort, verzichtete sie auf Hilfestellungen.

Wegskizze

Dekonstruktion und Flexibilisierung von Krankheitskonstrukten:
- Von „der Krankheit" als Urheberin zur Wirkung der eigenen Verhaltensweisen auf die Umgebung, z.B.: „Wie haben Sie Ihre Angehörigen überzeugt, Sie in die Klinik einweisen zu lassen?"
- Von der vermeintlichen Selbstverständlichkeit der Begriffe zu ihrer Rekonstruktion, z.B.: „Was verstehen Sie unter Ihrer Psychose?"
- Von der Verdinglichung zum eigenen Handeln und der eigenen Verantwortung, z.B.: „Wenn Sie unter Depressionen leiden, was unterdrücken Sie möglicherweise (bei sich)?"

Utilisierung von Krankheitskonzepten:
- Erzieherische Maßnahmen, z.B. „Wie wäre es, wenn Sie den unerbetenen Angstzustand begrüßen: „So, da bist du ja schon wieder. Hier ist dein Stuhl! du bist Gast, also benimm dich!" „Haben Sie überhaupt eine Sprechzeit für ihre Depression eingerichtet?"
- Den Spieß umdrehen, z.B.: „Sie sollten Ihre Zwänge auch mal zwingen, nach ihrer Pfeife zu tanzen? Was hieße das ganz konkret?" „Wie wäre es, wenn Sie ihren Stimmen vorschlagen, das Thema zu wechseln?"
- Klug nachgeben, z.B.: „Was hieße es, ihren Stimmen gegenüber nach dem Motto zu verfahren: Ihr habt Recht und ich meine Ruh'!"
- Eine systemische Perspektive einnehmen und kooperieren, z.B.: „Stellen Sie sich mal versuchsweise vor, Ihre Psychose würde eine Absicht verfolgen, was könnte das sein?" „Könnte es sein, dass die Angst ein Teil von Ihnen ist, der aber sehr auf seine Eigenständigkeit bedacht ist?" „Wie wäre es, wenn Sie Ihren Blockaden das „Du" anbieten und mit Ihnen über eine bessere Zusammenarbeit verhandeln würden?"
- Gartenpflege als Metapher, z.B.: „Da Sie nun mal diese Krankheit haben, wie manche ebeneinen Garten haben, wie könnten Sie Ihren Seelengarten pflegen? Was hieße es, Unkraut zu jäten?" Die Teilnahme an Gruppengesprächen oder Besuch waren zunehmend kein Problem mehr.

Im Grunde lädt man den Klienten mit utilisierenden Fragen auf indirekte Weise ein, sich mit dem ökologischen Nutzen der „Krankheit" zu befassen. Das Gleiche gilt für „Sucht", „Verhaltensstörung" usw., also für alle Formen von Verdinglichung bestimmter Verhaltensweisen.

Utilisierung von „Wahnsystemen":
- Zuerst gilt es, zum Klienten eine ertrauensvolle Beziehung aufzubauen. Dazu gehört, den „Wahn" des Klienten nicht in Frage zu stellen, sondern ihn als *Wirklichkeit des Klienten* ernst zu nehmen. In diesem Sinne kann man den Wahn als eine (mögliche) Wirklichkeit annehmen ohne ihn übernehmen zu müssen.
- Nachdem man mit dem Klienten den „Wahn" genau erkundet hat, sammle man (evtl. mit Kollegen) Ideen über seinen möglichen „Sinn" und über die Symbolik, die in ihm steckt, und darüber, was der Klient verliert, wenn er den „Wahn" aufgibt. Man sollte diese Ideen für sich behalten, um nicht Abwehr beim Klienten zu provozieren.
- Nun gilt es mit dem Klienten zu überlegen, wie man an der Symbolik anknüpfen und wie man das System von innen heraus und in einer für den Klienten schlüssigen Form evolutionieren könnte. Welche Entwicklungspotentiale oder Möglichkeiten stecken im System, wenn man in der Logik des Systems weiterdenkt?
- Man beobachte genau die Reaktionen des Klienten. Wehrt er ab, sollte man erst einmal Abstand von weiteren derartigen Versuchen nehmen und vielleicht erst zu einem späteren Zeitpunkt einen neuen Versuch unternehmen, sofern der Klient bereit dazu ist. Lässt er sich aber auf entsprechende praktische Experimente ein, gilt es diese mit ihm auszuwerten und weitere Entwicklungsschritte zu überlegen. Das Ziel aller Versuche ist, den Leidensdruck zu vermindern.

Wanderung N° 61

Die Tintenfischstrategie
Alltagssprache, Jargon und Zauberwörter

Wohin diese Wanderung führt ...

In diesem Kapitel unternehmen wir einen ersten Streifzug in den Irrgarten unserer Alltagssprache. Die Sprache selbst als Irrgarten zu betrachten, mutet vielleicht seltsam an; denn wir benutzen sie gewohnheitsmäßig, sie scheint ein übersichtliches Gebiet zu sein. Diese Sicherheit allerdings ist trügerisch, wie wir sehen werden. Dieser und auch der nächste Streifzug sollen vor allem Vergnügen bereiten. Lauter bekannte Sprachformen im Lichte liebevoll-schonungsloser Ironie zu betrachten und, dadurch inspiriert, sich vielleicht selbst auf die Suche nach weiteren Beispielen zu machen, ist eine meiner Absichten. Letztlich geht es aber darum, Klienten zu helfen, wenn sie sich selbst mit diesen Sprachformen »austricksen« oder von anderen manipulieren lassen.

Als erstes beschäftigen wir uns mit der Tintenfischstrategie, wie ich sie nennen möchte. Anhand vieler Beispiele wird gezeigt, dass wir Sprache, wie Tintenfische ihre Tinte, benutzen können, um zu flüchten, bevor es ernst wird: Die Tinte ist noch da, der Oktopus ist irgendwohin verschwunden ...

Es geht es um eine Reihe von Ausdrucksweisen, um kleine Zauberwörter, mit denen wir uns (und auch den Zuhörer) über die eigene Verantwortung, über Zwiespältigkeit oder andere Unannehmlichkeiten elegant hinweg täuschen. „Ich *sollte* diese Wanderung *vielleicht* viel kürzer gestalten, mach' es aber nicht.", „Ich könnte *wirklich* tausend Beispiele nennen ...", „*Eigentlich* hat Sprache doch nichts mit Tintenfischen zu tun, *aber* mir gefällt dieser Vergleich so gut."

Die Alltagssprache stellt uns das Wörtchen „...*wirklich*..." und vieles andere mehr als Hilfsmittel bereit. Eigentlich könnten Sie, liebe Leserin oder lieber Leser das Kapitel auch überspringen, aber ... Sie würden etwas versäumen!

Unser Streifzug erlaubt keine vollständige Erkundung des Terrains. Das würde ein ganzes Buch füllen und würde auch Disziplinen umfassen, in denen ich nicht besonders bewandert bin.

Ich nähere mich daher dem Thema weder philosophisch (wie z.B. Wittgenstein) oder linguistisch (abgesehen von dem schon behandelten Meta-Modell, auf das wir auch stoßen werden), sondern eher unmittelbar, von der Beratungspraxis her. Für den Berater ist es wichtig zu er-hören, wie sich Menschen mit dem, was sie reden, selbst täuschen, den Blick vernebeln, sich und andere mehr oder minder bewusst selbst manipulieren und sich auf diese Weise Veränderungsmöglichkeiten verbauen. Was hilft es, wenn jemand in der Beratung verkündet. „Ich sollte dringend abnehmen!", aber mit dem Konjunktiv im Wörtchen „sollte" die Dringlichkeit schon vorab verringert?

Mit der „Alltagssprache" meine ich die Sprache, die wir gewohnt sind zu verwenden und die zur Bewältigung eines durchschnittlichen Lebensalltags ausreicht. Moderworte (z.B. „zutexten") und der Dialekt gehören zu dieser Alltagssprache. Ich begrenze mich allerdings im Folgenden auf die Schriftsprache, allgemein „hochdeutsch" genannt, und teilweise auf den Berufsjargon, wie er unter psychosozial Tätigen häufig verwendet wird.

Dass auch Dialekte viele Beispiele bieten, zeigt zum Beispiel Konrad Beikircher mit seiner satirischen Analyse rheinländischer Sprachgewohnheiten.[1]

Jargon der ausgeblendeten Eigenverantwortung

Zu entdecken, für wie vieles man im Leben selbst verantwortlich ist und dass man meistens nur um den Preis der Selbsttäuschung die „Schuld" auf andere oder Umstände schieben kann, macht nicht nur Freude. Wie schön ist es, wenn wir uns mit ein paar Redewendungen Erleichterung verschaffen können?

Die Alltagssprache, aber auch die spezielle Sprache (Jargon), die unter Angehörigen psychosozialer Berufe verbreitet ist, bietet eine Fülle von Floskeln, die wohltuend klingen. Gleichzeitig verdecken sie, dass und wie man für bestimmte Situationen verantwortlich ist. Der größte Teil solcher Redewendungen beinhaltet, sich selbst als (passiven) Empfänger irgendwelcher Einflüsse von außen zu beschreiben und die eigene Beteiligung am Geschehen auszuklammern. Es ist die Opferperspektive, der wir schon öfters begegnet sind und die sprachlich unterstrichen und gerechtfertigt wird. „Der macht mich noch ganz verrückt ...!", „Das macht mich sehr traurig." usw.
Aber auch Fragen wie beispielsweise: „Was macht das jetzt mit dir?" oder „Wie ist das bei dir angekommen?" legen eine solche Perspektive nahe und klingen sehr teilnahmsvoll.

Wie solche Redewendungen tatsächlich gemeint sind, bleibt meist offen. Die Frage „Wie ist das bei dir angekommen?" klingt, als wären wir ein Briefkasten, in den die Post eingeworfen wird. Ein Briefkasten kann sich weder gegen Post wehren, noch selbst entscheiden, ob er geleert wird. Im Grunde müsste die Frage lauten: „Was machst du aus dem, was du gehört hast?", um die eigenverantwortliche Entscheidung, wie wir etwas, was von außen kommt, interpretieren und dann die entsprechenden Gefühle entwickeln, kenntlich zu machen.
Sprache prägt das Bewusstsein: Oft genug wiederholt, und wir beginnen mehr und mehr an das zu glauben, was und wie wir uns ausdrücken, und schleichen uns so Schritt für Schritt aus der Eigenverantwortung. Oder wir laden den Hörer dazu ein, es zu akzeptieren oder sich selbst auch davonzustehlen.
Wir sind jedoch als erwachsene Menschen für unsere Gedanken, Gefühle und Handlungen verantwortlich, und es wäre oft besser, wenn dies auch in unserer Sprache zum Ausdruck käme. Besser heißt dabei nicht unbedingt: einfacher oder bequemer!
Relativ häufig präsentieren Klienten sprachlich eine Opferperspektive, zum Beispiel: „Ich kann ja *sowieso* bei meinem Mann nichts ausrichten!" Diese Perspektive ist verführerisch, denn sie ist bequem, enthebt uns der Eigenverantwortung für unser Handeln und erlaubt es uns, Situationen, Auseinandersetzungen oder Aktionen zu vermeiden, die angstbesetzt sind. Die Folge ist allerdings auch, dass es (meist zur eigenen Unzufriedenheit) beim Status Quo bleibt.
Dementsprechend halte ich es für günstig, wenn Berater sowohl ihre eigenen Sprachgewohnheiten auf solche Ausdrucksformen hin überprüfen, mit denen Eigenverantwortung verdeckt wird, als auch aufmerksam ihren Klienten unter diesem Aspekt zuhören und sie damit auch konfrontieren, wenn der Kontrakt dies erlaubt und die Beziehung schon tragfähig genug ist.

---

[1] Konrad Beikircher: Himmel un Ääd – Rheinisch beim Wort genommen (MC)

Zauberwörter[2]

Als Zauberwörter möchte ich einige Wörter aus unserer Alltagssprache bezeichnen, in denen viel mehr steckt, als man ihnen auf den ersten Eindruck hin „anhört", in denen Themen (oder auch Probleme) „verpackt" sind, die leicht überhört werden können, aber bei einiger Übung er-hört werden können. Solche Worte verweisen auf Verborgenes oder auf etwas Fehlendes, und Berater können mit einer einzigen Frage den ganzen Schatz freilegen.

Wir alle sind mehr oder minder Meister der (Selbst-)Täuschung, vor allem, wenn wir mit unangenehmen Dingen konfrontiert werden. Alltagssprache liefert uns dazu die Utensilien, zum Beispiel die sprachlichen Hintertürchen, durch die wir schnell noch entwischen können, bevor es vielleicht wirklich zur Sache geht.

Betrachten wir uns einige dieser Zaubereien genauer. Dabei wird sich zeigen, dass es sich auch hier oft um sprachliche (Selbst-)Manipulation handelt, auf die wir im zweiten Streifzug ausführlich zu sprechen kommen.

Der Konjunktiv und andere Nebelkerzen

Der Konjunktiv oder auch Möglichkeitsfall erlaubt es uns, alles Wünschenswerte oder Sinnvolle in beruhigende Nähe zu rücken, ohne sich auf den Ernstfall wirklich einlassen zu müssen. „Ich könnte mit Karl über unseren Konflikt reden ...". Wie wahr das ist! Kein Zweifel kann daran bestehen, dass ich *könnte*, ob ich es tatsächlich mache, bleibt offen; und das soll es auch, denn die Angst vor dem Konflikt überwiegt beim Sprecher. Ist der Konjunktiv aber auch noch zu dicht an der Verwirklichung, empfehlen sich zwei weitere Schlupflöcher, sozusagen Assistenten des Konjunktivs. Dann lautet das Ganze: „Ich könnte *mal versuchen*, mit Karl über unseren Konflikt zu reden ...". Wunderbar! Ein Sprachkunstwerk. Wann ist „mal"? Und wie sieht denn ein „Versuch zu sprechen" aus, nachdem davon auszugehen ist, dass wir die gleiche Muttersprache sprechen und uns folglich verständigen können? Was also müsste erst noch „versucht" werden?

Im Grunde müsste die Person sagen: „Ich werde spätestens übermorgen mit Karl über unseren Konflikt reden." Nur: Wie stehe ich vor mir da, wenn ich es dann nicht getan habe? So kann ich mir immerhin noch sagen: „Es gab noch keine so rechte Gelegenheit, es zu versuchen ...", und die eigene Ehre ist gerettet.

Kunstvoll ist auch die Kombination von Konjunktiv und Imperativ: „ich sollte", „ich müsste". „Ich muss", „ich soll" klingt so unerbittlich; schnell wird der Konjunktiv beigemengt, und das Ganze wird wieder erträglich! Wir kommen darauf zurück.

Sprache als Arznei: Verbales Valium

Worte wirken, wie erwähnt, bewusstseinsbildend auf den Sprecher zurück. Der Ruf: „Ich mach das nicht mehr mit!" suggeriert dem Sprecher, dass er jetzt eine ultimative Entscheidung getroffen hat. Für eine kurze Zeit lebt er in einer Veränderungstrance und die beruhigt! Allerdings: Wie alle Arznei lässt auch die Wirkung verbalen Valiums nach ..., und dann macht man es halt doch wieder mit.

Es gibt noch andere Präparate: Moralin, Radikalin retard, Neutralisan u.a.m. Es dürfte sich dabei durchweg um Placebos handeln. Und das bedeutet: Die Substanz ist im Grunde harmlos, die Wirkung ergibt sich aus dem Glauben an die Wirkung.

Wem zum Beispiel der Konjunktiv doch zu unverbindlich erscheint, dem hält unsere Sprache Radikalin bzw. Radikalin retard bereit. Damit können wir uns beispielsweise

---

2 vgl. dazu das m.E. sehr bereichernde Buch von M.Prior: Minimax-Interventionen, in dem ein Teil der folgenden und auch noch weitere Beispiele unter dem Gesichtspunkt behandelt werden, wie sie therapeutisch nutzbar gemacht werden können

glauben machen, dass der Wendepunkt einer unerträglichen Zeit erreicht ist und alles anders wird. Genervte Eltern rufen: „So geht´s nicht weiter!" oder „Jetzt ist aber Schluss!", und die Kinder wissen genau, dass nicht Schluss ist und sie nur die Wirkungszeit des Radikalin abwarten müssen; dann geht's wieder weiter wie bisher.

Oder (doch wieder etwas näher an der eigenen Person): „Jetzt reicht's mir aber!" Die Wirkungsdauer dieses verbalen Tranquilizers – also sprachlicher Selbstberuhigung – liegt, je nach Problemlage, Ausmaß der eigenen Angst vor Veränderung oder auch Bequemlichkeit, zwischen fünf Minuten und einem Tag. Danach reicht es der Person doch noch nicht. Aber wenigstens für kurze Zeit erlebte sie im Homevideo die erwünschten radikal veränderter Verhältnisse. Motto: Besser ein paar Illusionen, als überhaupt keinen Spaß mehr!

Ich überlasse es Ihnen, liebe Leserin, lieber Leser, Beispiele für Moralin und Neutralisan zu finden.

Der Geist war willig,
allein das Fleisch war schwach!
Ein Alltagsspruch sagt: „Wo ein Wille ist, ist auch ein Weg." Das wird wohl so sein, nur welcher Weg?

„Ich will die Sache in Angriff nehmen!" Ohne Wollen geht es ja nicht. Aber reicht das Wollen auch aus? In der Regel nicht. Der Ausdruck „Ich will …" ist wieder nicht mehr (und nicht weniger) als eine momentane Selbstberuhigung, also auch ein verbaler Tranquilazer. Ist die Dosis des „Ich will …" zu gering, um zu wirken, hilft die Formulierung: „Ich will jetzt endlich die Sache in Angriff nehmen!" Das klingt sehr entschlossen; allerdings, auch da ist ein Haken: Was heißt „jetzt"? Jetzt im Moment oder doch erst morgen? Und das Wörtchen „endlich", was ist damit gemeint? Dass das Ganze nun ein Ende hat?

Manchmal ist das „ich will" auch schon wieder zu hart, dann hilft ein Wunsch: „Ich möchte …" oder „Ich möchte gerne …". „Gerne" ist positiv und beruhigt. Oder, wie es Karl Valentin einmal ausgedrückt hat: „Mögen hätten wir schon wollen, aber dürfen haben wir uns nicht getraut!"

Eigentlich …
Ein Wort – und so vieles steckt darin! Es gibt allerdings zwei Bedeutungen:
– „eigentlich" im Sinne von „im Grunde genommen", „hauptsächlich" oder so ähnlich und
– „eigentlich …, aber …", der Satzteil, der jetzt mit „aber" beginnend folgen würde, bleibt oft unausgesprochen.

Nur die zweite Variante soll hier betrachtet werden. „Eigentlich sollte ich in Urlaub gehen!" Und wie lautet nun das „aber", der Einwand, der nämlich bewirkt, dass man doch nicht in Urlaub geht? Mit dem Wörtchen „eigentlich" scheint angesichts wählbarer Möglichkeiten diejenige Variante ausgedrückt, welche die bessere oder wichtigere ist. Nur, warum wird sie dann nicht gewählt? Weil das „aber" schließlich doch mehr Gewicht hat. Also könnte man, um die Verwirrung etwas zu erhöhen, sagen: Das „Aber" ist das Eigentliche und das „eigentlich" nur das „aber", also wahrscheinlich zweitrangig.

Als Berater kann man Klienten gleich nach dem „aber" fragen: „Sie sagten gerade eigentlich, was steht dem entgegen? Wollen Sie darüber etwas sagen?"

Eigentlich sollten wir das Wort „eigentlich" aus dem Sprachschatz streichen, aber … es wäre „wirklich" (s.u.) schade darum! Selbst dann gäbe es aber noch einen Ausweg: „An sich …". „An sich sollte ich in Urlaub gehen, aber …"

Am Rande des Lochs: „Nicht ..."

„Ich will nicht mehr so viel arbeiten!" „Ich will nicht mehr rauchen!" Das Ende des Lasters oder Problems scheint in greifbare Nähe zu rücken(?). Die Nichtraucher unter den Lesern können sich freuen, denn sie haben sowieso ein Problem weniger. Die Raucher jedoch stehen am Rande das Lochs. Was ist „nicht rauchen"? Die Schädigung durch das Rauchen im Rücken, das Loch des Nicht-Rauchens vor sich, welches erst mit einem „statt dessen" aufgefüllt werden müsste, bevor es weiter ginge. Was könnte ich tun, *statt* zu rauchen? Was könnte ich tun, *statt* viel zu arbeiten? Kann ich in das Loch des „Nicht-Rauchens" springen, bevor ich weiß, was an die Stelle davon treten kann? Was mache ich mit der Zeit, die ich habe, wenn ich weniger arbeite? Kurz: Wie fülle ich das Loch, wenn ansonsten ein „Abgrund" zu drohen scheint? Was ist ein gleichwertiger Ersatz? Solange diese Fragen nicht praktisch bzw. praktikabel beantwortet sind, bleibt es bei der bisherigen Gewohnheit! Und dementsprechend bleibt es bei dem Vorsatz: „Ich will nicht mehr ...!" und der vermeintlich tröstlichen Selbsttäuschung, dass man mit dem Vorsatz (vorzugsweise an Silvester gefasst) immerhin schon den Willen zur Veränderung bekundet hat.

All diese Gedanken gelten nicht nur für Rauchen und Leute, die viel arbeiten. Das Festland unseres Lebensalltags scheint regelrecht gelöchert mit solchen Vorsätzen: „Ich will nicht mehr ...", sozusagen eine Wanderung auf der Oberfläche einer überdimensional großen Scheibe Emmentaler Käses, dessen Löcher entsprechend groß sind. Wie verständlich ist es da, dass wir auf dem Käse wandern und die Löcher umrunden – mit Hilfe von Sprachkunstwerken, die uns die Alltagssprache zur Verfügung stellt.

Kunstvolle Vagheit
oder: Die freie Bewegung in Raum und Zeit

Freiheit ist ein menschliches Grundbedürfnis. Warum sollen wir uns also sprachlich festlegen, einengen, fesseln oder knebeln? Wieder helfen uns einige Wörtchen aus der Patsche. „Irgendwie", „irgendwo", „irgendwann" und „man" – wunderbare Möglichkeiten, etwas zu sagen, ohne sich fest zu legen. „Irgendwie finde ich nicht gut, was da läuft!" Wer will da widersprechen? „Man sollte etwas tun!" Gewiss! Glücklicherweise bleibt jedoch offen, wer „man" ist. Oder meint der Sprecher doch sich selbst?

Da es oft als unhöflich gilt, solche Rede genau zu hinterfragen und den Sprecher bloß zu stellen, bleibt die Freiheit gewahrt. Oft ist „irgendwie" usw. nur ein Füllwort, mit Hilfe dessen der Sprecher schon etwas sagen kann, bevor er zu Ende gedacht hat.

Mit Vergnügen zitiere ich Axel Hacke[3], der das „Partnerschaftspassiv" des Ehealltags entdeckt hat: „Man" müsste den Abfall leeren ...; „jemand" sollte den Hof kehren; es könnte mal „einer" den Briefkasten leeren! Doch: Weder Man noch Jemand noch Einer tut's, die drei sind völlig passiv. Sie sind nicht dingfest zu machen. Daher bietet sich an zu sagen: „Die Spülmaschine müsste ausgeräumt werden!" Oder: „Der Rasen müsste gemäht werden!" So bleibt offen, wer das denn nun tun muss, das ist das Partnerschaftspassiv. Raffinierter ist die vorgetäuschte Festlegung. „Da muss jetzt etwas passieren!" Wie wahr dieser Satz doch ist, denn es passiert immer etwas. Auch wieder ein verbales Valium. Nur, was hat es mit dem „Etwas", das passieren muß, auf sich? Das Ganze klingt unausweichlich und lässt (Gott sei Dank!) doch alles offen.

---

3 Axel Hacke: Das beste aus meinem Leben, CD

Kleine Rast in der Mitte des Irrgartens auf einer Aussichtsbank ...

Viele Zauberworte, die wir betrachtet haben, dienen dazu, unserer Ambivalenz in verschiedenen Lebenssituationen, unserem Zwiespalt Ausdruck zu verleihen. Ich muss, aber ich will nicht, also wird daraus „ich „müsste". Unzählige Entscheidungen treffen wir tagtäglich ohne größere Mühe. Aber plötzlich stehen wir vor einer schwierigen Wahl, einem großen Hindernis. *Eigentlich* wollen wir über dieses Hindernis gelangen, *aber* es scheint mächtiger zu sein, als unser Wille. Wie das Pferd, das vor dem großen Oxer plötzlich scheut. Die Niederlage steht bevor, also suchen wir die Rettung in kleinen Worten, mit denen wir die Niederlage, den Gesichtsverlust umgehen können. Was eignet sich besser dazu, als widrige Umstände, die unsere gute Absicht zunichte gemacht haben.
„Ich bitte um Entschuldigung! Ich wollte eigentlich schon pünktlich kommen, aber der Stau ...!" Die Entschuldigung zu verweigern wäre angesichts der „höheren Macht des Staus auf der Autobahn" mehr als unhöflich! So werde ich also von der Schuld freigesprochen, ohne unangenehme Konsequenzen ziehen zu müssen. Ist das nicht schön?
Daher meine Empfehlung: Man höre die Worte, aber stelle den Sprecher nicht bloß! Auch hier gilt: „Was du nicht willst, dass man dir tu', das füg' auch keinem anderen zu!" In einer Beratung jedoch kann es nötig werden, solche Spiele aufzudecken, damit Klienten aus ihrem Kreislauf herausfinden, unter dem sie leiden. Sie bleiben nämlich darin verfangen, wenn sie sich sprachlich selbst betrügen.
Wandern wir also weiter ...

Stolpersteine – oder: Wer sich eine Grube gräbt, fällt wahrscheinlich auch hinein

Hatten wir es bisher mit Schlupflöchern und sprachlichen Manövern zu tun, mit denen wir uns das Leben, wenn auch nur momentan etwas erleichtern, lade ich nun zum Blick auf Sprachkunst ein, die zum Stolperstein für den Sprecher werden kann.

Obwohl ..., trotzdem ..., dennoch ...
Unser Leben ist voller Gegensätze, Widersprüche und vor allem voller Wahlmöglichkeiten. Wir treffen vor diesem Hintergrund täglich unzählige Entscheidungen. „Obwohl ich noch müde war, bin ich aufgestanden." „Ich bin nicht aufgestanden, obwohl ich es hätte tun sollen." Wir möchten vor uns selbst (und anderen) unsere Entscheidungen rechtfertigen und verwenden dafür diese kleinen „Instant-Wörter". Ich nenne sie so, weil in ihnen – also in einem Wort – häufig eine ganze Fülle von Werten, Überzeugungen oder Bedürfnissen verpackt sind, ohne dass wir alles nochmals ausdrücken müssen. Sie sind ein Konzentrat. Das ist ökonomischer Sprachgebrauch!
Eine Verpackung verbirgt einen Inhalt. Das ist vielleicht nicht unbedingt ihr Zweck, häufig aber ihr Effekt. Ganz besonders gilt dies für sprachliche Verpackungen. Manchmal kommt es sogar dazu, dass wir die Verpackung mit dem Inhalt gleich setzen. „Obwohl ...", und wir beginnen uns (und anderen) Glauben zu machen, dass damit schon ein Zusammenhang bewiesen sei. Solange es um vergleichsweise einfache Alltagsaufgaben geht, wird dies kein Problem sein.
„Obwohl mich mein Mann ständig abwertet, kann ich mich nicht zur Trennung entschließen." Das ist keine so einfache Situation mehr. Nur: Was sagt sich diese Frau damit? Welche Gründe versieht die Frau mit solch

einem Gewicht, dass sie sich lieber weiter abwerten lässt, anstatt sich zu trennen? Denkt sie dabei auch an die längerfristigen Folgen für sich? Und schließlich: Drückt die Frau mit dem „obwohl" tatsächlich einen Gegensatz aus? Müßte sie vielleicht nicht eher sagen: „Ich lasse mich ständig von meinem Mann abwerten *und* trenne mich nicht." Sie tut beides, der Gegensatz besteht nur zum Schein, sie praktiziert das „Sowohl-als-auch" und verleugnet es zugleich mit dem Wörtchen „obwohl"!

Die Liebe zur Kausalität und zur Natur ...

Das Prinzip von Ursache und Wirkung erlaubt es uns, unsere Lebensbereiche überschaubar und planbar zu machen. Und vor allem wird die Schuldfrage auf sehr angenehme Weise geklärt: Was anderweitig verursacht ist, liegt nicht im Feld unserer Verantwortung oder gar unseres Verschuldens. Mit ein paar kleinen Wörtchen lassen sich die Verhältnisse rasch klären. „Ich konnte nicht kommen, weil ..."

> „Fast" zerreibt eigentlich jede Hoffnung und „eigentlich" macht fast alles kaputt! Ulrich Freund

„Weil ..."

Mit dem Wörtchen „weil" konstruieren wir kausale Zusammenhänge. Und wir neigen dazu, diese kausalen Zusammenhänge als gegeben anzusehen und nicht nur als unser Konstrukt. Solange sich daraus im Alltag keine Probleme ergeben, brauchen wir uns damit nicht länger aufzuhalten.

Gleichwohl: Unmerklich schränken wir uns mit dem „weil" ein und verkennen, dass wir in einer Situation eine Wahl unter mehreren Möglichkeiten getroffen haben und dass wir sehr wohl auch eine andere Wahl hätten treffen können. „Ich konnte zum Termin nicht kommen, weil ich krank wurde." Kaum jemand traut sich da zu widersprechen. Nur: Stimmt das? „Konnte man nicht, weil ..."? Oder war es nicht eher so, dass man eine persönliche Abwägung vollzogen hat und diese auch anders hätte vollziehen können, nämlich trotz Krankheit zu kommen, anstatt zu Hause zu bleiben. Dann allerdings würde man leicht angreifbar.

Es gibt nur wenige Situationen, in denen wir keine andere Wahl mehr haben, wenn wir nicht unser Leben aufs Spiel setzen wollen. Und selbst dann: Wie oft steigen wir ins Auto und setzen unser Leben aufs Spiel? Nur, wer sagt schon: „Ich konnte nicht kommen, denn ich hätte mein Leben aufs Spiel gesetzt!"

Um nicht missverstanden zu werden: Es ist nicht verwerflich, eine Wahl zu treffen. Es geht auch nicht anders. Nur, solange wir uns nicht direkt im Wirkungsfeld von Naturgesetzen bewegen, wählen wir unsere Handlungen unter verschiedenen Möglichkeiten selbst aus, mehr oder minder bewusst und überlegt. Das „weil" markiert unsere Wahl, selten jedoch einen objektiven Kausalzusammenhang. Wir flüchten uns regelrecht mit dem „weil" in die Kausalität, denn sonst könnte uns jemand für die getroffene Wahl auch noch zur Rechenschaft ziehen.

Dieses „weil" hat noch weitere Vorteile: Es gibt sozialpsychologische Experimente, die zeigen, das Menschen auf solche Begründungen reagieren, selbst wenn die Begründung vollkommen unsinnig ist: Man wird in einer Schlange schneller zur Kasse vorgelassen, wenn man zum Beispiel sagt: „Könnten sie mich bitte vorlassen, weil die Sonne so schön scheint."

„Ich musste ..", „ich konnte nicht ..."

Das sind die noch schärferen Varianten vermeintlich kausaler Zusammenhänge, mit denen wir uns Glauben machen, nur eine Wahlmöglichkeit zu haben. Alles oben gesagte, gilt auch hier. Mit solchen Formulierungen rauben wir uns unter Umständen unsere Souveränität in den Situationen und Lebensbereichen, die wir immerhin beeinflussen können. An die Stelle dieser Formulierungen können wir mit mehr Erkenntnisgewinn die Formulierungen: „Ich wollte ..." bzw. „Ich wollte nicht ..." setzen. Dann stehen wir aber auch eher in der Kritik von außen oder der Selbstkritik, wie oben schon ausgeführt. Wenn ich nicht zu Besuch kommen „konnte", bin ich entschuldigt, wenn ich jedoch nicht „wollte": Wie stünde ich dann da?

„Natürlich ..."
Sich auf die Natur berufen zu können überzeugt auf nachhaltige Weise. Was „natürlich" ist, ist weder hinterfragbar noch kritisierbar. Ob es die Gesetze der Mechanik, chaotische Wetterprozesse oder dissipative Strukturen, schwarze Löcher oder die Quantenmechanik sind, es handelt ich immer um Vorgänge, die wir letzlich nicht abwenden können. „Wir können das natürlich so nicht machen ...", und damit erübrigen sich alle kritischen Fragen. Wie allerdings der Sprecher herausgefunden hat, dass man sich in diesem Falle im Bereich der Naturgesetze bewegt, bleibt im Dunklen. Klar, denn sonst wäre ein solcher Satz vielleicht nicht mehr überzeugend. Das soll er aber *natürlich* sein!

Die Kunst, Feuer und Wasser zu mischen – „müsste", „sollte" ...
Von den Chancen des Konjunktivs hatten wir es schon. Mischt man ihn mit dem gebieterischen Müssen und Sollen, entstehen neue Möglichkeiten: „Ich müsste täglich joggen gehen!", „Ich sollte Gerda wieder anrufen!" Es ist schön, sich mit diesen Worten zu überzeugen, die Hälfte der Strecke des Notwendigen (über die Einsicht) schon gegangen zu sein, um die zweite (beschwerlichere) Hälfte, nämlich die der Tat dann doch nicht zu gehen. Oder es gibt (außer der Mühe) noch andere Gründe, die das glühend heiße „ich soll" mit Hilfe des wässrigen Konjunktivs zu „ich sollte" abkühlen lassen, ohne dass ich mich mit der schwierigen Angelegenheit auseinandersetzen muss (obwohl ich das vielleicht sollte?). Was passiert, wenn Feuer und Wasser gemischt wird? Das Feuer verlöscht, das Wasser verdampft, Nebel und Rauch bleiben übrig. Dafür gibt es ja auch den Spruch: „Alles nur Schall und Rauch!" Ich müsste ja nur, glücklicherweise musste ich nicht ... wirklich!
Damit sind wir schon beim nächsten Zauberwort:

Online-Verbindung zur Wirklichkeit: Das Wörtchen „wirklich ..."
„Wollen Sie das wirklich?" „Wirklich ist, was wirkt", sagt ein Spruch. Wie also wirkt das Wörtchen „wirklich" oder genauer gefragt: Wie soll es wirken? Überzeugend soll es wirken, sozusagen die „Online"-Verbindung des Sprechers zur Wirklichkeit andeuten. Aber wirkt es auch so? „Ich wollte dich wirklich nicht beleidigen!" Überzeugt das den Hörer? Oder könnte dieser auch denken: „Der sagt das nur deshalb, weil er mich in Wirklichkeit doch beleidigen wollte!"

Sie, liebe Leserin und lieber Leser sagen jetzt vielleicht: „Das ist doch wirklich alles Wortklauberei, das geht mir allmählich auf die Nerven!" Verzeihung, das wollte ich wirklich nicht! Denn ob wir es nun genau nehmen oder nicht: Kommt das Wörtchen „wirklich" ins Spiel, wird alles klar und unklar zugleich ...
Versuchen wir es doch dann lieber mit der ...
Kunst der Bescheidenheit: Das Wörtchen „nur"
„Ich wollte ja *nur* sagen ..." Mit einem Wort aus drei Buchstaben größeren Flurschaden zu begrenzen, ist das nicht Kunst? „Alles Quatsch! Ich will damit *nur* sagen, dass wir die Diskus-

sion beenden können ..." Sprache kann so hart sein, und damit sie nicht so hart wirkt, haben wir Weichmacher erfunden. Das Wörtchen „nur" eingefügt, und aus hart wird weich ...
Und: Neue Horizonte eröffnen sich! Denn wenn etwas nicht nur so ist, wie ich gerade behaupte, kann es ja auch anders sein. Oder umgekehrt: „Quatsch" hätte ja auch eine Abwertung sein können, war es aber nicht, denn es ging ja *nur* um die Beendigung der Diskussion.

Nachwort: Am Ausgang des Labyrinths

Dies waren alles Beispiele aus der Alltagssprache, also der Sprache, die wir gewohnt sind zu sprechen. Viele der diskutierten Worte werden ohne große Überlegung verwendet, sind vielleicht auch nicht so gemeint, wie bei kritischer Betrachtung deutlich wird. Am Ende dieses Streifzuges werden Sie, geneigte Leserinnen und Leser sich vielleicht fragen, wozu diese Art, Worte auf die „Goldwaage" zu legen oder sie zu sezieren und sie dadurch zu zerstören, gut sein soll? „Können wir uns nicht auch ohne diese Spitzfindigkeiten verstehen und verständigen?" Natürlich (sic!) können wir das!
Das Bild von der Goldwaage hat sein Gutes: Worte sind Gold wert! Dann nämlich, wenn es auf jedes Wort ankommt. Wir können uns auf diese Weise verstehen, aber auch missverstehen und – wegen der Rückwirkung unserer Worte auf unser Denken und Handeln – uns selbst in die Irre führen. Darin liegt das Labyrinthische der Alltagssprache.
Für den normalen Alltag können wir es dabei belassen. Wenn Menschen jedoch wegen ihrer Schwierigkeiten Beratung wünschen oder wenn es um Kooperation zum Beispiel in einem Team geht, ist genaues Hinhören und behutsames Hinterfragen hilfreich, ja sogar notwendig.

Klienten hilft es nicht, wenn Berater sie in ihren Sprach- und damit Denkformen verharren lassen, die lediglich sicherstellen, dass sie sich weiterhin im Kreise drehen. Teams können sich kollektiv mit ihrem Jargon täuschen, das kann niemand gut heißen!

Für die Beratung, aber auch alle sonstigen Gespräche ist zuerst wesentlich, dass man alle diese Floskeln überhaupt er-hört und nicht darüber hinweg hört. Das will geübt sein! Denn nur dann kann man sie hinterfragen.
Allerdings können Klienten irritiert reagieren, wenn sie an Stellen gewohnheitsmäßiger Rede hinterfragt werden. Also bedarf es eines Kontraktes darüber mit den Klienten, damit sie nicht nur abwehrend reagieren („Was soll diese Frage?"): „Sie haben gerade etwas Bemerkenswertes gesagt; sind sie einverstanden, wenn ich das mit Ihnen genauer untersuche?" Meistens willigt der Klient ein.
In anderen Gesprächskontexten (z.B. mit Freunden, Kollegen, Vorgesetzten) ist mehr Vorsicht geboten (siehe auch „Zu Risiken und Nebenwirkungen" in der Wanderung N° 33, dem Kapitel zum Meta-Modell).

Bleiben Sie dennoch beim Einwand der „Wortklauberei" und der „Spitzfindigkeiten", so erlaube ich mir den Hinweis auf einen anderen Bereich unserer Alltags-Sprachkunst: Die Metaphern. Davon hatten wir es schon (vgl. Wanderung N° 59). Die Worte „klauben", sie auflesen wie Äpfel vom Baum; oder, die „Spitze finden" in dem, was einer sagt – ist das nicht auch eine Würdigung unserer Alltagssprache?
Zumal: Es geht ja primär um das Er-hören, vor allem dann, wenn man sprachlichen Manipulationen nicht erliegen will. Davon handelt die nächste Wanderung.

Wegskizze

Überblick über Zauberwörter, Nebelkerzen und Scheinwerfer ...

Hauptsächlich geht es darum, die Zauberwörter überhaupt zu er-hören. Ob man dann die Zauberfrage stellt und durch den sprachlichen Nebel hindurchleuchtet, das Ganze also aufdeckt und dem Sprecher bewusst macht, hängt vom Gesprächskontext ab. Man sollte (hm!) von Zauberfragen auf jeden Fall nur gut dosiert Gebrauch machen. Ihre Wirkung, die häufig im Überraschungseffekt besteht, ist sonst schnell verbraucht. In der Übersicht sind jeweils nur ein oder zwei Beispiele genannt. Es gibt viele weitere Zauberfragen, auch pfiffigere oder provokante. Legen Sie sich Ihren eigenen Zauberkasten an, wenn Sie wollen!

Zauberwörter:	*Zauberfragen und Nebelscheinwerfer:*
Der Konjunktiv:	
Ich könnte ...	Können Sie oder könnten Sie nur?
Ich könnte versuchen	Nur versuchen oder werden Sie es tun?
Ich könnte mal ...	Wann?
Sprache als Arznei – Verbales Valium:	
Ich mach' das nicht mehr mit!	Sind Sie sich da sicher?
Jetzt ist Schluss!	Wer glaubt Ihnen das?
So geht es nicht weiter!	Sagen Sie das zum ersten Mal?
Jetzt reicht es mir!	Ja, Ihnen, und den anderen, reicht es denen auch?
Feuer und Wasser mischen:	
Ich müsste ...	Da haben Sie ja Glück, dass Sie nicht müssen!
Ich sollte ...	Sollten, sollen oder wollen Sie? Wer will das?
eventuell ...	Gott sei Dank, dann ist es ja noch nicht ernst!
Der Geist war willig, doch das Fleisch ...	
Ich will ...	Prima, und werden Sie es auch tun?
Ich möchte	Tja, und werden Sie auch den Mut (die Kraft ...) dazu aufbringen?
eigentlich ...	... und wie lautet jetzt das „Aber ..."

Zauberwörter:	*Zauberfragen und Nebelscheinwerfer:*
Kunstvolle Vagheit:	
irgendwie ..., irgendwo ..., irgendwann ...	Können Sie es genauer sagen: Wie denn? Wo? Wann genau?
...man ..., ...jemand ...,	Meinen Sie sich selbst oder jemand anderen?
Es muss jetzt was passieren!	Aber gewiss! Und wer entscheidet darüber?
...endlich...	Ist das Ende tatsächlich erreicht?
Stolpersteine:	
...obwohl ...	Wie hoch ist das Hindernis?
trotzdem ...	Wer trotzt da wem?
Kausalität und Natur:	
..., weil ...	Wie hängt das denn zusammen?
Ich musste ...	Oh je, wer oder was hatte denn soviel Macht?
Ich konnte nicht ...	Wer hat Ihnen denn Ihre Möglichkeiten geklaut?
...natürlich ...	Von welcher Natur reden Sie gerade?
Online-Verbindung zur Wirklichkeit ...	
...wirklich ...	Wie wirklich ist wirklich? Und ..., hat es gewirkt?
...tatsächlich ...	Was verstehen Sie unter einer Tatsache?
Kunst der Bescheidenheit:	
...nur ...	Nur, oder doch noch was anderes? Nur ist pur, oder?
Am Rande des Lochs:	
...nicht...	Sondern? Und wie wollen Sie ab morgen das Loch füllen, das zurück bleibt?

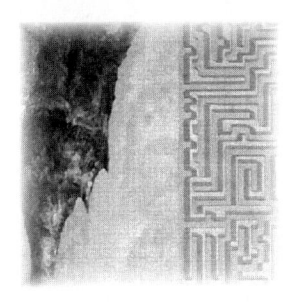

Wanderung N° 62

Ist Manipulation möglich?
Von der Macht und Ohnmacht der Worte

Wohin diese Wanderung führt ...

Der zweite Streifzug durch den Irrgarten der Alltagssprache führt uns in ein Gebiet, in dem es um sprachliche Manipulation geht. Es ist ein Abstecher von dem Weg, denn wir unter dem Titel „Sanfte Verführungen" gewandert sind. Wir sind dort sprachlichen Manipulationen bereits begegnet, nämlich solchen, mit denen Klienten bei der Lösungssuche geholfen werden kann, hinter denen also eine gute Absicht steht.

Hier nun werden wir untersuchen, wie jemand seine Zuhörer mit sprachlichen Tricks für seine Zwecke zu manipulieren versucht. Meistens geht es darum, dass jemand den Hörer (mehr oder minder bewusst) in der Beziehung in eine komplementäre Position hinein manövrieren, ein „Oben-Unten"-Verhältnis durchsetzen will. In der Wanderung N° 26 haben wir schon den positionalen Redestil kennengelernt, der dem Zweck dient, Macht auszuüben.[1] Die manipulativen Floskeln, die unsere Alltagssprache in großer Vielfalt bereitstellt, sind die teilweise äußerst raffinierten Hilfsmittel dazu. Manchmal geht es aber auch darum, den Hörer dahingehend zu manipulieren, dass er die Führung oder die Verantwortung in der Beziehung bzw. bestimmten Situationen übernimmt, ein Oben-Unten-Verhältnis in umgekehrter Richtung herzustellen. Manchmal versuchen Klienten ihre Berater in der Hoffnung auf einen Sockel zu stellen, die Verantwortung für sich abgeben zu können.

Als „one-up" möchte ich die Sprachformen kennzeichnen, in denen der Sprecher versucht, die Oberhand über den Hörer zu erlangen. „One-down" stellt dagegen den Versuch des Sprechers dar, den Hörer über sich zu stellen und ihn zu verführen, die Verantwortung für das Geschehen zu übernehmen.

Es gibt viele solcher Floskeln. Wir werden „hören", mit welchen versteckten Unterstellungen, man könnte auch sagen: Mogelpackungen, wir es jeweils zu tun haben und wie eine Erwiderung, eine Intervention lauten könnte.

„Könnte", das hatten wir doch schon im ersten Streifzug? Ja, könnte; der Konjunktiv mahnt zur Vorsicht! Denn oft produzieren solche Erwiderungen nur mehr desselben, fordern eine Eskalation des sprachlichen Machtkampfes heraus. Die manipulative Wirkung der Floskeln nimmt allerdings auch schon erheblich ab, wenn wir sie er-hören und eine Idee haben, wie wir sie entlarven könnten, auch wenn wir schließlich in weiser Voraussicht darauf verzichten.

Ob es die kleinen Füllwörter „ja", „doch", „einfach", „eben" usw. sind oder Metaphern und andere sprachliche Zaubereien verwendet werden, der Trick besteht darin, dass man als Hörer all diese Floskeln oft nicht bewusst hört, sie jedoch unterbewusst aufnimmt und sich davon so beeindrucken lässt, dass einem kritische Fragen oder eine Widerrede erst gar nicht einfällt. Hinterher merkt man, dass man hinters Licht geführt oder getäuscht

---

[1] An dieser Stelle möchte ich, wie schon bei Wanderung N° 26 auf die gewaltfreie Kommunikation nach Marshall B. Rosenberg hinweisen. In diesem Konzept werden Möglichkeiten gezeigt, wie man mit solchen Sprachformen gewaltfrei umgehen kann.

wurde und ärgert sich darüber. Nur dann ist es schon zu spät.

Allerdings ist es nicht zu spät, nachträglich an solchen Beispielen zu lernen und sich zu sensibilisieren. Auch hier macht die Übung den Meister.

Hat man sich verführen lassen, Verantwortung für den Klienten zu übernehmen, kann man das bei der nächsten Begegnung wieder rückgängig machen. Bei anderen Manipulationen geht das oft nicht mehr.

Ich wähle die Darstellung manipulativer Redeweisen in einer Tabelle, um eine systematische Übersicht zu geben. Sie dient gleich als Wegskizze für diese Wanderung. Darin werden die verschiedenen Arten manipulativer Floskeln skizziert und eine Beschreibung ihrer sprachlichen und psychologisch wirksamen „Tiefenstruktur" gegeben. Dadurch wird deutlich, wie sie wirken. Denn wir neigen als Hörer dazu, die versteckten Botschaften gleichsam zu „schlucken". Dadurch erreicht der Sprecher sein Ziel.

Die folgende Auflistung der Arten von Floskeln ist kein abgeschlossener Katalog. Etliche Redeweisen oder Worte gehören zu mehreren Kategorien gleichzeitig. Die Übersicht dient dem praktischen Zweck, leichter lernen zu können, die hinter bestimmten Redewendungen stehenden Manipulationsversuche zu er-hören und sie eventuell dann auch geschickt zu durchkreuzen oder aber zu schweigen. Denn, diese manipulativen Sprachmuster sind die Einladung zur „Unterwerfung"; wenn man interveniert, hindert man den anderen daran, dass er mit seinem Manöver „durchkommt"; ab da tritt man allerdings mit ihm in einen Machtkampf, provoziert mehr vom selben. Deshalb ist es

Gelegentlich braucht man für Manipulationsversuche kompetente Helfer

oft klüger, das manipulative Muster zwar zu bemerken und an eine mögliche Intervention zu denken, dann aber nicht weiter auf das Manöver des Sprechers einzugehen! Anders ausgedrückt: Es geht um „aktives Weghören" und darum, die versteckte Botschaft nicht zu schlucken.

Ich schlage also vor, die nachfolgende Tabelle je nach Lust und Laune zeilenweise (also von links nach rechts) oder spaltenweise, von oben nach unten zu betrachten. Und ich möchte dazu anregen, eigene Beispiele aus dem beruflichen oder dem privaten Bereich hinzuzufügen, dabei auch die versteckte Botschaft zu identifizieren und Ideen für mögliche Erwiderungen zu sammeln. Sie können das auch mit Freunden oder Kollegen zusammen machen, meiner Erfahrung nach ist das eine recht lustige Aktion. Auf dass man Sie, liebe Leserin oder lieber Leser nicht mehr so leicht „über den Tisch ziehen" kann!

Wegskizze

Sprachmuster / Floskel	Tiefenstruktur des Sprachmusters, was (verpackt) dahinter steckt	Interventionsmöglichkeit (jeweils auf die Beispiele bezogen)
1. verpackte Unterstellungen Beispiele: a) „one up"-Taktik: „...das ist *doch*..." „...das ist *ja*..." „..*bekanntlich*..." „....*es ist* erwiesen..." „..*erfahrungsgemäß*..." „..*schließlich*..." b) „one down"-Taktik: „....ich weiß nicht..." „Was *soll* ich tun?" „Ich kann *einfach* nicht!" „Ich *kann nicht mehr* denken!"	Eine persönliche Meinung wird so dargestellt, als handle es sich um Tatsachen oder um etwas, woran kein Zweifel erlaubt oder möglich sei; es werden vom Sprecher hauptsächlich Tilgungen eingesetzt. Sachverhalte werden so dargestellt, als gäbe es nur diese eine Möglichkeit der Sichtweise; dazu werden oft semantisch fehlgeformte Floskeln verwendet. Schließlich gibt es einige Worte, die in den Satz eingestreut werden, inhaltlich nicht besonders wichtig sind, dadurch der Aufmerksamkeit des Hörers entgehen und so indirekt ihre Wirkung entfalten.	Folgende Interventionsmöglichkeiten sind oft recht wirkungsvoll: a) „One-up": – die Unterstellung hinterfragen: „Wieso...?" – den Sprachtrick aufdecken: „Was meinen Sie mit 'doch'?" „Was bedeutet für Sie 'schließlich'?" – den fehlenden Beziehungsindex erfragen: „Wem ist das bekannt?" „Von wessen Erfahrung sprechen Sie?" b) „One-down": – „Von wem aus sollen Sie?, wer verlangt es" – „Wer könnte es wissen?" – „Ab wann werden Sie wieder denken?"
2. verdeckte Drohungen Beispiele: „*Wo* kämen wir denn *hin*, wenn jeder...?" „Glauben Sie *etwa*...?" „Versuchen Sie *bloß* nicht..." „*Wohin* soll das *bloß noch* führen?"	Es handelt sich um eine verpackte Drohung mit der Unterstellung, es gäbe keine Alternative, als sich der Ansicht oder Forderung des Sprechers anzuschließen. Häufig wird mit Hilfe von Tilgungen offen gelassen, was angeblich für Folgen eintreten, wenn der Hörer sich *nicht* anschließt. Oder es werden Folgen angedeutet, nachdem vorher noch die Ausgangslage verdreht wird: „Wo kämen wir hin, wenn *alle*...?", als ob von allen Menschen die Rede wäre.	– Die Drohung ignorieren und nach der fehlenden Alternative fragen: „Warum geht's nur so?" „Und wenn ich es doch tue?" – Die Tilgungen hinterfragen: „Wohin führt es denn?" – Die Drohung aufdecken: „Wollen Sie mir drohen?"
3. Verwendung unpassender Vergleiche bzw. Metaphern Beispiele: „Ich bin doch kein D-Zug!" „Sie lehnen sich entschieden zu weit aus dem Fenster!"	Es wird eine Ähnlichkeit (Isomorphie) zwischen einem Sachverhalt, um den es gerade geht, und der verwendeten Metapher suggeriert, damit sich der Hörer auf diese Weise der Ansicht des Sprechers anschließt. Die Metapher selbst ist dabei meistens logisch schlüssig, „einleuchtend", darin besteht der Trick.	– die Isomorphie in Zweifel ziehen: „Ihr Vergleich hinkt!" – die Isomorphie vom Sprecher begründen lassen: „Wieso ist das ein passender Vergleich?" – die Metapher benutzen, um die eigene alternative Ansicht zu verdeutlichen: „...ein D-Zug vielleicht nicht, aber wie wär es mit einem hübschen schwäbischen Eisenbähnle?"

4. unterstellte Normenverletzung

Beispiele:

„Kriegst Du *eigentlich nie genug?*"
„Das können Sie doch nicht machen!"
„Was fällt Ihnen ein?""

Jemand tut so, als sei er „im Besitz" einer gültigen Norm und könne daher unterstellen, dass der andere diese Norm verletze. Häufig wird das Ganze noch als suggestive Frage verpackt (s.u.)

- die verpackte Norm offen legen und hinterfragen: *„Wer bestimmt, was genug ist?"*
- einfach widersprechen: *„Das kann ich sehr wohl machen!"*
- die Bedeutung der Frage drehen: *„Warum? Soll ich mir noch etwas anderes einfallen lassen?"*

5. suggestive Fragen

Beispiel:

„Meinen Sie nicht auch, dass...?"

Jemand stellt nur zum Schein eine (offene) Frage, in Wirklichkeit erwartet er von vorneherein, dass der Hörer zustimmt.

- die suggestive Frage als echte Frage aufgreifen und beantworten: *„Nein, das meine ich nicht!"*
- auf die Meta-Ebene gehen: *„War das eine Frage?"*

6. Kontextverzerrung

Beispiele:

„Ich bitte dich, sag doch nicht..."
„Ich flehe dich an, ... !"

Jemand verwendet eine Floskel, die einen bestimmten Kontext beschreibt, in Wirklichkeit ist jedoch was ganz anderes gemeint, z.B. wird eine Forderung in eine Bitte „verpackt".

- hinterfragen: *„... wie meinst Du das?"* oder: *„Ich glaube kaum, dass das eine Bitte war!"*
- wörtlich nehmen und dadurch den Kontext ebenfalls verzerren: *„....gern geschehen!"* oder *„Vorher musst du mich zum König ernennen!"*

7. Prophezeiungen

Beispiele:

„Das funktioniert *sowieso* nicht"
„Das hat *gar keinen Wert...*!"

Jemand macht eine Zukunftsaussage, aber verpackt sie so, als könne er wissen, was passieren wird oder als sei es ohne Zweifel möglich, von bisherigen Ereignissen auf zukünftige zu schließen.

- die Prophezeiung deutlich machen: *„Sind Sie Prophet?"*
- den Schluss von früheren Ereignissen auf die Zukunft hinterfragen: *„Wie hast du das auch für den vorliegenden Fall herausbekommen?"*

Hier können Sie weitere manipulative Floskeln eintragen und bearbeiten:

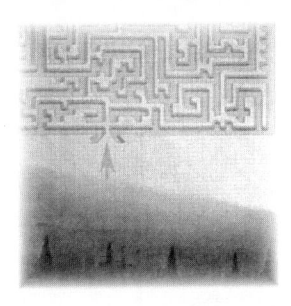

Ausgang ...

Wir sind am Ende dieser Reise angelangt. Es waren Streifzüge in einem Gebiet, in dem wir uns tagtäglich aufhalten, oft ohne es zu merken. Unsere Sprache ist ein faszinierendes und unabdingbares Werkzeug. Es wurde hoffentlich deutlich, dass es nicht nur darauf ankommt, bewusst davon Gebrauch zu machen, sich der kleinen Zaubereien zu bedienen, die uns die Sprache bereithält. Es gilt auch, auf die eigenen Worte zu achten, weil sie unsere Gedanken und unser Bewusstsein prägen, sich mit ihnen in einer Wechselbeziehung befinden. Und es kommt darauf an, uns in unserer Fähigkeit zu üben, genau zuhören, was jemand sagt. Nur das, was man er-hört, kann man auch hinterfragen, um die versteckten Botschaften ans Licht zu befördern.

Vielleicht sagen Sie, liebe Leserin oder lieber Leser, dass es schwierig sei, all die Feinheiten herauszuhören. Ich ermuntere Sie, sich stattdessen zu sagen: „Es ist eine Herausforderung und vergnüglich zugleich, nach und nach all die Zaubereien zu entdecken, die uns zur Verfügung stehen."

Jemand klagt, er fühle sich ausgepresst wie eine Zitrone. Das klingt schlimm, man neigt dazu, die Metapher durch eine freundlichere Beschreibung zu ersetzen. Dabei kann man so wunderbar nutzen: „Sagen Sie, was ist denn aus dem Saft geworden? Sollen wir überlegen, wie Sie dafür sorgen könnten, dass wenigstens der Saft der Zitrone Ihnen gehört?"

Die verborgenen Schätze oder Tricks zu erhören bedeutet, mit seiner Taschenlampe eine Tropfsteinhöhle auszuleuchten und ihre wundersamen Formen zu entdecken, wie das Bild zu Beginn dieser Reise (S. 431) zeigt.

Zum Schluss möchte ich die Wirkung von Sprache im Kreislauf des Lebens noch in einem (erweiterten) Spruch aus dem Talmud ausdrücken:

(Sinnliches Vorwort:)

...Achte auf Deine Wahrnehmungen,
denn aus ihnen werden Vorstellungen.
Achte auf Deine Vorstellungen,
denn aus ihnen werden Gedanken.

Achte auf Deine Gedanken,
denn aus Ihnen werden Worte.
Achte auf Deine Worte,
denn sie werden Handlungen.
Achte auf Deine Handlungen,
denn sie werden Gewohnheiten.
Achte auf Deine Gewohnheiten,
denn sie werden Dein Charakter.
Achte auf Deinen Charakter,
denn er wird Dein Schicksal.
(Talmudspruch)

(Systemisches Nachwort:)
Achte auf Dein Schicksal
denn es prägt Deine Wahrnehmungen...

Abreise:
Ein Blick auf benachbarte Landschaften

	Seite
Abreise	473
Ein Blick auf benachbarte Landschaften – Institutionen, Teams und andere Biotope	475
Quellen und Wanderausrüstung	476
Epilog … oder vielleicht „auf Wiederlesen"?	480

> Unteilbares Erbe
>
> Ein reicher Kaufmann stirbt. Er hinterlässt seinen drei Söhnen siebzehn Kamele. Vor seinem Tod sagt er zu ihnen: »Du mein Ältester, sollst die Hälfte meines Erbes bekommen, du mein Zweitgeborener ein Drittel, und du mein Jüngster ein Neuntel.«
> Wie man sich denken kann, befällt die Söhne wegen der Unlösbarkeit ihres Problems große Ratlosigkeit, die schließlich zum Streit führt.
> Zufällig kommt ein weiser Sufi auf seinem Kamel des Weges. Er steigt ab und erkundigt sich bei den Dreien nach dem Grund ihrer Auseinandersetzung, und sie schildern ihm ihr unlösbares Problem.
> »Aber«, sagt der Sufi, »nichts leichter wie das, euch kann geholfen werden. Wir nehmen mein Kamel und stellen es zu euren siebzehn da drüben. Gut, nun sind dort achtzehn Kamele. Du, Ältester, erhältst die Hälfte, also neun; du zweitgeborener ein Drittel, also sechs; und du Jüngste ein Neuntel, also zwei. Neun, sechs und zwei, das ergibt siebzehn. Und das eine Kamel, das dort noch steht, das ist ja das meine.«
> Er bestieg sein Kamel und ritt davon.

Labyrinth auf der Vorderseite
von Thomas Thiemeyer

Ein Blick auf benachbarte Landschaften
Institutionen, Teams und andere Biotope

Liebe Leserin, lieber Leser, 62 Wanderungen liegen hinter uns. Sie haben vielleicht Vergnügen daran gefunden, auf solche Weise zu wandern. Und hoffentlich haben Sie Anregungen für Ihre Arbeit mit Klienten bekommen, die Sie jetzt in Ihrem Reisegepäck mitnehmen. Auch die Abreise ist Teil einer Reise, und ich lade Sie ein, etwas zu verweilen, denn es gibt noch einiges zu betrachten.

Bei unseren Wanderungen haben wir Gegenden nicht betreten, die in direkter Nachbarschaft zum Labyrinth, in Sichtweite liegen: Jegliche Form von Beratung (Betreuung, Begleitung) findet in irgendeinem institutionellen Rahmen statt, und sei es in der eigenen privaten Praxis. Die meisten Berater arbeiten in Institutionen, in ambulanten Diensten oder Einrichtungen, sei es im öffentlichen Dienst oder der freien Wohlfahrtspflege. Sie arbeiten innerhalb bestimmter Strukturen, eventuell in einem multiprofessionellen Team. Jenseits aller methodischen Ansätze beeinflusst dieser Rahmen die Tätigkeit des Beraters. Denn sie ist in der Regel bezahlte Arbeit, man bestreitet seinen Lebensunterhalt davon. Also kommen auch Kostenträger ins Spiel, und meistens sind das nicht die Klienten, sondern irgendwelche „Sozialleistungsträger". Die ökonomische Abhängigkeit von einer ausreichenden Zahl von „Kunden", die Vorgaben der Kostenträger, die institutionellen Strukturen, die persönlichen Interessen der darin Tätigen, deren Positionen innerhalb von Hierarchien, all das steht in einer komplexen Wechselwirkung. Es handelt sich um einen Irrgarten ganz anderer Art, als wir bei den hinter uns liegenden Wanderungen kennen gelernt haben. Ihm wird ein anderes Buch gewidmet sein. Dort wird es um die institutionelle Beziehung zwischen Klienten und Beratern, um Regelwerke, Teamarbeit, um Hierarchien und Demokratiewünsche, um konzeptionelle Ansprüche, praktische Realitäten und darum gehen, wie man diese Eigentümlichkeiten meistern kann.

Wenn es sich auch um wesentliche Rahmenbedingungen beratender Arbeit handelt, die da und dort die Anwendung der in diesem Buch vorgestellten Methoden erschweren, sie verhindern es nicht, methodisch so zu arbeiten, wie Sie es auf unseren fünf Reisen kennengelernt haben. Die Analyse der Auftragslage (vgl. Wanderungen N°9 und N°10) ist der wichtigste methodische Ansatz, um der Wechselwirkung zwischen Beratung und Rahmenbedingungen Rechnung zu tragen. Wenn sich die Aufträge der Institution, der Kostenträger, der Kollegen, der Klienten und ihrer Angehörigen widersprechen, bleibt nichts anderes, als neu zu verhandeln. Die Auftragsanalyse ist ein wesentliches Hilfsmittel, um sich im Irrgarten, der das Labyrinth der Beratung umgibt, zurechtzufinden.

Wir sind mit dem Irrgarten der Rahmenbedingungen an einer weiteren Stelle direkt in Berührung gekommen: Beim Umgang mit Kontexten mangelnder Freiwilligkeit, in denen Berater missionieren und kontrollieren sollen, was dem Grundansatz jeder Beratung im Grunde widerspricht (vgl. Wanderungen N°17 und N°18). Dennoch muss und kann dieser Widerspruch methodisch gemeistert werden, wie wir gesehen haben.

Bildhaft ausgedrückt, führten unsere Wanderungen in diesem Buch durch Labyrinthe im Binnenland mit gelegentlichen Streifzügen im Ufergebiet eines Gewässerirrgartens.

Quellen und Wanderausrüstung

„Brigach und Breg bringen die Donau zu Weg." Will man wissen, welches die Donauquelle ist, steht man vor dem Problem, dass es zwei Quellen mit verschiedenem Namen gibt. Aber auch dann, wenn ein Bach oder Fluss aus einer Quelle entspringt, kann man zwar feststellen, an welcher Stelle die Quelle an die Erdoberfläche tritt, vorher aber hat das Wasser vielleicht eine schon mehr oder minder lange unterirdische Reise hinter sich.

Die Quellen dieses Buches sind vielfältig:

Eine erste Quelle sind die Seminare und Fortbildungen, die ich besuchen konnte, in denen ich von meinen Lehrern und den anderen Teilnehmern vieles gehört und aufgeschnappt habe, das mein eigenes Denken nachhaltig beeinflusst hat.

Eine zweite Quelle sind die Seminare und Fortbildungen, die ich selbst gegeben habe und noch gebe. Alles, was ich dort weitervermitteln wollte, musste ich für mich selbst nochmals durchdringen und verstehen. Die Fragen der Teilnehmer aus ihrer Praxis bedeuten entweder ad hoc eine Antwort präsentieren zu können oder darüber nochmals nachdenken bzw. nach Material suchen zu müssen. Sehr oft wurde nach ganz praktischen Handlungsmöglichkeiten gefragt. Bestimmte Problemlagen haben sich wiederholt, sodass die Antworten schließlich in der Entwicklung einer Methode ihren Niederschlag gefunden haben. Beispielsweise sind das Phasenmodell, das Drei-Schritte-Programm oder das Konzept der Problemdimensionen so entstanden.

Eine dritte Quelle, der zweiten sehr ähnlich, waren die Erfahrungen in der Supervisionstätigkeit, durch die ich mit fast dem ganzen Spektrum psychosozialer Arbeitsfelder in Berührung gekommen bin. Unterschiede und Ähnlichkeiten der Problemlagen erweiterten meinen Blickwinkel. Es war für mich eine wichtige Erfahrung zu erleben, wie universell systemische Methoden verwendbar sind. Manche Methoden, die in den Wanderungen vorgestellt wurden, etwa die Arbeit mit Lageplänen oder mit Eigenauftragsanalysen sind aus den Erfahrungen in der Fallsupervision entstanden, und ich konnte sie immer wieder erproben.

Meine Erfahrungen in der eigenen Beratungspraxis mit Erfolgen und Misserfolgen, die Begegnungen mit Problemlagen, für die es nach Lösungen zu suchen galt und bei denen ich nicht immer auf erlerntes „Handwerkszeug" zurückgreifen konnte, sind die vierte wichtige Quelle, unter anderem bei den Fallbeispielen.

Als fünfte Quelle ist schließlich noch die Lektüre von Fachliteratur zu nennen. Ich bin nicht sehr „belesen". Es waren eher wenige, aber für mich wichtige Ideen, die ich aus Büchern oder Artikeln bezogen und dann daran für mich weitergearbeitet habe. Einige für mich wesentliche „Funde" sind in der noch folgenden Literaturliste wiedergegeben.

Alle diese fünf Quellen haben sich vermischt. Teilweise kann ich gar nicht mehr sagen, wo genau ich eine Idee gefunden habe und wie sie sich im Wechselspiel mit den anderen vier genannten Quellen weiter entwickelt hat. Deshalb habe ich auch auf genaue Quellenangaben, wie sie für eine wissenschaftliche Arbeit nötig sind, verzichtet, und hoffe, dass die Praxisorientierung dieses Buches, die mir sehr wichtig war und ist, dadurch nicht beeinträchtigt wird. Manches, was ich mir selbst ausgedacht habe, habe ich später bei der Lektüre anderer Autoren in ähnlicher Form gefunden. Wie in verschiedenen „Schulen" oft ähnliche Ideen auftauchen, hat mich immer wieder überrascht, gefreut und zugleich in der Idee verstärkt, es komme auf eine Verknüpfung und Integration der verschiedenen Ansätze der beratenden oder therapeutischen Arbeit an.

Einige Konzepte und Theorien, die ich in Fortbildungen, Büchern und Artikeln kennen gelernt habe, haben mich besonders beeinflusst; ich will sie kurz zitieren:
– Die pragmatischen Axiome in der Kommunikationstheorie von Paul Watzlawick haben mich zur Idee des mehrdimensionalen Kommunikationsraums angeregt; daraus ergab sich auch die Reihenfolge bzw. Gliederung der ersten drei Reisen.
– Die Kontraktarbeit, wie sie aus der Transaktionsanalyse bekannt ist, hat sich für mich immer wieder als zentral wichtige Methode in der Beratung herausgestellt, erst recht, nachdem ich feststellen konnte, wie oft Berater vergessen, ihren Klienten die „Schlüsselfrage" zu stellen.
– Die anregende Art des „Querdenkens", wie ich sie unter anderem bei Paul Watzlawick, Heinz von Foerster und Matthias Varga von Kibéd gefunden habe, hat mich ermutigt, mich selbst im Querdenken zu üben und mich für möglichst viele, wenn auch oft konträr erscheinende Denkansätze, zu öffnen.
– Eine Zeit lang ist in der Zeitschrift *Familiendynamik* die „Post aus der Werkstatt" von Fritz Simon und Gunthard Weber erschienen. Die dort sehr praxisnah aufbereiteten Ideen des Konstruktivismus und anderer systemischer Konzepte haben mich sehr inspiriert. Glücklicherweise liegen diese Beiträge wieder als Buch vor („Vom Navigieren beim Driften").
– Relativ am Anfang meiner Beratungsarbeit stieß ich auf die Fragetechnik des Meta-Modells, ohne schon etwas vom NLP (Neurolinguistisches Programmieren) zu wissen. Die im Meta-Modell vermittelte Art, genau zuzuhören und nachzufragen, hat mich spontan angesprochen. Wie schnell man mit einigen Fragen zum Kern eines Problems, zum Wesentlichen vordringt, habe ich seither immer wieder erfahren können.
– Bei Holger Leinhos bin ich zum ersten Mal den verschiedenen Grundhaltungen und Konzepten des NLP begegnet. Die Idee von den „guten Absichten", die – wenn auch meist unbewusst – hinter dem Symptomverhalten stehen, die damit verbundene und mögliche Abkehr vom defizitorientierten Denken bis hin zur methodischen Umsetzung z.B. im 6-Stepe-Reframe waren Aha-Erlebnisse. Später habe ich dann bei ihm die aus der polykontexturalen Logik (Gottlieb Günter) abgeleiteten Methoden systemischen Denkens kennen gelernt. Anfangs habe ich gar nichts verstanden, aber nach und nach vermochte ich diese Ideen als Beratungsmethoden anzuwenden und in meinen Fortbildungen zu präsentieren – da musste ich mich „durchbeißen" und sie begreifen. Etwas auf sich selbst anzuwenden (Wanderung N° 41) oder den Boomerang der Selbstbezüglichkeit als Methode zu beschreiben (Wanderung

N° 48), sind Ergebnisse dieser „Verarbeitung".
– Witz und Humor, in diesem Sinne auch wohltuende Frische in die Beratung und Fallarbeit zu tragen, habe ich zuerst bei Rudolf Kaufmann, später bei Bernhard Trenkle und Gunther Schmidt kennenlernen dürfen. Nicht zuletzt von ihnen wurde ich darin bestärkt, Kreativität und den Mut zu Originalität als wichtige Ressource anzusehen und davon reichlich Gebrauch zu machen. In Verbindung mit dem schon zitierten Querdenken hat das viel Leichtigkeit in mein Denken und meine Praxis gebracht.

Nun kommt also noch eine kleine Literaturübersicht, die wirklich nicht mehr als ein winziger, im Prinzip zufälliger und höchst subjektiver Ausschnitt aus der Fülle hervorragender Autoren und ihrer Publikationen sein kann und will.

Bach, G.: Streiten verbindet (1979)
Bandler, R. / Grinder, J.: Psychotherapie und Metasprache; Struktur der Magie, Band 1 und 2, (1982)
Bandler, R. / Grinder, J.: Therapie in Trance (1984)
Bandler, R. / Grinder, J./ Satir V.: Mit Familien reden (1978)
Bateson, G. et.al.: Schizophrenie und Familie (1969)
Cameron-Bandler, L.: Wieder zueinander finden – NLP in der Paartherapie (1984)
Capra, F.: Lebensnetz (1996)
Dilts, R.: Veränderung von Glaubenssystemen (1993)
Eberling, W. / Hargens, J.: Einfach kurz und gut – Zur Praxis der lösungsorientierten Kurztherapie (1996)
Gofman, I.: Asyle (1972)
Gordon, D.: Therapeutische Metaphern (1986)
Hargens, J. (Hrsg): Klar helfen wir Ihnen – wann sollen wir kommen? Systemische Ansätze in der sozialpädagogischen Familienhilfe (1992)
Kim Berg, I.: Familien zusammenhalten – Ein kurztherapeutisches und lösungsorientiertes Arbeitsbuch (1992)
Leinhos, H.: Polykontexturales Handeln (Seminarunterlagen (1996)
Marinow, L.: Bei Sokrates auf der Couch (2003)
Maturana, H./ Varela, F.: Der Baum der Erkenntnis (1987)
Minuchin, S.: Familie und Familientherapie (1977)
Mücke, Kl.: Probleme sind Lösungen (2001)
Pfeiffer-Schaupp, H.-U.: Jenseits der Familientherapie (1995)
Retzer, A.: Passagen – systemische Erkundungen (2002)
Rosen, S.: Die Lehrgeschichten Milton Ericksons (1990)
Schlippe, A.v./ Schweitzer, J.: Lehrbuch der systemischen Therapie und Beratung (1996)
Schweitzer, J./Schumacher, B. (Hrsg.): Die endliche und die unendliche Psychiatrie (1995)
Segal, L.: Das 18. Kamel – Zum Konstruktivismus Heinz v. Försters (1986)
Selvini-Palazzoli, M. et.al.: Paradoxon und Gegenparadoxon (1977)
Selvini-Palazzoli, M. et.al.: Hinter den Kulissen der Organisation (1984)
Shazer, St. de: Der Dreh (1989)
Simon, F. / Weber, G.: Vom Driften beim Navigieren (2004)
Sparrer, I. / Varga von Kibed, M.: Ganz im Gegenteil – Tetralemmaarbeit und andere Grundformen systemischer Strukturaufstellungen (2000)
Trenkle, B.: Die Löwengeschichte (1997)
Walter, J./ Peller, J.: Lösungsorientierte Kurztherapie (1994)
Watzlawick, P. (u.a.): Menschliche Kommunikation (1969); Wie wirklich ist die Wirklichkeit? (1978); Münchhausens Zopf (1988); Anleitung zum Unglücklichsein (1983);
Weiss, Th.: Familientherapie ohne Familie (1988)
Wippich, J.: Denk nicht an Blau! (1995)
Zeig, J.: Die Weisheit des Unbewussten – Hypnotherapeutische Lektionen bei Milton Ericksons (1995)

Auf Bücher, die zur Belletristik gehören, möchte ich auch verweisen, weil sie in metaphorischer Weise das Thema der Systemdynamik und der Wirklichkeitskonstruktionen aufgreifen:

- Hans Bemmann: Erwins Badezimmer. Oder die Gefährlichkeit der Sprache (2001)
- Jostein Gaarder: Das Kartengeheimnis (1990)
- Herbert Rosendorfer: Briefe in die chinesische Vergangenheit (1997)

Viele Aphorismen habe ich aus dem empfehlenswerten Buch „Das Aha!-Handbuch der Aphorismen und Sprüche für Beratung, Therapie und Hängematte" von Bernhard Trenkle (2004) und der Sprüchesammlung „Wo aber Gefahr ist, wächst das rettende auch" von Klaus Mücke (2002) zitiert.

Die meisten Geschichten stammen aus :

- Nossrat Peseschkian: Der Kaufmann und der Papagei
- Ron Fischer: Also sprach Mulla Nasrudin
- Marco Aldinger: BewusstseinserHeiterung
- S.H. Hacohen: Ratlos war der Rabbi nie

Soweit das Wichtigste zu den Quellen dieses Buches. Wir kommen zur ...

Wanderausrüstung

Zum Schluss noch einige Empfehlungen zur „Ausrüstung" für Ihre weiteren Wanderungen in der alltäglichen Praxis, sofern Sie, liebe Leserin und lieber Leser, dieses Buch in Ihrer Arbeit verwenden wollen:

Wie schon erwähnt, schließen alle Wanderungen mit einer „Wegskizze", die Sie sich entweder kopieren oder, handlicher in einem kleinen Ringbuch zusammengefasst beim Verlag beziehen können. Wenn Sie die Wegskizzen als CD ordern, können sie das ganze methodische Inventar dieses Buches (in Word) nach ihren eignen Bedürfnissen umarbeiten, denn die CD enthält die Wegskizzen als WORD-Dokumente.

Auf der Internetseite können Sie auch nach Neuigkeiten zu einzelnen Themen des Buches schauen; denn wenn sich im Rahmen meiner Kurse oder Supervisionen neue Ideen zu einzelnen Methoden ergeben, werden sie dort aufgenommen:

www.auseinemlabyrinth.de

Sie können sich auch gerne mit mir via Email austauschen oder Fragen stellen.

Wenn Sie sich für meine Kurse interessieren, können Sie unter www.bebenburg.info nachsehen. Dort finden Sie auch weitere Verweise.

Eine ganz andere Wanderausrüstung möchte ich noch besonders erwähnen:

Es sind Ihre Erfahrungen, die Sie bei der Anwendung der Methoden machen werden. Dieser „Erfahrungsschatz" ist der wichtigste überhaupt! Denn die Methoden für die Beratung, die ich als Wege aus einem Labyrinth möglichst praxisnah zu beschreiben versucht habe, werden erst durch Ihre Erfahrungen damit, durch die Übertragung in Ihre Praxis wirklich konkret. Beispielsweise habe ich das Konzept zur Lösung von Entscheidungsproblemen über zehn Mal umgeschrieben, denn bei der Anwendung in der eigenen Praxis oder der Vermittlung in Kursen kamen immer neue Gesichtspunkte hinzu, Korrekturen wurden nötig.

Methoden müssen den Menschen angepasst werden, nicht umgekehrt. Diese Erfahrung werden Sie sicher auch machen. Letztlich gibt es keine Rezepte. Die Menschen und die Begegnung mit ihnen sind unsere Lehrmeister! Eine solche Arbeit machen zur dürfen, ist ein großes Priviileg. Wo sonst können wir soviel über uns selbst lernen?

Epilog ... und vielleicht „auf Wiederlesen"?

Wenn der Autor noch nicht ganz fertig ist mit dem, was er sagen möchte, schreibt er ein Nachwort. Es geht meist um eine Art Ausblick oder aber auch darum, den Bogen, den das Buch spannt, mit einigen Überlegungen zu einem Kreis zu schließen. Dies soll hier versucht werden.

Am Ausgang eines Labyrinths angelangt, mischt sich Erleichterung und Bedauern. Nach Verlassen eines Spiegelkabinetts oder eines 3-D-Kinos bewegt man sich wieder in der alltäglichen Welt, die uns weniger aufregt, „kitzelt". So hinterlässt auch ein Labyrinth den Reiz, es wieder und wieder zu betreten.

Vielleicht ist das ein Grund (vom Wunsch zu helfen abgesehen), warum wir „psychosozialen Arbeiter" dann doch immer wieder das Labyrinth der nicht alltäglichen zwischenmenschlichen Begegnungen betreten, obgleich wir uns nach anstrengenden Vortagen oder -wochen schon mal gefragt haben: „Warum mache ich das eigentlich alles?"
Vielleicht erscheint uns jede andere Tätigkeit langweiliger, vielleicht ist die Begegnung mit Menschen und dadurch mit sich selbst die größte Herausforderung, die rätselhafteste Entdeckungsreise.
Die Selbsterforschung des Menschen ist wahrscheinlich mit der interdisziplinären Erforschung des Gehirns in eine entscheidende Phase getreten. Wir kommen mehr und mehr in die Lage zu verstehen, wie wir funktionieren. „Vielleicht", muss man hinzufügen. Denn unser Gehirn bildet mit dem ganzen Körper ein so komplexes lebendiges Netzwerk, dass es vielleicht doch niemals gelingen wird, es vollständig zu verstehen.
Dennoch halte ich es für nicht ausgeschlossen, dass einige ethische, bisher im Einklang mit der Theorie lebender Systeme stehende Grundsätze des Umgangs mit Menschen überdacht und vielleicht revidiert werden müssen. Das hat mich zeitweise zaudern lassen, weiter zu schreiben. Denn ein Credo dieses Buches ist, dass wir Menschen prinzipiell in der Lage seien, uns willentlich verändern zu können. Aber stimmt das, wenn man die bisherigen Forschungsergebnisse betrachtet, die zeigen, wie wenig wir „Herr im Haus" sind? Wenn, neuronal gesehen, Handlungsimpulse schon längst auf dem Weg sind, während wir auf bewusster Ebene denken, wir würden uns gerade im Moment dazu entscheiden. Was bedeutet das für die „freie" Wahl unter verschiedenen Handlungsmöglichkeiten?

Wenn Sie liebe Leserinnen und Leser, wieder Klienten begegnen, die Ihnen zum x-ten Mal ihr Leid klagen, stehen Sie wieder vor der Frage: Kann dieser Mensch nicht anders, oder will er nicht? Will er nicht können oder kann er nicht wollen? Hat er sich willentlich (?) entschieden, letztlich doch seinen Ängsten und Gewohnheiten zu folgen, oder haben das andere Areale in seinem Hirn entschieden, und er sucht lediglich noch nach einer rationalen (kortikalen) Rechtfertigung? Entscheidet das limbische System (jenseits unseres willentlichen Einflusses), wann der präfrontale Kortex bestimmen darf und wann nicht? Wer bin dann eigentlich „ich"? Sind vielleicht sogar diese Fragen falsch gestellt und können zu keiner befriedigenden Antwort führen?

Solche Fragen münden in das Thema der Verantwortung. Die Grundprämisse, Beratung solle dem Klienten zu mehr Wahlmöglichkeiten verhelfen, die Verantwortung für die Wahl selbst liege jedoch beim Klienten, könnte fragwürdig werden. Nicht deshalb, weil etwas oder jemand außerhalb des Klienten die Wahl für ihn träfe – die These der Autonomie (Eigengesetzlichkeit) lebender Systeme, also auch des einzelnen Menschen, wäre hier, glaube ich, nicht widerlegt.
Wenn jedoch der Begriff der Verantwortung an die bewusste bzw. willentliche Wahl zwischen Alternativen geknüpft ist, muss die Fähigkeit, die Wahl zu treffen, vorausgesetzt werden. Wenigstens muss die Fähigkeit vorhanden sein, die Fähigkeit willentlich bzw. absichtlich zu entwickeln, die für eigenverantwortliches Handeln und Entscheiden nötig ist. Oder es eben absichtlich bleiben zu lassen, weil es einem zu anstrengend und zu wenig lohnend erscheint.
Im Prinzip entspricht dies auch der Idee von der Hilfe zur Selbsthilfe, dem „hippokratischen Eid" der Sozialarbeit. Diese Idee ist umsetzbar, wenn der Klient bereit ist, die Fähigkeit zur Selbsthilfe zu erwerben. Wo dies nicht gelingt, bedient man sich schon heute des Begriffes der Behinderung, die jedoch allenfalls eine Hypothese sein kann. Eine problematische noch dazu, denn Behinderung kann dadurch zum Artefakt werden.

Es würde mich nicht wundern, wenn dereinst die Verantwortungsethik der humanistischen Psychologie und des systemischen Arbeitens angesichts der Ergebnisse der Hirnforschung in sich zusammenbräche und mit ihr viele Prämissen der Therapie und Beratung ebenfalls. Ich bin jedoch viel zu wenig Experte auf diesem Gebiet, um mehr nur als vage Vermutungen zu äußern.

Für mich sind das spannende Fragen und Perspektiven. Denn was wären die Folgerungen für etliche Kapitel dieses Buches? Was könnte bleiben, was müsste modifiziert und was ganz neu durchdacht werden? Ob und wann wir an solch einen Punkt einer radikalen Wende unseres Denkens gelangen, wer weiß es?
Vorläufig bleibt es beim täglichen Experiment. Sie fragen: „Was brauchen Sie von mir?", die immer wieder erwähnte „Schlüsselfrage". Der Klient schweigt und zuckt mit den Achseln. Weiß er es nicht? Will er es nicht wissen? Kann er es nicht wissen? Oder war die Frage unpassend? Daraufhin versuchen Sie, genau diese Frage mit ihm zu klären, aber der Versuch scheitert, denn er zuckt wieder mit den Achseln. War das für den Klienten einfach „zu hoch", außerhalb seiner Denkgewohnheiten? Oder ahnte er, dass das Ganze darauf hinauslaufen würde, Verantwortung für sich übernehmen zu müssen, wovor er sich fürchtet?
Zu einer anderen Zeit fragen Sie einen anderen Klienten, was er sich denn von Ihnen wünsche, und er gibt eine konkrete Antwort. Er also konnte, einfach so? Oder konnte er, weil er wollte?
Vielleicht verhalten sich die Dinge aber noch ganz anders: Warum sollte der Klient solche Fragen überhaupt beantworten? Mit Fragen stellt der Berater im Prinzip eine Beziehungsdefinition her. Hier der Fragende, dort der Antwortende. Es ist dieselbe „Oben-Unten"-Beziehung, wie sie durch die Rollenverteilung ohnehin schon etabliert wird. Die Achseln zu zucken oder „Ich weiß nicht!" zu

sagen und dabei zu bleiben, gleicht das Gefälle wieder aus. Nun ist (auch) der Berater ratlos, die Beziehung ist wieder annähernd ebenbürtig.

Das Thema Selbstbezüglichkeit taucht wieder auf. „Was ist Ihr Anliegen?" Stellt der Berater diese Frage als jemand, der frei von Anliegen ist? Oder als jemand, der eine Antwort braucht, um weitermachen zu können? Wenn das so wäre, warum sollte der Klient dem Berater weiter helfen, wenn doch die (auch gesellschaftlich verbreitete) Beziehungsdefinition eine ganz andere ist, nämlich dass Berater die Aufgabe haben, Klienten zu helfen.

In einem Sketch von Loriot wird die ganze Thematik wunderbar auf den Punkt gebracht: Das Ehepaar Blöhmann (Ingeborg Heydorn und Loriot) kommt zur psychologischen Beratung.

Die Psychologin (Evelyn Hamann) eröffnet das Gespräch: „Bitte nehmen Sie doch Platz. Mein Institut ist bemüht, den Ehegatten bei der Überwindung einer kritischen Phase behilflich zu sein und körperliche oder geistige Kontaktschwächen auszugleichen. Wunder vollbringen wir keine."

Herr Blöhmann: „Ach?!"

Psychologin: „Wo liegen Ihre Schwierigkeiten, schwerpunktmäßig?"

Herr Blöhmann: „Wenn Sie das nicht wissen?!"

Frau Blöhmann: „Wir hatten eigentlich gedacht, dass wir da von Ihnen irgendwas ..., wir kommen schließlich von auswärts!"

So also ist die Wanderung durch das Labyrinth: Ständig neue Weggabelungen, ständig neue Fragen, und wieder stehen wir am Eingang, wie zu Beginn dieses Buches ...

Der Palast

Ein sehr armer Mann kam zum Rabbiner: »Es ist schrecklich, Rebbe, ich bin unglücklich wie Hiob. Ich, mein Weib, meine vier Kinder und meine Schwiegermutter leben in einem Zimmer.«

Fragte der Rabbi: »Hast du Hühner?« »Ja, vier« »Nimm sie herein ins Zimmer.« Der Mann wagte nicht zu widersprechen.

Nach einer Woche kam er zum Rabbi und sagte: »Es ist noch schrecklicher. Die Hühner machen alles dreckig. Eins hat gepickt den Säugling, mein Weib hat sie gejagt über die Betten.«

Der Rabbi fragte: »Hast du ein Kalb?« Und als der Mann ängstlich nickte, sagte er: »Nimm das Kalb herein ins Zimmer.« Nach vier Tagen kam der Mann gerannt: »Rebbe, ich kann's nicht aushalten. Das Kalb brüllt und trampelt auf den Kindern herum, die Hühner fliegen durchs Zimmer und legen Eier ins Bett.«

Der Rabbi dachte lange nach, dann fragte er: »Hast du ein Pferd?« »Ja, ich hab ein kleines – aber Ihr werdet doch nicht wirklich wollen, dass« »Nimm herein den Gaul sofort«, verlangte der Rabbi.

Schon am folgenden Morgen kam der Mann schreiend angelaufen: »Das ist zuviel! Keine Minute länger will ich aushalten diese Hölle. Wir werden alle völlig meschugge.«

»Nun«, sagte der Rabbi, »wenn du es kannst wirklich nicht aushalten länger, dann nimm heraus die Hühner, heraus das Kalb, heraus den Gaul.« Der Mann rannte heim.

Schon nach einer Stunde kam er wieder und lachte und klatschte in die Hände und schlug sich die Schenkel: »Rebbe, ich bin der glücklichste Mensch auf der Welt. Uns ist, als säßen wir in einem Palast!«

(zit. nach Marco Aldinger: BewusstseinsErheiterung)

AG SPAK BÜCHER
aus unserem Programm

Ratgeber

S. Pendzik: **Gruppenarbeit mit mißhandelten Frauen**. Ein praktischer Leitfaden. 180 Seiten, ISBN 3-923126-98-0. Die Übungen wurden entwickelt, um misshandelten Frauen Hilfe anzubieten. Der Großteil der Übungen sind *Aktionstechniken*, da sie auf bedeutsame Veränderungen in einem Menschen abzielen. Dazu werden künstlerische bzw. partizipative Ausdrucksformen verwendet, die die Frauen aktiv miteinbeziehenund zur Festigung eines partizipativen Selbstbildes beitragen. IBPro (Hg): **Vereinspraxis**. Mit CD-Rom (3.akt.Aufl.) Der Ratgeber richtet sich an all jene, die sich mit rechtlichen Fragen und Problemen auseinandersetzen wollen bzw. müssen.

EBW/IBPro (Hg): **Fundraising** (3.akt.Aufl.), 428 Seiten, ISBN 3-930830-51-5. Ein umfassendes Nachschlagewerk, das in über 400 Kapiteln und Unterkapiteln die 1.000 Möglichkeitendes Fundraising mit Beispielen, Tipps, Checklisten und (Internet-)Adressen erläutert: Werbung um Mitglieder und Spender, Spendenbrief, Online-Fundraising, Sammlungen, Benefiz-Events, letztwillige Verfügungen, Unternehmenskooperation, Schulsponsoring, Lions & Co., Preise, Stiftungen, Förderfonds, Wettmittel, Bußgelder, Zeitspenden, Eigenwirtschaftliche Betätigung u.v.a.m.,

EBW/IBPro (Hg): **Stiftungen nutzen, Stiftungen gründen** (3.akt.Aufl.) 185 S., ISBN 3-930830-27-5. Die ca. 5.000 Förderstiftungen unterstützen Soziales, Kultur, Ökologie, Wissenschaft etc. Dieses Buch stellt Ihnen wichtige Stiftungen vor und zeigt, wie Sie erfolgreich Förderanträge stellen. Wenn Sie selbst stiften oder – auch ohne eigene Mittel – eine Stiftung für Ihr Anliegen gründen wollen, zeigt Ihnen das Buch dafür vielfältige – auch sehr unbürokratische – Wege auf.

EBW (Hg): **Presse- und Öffentlichkeitsarbeit**, 180 S., ISBN 3-930830-41-8

B. Hüttner: **Archive von unten**. 177 Seiten, ISBN 3-930830-40-X

Kuhnt/Müllert: **Moderationsfibel Zukunftswerkstätten**. (3. akt. Aufl. 2005), 230 Seiten, ISBN 3-930830-45-0. Die Moderationsfibel vermittelt Grundlagen und Hintergründe dieser Werkstattmethode. Das Handbuch hilft bei der Planung und Anleitung, der Dokumentation und Auswertung von Zukunftswerkstätten ebenso wie bei Moderationsproblemen. Ein Praxisbuch für Personen, die Gruppen und Initiativen, Sitzungen und Besprechungen leiten.

Kleine Reihe

BAG SHI (Hg.): **Existenzgeld für alle**. 100 Seiten, ISBN 3-930830-14-0

G. Notz: **Die neuen Freiwilligen**. 80 Seiten, ISBN 3-930830-09-4

W.-D. Narr: **Zukunft des Sozialstaats**. 64 Seiten, ISBN 3-930830-10-8

B. Scurell: **Vielfalt der Arbeit**.80 Seiten, ISBN 3-930830-12-4

www.leibi.de / spak-buecher

Holzheimer Str. 7 – 89233 Neu-Ulm

U. Klemm: **Lernen ohne Schule**. 84 Seiten, ISBN 3-930830-22-1

Klemm/Hufner: **Wissen ohne Bildung?** 120 Seiten., ISBN 3-930830-28-0

G. Notz: **Familien**. 120 S., ISBN 3-930830-34-5

Pädagogik

C. Rojzman: **Der Haß, die Angst und die Demokratie**. 144 Seiten, ISBN 3-930830-05-1

P.-Freire-Gesellschaft (Hg.): **Mit Phantasie und Spaß**. 158 Seiten, ISBN 3-930830-19-1

F. Mädche: **Kann Lernen wirklich Freude machen?**264 Seiten, ISBN 3-923126-97-2

I. Marcus u.a.: **Globales Lernen**. Loseblattsammlung, ISBN 3-923126-99-9

A. Rösgen: **Lernfeld Lebenswelt**. 220 Seiten, ISBN 3-9231-70-0

EBW (Hg): **Leben erinnern** 160 Seiten, ISBN 3-930830-49-3

Behinderung und Gesellschaft

Ewinkel u.a. (Hg.): **Geschlecht behindert. Besonders Merkmal: Frau**. 5. Aufl., 212 Seiten, ISBN 923126-33-6

O. Miles-Paul: **Wir sind nicht mehr aufzuhalten**. Beratung von Behinderten durch Behinderte. 160 Seiten, ISBN 3-923126-76-X

fib (Hg): **Leben auf eigene Gefahr**. Geistig Behinderte auf dem Weg in ein selbstbestimmtes Leben, 324 Seiten, ISBN 3-923126-96-4

M. Banasch: **Behinderte Sexualität – verhinderte Lust?** 242 S., ISBN 3-930830-20-5

L. Sandfort: **Hautnah**. Neue Wege der Sexualität behinderter Menschen. 148 Seiten, ISBN 3-930830-30-2

Mobile (Hg): **Selbstbestimmt Leben mit Persönlicher Assistenz**, Ein Schulungskonzept für Persönliche AssistentInnen. Band A. 666 Seiten, ISBN 3-930830-26-4 Band B. 400 Seiten, ISBN 3-930830-29-9 Frauen. 150 Seiten, ISBN 3-930830-33-7

Henninger/Steiner : **Schwarzbuch „Deutsche Bahn AG"** 156 S., ISBN 3-930830-36-1

Eggli/Schmidt: **Ein Hallo Aus der Glasglocke** – Briefe über Grenzen. 122 Seiten, ISBN 3-930830-47-7

G. Hermes: **Behinderung und Elternschaft leben** – Kein Widerspruch. 193 Seiten, ISBN 3-930830-46-9

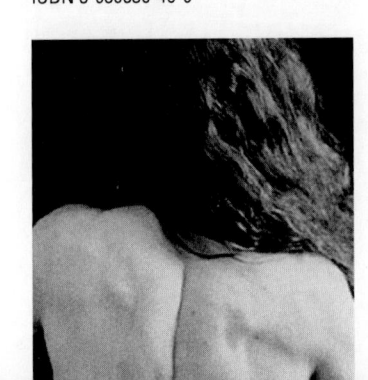

Eine Welt

Happel u.a.: **China - Eine Bildungsreise** 273 Seiten, ISBN 3-930830-42-6

K. Ambos: **Drogenkrieg in den Anden**. 220 Seiten, ISBN 3-923126-84-0

Schulze (Hg.): **Zukunftswerkstatt Kontinent**. Volkserziehung in Lateinamerika. 304 Seiten, ISBN 3-923126-57-3

Gemeinwesenarbeit

Odierna, Berendt (Hg.): **Entwicklungslinien und Handlungsfelder**. 420 S., ISBN 3-930830-44-2

T. Klöck (Hg.): **Solidarische Ökonomie und Empowerment**. 312 S., ISBN 930830-07-8

Bitzan/Klöck (Hg.): **Politikstrategien**. 304 Seiten, ISBN 3-923126-91-3

Bitzan/Klöck: **Wer streitet denn mit Aschenputtel?** 364 S., ISBN 3-923126-75-1

Mohrlock u.a.: **Let's organize!** 380 Seiten, ISBN 3-923126-81-6

Kriminalpolitik

Eva Haule: **Portraits gefangener Frauen** – Ein Fotobuch. 80 S., ISBN 3-930830-65-5 »In den Mienen der Fotografierten siegelt sich zwar die bedrückende Situation während der Haftzeit wider, aber auch eine Würde und Offenheit, die überrascht.«

Kampmeyer/Neumeyer (Hg.): **Innere UnSicherheit**. 216 S., ISBN 3-923126-90-5

M. Lindenberg: **Ware Strafe**. 224 S., ISBN 3-930830-06-X

M. Lindenberg: **Überwindung der Mauern**. Das elektronische Halsband. 224 Seiten, ISBN 3-923116-82-4

H. Schmidt-Semisch: **Die prekäre Grenze der Legalität**. DrogenKulturGenuß. 252 Seiten, ISBN 3-923126-93-X

Ökonomie

H. Münckner: **Unternehmen mit sozialer Zielsetzung**. Rechtliche Rahmenbedingungen. 200 Seiten, ISBN 3-930830-15-9

B. Flieger u.a. Hg.: **Gemeinsam mehr erreichen**. 530 Seiten, ISBN 3-923126-92-1

R. Schwendter (Hg.): **Grundlegungen zur alternativen Ökonomie**. Band 1: Die Mühen der Berge. 292 Seiten, ISBN 3-923126-37-9, Band 2: Die Mühen der Ebenen. 268 Seiten, ISBN 3-923126-38-7

A. Gerth/E. Sing: **Knatsch, Zoff und Keilerei**. 384 Seiten, ISBN 3-923126-60-3

Schindowski/Voß: **Jahrbuch Nachhaltiges Wirtschaften**, 340 S., ISBN 3-930830-21-3

B.Flieger: **Sozialgenossenschaften** 308 Seiten, ISBN 3-930830-35-3